山西新闻传播史

王 醒／著

山西出版传媒集团
三晋出版社

图书在版编目（CIP）数据

山西新闻传播史 / 王醒著.-- 太原 ： 三晋出版社，2013.12

ISBN 978-7-5457-0864-6

Ⅰ．①山… Ⅱ．①王… Ⅲ．①新闻事业史—山西省 Ⅳ．①G219.272.5

中国版本图书馆 CIP 数据核字（2013）第 297490 号

山西新闻传播史

著　　者：	王醒
责任编辑：	朱屹
出 版 者：	山西出版传媒集团·三晋出版社（原山西古籍出版社）
地　　址：	太原市建设南路 21 号
邮　　编：	030012
电　　话：	0351-4922268（发行中心）
	0351-4956036（综合办）
	0351-4922203（印制部）
E-mail：	sj@sxpmg.com
网　　址：	http://sjs.sxpmg.com
经 销 者：	新华书店
承 印 者：	山西力新印刷科技开发有限公司
开　　本：	787mm×1092mm　1/16
印　　张：	38.5
字　　数：	480 千字
印　　数：	1-1000
版　　次：	2014 年 2 月　第 1 版
印　　次：	2014 年 2 月　第 1 次印刷
书　　号：	ISBN 978-7-5457-0864-6
定　　价：	95.00 元

目 录

第一章　山西古代的新闻传播事业

第一节　史前文明与传播活动

迄今为止，人类传播信息的方式共经历了五个阶段：非语言传播阶段、语言传播阶段、文字传播阶段、印刷媒介阶段、电子媒介阶段。在非语言传播阶段，我们可以想象，那时的人类就像今天的哑巴，不会说话，但却会用手势、姿势、动作、表情、实物、图画等符号手段进行直观的交流，传达简单的信息。语言的产生是人类传播史上的一次质的飞跃，它使人类不仅能传达简单的有限的形象信息，而且能传达复杂的无限的抽象信息；不仅能进行近距离传播，而且能进行远距离传播。山西在这两个阶段都有着丰富的传播活动。

一、山西古人类的非语言传播

山西的远古人类文化遗址之多，不仅在全国名列前茅，在全世界也遐迩闻名。目前已经发现的旧石器遗址有 300 余处，从南到北遍布全省各地。从距今 180 万年至 1.3 万年之间，时间序列的衔接十分紧密，各遗址的文化内涵非常丰富。

距今 180 万年前的旧石器时代，在山西省芮城县西侯度就活动着早期猿人。西侯度遗址位于中条山之阳向黄河倾斜的黄土丘陵地带，南距风陵渡 10 公里，西距黄河 3 公里，是芮城县最西边的一个自然村庄。1959 年中国科学院的一支调查队发现了这个早期猿人文化遗址，考古工作者从地下 70 米的砂砾层中发掘出了若干件人工打制的石器和一批珍贵的动物化石。这些用石片加工成的工具，是最初的人类赖以生存和保护自己的武器,是我们祖先智能和文化的象征。

距今约 150 万年至三四十万年前,在山西省又出现了晚期猿人的匼河文化,匼河位于山西省芮城县风陵渡镇西北约 7 公里处。匼河人懂得不同形状不同类型的石器有着不同的用途,而且还出现了新的品种——尖状器和石球。尖状器用于挖掘或剔除,石球是人们专门制造的一种投掷狩猎的武器。匼河人还懂得人工取火,由使用天然火到人工取火,是人类的一大进步。火是一种伟大的力量,它可以使人类吃到熟食,还可以作为形象符号来传达信息,协调狩猎行动或组织群体活动,扩大了人类的活动范围和时间。在人类的传播史上,几乎每个国家的传播起源都与狩猎、火分不开,山西晚期猿人同样在狩猎或生活中用火来传达简单的信息。

产生信息传播的基本动因是生存需要。要在一定的环境中生活或行动,就必须首先了解周围的情况。根据某些科学家的研究,母鸡能够及时地发现天空盘旋的老鹰,并向小鸡发出一种声音信号,让它们赶快藏到自己的翅膀下,以避免天敌的袭击。猴子能用不同的信号向同伴报告,表示自己发现了虎豹或毒蛇,目的是让同伴设法逃跑,或采取防御措施。英国科学家珍妮特通过长时期对黑猩猩的观察发现,一群黑猩猩在进食的时候,总有一只黑猩猩蹲在不远处的一个较高点放哨,一旦发现险情,便以尖叫声通知那些进食的同伴。动物是这样,人类也是这样,传播信息的最初目的只是为了觅食和安全。普列汉诺夫在《没有地址的信》中,用不少事例证明了这种纯粹实际的功利目的。在澳大利亚内地,水源奇缺,原始人在水溪周围一带的岩石上画上袋鼠和人的胳膊,告诉经过此地的同伴,附近有水源,人和动物在此饮过水。巴西的原始人在一条河岸的岩石上画了一条鱼,以此向同伴通报:从这里能捕捉到这样的鱼。这是借助符号传播新闻信息的例证。用火把作为信号传递信息的起因也是为了捕获野兽,协调狩猎行动。例如,南部非洲的土著部落什门人往往集合二三百人的队伍来协同狩猎,狩猎完毕以后,队伍就分散成一些小的群体。但分散以后,并未断绝相互的联系。他们经常用火作信号,彼此通报周围的情况,发现大的猎群或敌情,就迅速地重新集合起来。我国《吴越春秋》中所录的远古歌谣《弹歌》也记述了原始人打猎的过程:"断竹,续竹。飞土,逐肉。"达尔文在他的《研究日志》中也提到,火地岛上的土著居民同样用火传递信息,相互联系。

距今大约 14 万年至 1 万年前,在山西省原平、古交、交城、霍州等市县活动着早期智人,其中以地处桑干河中游的许家窑文化和地处汾河中游的丁村文化名声最大。丁村人生活的汾河中游,有水、有野兽、有森林、有草原、有平川,代表着一种温暖湿润的自然景观,非常适合人类居住。这说明丁村人已懂得对生存环境的选择,他们的原始群在汾河流域是相当繁盛的。著名考古学家裴文中先生曾经指出:"当丁村人在汾河岸边居住的时候,汾河不像现在那样,河水湍急而浑浊……当时汾河水势应当很大很深,流得也缓慢一些。至少在河湾处有深而静的清水,河岸旁有茂盛的水草……水里游着巨大的鲤鱼和青鱼……当时丁村附近的气候比现在还要温暖一些。在附近的山上,生长着树木,山前有丘陵草原,也有比较广阔的平原。在河滩的平地上,也生长着树木和草丛。犀、象、斑鹿、野马、原始牛等动物都生活在各自喜爱的自然环境之中。丁村人在群居的生活中,对于这些动物的侵害,已经不再害怕,但是脱离了群居而单独生活,仍然不可能生活下去,他们在汾河岸上,当野兽喝水的时候猎获它们,丰富自己的食物和生活。"[1]另一位著名考古学家贾兰坡先生在对丁村遗址进行了大量的研究之后,曾对那里的地理环境做出这样的描述:"当丁村人在那里居住的时候……河身不但比现在宽得多,河水也比现在既

① 裴文中《中国原始人类生活环境》,见《古脊椎动物与古人类》第 2 卷,1960 年,第 1 期。

大且深。古鱼类学家刘宪亭研究了丁村遗址的鱼类化石之后说,汾河中曾有体长70厘米的鲤鱼;有体长1米以上的青鱼;有体长1米以上的蜿鱼和体长1.5米的鲶鱼……在东山坡上必然还有森林……有适于森林生活的野猪和熊;有生活在森林和草原过渡地带的赤鹿、河套大角鹿和野牛;有奔驰于草原的野马、野驴和举步安详的披毛犀以及不愿远离河边的水牛等大型动物。丁村人就在这样的地理环境下进行狩猎和采集生活。"①他们利用较之前人更为先进的传播手段结成群体,为生存与自然界进行着斗争,用劳动谱写着人类历史的光辉篇章。

在山西古人类的遗址墓葬中,常常会发现卜骨。卜骨一般都由成年的牛、鹿、猪、羊的肩胛骨做成,并不加修整。占卜时在背面用火烧灼,烧成直径约半厘米的灼坑,正面也出现了颜色较浅的灼痕。一般仅有五六个灼点,多的可达五六十个灼点,这时的卜骨很少形成裂纹。卜骨是人们沟通天、神与人关系的一种手段。同时在陶器口沿上,还发现了人们有意识刻制的记号或图画,这种符号似乎在说明一件事情或一种特定的内容。

这一阶段,人与人之间的关系绝对平等,没有压迫,没有特权,原始人群或氏族的每一个成员都各尽所能,也能平等地享受自己的劳动成果。由于环境相对比较恶劣,生产力还相当落后,劳动成果仅能勉强维持人们的温饱,对于每一个氏族成员而言,只有依靠集体的力量才有可能生存下去,否则,就是死路一条。这种相互依赖的关系决定了相互之间的平等地位,人们结成最简单的生产关系,开始了原始的有限的信息传播活动。

二、历史传说中的新闻因素

口语新闻传播的产生是有条件的,传播者要有清晰的思维能力

---

① 贾兰坡《中国大陆的远古居民》,天津人民出版社,1979年,第58页。

和表述能力，才能把新闻事实概括为语言信息传递给对方，而接受者也还得有相应的语言理解能力。所以，只有当人类普遍的语言水平达到比较成熟的地步时，口语新闻传播才可能产生。鲁迅先生在《且介亭杂文·门外文谈》中对文学起源的解释，同样可用于对口语新闻起源的解释：

人类在未有文字之前，就有了创作的，可惜没有人记下，也没法子记下。我们的祖先的原始人，原是连话也不会说的，为了共同劳作，必须发表意见，才渐渐的练出复杂的声音来。假如那时大家抬木头，都觉得吃力了，却想不到发表。其中有一个叫道"杭育杭育"，那么这就是创作。……倘若用什么记号留存了下来，这就是文学。他当然就是作家，也就是文学家，是"杭育杭育"派。

中国真正有可信的文字记录的历史，开始于商朝。那么，从晚期智人到夏朝漫长的历史时期中，传播新闻的形式是什么呢？主要是口语传播。口语传播的新闻主要是历史传说。

为什么说历史传说是口语新闻呢？这首先要从传说与神话的区别谈起。神话是人类童年时期的梦想，是当时人类欲征服自然而又没有能力征服时所产生的幻想。神话同样是靠口头语言传播的，但它传播的是虚幻的信息，是不存在的事实。如"女娲补天"、"夸父逐日"，前者是人类遭遇涝灾时所产生的幻想，后者是人类遭受旱灾时产生的幻想。而传说就不同了，传说中的人物和事件都是真实的，如"黄帝擒蚩尤"、"大禹治水"，历史上确有其人，确有其事。这些人、事在当时就是重大的新闻事件。至于传说中夹杂的一些神话内容、一些虚幻的东西，这与早期人类的神化思维有一定的关系，但基本事实依然是真实的。在口语传播中，难免会层层渲染，丰富新闻事件的内容，甚至出现误传，这都是口语传播中不可避免的现象。我们可以分析一些典型的传说来论证这个观点。

关于黄帝、炎帝的传说是很多的。炎是古史传说中炎帝氏族部落酋长首领世代相传的名号,黄是传说中黄帝氏族部落首领,也是子孙累世的称谓。这两个氏族部落集团都曾活动于陕西渭水流域和山西、河南之间的中原地区,至今在山西的长治、高平一带仍然保留着炎帝部落的许多遗迹。后来炎帝部落南迁,活动于今湖北、湖南一带。在众多的关于黄帝、炎帝的口语传播中,"黄帝擒蚩尤"是最著名的:

　　蚩尤作兵伐黄帝,黄帝乃令应龙攻之冀州之野。应龙蓄水,蚩尤请风伯、雨师从大风雨。黄帝乃下天女曰魃,雨止,遂杀蚩尤。(《山海经·大荒北经》)

　　这当然是当时口头流传的重大新闻事件, 只不过夹杂了一些神话的色彩。这则口语传播反映了我国氏族社会部落之间的相互斗争,从中可以看到当时的社会现状。

　　关于黄帝的口头传闻还很多,例如:

　　黄帝披山通道,未尝宁居。东至于海,登丸山及岱宗。西至于空桐,登鸡头。南至于江,登熊湘。北逐荤粥,合符釜山,而邑于涿鹿之阿。迁徙往来无常处,以师兵为营卫。……黄帝居轩辕之丘,而娶于西陵之女,是为嫘祖。嫘祖为黄帝正妃,生二子,其后皆有天下。其一曰玄嚣,是为青阳,青阳降居江水。其二曰昌意,降居若水。(《史记·五帝本纪》)

　　昔在黄帝,作舟车以济不通,帝行天下,方制万里,画野分州,得百里之国万区。(《汉书·地理志》)

　　这些口头传闻都有具体的故事梗概,具备了口语新闻作品的基本条件。

　　尧是口语传播中父系氏族社会后期部落联盟的著名领袖。《史记·五帝本纪》说,"尧都平阳(今山西临汾市)",至今临汾尚有始建于晋代的尧庙和唐代修建的尧陵。关于尧的口头传闻也很多,其中最著名的是"后羿射日"的故事。相传,尧时10日并出,树木和庄稼都被暴烈的阳光晒枯了。尧派善于射箭的后羿射下了9个太阳,植物才又恢复了生长。这个传说反映了上古人类同大自然搏斗的精神。尧还命羲氏与和氏顺应上天，观察日月星辰的变化，创造了一年为366天的历法。尧时的后稷是个农师，尧命他把一年四季的时令传给民众，使人们开始懂得春种秋收的规律。后稷教民稼穑有功，受到人们的敬仰，至今山西省稷山县许多村庄都建有稷王庙，有的庙内壁画还刻有"后稷出世"连环画。尧具有高尚的品德，《史记》说他"其仁如天，其知如神，就之如日，望之如云"。关于尧创立的禅让制度的口语传播，是最具有新闻特点的：

尧以天下让许由，许由不受。又让于子州支父，子州支父曰："以我为天子，犹之可也。虽然，我适有幽忧之病，方且治之，未暇治天下也。"（《庄子·逍遥游》）

尧欲传天下于舜，鲧谏曰："不祥哉！孰以天下而传之于匹夫乎？"尧不听，举兵而诛杀鲧于羽山之郊。共工又谏曰："孰以天下而传之于匹夫乎？"尧不听，又举兵而流共工于幽州之都。于是天下莫敢言无传天下于舜。（《韩非子·外储说》）

尧以天下让舜，鲧为诸侯，怒于尧曰："得天之道者为帝，得地之道者为三公，今我得地之道，而不以我为三公！"以尧为失论。欲得三公，怒甚猛兽，欲以为乱。比兽之角，能以为城；举其尾，能以为旌。召之不来，仿佯于野以患帝。舜于是殛之于羽山，副之以吴刀。（《吕氏春秋·行论篇》）

这些口头传闻生动形象，有对白，有动作，具有很强的新闻性。所有关于尧的口语传播，塑造了人们理想中的大同社会代表人物的形象。

舜是口语传播中尧之后的部落联盟领袖，《史记》称"舜都蒲坂（今山西永济市）"。《史记正义》说"蒲州城中有舜庙，城外有舜宅及二妃坛"。关于舜的口头传闻也是很多的。传说他父亲是盲人，母亲放荡，弟弟顽劣，多次想谋害舜，舜却能孝敬父母，爱护弟弟，以诚心与家人和谐相处。尧器重舜的人品和才能,把自己的两个女儿娥皇和女英嫁给他,住在妫汭(今山西省永济市境内)。舜首先建立了考核百官的管理办法,每三年考核一次,昏暗的革职,明智的提升。舜还设立了乐府机构,开始用文艺教育子民:

帝曰:夔!命女典乐,教胄子。直而温,宽而栗,刚而无虐,简而无傲。诗言志,歌永言,声依永,律和声。八音克谐,无相夺伦,神人以和。(《尚书·尧典》)

口语传播中这则舜的言辞,是我国文艺理论的开端,也是教育理论的开端,从而使刚刚摆脱蒙昧的人类有了早期的精神文明。

在口语传播中,关于禹的传说是最多的,最丰富的,也是最具有新闻的真实性的。禹是舜选中的部落联盟领袖,《史记》说"禹都安邑(今山西省夏县境内)",今人在夏县县城西北发现了禹王城的遗址,证实了《史记》的记载是正确的。关于禹,口语传播中的大禹治水是最著名的:

禹伤先人父鲧功之不成受诛,乃劳身焦思,居外十三年,过家门不敢入。……行山表木。陆行乘车,水行乘船,泥行乘橇。左准绳,右规矩。(《史记·夏本纪》)

禹伤父功不成,循江溯河,尽济甄淮,乃劳身焦思以行七年,闻乐不听,过门不入,冠挂不顾,履遗不躅。功未及成,愁然沉思。(《吴越春秋》)

禹治水 13 年,三过家门而不入,终于使江河畅通,水流大海,昔日的汪洋泽国变成了富饶的良田。他的妻子涂山氏依门而望,唱出了我国第一首口头诗歌《候人歌》:"候人兮猗!"禹还把全国分为 9 个州,用青铜铸了 9 个大鼎,象征九州。记载夏禹划九州的《禹贡》,也就成为我国最早的地理志。

传说时期的这些口语传播,有神话的成分,也有人工渲染的痕迹,但我们不可否认,这的的确确就是语言传播阶段的新闻事件,因为它们的基本事实是真实的，是及时传播的。在人类早期，认为鬼神的确是存在的，所以许多真实传闻中都夹杂了鬼神文化，这点我们必须有清醒的认识，绝不可因为这些传说中掺有鬼神思想就否认了它们是当时的新闻事件。至于口语传播中出现的误传或渲染，是不可避免的，既是它的基本特点，又是它的致命缺陷。这个缺陷在孔子时就意识到了，并多次予以纠正。据《礼记》记载，鲁国国君曾经询问孔子："吾闻夔一足，信乎？"孔子回答说："夔非一足，夔一，足矣！"鲁国国君听说夔只有一只脚，问孔子真实不真实，孔子回答说这个说法传错了，"夔一足"并非指夔只有一只脚，而是指夔具有音乐才能这一特长就足够了。可见口语传播中一定有许多不真实的甚至是失误的成分，但基本事实是真实的。这些历史传说正是当时重大新闻事件的口头传播，后来用文字记载下来，才一代又一代流传到今天。

三、远古歌谣的记事功能

在文字产生之前，口语传播的基本形式除历史传说外，还有远古歌谣。很难想象，早期人类会发明出艺术性较强的韵文作品。这有两个原因：一是当时用于表达信息的语言词汇数量少，韵文形式简短，高度概括，且朗朗上口，便于记忆。二是早期人类的娱乐活动有机地把歌谣、音乐、舞蹈结合在一起，边说边唱边舞。例如《吕氏春秋·古乐篇》的一段记载：

昔葛天氏之乐，三人操牛尾，投足以歌八阕：一曰载民，二曰玄鸟，三曰遂草木，四曰奋五谷，五曰敬天常，六曰建帝功，七曰依地德，八曰总禽兽之极。

又如《河图玉版》也有一段记载：

古越俗祭防风神，奏防风古乐。截竹长三尺，吹之如嗥，三人被发而舞。

投足是一种舞蹈姿态，三个人手里拿着牛尾巴，投足而歌。三个人吹着竹筒，披发而舞，这正是舞蹈和音乐相结合的最好说明。普列汉诺夫在《艺术论》中记载了印第安人一直保留的野牛舞,也是这样,边唱边舞念念有词。

远古歌谣中有一部分是表现当时的思想状况的。如:

吾日出而作,日入而息。凿井而饮,耕田而食。帝何力于我哉!
(《击壤歌》,见皇甫谧《帝王世纪》)

卿云烂兮,纠缦缦兮。日月光华,旦复旦兮。(《卿云歌》,见《尚书·大传》)

南风之薰兮,可以解吾民之愠兮。南风之时兮,可以阜吾民之财兮。(《南风歌》,见《孔子家语》)

《击壤歌》说是尧帝时一个80岁的老人所唱的歌。《卿云歌》说是舜帝所歌,《南风歌》说是舜帝所作。我们且不论这些歌谣是否尧舜时的口语作品,但表现的却是那个时代的思想状况。在远古歌谣中,更多的是记载了当时发生的重大事件:

屯如邅如,乘马斑如。匪寇,婚媾。乘马斑如,泣血涟如。(《易经》)

得敌。或鼓,或罢。或泣,或歌。(《易经》)

枯杨生稊,老夫得其女妻。枯杨生华,老妇得其士夫。(《易经》)

第一首歌谣记载了部落之间的一次抢婚活动:男子威风凛凛地骑着马,带着人跑到别的部落里,人家以为是强盗,等到他带走了中意的女子,才知道他是来抢婚的。而女子却不中意,伤心地哭泣着。第二首歌谣描述了作战胜利后的情景:有的打着鼓在庆贺,有的卧地休息,有的为死去的战友哭泣,有的高唱悲歌以抒豪情。第三首歌谣报告了当时部落里发生的两大新闻事件:有个老头娶了位妙龄少女,有个老太婆嫁给了一位小伙子。

这不是确确实实的新闻作品吗?所以我们说,远古歌谣既承担了新闻的记事功能,又承担了文学的审美功能。等到散文出现后,记事的任务渐渐落到了散文身上,诗歌虽然还有些记事功能,但更多的是体现了审美功能。

这种情况在西方文学发展史上同样可以找到例证。古希腊两部伟大的史诗《伊利亚特》和《奥德赛》，形成于公元前 9 世纪到公元前 8 世纪。那时古希腊尚未产生文字，这两部史诗都是口语作品。《伊利亚特》叙述的是希腊人远征小亚细亚的特洛伊城的故事。《奥德赛》叙述的是特洛伊战争结束以后一个希腊英雄奥德修斯在还乡途中海上历险的故事。它们原先都是民间口语作品，充满了新闻性和传奇性，由古代的歌手凭着记忆口传下来，在口传过程中不断地进行加工创造而成。

诗歌的记事功能由于散文的出现而渐渐减弱，但并非完全消失，而是一直保留了下来。有些民间发生的新闻事件，是不可能出现在封建正史和官报上，但却在诗歌中有所报道。我们且看一些例证：

客行新安道，喧呼闻点兵。借问新安吏："县小更无丁？""府帖昨夜下，次选中男行。""中男绝短小，何以守王城？"肥男有母送，瘦男独伶俜。白水暮东流，青山犹哭声。"莫自使眼枯，收汝泪纵横。眼枯即见骨，天地终无情。我军取相州，日夕望其平。岂意贼难料，归军星散营。就粮近故垒，练卒依旧京。掘壕不到水，牧马役亦轻。况乃王师顺，扶养甚分明。送行勿泣血，仆射如父兄。"（杜甫：《新安吏》）

暮投石壕村，有吏夜捉人。老翁逾墙走，老妇出门看。吏呼一何怒，妇啼一何苦。听妇前致词："三男邺城戍。一男附书至，二男新战死。存者且偷生，死者长已矣。室中更无人，惟有乳下孙。有孙母未去，出入无完裙。老妪力虽衰，请从吏夜归。急应河阳役，犹得备晨炊。"夜久语声绝，如闻泣幽咽。天明登前途，独与老翁别。（杜甫：《石壕吏》）

烈女赵二姑，家于榆次之双村，墓于王胡。强暴者谁？阎思虎。烈女年十三，欲死冤未诉。诉于父母鸣于官，请急捕虎。官曰女勿多言，女奚冤？纵虎弗治，女声吞。诉于御史台，台咨大吏，大吏曰女勿多言，女奚冤？纵虎弗治，纵官弗问，女呼天。昔不死，冤未诉，冤再诉，逢彼怒。女有一寸铁,剖喉代女言,剖腹代女明其苦,炎天六月尸不腐。官吏悯于堂,士民哗于乡。行人难愤,自晋千里达都京。给谏梁公,夕削草,朝拜疏,请逮虎,下之部。刑未施,虎已伏。官实为之,纵虎弗治,女死有冤莫所诉。煌煌丹诏,旌尔烈女,遣彼官吏,磔虎于市。赵烈女,徐蔡氏,世间奇冤那有此。若非照以日月,激以雷电,覆盆之下何由见。守土者何以鉴,吁嗟梁公真给谏。(祁寯藻:《赵烈女辞》)

　　杜甫的《新安吏》记载了他目睹唐王朝地方官吏抓丁的场面。杜甫于乾元元年(758年)冬回洛阳探望故乡,途中亲见亲闻的事实,使他产生了用诗歌对其进行记述的愿望。根据唐代的法律,"凡男女始生为黄,四岁为小,十六为中,二十有一为丁,六十为老"。(《唐六典》卷三)本篇记述唐军败后为补充兵员,将没有达到服役年龄的中男征召入伍的情况。《石壕吏》记述的是唐地方官吏强行抓役夫的情况。由于男丁已被抓完,只好抓老妇去充数。这两首诗记事语言平实,背景生动,对话及场面描写都有现场感,是对新闻事件的真实反映。清道光四年(1824年),山西发生了震动朝野的"赵二姑大冤案"。先是榆次县恶棍阎思虎强奸民女赵二姑,事发到官,知县吕锡龄受阎家重贿,贪赃枉法,当堂刑逼赵二姑供认和奸。赵二姑刚烈不屈,愤极自尽,酿成命案。她的亲属赵添中赴京呈控,道光皇帝降下一道特旨,命山西巡抚邱树棠亲自提审。邱树棠接旨后并不亲审,委派几个府州官审讯,府州官回护榆次知县吕锡龄,消弭刑逼罪证,伪造证据,仍以和奸结案。这年五月,为人正直的御史梁中靖进宫参奏,道光帝喻令将人证卷宗提解刑部审讯。刑部审明是强非和,据实平反,并追究出原审各员受贿舞弊种种丑事。道光帝震怒,下令将凶徒阎思虎分尸磔死,将榆次知县吕锡龄、太原知县章颂春、太原知府沈琮、忻州知州庆纯等人全部革职,发配新疆伊犁等地充当苦差赎罪。其时祁寯藻正在湖南学政任上,他是山西人,故乡发生的大冤案对他震动很大,他当即写了这首《赵烈女辞》,以记其事。

至此，我们可以得出结论：在口语传播阶段的远古歌谣，其记事功能非常突出，一些新闻事件正是通过这种形式才得以传播的。随着诗歌作品的愈来愈审美化、抒情化，其记事功能有所减弱，但并未完全消失。一些民间新闻正是借它才得以流传的，这些诗歌新闻作品是对官方报刊新闻的重要补充。

正如文字传播产生后口语传播依然存在一样，在以口语传播为主的时代，口语也并不是惟一的传播手段。为了适应越来越复杂的社会生活和越来越大的环境空间，人类不断地发明和采用了一些早期的外体化媒介，例如，用约定的实物来传递和交流信息，利用结绳或图形符号来记录重要的事件和交易情况，利用擂鼓或燃放烟火等信号来保持远距离联络。这些原始媒介的传播功能已经接近于文字。

第二节　晋国的信息传播制度

晋国，公元前 11 世纪周分封的诸侯国，姬姓。开国君主是周成王的弟弟叔虞，在今山西西南部，建都于唐（今山西翼城西）。晋献公迁都于绛（今山西翼城东南），陆续攻灭周围小国。晋文公改革内政，国力富强，成为霸主。晋景公时迁都新田（今山西侯马西），亦称新绛，兼并赤狄，疆域大有扩展，有今山西大部、河北西南部、河南北部和陕西一角。春秋后期君权削弱，六卿渐强，互相兼并。公元前 4 世纪中叶晋国为韩、赵、魏三家所分，号称三晋。晋的国号一直沿用了 600 多年，如果把韩、赵、魏的三晋也算在内，一共延续了将近 900 年。在漫长的历史进程中，晋国建立了一整套较为完备的信息传播制度。

一、文字传播依赖于史官制度

最早用文字记载当时重大新闻事件的专职工作者是遒人和史官。遒人是夏商时的官职名称，据《尚书·胤征》记载："每岁孟春，遒人以木铎徇于路。"可见,遒人的职责是采风,采集当时流传于民间的歌谣以观察民情,并掌宣布教化。现在《诗经》中保存的民歌是否为遒人所采集,不得而知。但从《尚书》的记载中我们至少知道遒人是一个很类似于今天新闻记者的职业。

史官在商代就有设置,在商王身边掌管祭祀和记事。周代分为左史和右史,左史记言,即内史;右史记事,即太史。史官用手中的笔,记录下了当时最高统治者的重要言论和国家发生的重大新闻事件,成为我们今天研究当时社会历史的重要文字资料。他们的职业性质与今天的新闻工作者有某些相通之处。《墨子·明鬼篇》有这样一段记述:"周宣王杀其臣杜伯而不辜。……其三年,周宣王会诸侯而田于圃田,车数百乘,从数千,人满野。日中,杜伯乘白马素车,朱衣冠,执朱弓,挟朱矢,追周宣王,射之车上。中心,折脊,殪车中,伏弢而死。当是之时,周人从者莫不见,远者莫不闻,著在周之《春秋》。"周宣王死于公元前 782 年,他的死当时曾作为新闻广为传播。墨子在这篇文章中,还列举庄子仪杀燕简公、祩子在祭坛上敲杀祜观辜、桃神杀中里徼于盟所 3 件事例。他每叙述一件事就强调一次"从者莫不见,远者莫不闻",旨在说明这些事既载于鲁之《春秋》,也载于各国《春秋》,有无可怀疑的真实性。同时也说明了这样一点,即这些重大政治事件,当初曾作为新闻广为传播,以至于达到"远者莫不闻"的地步。可见各国史官记入史书的许多事件,正是当时广为传播的重大新闻。

难能可贵的是,史官忠于职守、不畏权贵、秉笔直书的求实精神,正是新闻工作者最基本的职业道德。在这些史官中,晋国的董狐最为著名,他的惟实直书被后人称为"董狐笔法"。董狐是晋灵公时期的史官,晋灵公昏庸残暴,残害臣民,是晋国历史上有名的昏君。《左传·宣公二年》记载:

晋灵公不君,厚敛以雕墙。从台上弹人,而观其辟丸也。宰夫胹熊蹯不孰,杀之,置诸畚,使妇人载以过朝。赵盾、士季见其手,问其故而患之。将谏，士季曰："谏而不入，则莫之继也。会请先，不入，则子继之。"三进及溜，而后视之。曰："吾知所过矣，将改之。"稽首而对曰："人谁无过？过而能改，善莫大焉。诗曰：靡不有初，鲜克有终。夫如是，则能补过者鲜矣。君能有终，则社稷之固也，岂惟群臣赖之。"

犹不改，宣子骤谏。公患之，使鉏麑贼之。晨往，寝门辟矣。盛服将朝，尚早，坐而假寐。麑退，叹而言曰："不忘恭敬，民之主也。贼民之主，不忠；弃君之命，不信。有一于此，不如死也。"触槐而死。

秋九月，晋侯饮赵盾酒，伏甲将攻之。其右提弥明知之，趋登曰："臣侍君宴，过三爵，非礼也。"遂扶以下。公嗾夫獒焉。明搏而杀之。盾曰："弃人用犬，虽猛何为。"斗且出。提弥明死之。……（盾）遂自亡也。乙丑，赵穿攻灵公于桃园。宣子未出山而复。太史书曰："赵盾弑其君。"以示于朝。宣子曰："不然。"对曰："子为正卿，亡不越竟，反不讨贼，非子而谁？"宣子曰："乌呼！'我之怀矣，自诒伊戚'，其我之谓矣！"

孔子曰："董狐，古之良史也，书法不隐。赵盾，古之良大夫也，为法受恶。惜也，越竟乃免。"

董狐作为晋国的史官，敢于冒着杀头的危险直书其事，并拿上简册让群臣传阅，这种不畏权贵的精神，受到孔子的高度评价，称赞他是古之良史。又据《左传·襄公二十五年》和《史记·齐太公世家》记载，春秋后期，齐国大夫崔杼杀死了国君齐庄公，齐太史当即在竹简上记下"某年月日，崔杼弑其君"。崔杼怒，杀太史。"其弟复书，崔杼复杀之。少弟复书，崔杼乃舍之"。当时齐国还有一位南史氏，听说太史和太史的弟弟被杀，当即拿着竹简赶去，非要把"崔杼弑其君"照实记下不可，半路上听说太史最小的弟弟已经照实记下了，这才作罢。他们这种浩然正气，受到后人敬仰。宋末文天祥写《正气歌》的时候，就写道："在齐太史简，在晋董狐笔"，是"天地有正气"的代表。如实地记载历史，是我国史学的一个优良传统。正因为有这样秉笔直书的优良传统,古代史官们才为后世留下了数千年的信史。

司马迁在《史记·廉颇蔺相如列传》中也叙述了战国时史官记载新闻事件的情景:

秦王饮酒酣,曰:"寡人闻赵王好音,请奏瑟。"赵王鼓瑟。秦御史前书曰:"某年月日,秦王与赵王会饮,令赵王鼓瑟。"蔺相如前曰:"赵王窃闻秦王善为秦声,请奉盆缶以相娱乐。"秦王怒,不许。于是相如前进缶,因跪请秦王。秦王不肯击缶。相如曰:"五步之内,相如请得以颈血溅大王矣!"左右欲刃相如,相如张目叱之,左右皆靡。于是秦王不怿,为一击缶。相如顾召赵御史,书曰:"某年月日,秦王为赵王击缶。"

史官记事是从《尚书》《春秋》开始的。但《春秋》记事,语言过于简单,类似后世新闻标题,只是片段记录。亦有记得简练明白的,例如僖公十六年书曰:"春,王正月,陨石于宋五。是月,六鹢退飞,过宋都。"寥寥十余字,叙述错落有致,是一篇绝好的新闻报道。到了周平王东迁之后,至于春秋战国之际,社会矛盾日益突出,国与国之间的斗争复杂激烈。为了维护各自的利益,他们都必须汲取历史的经验教训,国有大事,互相赴告;会盟朝聘,史不绝书;褒善贬恶,直笔不隐。新闻传播活动空前活跃,对社会的影响也越来越大,因此各国史官便自觉地积累了大量的档案资料,以备编写之用。这时候,从前专门记载王朝、诸侯的诰命和大事记的《尚书》《春秋》之类,已不能满足新时代的需要。于是产生了以记载各国卿大夫和新兴的士阶层的言论以及诸侯各国的政治、外交和军事活动为主要内容的新闻体史著,这就是《左传》《国语》《战国策》等。这些文章记事完整,描写背景、叙述事件、刻画人物都达到了相当高的艺术程度,既与今天的新闻文体大致类同,又对今天的新闻写作具有极大的启示作用。古人告诉今人:不要把新闻写成程式化的东西,要写得生动活泼,让人喜读耐读。晋国史官和各国史官坚持的写作原则是:

（一）"不隐恶"的思想原则

"不隐恶"，即我们今天的批评性报道，在《左传》里体现得非常明显。例如卫人逐其君，晋侯以为太甚，师旷说："或者其君实甚。……夫君，神之主也，民之望也。若困民之主，匮神乏祀，百姓绝望，社稷无主，将安用之？弗去何为？"又说："天之爱民甚矣！岂其使一人肆于民上，以从其淫，而弃天地之性？必不然矣。"（襄公十四年）卫国国君淫乱无耻，被国人放逐，师旷认为这是正义之举。师旷是晋国著名的乐师，他的这番议论，在从前是不可想象的，是要被杀头的。他表面上似乎没有摆脱天道鬼神的观念，但实际上却是根据人民利害来发表他的政见的。

例如，宣公二年载晋灵公不君，"宰夫腼熊蹯不孰，杀之，置诸畚，使妇人载以过朝"。宣公九年载，"陈灵公与孔宁、仪行父通于夏姬，皆衷其衵服以戏于朝"。十年，又载陈灵公与孔宁、仪行父饮于夏氏。公谓行父曰："征舒似女。"对曰："亦似君。"

如此之类，《左传》记载不少，体现了作者"不隐恶"的思想原则。

（二）紧张动人的情节描写

新闻作品离不开情节描写，事实本身的故事性、戏剧性以及紧张动人的场面，要通过作者的巧妙构思体现出来，是一件不容易的事。在这方面，《左传》给我们树立了写作榜样。它总是抓住故事的重要环节或有典型意义的部分来着重地叙述或描写，而不是毫无选择，平铺直叙。特别是一些内容复杂的事件，好像广厦千间，各成片段，而又四通八达，互有关联。

例如，僖公二十三、二十四年写晋公子重耳出亡及返国的经过，时间既长，故事情节又非常复杂，而选材布局均极恰当。其中别隗、过卫、醉遣、窥浴等段，无不富于戏剧意味。寺人披告密和竖头须请见的穿插，又使人感到离奇变幻，突然紧张。作者从正面、侧面，或明或暗地描绘了许多人物形象，特别是故事中的主角重耳的形象，从一个不谙世事只图享乐的贵介公子,逐渐锻炼成为有志气、有胆识、有机智、有度量的英雄人物。这个人物性格的前后不同是显然可见的。其它人物如从亡诸臣、曹伯、楚子、寺人披、竖头须、介子推以及七位女性,无论正面反面等人物形象,通过对话和行动一一生动地表现出来,最后又一一收束进去,成为一篇首尾完整、结构严密、条理井然、脉络贯通的记叙文。

对战斗过程的叙述,情节曲折细致,生动逼真。如成公二年的齐晋鞍之战一段:

齐高固入晋师,桀石以投人,禽之而乘其车,系桑本焉,以徇其垒。曰:"欲勇者,贾余馀勇!"……齐侯曰:"余姑翦灭此而朝食!"不介马而驰之。卻克伤于矢,血流及屦,未绝鼓音,曰:"余病矣!"张侯曰:"自始合,而矢贯余手及肘,余折以御,左轮朱殷。岂敢言病?吾子忍之!"(郑丘)缓曰:"自始合,苟有险,余必下推车,子岂识之?然子病矣!"张侯曰:"师之耳目,在吾旗鼓,进退从之。此车一人殿之,可以集事。若之何其以病败君之大事也?擐甲执兵,固即死也。病未及死,吾子勉之!"左并辔,右援枹而鼓。马逸不能止,师从之,齐师败绩。

这段写齐军以骄狂轻敌致败,晋军以沉着顽强获胜,是一段有声有色的文章。原来卻克使齐,为妇女所笑,发誓说:"所不报此,无能涉河!"他是抱着愤激报复的心情来作战的。所以血流到脚跟还不肯停止鼓声,显得那么坚强。但他身受重伤,实在支持不住了。当此千钧一发之际,由于张侯、郑丘缓的鼓励,特别是张侯的勇敢顽强,并辔助鼓,终于冲入敌阵,打败了齐军。接着是对齐军败退、晋军追击、逢丑父被俘几个片段的描写,都是细大不捐、曲折生动。《左传》中大小战役不计其数,大都写得生动感人,得益于作者对情节的合理分配,这很值得现今的新闻记者学习。

(三)对劝服过程及效果的生动表现

劝服是一门艺术,在人际传播中起着十分重要的作用。人际传播的核心无疑是语言。语言的功能并不仅仅在于传递信息内容的本义，它还通过声调、速度、音量、节奏等传递着与说话者相关的背景信息。因此，即便是同一条信息内容，用词的粗俗与礼貌、声音的有力与无力、语气的坚定或犹疑、节奏的快与慢等，都会引起听话者的不同反应，影响着听话者对信息的接受态度。

《战国策·赵策四》里的"触龙说赵太后"一章，就体现了这种劝服理论。"赵太后新用事，秦急攻之。赵氏求救于齐。齐曰：'必以长安君为质，兵乃出。'太后不肯，大臣强谏。太后明谓左右：'有复言令长安君为质者，老妇必唾其面！'"长安君是赵太后非常疼爱的小儿子，她当然舍不得把幼子作为人质以换取齐国出援兵。于是，"大臣强谏"。"强谏"表明了劝服手段的粗暴简单，当然达不到预期的传播效果。于是，"左师触龙愿见太后"，太后当然知道他的来意，"盛气以胥之"。但触龙并未单刀直入，径奔主题，而是采用迂回包抄的手法，从情感上入手，一步步消除太后的怒气和戒备心，最后达到劝服的效果。他先说自己"病足"，"不能疾走"，食欲也不如以前，但为了健身，"乃自强步，日三四里，少益耆食"。这点正与太后的情况相同，太后也是"恃辇而行"，每天只能喝些稀粥。共同的状况使他们产生了共同的语言环境，有了共同的话题，于是，"太后之色少解"。但此时还不是抖出传播目的的时候，还需要以情动人。于是，触龙说自己有个小儿子名叫舒祺，才 15 岁，没有出息，但自己很疼爱他，想趁自己在世时给幼子安排个宫廷卫士的工作，希望太后帮助。这一点又打动了太后的心，因此他们又有了共同的话题：都疼爱幼子，偏爱幼子。说到这儿，触龙感到火候到了，该说出主题了。但他欲擒故纵，抓住刚才的话题诱太后入彀："老臣以为媪之爱燕后贤于长安君"，燕后是太后的女儿，触龙这么说，当然与太后的实情不符。于是太后说："你说错了，我爱长安君要超过爱燕后。"这样，触龙就解释自己说此话的理由："父母疼爱子女，要为他们考虑长远的利益。当年燕后出嫁时，太后拉着女儿的手,舍不得让她走,可每年祭祀时总祷告上苍保佑不要让燕后返回娘家。因为诸侯之女出嫁于他国,只有遭到休弃或所嫁之国灭亡时,才能回来。您这样做,岂不是为她做长远的考虑,希望她的子孙世世代代相继为燕王吗？现在您疼爱长安君,把肥美的土地封给他,把宝物赐给他,而他又没有为国家建立任何功劳,一旦太后去世,他将以什么使自己在赵国立足？所以我说太后爱长安君不如爱燕后。"一席话,说得太后茅塞顿开,立即把长安君"质于齐,齐兵乃出"。

这就是语言的艺术,劝服的艺术。同样的信息内容,同样的传播目的,群臣没有达到,触龙达到了。《战国策》记述了许多劝服成功的事例,真该我们好好学习,古人并不比我们少懂得传播学的道理。

会劝服,会说话,就是辞令之美,就是语言之美。例如烛之武对秦伯说:"越国以鄙远,君知其难也。焉用亡郑以陪邻？邻之厚,君之薄也。"(《左传·僖公三十年》)用事势必然之理来耸动秦伯,秦兵就非撤退不可。又如郑子家以书告赵宣子说:"传曰:鹿死不择音。小国之事大国也,德,则其人也,不德,则其鹿也。铤而走险,急何能择？"(《左传·文公十七年》)也是真情至理,委婉中含有巨大威力,使晋人不得不屈服。再如屈完对齐侯(僖公四年)、知罃对楚子(成公三年),都有异曲同工之妙。前人说,这是当时国史成文,作者不过编次而已,这种情况可能会有,但未必尽然,作者加工剪裁是费了很大心力的。至于寻常记言叙事,如"师人多寒,王巡三军,抚而勉之,三军之士皆如挟纩"(宣公十二年),"中军、下军争舟,舟中之指可掬"(宣公十二年)等语,无不简而精,曲而达,婉而有致,富于形象性。

(四)生动逼真的形象刻画

《战国策》善于抓住人物性格特点描写人物形象,令读者过目不忘,留下深刻的印象。如《秦策一·苏秦始将连横》写苏秦说秦不行及相赵归家,前后颓丧和得意的情状,以及庸俗的世态人情:

说秦王书上而说不行,黑貂之裘弊,黄金百斤尽,资用乏绝,去秦而归。嬴滕履蹻，负书担橐，形容枯槁，面目黎黑，状有归色。归至家，妻不下纴，嫂不为炊，父母不与言。……见说赵王于华屋之下，抵掌而谈，赵王大悦，封为武安君。受相印，革车百乘，锦绣千纯，白璧百双，黄金万镒以随其后。约从散横以抑强秦，故苏秦相于赵而关不通。当此之时，天下之大，万民之众，王侯之威，谋臣之权，皆欲决苏秦之策。不费斗粮，未烦一兵，未战一士，未绝一弦，未折一矢，诸侯相亲，贤于兄弟。……将说楚王，路过洛阳。父母闻之，清宫除道，张乐设饮，郊迎三十里。妻侧目而视，倾耳而听。嫂蛇行匍伏，四拜自跪而谢。

再如写鲁仲连的倜傥奇伟、慷慨慕义、"不诎于诸侯"的精神，无不栩栩如生，惟妙惟肖。特别是"燕策"中用全力写刺客荆轲，是一篇完整的侠义故事。例如"易水送别"一段：

遂发。太子及宾客知其事者，皆白衣冠以送之，至易水上。既祖，取道，高渐离击筑，荆轲和而歌，为变徵之声，士皆垂泪涕泣。又前而为歌曰："风萧萧兮易水寒，壮士一去兮不复还！"复为慷慨羽声。士皆瞋目，发尽上指冠。于是荆轲遂就车而去，终已不顾。

在一种悲壮淋漓的气氛中，把一个怒发冲冠、沉毅勇决的英雄形象十分鲜明生动地表现出来。

春秋战国时期记事体文章的场面描写，生动逼真，令读者如见其人，如闻其声，为后世新闻体文章树立了写作楷模。

二、口语传播依赖于告事制度

口头传播新闻事件并非因文字的产生而终止，相反，在文字新闻产生后，口语新闻成为重要的事实补充。一些不便在正史中记载的新闻事件，就以"小道消息"的形式在民间广为流传。现以春秋时晋国名臣介子推为例来说明这个问题。晋文公重耳未即位时在国外流亡19年，跟随他的臣子有5位：狐偃、赵衰、魏武子、司空季子、介子推。对介子推的记载，《左传·僖公二十四年》只有这样一段：

晋侯赏从亡者，介子推不言禄，禄亦弗及。推曰："献公之子九人，唯君在矣！惠、怀无亲，外内弃之。天未绝晋，必将有主。主晋祀者，非君而谁？天实置之，而二三子以为己力，不亦诬乎？窃人之财，犹谓之盗，况贪天之功以为己力乎？下义其罪，上赏其奸，上下相蒙，难与处矣。"其母曰："盍亦求之，以死谁怼？"对曰："尤而效之，罪又甚焉！且出怨言，不食其食。"其母曰："亦使知之，若何？"对曰："言，身之文也。身将隐，焉用文之？是求显也。"其母曰："能如是乎？与女偕隐。"遂隐而死。晋侯求之不获，以绵上为之田，曰："以志吾过，且旌善人。"

关于介子推的文字材料只有这么一些，但在民间口头传闻中，却流传着"宫门悬书"、"割股奉君"、"火烧绵山"、"寒食节"、"足下"等许多故事。

"宫门悬书"见于《史记》，是说介子推的随从们替他抱打不平，在晋文公宫门上悬笔写了六句话："龙欲上天，五蛇为辅。龙已升云，四蛇各入其宇，一蛇独怨，终不见处所。"文公见到这题词，想起了介子推，派人遍地寻找，没有踪影。后来听说他进入绵山中，于是把围绕绵山的地带封为介推田，叫作介山。司马迁《史记》中的这段记载是根据民间传闻录入的。我们再看下面几段传闻：

重耳过卫，卫弗礼。从者饥不能行，皆采薇而食。公子不能下咽，推割股以进。公子知之，下泪曰："亡人累子，将何以报？"推曰："愿君早归晋国，以成臣等股肱之义，敢望报乎！"……推与母隐于绵上，晋侯闻之，悔不赏其功，使人求访之不得。或谓介子孝，若林焚当出，遂举火焚之，三日方息。推终不出，母子相抱而死。寻其骨，文公流涕，命葬于绵山，为之立祠。（见清乾隆八年上元余自明评选《古文释义》）

太原一郡旧俗以介子推焚骸，有龙忌之禁。至其亡月，咸言神灵不乐举火，由是士民每冬中辄一月寒食，莫敢烟爨，老小不堪，多有死者。（《后汉书·周举传》）

介子推逃禄隐迹，抱树烧死。文公拊木哀嗟，伐而制屐。每怀割股之功，俯视其屐，曰："悲乎，足下！"足下之称将起于此。（刘敬叔《异

　　口语传播把一个丰满动人的介子推形象给我们树立了起来,显然,人们敬仰介子推,是通过口语传播的内容而认识他的。寒食节纪念介子推和端午节纪念屈原一样,是我们民族传统的崇尚爱国、崇尚明大义识大体、崇尚舍己为人的精神体现。这些精神都保存在民间的口语传播中。

　　春秋是我国历史上诸侯割据的时代,大小国林立,国家关系复杂,那么各国之间是采用什么办法来达到维护国与国之间友好与合作、互通有无、强化同盟、共同抵御强敌、维护周朝之礼的目的呢? 通过考察《左传》的记载,我们发现当时存在着一种重要的新闻传播制度,即"告事制度",它是各国之间获取信息的一个重要手段,这种制度体现了新闻的一些要素,是研究中国新闻史的宝贵实证,应该引起我们的重视。

　　具体体现这一新闻传播制度的应是《左传》中众多的"告"字。告字在《左传》中共出现了 433 例,411 句。在众多的"告"字使用中,使用频率最高的义项为"告知,告诉",并且"告"的对象有相当一部分为本国以外的诸侯国,被告知的内容往往是国家的内政外交大事。例如:

　　1. 冬,齐侯使来告成三国,公使众仲对曰:"君释三国之图,以鸠其民,君之惠也。……"(隐八年传)(隐公八年冬,齐侯派人来报告宋、卫、郑三国媾和的事。隐公派众仲回答说:"君王使三国舍弃相互报仇的图谋,安定他们的百姓,这都是君王的恩惠。……")

　　2. 十一年春,晋侯使以丕郑之乱来告。(僖十一年传)(僖公十一年春,晋侯派使者来报告丕郑发动的叛乱。)

　　3. 王人来告丧,问崩日,以甲寅告,故书之,以征过也。(襄二十八年传)(襄公二十八年,周朝的使者前来报告丧事,问他周天子死去的日期,用十二月十六日作为回答,所以春秋记载它,用以惩戒过错。)

4. 王以戎难告于齐。(僖十六年传)(僖公十六年,周天子把戎人造成的祸难告诉齐国。)

5. 王使简师父告于晋,使左鄢父告于秦。(僖二十四年传)(僖公二十四年,周天子派简师父到晋国报告由于得罪母亲所宠爱的儿子带,只好僻居在郑国的汜地,同时派左鄢父到秦国报告了这件事。)

6. 公说,乃拘宛春于卫,且私许复曹、卫,曹、卫告绝于楚。(僖二十八年传)(僖公二十八年,晋侯很高兴,于是把宛春囚禁在卫国,同时私下允诺恢复曹、卫,曹、卫就和楚国绝交。)

7. 秋,郑人以王命来告伐宋。(隐九年传)(隐公九年秋,郑人用天子的名义前来报告攻打宋国的事。)

8. 冬,饥,臧孙辰告籴于齐,礼也。(庄二十八年传)(庄公二十八年冬,发生饥荒,鲁国的大夫臧孙辰向齐国报告并求购粮食,这是合于礼的。)

9. 晋侯使叔向告刘献公曰:"抑齐人不盟,若之何?"(襄二十八年传)(襄公二十八年,晋侯打算重温过去的盟约,齐人不同意。晋侯派叔向告诉刘献公说:"齐人不肯结盟,怎么办?")

由以上例子可以看出,春秋时期国与国之间的信息互通是频繁的,且每逢国内以及国与国之间有一些异常情况时,总是要通过"告"的方式及时地传达给诸侯国,我们把它们姑且称之为"告事制度"。而告事制度中的很多内容反映出了春秋时期萌发的新闻因素和外交因素,为新闻的后期发展以及外交制度的日趋成熟奠定了有利的基础。

《左传》中反映的告事制度大概可以包括以下几个方面:

(一)告事的内容

《左传》通过直接或间接的方式介绍了通常国与国之间进行的信息传递。其中包括以下几个方面:

1. 战争(包括战争的胜与败以及外来入侵、请求军事援助等)。春秋时期周王室日益衰颓,各诸侯国纷纷林立,为了稳固自己的领土及地位,扩大自己的声势,争霸是此时期国家间关系的主题。频繁发动战争、缔结同盟就成为争霸的主要方式,而充分掌握各诸侯国之间战争信息就成为各国制订战争、结盟计划的主要依据。因此,各诸侯国之间都自觉地将本国发生的战事及时地通告各国,同时缔结同盟的诸侯国之间在通告战争信息的同时还要进行军事求助。如:

(1)冬,王使来告难曰:"不穀不德,得罪于母弟之宠子带,鄙在郑地氾,敢告叔父。"(僖二十四年传)

(2)冬,楚子及诸侯围宋,宋公孙固如晋告急,先轸曰:"报施救患,取威定霸,于是乎在矣。"(僖二十七年传)

(3)冬,晋以江故告于周,王叔桓公、晋阳处父伐楚以救江。(文四年传)

(4)秋,齐人侵我西鄙,故季文子告于晋。(文十五年传)

(5)单子欲告急于晋。(昭二十二年传)

(6)"寡君失守社稷,越在草莽,使下臣告急,曰:'夷德无厌,若邻于君,疆场之患也。……'"(定四年传)

(7)狄侵我西鄙,公使告于晋。(文七年传)

(8)王以戎难告于齐。(僖十六年传)

(9)宋人使门尹般如晋师告急,公曰:"宋人告急,舍之则绝,告楚不许。我欲战矣,齐、秦未可,若之何?"(僖二十八年传)

……

例(1)讲述的是周天子之弟率领狄人攻打周天子,周天子派使者来报告发生的灾难,由于鲁国与周王室关系密切,所以报告灾难的意图在于申请救援。

例(2)讲述的是楚王和诸侯包围宋国,宋国的公孙固到晋国报告情况紧急。

例(3)讲述的是由于楚国的军队包围江国,晋国想攻打楚国来救援江国。冬天,晋国把江国的事报告了周天子,于是王叔桓公、晋国的阳处父攻打楚国以救援江国。

例(4)讲述的是文公十五年秋天,齐国军队侵犯鲁国西部边境,所以季文子向晋国报告。

例(5)讲述的是昭公二十二年,周景王逝世,旧臣们都纷纷拥戴众太子,国内战乱频繁。单子是周朝的臣子,把这种紧急情况报告给了晋国,希望晋国能够支持他所拥戴的悼王。

例(6)讲述的是楚国的申包胥为了不使吴国的伍员实现颠覆楚昭王政权的计划,跑到秦国去请求出兵消灭吴国,以楚王的名义来报告急难,用言辞来说服秦王支持他的计划。

例(7)讲述的是狄人侵犯了鲁国西部边境,鲁国国君派使者报告了晋国。

例(8)讲述的是春秋时期戎人经常侵犯中原,僖公十六年,戎人再次侵犯中原,周天子把戎人造成的祸难告诉了齐国,于是齐国调集诸侯的军队去防守。

例(9)讲述的是僖公二十七年,楚国联合友国包围了宋国,宋国向晋求援,晋国于是攻打楚国的友国曹、卫来帮助宋国。僖公二十八年,宋国国君派门尹般到晋国部队报告情况紧急,晋侯向先轸提出了一系列的问题,为无法解决宋国危急表示担心。

2.国家内乱及平定。在春秋时期,各诸侯国之间总是要互相通报自己国内的政治稳定与否,尽管这与被通报的国家没有任何关系,也要进行通报,以达到交流信息的目的。如:

(1)十一年春,晋侯使以丕郑之乱来告。(僖十一年传)

(2)十二年春,王使以周公之难来告。(成十二年传)

(3)卫侯告宁于齐,且言子石。(昭二十年传)

(4)晋侯使以杀太子申生之故来告。(僖五年传)

例(1)讲述的是僖公十一年春,丕郑向秦国国君献策推翻晋国现任国君,被晋侯派人平息了叛乱。于是晋侯派遣使者来报告丕郑发动的叛乱。

例（2）讲述的是成公十二年春，周公楚为了与他人争夺政权，没有得胜，于是发怒离去。虽经周天子的挽留，但最终还是逃亡到了晋国。于是周天子派使者报告了周公的祸难。

例（3）讲述的是昭公二十年，卫侯向齐国报告国内安定，同时述说了公孙青的有礼。

例（4）讲述的是僖公五年，晋侯派遣使者前来报告杀害太子申生的原因。

3.国内的饥荒及请求食物援助。缔结同盟的诸侯国之间在通告信息的同时进行经济及食物求助，以渡过难关。如：

（1）冬，京师来告饥，公为之请籴于宋、卫、齐、郑，礼也。（隐六年传）

（2）冬，饥，臧孙辰告籴于齐，礼也。（庄二十八年传）

4.国之大事政令（包括国君的死、丧礼、即位等）。国君的行动也成为各诸侯国密切注视的焦点，国君的生、丧、婚娶、即位等也成为通告的主题。如：

（1）卫齐恶告丧于周，且请命。（昭七年传）

（2）二年春，晋侯使韩宣子来聘，且告为政，而来见，礼也。（昭二年传）

（3）冬，王人来告丧，难故也，是以缓。（僖五年传）

例（1）讲述的是卫国的齐恶向周朝报告卫襄公逝世一事，同时请示赐予恩命。

例（2）讲述的是昭公二年春天，晋侯派韩宣子前来聘问，同时报告他掌握国政，因而前来进见，这是合于礼的。

例（3）讲述的是僖公五年，周惠王死。襄王担心太叔带造成的祸难，害怕不能立为国君，所以不发布丧事的消息而向齐国报告祸难。

5.外交活动（包括促成和平、共同抗敌等）。诸侯国之间彼此为了求得关系的平衡,经常要调整国与国之间的关系,召开盟会,缔结同盟,强化同盟,共同对付敌人也是当时国与国之间的大事,理所当然地成为通告的主要内容。如:

(1)晋襄公既祥,使告于诸侯而伐卫,及南阳。(文元年传)

(2)秋,郑人以王命来告伐宋。(隐九年传)

(3)使告于宋曰:"君若伐郑以除君害,君为主,敝邑以赋与陈、蔡从,则卫国之愿也。"(隐四年传)

例(1)讲述的是文公元年,晋襄公在举行小祥祭祀以后,派人通告诸侯而讨伐卫国,到达南阳。

例(2)讲述的是隐公九年,郑人用天子的名义前来报告攻打宋国的事。

例(3)讲述的是卫国的州吁派人告诉宋国说:"君王如果攻打郑国,以除去君王的祸害,君王作为主人,敝邑发兵和陈、蔡两国作为属军,这就是卫国的愿望。"宋国答应了。

6. 自然灾祸。如:

数日,皆来告火。(昭十八年传)

昭公十八年夏天,梓慎观天象判断说,在宋国、卫国、陈国、郑国将要发生火灾,几天以后四国都来报告火灾。

(二)告事的原则

关于告事的原则,在《春秋左传》中是有直接记述的,可以分为六个方面:

1. 同盟的诸侯之间,国君的死、丧要及时地进行告知,才是符合礼仪的。

如:"凡诸侯同盟,于是称名,故薨则赴以名,告终称嗣也,以继好息民,谓之礼经。"(隐七年传)

当然,如果不及时地进行告知,就会被视作不敬。以下就是个反例:

"凡崩薨,不赴则不书,祸福不告亦不书,惩不敬也。"(文十四年传)

2. 凡同盟的诸侯国内部发生一些重大事件,也是要及时通知的。

如:"凡诸侯之大夫违,告于诸侯曰:某氏之守臣某失守宗庙,敢告。"(宣十年传)

3. 对于事件当事人的规格级别也进行了规定。

如:"所有玉帛之使者则告,不然则否。"(宣十年传)

4. 报告内容必须要准确,否则视作无礼。

如:"王人来告丧,问崩日,以甲寅告,故书之,以征过也。"(襄二十八传)

5. 同盟的国家之间,应该把与第三国交往的情况进行通报。

如:"郑子皮使印段如楚,以适晋告,礼也。"(襄三十一年传)

"孟孝伯如晋,告将为宋之盟故如楚也。"(襄二十八年传)

6. 诸侯国通告不及时、时间不准确或不通告应告之事就会得到批评,并且史书不予记载。如:

(1)宋不告命,故不书。凡诸侯有命,告则书,不然则否。虽及灭国,灭不告败,胜不告克,不书于策。(隐十一年传)

(2)八月,纪人伐夷。夷不告,故不书。(隐元年传)

(3)吴入越,不书,吴不告庆,越不告败也。(哀元年传)

(4)二十四年春,王正月,秦伯纳之。不书,不告入也。(僖二十四年传)

(5)戊申,使杀怀公于高梁。不书,亦不告也。(僖二十四年传)

(6)齐人定懿公,使来告难,故书以"九月"。(文十四年传)

综上所述,我们可知,在春秋时期,成熟的新闻告事制度已经完备,是官方口语传播的主要形式。

三、远距离传播依赖于邮驿制度

春秋时期,各诸侯国日益强大,各自在自己统治范围内大力进行农业、手工业和商业的改革,经济迅速发展起来,通信设施也进一步完善。西周中央王朝和各诸侯国都争相建设国道、通信设施和邮驿馆舍。由于驿道的发达，以至于当时竟将驿传制度完善与否，作为一个国家文明的尺度。据《左传·襄公三十一年》，著名政治家子产，高度评价晋文公邮驿的成就："文公之为盟主也，宫室卑庳无观台榭，以崇大诸侯之馆。库厩缮修，平易道途。馆室诸侯宾至，甸至庭灯，仆人巡官，车马有所宾从。"晋文公不修宫室台榭，却花大价钱整治各国信使的宾馆马厩，道路整齐平坦，客人到来沿途灯火通明，仆役随时服务，使贵客的车马都安排得很周到。说明晋国当时的驿传制度是处于领先地位的。

　　这时期用于传递信息的邮传方法主要有三种。一是单骑通信。单骑快马通信的最早记载是郑国子产的乘遽，据《左传》，公元前540年秋天，郑国公孙黑叛乱，正在都城远郊办事的相国子产闻讯，立即赶回。因为怕乘普通的车赶不上平乱，他临时乘了单骑的遽归来，这个遽，便是那时邮驿中新出现的速度最快的单骑通信。二是接力传递。关于它的记载，也出自《左传》，公元前541年，秦景公的弟弟鍼去晋国，在秦晋间开通了一条邮驿大道，每隔10里路设置一舍，每辆邮传车只需跑10里便可交给下一舍的车辆。这样一段一段地接力，共历百舍即达千里，正好由秦国的都城雍直达晋国的都城绛。这样的接力运输和传送信件方式，自然要比单程车传快得多。三是驲传。驲是一种高级急行车，一般用于传递快信和高级人物需办的急事。祁奚乘驲，便是实例。祁奚是晋国的老臣，公正无私，外举不弃仇，内举不失亲，为众人所敬重。大臣叔向受到政争的牵连，被晋政府囚禁起来，叔向希望祁奚能出来说话。祁奚闻知此事，立即乘驲赶来见当政的范宣子，向范宣子证明叔向是既有智谋而少有过错的贤人，要保证社稷稳固，就应当10次赦免他。范宣子终于听从了祁奚老臣的意见，赦了叔向的罪。《左传》上"祁奚乘驲而见宣子"的名句，也就成为春秋史上的佳闻。这一记载，也被后人视为中国邮驿史极可珍贵的资料。

除了上述基本的通信方式外，烽火通信也成为晋国和其他诸侯国的正式制度。最初，人们在道口田陌之间，树一大木，上缀毛裘等物，可使信使和行路人在很远的地方就知道站馆所在，古文里称之为邮。这一设施，既是通信网络，又是一种防卫象征。后来逐步演化为防护堡垒，再发展就成为烽火台。台的规模越来越大，以至于四角面百步，筑土四方，上有室，室上有柱，出高丈余，台柱上有烽有鼓。烽火台正名曰烽燧台，燧是一堆堆柴禾和狼粪，用火点着发出狼烟，无风笔直上升，老远就能望见。到晚上，台上再架起桔槔，上置大铁笼子，内装柴草。遇有紧急情况，烧着后形成高耸入云的大火把。从京师到边境，每条大道都建起一座座烽火台，专门派人守望。边境告急，消息会很快传到京师。京师遇难，消息又会从都城传到边关。这是我国古代一种十分有效的烽火通信系统，从西周一直到汉代，都在沿袭使用。周幽王烽火戏诸侯的故事，便是著名的实例。春秋时期，声光通信越来越被军事家们所广泛采用，发现敌情时，昼则举旗，夜则举鼓，以此作为视觉信号和耳听信号。

战国时期，三晋的韩、赵、魏与其他诸侯国频繁角逐，各自有一批说客谋士，往来在各国间游说谋划，促使邮驿空前繁忙起来。繁忙的标志之一，便是简书与符信的风行。简书就是把书信写在竹木简上，在西周时就已经出现，如《诗经》所云"王事多难，不遑启居。岂不怀归？畏此简书。"战国时候，大凡日常公文、官吏奏报、官方通信、说客上书，全用简牍。符信是通信的信物，即通行的凭证，有符有节。节是身份证明，供使者在路途上使用。持有此节者，沿途住宿伙食一律由传舍供给。符与节略有不同，大多是军事凭信，分左右两半，一半为国王所持，另一半发给带兵将领，调兵时把两符相合，以为验证。发生在三晋的窃符救赵的故事，便是实例。战国末年，秦国重兵包围了赵国首都邯郸，赵国平原君写信向魏国信陵君求救，信陵君几次请求他的胞兄魏王出兵，都未得到允许。信陵君依靠魏王宠妃如姬的合作，盗出虎符,夺得兵权,率领 8 万精兵救了邯郸之围。这一虎符便是当时调兵的凭证。持有符节的使者,在通信过程中拥有特权。如果遇到交通阻塞的情况,他可以优先通过;宣布戒严时也可破例放行;还可以迅速地见到君王。他们的通信时间,是规定了期限的,必须在什么时候到达何地,这叫作"皆以道里日时课",保证了信息传递的按时到达。

除了官方的通信系统外,三晋中赵国的平原君、魏国的信陵君,还组织有私人通信情报网。据《史记》记载,一次魏国官方通信机构接到边境的烽火情报,说是赵国兵陈边界,要向魏国进攻。魏王十分恐慌,找信陵君商量对策。信陵君却稳若泰山,告诉魏王说这仅是赵王出外狩猎,不是举兵攻魏。不久,前方来报证实了信陵君的话是正确的。魏王很奇怪信陵君为何能未卜先知,信陵君解释说这是家里的食客向他报告的。这一例子说明信陵君拥有着效率很高的私人通信情报机构,能迅速、准确、及时地向他通报情况。

四、舆论传播依赖于开明的政治制度

山西不仅是中国古代人类文化的发祥地,而且是政治文明的发祥地。相传从尧舜时期就注意自觉地倾听民众意见,通过体察民情来制定政令。《淮南子·主术》篇有"尧置敢谏之鼓,舜立诽谤之木"的记载,表明了当时击鼓进言和刻木达意的方式。《晋书·王沉传》也记载:"自古圣贤乐闻诽谤之言,听舆人之论。""舆"的本意是指车,"舆人"即为造车的人。《周礼·考工记·舆人》中说:"舆人为车",就是指舆人造车的意思。后来舆人泛指下层的普通群众,舆论就是众人的议论、众人的意见。

从我国有文字记载开始,就记录了古代帝王遵从民意的事件:

见诸侯,问百年,命大师陈诗以观民风俗。(《尚书大传·唐传》)

九共以诸侯来朝,各述其土地所生美恶,人民好恶,为之贡赋政教。(《虞传》)

工以纳言,时而扬之,格则承之庸之。(《皋陶谟》)

古者，天子必有四邻，前曰疑，后曰臣，左曰辅，右曰弼。天子中立而听朝，则四圣维之。是以虑无失计，举无过事。（《尚书大传·虞夏传》）

惟帝时举，敷纳以言。（《尚书》）

凡厥庶民，极之敷言，是训是行，以近天子之光。……汝则有大疑，谋及乃心，谋及卿士，谋及庶人。（《洪范》）

夏商时出现了类似专业舆论者的官职，即遒人。据《尚书·胤征》记载："每岁孟春，遒人以木铎徇于路。"可见，遒人的职责是采风，收集民间百姓的意见。他采集当时流传于民间的歌谣及议论提供给朝廷，以此来观察民情、考察政治的得失。从商周时期起，传播舆论作为一种职业，逐渐从物质生产中分离出来而成为专门的精神生产者，出现了职业的舆论人。这种职业舆论人就是官方的史官和民间的思想家。他们积极从事舆论活动，主动发表见解，提出系统的思想原则，成为国家统治的一种独立的精神力量。

除了职业舆论人之外，平民百姓的议论仍然是社会舆论的基础，是构筑舆论大厦的基石。从春秋时期起，某些帝王的思想由"敬天"向"重民"转化，更加重视臣民的建议，征询臣民的意见成为管理国家的一种风气，这就是所谓的"庶人之谤"、"庶人之议"、"舆人之谤"、"舆人之谋"。在这里，国人指城里人，庶人指乡下人，舆人则指包括国人和庶人在内的中下层平民百姓。据记载，舆人都有田产，都是些自由人，而不包括奴隶，有发表言论的权利。

不论是职业舆论人的议论，还是平民百姓的议论，这个时期的舆论内容基本上可以体现为三个方面：

（一）对朝廷失误的批评、对不合理政治制度的讽刺和对社会不良行为的谴责

《诗经》中包括15个地区民间歌曲的国风，属于今天山西的有《魏风》7篇，《唐风》12篇，从中可以看出当时山西地区百姓的一些

舆情。

如对朝政失误的批评：

肃肃鸨羽，集于苞栩。王事靡盬，不能艺稷黍。父母何怙？悠悠苍天，曷其有所？（《诗经·唐风·鸨羽》）

这首诗反映了当时国家徭役繁重和战事频仍的状况，老百姓已经到了无法忍受的地步。徭役是古代国家强迫平民（主要是农民）从事的无偿劳役，一般有力役、军役及其他杂役。无休止地从事力役、军役，使庄稼不能种，父母不能养，夫妻不能团聚，因而发出了"悠悠苍天"的呼喊和怨言。

如对不合理政治制度的讽刺：

坎坎伐檀兮，置之河之干兮，河水清且涟猗。不稼不穑，胡取禾三百廛兮？不狩不猎，胡瞻尔庭有悬貆兮？彼君子兮，不素餐兮！（《诗经·魏风·伐檀》）

硕鼠，硕鼠，无食我黍！三岁贯女，莫我肯顾。逝将去女，适彼乐土。乐土乐土，爰得我所。（《诗经·魏风·硕鼠》）

《伐檀》重点在责问和讽刺统治者的不劳而获；《硕鼠》则揭露统治者对人民的残酷剥削，反映人民对美好生活的向往。《诗序》说："《硕鼠》，刺重敛也。国人刺其君重敛，蚕食于民，不修其政，贪而畏人，若大鼠也。"《黄鸟》的写作者是一群佃农，他们从家乡来到西周王畿，租种地主的土地，可没想到这里的地主比家乡的剥削更残酷，而他们又举目无亲，生活非常艰难，产生了回家乡的愿望。

（二）对开明政治的颂扬，对杰出人物的褒美和对社会进步的称赞

社会舆论不仅表现为对失常状态的贬损，还表现为对文明进步的赞誉。我们可看这时期的一些例证：

祁奚请老。晋侯问嗣焉，称解狐，其仇也。将立之而卒。又问焉，对曰："午也可。"于时羊舌职死矣，晋侯曰："孰可以代之？"对曰："赤也可。"于是使祁午为中军尉，羊舌赤佐之。君子称祁奚于是能举善

矣。称其仇,不为谄;立其子,不为比;举其偏,不为党。(《左传·襄公
三年》)

　　齐王使使者问赵威后,书未发,威后问使者曰:"岁亦无恙耶? 民
亦无恙耶? 王亦无恙耶?"使者不说,曰:"臣奉使使威后,今不问王而
先问岁与民,岂先贱而后尊贵者乎?"威后曰:"不然。苟无岁,何以有
民? 苟无民,何以有君? 故有舍本而问末者耶?"(《战国策·齐策四》)

　　祁奚荐贤秉公办事,不避亲仇,得到了君子们的普遍赞扬。赵威
后阐述了自己的民本思想,看到了民意的力量,反映了当时进步的政
治观和舆论导向。

　　(三)对从谏如流者予以肯定,对堵塞言路者予以否定,从正反两
方面来说明舆论产生的社会效果

　　如"厉王弭谤":

　　厉王虐,国人谤王。邵公告曰:"民不堪命矣。"王怒,得卫巫,使监
谤者。以告,则杀之。国人莫敢言,道路以目。王喜,告邵公曰:"吾能
弭谤矣,乃不敢言。"邵公曰:"是障之也。防民之口,甚于防川。川壅
而溃,伤人必多,民亦如之。是故为川者决之使导,为民者宣之使言。
故天子听政,使公卿至于列士献诗,瞽献曲,史献书,师箴,瞍赋,蒙
诵,百工谏,庶人传语。近臣尽规,亲戚补察,瞽史教诲,耆艾修之,而
后王斟酌焉。是以事行而不悖。民之有口,犹土之有山川也,财用于是
乎出。犹其原隰之有衍沃也,衣食于是乎生。口之宣言也,善败于是乎
兴。行善而备败,其所以阜财用衣食者也。夫民虑之于心而宣之于口,
成而行之,胡可壅也? 若壅其口,其与能几何?"王弗听,于是国人莫敢
出言。三年乃流王于彘。(《国语·周语上》)

　　《邵公谏厉王弭谤》这篇文章是我们研究古代舆论形式及作用的
重要资料。"天子听政",从上到下,从近臣到亲戚,从老到幼,有许多
渠道,言路畅通,三思而行,所以才"事行不悖"。而周厉王本身就残
暴,做了许多坏事,若从谏而改过,尚可亡羊补牢。但他却变本加厉,

派卫国的巫者监督议政者,只要卫巫告发,就把被告者杀掉。结果三年后,他被国人推翻了,流放到晋国的偏远山区。这篇文章有三点值得注意:一是什么才算广开言路;二是怎样正确对待舆论;三是堵塞言路造成的恶果。

第三节　秦汉至南北朝的新闻传播活动

一、秦代的新闻传播

秦始皇统一中国后,在山西设有五郡:太原郡、河东郡、上党郡、雁门郡及代郡。

秦始皇生前及死后,他与三晋古国的怨仇和争斗从未停止过。正如清朝山西泽州人陈廷敬的《晋国》诗所云:"晋国强天下,秦兵限域中。兵车千乘合,血气万方同。紫塞连天险,黄河划地雄。虎狼休纵逸,父老愿从戎。"由于晋国强大,把秦兵限制在函谷关内不能出来,成为他统一六国的最大障碍,因而他与三晋之间的战争是最频繁的。这些重大新闻事件都被史官记录在史籍中,可见修史仍是当时传播新闻信息的主要手段。这些重大新闻事件有:公元前228年,秦王嬴政第一次巡视山西,这一年他攻灭赵国。他曾经随父在赵国当人质,昔日寄人篱下,备受凌辱,此次来到邯郸,收赵俘,杀仇家,何其威风。之后,又从井陉口西上太原,加强防务。公元前218年,秦始皇二巡山西,目的是封禅泰山,立石颂德。不料方出关门,迎面飞来韩国刺客的铁锥,险遭不测,成为当时轰动全国的特大新闻。他死后,韩、赵、魏三国都相继爆发了声势浩大的复国运动。

秦始皇创造了刻石记功的办法,利用石刻文字来广泛传播自己的业绩。据司马迁《史记》记载,"二十八年,始皇东行郡县,上邹峄山,立石,与鲁诸儒生议,刻石颂秦德。……二十九年,始皇东游,至阳武博浪沙中,为盗所惊,求弗得,乃令天下大索十日。登之罘,刻石。……三十二年,始皇之碣石,使燕人卢生求羡门、高誓,刻碣石门。……三十七年,始皇出游,上会稽,祭大禹,望于南海,而立石刻颂秦德。"

在秦代,民间仍沿袭着口耳相传的传播方式,其中民谣代表了民间对重大新闻事件的看法。如秦始皇时民歌:"生男慎勿举,生女哺用脯。不见长城下,尸骸相支柱",就真实地表达了对修长城的不满情绪。再如秦始皇末年,班固五世祖班壹定居山西娄烦,以发展牧业而富天下,成为山西北部第一豪门大姓,且行侠仗义,深受边民拥戴,于是"州郡歌之"①,用民谣颂其德。

二、汉代的新闻传播

汉代传播官方新闻的方式主要有发布诏书、递送奏记抄件、烽火通信、悬书、露布、榜文等。

关于诏书传播的,如公元前 61 年 3 月,汉宣帝巡视山西河东郡,祀后土祠,时天气晴朗,众鸟云集,又因连年丰收,四方嘉瑞屡献,宣帝欢喜,传诏天下曰:"东济大河,天气清净,神鱼舞河,进汾阴万岁宫,神雀飞翔,云集上空,改元康五年为神爵元年,赏赐天下勤劳王事官吏爵二级,民一级,并令所过无出当年田租。"②再如公元前 55 年 3 月,汉宣帝再次巡视山西河东郡,祀后土祠,传诏天下曰:"以往匈奴侵犯边境,百姓受害,今单于称臣,边境安宁,朕饬躬斋戒,郊上帝,祠后土,神光并见,屡蒙嘉瑞,获兹祉福。特为减天下口钱,赦殊死以下,赐民爵一级,加赐鳏寡孤独高年帛。"③这两件诏书中包含有重大的新闻信息,如改称年号、赏赐官爵、免除租赋、赦免死囚、恩惠孤寡等,传播范围由山西遍及全国,可称一时之快事。

---

① 《汉书》卷 100《叙传》。

② 《汉书》卷 8《宣帝纪》。

③ 《汉书》卷 8《宣帝纪》。

关于烽火通信，汉代形成了完整的制度。在甘肃敦煌、居延出土的几份《塞上烽火品约》，是目前知道的最为详尽的汉代烽火通信的重要资料。所谓品约，就是规则。从这些品约可以看出，当时按敌情不同，把情报分为五品，即五个等级。敌人在10人以下者称为一品，情况不十分紧急；敌人10人以上500人以下者称为二品，情况稍急；敌人有千人以上且入塞者称为三品，情况更为紧急；敌人千人以上而且攻打亭障者称为四品五品，情况至为紧急。敌情的不同级别，有不同的举报烽火的信号。当天大风或雨，烽火不燃者，须亟传檄告，人走马驰以疾。据史书记载，汉武帝时河东平阳（今山西临汾）人卫青、霍去病与匈奴作战，以烽火作为进军号令，一昼夜就可使河西的信号传至辽东，远达数千里。当时人用诗来形容信息传递之迅速说："候骑至甘泉，烽火通长安"，甘泉在今陕北，离汉都长安大约300公里，烽火通信迅速可达，可见当时军事通信的效率极高。

　　关于榜文传播的，如明代山西籍作家罗贯中在《三国演义》中所写："且说张角一军，前犯幽州界分。幽州太守刘焉……闻得贼兵将至，召校尉邹靖计议。靖曰：贼兵众，我兵寡，明公宜作速招军应敌。刘焉然其说，随即出榜招募义兵。榜文行到涿县，引出涿县一个英雄。"榜文即官府的告示，主要用于发布官方新闻和政令。小说虽是明代人写的，但反映的却是汉朝的史实，从中可以看出榜文是汉朝官方经常使用的传播手段。

　　汉朝民间传播信息的方式也是多种多样的，《汉书》就记载了一个"鸿雁传书"的有趣实例。是说汉武帝天汉元年（前100年），太原人常惠随苏武出使匈奴，被匈奴扣押，二人不屈，遭拘禁19年。始元六年（前81年），匈奴与汉合亲，汉王朝向匈奴要求归还苏、常，匈奴诡言苏武已死。常惠夜见汉使者，教给他道：你告诉匈奴单于，就说汉天子在上林苑打猎，射中飞雁，雁足系有帛书，书中说苏武在北海牧羊。汉使依计而行，单于大惊，信以为真，被迫放苏武、常惠回国。^①这鸿雁传书虽不是真的,但却从一个侧面说明了汉朝人传播手段的多样性。

三、魏晋南北朝的新闻传播

山西闻喜人裴松之在南朝宋时采三国异同,注《三国志》,对三国和曹魏时期的信息传播情况多有记载。如在《陈泰传》里说,当时由于战乱,一方有事即虚声扰动天下,邮递十分困难。道路壅塞,命不得通, 连皇帝和政府的文书命令也不能通畅下达。直到曹操统一了北方,这情况才逐渐有了改变。曹魏时在通信史上最大的建树,是《邮驿令》的制定与实施。这是在魏文帝时由大臣陈群等人制定的,内容包括军事布阵中的声光通信、传舍规定及交通的政治禁令等。这部邮驿法原文已经失传,有些内容保存在《初学记》、《太平御览》的辑文中。如《太平御览》卷 340、卷 341 中云:"魏武军令:明听鼓音旗幡,麾前则前,麾后则后。""闻雷鼓音举白幡绛旗,大小船皆进,不进者斩。"鼓音是声,白幡绛旗是色和光,这是古代声光通信的继续。书里还提到了紧急文书要"插羽",即插上羽毛,颇类似后来的鸡毛信。《三国志·王朗传》还记载了曹魏时兴盛清议,"舆论"一词开始出现。谏臣王朗给魏文帝上的奏折中说:"往者闻权有遣子之言而未至。今六军戒严,臣恐舆人未畅圣旨,当谓国家惜于登之逋留,是以为兴师。设师行而登乃至,则为所动者至大,所致者至细,犹未足以为庆。设其傲狠,殊无入志,惧彼舆论之未畅者,并怀伊邑。臣愚以为宜敕别征诸将,各明奉禁令,以慎守所部。"王朗对舆论形势的分析说服了曹丕,打消了他动兵伐吴的念头。

晋朝的国名源于山西。山西不仅是司马氏晋王朝的发祥地,而且山西籍人在魏晋两朝更迭中一跃而成为头面人物。当时民谣有"贾裴王,乱纪纲;王裴贾,济天下"之说。^②贾指山西襄汾贾充,裴指山西闻

---

①参阅《汉书》卷 70《常惠传》。

②《晋书》卷 40《贾充传》。

喜裴氏家族,王指太原王氏家族,两晋时发生的许多重大新闻事件都与他们有关。晋朝时地方官员为了和中央取得通讯联系,寻找一种快马速递,号为"千里牛",旦发暮还,一天来回行千里。当时还出现了流动信箱一类的设置,如句容县令刘超在出巡时,命人制成一个大木箱,称为大函,沿途鼓励人们向函中投放书信,回来拆阅,以了解下情。

东晋南北朝时期,山西先后建立过前赵国、后赵国、北魏国等地方政权,其中北魏国国力最强,存在时间最长,新闻传播事业也最发达。公元398年,拓跋珪建都平城(今山西大同市),旋即称帝。逐渐并吞后燕、夏、北燕、北凉,于439年统一北方,与南朝对峙。疆域北至蒙古高原,西至新疆东部,南境初以黄河为界,东至辽西。北魏时连年征战,露布成了盛极一时的宣传武器。露布的形式犹如一面用大幅缣帛制成的旌旗,缣帛上写着进呈皇帝的告捷奏报。奏报高高地悬挂在漆竿上,将士们擎着它,快马送往皇帝的所在地。当将士们换马、休息或住宿时,露布就像旗帜一样插在地上,让群众围观,胜利的消息就很快四处传播。这种新闻传播工具虽然比较原始,但时效迅速,影响很大。如北魏宣武帝正始元年(504年),北魏将军元英大破梁军,"英使司马陆希道为露版,嫌其不精,命傅永改之,永不增文彩,直为之陈列军事处置形要而已,英深赏之,曰:观此经算,虽有金城汤池,不能守矣。"[1]另据《隋书·礼仪志》:"后魏每攻战克捷,欲天下知闻,乃书帛,建于竿上,名为露布。"再如北魏孝文帝太和二十一年(497年),大将韩显宗在赭阳打了一场硬仗,斩敌军上将一名。其时孝文帝正在新野与南齐军鏖战,便责怪他:"卿破贼斩帅,殊益军势,朕方攻坚城,何为不作露布也?"韩显宗答道:"臣顷闻镇南将军王肃,获贼二三,驴马数

---

[1]《资治通鉴》卷145。

匹，皆为露布，臣在东观，私每哂之。近虽仰凭威灵，得催丑虏，兵寡力弱，擒斩不多。脱复高曳长缣，虚张功捷，尤而效之，其罪弥甚。"从北魏君臣的以上对话中可以看出，露布能鼓舞士气瓦解敌军，但也存在利用露布发布假新闻的情况。正因为露布有巨大的宣传作用，这种新闻发布形式一直沿用到明末清初。①

　　魏晋南北朝时期，是我国历史上民族融合的重要时期，自东晋十六国到北朝止，北方有许多少数民族建立过政权。他们或偏居边陲一方，或几至统一整个北方。这些民族政权对北方的邮驿传播事业，都起过重要作用。十六国前期由匈奴族刘渊建立的汉国（都城在今山西临汾市，后改国号为赵，史称前赵），就很重视邮驿。他征召贤士，都利用驿书。据司马光《资治通鉴》记载，当时北方有个汉人名士叫陈元达，少有志操，为刘渊所看中，在刘称汉王前曾几次请他协助，他都不答应。刘渊当上了汉王，朋友们对陈元达说：这回你该害怕了吧，你曾经那样慢待过刘渊。陈元达却笑着回答说：我对刘渊深有了解，他也看透了我的心思，恐怕三两天之后，必有驿书前来召我。果然，很快就有刘渊的书信通过邮驿来到，陈元达遂成为刘渊立国的重要参谋人物。②这个例子说明，即使在西晋末东晋初，北方战事尚十分混乱的情况下，少数民族政权中的一些有识之士，就已把邮驿传播作为巩固统治的一项重要措施利用起来。到后赵羯人石勒统治的时候，北方邮驿进一步发展。东晋人曾描绘当时后赵境内邮驿的有效实施情况说："贼之邮驿，一日千里。"③石勒经常用迅速的军事驿传来及时通报战争情况，并用军驿来发布命令，调动军将，这说明，当时的驿传系统是畅通的。后赵时，曾流行一首《并州歌》，传播了一个轰动一时的新闻

①引自方汉奇主编《中国新闻事业通史》第一卷第 25 页，中国人民大学出版社，1992 年版。

②司马光《资治通鉴》卷 85。

③《晋书》卷 77《蔡谟传》。

事件。据《十六国春秋·后赵录》云："汲桑尝事成都王司马颖,颖之死也,桑聚众劫掠郡县,自称大将军。尝六月盛暑,而重裘累茵,使人扇之。患不清凉,乃斩扇者。时军中为之谣曰:士为将军何可羞,六月重茵披衲裘,不识寒暑断他头。"又《乐府广题》云:"晋汲桑,力能抗鼎,残心少恩。六月盛暑,重裘累裀,使十余人扇之。忽不清凉,便斩扇者。并州大姓田兰、薄盛斩于平原。士女庆贺,奔走道路而歌:雄儿田男为报仇,中夜斩首谢并州。"这个事例说明,后赵时民谣仍是传播新闻事件的重要手段之一。北魏的驿道,四通八达,往西可一直通到西域,与波斯的驿路联接起来。近年来在宁夏六盘山东麓的高平镇,考古发现了一批波斯萨珊王朝的银币、银壶、玻璃碗、青金石戒指等,说明当时这里的确有过频繁的邮驿来往。北魏时候,通信专使的称呼很为特别,常常仿古代鸟官龙官名,比如称各部曹的信使为"凫鸭",称更下级的候官叫"白鹭"。这些名称,都为取其飞腾之迅速和引颈远望之意。北魏的鲜卑族统治者,还用本民族语言称呼信使,如,叫他们为比德真(文书吏)、拂竹真(乘驿人)、咸真(地方乘驿人)等,这一情况,恰恰反映了当时民族融合的情况。北魏地域沙漠多,还常常使用骆驼来传布信息,如当时民歌《木兰辞》中就有"愿借明驼千里足,送儿还故乡"之句。关于北魏时用骆驼做通信工具的事例,在史书里比比皆是。据《朝野佥载》,魏孝文帝定大姓时,各地豪族唯恐定不上高门,纷纷以急传书信的办法向中央汇报本族的情况,有的大姓派人"星夜乘明驼,倍程至洛"。陇西李民便是这样做的,当时被人们戏称为"驼李"。还有一个"悬鼓报警"的故事。据《北史》记载,在魏孝文帝时,任命李崇做兖州刺史。当时天下混乱,到处盗贼横行,商旅和邮驿都受到阻碍。李崇到兖州后,命令在每村建一鼓楼,皆高悬一鼓。遇有盗贼来抢劫,立即有人用双槌击鼓,以向全村和邻村报警。村村互相配合,所来盗贼,一一被击退。以后,北魏境内诸州置楼悬鼓,成为定制。这是利用声音相互通讯的一种形式。北魏还有私营客店存在,以补充官方驿舍的不足。据《魏书·崔光传》记载,北魏大臣崔光的弟弟崔敬友,就曾"置逆旅于肃然山南大路之北,设食以供行者"。上述这些史实,都说明了魏晋南北朝时,我国邮驿事业有很大发展,各朝各代都创造了一些新鲜事物,使驿传业务不断进步。[①]

第四节　唐宋时期的新闻传播活动

一、隋代的新闻传播

隋代只有 38 年的历史,它继承的也就只是前代一些传播新闻信息的方式,并没有多少自己的独创性。我们从史书的记载中可以知道一些这方面的情况。开皇十七年(597 年),隋文帝任命自己的小儿子杨谅为汉王、并州总管,"自山以东,至于沧海,南拒黄河,五十州尽隶焉",[②]可见杨谅当时统治的山西地区远比现在大得多。隋文帝还特许杨谅以便宜从事,不拘律令,并与杨谅密约:"若玺书召汝,敕字旁别加一点,又于玉麟符合者,当就征。"[③]这是文帝与杨谅二人之间通报情况的暗号,别人是无从知晓的,因此具有典型的人际传播的特征。仁寿四年(604 年),隋文帝病亡,隋炀帝杨广一上台,就迫不及待地派遣屈突通带着假拟的隋文帝玺书去征召杨谅,杨谅打开玺书,没有预约的暗号,知道京师情况有变,就决意起兵造反。这时太原街头上流传着一首童谣:"一张纸,两张纸,客量小儿作天子。"杨谅听到后高兴地说:"我幼字阿客,量与谅同音,吾于皇家最小,以为应之。"[④]在

---

① 本段资料引自臧嵘《中国古代驿站与邮传》一书,商务印书馆,1997 年版。

②《隋书》卷 45《文四子传》。

③《资治通鉴》卷 180《隋纪四》。

④《北史·隋唐人谅传》:"汉王谅反,为杨素所败,幽死。先是童谣云:一张纸,两张纸,客量小儿作天子。时伪署官告身皆一纸,别授则二纸,谅闻谣喜曰:我幼字阿客,量与谅同音,吾于皇家最小,以为应之。"

我国古代,里巷歌谣往往和政治事件有着密切的关系。古人认为,这种来历不明的歌谣往往预示着某种政治动向,在今人看来,很有可能是出于某种政治目的而有意散布的舆论。这首民谣本是讽刺炀帝的,讥他是一介小儿做了天子,无奈杨谅以为是天意让他坐皇帝,据此谋反,落得身败名裂。

杨家父子靠暗号、靠玉符传播信息,本已新奇,但还有更新奇的,这就是隋朝末年,类似于欧洲史上"瓶邮"的通信。大业十一年(615年),隋炀帝到北边巡视,不料被突厥围困在山西雁门关。当时其他的通信手段都无法使用,炀帝情急之下,便想了个办法,命人用木头系诏书,放入水中,令其顺汾而下。诏书被下游的驻军接到,一个月后援军赶来,突厥不得不撤围而去。①这是一种在不得已的情况下使用的通报军情的方法。这种方法不但炀帝使用,他的军队也广泛使用。据《隋书》卷71记载:"大业之末,盗贼蜂起,人多流亡,君素所部独全。后从骁卫大将军屈突通拒义兵于河东。俄而通引兵南遁,以君素有胆略,署领河东通守。义师遣将吕绍宗、韦义节等攻之,不克。时围甚急,行李断绝。君素乃为木鹅,置表于颈,具论事势,浮之黄河,沿流而下。河阳守者得之,达于东都。越王侗见而叹息,于是承制拜君素为金紫光禄大夫,密遣行人劳苦之。"隋末在山西境内发生了这两件"瓶邮"通信,一靠汾水,一靠黄河,可说是战争史上的两个趣闻。后来,清末的革命党人也曾用此法,把清军屠杀民众的消息传播出去,并号其为"水电报"。

二、唐代的新闻传播

据方汉奇先生云:"唐代的进奏院状已经具有一定的报纸的作用,它是一种原始状态的报纸。"②依此而断,我国最早的报纸当是唐

---

①引自臧嵘《中国古代驿站与邮传》107页,商务印书馆,1997年版。

②引自方汉奇主编《中国新闻事业通史》第1卷,中国人民大学出版社,1992年版,第45页。

代的进奏院状,办报人就是各藩镇节度使派驻在京都的进奏官,他们的官邸被简称为进奏院。这名称表面上好像是地方及时向中央进奏本地情况,实际主要任务是定期把中央或首都发生的一些政治、军事大事,包括皇帝行踪、军事动态、官员任免等,向本地区的首脑人物汇报。据徐松《唐两京城坊考》记载,在大历、建中时期,仅首都长安崇仁坊一隅之地,就设有太原、沧州、河南等二十几家进奏院。关于进奏院的情况,河东解州(今山西运城西)人柳宗元写的《邠宁进奏院记》一文曾有详细的记载。这篇文章说:"凡诸侯述职之礼,必有栋宇建于京师。朝觐为修容之地,会计为交政之所。其在周典,则皆邑以具汤沐;其在汉制,则皆邸以奉朝请。唐兴因之,则皆院以备进奏,政以之成,礼于是具,由旧章也。皇帝宅位十一载,悼边氓之未乂,恶凶虏之犹阻,博求群臣,以朗宁王张公为能。俾其建节剖符,守股肱之郡,统爪牙之职,董制三军,抚柔万人。乃新斯院,弘我旧规。高其闉阇,状其门间。以奉王制,以修古典,至敬也;以尊朝觐,以率贡职,至忠也。执忠与敬,臣道毕矣。公尝鸣珮执玉,展礼天朝。又尝伐叛获丑,献功魏阙。其余归时事,修常职。宾属受辞而来使,旅賁奉章而上谒。稽疑于太宰,质政于有司,下及奔走之臣,传遽之役,川流环运,以达教令。大凡展采于中都,率由是焉。故领斯院者,必获历圜阓,登太清,仰万乘之威而通内外之事。王宫九关而不间,辕门十舍而如近,斯乃军府之要枢,邠宁之能政也。"柳文所述的,是贞元前后进奏院的情况。文中有三点值得注意:一是这种建邸备奏的制度,在汉代就已经形成了;二是进奏院的主要任务为"采于中都",也就是在京城收集情报;三是进奏官必须具备一定的资历和社交能力,亦即"通内外之事",这样才能获得皇宫及军府要枢的消息。柳宗元还在《贺诛淄青逆贼李师道状》一文中说:"今月三日得知进奏官某报,前件贼以前月九日,克就枭戮者。"由此可知,不能把见于唐人文集中的所有状、状报、报状都比附于报纸,只有经由进奏官们向地方传发的那些状、状报或报状,才具有近似于后来的邸报的性质。

在以文字传播为主的时期，交通线路的畅通直接关系到新闻信息的及时布达。唐代继续发展了南北朝的驿传合一制度，邮驿的任务包罗万象，但主要职能是负责国家公文书信的传递和紧急军事情报的飞送，正所谓"十里一走马，五里一扬鞭"，"一驿过一驿，驿骑如星流"。关于唐代驿制的情况，柳宗元在《馆驿使壁记》中也有详细的记述："凡万国之会，四夷之来，天下之道途毕出于邦畿之内。奉贡输赋，修职于王都者，入于近关，则皆重足错毂，以听有司之命。征令赐予，布政于下国者，出于甸服，而后按行成列，以就诸侯之馆。故馆驿之制，于千里之内尤重。自万年至于渭南，其驿六，其蔽曰华州，其关曰潼关。自华而北，界于栎阳，其驿七，其蔽曰同州，其关曰蒲津。自灞而南，至于蓝田，其驿六，其蔽曰商州，其关曰武关。自长安至于盩厔，其驿十有一，其蔽曰洋州，其关曰华阳。自武功而西，至于好畤，其驿三，其蔽曰凤翔府，其关曰陇关。自渭而北至于华原，其驿九，其蔽曰坊州。自咸阳而西，至于奉天，其驿六，其蔽曰邠州。由四海之内，总而合之，以至于关；由关之内，束而会之，以至于王都。华人夷人往复而授馆者，旁午而至，传吏奉符而阅其数，县吏执牍而书其物。告至告去之役，不绝于道；寓望迎劳之礼，无旷于日。而春秋朝陵之邑，皆有传馆。其饮饫饩馈，咸出于丰给；缮完筑复，必归于整顿。列其田租，布其货利，权其入而用其积，于是有出纳奇赢之数，勾会考校之政。大历十四年，始命御史为之使，俾考其成，以质于尚书。季月之晦，必合其簿书，以视其等列，而校其信宿，必称其制。有不当者，反之于官。尸其事者有劳焉，则复于天子而优升之。劳大者增其官，其次者降其调之数，又其次犹异其考绩。官有不职，则以告而罪之。"这篇文章也有三点值得注意：一是阐述了修整驿道的必要性，即"奉贡输赋"和传达政令。二是说明了唐时以首都长安为中心，有七条重要的放射状的驿道，通往全国各地。即长安到西域的西北驿路，途经甘肃、青海到达新疆；长安到西南的驿路,途经四川到达西藏;长安到岭南的驿路,途经湖北、江西到达广州;长安到闽南的驿路,途经河南、江苏、浙江到达福建;长安到北方草原地区的驿路,途经陕西、山西永济、临汾、代县、朔县直达内蒙古;还有两条为长安到山东、东北的驿路和长安到云南、贵州的驿路。三是记载了大历年间的邮驿管理制度,即任命御史一人知驿,号馆驿使,并定期考核各地驿官的政绩,优者升迁,次者降级,劣者治罪。

驿道的畅通,为新闻传播带来了便利的条件。唐代传播新闻的工具,除了进奏院状外,还有其他多种形式。宋代山西夏县人司马光写的史学巨著《资治通鉴》和宋元之际史学家胡三省作的《资治通鉴广注》,为我们保存了大量这方面的史料,可作为研究的佐证。比如露布,《资治通鉴》卷215云:"庞勋自谓无敌于天下,作露布,散于诸寨及乡村,于是淮南士民震恐,往往避地江左。"卷293云:"李靖破突厥颉利可汗于阴山,世勣虏房五万余口而还,斥地自阴山北至大漠,露布以闻。"胡三省在卷269后批注道:"魏晋以来,每战胜则书捷状,建之漆竿,使天下皆知之,谓之露布。露布者,暴白其事而布告天下,未尝书之于布而使人曳之也。《文心雕龙》曰:露布者,盖露板不封,布诸观听也。"论及露布,不能不说到檄文,两者同属军旅文书,都具有新闻传播的性质。不过檄文是在战前发布,起宣传造势的作用,露布是在战后发布,公布胜利的情况。唐代时,山西曾出过两位草写檄书的高手,一为河东闻喜人薛道衡之子薛收,一为李林甫之子李习吉。据《太平广记》卷174:"唐薛收在秦府,檄书露布,多出于收。占辞敏速,皆同宿构,马上即成,曾无点窜。"据《北梦琐言》:"习吉,右相林甫之后,应举不第。黄巢后,游于河东,摄榆次令。李公辟为掌记,笺檄之捷,无出其右。梁祖每读河东书檄,嘉叹其才,顾敬翔曰:李公计绝一隅,何幸有此人?如鄙人之智算,得习吉之才笔,如虎之傅翼也。"比如烽燧,《资治通鉴》卷188,胡三省注云:"初,罗士信取千金堡,太宗令屈突通守之。王世充自来攻堡,通惧,举烽请救。太宗度通力堪自守,且缓救以骄世充。通举三烽以告急,太宗方出援之。"《唐六典》也记载:"旧关内、京畿、河东、河北皆置烽。"说明山西当时烽堠之多,与其他地区形成一套烽燧报警系统。比如羽书,是通报军情的火急文书,山西籍诗人王昌龄和王维在诗中都多有记述。王昌龄《少年行》云:"青槐夹两道,白马如流星。闻道羽书急,单于寇井陉。"王维《老将行》云:"贺兰山下阵如云,羽檄交驰日夕闻。"比如榜文,从军国要闻到日常须知都在其传布范围,具有十足的新闻性和大众传播的特质。这在司马光的《资治通鉴》里也多有记载。如卷 250 云,唐懿宗咸通八年(867年),"怀州民诉旱,刺史刘仁规揭榜禁之,民怒,相与作乱,逐仁规,仁规逃匿村舍。民入州宅,掠其家赀,登楼击鼓,久之乃定。"卷 253 云,唐僖宗乾符六年(879 年),西川节度使崔安潜到成都上任,为了整治盗贼,发布榜文说:"有能告捕一盗,赏钱五百缗。盗不能独为,侣者告捕,释其罪,赏同平人。""未几,有捕盗而至者,盗不服,曰:汝与我同盗十七年,赃皆平分,汝安能捕我? 我与汝同死耳! 安潜曰:汝既知吾有榜,何不捕彼以来,则彼应死,汝受赏矣。汝既为所先,死复何辞! 立命给捕者钱,使盗视之,然后剐盗于市,并灭其家。于是诸盗与其侣相疑,无地容足,夜不及旦,散逃出境,境内遂无一人之盗。"卷 257 云,唐僖宗光启三年(887 年),张全义任河南尹,"选十八人材器可任者,人给一旗一榜,谓之屯将,使诣十八县故墟落中,植旗张榜,招怀流散,劝之树艺。……都城坊曲,渐复旧制。诸县户口,率皆归复。桑麻蔚然,野无旷土。"从上述诸多山西籍史学家、文学家的记载中,我们可知:在唐代,进奏院状、露布、檄书、烽燧、榜文等,都属于官方新闻传播体系中的基本构架。在传播新闻信息方面,进奏院状并非是一枝独秀,其他媒介的传播影响力也不比它差。

山西太原是李唐王朝的龙兴之地,隋代末年,李渊担任太原留守,握有太原、雁门、马邑、娄烦、西河五郡之兵,而这一带,向为阻挡北方游牧民族南下的门户,民风悍劲,勇斗善战。特别是北方重镇太原,一直被称为天下精兵处,士马精强,这确实是李渊、李世民父子起兵的资本。温大雅所撰《大唐创业起居注》凡3卷,记述了李渊从太原起兵至正式称帝共357天中的重大事件。起居注,中国帝王的言行录,大凡政治举措、军事行动、官员任免、社会动态等,均有详实记载,是很重要的新闻传播形式,因此具有鲜明的新闻特征。温大雅,字彦弘,太原祁县人,与弟彦博、大有以学识渊博、文才茂美而著名。隋大业十三年(617年)五月,李渊从太原起兵,任温大雅为大将军府记室参军,专门掌管起草文书等机要工作。差不多整整一年时间所发生的激荡人心的新闻事件,都为温大雅本身亲见亲闻,都被温大雅一一载入《大唐创业起居注》中。我们可看下列几段当时的军国要闻:

> 遂遣司直驰驿,系帝而斩仁恭。帝自以姓名著以图箓,太原王者所在,虑被猜忌,因而祸及,颇有所晦。时皇太子在河东,独有秦王侍侧耳,谓王曰:“隋历将尽,吾家继膺符命,不早起兵者,顾尔兄弟未集耳。今遭羑里之厄,尔昆季须会孟津之师,不得同受孥戮,家破身亡,为英雄所笑。”王泣而启帝曰:“芒砀山泽,是处容人,请同汉祖,以观时变。”帝曰:“今遇时来,逢兹锢系,虽睹机变,何能为也!然天命有在,吾应会昌,未必不以此相启。今吾励谨,当敬天之诚以卜兴亡。自天佑我,彼焉能害天必亡我,何所逃刑?”尔后数日,果有诏使驰驿而至。释帝而免仁恭,各依旧检校所部。①

这段文字记录了李渊、李世民父子谋划起兵的初因,隋炀帝已对他们产生了疑意,之所以不杀,是担心北方会因此群龙无首,陷入混乱。由这段文字可知,起兵太原的始作俑者是李渊,而并非人们常说的李世民。大业十三年(617年)七月,李渊命四子李元吉为太原郡守,留守晋阳宫,自己亲率精兵3万,与李建成、李世民一起南下,向

---

① 《资治通鉴》卷184胡三省注引。

关中进发。临行前誓师，发布檄文，宣布了要尊隋炀帝为太上皇、立代王杨侑为皇帝的主张，历数隋炀帝的种种悖逆之举，表示要废昏立明。明眼人都知道李渊起兵的目的，实际上是要取隋而代之，但当时不直接打出推翻隋朝的旗号，也是一种策略，目的是为了减少进军途中隋军的阻力。这就是当时轰动朝野的特大新闻"晋阳起兵"。李氏父子晋阳起兵，属下谋臣猛将大都是山西人，随从义士亦多太原人，南下途中，曾一度阴雨连绵、军粮不继，后方又传来突厥与刘武周将乘机袭取太原的消息，一时间军心浮动，议论纷纷，担心太原城中家属的安危。此时是进是退，温大雅记述道：

> 帝集文武官人及大郎、二郎等，而谓之曰："以天赞我而言，应无此势；以人事见机而发，无有不为。此行遣吾当突厥、武周之地，何有不来之理？诸公意谓何？"议者以老生、突厥相去不遥；李密谲诳，奸谋难测；突厥见利而行；武周事胡者也；太原一都之会，义兵家属在焉："愚夫所虑，伏听教旨"。唐公顾谓大郎、二郎等曰："尔辈何如？"对曰："武周位极而志满，突厥少信而贪利，外虽相附，内实相猜。突厥必欲远离太原，宁肯近亡马邑！武周悉其此势，必未同谋。老生、突厥奔竞来拒，进阙面南，退穷自北，还无所入，往无所之，畏溺先沉，近于斯矣。今禾菽被野，人马无忧，坐即有粮，行即得众。李密恋于仓粟，未遑远略。老生轻躁，破之不疑。定业取威，在兹一决。诸人保家爱命，所谓言之者也。雨罢进军，若不杀老生而取霍邑，儿等敢以死谢！"唐公喜曰："尔谋得之，吾其决矣。三占从二，何籍舆言。懦夫之徒，几败乃公事耳！"[1]

此段文字显示了李建成、李世民兄弟善于审时度势、当断则断的才干。而另一则记载则显示了李渊作战有时会优柔寡断，功亏一篑：

> 唐公亲率诸军围河东郡，屈突通不敢出，闭门自守。城甚高峻，不

---

①《资治通鉴》卷184胡三省注引。

易可攻。唐公观义士等志,试遣登之,南面千余人应时而上。时值雨甚,公命旋师。军人时速上城,不时速下,公曰:"屈突通宿卫旧人,解安阵队,野战非其所长,婴城善为捍御。我师常胜,入必轻之,骁锐先登,恐无还路。今且示威而已,未是攻城之时。杀人得城,知何所用!"乃命还。①

唐代的起居注,大都已散佚,因此温大雅的《大唐创业起居注》,就是现存最早的一部起居注。按照蔡元培先生的观点:"新闻者,史之流裔耳。古之人君,左史记言,右史记事,非犹今新闻中记某某之谈话行动乎?"②可知起居注是唐代官方新闻传播中不容忽略的一种手段,有极高的史料价值。

唐朝的驿传,到后期由于政局的混乱,越来越不景气,有些原来豪华的驿馆荒废了,有些偏僻地区的驿站甚至停办。唐宪宗时,李勃充当泽潞节度的吊祭使,回朝后把他沿途所见驿站残毁的情况向皇帝作了汇报:道途不修,驿马多死。泽潞在今山西东南部,离京都长安并不远。唐宪宗览表后十分震惊,深感朝野信息不能及时通达之忧。与此相反,唐朝时人与人之间的人际通信却较前增多。私人之间有时让顺路者捎带书信,还互赠一些小礼物。这种通信经过什么样的途径和方式,要视具体情况而定。贵族和军将书信往来可以由官府及边防系统提供方便,属于中下层官员的信件可以通过州县邮驿捎带,一般百姓仍是靠同乡和商旅带信。在唐人的文集中,常常都可看到文人学者的往来书信,连隐居深山的绛州龙门(今山西河津)人王绩,也有人给他不断寄送书信(《王绩集·杜之松答王绩书》)。可见私人之间的书信来往,也是人际之间传播新闻信息的一种方式。

①《资治通鉴》卷184 胡三省注引。

②蔡尚思《蔡元培学术思想传记》,北京棠棣出版社,1950年版。

三、五代时的新闻传播

五代时期,中原王朝兴替相继,战争频仍,地方政府不可能再在都城设立进奏院,因而,进奏院状也就不复存在,传播新闻信息的方式仍主要依靠诏书、檄文、露布、烽燧等。

此时,契丹是中原王朝的大敌,不断寇掠今山西北部地区,太原也就成为抗御契丹的战略重镇。石敬瑭、刘知远、刘旻都依此为基础建立了后晋、后汉和北汉国。当时发生的许多重大新闻事件和新闻传播活动,都与太原密切相关。

如后晋天福元年(936年)五月,后唐末帝不想让石敬瑭镇守太原,"即为除目,付学士院使草制。以敬瑭为天平节度使,以宋审虔为河东节度使。制出……敬瑭疑惧。"①关于制书,李贤注《后汉书·光武帝纪上》引《汉制度》曰:"帝之下书有四:一曰策书,二曰制书,三曰诏书,四曰诫敕……制书者,帝者制度之命,其文曰制诏三公,皆玺封,尚书令印重封,露布州郡也。"可见制书是用露布的形式昭示天下的,因而具有大众传播的特点。唐代凡行大赏罚,授大官爵,厘革旧政,赦宥降虏,皆用制书。五代承袭了这一传播方式。其他策书、诏书、诫敕三种,大都在君臣之间的小范围内传播,但若需要知晓天下时,也可用榜文的形式进行大众传播。如后晋开运三年(946年)十月出帝石重贵"下敕榜曰:专发大军,往平黠虏。先取瀛莫,安定关南;次复幽燕,荡平塞北。有能擒获虏主者,除上镇节度使,赏钱万缗,绢万匹,银万两。"②这就是一道榜示天下的敕书。

《资治通鉴》卷280《后晋纪一》云,石敬瑭接到后唐末帝让他离开太原的制书后,大为疑惧。部将刘知远出主意说:"明公久将兵,得士卒心,今据形势之地,士马精强,若称兵传檄,帝业可成,奈何以一

---

①《资治通鉴》卷280《后晋纪一》。

②《资治通鉴》卷285《后晋纪六》。

纸制书自投虎口乎!"石敬瑭遂决意反叛。后唐末帝询问群臣如何能平叛,吏部侍郎永清龙敏曰:"请立李赞华为契丹主,令天雄、卢龙二镇分兵进之,自幽州趣西楼,朝廷露檄言之,契丹主必有内顾之忧,然后选募军中精锐以击之,此亦解围之一策也。"《资治通鉴》卷281《后晋纪二》云,天福二年(937年)后晋将军张从宾反叛,皇帝石敬瑭"诏奉国都指挥使侯益帅禁兵五千会杜重威讨张从宾,又诏宣徽使刘处让自黎阳分兵讨之。时羽檄纵横,从官在大梁者无不恟惧,独桑维翰从容指画军事,神色自若,接对宾客,不改常度,众心差安。"上述这些记载中多次提到"称兵传檄"、"露檄言之"、"羽檄纵横",说明檄文这种用以征召、晓喻或声讨的文书和羽檄这种用以速递紧急军情的军中文书,在五代战争频仍的环境里,是最常使用的传播新闻信息的方式。

四、宋代的新闻传播

公元959年,赵匡胤发动陈桥兵变,建立宋朝后,时任昭义(在今山西长治市)节度使的李筠和建都太原的北汉国相联络,起兵反宋,山西成为当时对抗赵宋王朝的中坚力量。据《续资治通鉴》卷1记载,李筠听到赵匡胤篡权的消息后,愤恨地说:"吾周朝宿将,与世宗义同兄弟,禁卫之士,皆吾旧人,闻吾至,必倒戈归我,何患不济乎!"当即令幕僚起草檄文,飞送各地,声讨赵匡胤篡夺皇位之罪,与宋朝廷公开决裂。宋开宝二年(969年)春,宋太祖亲率大军讨伐北汉,连攻太原城5个月不下,又遇暑雨,士兵顿驻于甘草地中,多患腹疾。这时,声援北汉的辽北院大王乌珍率精兵趁夜自白马岭突破宋军阻援防线,到达太原城西,鸣鼓举火向城中报信,两路合击,迫使赵匡胤仓促退兵。宋太平天国四年(979年)二月,宋太宗赵光义率大军连攻4个月,终把太原城攻陷,北汉国亡。北宋建立后,横扫南方诸国,都是一征而定,唯有太原,历太祖、太宗二代,征讨3次才克而定之,这不能不使赵光义相信太原城有天子气的说法。于是他发布诏令,将太原降为一般州,毁其城,移治于榆次县,并修筑新城,名为平晋城。为了防止再出现真龙天子,赵光义下令将新城街道都修成丁字形,丁、钉同音,城里到处都是钉,就会把龙脉钉死。对于这种做法,金代山西诗人元好问作《过晋阳故城书事》诗讽刺说:"南人鬼巫好祺祥,万夫畚锸开连冈。官街十字改丁字,钉破并州渠亦亡。"

从以上这些历史记载可知,北宋建国早期的新闻传播,沿用的不过是檄文、鸣鼓举火、发布诏令等形式。

宋仁宗以后,在一些人的文集中,开始出现了进奏院状报或进奏院报状之类的称呼。代州云中(今山西大同市)人毕仲游《西台集》中有两篇文字值得注意。一篇是《谢范德孺举自代状》:"某惶恐再拜,近睹进奏院状报,伏蒙经略侍郎不以其迂阔无成,久自弃于门下,意欲推而挽之,使就途辙。因拜新命,特有荐论以自代。"另一篇是《与晁学士》:"某到官守未几,递中伏辱教笔累幅,存抚之厚,见于词旨。玩味感戢,虽寝饭不忘。继睹进奏院报状,恭审有实录检讨之命,继又闻有史院编修之除,二者虽未知的,然良史才难,今遂属笔于无咎,有识之士所共喜也。"毕仲游生卒年不详,元祐初,为军器尉丞,召试学士院,苏轼异其文,擢为第一。官至吏部郎中,堕党籍,坎坷而终。从这两篇记载中可知,第一,进奏院状报和进奏院报状,实际上都是同一样物事,即经由进奏院的进奏官们传发于外的封建官报。宋代是在太宗太平兴国六年(981年)设立都进奏院,由供奉官张文璨担任第一届监官,对各进奏院的业务活动实行统一管理。从此时起,有了统一的朝廷官报,这与唐代由各地派驻京师的进奏官自行采集新闻,然后再发回各地的制度是完全不同的。第二,臣僚的章奏和官员的任免是宋代官报中数量最多的部分。《谢范德孺举自代状》记载的就是毕仲游从朝廷官报中看到了范德孺举荐自己的章奏内容,心存感激之意。《与晁学士》则记载的是毕仲游从官报中看到了差除晁补之为实录检讨的任命,后来又听到了晁补之要担任史院编修的传闻,不知哪一个确实,但都是可喜可贺的事情。

宋代人也把进奏院状报称为邸报,这从山西夏县人司马光的许多有关记载中就可以得到印证。《温国文正司马公集》中收有司马光写的提到邸报的一封信:"光顿首再拜,比见邸报,闻先大资少保违去盛世,惊悼怅痛,衷怀如割,以道远无便无由发疏致慰。"[1]这封信的写作时间在仁宗皇祐、至和之际,说明在仁宗时期出现了对封建官报最经常、最习惯使用的称呼——邸报。再如《续资治通鉴》卷79记载:"以门下侍郎司马光为尚书左仆射兼门下侍郎……光入对,再拜,遂退而视事。王安石时已病,弟安礼以邸吏状示安石。安石曰:司马十二丈作相矣!怅然久之。"王安石时闲居江宁,在病中从邸报上获知政敌司马光出任宰相的消息,所以黯然神伤。与之相反,苏轼从邸报上获知此消息后,却非常高兴,在《小饮公瑾舟中》写道:"青泥赤日午相烘,走访船窗柳影中。辍我东坡无限睡,赏君南浦不赀风。坐观邸报谈迁叟,闲说滁山忆醉翁。此去澄江三万顷,只应明月照还空。"末附自注:"邓,滁人也。是日坐中观邸报,云迁叟已押入门下省。"诗和自注中的迁叟,指的就是司马光。

第五节　元明清时期的新闻传播活动

一、元代的新闻传播

元代中断了两宋时期确立的邸报发布制度,官方的新闻传播活动主要集中于中书省,这是元朝统治者了解国内外情况的主要渠道。另一条渠道是在接见官员时听取他们的汇报,《马可孛罗游记》对此曾有记载:"马可孛罗以前曾经听见过派到世界各处的钦使回来的时

---

[1]《温国文正司马公集》卷63《答两浙提举赵宣德书》。

候,除报告他们的职务以外,总是不能拿他们所到各国的别种新闻告诉大可汗。所以大可汗常说他们是傻子,是无知无识的人。他说他愿意听外国的奇事风俗习惯,比较听他们报告职务更深。马哥很晓得这种情形,所以他这次奉使,特别注意所见到的奇怪事情,预备回来的时候讲给大可汗听。"①马可孛罗曾经从元朝的大都出发,向西南经山西的太原、平阳、河中、解州,渡黄河至京兆、成都,一直到缅甸,返回途中又经山西地区回到大都。所以在其游记中大量地介绍了山西地方见闻,对山西的政治、经济以至风俗等情况,都作了翔实可信的记述。例如他写道:"从涿州经契丹省向西旅行十天,我们到太原府城。……这城很大很华丽,城中商工业皆很繁盛。大可汗军队所需要的军装,大半皆是在这城中制造的。那里有许多好的葡萄园,制造出很多的酒。这是契丹省惟一的产酒地方,酒由这地贩运到全省各地。那里有很多的桑树同蚕,所以也产很多的丝。"②"路上常见有成群的旅客,所以人民互相亲爱。路上人多,是因为有许多货物在各城市中间转运不息,同每城市有定期集会的缘故。"③"全省中有一种黑石,从山上掘出,和别的石头一样。燃烧如木材。这些石头燃烧时没有火焰,只是在开始点火时,有一点火焰,保留在红热状态。……我真实告诉你们吧,这石头全夜在那里燃烧,所以到第二天早晨,你们仍旧可以看到火犹未熄。"④"渡过河,骑马向西走两天,我们就可到河中府大城。人民皆拜偶像。河中府商业手工业皆极兴旺,那里出产丝、生姜、高良姜、香草同许多别的香料,皆是没有贩运到我们这些国的,各种金丝布在那里制造的很多。"⑤"我们到解州寨堡,寨是很好,为古代金

---

①《马可孛罗游记》,商务印书馆,万有文库本,第15页。

②《马可孛罗游记》,商务印书馆,万有文库本,第219页。

③《马可孛罗游记》,商务印书馆,万有文库本,第218页。

④《马可孛罗游记》,商务印书馆,万有文库本,第206页。

⑤《马可孛罗游记》,商务印书馆,万有文库本,第203页。

王所造。寨里有一座美丽的宫,宫里有一大殿,殿里有古代治理此地所有诸王的画像,这实在是一种伟观。殿内各处涂金,有好的绘画点缀。"①马可孛罗的这些见闻,主要是讲给大可汗听的,具有极大的新闻价值,这也可以说是元朝"上闻"的一种基本方式。

元朝统治者下达的信息,通常经由中书省"径下所司",或派出开读诏书的专使,"所过州郡,就便开读。"②例如,元世祖忽必烈非常信任和器重山西泽州陵川人郝经,时常询以治国安民之道及帝王当行之事,向南宋进攻时,他听从郝经的劝告,派专使对蒙军宣布了五条禁令:"不焚庐舍,不伤民人,不易其衣冠,不毁其坟墓,三百里外不使侵略。"③"裂帛为旗,书止杀之令,分号街陌。"④"分命诸将毋妄杀,毋焚人室庐,所获生口悉纵之。"⑤此处值得注意的是,元朝统治者已开始使用旗报来传播号令和政务信息。另外,元代比较完善的驿传制度,也为诏令、边情及四方文书信息的及时上闻下达提供了保证。从中央到边疆,都设有驿站、急递铺,以"通达边情,布宣号令",⑥"遇有转递文字当传,铺所即注名件到铺时刻及所辖转递人姓名,置簿,令转送人取下铺押字交取时刻还铺……凡铺兵皆腰革带悬铃持枪,挟雨衣,赍文书以行,夜则持炬火,道狭则车马者、负荷者闻铃避诸旁。"⑦驿传制度带来的直接后果,就是加强了朝廷与各地的联系,从而为国内各民族的和平友好往来创造了便利条件。山西地区,是北方汉民族与各少数民族融合的大熔炉,随着各民族人口的交往杂居,经济上、

①《马可孛罗游记》商务印书馆,万有文库本,第220页。

②《元史》卷103,中华书局,1976年版,第2630页。

③《元史》卷157《郝经传》。

④《元史》卷158《姚枢传》。

⑤《元史》卷157《张文谦传》。

⑥《元史》卷98《兵志》。

⑦《元史》卷101《兵志》。

文化上、风俗上的交流同化也不可避免地出现了。例如少数民族游牧活动中的歌唱舞蹈、嬉戏游乐,在山西汉族人民中产生了极强的吸引力,促使山西地区的民歌首先发达起来。再如,发源并成熟于山西地区的元杂剧,也是本地区汉族文人吸收少数民族文化的结晶。这些事例充分说明了新闻传播对民族融合和社会发展的促进作用。

元代民间的新闻传播活动,渠道较多。以山西地区为例,大约有以下几种方式:

一是碑文。《元史》对蒙古灭金前的政治状态多漏略不载,赖有山西保留了当时大量这方面的石刻碑传,才使今人可以大略窥见一些基本情况。蒙军进占山西后,为了招抚安定人心,将愿意归降的汉族地主、文人封以显爵,利用他们收复或平定抗蒙山寨。这些人分别被署为当地的军民长官、节度使、州县守令,或为蒙古军事首领献攻取之策,或招徕流亡,安抚降叛,为山西民众服从蒙古统治起了强制和怀柔的双重作用。他们多起于田亩,不是"于文墨,略能记姓名而已",便是"读书通大义"。原来手足沾泥的耕农,一跃而变为衣冠士绅,为了把自己的发迹史当作新闻事件广为传播,于是在元代官方新闻机构不健全的情况下,便请人写碑文刻石以纪功。如泽州长官段直的碑文:"段直,字正卿,世为泽州晋城人,少英伟,有识虑。甲戌之秋,南北分裂,河北、河东、山东郡县尽废,兵凶相仍,寇贼充斥,公乃奋然兴起,率乡党族属为约束,相聚以自守。及天子命太师以王爵领诸将兵来略地,豪杰并应,公遂以众归之。公起泽,应得泽,遂佩黄金符,为州长官,凡廿余年。"①再如张安宁,定襄人,"起田亩间,跨弓刀以角逐于分崩离析之际,其于文墨,特略能记姓名而已。"降蒙后"治吾州(今忻州市)十五年。"②这些碑文在当时树立于乡野之间,有极好的新闻传

①《山右石刻丛编》卷27刘因《泽州长官段公墓碑铭》。
②《山右石刻丛编》卷24元好问《州将张侯墓表》。

播作用,在今天则是弥足珍贵的历史资料。

二是旗报。元世祖忽必烈曾听从山西泽州人郝经的劝告,"裂帛为旗,书止杀之令,分号街陌",使用旗报的形式传达军令。元朝末年,刘福通等人以红巾为号,揭开了农民起义的序幕。至正十七年(1357年),红巾军决定分三路北伐,西路向关中挺进,东路向河北挺进,中路向山西挺进,最后会师大都,推翻元朝统治。当时大书旗联云:"虎贲三千,直抵幽燕之地;龙飞九五,重开大宋之天。"[1]旗帜鲜明地提出了灭元复宋的政治目标,远近传播,元都大震。由此可见,通过旗报传播军令或政令,在元代是经常使用的。

三是消息探子。元朝早在与南宋对峙期间就于北方地区开科取士,山西的平阳、太原、大同都分别设有考场。据《山右石刻丛编》卷27 所录《潞城王氏迁葬碑》立碑人王天挺所述,他就是在首次科考中被录选的。其文曰:"平阳戊戌(1238 年)之试,应赋、论二科选,中第一百四十七。"可见王天挺是把考中进士当作一件荣耀的大事来宣扬的。科场的得意与失利,关系到仕途的穷通,自然为广大知识分子所关注,于是就产生了一批消息探子,专门刺探这方面的信息,借以获取利润。如陶宗仪《辍耕录》所载:"各行省乡试,则有人取发解进士姓名,一如登科记,锓梓印行,以图少利。"[2]再如山西籍人关汉卿写的杂剧《状元堂陈母教子》中所记:

"[报登科上,云]……自家报登科的便是,如今有陈大官人得了头名状元,报登科记走一遭去。可早来到也。[做见三末科云]陈三哥支揖哩![三末云]有什么话说?[报登科云]有家里大哥,得了头名状元,小人特来道喜。三哥与家中老母说一声儿。[三末云]怎么,俺大哥做了官也,你认的是着?[报登科云]正是大哥。[三末云]理会的,报登科记的,

①转引自《山西通史》卷四,山西人民出版社,2001 年版,第360 页。

②陶宗仪《辍耕录》,中华书局,1959 年版,第425 页。

与你三两银子,便去罢。[报登科云]多谢了,三哥,我去也。"①

四是广告。1985 年,湖南省文物考古工作者在沅陵县一座元墓中发掘出来一张印刷广告,其中有"潭州升平坊内白塔街大尼寺相对住危家,自烧洗无比鲜红、紫艳上等银朱、水花、二朱雌黄,坚实匙筋,买者请将油漆试验,便见颜色与众不同,四远主顾请认门首红字招牌为记"等内容,证明元朝有大量印刷散发的商品广告。元朝的广告情况,在元人作品中也多有描写,例如杜仁杰的《般涉调·耍孩儿·庄家不识勾栏》中的前三段:

风调雨顺民安乐,都不似俺庄家快活。桑蚕五谷十分收,官司无甚差科。当村许下还心愿,来到城中买些纸火。正打街头过,见吊个花碌碌纸榜,不以那答儿闹穰穰人多。

见一个人手撑着椽做的门,高声的叫请请,道迟来的满了无处停坐。说道前截儿院本《调风月》,背后么末敷演《刘耍和》。高声叫赶散易得,难得的妆哈。

要了二百钱放过咱,入得门上个木坡,见层层叠叠团圆坐。抬头觑是个钟楼模样,往下觑却是人旋窝。见几个妇女向台儿上坐,又不是迎神赛社,不住的擂鼓筛锣。

全曲写一个庄稼汉第一次到剧场看戏的见闻,其中就涉及到几种广告现象:勾栏外面吊着的"花碌碌纸榜",即是演出前悬挂的招牌广告。这种广告的内容主要是写有演员的姓名及演出的剧目,它在演戏的前一天或当天贴出来,以引起戏迷的注意。第二段写剧场把门人为了吸引观众,向观众高声报告演出的剧目,并加以渲染。观众从他嘴里得知,本场演出的是院本《调风月》和么末《刘耍和》两个剧目。这其实就是口语传播的叫卖广告。第三段写几个女演员"不住的擂鼓筛锣",其实就是开演前的音响广告,正如俗语所云"锣鼓一响,脚底发

①《关汉卿戏剧集》,人民文学出版社,1976 年版,第 392 页。

痒",目的是催促剧场外的观众赶快入场,表演马上就要开始了。那么,这些广告的效果如何呢?第三段自有交待:庄稼人交了二百钱的高价入场;场内已经坐满了黑压压的观众。这篇套曲具有非常重要的史料价值,从中可以了解元代的都市生活、元代的广告情况和元杂剧演出的情况。现存山西洪洞县广胜寺明应王殿的元杂剧壁画,创作时间为元泰定元年(1324年),画的是一个民间戏班在此登台演出的情况,题名为"尧都见爱大行散乐忠都秀在此作场",题名本身就可以看作是一句广告词,这对杜仁杰套曲中提到的"纸榜"内容也是一个实例印证。

五是刻书。元代朝廷曾一度控制雕版印刷,有"元人刻书,必经中书省看过,下所司,乃许刊行"的规定,但后来就放松了政策,所以元代的雕版印书不断发展。此时平阳地区(今临汾市)是北方的一个刻书印刷中心。早在北宋末年的靖康之变以后,金人占领了北宋京城汴梁,便把汴梁的刻书工人全部迁到了平阳,加上平阳历来为河东的经济文化中心,因而书坊时萃于此,刻书印刷事业极为发达。它带来了两个好处:既促进了文化产业的兴盛,也促进了新闻传播事业的发展。如平阳曹之谦于蒙古世祖至元九年(1272年)完成的私刻本《遗山诗集》,收录了元好问1362首诗,其中大量的诗篇揭露和记录了蒙古军对中原美好田园的蹂躏,对壮丽城池的破坏,以及蒙古统治下北方各地的苛捐杂税、天灾人祸造成的人民的逃散流离,这无异也是一种及时的新闻传播。《元史》刑法四曾记载:"诸但降诏旨条画,民间辄刻小本卖于市",说明"小本"是元时传播朝廷政务信息的一种民间刻本。元朝的私刻以江苏宜兴、山西平水最负盛名,但从现存资料中,还无法找到平水私刻中有"小本"的证据。平阳地区有许多著名的刻书家,其中张存惠堪称一位代表。他刻的书不仅纸墨精莹,刀法遒劲,可称平水本上乘,而且还发明了版权页。如其刻本《增节标目音注精义资治通鉴》,序后有"泰和甲子下癸丑岁平阳张宅晦明轩"印记,卷末有"泰和甲子下乙卯岁季工毕,尧都张宅"字样。首称"泰和甲子",因其生于金章宗泰和四年甲子(1204年),自命遗老示不忘旧。"癸丑岁"为蒙古宪宗三年(1253年),标明开刻日期。"乙卯岁"为宪宗五年(1255年),标明刻毕日期。这些字样印记,既有版权作用,注明何人为刻印者及刻印的起止日期,以示信誉与质量;又有广告作用,通过样品来示范刻印者的精湛技艺,以招徕更多的客户与主顾。这种方法后来也被其他刻家所广泛使用,如元时平阳刻本中大量出现的"平水徐宅"、"平阳梁宅"、"平水进德斋"、"平阳道彦幕段君子成"、"尧都梁宅"等字样,就说明这些刻书家已普遍意识到了印记的广告宣传作用。

二、明代的新闻传播

明代恢复了被元代中断了近百年的邸报抄传制度,新闻传播事业重新进入一个繁荣兴盛时期。

为了保证信息传播渠道的畅通,明太祖朱元璋吸取元朝驿站混乱的教训,在他称帝的第22天就下令整顿和恢复全国的驿站。第二年,他又颁诏,把元朝的"站"一律改称"驿",还大力从事边疆地区邮驿设施的建设。除西南云贵地区外,朱元璋在我国东北、北部和西北边疆地区,都开辟了驿道,设置了驿站,使中央和边疆地区的联系大大加强。明初在东起鸭绿江,西至嘉峪关先后设置了9个军事重镇,号称九边,沿边8000多里的地方,都建立了驿所,以便互通信息。明朝驿递清乐,井井有条,关于这一点,生活在明朝前期的山西河津人薛瑄在其诗文里多有记述,可以佐证:"驿亭窗户总光辉,人日纷纷雪乱飞";[①]"漕河控引淮黄近,驿路通连海岱遥";[②]"尚忆朝端峨獬豸,还看驿路跃骅骝";[③]"驿路风和烟柳细,官河雨急浪花粗";[④]"皇明有

---

① 《兖州人日》诗,见《薛瑄全集》,山西人民出版社,1988年版,第582页。

② 《彭城怀古》诗,见《薛瑄全集》,山西人民出版社,1988年版,第583页。

③ 《王都宪展祭》诗,见《薛瑄全集》,山西人民出版社,1988年版,第607页。

④ 《题何司训致仕卷》诗,见《薛瑄全集》,山西人民出版社,1988年版,第609页。

天下,极海内外咸为编氓。内之政教号令,颁布于四方之国;外之华夷臣妾,展觐修贡于大国。肩摩踵接,毕出道途。以故传置之设,布满区内,川浮陆走,远近分合,脉理牵联。虽南北东西,岐路若辐辏然,而无不川汇云集,会同于辇毂之下。"①驿站的任务,一是传递军国重事,包括皇帝的诏旨及国家的政令等;二是传递书信,包括公文往还及邸报塘报等。薛瑄在其书文中记述道:"仆自罢归,日与老农夫为伍,耕田艺麻,筑室种树,分将没齿草野,已绝望于功名富贵矣。不意去年九月初五日,驿使到门,催迫上路。十月初七日,又蒙恩命,擢官大理。供职以来,无毫发报答。"②"公讳文英。……正统纪元,廷臣奉诏选能御史分理天下军政。公以廷臣荐,乃驿召至京,改河南道,奉敕清理江西军伍。"③"景泰三年冬,福建镇守大臣走驿马上章阙下,以福建布政司左参议员缺,乞选老成持重有施为者来任其职。……邓君不二,由名进士两任刑部主事……所谓老成持重有施为者,不二真其人也!……上遂擢为福建布政司左参议,且使驰驿之任。"④从薛瑄的这些记载中可以看出,福建镇守大臣上书皇帝要求选派布政司左参议,以及薛瑄"擢官大理",孔文英"清理江西军伍",邓不二"擢为福建布政司左参议",这些章奏、诏命的上下送达往来,都是通过驿站的传递才完成的。所以说,明代的驿站是其诏书、旨令、文书能够畅达的一个基本保证,也是明代新闻事业能够顺利发展的一个基本生长点。

明代官方的新闻传播工具,主要有邸报、塘报、告示三种。

(一)邸报

邸报是由通政司汇集各类题奏和地方上报的信息,由中央统一安排下发的封建官报,传送到省、府、州、县,在官绅中传阅。也被称为

①《送驿丞汤伯瑀序》,见《薛瑄全集》,山西人民出版社,1988年版,第683页。
②《再与李太亨书》,见《薛瑄全集》,山西人民出版社,1988年版,第657页。
③《明故正议大夫孔公墓志铭》,见《薛瑄全集》,山西人民出版社,1988年版,第903页。
④《送邓大参赴任序》,见《薛瑄全集》,山西人民出版社,1988年版,第706页。

邸抄、朝报、京报等。

邸报中有关山西的新闻很多，下面举一些实例：

据胡侍《真珠船》载称："嘉靖戊申七月，邸报云，大同右卫参将马继宗家舍人禄之女，年十七，嫁，化为男子。"①

据李乐《见闻杂记》载称："万历己酉年八月初四日邸报，山西繁峙县乡约地方李宣臣妻牛氏，六月二十三日生二女，一女一眼一耳四齿，手足全；一女一耳一眼四齿，一手两足皆痫也。考之前代，汉平帝元始中、灵帝建灵中、晋怀帝永嘉中、愍帝建兴中相似。"②

据崇祯十七年三月初八日代王传侪奏称："日接邸钞，省会失守，传闻贼拨已过雁门，直抵云中地界，镇城西南一带，风鹤震惊。"③

据祁佳彪《祁忠敏公日记》："崇祯十七年四月"初五日，得谢象三书，言贼尚在晋，且借观其邸报。"④

前两条是社会新闻，后两条是军事新闻，这些新闻都是经由山西地方官员上报后而刊登在邸报上的。类似有关山西的报道还大量见于《万历邸钞》和《弘光实录钞》里面。《万历邸钞》的原抄录者姓名已不可考，抄本所抄万历年间的邸报，起于万历元年，止于万历四十五年，时间跨度长达45年。《弘光实录钞》的作者为明代人，署名为"古藏室史臣"，他在该书的序言中说："寒夜鼠啮架上，发烛照之，则弘光时邸报，臣蓄之以为史料者也。年来幽忧多疾，旧闻日落。十年三徙，聚书复阙。后死之责，谁任之乎？先取一代排比而纂之，证以故所闻见，十日得书四卷，名之曰《弘光实录钞》。"由此可见，《弘光实录钞》系根据弘光朝的邸报，参以见闻而记载成书的。这两个抄本是弥足珍贵的明代邸报资料。有关山西的报道现择要辑录如下：

① 转引自黄卓明《中国古代报纸探源》，人民日报出版社，1983年版，第77页。
② 转引自尹韵公《中国明代新闻传播史》，重庆出版社，1990年版，第20页。
③《明末农民起义史料》，中华书局，1954年版，第448页。
④《祁忠敏公日记》崇祯十七年四月初五日条。

《万历邸钞》①第 176 页：山西宁武关军士李现等纠众三百，拥入兵备邢阶道门，逼挟粮米，鼓噪作乱。

《万历邸钞》第 647 页：万历二十年二月，发生土星蚀月现象，山西提学金事范守已曰：前岁太白贯月，有洮河之变；今月土星蚀月，遂有宁复之变。

《弘光实录钞》②卷一：崇祯十七年七月癸卯，谥蔡懋德忠襄。懋德字云怡，苏州人也，巡抚山西。闯贼渡河，太原陷，懋德死之，而贼遂薄都城矣。后有责备之者，有旨："太原无十日之守，岂有粮尽援绝之事，社稷丘墟，一死何足塞责？"

《弘光实录钞》卷二：崇祯十七年八月辛未，左都御史刘宗周上台员从贼姓名："率先从逆，用事日久，罪在上等者，喻上猷。其次则仕京而伪命有据者，裴希度、卫贞固……或死或逃或叛，尚无下落者，真定刘显章、宣大杨尔铭、山西汪宗友、河东成友谦。"癸未，恤北变死节诸臣，孟兆祥赠刑部尚书，谥忠贞。孟兆祥，号肖形，山西泽州人，壬戌进士。以忤阉削籍。起历刑部右侍郎，自缢于公署。或曰守正阳门，贼至，死城下。子章明，字显之，癸未进士，从死。成德赠大理寺卿，谥忠毅。成德，字玄升，山西霍州人，辛未进士，知滋阳县事。尚气好陵权贵。文震孟入相，道中不受郡县私谒，过某县独见成德，德亦无所推让。扼腕而谈，臧否人物，取其姓名甲乙之，震孟遂书其甲乙者以入。时温体仁当国，凡由体仁而进者，皆德之所乙。体仁知之，以事中德下狱。德母张氏日诣长安门，朝官出入，涕泣诉之。会体仁出朝，张氏攘臂索体仁下，挽须而呵问之。体仁惶急不得脱，乃谢去。天子亦知德无他罪，赦之。起为武库郎中。李贼围城，德谓马世奇曰："主忧臣辱，主辱臣死，吾等不能匡救，贻祸至此，惟有一死耳！豫订斯盟，毋忘息壤。"城破，张氏自缢，德妻及妹皆从死。德乃持只鸡盂酒，如东华门哭帝丧，触阶

①《万历邸钞》系台湾"国立"图书馆按原抄件影印，1963 年出版。
②《弘光实录钞》，北京古籍出版社，2002 年版。

死丧之旁。卫景瑗,赠兵部尚书,谥忠毅。卫景瑗乃陕西韩城人,巡抚大同。城破,执之,不屈,被磔。周遇吉,宁武总兵官。赠太保,谥忠武。副将熊通以二千人过贼河上,贼渡而通降。通即为贼说遇吉,吉斩之。二月十三日,贼围宁武,遇吉出城杀贼过当,又伏兵巷内,开门诱贼入而杀之。贼愤甚,悉力攻之。城陷,为贼所磔。其妻刘氏登墉射贼,箭无虚发。贼围火烧之,无一人出者。贼至北京,每摇手谓人曰:"汝朝若再有一周总兵,吾辈安能到此?"

从上述邸报中有关山西的报道,结合全面考察明代邸报的内容,可知:明代邸报的内容确实比较丰富,从政治、军事、天象到各种奇闻异事,几乎无所不包,无所不报,涉及的方面很广,报道的范围遍及全国各地。

(二)塘报

塘是负责军事侦察和军情文报传送工作的基层军事组织,明初称刻期百户所,以后改称为塘哨或塘站,简称塘。在塘内服役的士兵称塘兵或铺兵,管理塘兵、提辖塘务的军官称提塘或提塘官。经塘兵探访和下级官员们整理后上报的军事情报,即称塘报。塘报的原始材料是由游击、守备等之类的下级军官根据塘兵们的报告整理出来的,这些原始材料经过塘站,逐级上报,每一级都作一些必要的综合、概括和加工、整理、分析,最后递送到兵部乃至皇帝,供他们决策时参考。明清档案馆收藏的下面这一份资料,在一定程度上反映了塘报的流通过程:

兵部为塘报贼情事。职方清吏司案呈奉本部送兵科钞出。真定巡按刘宪章题前事内开:正月初九日据真定火攻右营参将李茂春,据本营哨探百总李汝标报称:在明谦驿驻扎离山西府五十里,探得大贼系去年十二月十九日在禹门过河,失了河津等县。贼到平阳,府县官民逃空。有翻山鹞高总兵在平阳一带,领兵作反。山西镇陈将官家属被高总兵杀了,陈将官入山逃躲。抚院招安不依,二十八日回省等情到臣。窃思臣前疏，以固结人心、严禁倡逃为请，亦因连年虏寇兵荒，又继疫病，而催科之吏奉行不善，致民穷心涣，命贱身轻，心若悬丝，足同骇鹿，殊可诧也。最诧者，官绅诸士不思践土，乃谈虎改色，伤弓疑木，作鸟兽散，甚为非法。闻流寇过河，平阳府县开门尽逃，又传高总镇兵作乱，招安不依，万一啸聚远近，奔窜林木，池鱼不止晋中也。伏乞皇上敕下该部，速发就近重兵，协力会剿，将流寇堵灭。如高总镇兵叛杀人，及早设法处置，一面解乱，一面安民。若听蔓延，恐成燎原，畿南诸郡，残喘多危，惊魂不定，祸在剥肤，岌岌难言之矣！总之，风鹤一播，鼠窜窃发，关系封疆事大也。仰祈天语，严饬府县，有弃城顺贼者诛，有造讹倡逃者诛，斯收拾瓦解、拔本塞源之计也等因。崇祯十七年正月十五日。奉圣旨：据报，晋中情形知道了。畿南重地，著该抚按等官速调集兵马，分布要害，诘奸确探，以防狡窥。仍严饬府县绅士人民，如有惑众倡逃弃城顺贼的，立时擒斩，不得狥纵。该部马上传饬，钦此。钦遵钞出到部，送司案呈到部，拟合就行。为此，一咨都察院转行真定巡按、保抚，合咨前去烦炤明旨内事理，速令该镇调集兵马，扼要严防，诘奸确探，仍严行各府州县，榜示民知，毋许倡逃惑众，如有弃城顺贼，擒拿立斩不赦。施行。崇祯十七年正月十八日署司员外郎赵开心。[1]

　　由这份资料可知：此塘报的原始材料是由真定火攻右营哨探百总李汝标提供的；他汇报给右营参将李茂春；李茂春汇报给真定巡按刘宪章；刘宪章汇报给兵部；兵部汇总后上报给崇祯皇帝，并提出处理意见供皇帝参考。崇祯帝采纳了兵部的意见，作出批示并把批文下达兵部。因巡按属于都察院管辖的官员，都察院与兵部为同级行政机关，所以两家联合把崇祯帝的圣旨传达给真定巡按和保定巡抚，要求他们依旨而行，并将旨文榜示各府州县知晓。

---

[1]《明末农民起义史料》，中华书局，1954年版，第432页。

由这份资料还知：上报兵部的塘报多由职方清吏司处理，择其要者经兵部长官同意后送兵科抄出，然后呈报首相和皇帝。首相和皇帝的批文再由兵科抄出，并经由职方清吏司送达兵部长官。如这份资料中塘报的抄文和皇帝的批文，就是经由职方清吏司员外郎赵开心之手具体办理的。

明初为了防御蒙古军事贵族的南下，在东起鸭绿江，西至嘉峪关一线设置了辽东、宣府、大同、榆林、宁夏、甘肃、蓟州、太原、固原九大军事重镇，史称九边，各边驻扎大量的兵马，派总兵镇守。大同总兵驻大同，太原总兵驻偏关，在太原以北形成了两道军事防线，后来山西的大边、二边（大边即大同以北的万里长城，二边即大同、太原之间以偏关、宁武关、雁门关三关为主要隘口的内长城），即按此布局建筑和改造。大同在明代北部边防中具有非常重要的战略地位，其地东连宣府，南接并州，西界黄河，北控沙漠，居边隅之要害，为京师之藩屏，故明代有"大同告警，京师戒严"的谚语。①明代270余年间，大同发生的战事就多达百余次。正是这种特殊的环境孕育出了诸如翁万达、杨博、王崇古、麻贵等一大批著名边将。而且在明代，宣大总督入则多为兵部尚书，有时甚至就由兵部尚书兼宣大总督。长年驻扎有13万军队，一直拱卫着北京。太原城在洪武九年（1376年）也进行了扩建，墙以砖石，环以大濠，城周24里，气势非常雄伟，素有龙城之称。明代末年，陕西爆发农民大起义，从崇祯元年（1628年）到崇祯十七年（1644年）间，各支农民军纷纷进入山西，山西便成为明末农民大起义的中心，山西人民也纷纷参加起义军。正如一位山西乡绅在崇祯六年时所说："始之寇晋者，秦人也；今寇晋者，半晋人矣。二三月间，从贼者十之一；六七月而从贼者十之三；至今冬而从贼者十之五六矣。"②最终，

①《明史》卷181《刘建传》。

②（康熙）《绛州志》卷4，王臣直《存恤良民以绝流寇议》。

李自成率起义军自风陵渡过河，一路由南打到北，贯穿山西全境，攻平阳，进太原，克宁武，降大同。藩屏既破，京师危急，明朝灭亡。明末17年间，山西战事不断，官军与起义军互有胜败，军情文报往来十分频繁，有关山西战事的军事报道自然成为此时塘报的重要内容。今择要者举例如下：

例1：（崇祯六年）宣大总督张宗衡塘报：除十二月初八日止，职所督各将战功已经塘报外，复传令各官将人马饱食，少歇即出四探，相机出奇搜杀。去后，今本月十四日，据原任总兵尤世禄塘报，本月初十、十一等日，追斩零级，俱不准割级外，本日职见得山险路狭，难用大兵……即差塘马守备刘钦、张万等接连哨探。去后，本日酉时，有前差刘钦等口报，贼在瞀冢村处扎营，延长三十余里，火光照天，贼寇无数等情，该职会同监视标下执旗把牌王承诏……等众将……次日五鼓起兵，前后撒马扑砍。贼合力来冲，血战数十合。……寇大总掌盘子老回回，被职亲丁都司尤胜斩获。其刀砍箭射，贼尸遍野，血染山红，余贼溃奔太行山，我兵方止收师。……本日，又据领兵都司刘成、韩斗，守备王葬鼎塘报，职等面受军门方略，设伏搜剿十三日，探得贼在绛县东南陈村寨抢掠，职等统兵飞至，赵建等斩获贼级五颗……据贼妻供报，贼首系八爪龙、九条龙。又据刘成、韩斗、王葬鼎塘报，卑职等奉军令于十四日行至大焦镇，探得流贼在下背住歇，职等三人统兵前进，身先士卒，乘其无备，杀入贼营。……又据刘成、韩斗、王葬鼎、赵岸、叶尚科塘报，十四日蒙军门密授方略，令职等三鼓发兵，竟奔翼城县东山，剿贼兵，行不过数里，果见烟火数十余处，职等即令步兵登山以堵去路，亲统马兵骤至，从寅至午与贼混杀。……把总陈贵斩获贼首混塌天首级一颗。又据延绥镇坐营都司贺人龙塘报，卑职本月十四日统兵抵翼城县……夜奔紫金梁等贼营……贼首紫金梁臂中四箭，喉下中一箭，料亦难保其生。[1]

①《明末农民起义史料》，中华书局，1954年版，第43页至第46页。

例2:监视山西粮饷兵马边墙抚赏等事太监臣刘允中谨题,为官兵协力齐攻血战大获全胜恢复邑城驰报捷音事。正月二十二日,据临县督阵把牌陆进朝、硬弓谢智才等塘报,正月二十日申时,朝等督同汾州营参将刘光祚、夷汉丁搭云梯勾杆,从县城东南角楼水门一齐拥上,张总兵督兵从西南角楼爬上,刘光祚将东南门大开,赵民怀领兵杀入,艾万年伏于北门之外,内外夹攻,将贼杀尽,城已恢复,除斩获首级俟察明另报外,理合先行塘报等情到臣。……既经塘报前来,相应驰报上闻……崇祯六年正月二十二日。二十九日奉圣旨,前许鼎臣疏参刘光祚通贼有据,已经奉旨提解,这报内又称恢城系光祚首功,军前功罪岂得悬殊至此? 刘光祚暂免提解,著该巡按御史确察明白,据实驰奏,不得偏徇。①

例3:兵部尚书臣杨嗣昌等谨题,为塘报境内贼情事。……山西巡按张孙振题称,崇祯十年正月十二日,据雁平道副使李乔昆报称,崇祯九年十二月三十日未时,据崞县报称,本月二十八日申时,据打报应捕田一变等报称:本月二十四日,有流贼千余从忻州乡下阳胡村扎营。二十五日早起,晚到本县地方南庄头村,离县八十里,烧毁大小房百十余间。二十六日到上涯底村,离县六十里,杀死本村大小男妇十五名口,抢去刘朝等男妇七十余名口。……本日早从西山往静乐地方去讫等情到道。据此即令本道门下排马千总黄钺,东路营中军张纹统领兵丁四百名,前赴崞邑抢掠等处追剿。……外,查得崞县九年十二月二十五日被贼入境侵犯,三十日方行报道,该县迟误六日,此系紧急贼情,疏玩极矣! 本道除将捕盗员役一面差人提究外,理合先行塘报。……据该道所报,失事不小,容臣查确另议。……奉圣旨,据报,山贼千余公行杀掠,该县地方官漫无剿御,殊属玩泄,且申报稽迟失

<hr>

①《明末农民起义史料》,中华书局,1954年版,第95页至第96页。

事,有无隐匿,著即严查参处。……今据该县知县况鄂申称,查得卑职于崇祯九年十二月二十四日到任,随赴代参诣部道,巡捕金鸣凤看守城垣,迨本职回县,始闻山贼亦于本月二十四日夜从忻州山犯境,第隔窎八十余里,当差捕役飞马打探得息,即具文申道发兵,亲诣追剿,贼已离境。缘城无正官,巡捕地方金鸣凤未行申报。业经本道责逐守信地捕快王天合、石登臣、杨艾各发配徼外,并无隐匿情弊。①

例4:镇守大同总兵姜瓖为塘报紧急贼情事。崇祯十六年十二月十四日辰时,准岢岚兵备道聂副使手本,本年十二月初十日酉时,据保德守备周逢吉塘报,于本月初九日午时瞭见闯贼兵马约有二千余骑,径来府谷县,本县乡民迎接入城,拟合塘报。本日亥时又准河保参将苏世忠报称,据张登禀称,贼遣伪将已至黄甫,有急图过河之信,沿河人心惊惶,边长兵寡,恐耳目惊怖,亦不敢张具塘报,万祈速文督镇巫请大兵星驰来河,此危疑至急之际,时刻难以稍缓等情到道。……又据本职原差哨拨千总王成绪、田有年报称,本月十一日晚,有步贼五六百名已到河干,大营之贼尚在河西,似有窥渡情形等情具禀到职。据此,事关紧急贼情……惟望俯鉴急迫,措发钱粮,以济饥军燃眉,使人心固结而战守有资,抑遏狂逞,端有时矣! 为此,理合塘报。②

例5:徐州副总兵刘世昌塘报,崇祯十七年三月十八日,据山西逃来抚院标下都司王奋朔,系平阳府太平县人,并同来儒士曹俊奇、材官曹芳,于二月七日自本县逃出,经青华镇等处,于三月十七日来到徐州,投入高镇营内,职闻随即传来。据本官口称闻贼残蹂秦晋等处情形,所克州县,虽张示名不扰民,实乃假仁假义。凡破一处,定要拷取乡绅并富民金银,或要银十万两,或要银五万两,地方罄切一空。至于妇女,择有姿色者,俱令搬往陕西去,余给赏水户为娼。所得地

①《明末农民起义史料》,中华书局,1954年版,第157页至第158页。

②《明末农民起义史料》,中华书局,1954年版,第417页至第418页。

方,贼俱委设更添新官,今更知府为府尹,知州为州牧,知县为县令,兵道为防御史。……有贼标下白、李二副将,因破蒲州、解州等县,所得金银被本将私行赏兵,闯贼怒以专擅不报,将二贼将官打死。今闯贼被宣大兵马杀退回到代州,其居庸、固城等关,俱被官兵阻塞。一路来又闻都中段经略于二月十一日出京督师堵剿,但先日秦晋士民惟愿寇来归贼,今遭窘辱,又望兵临,愿作内应,希望复仇雪耻,奈无一旅恢复。今绛州马脚山有贤士六七人,冯元龙、黄希圣、赵时胤等皆系举人、廪生,又有名将二十余人,并各寨民,皆忠义之士,宁死不降,奈无接应出来等情到职。据此,理合塘报。①

　　从上述5例中,大致可以知道明末有关山西军情的塘报情况。有四点值得注意:(1)军情事无巨细,必须塘报。如例2,仅仅收复了一个临县县城,太监刘允中也冠以"大获全胜"之名塘报给崇祯皇帝。还有更小的事情,如崇祯十四年陵川县官兵与"贼寇三十余名交战,斩获首级七颗",平遥县官兵"当阵斩获贼级七颗",也被山西巡抚塘报兵部。这说明明末国势危急,见微知著,不敢稍有疏忽。明清档案馆收存的崇祯十七年二月二十九日《兵部为紧急军情必侦探有灵方调度中窾等事》的行文,就说明了凡事必报的重要性:"兵部为飞报紧急军情事,照得闯贼披猖,政在会剿,必侦探有灵方,调度中窾。本部已题差官施贵安设汾州地方,岂贵以该州失陷回部,已经参处。今特遴缪谟顶补,改设真保地方,专司塘报,凡有巨细情形,飞驰报部。"(2)对下级军官不报或迟报军情等失职行为,是要受到严厉惩治的。如例3,崞县捕快王天合等3人,仅仅因为塘报"迟误六日",就受到了发配外地拘管服役的重罚。(3)正因为塘报在传报军事信息方面具有重要作用,所以崇祯皇帝对塘报工作非常重视。如例2,山西巡抚许鼎臣前参"刘光祚通贼

①《甲申纪事》第25页,转引自尹韵公《中国明代新闻传播史》,重庆出版社,1990年版,第150页。

有据"，太监刘允中后塘报"恢城系光祚首功"，军前功罪悬殊至此。再如崇祯十五年泸州失事之役，四川巡抚和督师所发的塘报，叙述分析得就很不一样。这些官员都曾因此受到崇祯皇帝的严厉指责。之所以会出现这种情况，一方面说明了督抚不和，互不沟通，另一方面又说明了为求邀功，不少塘报内容往往掺有水分，以致互相矛盾抵牾。再者，塘报中的这些问题能被崇祯帝及时发现，说明他是勤于政务，细心留读塘报内容的。(4)当一个地方政权被起义军摧垮，无法履行正常的塘报功能时，其他地区知情的官员有责任将了解到的军情塘报给朝廷。如例5，就是山西平阳府被李自成军队攻克后，本府官员辗转逃亡到徐州，向徐州副总兵刘世昌口述所闻所见，刘世昌感觉到这些山西军情事关重大，朝廷未必知道，自己责无旁贷，理合塘报。

(三)告示

告示是一种由上而下，由中央到地方，逐级向公众传布信息的官方传播工具。明代告示的种类较多，有晓谕、诏令、布告、榜文、檄文、广告等。与邸报、塘报相比，告示是真正意义上的大众传播工具，因为它公开程度高，传播范围广，覆盖密度大，是真正面向全社会和所有老百姓的。邸报虽然也是以下行方式进行传播，但它的读者群很小，只是各级官吏及士绅。塘报当然不是报纸，因为它是封建机构的上行传播工具，经层层送到中央政府机关以后，供决策者参考。而告示就没有读者群的限制，它面向所有识字和不识字的公众，在明代社会，它是影响最大、普及最广的传播媒介。

明代的告示种类繁多，有着不同的档次，大体上分为宫廷告示、中央政府告示和地方政府告示。

宫廷告示即是皇帝亲自下令发布的各种晓谕和布告，或面向普天之下的臣民们通报，或专对某一地区作出指令，由于这种告示来自最高统治者，因而有极高的权威性，有时还具有法律的效力。下举面向山西地区发布的一些告示为例来说明这个问题：

例1:明朝军队进入山西以后,与元朝残余势力的厮杀在所难免,由此造成山西物质损失惨重,朱元璋多次诏示减免山西的税粮,其中洪武二年正月颁诏曰:"近者大军平燕都,下晋冀,朕念北平、燕南、河东、山西之民,久被兵残,困于征敛,尤甚齐鲁,今年税粮亦与蠲免。"①

例2:从洪武二十一年到洪武二十八年,明朝官府实行了一场由山西向河北、河南的大规模屯垦移民运动。洪武二十二年十一月,"上以河南彰德、卫辉、归德,山东临清、东昌诸处,土宜桑枣,民少而遗地利,山西民众而地狭,故多贫。乃命后军都督佥事李恪等往谕其民,愿徙者验丁给田,其冒名多占着罪之,复令工部榜谕。"②

例3:在移民垦荒的同时,发榜劝谕征兵外迁的运动也在山西全境展开。洪武二十五年八月丁卯,"上以山西大同等处宜立军卫屯田守御,乃谕宋国公冯胜、颖国公傅友德等曰:屯田守边,今之良法,而寓兵于农,亦古之令制。与其养兵以困民,曷若使民力耕而自卫。尔等宜往山西布政使司,集有司耆老,谕示朕意。"③

例4:宣德二年到三年,山西遭受特大旱灾,大量饥民被迫前往外境就食,首次出现震惊朝野的流民潮。宣德三年四月辛酉,宣宗谕示户部尚书夏原吉:"各处逃徙人民已有诏谕复业,近闻不复业者尚多尔。户部宜榜谕之,限五月之内复业,凡前所负税粮,悉与蠲免。"④

例5:崇祯十七年正月初九日,"兵部为塘报山西贼情事",言"平阳府闻流寇过河,府县开门尽逃",崇祯帝批示:"速令该镇调集兵马,扼要严防,诘奸确探,仍严行各府州县榜示民知,毋许倡逃惑众,如有弃城顺贼,擒拿立斩不赦。"⑤

---

①《明太宗实录》卷38 第774页。
②《明太宗实录》卷198 第2967页。
③《明太宗实录》卷220 第3224页。
④《明太宗实录》卷41 第1004页。
⑤《明末农民起义史料》,中华书局,1954年版,第432页。

对于宫廷告示，皇帝要求各地方政府要星速颁行，赶紧榜挂通知，延误者将责成监察官吏依律惩处。这样就保证了能把皇帝的诏令，及时颁布到全国各地或特定区域。

中央政府的告示，发布者为内阁、六部、都察院、通政司和大理寺等机构。例如，明成祖曾听说瑜伽功在社会上很流行，蛊惑人心，败坏风俗，便指示礼部张榜禁止，说："近有一种无知愚民，妄称道人，一概蛊惑，男女杂处无别，败坏风俗，洪武中行瑜伽法，称火居道士者，俱有严禁，即揭榜申明，违者杀不赦。"①再如，"成化十九年三月，内官王钿奏令家人中河东盐二万余引，户部请治其罪，宪庙曰：祖宗之制，内官不许私置产业，矧敢违例中盐，与民争利？且其服食之需，皆自内给，今钿营利，于外将焉用之？户部其查，例揭榜禁约，后有犯者，必罪不宥。"②河东盐引即明政府给予商人凭以运销山西河东食盐的专利权证。类似这种由皇帝下令中央政府出面张贴告示的例子，在有明一代，为数不少。

考虑到一般民众的文化程度和理解能力，明朝政府对有些告示还配上图画加以说明，使其形象生动，从而加深读者的印象。如洪武年间，山西都指挥使何诚等人知法犯法，扰民敛财。朱元璋知道后大怒，指示都察院道："享这等大俸禄，如此害民，鬼神鉴察，岂能长远？恁都察院将他所犯凌迟情罪，图形榜示，教天下知道。"③这种配图说明的宣传性告示，为的是让一般老百姓都能看懂和明白。

明代的地方政府告示，一般都由地方上的最高行政长官发布，像知府、知州、知县之类的。如崇祯年间曾担任过安徽太和知县的吴世

① 余继登《典故纪闻》，转引自尹韵公《中国明代新闻传播史》，第 130 页。

② 余继登《典故纪闻》，转引自尹韵公《中国明代新闻传播史》，第 275 页。

③ 转引自尹韵公《中国明代新闻传播史》，第 180 页。

济,就针对流寓此县的山西人、陕西人,颁发过这样的告示:

查编流寓

太和县示谕山陕流寓人等知悉:方今天下一家,何分彼此。但近来流寇窃发之地,皆尔等之帮族也。尔等侨寓已久,应无不肖之心。顾主客未免于相疑,地方不便于讥察,即非尔等久安之矣。复尔帮族,此自尔之无容再计者也。第其间或以家口之繁,或以行李为累,旦晚不能言旋者,各以男妇老幼丁口,作何经营生业,寓何集镇处所,系何原籍姓名,详注一册,送具验查。该地方四邻仍具并无容留面生可疑甘结,赴县投递,以凭讥察非常。亦不许本土恶少棍徒因事生端,致有逼迫扰害。吾不过为地方防守计,初未尝不以西人为吾人也。如已入籍土著置买房屋田地者,竟编入里甲,一体应役当差。特示。①

山西、陕西是明末农民起义军的活动中心,起义军的组成人员也多是山西人和陕西人,太和知县恐本县的山陕人与原籍的农民军内外勾结,残害地方,故提出对本县的山陕人进行大清理和登记注册,因此而发布告示。在明人小说里,也多有对官府告示的描写,如《拍案惊奇》卷39:“正值晋阳大旱之际,无计可施,狄县令出着告示道:不拘官吏军民人等,如有能兴云致雨,本县不惜礼金酬谢。”

明代省级以上官府的告示普遍采用雕版印刷。据1986年11月20日《北京日报》刊载的一条新华社电讯,说是在山西省应县佛宫寺释迦塔内发现了明代永乐二十年的布告,布告的内容是推行钞法之事,发布者为“山西等处提刑按察司”,布告上盖有五个朱红的衙门官印,由三张印纸组成。从布告上的字体厚重、工整有力和字迹中尚可看到清晰的木纹来判断,这张布告系雕版印刷,而且水平相当高超。山西自宋元以降就是北方的雕版印刷中心,在明代采用雕版印刷官府告示,当不足为奇。

---

① 《太和县御寇始末》第90页,转引自尹韵公《中国明代新闻传播史》。

除官方的新闻传播工具外，明代民间还有许多种传播新闻的方式，其中影响最大的是民间报房和民间报纸。明代的报房大部分集中在北京前门外大街西侧的一些小胡同里，其中就有山西人开的报房。这从明人小说里可得到证实："独言石佩珩与柳俊无甚根由，报房里无从讨信。虽知石佩珩是山西人，到山西省的报房去查访石家，却无个住居家室，只好胡乱寻些宗族报知罢了。那浙省裴家无从晓得，所以总不知风。柳俊出身宣府，后迁北直，孤丁孤户，报房里竟无从寻觅家乡。"①此处提到的"山西省的报房"，很可能是山西省驻京提塘官办的。明时各省提塘官在京城都设有报房，凡钦奉谕旨及题奏等事件，他们就亲赴六科抄录刊刷转发，并采写一些社会新闻来增强报纸的吸引力和可读性。明代晋商崛起，遍布全国各地，他们在外经商时还能经常看到彼处刊发的民间报纸。据史书记载，明万历四十四年，退休官吏董其昌横行乡里，又兼纵子肆虐，激起公愤，引发了松江地区一场声势浩大的民变，佚名《民抄董宦事实》一文记载当时的情况是："各处飞章投揭，布满街衢，儿童妇女竟传'若要柴米强，先杀董其昌'之谣，至于刊刻大书'兽臣董其昌，枭孽董祖常'等揭纸，沿街塞路，以致徽州、湖广、川陕、山西等处客商亦共有冤揭粘帖，娼妓龟子游船等项亦各有报纸相传，真正怨声载道，穷天罄地矣。"②此处所说的山西等地客商所看到的"冤揭"和"报纸"，无疑就是当地人散发的传单和刊印的民间报纸。

明代山西商人还开始使用木版印刷广告，广泛传播商品信息。在山西襄汾丁村明代院落，曾发现一块山西药材商人木制"珍珠拨云散"广告版型，其广告内容如下。

这是块木板广告版型，当然供经常印刷时使用。广告内容包括药

①《快心编》下第73页。
②《明宗武外纪》，神州国光社，1946年版，第220页。

店字号"人和堂";药品名称"珍珠拨云散";功能主治和使用方法;经营宗旨和防假警示以及产址和生产人"山西平阳府太平县人氏丁秀生"。太平县为北朝时期后魏国所设置,因位于太平关而得名,在今山西襄汾县汾城镇附近,明代隶属平阳府辖治。这张广告条理清晰,内容详实,是研究明代民间广告的重要实证。

人和堂

山西平阳府太平氏专门眼科　发卖珍珠拨云散

一治云翳青蒙　凉水点　一治迎风流泪　舌津点

一治暴赤肿发　桑果水点　一治老眼昏花　舌津点

一治血肿贯人　凉水点　一治风火烂眼　凉水点

一治卷毛倒睫　香油调入　一治咽喉肿疼　竹筒吹入

一治痘风眼　凉水点　一治走马牙疳米　泔水洗

一治耳内流脓　竹甬吹入　一治雀朦逼翳　擦患处

一治红白口疮　竹甬吹入　一治诸斑疳症　擦患处

药真价实　世不误人　言无二价　包管来回

有人假充字号者　男盗女娼

丁秀生为记

明代还有一种值得关注的现象,那就是明末农民起义军的新闻传播活动。山西是起义军活动的中心地区之一,起义军的大部分新闻传播都与山西息息相关,值得研究和总结。今择要分述如下:

(1)竹筹。明代起义农民最先使用的新闻传播工具,是竹筹。万历年间,蓟州人王森在河北、河南、山西、山东等地发动白莲教起义时,就曾"飞竹筹,报机事,一日数百里。"[①]

(2)揭帖。揭帖类似传单,宣传时方便灵活,运用自如,能随处散发和张帖。崇祯年间,山西省提学金事袁继咸被巡按御史张孙振构

---

①《明史》卷257《赵彦传》,转引自方汉奇《中国新闻事业通史》。

陷,圣旨下传着山西巡抚将袁继咸械送来京。袁继咸的学生傅山等人见势不好,便邀约数人进京告状,为先生伸冤。在正常渠道不能通行的情况下,傅山等人"每日儒巾青衣,随童仆,多抱揭帖数十百本,凡遇老小中官、穿倚撒白靴、厂卫缉访之人,即与一册,而告其故。"他们还把揭帖"乱投在京大小衙门",争取社会舆论的同情和关注。他们这一招果然奏效,不久便传出圣旨:"旧例,本先进御,然后揭帖行公。近来有本进御而揭帖公行者,有无通政壅蔽之情?今后不得先行揭帖。"由于皇帝的重视和干预,这桩冤案终于得到如愿以偿的解决。[1]明末起义军也经常运用揭帖来进行动摇和瓦解敌人的宣传,如他们曾在兵部尚书杨嗣昌住所的大堂、厨房、厕所等地,帖满了揭帖:"有斩阁部来者,赏银三钱",杨嗣昌因此惊悸而死。[2]

(3)旗报。旗报由专人骑着快马,在敌前和敌后奔驰传送,供沿途人们阅览,上面除了鼓动口号外,有时还写有起义军的捷报和文告。如三边总督杨鹤给崇祯帝的奏章所说:"贼复欲反,遣人手执红旗二面,大书飞报贼情",[3]指的就是这种旗报。

(4)牌报。牌报是一种书写在木牌上的新闻传播工具,刊登的主要是农民军的政策、法令和战报。崇祯十七年即清顺治元年七月二十二日,已降清的大同总兵姜瓖给清政府的塘报中,曾对李自成军的牌报情形记述甚详:

据材官郭虎禀报,探得南伪镇发牌二面,一面为晓谕事,内称:"今报长安二府由绥德、汉中高赵从西河驿过河,统领夷汉番回马步兵丁三十万。权将军刘统兵十万过河,从平阳北上。"又报:"皇上统领大兵三百五十万,七月初二日从长安起马,三路行兵,指日前来。先恢剿宁武、代州、大同、宣府等处,后赴北京、山海、剿除辽左。至叛逆官

①傅山《霜红龛文》第234页,转引自尹韵公《中国明代新闻传播史》。
②《明史》卷252《杨嗣昌传》。
③《杨鹤奏议》卷24,转引自方汉奇《中国新闻事业通史》。

兵,尽行平洗。顺我百姓,无得惊遁。永昌元年七月初七日。谕宁武、朔州、马邑、山阴、应州、大同、宣府檄。"又一面为晓谕军民,速献伪将,一面祸患事。内云:"缘系奸弁孙官,付之全营兵马,防御冲要隘口,竟尔私通,暗令伪官罗、王二副将,将叛兵来袭宁武,意欲投顺陷城。本镇微有访知,统兵迎剿。不意孙官率兵已顺,自掌头敌,反来攻我。本镇急回收剑,见得城破兵顺,被叛将拒守。无奈收兵暂住忻州,听调大兵。七月初七日。谕闹泥、宁武檄。"……据此看得逆闯通诛,南贼宵遁,不思夭亡,辄敢盘踞忻州、太原等处,叠遣伪牌,妄图复逞。……除将伪牌打毁外,一面严饬各该地方忝加固守……①

　　姜瓖的塘报中提到材官郭虎看到了两面农民军的牌报,一面为通报军情事,言李自成将卷土重来,率三路大军剿灭清军;另一面为声讨叛军事,言农民军付之全营兵马让孙官防御紧要隘口,他却暗里私通清军,袭取了宁武关。牌报中的皇上指李自成,永昌是他即位大顺国皇帝时的年号。永昌元年亦即崇祯十七年三月十九日,李自成乘马进入北京城,崇祯皇帝自缢煤山,明朝灭亡。五月一日清军攻占北京,李自成被迫撤离,经太原、平阳、河津,返回长安。此时,大顺政权对河北、山东已无力顾及,留兵数万防守山西,所以山西又为农民军与清军鏖战的主战场,这就是此二面牌报发布时的背景形势。从目前能够找到的有关文献资料看,数年间,李自成农民军曾在山西各地发布过很多牌报。如崇祯十六年十二月,李自成先遣军李友、白鸠鹤渡过黄河,先后攻占了荣河县、河津县、平阳府等地。先遣军传牌各地,公布檄文,"山西郡县闻贼至,望风迎款"。②再如崇祯十七年二月,"贼游骑至太原,传牌招谕,懋德斩其人,碎其牌。"③懋德即蔡懋德,此时为山西巡抚。

①《明末农民起义史料》,中华书局,1954年版,第458页。
②《晋乘蒐略》卷32。
③《鹿樵纪闻》卷中。

（5）公告。除揭帖、旗报、牌报外，李自成还利用牒文、诏令、檄文等传播形式，公告天下，宣传自己的政治思想和军事主张。如崇祯十七年正月初九日，"贼牒文兵部，署文以大顺永昌年号，约战。三月十日至，兵部执讯之，乃京师人，从涿州还，遇逆旅人暴病，云：'山西抚移文，期是日到，误期当斩。'病剧，与银十两，使递。兵部以为诈，斩之。"[1]牒文是公文的一种，是公开传布的，白居易《杜陵叟》诗曰："昨日里胥方到门，手持尺牒榜乡村"，可以为证。李自成的这篇牒文，当是给明朝廷兵部下的战书，在山西各地到处张帖，山西巡抚得到后，派人送往北京，但送信人得了暴病，住在旅馆，误了日期，辗转了两个月才托人送到兵部。又如崇祯十七年二月十六日，李自成率大军由太原北上取宁武，在北进途中，李自成发表了著名的《永昌元年诏书》，公开颁示天下，斥责明王朝"臣尽行私比党，而公忠绝少"，"征敛重重，民有偕亡之恨"。[2]号召和鼓励广大人民群众参加斗争，推翻明王朝。再如崇祯十七年三月二十六日，"抚臣宋权已拜闯节度使，督臣王允吉削发去，而遵化守土之臣，方设彩亭龙案，拜读闯寇传谕郡县之檄"，[3]说明李自成占领北京后，已及时发布施政文书和安民告示，希望得到北京官民的配合与支持。

三、清代的新闻传播

清代文报传递有着非常严格的时限，中央与地方之间、各省都抚之间咨商文移，或由驿站飞传，或由塘铺走递，时限分明，不得随意耽延。清初山西地方的驿站主要集中在北部边塞，腹地较少，晋北分布的边站、腰站等各类驿站有数十个，负责沟通朝廷与山西地方之间的军政、行政等信息。到康熙年间，朝廷觉得山西北部的驿政事务繁多，位置重要，但驿站网点较少，通信还不够方便，为了解决这个问题，从

---

[1]《甲申传信录》，北京古籍出版社，2002年版，第10页。

[2]《明季北略》卷20。

[3]《甲申传信录》原序。

康熙三十五年到康熙五十四年近 20 年间,在山西北部,每隔 30 里就设立一个腰站(小驿站),以补正站(大驿站)之不足。雍正、乾隆二朝继续增补完善。就清代的整个历史看,随着时间的推移,山西境内驿站由少到多,由边关到内地,由重点设置到普遍建立,逐步形成了由点到面的近乎普及的格局,除了传递军方要函秘件外,驿站还输送地方行政性信函,使驿政性质发生了变化。

清代官报的抄传发行活动,和明代一样,经过通政司、六科、提塘三个环节,通常被称为邸报,有时也被别称为邸抄、阁抄、朝报或京报等名目。读者主要是各级政府官员。可以说,清代新闻事业完全是明代新闻事业的继承和发展。

在清代邸报的发行活动中,提塘起了十分重要的作用。清代的提塘分京塘、省塘两种。京塘指各省设在北京的提塘,主要任务是将地方政府的各类公文上报朝廷,将中央各部院发给本省的公文下达省衙,发行邸报。据《清史稿·职官志》和《清会典》等书记载,山西就有长驻北京的提塘,处理日常塘务工作,办事机构设立在棉花六条胡同路南处。①省塘是指兵部选派驻在各省省会的提塘,在省工作其间,归按察使司管辖,专门负责京省之间的官文书和官报的传递工作。山西就有兵部遴选的提塘官长驻省城太原。

除官报外,清朝的封建统治者还广泛地使用过榜、帖示、告示等新闻传播媒介来发布官方消息。如顺治五年朝廷派出英亲王阿济格到大同布置防务,大同总兵姜瓖恐惧,怀疑皇帝欲捕诛自己,于是便率兵起来造反,顺治帝发布上谕,命内三院将降将姜瓖之罪"刊刻告示,晓谕山西各处"。②再如光绪十年颁布上谕,命各省将民欠钱粮征收办法"刊刻誊黄,遍行晓谕,城乡村镇,咸使闻之"。③

---

①李虹若《朝市丛载》卷三,光绪二十二年出版。
②史松《清史编年》第一卷 210 页,中国人民大学出版社,1985 年版。
③《申报》,1884 年 9 月 30 日。

清军还广泛使用传锣和传梆来传递消息,并且速度很快,亦应引起注意。如康熙五十五年,河南农民武装聚众造反,山西太原镇总兵金国正按照朝廷的意图,沿黄河一线设兵盘查防守,以防反清武装北渡黄河。他在次年写给康熙帝的奏章中说道:"河南渑池与奴才所属垣曲接壤,河南官兵现在渑池擒拿李一宁、亢斑等,奴才恐其潜逃过渡,随令平垣营游击聂良带把总二员,多拨官兵,西自平陆之茅津渡起,东至河南济源交界止,沿河一带把守堵御,并令该将弁无分昼夜来往巡查,将各口渡船尽行封固,不许私渡,夜晚沿河多点灯火照耀,仍令传锣喝号逍警,谨慎把守,恐其暗渡。"①这里提到的"传锣喝号",显然是一种利用声响传递情报的方式。清军在明天启年间与明朝军队作战时,曾广泛使用传梆来传递消息。如毛文龙天启三年八月初六日塘报:"看得狡奴立法甚严,行计甚密,故设瞭台,比我尤密,以梆为号,较传烽尤速",②再如毛文龙天启三年九月初一塘报:"又虑达贼传梆迅速,万一余虏俱至众寡不敌,因令游击尤景和西攻以分其势",③清军发明的传梆,比明军的烽火台报警还要迅速。"传锣"与"传梆",其不同的声响是否表示不同规模的敌军兵力或敌情,还有待进一步研究。

谈到清代山西民间的新闻传播活动,值得关注的是这个时期晋商的信息传播意识。山西人经商的历史很久远。贾出于盐,盐即河东解盐。中国商业的起源,同盐有着密切的关系。山西河东解州的盐池,是夏、商、周三代文明的经济基础。如果说中国最早的重要商品是盐,那么,中国最早的商人就是山西盐商——晋商的始祖。晋商的商业活动,有文字记载的,可以追溯到春秋时期。《国语·晋语》载:春秋时期,晋国采取"轻关、易运、通商、宽农"的政策,鼓励商人同他国进行贸易

①《康熙朝汉文朱批奏折汇编》第 7 册第 1060 页。

②《东江疏揭塘报节抄》第 17 页。

③《东江疏揭塘报节抄》第 23 页。

活动，因而出现了晋南绛邑富商，"其财足以金玉其车，文错其服"。春秋战国之交的猗顿，由山东来山西落户，从经营大牲畜牛羊到贩运解盐发迹，成为"与王者埒富"的大商贾，故汉置猗氏县。山西地接塞外，长期与少数民族错居杂处，因此，晋人自古就重视与北方戎狄进行贸易。《汉书·匈奴传》记载：汉武帝欲出击匈奴，使山西马邑人聂翁壹"间阑出物与匈奴交易"。他们甚至还把触角伸到了东北地区，《后汉书·独行传》中就有太原人王烈避地辽东，以商作贾的记载。丝绸之路开辟后，山西人加入了西域商人贸易的行列。三国时期，有"鲜卑之人尝诣并州互市"的记载。魏晋南北朝时期，山西繁峙人莫含"家世货殖，资累巨万"。隋唐时期，山西文水大木材商人武士矱"常聚材木数万茎"。宋代并州阳曲人张永德"家世饶财"。明清时期，晋商位居"中国十大商帮"之首，以其资本最雄厚、经营项目最多、活动区域最广、活跃时间最长而饮誉海内外，盛极一时。晋商作为一支重要的社会经济力量，为中国封建社会的繁荣和发展做出了不可磨灭的贡献。究其成功的原因，除了传统观念、地域特色、深谙经商之道等因素外，重视捕捉商业信息，积极开展信息传播活动，也是其久兴不衰的一个重要缘故。

晋帮商人非常重视通过各种渠道了解市场信息、各地物资余缺及其他影响经营的因素，他们有商谚称："买卖赔与赚，行情占一半。"民国《太谷县志》载："至持筹握算，善亿屡中，讲信耐劳，尤为谷人特色，自有明迄于清之中叶，商贾之迹几遍行省。"晋帮商人掌握市场信息，渠道有多种形式，当各地商号了解到市场信息后，便通过书函等形式，及时汇报总号，所以总号与分号之间一般是五日一函，三日一信，互通情报。在电讯事业尚未发达前，书信就是商号上下联系、业务交往、互通情报的重要工具。晋商对于信的管理很严格，大些的商号有专门的信房，来往信件都要编号，在信中注明"寄去××次之信""××次信收到"。如果是未编号的信也要在信件中说明。信件有正信、副信之分。信中还有约定好的暗语,以防失密。信件的寄送,一种是通过民信局。民信局是清后期出现的一种信件投递机构,这些民信局有天成局、天顺局、正大局、光裕局等,通过民信局的信先由寄信方付部分邮资,收到信后由收信方付剩余银两。对一些特快信,则要求按时送到,提前或迟到后均有奖罚。如道光二十四年(1844年)七月二十八日蔚泰厚票号北京分号寄苏州分号第38次信称:"此信定于八月初十日晚间一准到苏,早到一天,加银二两,迟到一天,罚银四两,迟早到苏,寄信题明。京中先付伊脚力纹银十八两,下短银四两在苏找结。"另一种是托人或托商号捎送。所托之人并无固定,有时即办事人。信件内容大多是山西票号的业务信息,但也有不少情报信息。如道光二十四年(1844年)蔚泰厚北京分号寄苏州分号第11次信称:"再有三月初间,广东有来京六百里之折,系因米利坚国号相商欲进贡,占码头情形。彼时听及皇上已往外省有旨,至今未确是何主见。"再如咸丰十年(1860年)日昇昌总号给汉口分号第66次信称:"昨接成重两处来信,军务甚是紧急,成都左近四面贼匪扰乱不堪,兼之省城勒逼捐输,以滞生意之家,实难存站。平已寄信去矣。即着成伙速归重号,暂行躲避。至重地一二百里,亦是贼匪,搅扰人心,亦属惊惶。如再不安,亦要迁动。祈为见信之日,万不可做。"这些情报信息,及时通报了一些相关的政情军情,保证了商业活动的正常进行。

晋商对于商业的宣传,由于受中华人文素质的薰染,无论匾额、招牌、招商幌子及广告宣传,均体现了浓郁的民族特色,均透露着浓厚的商业信息气味。

首先,晋商十分重视商号牌匾,其商号门面看起来比较朴实无华,但悬挂商号牌匾却是店店讲究,争强好胜。无论大小商号,都要在门面之上、屋檐之下,悬挂商号牌匾。牌匾有木制的、金属的、大理石的,不过木质精制者为多,上书之商号名称由财东、掌柜或请有名望的绅士出面,敬请书法家书写,再聘工匠镂刻。牌匾制作形式有凸形、凹形和平面裁线凸形三种。凸形，字凸起于表面，立体感很强；凹形则将字裁下，打磨圆滑，着色后由于光线的作用，即顺着字的外沿裁线，然后斜切字边没滚圆。牌匾着漆也非常考究，大都是黑底金字，庄重华贵，灿然耀目。也有底靠木色，字涂石绿者，典雅古朴，别有情趣。商号老板为了求一名笔，往往不惜重金，而由哪一位名笔书写的牌匾，又往往会增加该商号的知名度与信誉，所以"金字牌匾"的含金量则成为商号老板的追求。如由山西临汾人开办设在北京的六必居酱园店的牌匾，由明代大学士严嵩书写。山西太原清和园饭店、太谷广盛号药店匾额由明末清初大学者、大书法家傅山书写。清乾隆时，晋商字号书写者有名重全国的草书大家周衍，道光时有崇尚北碑不囿于馆阁体的杜大统。清末民初"华北第一笔"山西著名书法家赵铁山书写的有太谷"聚泰恒"、"聚古斋"、"广顺号"、"聚利川"、"聚盛长"、"广升誉"、"汇聚成"等（见《晋商史料与研究》）。有的晋商字号牌匾请官僚书写，则是为了借助权势壮门面。民国初年某晋商在天津开一绸缎庄，常受到当地痞子军警勒索欺压，后该商号请时任直鲁豫巡阅使的吴佩孚题写字号牌匾后，那些痞子军警就未敢再来捣乱。

其次，对店名也十分重视和讲究。有人总结为八句诗：

国泰民安福永昌，兴隆正利同齐祥；

协益长裕全美瑞，合和元亨金顺良。

惠丰成聚润发久，谦德达生洪源强；

恒义万宝复大通，新春茂盛庆安康。

又有清人朱彭寿，将所见商店名称连成七律一首：

顺德兴隆瑞永昌，元亨万利高丰祥；

泰和茂盛同乾德，谦吉公仁协鼎光。

聚信中通全信义，久恒大美庄安康；

新春正合生产广，润发涛源厚福长。

商店取名，多是上述诗中一二字或二三字。总的来说，晋商店名一是取吉祥茂盛之意,如山西平遥日昇昌票号,意旭日东升,繁荣昌盛。聚和长、大德通、大德恒、锦泉汇、晋泉涌等,则是吉祥、招财、进宝之意。二是有独特含意,如晋商设在北京的六必居酱园店,其意是居民开门七件事:柴、米、油、盐、酱、醋、茶。这七件事是人们日常生活必不可少的,店内除茶外皆经营,故称六必居。祁县乔氏在包头开办的商号原名广盛公,后因经营失误,几乎倒闭,幸当地往来业户支持,将广盛公欠债延期三年后再归还,广盛公得到喘息机会,到第三年还账时,广盛公不但还清了借债,而且还有盈利。乔氏认为此乃复兴起点,便将广盛公更名为复盛公。由山西浮山县李姓在北京开办的都一处烧麦店,其店名来历更为有趣。最初,该店并无店名,只是一个小酒店。据说乾隆十七年(1752年)除夕夜,乾隆帝携带两太监装扮成一主二仆进店喝酒,当得知该店尚无店名时,而在除夕夜仍然开门营业之酒店就此一处,便赐名为"都一处"。从此,"都一处"名震京华,扩大业务,逐渐跻身于京师名饭店之列。

其三,是文字招牌。这种招牌作用是宣传本号经营范围。如药材业在店铺门前竖一高两丈有余、宽一市尺、厚一市寸的精制木牌,固定在两边凿有护槽的石头基座上,以铁箍箍紧,上面书写镌刻"本号自办川广地道生熟药材零整发行"字样,这叫"通天招牌"。所谓通天,其高度以超过商号之房檐为限。另外在门面两边还悬挂一幅镶铜叶护角的长形木牌,四面分别书写"生熟药材"、"参茸饮片"、"丸散膏丹"、"妙应汤剂"等字样,黑底金字,或楷或隶,庄重高雅。在脂粉业也有通天招牌,上书"宝风长自制香粉糙面零整发行"字样。其它文字招牌的有:典当店字号挂方形"当"字招牌,小押当则书刻"质"字;颜料杂货店悬一长方形招牌,四面分别书刻"山珍海味"、"香蕈云耳"、"颜料杂货"、"江南纸剳"16字。酿造业酒坊门前悬挂一方孔圆周铜钱形木制招牌,一面写"闻香下马",一面写"酒美人和"。不论何种行业字号,招牌上的文字都十分工整规范。由于时人认为,连招牌都没有的商号，绝不会销售上好商品。所以，即使小商号，其掌柜也懂得在招牌上不惜花钱。

其四，是招商幌子。招商幌子与文字招牌一样，是各商号招徕顾客的广告形式。幌子有实物与模型两种。实物幌子挂在商店门前的屋檐下，铁炉业悬挂一口小型铁质铸钟；瓷器店悬一对扣碗；旅馆饭店悬一笊篱，表示食宿方便；饭店悬一笼圈，圈周垂各色布条；油面店悬一油笼；醋酱坊悬一葫芦，上书"陈醋"二字；估衣铺悬一件成衣；皮坊悬一牲口套脖；铁器铺悬钩、链之类；花布行悬一块长方形花布；彩帛店悬两幅丝绸；毡店、席店、秤行则各悬一毡、席、秤物。模型幌子也置于店门前，其制作根据经营之实物大小夸张或缩小若干倍。如钱行悬铜钱模型；饼店铺悬挂表示烧饼的纸筋圆圈；车铺门前悬挂缩小的车轮模型；银炉店专门铸造银元宝，其门前雕制一石质大元宝；药材店门前悬一方角形垂两个木制丸药，中间穿斜方块膏药模型，下系一对木鱼，意思吃了本店药可痊愈（全鱼）。北京鼓楼有一由晋商开办的恒泰烟袋铺，门前悬一木制大旱烟袋模型，油漆的白银嘴、黑烟杆，有五六尺长，十分醒目。北京人常说："鼓楼前的大烟袋——一窍不通"，即指此言。明末清初北京鲜鱼口有山西人杨小泉开的一家帽店，以帽子质量好而闻名京华。杨氏养一黑猴，人们对杨氏帽店不呼其名，而以养猴的呼之。日久天长，杨氏帽店以养猴儿的帽店出了名，人皆愿购其帽，后来黑猴与养猴的相继去世，杨氏后人便在店门前立一木制黑猴作为标志，招揽生意，于是黑猴帽店传遍京华。

其五，是登载广告。清季，山西祁县合盛元票号曾在日本开设分庄，并在日本《神户新闻》、《又新日报》登载广告，广为宣传。合盛元在日本《神户新闻》所登广告内容是：

择于西六月十日开业

神户市海岸通三丁目

山西合盛元银行

神户支店

电话长二八番

在神户《又新日报》登载的开业广告是：

开业广告

今般大藏大臣,认可又受ケ神户ン支店又新设シ愈本月十日又
リ银行一般ノ业务又确实ン营业仕候、殊ン弊行ハ情,韩两国枢要ノ
土地匕拾余个所ンコルレス、先ノ设置モ有之候ン付、为换,御取引
等ハ特ン御便利ン御取极可仕候间、何卒御爱顾御引立ノ程奉恳愿
候敬白

清国山西省　　合盛元银行　　神户支店

神户市海岸通三丁目三十一番邸(电话二十八番)明治四十年六
月支配人申培植创立大清道光十七年今ヨリ七十一年前资本金五十
万两积立金六百五十万两

合盛元票号于光绪三十三年(1907年)二月九日十日还在天津
《大公报》登载"告白",向国人宣传该号在日本开设支店,欢迎惠顾。
其内容如下：

合盛元创设日本东京横滨神户大阪各处支庄告白

启者近来环球大通,商务争盛,而国家特设专部,鼓励讲求,惟
我商人亦须及时起发,以图扩充,乃观各国银行来吾邦开设者甚多,
其晋之汇业一途亦与银行所司无异,然独不能出洋半步,良可慨也。
(本号)有鉴于此,用特选派妥人,提出重款,先渡东洋各处,创设支
庄,奈彼之政令,不准外人在东京私立所业,必报政府许可方可开办,
于是自去秋冬渡,迄今半载,案牍冗繁,信札频寄,各署报告,其费固
不待言,尚蒙我国领事及诸友谊从中维持,而日政府始允我号在东
京、横滨、神户、大阪等处开设,凡我同胞此后东游日本及从彼回宗国

者,如兑银洋各项兼托办事件,皆可竭力关照,额外克己,如蒙光顾小号,在中华各口岸俱有分庄,随地皆可接待,特缘远渡重洋,初创此业,恐未周知,故而登报声明,此启。

　　山西太原府祁县合盛元寓天津针市街嘉兴里内谨白

第二章 晚清和民国前期的新闻事业

第一节 晚清山西报刊的基本情况

光绪二十四年四月十六日（1898 年 6 月 4 日），变法维新拉开了序幕，朝廷明令准许官民自由办报。在这一诏令鼓舞下，各地改良派的办报活动有了新的进展，当年全国报纸的总数较三年前增加了三倍，此时办报最活跃的地方仍是广东、上海、湖南等在洋务运动或维新中领先的省份。"资产阶级改良派在上海、苏州、无锡、杭州、温州、成都、重庆、太原、福州、桂林、广州、南昌等地，也出版了不少兼载新闻评论和译文的时事性政治刊物。"①由于旧有的邸报根本无法应付形势，清政府感到有必要公开发行各省官报来抵制资产阶级革命派的强大舆论攻势。光绪二十七年至宣统三年（1901–1911 年），清政府中央各部门与各省地方创办官报 60 余种。直隶总督兼北洋大臣袁世凯首先创办了《北洋官报》，作为直隶地方当局的官报，紧接着《江西官报》《并州官报》等也相继问世。从清末官办报纸或民办报纸的时间上看，山西还不算落后；从报纸的影响方面说，山西报纸的作用在全国也较大。上海人民出版社历时 20 年出版发行的七大册《中国近代期刊篇目汇录》，收录了山西的《第一晋话报》和《晋乘》两种，而《晋阳公报》《国风日报》则在当时驰名全国。由此可知，近代山西报刊在全国的影响是较大的，而在山西的影响则是巨大的。

---

① 方汉奇《中国近代报刊史》上册，山西人民出版社，1981 年版，第 94 页。

一、山西近代报刊始于《晋报》

《晋报》是由阳湖(今属江苏武进)人程淯在太原创办的,时间当在清光绪二十八年七月初一日(1902 年 8 月 4 日)。19 世纪末,程淯曾担任过英国基督教传教士李提摩太的中文秘书。他与清廷官员沈仲礼关系甚密,1900 年随沈来山西主持洋务。1902 年,李提摩太来山西办理教案,提出要用"庚子赔款"中山西的赔款部分在山西创办一所大学,以解决山西的教案问题,经与山西巡抚岑春煊协商,于 1902 年 5 月 8 日成立了山西大学堂。在扶持创办山西大学堂的同时,李提摩太又扶持程淯创办了《晋报》。注册号为:大清邮政局挂号第 13 号之新闻纸类。

关于《晋报》的确切创刊时间,已无创刊号可供查证,只能依据其他新闻资料来判断。1902 年 8 月 28 日上海出版的《中外日报》说:"此间近日设有报馆一处,名曰《晋报》,以红纸印刷其第 1 期,业已发行。"1903 年 1 月 3 日香港出版的中文日报《中外新报》说:"《晋报》之设本为开通风气,启佑民聪,各州县承领分销多多益善。现在大处不过三十份,小者仅业二十份或十份,为数无多,于转移风化之机尚难遽有裨益。现据洋务局称:自七月初一开报以后,各州县请领加增者仅平定州、崞县、介休、绛县四处,其余尚如数分销。"另据现存的"光绪念玖年拾贰月初壹日,西壹千玖百零肆年壹月拾柒号,礼拜日,第壹百零陆号"《晋报》中的《催收报资告白》称:"本报自二十八年七月初一日起至本年闰五月三十日止,为出报一年之期。所有外县积欠报资如长治、平遥、朔州、岚县、永和、偏关、平鲁等处,或分文未缴,或尾欠甚多,务望速即解省。至第二年报纸业已刊发半年,报馆按月周转之费均由同志筹垫,所有全年报资务望各贤牧令速赐催收,全数解省,以资周转,不胜幸甚。"据上述资料推算,《晋报》的创刊时间应为1902 年 8 月 4 日。

《晋报》宣称自己的办报宗旨是为了开通风气,速开民智,启佑民聪,这与当时的社会思潮是相一致的。关于《晋报》的性质,1908 年 5 月 15 日创刊的《并州官报》第 8 号上说:"查晋报虽附有官款,究仍为商报性质,与本报不同。……本报一切系仿照政治官报办理,纯属官报性质。"《晋报》虽然带有一定的官报色彩,在财力和发行上依附于官方,但还属于民营性质,属于商业报纸,这从《晋报》多次发生的经费危机中就可以看出。《晋报》创办时曾以股份的形式筹集资金,发行主要依靠巡抚衙门将州县划分为上、中、下三等摊派,多者五六十份,中者三四十份,少者一二十份。就这样,各州县还常常拖欠报款。除上述 1904 年 1 月 17 日刊登有《催收报资告白》外,《晋报》1904 年 11 月 7 日刊登的《催收报费广告》中说:"本报第二期已完,而所欠报金尚有数千金之巨。"因经费紧张,《晋报》中途曾停刊半年。所以说,《晋报》如果是官报,是不会出现这种情况的。

《晋报》的版型全长 79 厘米,宽 55 厘米,分四折两面八版印刷,用 3 号、4 号宋体字,从右往左竖排。《晋报》八版分十六七个大栏目,其先后顺序基本是固定的,但由于新闻篇目长短不一,因此各栏目所占版面并不平均。关于《晋报》刊登的内容,1902 年 8 月 28 日上海《中外日报》说:"除上谕、邸钞、京内及外洋新闻外,尚有新学一门,如耕田新法以及天文地理格致等类。第一次新闻亦颇佳,尚能照此办法,当亦可有用之报也。"这说明,《晋报》在转载其他报纸内容的同时,也刊登自己采写的新闻,并注重传播科技文化知识。以现存 1904 年 1 月 17 日《晋报》为例,头版为广告,占去 2/3 版面,广告内容五花八门,有太原的粮价银价;学校的考题、榜示、教科书及各种书籍价目;本报催收报资告白等。另 1/3 版面是"紧要告白"和"辕门抄"。二版以后分别设有"宫门抄"、"上谕"、"专件"、"京省新闻"、"各国新闻"、"京报选录"等栏目。"辕门抄"、"宫门抄"是报道本省和中央政府官员到职、出差、值日、请假、谢恩和办完公事禀见上司等内容。"上谕"是皇帝告谕臣民的文书。"专件"是专登工、农、商、学及各门学科的专业论文、史料等。"京省新闻"、"各国新闻"刊登的是国内外主要新闻事件。"京报选录"主要选载中央政府部门和地方督抚大员的公务奏折等。

1905年至1906年，山西爆发了震惊国内外的收回矿权运动，《晋报》倾全力对此事予以关注和报道，用大量篇幅真实感人地记录了争矿运动的全过程。由于这场运动是此时期山西新闻界的一个报道重点，所以有必要对山西路矿问题的始末在此作一简略介绍。山西地下资源丰富，煤炭储量居世界前列，然而多少年来，人们对煤炭的商品价值认识不足，煤炭开采业基本处于停顿状态。1870年，德国地质学家李希霍芬两次来山西，调查煤田地质状况，并写了让世人瞩目的调查报告，报告中称"山西煤炭可供世界二千年之用"，这就引起列强国家对山西矿产的关注和垂涎。英国国会还专门召开了如何攫取山西煤铁矿权的会议，1897年春，意大利人罗沙第在英国成立了旨在掠夺山西、河南煤铁矿权的组织机构——福公司。山西矿权的丢失与一位叫刘鹗的人关系最为直接，他因小说《老残游记》而闻名一时，就是这样一位人物，对山西人民却犯下了难以饶恕的罪责。他利用自己的声望和关系网鼓动山西巡抚胡聘之，将山西矿产典与洋人，并四处游说："货恶弃于地，不必藏于己。"1897年底，胡聘之批准了刘鹗同英国福公司签订的《请办晋省矿务借款合同》5条和《请办晋省矿务章程》20条，通过这两个章程，山西平定、盂县、潞安、泽州、平阳等主要矿区的采矿权实际上就完全出卖给了英国福公司。福公司窃取了这5处矿权后，竟蛮横地要求封闭一切民矿。于是其他列强国家也纷纷插手，要求利益均沾，一时山西各大矿山几乎全部沦于外国人之手。从出卖矿权章程出台的那天起，山西的知识分子及各界人士就立即联合起来，纷纷上书政府，坚决要求取消这种出卖主权的合同条约。到1905年，清政府又把山西部分铁路修筑管理经营权出卖给福公司，由此，在山西爆发了一场声势浩大的要求收回矿权路权的反帝爱国保晋运动。运动首先在山西知识界展开，而影响最大的则是境外山西留日学生的斗争。留日学生在东京举行大规模集会，发表《留东学界通告内地废约自办公启》，并派代表回国力争。山西留日学生的行动得到全国万余留日学生的响应和支持，在东京政法大学留学的山西阳高人李培仁并因此蹈海自杀，他在绝命书中留言："政府如放弃保护责任，晋人即可停止纳租义务，约一日不废，税一日不纳，万众一心，我晋人应有之权利也。"李培仁的遗体运回家乡后，《晋报》发表文章指出："呜呼！山西煤炭甲于全球，将来为我国经济界上绝大利源，今外人必欲攫取，而政府必欲赠与之也，是不独山西生命财产千钧一发，凡我十八省同胞，均有利害关系。倘蒙同学诸君拨冗研究此问题，以教我山西人，则幸甚。至李君以身殉命异域，惨痛已极，谅诸君必为表同情也。"辞情哀婉，感人至深。此后收回主权的呼声更加高昂，就连当时的山西巡抚张人骏、恩寿之流，也先后对学生的斗争表示同情和支持。这场运动一直持续到1907年福公司被逐才告结束。在这场斗争中，《晋报》态度鲜明，坚定地站在爱国爱省群众这一边。

《晋报》每五日出一期，在山西省首次使用铅字印刷。它的印数，在《分省补用知府程淯上山西巡抚部院张拟白话报简章禀并批》一文中提到的是1.13万份。1907年9月15日，在日本留学的山西籍留学生王用宾、景耀月等人，在他们创办的《晋乘》月刊上发表文章抨击程淯及其《晋报》上的一些守旧观点，展开了山西新闻史上第一次新旧两种势力的论战。1908年后半年，程淯离晋，《晋报》也随之停刊。《晋报》办报时间长达6年之久，为山西近代报业的发展做出了一定的贡献。现国内仅存《晋报》6张，为十分珍贵的报刊资料。

程淯在晋期间，还于1905年以晋报局的名义在太原创办《山西白话演说报》。据1905年上海《东方杂志》第八期刊登的"晋报局总办上山西巡抚拟办白话报禀"称："以晋省民智不开，于晋报之外亟宜另设白话报，以资普及。……中国文字精深，为环球各国所不及。因此读书识字之人,亦较各国为少。近京师及东南各省无不盛行白话报,可见白话之益久已昭人耳目。"山西巡抚批示:"白话报章专为开通风气,激发人心,欲令不识字人普行通晓,尤须注重演说,实力办理。详阅所拟出报简章六条,演说简章九条,均尚切实易行。报价每份取钱二百文,各厅、州、县不过花此通年二三十千之费,而可收发民智无穷之效。凡有父母爱民之心,当无不踊跃从事,亟应迅速开办,即由司库闲杂款内垫拨。……俟出报后,即同晋报按期饬发,收回报价,如数归还,以清公款。此报既以演说为重,应定名为《山西白话演说报》,以资警觉。"据此资料,《山西白话演说报》的创刊时间应为1905年。发行两年多,就在1907年12月与《晋报》同时终刊。这个时期的民营报纸还有:《实业报》,1905年5月28日在太原创刊,主持人为姚观察,每月出一期,主要报道农业研究、工艺制造等内容,终刊时间不详。《民义学报》,1906年11月11日在太原创刊,由刘懋赏等人集资主办,月刊册报,以阐明学理,扬厉国粹为宗旨,终刊时间不详。

二、资产阶级革命派的报刊

1905年,同盟会山西分会在东京成立,山西留日学生参加者逾百人之多,其中大部分是山西大学堂派出的留学生。他们从国外带回《民报》、《大义录》、陈天华的《猛回头》和邹容的《革命军》等许多革命派的刊物和书籍,在山西秘密宣传资产阶级革命派的思想主张,并秘密从事同盟会的发展活动,为在山西创办革命派报刊奠定了思想基础和群众基础。从1906年到1911年辛亥革命爆发,山西资产阶级革命派创办的报刊主要有下列7种。

(一)《晋阳学报》

1906年1月6日,山西大学堂的几位首届毕业生通过筹集资金,在省城太原筹建了晋阳学报馆,并出版了山西省第一份资产阶级革命派报纸《晋阳学报》。该报总董刘懋赏、总理武绍光、主编郭象升、编辑张瑞生和仇少楼等,都是同盟会山西分会的成员。由于销路难通,创刊后没能继续出版,后与《晋阳白话报》合并。

(二)《第一晋话报》

1906 年 4 月 8 日,山西留日学生、同盟会员王用宾、景梅九、刘绵训、景耀月等人在东京创办《第一晋话报》月刊。

王用宾(1881—1944 年),字太蕤、利臣、理成,别号鹤村,山西临猗人。清末廪膳秀才,先入太原府办学堂,后并入山西大学堂继续学习。1904 年由山西大学堂七中斋考取公费留日学生,先入日本盐仓铁道专科学习,第二年转入日本大学,攻读法律和军事科,并加入同盟会。王用宾是这一时期山西革命党的领导核心人物和社会活动家,也是多种山西革命派报刊的创办人和主笔。1906 年,山西人民反对清政府继续出卖矿产资源,要求收回矿权的斗争达到高潮,留日学生积极声援,山西阳高县留日学生李培仁“涕泣终夜,尝恨山西无人”,留下一封绝命书,就在日本投海自杀,以唤醒故乡人民的自主意识。王用宾在追悼会上写成了三幅挽联,其中之一是:“倾太行铁铸成大错,五十六英里蹙国,二千万汉民失天。死者不复生,空嗟黄河沦陷,都缘潞泽平盂宝藏被堆埋贼掘;背昆仑水阵出奇兵,鲁阳戈誓返落日,祖逖楫击残丑虏。匹夫与有责,纵令白祸猖狂,怎为晋豫秦陇团体撼岳家军难。”一个深明大义的热血青年的爱国爱省情感跃然纸上。1909 年,日本要挟清政府攫取安奉铁路铺设权,中国留日学生愤起集会抗议,一致抵制日货,王用宾被推举为主事。他写成《为安奉铁道警告国人抵制日货事》一文,共万余言,在京津 5 种报纸上同时刊发,轰动一时。民国以后,历任山西临时省议会副议长,国民政府司法行政部长等职。1944 年在重庆病逝。

景梅九(1883—1961 年),名定成,以字行,山西安邑(今属运城市)人。祖父是位穷秀才,一度卖水为生。父亲景吉甫是私塾先生,崇尚宋明理学,对他教育甚严。1900 年八国联军攻占北京,同学多避散,害怕洋人为报复山西杀害外国传教士而侵入山西,他泰然居校,萌发了救国救民的思想。1901年京师大学堂成立，饬山西优选5人，景居其一。1902年又被选派日本留学，入帝国大学预科。1904年与秋瑾在日本创办《白话报》。1905年在日本参加孙中山创办的同盟会，并担任同盟会山西分会评议部长。1906年清朝总理衙门将山西矿权出卖给英国公司，引起留学生争矿怒潮，景梅九在同盟会创办的《民报》上撰写时评，发表政论，猛烈攻击卖国贼，终于与山西人民一起挫败清廷阴谋，夺回矿权。同年，他与王用宾、景耀月等创办《第一晋话报》。1907年，又与同仁创办《汉帜》《晋乘》。并组织"明明社"，开展革命活动，发展同盟会会员。1908年由帝国大学预科毕业，赴西安高等学堂任教，沿途曾在青岛、太原发表演讲。1911年在北京与同仁创办《国风日报》。同年10月29日太原光复，山西军政府成立，他任政事部长，又与人一起创办《山西民报》。1924年任冯玉祥部第六军军长，反对直系军阀吴佩孚。1930年隐居家乡，撰写《安邑县志》。抗日战争期间帮助冯玉祥旧部姚建新组成山西人民游击队，在中条山下的解县、虞乡与日军多次血战，并积极参加救亡活动，发表大量抗日诗文。同时他又在西安恢复《国风日报》，并主办《出路》杂志。新中国成立后历任陕西省政协委员、省文史研究馆馆员、西北历史文物研究会委员等职。1961年病逝于西安，终年79岁。主要著作有《罪案》、《入狱始末纪》以及大量诗词作品。

景耀月（1882—1944年），山西芮城人。1904年官费留学日本早稻田大学。1905年加入同盟会，为山西留日同学会主席，先后参加了《第一晋话报》《晋乘》等报刊的创办工作。归国后，与于右任一起在上海创办《民呼报》《民吁报》等。民国成立后，先后任参议院议长、教育部长等职。鲁迅在北大执教时，曾向学生称赞景耀月为"当代古典诗文之最佳作者"。1944年在北平病逝。

刘绵训（1881—1919年），字翼若，山西临猗人。清末光绪年间进士，早年留学日本，学习法政。后加入同盟会，归国后任法政学堂监督,并以办报为业鼓吹革命,曾任晋阳报馆总理。在清末"文交惨案"后,因真实报道和勇敢揭露山西巡抚丁宝铨的阴谋伎俩而被革职。后去北京,任京师大学堂图书馆馆长。辛亥革命后被推举为山西省司法司司长,后又去财政部供职,直到病逝。

《第一晋话报》每期封面正中印有书写体大字报名,右上方印有光绪年号和西历的出版时间。大 32 开本,每期约 60 个页码,内文用 4 号宋体字印刷。编辑者:山西同乡会。总发行所:山西省城师范学堂教育研究会。印刷人:藤洋外吉。印刷者:秀光社。编辑驻地:日本东京神田区骏河台南甲贺町八番地。由此可知,每期在东京印好后,运回太原,由师范学堂教育研究会发行。

关于该刊的宗旨,第三期署名竹崖个人的《读晋话报谣》写道:"如今世事非从前,全赖人为不赖天;生存竞争似烈火,优胜劣败理如山。自从洋人过海来,东南到处有余哀;何幸山西僻在北,中间多年未被灾。转眼山西忽大变,到处都有洋人面;矿山几乎尽被吞,铁路回头又割半。路是山西人之脉,矿是山西人之血;路亡矿尽不多时,坐看山西种全灭。嗟我同乡知未知,洋人究竟欲何为?要把我辈作牛马,鞭打刀割任意施。呜呼危亡在旦夕,即今不起永无日。……如今中国愈益危,军国大事日日非;安南台湾原我有,不见黄龙上国旗。还有租借地日宽,胶州威海大连湾,香港澳门旅顺口,暗射图中齐变颜。黄河流域德人据,长江流域英人盘;惟有山西称最僻,尚在俄人势力圈。况且辽东日俄战,堂堂三省遭糜烂;战后情形不可知,大约不出洋人算。我闻洋兵过外传,男被杀伤女被奸;母啼妻号儿女叫,听者不痛无心肝。古来中国强如虎,洋人闻之舌也吐;如今东方一病夫,倒卧床头任人侮。一从人来欧罗巴,苦海无边又无涯;十字架间一腔血,沦为祸水浸中华。沉沉睡狮何日醒,危乎一发神明种;中国于此将不国,山西因之也不省。"从这篇报谣中可以看出,《第一晋话报》的办报宗旨,是结合本国本省实际,向全国人民和山西人民宣传救亡图存的主张和民族民主革命的思想,为资产阶级民主革命做舆论上的准备工作。

面对国势危难,刊物编辑和作者并不悲观失望,他们苦心探索,并根据各自不同的认识,从不同的角度,提出了各种救亡图存的方案:

第一,提倡尚武精神,增强国民素质,实行兵民合一。留日学生对日本由弱变强的历史很熟悉,在第三期《尚武说》一文中,作者舟子指出:日本在四十年前,无论哪一方面,都和我们中国一样,后来提倡尚武精神,结果"近来和俄打战,打一战胜一战,把俄国直打的败败的。"中国如能和日本一样,"也能够把洋人都打的败败的,教他再不敢欺侮我们。"在作者看来,提倡尚武精神,实行军国教育,在别国是那样行之有效,中国也应该仿行。所以他强调说:"大家要知道,我们不是十分爱他才学他的,只是因拿着我们的老法子打不过他,故要拿着他的新法子打他。学他,不但是不足羞,只要能够打过他,真是一回大体面事。再大家不要说我们学人家的法子,怎么能够打过人家呢? 世上徒弟比师傅高的真不知道有多少,只看我们好好学不好好学,所以我们不惟要学他便了事,真要好好的费心,比他更强才行哪!"同期劲汉的《寓兵于农》认为:"兵强的国就强,兵弱的国就亡。但是国亡了的时候,不论士农工商的财产幸福是保不住的,就是性命也很不妥当的。"它以波兰为例,说波兰"国亡了以后,人民死了七八分,所余下两三分,漂流在外国与人为奴作隶,不齿于人类,可见这兵是维持国家存亡、保护人民幸福的一件要紧东西。"如果"兵民合一"得以实现,则"到打战时征起兵来,举国人全是兵,除妇女外就没有被人保护的人,尽是能保护人的人,所以国家永远莫有亡的时候了"。怎样实现"兵民合一"呢? 它认为:凡应服役者"当三年常备兵后,再当三年续备兵。续备兵后,再当三年后备兵。但当续备、后备兵时,虽还是兵的名目,却可做一切的职业了"。它肯定"非民兵合一,一定不能争存于二十世纪"。

第二,强调发展实业,提倡实力相争主义。该刊第六期竞生的《实业之起源》说:"现在世上像那欧洲的、美洲的、日本的国,可叫作有实业;我们中国和人家比量,家家用洋货,件件请洋工,就可叫作没实业,如此这般,无怪乎我们中国近年来一日比一日困,一年比一年衰哪!"为了免除这种状况,就必须发展实业,使国家富强起来。第七期竞生的《实业之进步》一文叙述了西方国家发展的状况,指出:"前二三百年前,西洋的人,只抱得个民族主义。怎么叫个民族主义?譬如我们是一族,他们是一族,我们只恐怕他们胜了,凌轹我们,因着各族竞强,这就是个民族主义。百年前上下又变为民权主义。民权主义又怎说呢?只因那时候的朝廷官吏,全混作乱闹,不顾人民的死活,人民看的死到头上,忍不住了,因着与那一般暴君赃官争权竞力,后来弄好了,那在上的他都不能混办哪!这叫作个民权主义。近几年来,西洋各国人家里边的事大概都安置好了,国内太平,人口自然繁多,自因他们那地面小,养给不住他,人家又研究出个民生主义来。民生主义怎说的呢?就是取上别个国的利,养活他的人。可是别个国的人也不都是呆子,不能轻给他的罢。只因人家的实业进步,运到我们这边的货品,又便宜又精巧,拿上人家的心思手力,自能换走我们的金银财宝。""一人穷困还尚不能生存,那一国穷困,怎有个不灭亡的哩。"刊物强调,中国由于没有实业,饱受西方列强的欺凌剥夺,因此必须努力提倡实力相争主义。它说:我们中国这一块土地,是世界上最肥美的,如果"把那农学讲究起来,好好的耕种,莫说是现今四万万人吃不尽,就是后来再生上几万万,也是吃不尽的。"还有那地下的金银铜铁煤炭硫磺……等各种矿藏,也是取之不尽的,"据那各国的矿师说,只我们山西一省的矿开采出来,就够世界上一百余年之用,何况是全国的矿都开采出来呢!"因此,"只要大家齐心,有钱的拿了股本,没钱的受些辛苦","采出矿来,运出口去,卖给那些不够用的各国,换成有用的东西装载回来",中国就会由弱变强,在与西方列强的实业竞争中立于不败之地。①因此刊物

---

① 一平:《救中国之贫宜浚富源》,第三期。

倡议:第一,自办铁道。"各省的民修各省的路。一省照这样办,各省都照这样办。"第二,自办开矿。自办的大要是:"筹集股本,养成矿员;开设公司,预买矿地。"其中,筹集股本是自办的第一着,在募筹股金时,要仿外国有限公司的办法,多定些股份,多展些年限。因为"若是股金太大,年限又短,贫民就入不起,全成了几家财主的股本,将来无数的大利,也不过富的愈富、贫的愈贫,得回社会上太不平等的结局。所以,有限公司就是为社会上平均贫富的机关,就是为人人谋得幸福的办法。不但人人可以入股,集款自然容易,且免得贫富到了两极,弄出以后的经济革命事情来。"他们主张开矿炼铁不用洋匠,全靠本国的技术人员。为此要多派些懂外文的青年出国留学,学习西方先进的采矿冶炼技术。他们强调:铁路和矿业"要完全是民办,决不敢有了官督的性质。因为从前中国官督的事情,没有不弄骚的。"①第三期副墨子《商战两字里面的解释》一文还对无原则地开放国门思想进行了批驳。他说:现在"有人唱说外国人专是为利来的,故他们商业所到的地方,就是他们兵力所不到的地方,我们中国如今要免各国的兵灾,莫若实行开放的主义,把一切利权尽让给他们做去,我们只坐享其成,岂不是一举两得顶妙的一计策么!"作者指出:这种论调是错误的,"不惟将来没一点利益,并且连我们的身家财产,都要拱手送给外人,我们就若牛马一般,听人家驱策喂养才是。"他揭露西方国家"每因战事,占领上一个地方,总设几个大公司,闹几处大营业,凡铁道、物产、邮便、电信及商业之重大者,皆要设法赚入他们的手里,总要使那个地方的人民,都仰靠他们为生活,他们安处于上流社会地位,久而久之其地方人民,就变为牛马奴隶,不自知其所以然了。"刊物还通过总结菲律宾被沦为西班牙殖民地的历史事实,告诫人们说:菲律宾人之所以被西班牙人征服,是由于菲律宾人"把洋人当成神了","把起先

---

① 者生:《说矿务》、《中国路矿现势论》,第三、六期。

102

恨洋人的心变成一个敬神的心"，结果"败坏了自己的事"。菲律宾人"不知道凡是世上的人都和人一样，并没有半点出奇处"，因此"看菲律宾人那样糊糊涂涂的亡国，真应替他们伤心下泪了"。我们中国人也要引以为诫啊！ [1]

第三，发展教育，提倡教育救国。该刊第六、七期连载的《教育说》一文指出："一国中所最要紧的是政治和教育两件事。政治为国家的机关，教育为人民的根本。这两件事不能相离相二，也不偏轻偏重，是世界的公理。"作者认为，近年来中国的教育虽稍有进步，但"如不实行整顿一番，恐怕我们四千年的古国，四百兆的黎民，不到十年就要快灭亡了。"为什么呢？原因有二：其一，"教育不普遍。有官吏的教育，无国民的教育。朝廷把教育科甲作官这事合而为一，所以全国的好多农工商贾都不求学。"其二，"教育无实用。中国的士子，不是死读陈言，便是空讲用笔，再不然就是好高骛远，不求浅近的才能，也不问求学是要有什吗用处，所以凡读书多年的人大半成了呆子。"这"两条是从前腐败的情由，就是后日灭亡国种的根迹。"用什么办法来清除这个亡国灭种的根迹呢？作者说："第一急着就是要行有实用的普遍教育"；第二是"须求救亡的教育"。要使人人能读书写字，明白事理，保重道德，忠爱国家。"中国的国势既和他国不同，教育的宗旨自然也当有点区别。特别并非他事，只是教育里边含上救亡的方法便好了。"救亡教育方法有三："一要明国耻"，即把"近百年来外人割据中国上地，虐待中国人民，侵夺中国矿路利权的事用官话编成教科书"教育人民。"二要雪国耻"，既向人民"讲明雪耻的下手法，不可仇洋闹教，当求文明御外的才能，并将德国、美国自立的事略述一二。""三要讲求地方事宜"，即把本州县的风俗生计用官话编成教科书，向人民"指明那件该扩张，那件该改去"。

①竹崖：《飞律滨独立战史》，第三期。

第四,改变政体,改革社会。刊物以美国和日本为例,说明中国要救亡图存,非改变专制政体不可。如美国,由于实行民主共和,兴民权,而使"上下声气相通","人思进化",结果"做出许多大事业",国家"基址巩固"。再如日本,由于废除了君主专制,实行宪政,结果在日俄战争中获胜。由此,他们得出结论:"如今地球上立国的止有两个法子:一个民主国,君由民举;一个君主立宪国,兴起民权,限制君权。君主专制国万万不能成立。那日俄战争胜败,便是最近最新的镜子。"因此,中国要求存于二十世纪,必须改变君主专制政体,建立民主政体。此主张如能实现,"无论地球上何等强国,又谁敢将他的虎须!"①他们还谈到了国民的重要性,"一国的国民,比较专制国的皇上、共和国里的大统领,还高贵些。要和国民作对,真是大逆不道,焉有不失败的道理。"②

《第一晋话报》在关注国事的同时,还结合山西实际指导斗争和进行思想启蒙。如第四期的《危乎山西之矿》一文,大胆揭露了清政府官员出卖山西矿权的丑恶行径,强烈抗议侵略者对山西资源的肆意掠夺。如第六、七期署名湖海风萍的作者在《山西劳动者之将来》一文中,向山西人民宣传了"劳工神圣"和"社会主义"的思想:"父老请替小子想一想,我们一天吃的从那儿来的呢? 用的东西从那儿来的呢?住的房屋从那儿来的呢? 难道是那个神圣不可侵犯的皇帝御赐的么?再不然是从天上掉下的么?再不然是从地下凭空长出的么?我明白的父老,必定要想起失笑了。必定不是的。然则到底从那儿来的呢?"作者接着很有感触地说:"小子又想到我们半瓶子醋的读书人,手不能拿,肩不能挑,若是没有劳动的出这一身的血汗,受作老牛的苦,恐怕我们一个个只好吃空气罢,穿树叶子罢,坐露天底下罢!"据此作者得

---

① 痴阁:《赵南亡国话》,第六期。

②《粤督对国民宣战失败的原因》,第六期。

出结论:"照这么说来我们所最该崇拜的,所最该受我们尊敬的,不是那劳动的么!不是那'神圣不可侵犯的劳动的兄弟姐妹'么!"更值得注意的是,作者指出了受压迫剥削最重的也是劳动人民。再看看劳动的兄弟姐妹们,"一辈子做老牛做老马,哼哼的吃苦,不敢作一点妄想,年年把自身的血肉剥下来孝敬皇帝老子,尽他牛马的义务。"作者问道:"父老们,你想天下那有这等纯净的愚直的心肠?我怕求之财主官场,呸!就是读书的人也不可多得罢!"如此说来,理应把劳动人民放在社会的最上层,但是,却恰恰与此相反,他们却伏在最下层了。"世间上有这等不平等么!"对劳动群众的这些看法,在当时是很少见的。作者还指出:在当今生存竞争的年代,"各国的财主越发财,劳动的越发穷了。"为了改变这种现状,所以"这儿社会党、那儿平民党闹的昏天黑地。"据此作者主张:在"世界各国尚未行社会主义时","对外,要用竞争的手段。对于我一般劳动的同胞,万万不可用竞争手段"。他认为:"若世界各国都能行社会主义时,则人类皆同胞,竞争手段没有使的地方了"。

《第一晋话报》的上述文章与当时国内的政治形势及山西人民夺回矿权的斗争紧密结合,具有强烈的战斗性,成为推动山西革命活动的重要舆论工具。这也因此使山西当局深感恐慌不安,随后下令禁止在省内发行,出至第九期被迫停刊。《第一晋话报》现存原本奇少,陕西省图书馆珍藏有第三期、第四期、第六期和第七期原本。

(三)《晋阳白话报》

中国人民大学新闻学院资料室收藏有《晋阳白话报》第1年第2期,出版日期为1906年10月12日,按"每三日出一张"推算,《晋阳白话报》的创刊时间应为1906年10月9日。社址附设在太原贡院东栅门内的晋阳学报馆。主编王用宾,撰稿人有景耀月、刘绵训、景梅九等。

该期刊出的《晋阳学报并白话报集股章程》中称:"本报为的是兴

本省的学务,所以编这个学报;又为的是开本省的风气,所以编这个白话报。"又在《紧要告白》中说:"现在是我们中国不久就要立宪,这改良社会,讲究自治的一切事情,都是要紧得很。但是我们山西外州县里,还是风气不开。学界同人没有法子,所以才编这个白话报。但是一人的见识,总不胜众人的见识;少数人的力量,总不胜多数人的力量。本馆因此特告诸热心的君子:如有一切益国益民的言论演说,及有关系的事情,或用白话,或用文辞,均请随时函赐本馆,以便陆续登报。"这就说清了办报的宗旨和目的。

《晋阳白话报》是用光纸单面印刷的,三日刊,每期6个版面。每张售大钱30文,自办发行,本埠由报馆直送,外埠寄发。

以第1年第2期为例,各版内容是这样安排的:第一版为报头、出版时间、本报价目、本馆告白、上谕、本省辕门抄。《义务告白》中说:"一切关系公益的事情,登本报告白,一律不取分文,但须用白话并与本报宗旨相合。"第二版为演说篇。本期演说篇的题目是《论立宪》,文章认为,认识世界上的一切事物,是好是坏,是长是短,只有经过比较才能得出正确的结论。以外国的立宪制和中国帝制相比较,中国的皇帝被喻为家长,百姓喻为子弟,想要治理好中国,只靠家长一人的力量是不行的,必须子弟们同心协力,必须立个宪法,家长和子弟各尽其责,才能兴国。第三版和第四版为本省新闻,共七条,其中有一条报道:"平定州两个月的工夫,集了两万来股,开办矿务。""中国有力量开采自己的矿产,本省的绅民都知道这矿产的事情,关系我们的身家性命,不需要福公司插手。""这山西的铁矿,原是山西老百姓的产业,与山西老百姓的身家性命有大大的关系,这是人人都知道了的。福公司是个外国商,若是夺了山西的矿,岂不是夺了山西老百姓的命吗?"这种富有鼓动性的大众化宣传,对当时山西人民开展的争回矿权的斗争,无疑是一种推动力量。第五版为本国新闻,共五条。其中第一条报道英德两国获取了天津至镇江的铁道开办权,并认为"中国上了外国的当","近来民智大开,深知道自己的铁路,要使外国人办了,那个祸害,实在大得很"。第三条是报道投笔从戎的,认为"中国所以不能自强的缘故,虽不至一样两样,但是这轻武重文的积习,也算是一个大大的缘故了"。"四川招募新兵,全省的秀才先生们,竟有七八十人在督练处上禀情愿入营为兵,尽国民的义务。又有武生数百,跟他们联合在一起,也要入营报效",这种精神,真值得人学习。第六版为外国新闻,共七条。其中第一条报道俄国人污蔑中国人:"不论是何等人,但给点小便宜,便可以俯首贴耳的归附他人。……难道诸位同胞听到这话能不生气?既然生气,就应该大力振作精神,结合团体,预备自强才是,千万再不要占这样的便宜了。"第二条报道俄国不承认中国政府新调整的黑龙江省涉外总办,文章责问:"中国派官员的权,俄国人也要干预吗? 可叹!"

从这期报纸内容可以看出,《晋阳白话报》显示了一种兴学办报,实业救国和反帝反专制的清新空气,在封闭的娘子关内喊出了当时的最强音。可惜现存原件仅一份,故出版期数和终刊时间不详。

(四)《汉帜》

《汉帜》1907年1月25日在日本东京创刊,由景梅九、陈家鼎、仇式匡主办,主要翻译海外新闻,目的是唤起民众,推翻封建帝制,建立民国。月刊。创办《汉帜》杂志时,景梅九认为自章太炎任《民报》主笔后,所刊文章渐近艰深,普通人往往看不懂,宣传效果不佳。为了便于宣传革命思想,《汉帜》应克服《民报》此症,办成文字清新、通俗易懂的刊物。他的看法得到黄兴等人的赞同。

第一期刊有章太炎写的发刊序;景梅九写的短篇小说《清快丸》,暗寓清朝快完蛋了;刘道一写的《驱满酋必先杀汉奸论》,反清旗帜鲜明,富有鼓动力和感染力。

在办《汉帜》的同时,景梅九还把邹容的《革命军》、陈天华《警世钟》、吴樾的《宣言书》、章太炎的《排满歌》集成小册子,起名《铁券》,

以"灭胡又一人"为笔名做序,广为散发。

同年2月15日,《汉帜》出至第二期,因经费困难停刊。

（五）《晋乘》

《晋乘》于1907年9月15日在日本东京创刊,主办人为景梅九、景耀月、王用宾、谷思慎、荣炳、荣福桐等。24开本,是个不定期刊物。共出版了三期,最后一期出版于1908年6月5日。内容有"论说"、"图画"、"晋语文艺"、"杂俎"、"附录"等栏目,侧重的是"论说"一栏。刊物大多采用白话,文字较通俗易懂,主要读者对象还是国内的山西民众。

关于刊物的创办经过,景梅九在《罪案》中有这样一段回忆:"因《第一晋话报》出到第九期,(山西)同乡会分裂(不过几个人闹地方意见,甚么南路、北路、中路的分起来),不能续出,于是我又邀集几个同志,商议另组织一种杂志。大家想名目,我以浙江有《浙江潮》杂志,湖南有《洞庭波》杂志,陕西有《夏声》,四川有《鹃声》,皆就地理、历史立名,想起《孟子》说的'晋之乘,楚之梼杌,鲁之春秋。'这《晋乘》与《春秋》并列,亦是一部光荣历史,何妨用这个名称组织起来,大家很赞成。于是友人只君写了一篇晋乘解悦……痛快淋漓,万余言,很有些道理。我担任杂俎、小说,曾著一篇《情园》,写段香儿和杨翠喜的事情。大家凑了些钱,出了三期。因为经济缺乏停刊。"[1]景梅九的回忆是符合实际的。

关于办报宗旨,第一期《本杂志成立规则》中称:"《晋乘》以发扬国粹,融化文明,提倡自治,奖励实业,收回路矿,经营蒙盟为主义。"发刊词也说得很明白:"《晋乘》何故而作?简切说来,就是为开通民智而作。我们区区心事,就在这里。虽是哓了音,喑了口,也不敢辞。同人等饬《晋话报》的消歇,无人在我们伯叔兄弟诸姑姊妹前警叫,所以又组织了这份《晋乘》杂志,谈说山西的话。"

---

①《罪案》第89—90页。

春秋战国时期,晋国的史书名曰《晋乘》。第一期刊发的景耀月的《晋乘说》,对晋乘两字的含义作了新的解释。他说,乘字原本是"兵车之义",所谓晋乘,说的就是晋国的军队,晋国的历史。现在刊物之所以叫《晋乘》,就是要使国民脑子里产生"眷怀古昔的爱情",只要国民"大动了历史上的感情",他们"爱国爱种的心,独立进取的志",就会像"盆波瓮倒的流溢出来",就可以在世界上"轰轰烈烈的做一场了"。

署名易滔的作者在第一期《国民团结力之养成法》一文中说:"我国近数十年来,时常受列强的欺侮,除了赔款割地,旁的再没一点对人的法子。可羞可耻的事,说起来真是一言难了。这些臭历史,想大家也知道的不差什么了,尽可以不必一一的从头细背,惟哀恳大家从今共讲究雪耻的法子。"用什么方法来洗刷中华民族蒙受的奇耻大辱?《晋乘》的作者秉承了《第一晋话报》《汉帜》以来形成的一贯思想,提出了以下几方面的主张:

第一,在政治上,以提高国民的自信心和竞争力为主要任务,推翻帝制,反对立宪。《晋乘》的作者认为,中国一些民众的软骨病都是无能的清政府带来的,通过清政府官僚盗卖山西矿产这件事就足以说明:"亡中国者,中国政府也。"[1]在一篇题为《轩亭记》的文艺作品中,作者通过"秋瑾"之口说道:"你看我那政府呵,卧薪尝胆皆虚设,文醋武嬉何消说。见了国民呵,都昂头持风节。见了外人呵,都低首称臣妾。叹东南到处金瓯缺,全是他送了人也。堪嗟! 你看那盈廷的朝臣,谁不是亡国的妖孽。"类似的言论,在《晋乘说》、《国民团结力之养成法》、《论山西人民之疾苦》等文中都可以看到。应该怎样对待"洋人的朝廷"及其一群大大小小的"洋奴才"呢?《晋乘》的作者作了有力的回答:"杀"! 并要人们"把刀磨快"些。[2]对清政府卖国官员应如此,那

---

[1]《晋乘》第二期《晋人争矿之最后》。

[2]《晋乘》第二期《杀洋奴曲》。

么对普通民众呢？他们的答案是："开通民智"，"教我邦伯叔兄弟诸姑姊妹，一个个晓得爱国、晓得好学、晓得尚武。"①换言之，即要激发人们爱国的热情，开浚人们的智识，增强人们的体质，养成人们独立之精神、合群之性质、自主之品格、进取之能力、协图公利之思想、不受外界抑制之气魄。在主张用暴力推翻帝制的同时，《晋乘》还对立宪派进行了猛烈抨击。景梅九在《笑语集》中写道："有几个人，在一处闲谈时务。一人道：现在人都好谈立宪，有许多宪政会，有许多立宪党人，到底都是什么宗旨？一人道：孔子宪章文武，怕是学圣人的。又一人道：诗云宪宪令德，怕是学贤人的罢。一人独摇头道：都不是！诸君不通小学故耳。'宪'字本是个像形兼会意字。众问何解，他道：'宀'像红顶，'丰'像花翎，'四'为横目，'心'即心，合而言之，就是心儿、眼儿都在红顶花翎上。"把立宪派的丑态，刻画得入木三分。另外，《晋乘》还发表文章，指出立宪在中国行不通的原因，是治标不治本，难以从根本上解决问题。

第二，在经济上，《晋乘》主张实业救国，通过振兴民族工业来抵御列强侵略。他们之所以这样提显然是受日本的影响。日本在日俄战争中胜利的事实，对当时的中国爱国者发生的心理影响是很深刻的。这些留日学生极力主张中国必须像日本那样着力发展实业，解除外人对本国经济发展的羁绊，奋起讲求实学，发展实业教育，促进实业的发展。他们认为，只有这样，国家的实力才能逐步得以增强，和东、西强国竞争才有胜利的希望。在《实业与山西的关系》一文中，作者认为，国家的独立与富强取决于实业发展的程度，实业"与国家人民有密切的关系"。"'实业'两个字，为现今世界上生存的一个大要素，不研究实业的国家，万不能独立；不研究实业的人民，万不能生活"。他们称二十世纪的世界为实业竞争的世界。在这个世界中，如果实业不

---

① 《晋乘》第一期《发刊词》。

发展,国家的路权、矿权、专卖权、制造权……就会丧失,这样,不但"国家不能独立",人民也要作"外人的奴隶"。这是一幅多么可怕的情景啊!为了在这激烈的实业竞争中求民族的生存,《晋乘》的作者还提出了抵抗外来经济侵略的办法。他们说,"中国现在是危到十分十厘了",据此情形,愿大家赶紧"合而设立工厂"、"广置机器",外国人"有何物,我即仿造何物",外国人"有何能,我即仿学何能","直至我们货物,能抵住洋货之来方可"。①刊物的作者认为,仅仅采取这些措施还不够,还必须注意发展实业教育,培养自己的技术、管理人才。署名古唐的作者以同蒲铁路为例,指出,如果没有自己的技术管理人员而雇用外人,就要吃很多的亏。为此作者紧急呼吁:"我们同蒲铁路若要兴筑,不可不急急的……先设一铁道学堂,养成一班管理的人员。"他还提出,当铁道学堂的学生毕业后,"量其程度授以职业",切实做到"所用即其所学"。由于这些人是自己培养的,又有一定的专长,有爱国思想,所以,他们"自然能照顾旅客,有如同胞;保护行李,如同己物;安全周到,丝毫不紊。不用问这营业情况,一天是比一天发达的。"据此,作者描绘了一幅动人的远景:"当那时,汽笛一声,集如归市。三晋人民,就渐渐喜旅行而不喜家居,喜远游而不喜困守了。无论我们山西富强的基础,在这一举,就是养成活动的国民,绝好的机关,也在这一举,岂不关系重要么!"作者声明,他的这幅画,是参照了日本的现实写生而画出来的。②

《晋乘》还把实业救国的主张与山西实际结合起来,落实到声援山西人民收回矿权的爱国救亡运动中。猛蹾在《晋人争矿之最后》一文中怒斥福公司"拿着一张无名的合同,居然要到山西开矿,又要禁我们山西人自行采掘",依仗强权,"不讲公理到二十四分"的地步。针

①《晋乘》第二期《社会概论》。

②《晋乘》第一期《设铁道必先讲经费人才说》。

对福公司在与晋人谈判中玩弄答应"废约"、"服从公理"的花招,作者又指出:福公司的"良心还在苏彝士河里放着呢"! 他们"一定别有计算","仍然想到山西开矿",但在晋省人民斗争的压力下,"又苦于老虎吃天没处下爪",于是便婆面虎心"一面暂且答应废约",一而又赶紧"提出一条无名肿毒赔款来"。作者揭露福公司此举"分明是对着我山西下宣战书","他想晋人要是答应他的赠款,他可以白得一千五百万镑金,比开矿得的利益还要大,要是晋人不承认,他就可以说晋人情愿决裂,便可以用他的强权了。他的鬼胎不过这样"。对于福公司"要求晋人赔款"的所谓"理由",作者逐条加以驳斥,并揭露了该公司向山西绅士行贿的丑态。"你福公司往来山西,运动开山西矿山",就"和那偷儿强盗,钻穴跳墙","偷人东西一样,现在东西偷不到手,却向被盗主人索酬劳金,这不成了今古奇谈了么?!"作者最后说:"说了半天,赔款的理由并没有一点"。福公司"偏要许多赔款,岂不是无理取闹么! 倒不如直说他的英国灭埃及、亡印度、攻杜兰斯洼,都是用野蛮行动,若晋人不许开矿,仍是这样办法,还光明正大些,何必一定要使这样的手腕呢!"闷久在《讨晋人公仇梁敦彦》一文中则有力地鞭笞了清政府官僚买办盗卖山西矿山的罪恶行径。他揭露了梁敦彦的真面目,说梁由于"暗中受了福公司许多贿赂","便一味向着福公司说话,恨不得立刻把我晋人全体生命所关、誓死不许外人侵占的六千亿大矿产,一石不留,一沙不剩,恭恭敬敬,两只手捧着,亲身送到那福公司怀里去"。作者愤怒驳斥了梁敦彦的诬蔑,指出他竟敢"拿义和团三字形容山西人野蛮","说山西人尽是义和团伎俩,又说山西代表人是义和团首领"。但是,"就依你梁某的话,我也承认晋人全是义和团"。不过"我实对你梁敦彦说,现在山西的义和团,不比从前的义和团了! 从前的山西义和团不过是排异种的传教徒,现在山西的义和团,是要排强权的资本家;从前山西的义和团不过是杀信教的教民,现在山西的义和团,专杀你梁某这一种媚外的贱奴"。从这个意义上来说,"义和团三字,就可以作山西国民军的赤色旗!义和团三字,就可以作晋人决死代名词!!义和团三字,并可以作为晋人暗杀团的大徽号!!!"景梅九在为《晋乘》刊登的《留英山西学生争矿报告书》一文加的编者按中指出:"今矿事益急,恐最后之结果,被强权之强制,令我晋人永远置于外国资本家奴隶之地位,则我不能不出其最后之手段,杀此强夺他人生命财产权之福公司矣!"他还要求留英山西学生"将此意译成各国文"宣告于全世界。《晋乘》的编辑和作者对山西人民收回利权运动的支持是积极的、勇敢的。经过斗争,到1907年,终于驱逐了福公司,备款收回矿产,设立保晋矿务公司自行开采。清政府也被迫下令申斥盗卖矿产的胡聘之、贾景仁、刘鹗等人,科以"革职永不叙用"之罪。山西收回被福公司劫掠的矿权的斗争,显示了广大人民团结战斗的力量,《晋乘》的作者对此作了充分的肯定和赞扬。易滔在《国民团结力之养成法》一文中,吁请人们注意以下的事实:"请看抵制美约,收回粤汉铁路与吾晋人之拒福公司,凡此数件事,那一件不是我政府诸公再三与人交涉自觉无效,反吓喝国民,看其勉从。到我国民竭力抵抗",才使"外人无不却步"。作者据此启示人们:倘若"今后遇事,合十八省举四万万,都能照这样"做,那么,就能使外人瞠目结舌,胆战心惊。作者的这种认识是正确的。

第三,在文化上,《晋乘》提出了"发扬国粹"的主张。之所以这样提,是因为用国粹能够激动种族,增进爱国的热肠。他们指出:"今日者,国家丧乱,种姓式微,不有怀旧之德,其何以振励国人?"①这就是他们主张"发扬国粹"的宗旨。为了贯彻这个宗旨,刊物的创办者景梅九、景耀月等六人发起并成立了"复古社"。他们在《复古社广告》中宣布:"本社同人,闵国粹之陵夷,古典之不振,组为此社,广延同志,专研究古学,以与新说相融会。"他们很强调继承中国文化遗产的重要

---

① 《晋乘》第三期《复古社序》。

性,"夫中原文献所以相禅迄今者,皆赖一代抱残守厥之士之死靡也,所谓史家广其事,儒家守其典者。今者去古未远,故家流风,犹有存者的尚遂不讲,他日故老雕零,残经蠹败,时迁代异,谁复识有中州文献者?"他们认为,处于当今"生存竞争"之世,要救亡图存,就需要研究中国的历史,用祖国的历史知识来培养人们的民族感情,激励人们的爱国心。"夫自当代,上迄五帝,四千余年,得二十四代之史,于世极为邃古,伟大美富,他族未之有也。幸前民殚精修述,守此不蹢,至今未尝废坠,虽遗闻古事,不无淹没失实,少经割裂,自传记、书、表,旁及稗官外史,可得数十体数百家之大纲巨体,尤复备具。用以见前王先哲之成绩,俾人民不忘太古,理乱存亡盛衰兴废之故,人物制度风纪学术文章语言地理土宜,皆足兴士民怀故之思,明民生日用之事,此历史之道不可废也。"①

由于《晋乘》办得比较生动活泼,通俗易懂,又能联系山西的实际情况,因而比较受欢迎。除在山西各府、州、县以外,在直隶、河南、陕西、京津等地也有流传,影响颇大。

(六)《晋阳公报》

《晋阳公报》于1908年2月14日在太原创刊。关于此报创刊的动因、时间和经过,王用宾在《记辛亥革命前后的几件事》一文中说得很明白:"山西留日本之学生,自王用宾、谷思慎、何澄于前清乙巳年加入同盟会后,先后介绍入盟者百余人,并组成同盟会山西支部。为在省内开展革命宣传,遂编《晋话报》,由王用宾、景定成、刘绵训、景耀月诸同志分负撰稿之责。旋以言论激烈,为晋当局禁止发行,乃复议创办《晋阳公报》日刊。此报倡议于东京,设立于山西省垣,以便推销各州县。推武钻绪主其事,并推王用宾担任总编辑,于丁未年10月发刊。当时除官报外,民办日报,此为第一家,行销甚广。自此同志间

---

① 《晋乘》第三期《复古社序》。

互通声气,结纳豪俊,皆以晋阳报馆为总机关。"从这段话我们知道,《晋阳公报》的总编辑是王用宾,创刊日期王用宾的回忆可能有误,因为现存最早的《晋阳公报》是 1908 年 7 月 1 日第 43 期,该报逢阴历三、六、九出版,月出 9 期,依此推算,创刊日期应为 1908 年 2 月 14 日。

《晋阳公报》初期有 6 个版面:一版是京都新闻;二版是本省新闻;三版是本省要件;四版是国内新闻;五版是白话版;六版是广告版。报纸内容有四特色:一是提倡科学,反对封建迷信,旗帜鲜明地宣传新思想。如 1909 年 6 月 6 日刊登《迷信误命》:"榆邑西范村毕某病卒,其妻赵氏择于上月二十五日安葬。其次女嫁于谷邑西武村某姓为妻,偕其夫来送父葬。既葬,毕女偶感风寒,身发潮热,噤不能言,偶呼父名。家人谓其父祟,书符镇压,继从鞭笞,挞击再三,疾仍自若。其母始延医调治,疾已不可为矣,无何遂死。至亲莫如父女,岂有父灵不昧而必祟女至死之理? 略有知识者亦可以知其所言之谬妄矣!"再如 1909 年 4 月 19 日刊登《贤宰提倡天足》,报道崞县李县令以身作则,命其姑娘不要缠足,全县妇女颇为感动,放天足者越来越多。并感慨"缠足之害,晋省为甚,绅士果皆如李县令,则颓风何难渐挽乎!"类似报道还有《诵经可禳疫乎》、《天足结婚》等。宣传新思想新知识的报道有《省垣将开办电灯公司》、《世界最新之飞行器介绍》、《日本发明水上航行机》《柏林参事会一斑》、《中国女学新报出现》等。二是结合本省实际,为山西兴办教育,实业振省服务。如 1909 年 7 月 22 日报道《村农亦知兴学》:"临汾县东麻册村靳在堂、景权福等皆务农者也,竟于是年二月在本村倡设初等小学校,校内一切器具及新式教科书,亦按定章购置。闻于四月杪已经劝告学员造册,呈送该县备案矣。"1909 年 12 月 2 日报道《振兴学堂之贤绅》:"徐邑太常镇富绅某君热心公益,旧设私塾一所,该族附学者颇不乏人。自各县催立学堂之后,该绅即创立高等小学堂一所,重建讲堂,广设斋舍,为之焕然一新。……迩来远近附学者络绎不绝,似此创办得法,将来学务之兴,定当有异常进步也。"1909年2月19日报道《注意实业之贤绅》:"祁县渠君本渭,向于实业一项,甚为注重。前年于省垣公立工艺局,已集有巨股,昨来省闻该局渐次扩充添股,渠君续集股百圆。……似此维持公益,可谓不遗余力云。"对阻挠破坏新学者,《晋阳公报》也予以严厉抨击。如1909年12月2日报道《劣绅阻挠学务》:"介休张兰镇总董某甲,革职知县也,性贪婪,把持公事,恫吓乡愚。前该镇因同知旧署创办蒙学,伊任督办,阳奉阴违,仇视新学。教员某君虽具热忱,亦徘徊于其势力范围内,每事必抵牾。昨教员见学舍房屋破裂,拟卖佛庙古柏二株,以资补助,而某甲以该镇风水所关,出而禁止。闻去岁某甲曾卖本镇东岳庙古铜香炉一座,银归中饱,不知卖香炉岂不惧神谴乎!"三是注重新闻报道,尤其是本省的地方新闻,时效性明显增强。文字浅显易懂,适合大众口味,真正发挥开启民智的作用。如省城创立电灯公司;祁县创立兴业公司,制造洋烛、香皂、粉笔;交城、文水一带不但有人种植鸦片,而且公然开烟馆等等。这些事件一发生,《晋阳公报》马上就予以报道,是非分明,褒贬及时。《晋阳公报》还专门辟有白话版,以通俗的文字晓情说理。如1909年2月9日《说民智》一文:"外人尝说中国的民智不开,中国关心时局的人也说自己国里的民智不开,所以人民的思想不能发达高尚。初听这句话尚有些疑惑,中国的民智何尝不开?试看社会上的人情习气,一个比一个机巧,一个赶一个诡诈,说起那千方百计的手段来,真可称为神智莫测。无中生有的法子也能想到,空中取水的事情也能作出,你说这民智何尝不开呢?开是开了,不过那点机巧没有用在正式地方。举例来说,招集矿股的事本是日后的大利益,无奈人们顾惜眼前的银钱,不愿舍本投资。再如调查选举本是人民享权利的事,无奈调查财产时人们总不愿据实相告,宁肯抛弃自己的选举权,也要把家产隐匿起来。再如看报本是增长识见、灌输文明、有益人心的事,无奈人们吝惜那点报费,宁可当个聋汉瞎汉,也是不肯看的。殊不知当今的世界什么也不晓得,那是一定要吃亏哩！由此说来现在的民智究竟是开啦没有，很是难说。"四是报道山西人民争矿运动的进展情况，并与其它革命派报刊遥相呼应，进行舆论声援。且看 1908 年至 1909 年《晋阳公报》的一些标题，就可知这个时期保晋争矿运动的大概情形：《全晋绅民请愿书》(1908 年 8 月 29 日)、《保晋公司之矿股》(1908 年 9 月 14 日)、《保晋公司号规》(1908 年 9 月 18 日)、《李烈士纪念会记感》(1908 年 10 月 7 日)、《说集股修路之利益》(1908 年 10 月 13 日)，《烈士有子》(1908 年 11 月 2 日)、《矿务集股浅说》(1908 年 12 月 2 日)、《晋豫留东学界太行路矿调查会通知书》(1908 年 12 月 2 日)、《论山西之危急》(1908 年 12 月 19 日)、《矿务招股与赔款之难易》(1908 年 12 月 19 日)、《旅奉晋人第二期劝集矿股演说词》(1908 年 12 月 22 日)、《说路矿与个人的关系》(1908 年 12 月 22 日)、《五台集股近情》(1909 年 2 月 9 日)、《矿务第二次纪念会记事二则》(1909 年 5 月 5 日)、《福公司案如此了结乎》(1909 年 8 月 24 日)、《福公司交涉之余波》(1909 年 9 月 19 日)、《山西省绅士已集得款项一兆五十万两》(1909 年 12 月 2 日)等。1909 年 8 月，于右任因在《民呼日报》上揭露陕甘总督升允三年匿灾不报，造成赤地千里人相食的罪行，被公共租界总巡捕房拘捕，迫使《民呼日报》停刊。《晋阳公报》进行了声势浩大的连续报道，为于右任鸣冤，对清政府进行抗议。如 1909 年 8 月 18 日至 9 月 22 日连续刊登的《民呼日报馆之讼案》、《民呼日报讼案再记》、《民呼日报讼案三记》、《民呼日报讼案四记》、《民呼日报讼案五记》、《民呼日报讼案六记》、《民呼日报讼案末记》、《民呼报果能复呼耶》等。

1910 年 5 月，《晋阳公报》被迫第一次停刊。事情起因于省衙的一次铲毒行动：这年春天，山西巡抚丁宝铨派兵铲除交城、文水两地的罂粟，遭到群众反抗，官兵枪杀四五十人，酿成震惊朝野的命案。《晋阳公报》立即派员采访，得知山西鸦片流毒已久，种烟之区以交城、文水为最广,老百姓种粮难以养生,遂以产烟糊口,家无朝夕之储。国家禁烟是对的,但不应以尽杀为快,不考虑老百姓的饥寒之苦。《晋阳公报》立即发表新闻予以报道,并撰写评论指责山西当局的这一野蛮行径。这些言论激起了丁宝铨的震怒,当即派警兵数十人包围了报馆,拘捕了访员蒋景汾、张树帜等人,受牵连者多人。王用宾因事先得到风声,遂连夜逃脱,亡命日本。临行前,他赶写了《正告山西咨议局》一文,刊登在1910年5月11日《晋阳公报》第3版上,文中称:"欲加之罪,必有辞矣。不曰扰害公安,即曰捏造谣诼。……实际藉此要挟舆论,俾以后对于贵局之行动无论如何不得有异议。"《晋阳公报》被迫停刊三个月之久,三个月后复刊。讨伐袁世凯的二次革命失败后又被迫第二次停刊。1914年1月6日由梁硕光将报纸复刊,改名为《晋阳日报》,一直出版到1937年10月日军进攻太原前夕时终刊,成为晚清和民国时期山西出版时间最长的报纸,存在了30年之久。

(七)《国风日报》

1910年,景梅九从西安出发东渡日本,欲与革命党人谋划起义。到东京后,方知同乡同盟会员大多归国,《民报》取消,黄兴等人或走欧洲或下南洋,留给他的是一片寂寞。他走访了尚在东京的宋教仁,宋劝告他留下来共同研究宪法,以备将来建国之用。他想起孙中山托付给他的华北革命事宜,便婉言回绝,归国赴京。在北京,他遇见了早就熟识的革命党人白逾桓,谈及欲在北京办报一事,白表示赞同。在二人的筹办下,于北京南柳巷一座四合院内成立了报馆。景梅九任主笔兼校对,白逾桓、裴子清、郭润轩等分任编辑、经理、发行等多项事务。1911年2月10日,两版一张的《国风日报》在北京诞生。它成了同盟会在京的主要喉舌,报馆成为联络革命活动的重要据点。

《国风日报》一出版,便以战斗的姿态对清廷大小官吏的贪污腐化展开抨击,一星期后,为各界注目。为使《国风日报》能在清廷巢穴长久存在,景梅九采纳党人建议,将激烈的言论用"谐评"、"小说"、"韵语"、"吟坛"、"讽言"等巧妙的栏目及体裁掩饰起来,战斗性仍丝毫不减。山西巡抚丁宝铨和新军管带夏学津制造"文交惨案",镇压山西同盟会员,景梅九在《国风日报》及时发表《东西两抚罪状》等文,并联络汉口《中西日报》、上海《申报》、山西《晋阳公报》等各地大报,遥相呼应,连篇揭露丁、夏罪行,迫使清廷将丁调离山西,将夏撤销职务,为日后山西辛亥革命的发起拔掉了两颗钉子。广州黄花岗起义爆发,景梅九在《国风日报》连载半月,详尽报道黄花岗烈士斗争事迹,各省人民及同盟会员读后大受激励。清廷以"国有"名义将川汉、粤汉铁路干线权出卖给美、英、德、法四国银行,四川、湖北、湖南、广东四省提出"诛卖国贼盛宣怀以谢天下"。景梅九又在《国风日报》连载《一盛宣怀挑动天下》等文,大造声势,鼓吹革命,为其最终演变成全国性的排山倒海之势的保路运动,起了推波助澜的作用。

然而,景梅九并不满足这种带有很大曲折性、掩饰性,仅仅局限于报道性的鼓动与宣传,伺机大作的一天终于到来了,1911 年 10 月,震惊中外的武昌起义爆发。景梅九得到"黄兴亲到湖北运动革命,爆发后一点钟占据了武昌城,清帅瑞澂败走"字样的电文后,立即在《国风日报》用醒目的二号字体排出题目,做了报道,并附以各地响应的电文。翌日,该报见市,转眼抢购一空。瞬间,死水一潭的京城重地变成了滚沸的水锅,人们感到号称铁底铜帮的大清江山动摇了。胆战心虚的清廷气急败坏地派警察赶到国风报馆,下令不准再登有关武昌起义的消息。警察走后,白逾桓说:"法兰西革命时,全国革命蜂起,巴黎报馆受政府干涉,不准登载革命消息,他们一律出白纸,人心更为恐慌。我们不妨试一下如何?"景梅九觉得此法甚妙,立即采纳。第二天,当京城各界看到《国风日报》正面一版仅上端印有"本报从各方面得到消息甚多,因警察干涉,一律削去,阅者恕之!"这样一行二号大字外,下方竟是"白板",又激起一场更加汹涌的大波,街头巷尾充斥两耳的都是"大概革命军胜利了,清兵败了!""各省都响应起来了吧,不然哪有禁登一版的消息呢?"清廷顿觉失策,又慌忙派警察到报馆说:"除靠不住的谣言,其余都准登载。"于是,《国风日报》又照常登起武昌起义及全国纷起响应的消息。同时,景梅九也挥毫上阵,写就一篇《鄂乱怀疑论》,真真假假、虚虚实实地把武昌起义后天下义军纷起,清王朝将土崩瓦解的大势告知了国人。由此,清廷更加恐慌,大肆调遣兵警,京师实行戒严。达官显贵以为各路义军顷刻即至,争相提取藏金存款,携眷离京。素受人民青睐的《国风日报》,经此一禁一放,更赢得了各界人士看重,几乎成年学生都人手一份"国风"以观政局风云。一时间,《国风日报》身价倍增,真可谓洛阳纸贵了。

其后,《国风日报》在抨击袁世凯复辟倒退等重大革命运动中,都充当了先锋作用。无怪乎当年国民革命党人将其与《民报》并称,孙中山先生也说:"《国风》与《民报》可抵十万大军!"

至此,人们不禁会问:既然《国风日报》是如此革命性强烈的一份同盟会机关报,何以能在清廷眼皮之下得以长期存在呢?这其中有复杂的原因。清末,国内有水火不容的两大政治派别,即孙、黄为首的革命派和康、梁为首的立宪派。想在立宪后能出任第一总理大臣的清廷权贵肃亲王善耆,暗中与这两派都有瓜葛。被清廷勒令退休的袁世凯,为准确把握两派动向,在他们有所行动时,借机复出,重操大权,也暗中与这两派都有瓜葛。而有位叫程家柽的革命党人,为在革命日趋高涨的形势下在清廷军政要员中进行策反工作,早已孤身潜行北京,结识了掌握着部分军政大权的肃亲王善耆、王治馨、崇铠、丁孔璋等清廷要人。王治馨虽表面效忠善耆,暗中却是袁世凯的忠实爪牙,并为袁密植党羽。当时,王治馨正任京师外城警察厅厅丞,恰《国风日报》报馆就在他的辖区之内。《国风日报》创刊后,尽管许多清廷要人不断呼喊封闭报馆,但在程家柽借用上述种种关系的活动下,还是安然幸存下来了。另外,《国风日报》得以幸存,与广大同盟会员鼎力支助也是分不开的。其创办之初,居京的张翊初、杜仲伏、沈实夫、程家柽等为其筹备钱款、出主意、撰写文章。山西的南桂馨、阎锡山、黄国梁(非同盟会员,留日生,同情革命)、乔子和、解云辂、刘绵训等多次为《国风日报》筹集钱款,南桂馨等还在太原创立"振兴派报社",以派售京沪各地日报为名,专以派售《国风日报》,为其集资。当报馆经济恐慌时,景梅九则亲自出马,向居京党人"沿门乞讨"。手头拮据的杨曾蔚不惜将珍贵的白狐皮马褂典当30元,全数交景梅九。京中党人多系穷手脚,为维持日报,景梅九还向在陕西做知县的张老衡、云南做讲武学堂长的李烈钧等要钱,凡与景梅九熟识的同盟会员,没一个能躲得过去,而也均无落空。井勿幕为资助《国风日报》,不惜把家藏古画送到京城变卖。常到国风报馆密议国事的仇亮、田桐、孔庚、刘翼若、刘冠三等,都各尽其力地资助过《国风日报》。

在辛亥革命时期,革命党人曾把《国风日报》看作是"北方革命言论之中心",续范亭将军称其为"西北革命精魂"。宋教仁被袁世凯派人刺杀后,景梅九主持《国风日报》不断猛烈抨击袁世凯,尤其是程家柽写的《袁世凯黄粱梦》一文,淋漓尽致地揭露了袁世凯策划帝制的阴谋,击中了袁的要害。袁对《国风日报》恨之入骨,将裴子清、程家柽等人逮捕下狱,并判程家柽死刑,于1914年9月23日杀害。《国风日报》也被查封。1937年10月10日,《国风日报》又在西安复刊,开始宣传抗日斗争。

1911年景梅九在北京还创办了《国光新闻》、《爱国日报》、《京华旬记》。《国光新闻》和《爱国日报》在反袁斗争中被查封,《京华旬记》共出了10期。

三、山西的官方报刊

山西的第一张官报为《并州官报》,于1908年5月15日在太原创刊。第8期刊载的山西巡抚衙门对《文水县请援晋报津贴详文》的批复中说:"《晋报》虽附有官款,究仍为商报性质,与本报不同。本报一切系仿政治官报办理,纯属官报性质。"第9期发表的《北洋官报兼印书总局移并州官报馆文》中称:"现抚宪批饬在于浚文书局增设并州官报,已于四月十六日第一期出报。"说明该报是经山西巡抚批准出版的,为山西巡抚衙门的机关报。该报为5日刊,16开本。每期30多个页码,印发4000份左右。1911年10月太原辛亥起义前夕停刊,大约出版了230多期。

在初期的《本报凡例》中,对该报的宗旨及报道内容概述为:"本报抄录宫门钞、谕旨并本报所撰论说等为先,而继以政治、教育、外交、商务、农林、实业并中外文牍。本省文牍为各栏,而以奏折、路透电各栏终之。其来稿来函概不选登。""凡政治等项,均先列圣谟并名人论说,或中西往事及新旧政策,以至禀牍条陈,皆分类附登。""报章之有论说,实具古遒人小行人之义,本馆主笔一守以严正而出以文明。""官报本不选录新闻,兹拟量为变通,择各报之有益闻见者,录于封面之背作为附件,审慎采择。晋俗朴厚,志在开通,怪力乱神孔子不语,凡兹之类易瞀心目,本报概无取焉。"可见该报与民办报纸有明显不同,表现在:第一,"来稿来函概不登录",也就是说,只许官府发号,不许百姓议论。第二,增加了"圣谟"一栏,专门选登皇帝谕旨,这是与其他报纸不同的。第三,"不选录"各报新闻,十分必要时也须"审慎采择","只录于封面之背作为附件"。

一年多之后,李庆芳在该报发表《本报改良之大旨》,对报道内容做了点小小的调整:"以行政官府、审判厅、咨议局及筹办地方自治等事件为报之主要部分,中央、外省及各国有关政治之新闻公牍,间亦摘要登载。此外则农工商界之有兴味者录为报余,以助读者之趣。其有涉剌讥倾轧之电函风说,概不登载,以符官报性质。本报间有撰论,悉照大清光绪新法令,或著表彰之说,或为解释之文,仿各国法学家注释体裁,以期新法典之易于施行","晋省既专办教育官报,又广销政治官报,故本省学务详情及中央之宫门钞概从省略,以为多登政治文牍之地。惟谕旨乃当择要恭录而餍臣民之心"。

《山西教育官报》于 1908 年 7 月在太原创刊,主要刊登教育方面的公文、法令、新闻等。王用宾在该报创刊不久,即从日本寄来《敬告有全省学务责任之视学员》一稿,提出山西要重视初级小学教育,起用新学人才,注重实效不务虚名。

1911 年 10 月 29 日,辛亥革命太原起义成功,山西巡抚衙门不复存在,《并州官报》和《山西教育官报》同时终刊。

四、辛亥革命期间山西的新闻活动

辛亥革命前夕,山西、陕西一带民谣盛行,人心思变,这与两地同盟会员的宣传技巧分不开。据景梅九在《罪案》中回忆说:同盟会员杜仲虑从太原来到西安,与景梅九交换革命意见,相机吟编革命歌谣,进行反清宣传。"一天晚上,我和仲虑路过南门城边,遇卖浆者,两人停止住,喝了两碗浆。仲虑忽然仰望天上彗星,东西辉耀,随即选了两句谣言道:'彗星东西现,宣统二年半!'我附和起来说:'这个童谣相传好久,不知甚么意思?'那卖浆者很妙,便道:'甚么意思,是说大清家快亡了!明朝不过二百几十年,清朝也差不多二百多年了,还不亡吗?'我和道:'原来如此!'最妙的是警察先生站在旁边,也说了两句赞叹的话。我却拉仲虑回寓,在路上很觉得有趣。过了两天,同志邹子良、李仲山等都来说:'外边流传一种谣言,很利害!什么彗星东西现,宣统二年半,人心大动摇起来!'……他们说得很有兴趣,又添了些:'明年猪吃羊,后年种地不纳粮'的谣言,那却不知是谁造出来的了。后来又改成'不用掐,不用算,宣统不过二年半!'"景梅九就这些歌谣,写成五言诗一首:

举首望长天,光芒射半边,

彗星十万丈,宣统两三年。

百姓方呼痛,官家正敛钱;

也知胡运毕,何处不骚然!

这些歌谣和诗句,迅速在社会上流传开来。特别是那几句歌谣,在关中和河东,几乎是家喻户晓,成了反清革命的动员令。

武昌起义后仅19天,即1911年10月29日,太原全城光复,清朝在山西的专制统治宣告结束,山西成为首先响应武昌起义的省份之一。

由于起义的领导者们忙于军政大务,忽略了暴风骤雨之后的社会治安,致使在军政府成立之时,太原城内发生了藩库和一些商号、金店被抢事件。有鉴于此,军政府不得不先把注意力放在维持秩序上。一面派重兵弹压街面,一面以都督阎锡山的名义公布安民告示,在城乡大为张贴:

照得本军起义,恢复大好河山。

省垣一朝平定,各县早已均安。

省外府厅州县,诚恐不免讹传。

土匪趁机抢劫,业经举办民团。

所有村乡市镇,一律保护安全。

凡尔士商民等,切勿误听谣言。

应当各安生业,得以地方为先。

要知本军此举,实与种族有关。

倘敢立意反对,兵到万难瓦全。

军政分府都督阎锡山

黄帝纪元四千六百零九年

经过几天的整顿,秩序渐次恢复,可见告示、布告在当时仍具有一定的官府背景和传播效应。河东军政分府成立后,为了捉拿盘踞临汾的清廷官吏谢有功和藏匿在东关旅店的前河东兵备盐法道道尹余棨,乃发布《晋军政分府民政部布告各县文》,其文曰:

为公布事:照得本军起义,纯为改革政治,发扬民权起见。迩来满清政府,度德畏罪,与我各省义师停战议和,业经宣布条约,双方遵守

124

在前。乃南镇谢有功、署河东道余粲，前路巡防统领陈政诗等，竟敢于停战期内，迫令巡防队及盐捕运安各营，在河东一带，戕害士绅，屠洗乡民，抢劫财物，奸掳妇女，反复无常，乱道败德，迹其所为，惨无人理，较土匪为尤甚。本军政府不忍坐视，爰派大军南下，救民伐罪。适我秦陇军政府亦顾念大局，遣军东渡，约同夹攻，以期速除逆贼，为民请命。义旗所指，人心效顺，箪食壶浆，接踵欢迎。逆贼余粲等尚不思众怒难犯，复敢蛊惑丑类，袭我秦军。我秦军奋勇追击，不崇朝而克复河东。现在大局底定，闾阎安堵，余粲畏罪潜匿，正在搜捕，谢有功等望风鼠窜，士卒离心。我大军星夜追蹑，所向无前，绛州、曲沃连报全捷，平阳也指日克复，三晋大局，指顾间可定。自此以往，父老子弟，咸庆重生，士民工商，各安本业，官吏之虐民者惩之，匪徒之扰民者诛之。至巡防队及盐捕运安各营，向为谢、余等贼所迫与义军抗拒，以致伤亡流离，本军政府良用悯恻，如果束手投诚，定当咸与维新，倘能擒斩谢、余等贼来献，尤当力加重赏。为此布告官绅民，咸使闻知，切切，此布。

太原、运城克复后，鼓吹革命的歌声开始在山西城乡传唱，成为当时最有效的宣传手段。如：

其一

中华开国四千有余年，

神武玄元自古传，

创造指南车，

勘定蚩尤乱，

世界文明惟有我先。

我武维扬共和民国建，

五色国旗遍三关，

放开杀人心，

抖起英雄胆，

不翦仇虏誓不生还。

其二

泱泱大国风,三晋中原雄,龙蛇起陆开运动。练我体力强,壮我精神种,气吞满房人人奋。东下石家庄,北定顺天府,胡儿出走还我中原土。仇袍与子同,纠纠干城用,军歌铙吹饮黄龙!

这些歌曲的内容越来越丰富,后来演变为《山西省军歌》,在军队、学校普遍传唱。军歌歌词简明典雅,气势雄浑,除能增长地理、历史知识外,还可以培育爱国爱乡、奋发向前的情怀:

山西省,北带归绥,外绕蒙藩境,东临燕赵,娘子关俯视井陉间。

大河横,禹凿龙门,秦晋天然界,太行王屋,中条山河洛在其南。

山之高,五岳齐名,更有恒山峻,长城坐镇,五台山控制雁门关。

桑干河,汾水滹沱,发源并州地,名城百堵,四维环形势最完全。

人才多,列国春秋,要数晋文公,武灵谋略,善防边骑射古今传。

寿亭侯,生长蒲州,忠义扶刘汉,晋阳城郭,唐太宗此地就龙蟠。

尉迟恭,佐命开邦,马邑推人杰,东征两讨,薛仁贵壮士凯歌还。

郭崇韬,五代贤豪,家本雁门郡,介休元老,文彦博拜将屡登坛。

我山西,天地钟灵,代有英雄起,精神尚武,执干戈勋业昭人寰。

辛亥革命期间,太原办报之风盛行,多种报纸相继发刊,使山西的新闻事业一度呈现出蓬勃发展的新气象。这时期的主要报刊有:

《山西民报》,1911 年 10 月 29 日创刊,是山西省革命军政府的机关报,负责人景梅九、杜仲慈。在创刊号上,用红色大号字通栏标题刊登了山西省革命军政府的《讨满檄文》:

春雷动地,千年之醉梦惊回;旭日当天,万里之妖氛尽扫!盖救焚拯溺,不得已而见诸兵戎,而应天顺人,必如是方合乎时宜。惟我中华古国,实为东亚盟主,土地甲于环球,人民多于列国。慨自嘉靖以还,纲权废弛,迨至崇祯之末,寇盗纵横,根本既已动摇,虫蠹因而侵蚀。

126

彼满洲者，人不及兆，地限一隅，以游牧为生涯，恃凶顽之本性。腥膻异类，仅比唐之突厥，汉之匈奴；豺狼野心，竟效周之犬戎，宋之金狄。乘我无备，驱兵以前。李自成流贼无谋，闻风奔窜；吴三桂逆臣背义，解甲迎降，遂使龙凤之郊，变为虺蛇之窟。扬州十日，凶焰烛于九天；嘉定三屠，冤血溢于四海。所至城邑，尽为丘墟。于是贪生畏死之辈，认贼作父；争名趋利之徒，忘亲事仇。颂功德于虏廷，奉正朔于伪主。山河蒙耻，草木含愁。彼乃益施凶残，专行压制。狱兴文字，片言以至杀头；祸及林泉，不仕指为叛逆。朝皆凶党，野绝正人，亿万人民，川血山骸。何故至此，二百余载，天荆地棘，有路难逃。借我膏血，养他丑类。无事之时，吾民服劳畎亩，满酋则坐享甘肥；有事之日，我兵委命疆场，满奴则荣膺爵赏。英雄闻之而切齿，壮士睹之而寒心！是故洪天王奋臂一呼，响应风从，几遍天下；李忠王挥戈四指，雷轰电掣，将复神州。所恨当时士民，未沾教育，种族之义不明，竟然杀同胞以为功；华夷之界不辨，遂至为胡虏而效死。以汉将攻汉将，问其缘故，则曰事君尽忠；以汉兵杀汉兵，究其成功，不过助满为虐。故不明顺逆者，或谓曾国藩忠同诸葛，然诸葛匡扶汉室，何尝委质于胡奴；不辨智愚者，或谓李鸿章功过汾阳，然汾阳翊赞唐朝，岂肯失节于夷房！是非颠倒，竟至于此，陆沉安足怪哉！自太平以后，满奴凶焰更炽：以为中华国土，乃彼亿年独占之家私；中国人民，乃彼万世不易之奴隶。骄奢不道，委任非人，政事乖张，仕途塞才。割土地赠诸列强，全无爱惜之心；借外债以饱私囊，遗我生灵之累。而且假名立宪，肆意横征。摄政王媚外奴也，乃操内阁之权；盛宣怀卖路贼也，反掌邮部之政。那桐、世昌，傀儡人物；瑞澂、保芬，龌龊心肠。赵尔丰杀人如草，而督四川；张鸣岐嫉义如仇，而镇两粤。君子在野，小人盈庭，路政独操，民权尽夺。……列强虎视眈眈，亡国之祸，已迫于眉睫矣！当此军兴之时，正人才争奋之秋。我三晋山河表里，旧系形胜之区；人文蔚起，古称文物之邦。……出幽谷迁乔木，早思效顺于明时；失东隅收桑榆，尚勉图功于来日。萧何秦末小吏，能为隆汉之功臣；刘基元季微官，亦作皇明之佐命。苟能反正，咸与维新；倘于执迷，必至自误。今者，大总统孙公文，已由美国返驾亚洲；副元帅黄公兴，亦自两湖移戈南下。马蹄袖，大命不长；猪尾辫，元气将绝。杀人以染红顶，幻想难酬；捐金而买花翎，前程已断。……墨西哥创立革命义军，各国未尝干预，此皆本年内事，赫然在人耳目，实系公法之当然，切勿听信谣言而自馁。至于彼之党羽，已若晨星。岑春煊托病不出，袁世凯无心效死，纵作下车冯妇，亦无救于败亡。人心所向，大势所趋，彼胡儿之灭亡，乃指日间事耳！屈指罪恶，擢发难数。凡我同胞，速举义旗，光复旧物。倘有助桀为虐，杀之勿赦，檄到如律令！

此篇檄文一气呵成，气贯长虹，酣畅淋漓，报纸发行后各界人士争相阅读，传诵一时。

《山西革命军公报》，1911 年 11 月创刊，是山西省革命军军报。山西革命军东出娘子关，讨伐河北境内清兵时，该报曾刊登《山西革命军公电》，电文为：

各省军政府、各同志、各机关鉴：晋军起义，天人顺应，第一要务，惟在直捣燕京。前以未得东南声息，故据险暂守。嗣知南省联兵悉起，晋军队分二路北攻：一路占娘子关前方及石家庄；一路规略宣、大，现在已抵南口之背。袁世凯拒战无效，近遂别施诡计，时造谣言，谓晋已与彼连合，冀图解散人心；讵知晋军为恢复而起兵，为和而战，一德一心，绝无他念。三晋士民，莫不赞同此义，决不受袁运动。现在惟待东南义军，刻期北伐，直抵燕云，以成大业。树德务滋，除恶务尽，我晋千万同胞，人人皆负此责也。乞代宣布。十月十五日。

《中华革命日报》，1911 年 11 月创刊，是山西省革命军政府的机关报。

《并州日报》，1911 年 11 月创刊，馆长张启凤，主笔阮尚贤(越南籍人)，经理石荣璋。属于民营性质报刊，该报社论均出自阮尚贤之手。

1911 年 12 月 12 日,因清朝军队攻破太原,上述报纸相继终刊。

除上述新闻报刊外,辛亥革命期间与山西有关的传播方式还有:

1. 祭文祭辞

如 1912 年元旦,南京临时政府成立。3 月 7 日颁布了《大总统抚恤吴、张、周三烈士令》,追悼燕晋联军讨伐清军时牺牲的三烈士吴禄贞、张世膺、周维桢。其文曰:

据陆军部呈称:"窃维荡涤中原,肇建民国,为先祖复累世之仇,为后人造无穷之福,实赴义先烈捐躯洒血,以有今日。起义以来,效命疆场,碎身沙漠,若将若士,更仆难数。而吴禄贞、张世膺、周维桢三氏者,为同胞惨死,尤最凄怆,宜先抚恤者也。爰采各国抚遗恤亡之例,定抚恤章程:凡此起义诸将士兵卒,或遇害于行伍,或遭凶于暗昧,均按等级高下,呈请赐于一时恤金及遗族恤金,以酬忠烈,而励将来。查吴禄贞应照大将军例,赐一时恤金一千五百元,遗族每年恤金八百元;张世膺照先右将军例,赐一时恤金一千一百元,遗族每年恤金六百元;周维桢照大都尉赐一时恤金九百元,遗族每年恤金五百元。拟请从酌准赐予三氏恤金,以为我共和开国报功酬庸之先表,宣示天下,以不负忠烈之意。为此呈请查核,伏乞照准施行"等情前来。查民国新成,宜有彰勋之典。吴、张、周三氏,当义师甫起之日,即阴图大举,绝彼南下之援,以张北伐之势。事机甫熟,遽毙凶刃,叠被重伤,身首异处,死事至惨,而抚恤之典尚尔缺如。该部所称,实属深明大体,应准如所请。此令。

3 月 14 日,黄兴在上海张园召开了追悼吴禄贞烈士大会。会上宣读了孙中山的祭文:

荆山楚水,磅礴精英,代有伟人,振我汉声。

觥觥吴公,盖世之杰,雄图不展,捐躯殉国。

昔在东海,谈笑相逢,倡义江淮,建牙大通。

契阔十年,关山万里,提兵燕蓟,壮心未已。

滦州大计,石庄联军,将犁虏廷,建不世勋。

　　狻猊磨牙,蜂虿肆毒,人之云亡,百世莫赎。

　　在太原,1912年山西当局派员到娘子关将吴禄贞烈士等灵柩迎至太原,并请家属到并为之易棺改殓,召开追悼大会。又派员在石家庄车站附近,修治墓地,建造专祠,于1913年11月7日烈士遇难二周年之日,举行了安葬典礼,并树碑纪念。山西晋城郭象升(字可阶)以阎锡山之名义,撰写了《故燕晋联军大将军吴公之碑》,其文曰:

　　……

　　公讳禄贞,绶卿其字,湖北云梦人。八九岁诵书史,日可千言;稍长,学剑术,治兵家言,皆深通;溢其余以为诗歌;行草书尤迈往可喜;开朗豁达,视当世蔑如也。始与锡山见,即曰,我老革命家,子不闻耶?又曰,晋事我具知之,某年某月成几军,某年某月购械弹若干,耗用外,今当存若干。言之历历,如屈伸指而数庭树,锡山为之瞠也。死时,年仅三十有二。其事状世既多有传者,兹不著。著其关键兴亡者,俾过燕南者,流连故垒,慨然想见公之为人,不独锡山区区抒其私痛已也!

　　……

　　这些祭文祭辞在当时山西城乡广为传诵,成为激励山西革命成功的精神动力之一。

　　2.通电

　　如1911年、1912年岁末年初之间,时南北议和接近结束,驻军于托克托的阎锡山得此消息,又接到前咨议局副议长杜上化等人邀他回省的信,遂否决孔庚为报王家驹阵亡之仇准备东取归绥的意见,决计南归,乃通电报告山西局势变化及南归决策。其电文曰:

　　上海临时政府代表、武昌黎副总统、各省都督、咨议局、北伐联军总司令代表、民意报公鉴:锡山督师无状,兵败娘关,放弃太原,罪尤万死。敢将致败原因及败后情形,并遵电派遣国民会议代表,先行布告。忆自十月初九日,南军停战,清兵即连日遣使来晋议和。其时清兵

130

精锐既逼东南,北巡防旗兵又皆负固不服,节节进占,岌岌可危。窃计与其三面受敌,兵单力弱,不如暂从和议,廓清内乱,然后联合南军,徐图进攻。不意清兵明讲和议,暗事进攻,此致败之一因也。迨仓卒接战,敌炮猛烈,前线之兵,半系新练,且以寡敌众,力遂不支;而总司令姚以价遽撤预备队,为该司令部人员弹药粮食等项,乘车遁回太原,自弃藩篱。敌又进攻不已,此又致败之一因也。锡山见此情状,无可如何,一面分遣何参谋绪甫,率领奇兵五百,绕道逆袭,以图截敌后路,一面至太原再为卷土重来之计。不意甫抵省城,而咨议局梁善济邀集一般私人,准备欢迎新抚。署府局面,全行改换。逼我出城,刻不容缓。其时锡山手无一兵,欲争不得,又恐清兵逼城,生灵涂炭,乃偕二三同志,狼狈北奔,此又致败之一因也。山西大局从兹败坏。推原其咎,何敢怨人,每一念及,痛不欲生,获罪国民,何颜相对!山川阻深,邮电隔绝,满腔心血,无可告语。惟以共和未成,徒死无益,乃与副都督分投南北,相约太原以南副都督任之,太原以北锡山任之。由是赴雁门,临保德,集合朔方各军共计八千余人,由府谷渡河,取道归绥,并约秦蜀两军同践旧约,会师北伐,自为秦晋蜀北伐先锋队司令官,期与南方北伐队互为声援。幸而大军齐至,包头、萨拉齐之清兵,望风自溃。归绥行将欲下,突有南来侦兵传到代表伍翁真、蒸两电,殊属进退维谷。进则恐违临时政府之命,退则恐遭太原议和之故辙,加以太原咨议局纯系梁善济之私人,不足为全晋人民之代表,一误再误。山西一隅不足惜,其如中华民国之大局何?用特不揣冒昧,遣员赴忻,电恳仍认本军政府前派之刘绵训、李素、刘懋赏三人为山西国民会议代表。所有太原咨议局及所派代表,全晋人民决不公认。锡山所当谨遵电示,不日返旆太原,用待后命。倘蒙不弃,尚祈时赐针砭。晋军大都督阎锡山叩。

(录自民国元年二月六日《民立报》)

类似这样的通电很多,对海内外了解山西革命形势,促成山西革命成功,也起到了很大的作用。

3. 民歌民谣

如1912年2月清军第五协统领官卢永祥占领洪洞、临汾后,卢永祥部身穿灰军装,头戴红沿帽,人民称之为"灰老鼠"。"灰老鼠"每占一城,"放假三天",抢劫杀戮,奸污妇女,无所不为,其中尤以赵城受害最为严重。时家居赵城,曾任陕西长安、兴平等县知事的张瑞玑愤而致书张锡銮、卢永祥,并两次上书袁世凯,对卢部的残民行径作了义正词严的控诉。卢部在山西历时三月之久,直到1912年3月底始全部撤走。其罪恶真是罄竹难书。赵城人民为了不忘这一段惨痛历史,曾铸卢永祥铁像,跪于赵城南门内瓮城西侧。铁像高四尺,宽二尺八寸,两手各捧一元宝。左肩镌"第五混成协协统",右肩镌"山东著名之盗贼",胸镌"卢贼永祥",背镌《卢永祥铁像铭》:

汉族之贼,满清之奴;厥名永祥,其姓曰卢。

山东巨盗,袁氏走狗;贪货好色,无赖游手。

岁在辛亥,扰我赵城;率贼二千,焚掠纵横。

太平以北,韩岭以南;仓无剩米,笥无遗缣。

卢贼喜跃,满载饱装;民苦欲死,贼已远扬。

未燃贼脐,未枭贼头;铸像道旁,万古同仇。

镌字在背,不磨不灭;唾骂千秋,冤哉顽铁。

张瑞玑还作了《卢永祥铁像歌》,记述卢永祥入晋摧残革命、毒害人民的罪行。多年以来为赵城人民所传诵。其歌词为:

永安小儿拍手笑,道旁何人跪泥淖?

可惜太行山中铁,自炼铸成东海盗。

面目狰狞额纹横,胸腹高凸起双峤。

唇齿翻抵鼻掀天,双膝屈血两肩峭。

谱牒远溯蓝面鬼,鼻祖耳孙真酷肖。

去年手提虎狼军,跋扈亲捧虏廷诏。

不杀国仇杀同胞,五千健儿恣横剽。

背盟夜袭娘子关,隆然雷电飞火炮。

漫天嘿雪度韩岭,阴风惨淡卷赤潮。

沿门抄没搜奇珍,破扉掘地穿壸奥。

弹丸飞雨沾血腥,马尘所至遭凌暴。

北掠霍州南平阳,陶唐遗区断烟灶。

劫余居民半入山,冻雪断路冰塞窖。

城墙坐颓飘败砖,战场日落雄鬼啸。

嗟哉汉族负何辜,黄农在天应嗟悼。

今年禹甸生光辉,神州日月八方照。

大义凛然在人心,肯与盗魁共覆焘。

论罪特宽斧钺诛,垂戒援例岳家庙。

相逢秦桧称前辈,各有千秋休嘲傲。

冷风吹面铁锈斑,牛溲马勃无人扫。

功名到此春梦醒,乾坤何地容懊恼。

流芳遗臭两非易,获此立足云厚报。

我欲尽聚九州铁,遍铸人间枭雄貌。

卢永祥铁像一直跪了六七年,卢永祥曾屡请销毁,均未得赵城人民的准许。后来段祺瑞执政,卢系皖系中坚,位至浙江督军。阎锡山投靠段祺瑞,授意赵城县知事,借修路运石之机,将铁像撞倒摧毁。铁像虽毁,但卢永祥蹂躏山西人民的罪行却遗臭万年。

4. 省外报刊

省外报刊在传播山西辛亥革命的进展情况方面,也起到了很大作用。如1912年初南北议和后,袁世凯不承认山西为起义省份,孙中山表示坚决反对。孙中山派狄楼海为宣慰使,前往山西了解情况,进行调解。狄楼海受命为宣慰使后,提出七条意见,分电阎锡山、李盛铎、山西咨议局和国民公会以及各报馆，认为只要采纳实行，他赴晋不赴晋，问题都可以解决。这七条意见是：

一、公恳阎都督顾全大局，力任其难，毋固言辞职；

二、安插未撤驻兵，取消河东军政分府，以定统一机关；

三、消灭咨议局。取简单方法，组织临时省议会，以一代表民意机关；

四、分拨兵械于各地方，以资镇慑；

五、调和旧日意见，急收各属人望，以期一致进行；

六、确定地方官吏，免致观望，以期政令易行；

七、速设讲演团，以期共和知识普遍人民。

对于以上意见，阎锡山十分赞同。他立即复电狄楼海："政府爱晋，简君宣慰使，且感且喜。条示政见，具见我公关怀桑梓，顾全大局。惟山一节，则自审才力薄弱，绝不敢肩此重寄；只以接替无人，未便遽行脱卸，切盼尊驾速旋，极力主持，俾三晋同胞早离水火，实受公赐。"

（以上报道见 1912 年 3 月 9 日、10 日《民立报》）

经过孙中山派人调解后，局势朝着有利于阎锡山的方向发展，袁世凯作出了让步。这时，按照官场惯例，阎锡山又故作姿态，向孙中山、国务大臣、各省都督以及各地报馆发出了辞职电。其电文为：

山才力绵薄，手执革鞭，百无一成，汗颜曷亟。幸赖全国上下，戮力一心，民国统一，共和目的完全达到，于愿已足，夫复何求。况破坏局终，建设方始，自顾驽骀，实非其才，刻已电恳晋民公会及咨议局，另选贤能，来忻接任。一俟继承得人，山即解除公柄，长揖归田，与四百兆同胞，共享自由幸福。肃此先布，伏希垂谅。晋军大都督阎锡山叩。

在这种情况下，袁世凯才允许撤走进占太原等地的卢永祥部和王汝贤部，由阎锡山返回太原仍任山西都督。阎锡山得到确讯后，立即收拾行装，率部于 1912 年 4 月 4 日返回太原。他再也不提辞职的事,而是先向全国重要官员和各团体、报馆发出于当天午后二时返抵太原的通电,接着又发出《通告全国文》,特别提到是奉袁"大总统命令"回到太原的。

（以上报道见1912年3月16日、4月6日《民立报》）

五、近代山西报刊之作用

近代山西报刊自诞生之日起,包括改良派报刊和革命派报刊,在山西的近代化过程中扮演了不可替代的特殊角色。无论是在组织和支持进步势力,宣传和强化近代观念方面,还是在收集和传递各种信息,反映和引导社会舆论方面,都起到了重要的作用。

首先是对民众进行启蒙教育。近代山西报刊在发刊词中都提到了对大众进行普及教育工作是一项非常重要的任务,它们通过登载的政论文章及新闻报道等,向民众讲明代表时代潮流和体现真善美的各种道理,从而为广大民众倾向积极的政治观点、形成良好的精神风貌、树立健康的生活态度、形成正确的价值判断起到了教育引导作用。这些教育包括社会科学和自然科学等方面的知识,一些报刊还开辟了专门的栏目,分门别类地设置了学案、教诠、生理、地理、文学、婚姻、实业、医学等内容,向民众广泛地介绍了古今中外的科技文化新知识。这不仅是在向愚昧和落后宣战,更重要的是,随着一个讲求科学的社会风气的兴起,一个注重知识的精神风尚的形成,一大批青年人在新的思潮和环境氛围的熏陶下,必然会被培养成为对近代化有用的新型人才。那些曾在近代历史上做出过贡献的山西籍的仁人志士们,无不是最先从近代山西报刊中汲取开启智慧、开阔视野,开掘思想的精神食粮的。

第二是报道了大量的为民众主持公道、伸张正义的政治新闻和社会新闻。例如震惊全国的"文交惨案",曾在《晋阳公报》任职的虞乡人尚德后来回忆这一段历史时说:"1909年,秋收告歉,麦种失时,交、文两县农民,为了亡羊补牢,播种鸦片。当时虽有禁种之令,但满清政府不过一纸空文,既未家喻户晓,人民亦莫由而知。逾年庚戌,春雨及时,烟苗茁壮。未几,叶茂花繁,正喜收获在望,而铲烟之令遽颁。县衙因执行困难,为委卸责任计,先后呈报大吏。彼时,山西巡抚丁宝铨闻报,即派新军混成旅管带夏学津带兵前往,驻扎开栅镇,帮同两县知县铲烟,分兵分段,督令根除。人民生死关头,环跪哀求,逾趋逾众。"①这就是武力铲烟的简单背景。百姓不服,聚众抗禁,事情越闹越大,百姓派出代表与官方商量,遭到野蛮拒绝,文水、交城种烟之人遂与官方发生严重冲突。清兵管带夏学津不顾后果,强行下令开枪,打死打伤百姓近百人,造成重大流血事件。"文交惨案"发生后,山西巡抚丁宝铨掩盖真相,指民为匪,激起当地人民的愤怒。《晋阳公报》总编辑王用宾认为案情重大,派访员调查事实真相,以重要新闻连续见报,揭露当局残杀民众之罪恶,轰动全国。丁宝铨见报后,怒斥《晋阳公报》总理刘绵训:"交文匪徒,聚众抗官,死伤多人,自有背景,何得谓为禁烟肇事?尔为该社总理,应先将此项新闻妥为更正,此后不再乱登。"并许以知府保升。刘绵训回到报社之后,与王用宾等连夜商议,都认为报纸乃人民喉舌,百姓遭此惨祸,焉能颠倒黑白?当即决定:刘绵训辞去报社总理职务,以示抗议;关于惨案的报道,报社不仅不更改,还要继续刊登人们关注的铲烟热点新闻,以尽报人职责。丁宝铨得知后,恼羞成怒,将访员张树帜、蒋虎臣捉拿阳曲县衙看管,查封晋阳公垅,查抄了王用宾的家,并将敢说实话的社会贤达张士秀投入监狱。丁宝铨的肆意妄为激起了人民更大的愤怒,全国哗然。汉口《中西日报》、上海《申报》、北京《国风日报》等一些有影响的大报,对发生在山西的事件进行了追踪报道,并转载文交惨案之真相,举国为之震惊。在省内外一片反对声中,清廷将丁宝铨调离山西,文水知县、交城知县及管带夏学津被撤职。不过,张树帜、蒋虎臣、张士秀等人依

---

①尚德《山西交文惨案始末述》,《山西文史资料》第3辑。

然被监禁狱中，直到辛亥革命后才出狱。山西是个受地理条件限制的内陆省份，逐渐由闭塞走向开放，由死水一潭变为活态，由保守走向变革，与近代报刊冲破封建社会的闭锁与割据，发挥社会的雷达作用是分不开的。由于近代山西报刊义不容辞地承担了抨击腐败、黑暗、丑恶的东西，赞颂光明、美好、新生的东西的职责，在一定程度上主持了正义，反映了民意，对山西民众了解不断变化的外部世界，逐步与时代潮流融为一体，是起了积极作用的。

第三是宣传革命思想，为辛亥革命做了舆论上的准备。山西是最早响应武昌起义的省份之一，在武昌起义后仅19天就起义成功。山西是清王朝的屏藩之地，不像南方省份那样长期接受近代民主革命思想的熏陶，之所以能在清王朝的心脏地带起义成功，后院起火，很大程度上归功于近代山西革命派报刊的宣传鼓动。山西革命派报刊的主要办报人景梅九、王用宾、刘绵训、景耀月等，都是同盟会开创时期的老会员，多年来矢志不渝，先后创办过《第一晋话报》《晋阳白话报》《汉帜》《晋乘》《晋阳公报》《国风日报》等革命报刊，宣传民主革命思想。尤其是辛亥革命时期的《晋阳公报》，有力地配合了革命党人在海内外展开的宣传攻势，对山西人民进行了新思想新知识的传播，许多青年受它的影响加入了同盟会，参加了山西革命军，参加了山西的辛亥革命，山西的辛亥起义胚胎于此。可以说，没有《晋阳公报》，就不会有山西的辛亥起义，它在山西近代社会发展史上起过重大的作用。

第四是联系山西社会实际，进行兴晋强省的呐喊鼓动，为山西的实业发展做出了贡献。山西矿权一再被列强窃夺，激起了全省人民的极大愤慨，从1905年起，爆发了山西人民收回矿权的反帝爱国保晋运动，一直持续到1908年，成为当时轰动省内外具有国际影响的一件大事。这件大事也是当时《晋报》《晋阳白话报》《第一晋话报》《晋乘》《晋阳公报》等山西报刊关注报道的主要内容。这些报纸倾全力刊登全省运动的消息，刊登各界的抗议宣言，用大量篇幅记录了争矿运动的全过程。如《第一晋话报》第八期刊登了李培仁的第一封绝命书,前言中说:"此书系李君死后友人寄至同乡会事务所者,来函曰:仆与李君同学,每谈矿事则李君慷慨流涕,誓以身殉,某时劝解之。"绝命书中云:"呜呼!我最亲爱之父老兄弟,我最敬佩之青年志士,我将于是长别矣!……中国矿产甲五洲,山西煤铁甲天下,我同胞何幸生于斯、族于斯。拥此铁城煤海之巨富,乃以糊涂之总理衙门,媚外之山西巡抚,于光绪二十四年,私立合同送福公司。此约一成,则为我二千万同胞买下预约死券矣!某彼时即愤气填胸,欲刺杀胡贼,以谢同胞。奈胡贼去晋,某亦隐忍未发。……果天未亡晋,必有感愤而起,前赴后继,杀身以卫矿者矣!嗟呼!碧海可填,宇宙可塞,矿贼之仇,不共戴天也!"第二封绝命书刊登在1906年11月14日的《新闻报》上,简短明了,为第一封绝命书之缩写,是日本警察尸检时从李培仁身上捡出后交给了山西留日学生同乡会。此二封绝命书在媒体公布后,犹如晴空一声雷,立即在中国留日、留美、留英学生界及省内外、海内外新闻界引起轩然大波,祭文、悼诗、哀辞、挽联铺天盖地而来,保晋争矿运动至此达到了最高潮。1907年1月25日,《汉帜》第一号刊登了景耀月写的《祭义士李静斋文》。1907年9月15日,《晋乘》第一期刊登了在日本东京李培仁追悼会上的27首诗、词、联。据不完全统计,山西各界悼念李培仁的祭文、诗词、挽联共有46篇,省外媒体的同类文章则不计其数。这些祭文、祭词慷慨悲壮,气压山河,至今读之催人泪下,令人仰天长啸,壮怀激烈。例如景梅九写的挽联:"伏恨十年,凭谁告语,只剩有满腔热血洒向沧溟,誓作鬼雄击国贼,乃完素愿;椎心一哭,同此伤怀,再拼将几颗头颅掷还原野,不教异类领家山,始慰烈魂。"王用宾写的挽联:"无颜见江东父老,连城璧已失,合浦珠不还,大错铸成铁案,誓牺牲自我,鱼葬汨罗,鲸骑沧海,乘风破万里浪,纵跃飞去蓬莱应为雄鬼;启口问河朔侠豪,一抔土未干,满腔血犹湿,遗恨何时冰销,倘燕赵有人,狗屠识里,马饮长城,提戈奋七尺躯,从此收回关塞乃拔沉冤。"山西巡抚丁宝铨写的挽联："青主后一人，三晋多才，后先麟凤自辉映；白登有志士，重阳独吊，满城风雨助悲哀。"署名"警钟鸟"的李培仁的友人写的祭辞："警钟鸟，枯树啼，口口声声叫山西，叫得大家都快醒，一齐整理莫迟疑。警钟鸟，哭声哀，叫得山西快起来，报到城门失大火，若不早起恐被灾。警钟鸟，血泪红，苦煞山西好兄弟，铁路抽筋矿吸血，死在地狱十九重。警钟鸟，哭断肠，失了山西真可伤，指望他人不济事，何如早收好家乡。"李培仁牺牲之时，中国留日学生多达万人以上，他们对于国内重大事件甚为关心，在山西近代报刊的影响下，保晋争矿运动得到留日学生万数人、国内外同盟会报刊及国内各类进步报刊的支持，他们跟着开会讨论，著文登报，声援山西人民的正义斗争。例如《豫报》刊登的《悼李烈士培仁》、《书李烈士培仁绝命书后》、《说矿祸》等；《华字汇报》刊登的《挽山西为矿事死亡之李培仁》、《福公司要挟矿权》等；《镛报》刊登的《赠李佩浦并序》、《李烈士传》、《论晋矿与中国前途之关系》、《晋矿与江浙铁路问题之根本解决》等；《时报》刊登的《详述李君培仁殉矿蹈海事》、《英公使要索赔偿其数甚巨》、《为山西矿务废约自办事》、《论山西福公司案》、《全晋矿权可危》等；《复报》刊登的《又投海矣》、《读李烈士遗书之感言》等；《民报》刊登的《清政府决意卖送汉人矿产》、《张之洞之卖矿》等；《竞业旬报》刊登的《为国捐躯》、《呜呼晋矿》等；《大江七日报》刊登的《拟阻英工师游晋》；《申报》刊登的《山西学界电争福公司占夺矿产》、《晋省请赎回矿产自办》、《西报记山西学生力争矿权事》、《留日学生上直督袁宫保书》、《保晋公司奉部批准设立》等；《中外日报》刊登的《山西士绅抵制福公司采矿详情》、《山西学界抵制福公司详情》、《山西矿务案记略》等；《京话实报》刊登的《有其子必有其父》、《山西人力拒福公司办矿》、《山西大有人》、《山西民情激烈》等；《三原训俗报》刊登的《为矿殉身》、《山西矿务的风潮》；《中国日报》刊登的《山西争矿激烈》、《晋人不认矿约》、《留学生力争矿权》、《晋人又欲立死绝会以争矿产矣》《山西代表致留东同乡函论晋矿事》等;《京报》刊登的《晋人对于福公司意见书》;《浙江潮》刊登的《刘铁云呈晋抚禀》、《矿事启》等;《大公报》刊登的《北京全晋商界呈请都察院代奏收回矿务稿》中云:"晋矿一失,如失土地,然土地一失,人民何安?保晋矿正所以保土地,即所以保人民,岂仅保晋省已哉?实所以保全局也。"一语道中要害。山西争矿运动能最终取得胜利,与上述全国各类报刊的宝贵支持是分不开的。这场运动的直接后果是山西人民收回了部分矿权,建立了自己的民族工业;而间接后果却是巨大的,那就是通过报纸的宣传,唤醒了省民的觉悟,认识到清政府的腐败无能,对民主革命越来越拥护。总之,近代山西报刊大都能紧扣时代的主题,进行救亡图存、富国富民、发展资本主义的舆论导向,具有较强的感召力和鼓动性。这些报纸为推翻清王朝制造了舆论声势,奠定了群众基础,调动了民众力量,从而助长了山西近代民族工业的发展。

第五是运用符合山西民众口味的通俗语言,进行生动活泼的宣传引导,取得了较为良好的传播效果。这点在革命派的报刊上表现得尤为突出,之所以取名《第一晋话报》、《晋阳白话报》,就是讲着山西人的话,说着山西人的事,像拉家常一样入情入理,让山西人看得明白,听得亲切,细雨润物般地把革命道理灌输进去。如《劝集矿股俚言》:"劝勉阖省人民,踊跃量力集股,保全晋矿利权,永免外人侵侮。仅拟俚言一则,晓告全晋之人,保护山西矿产,众志即可成城。保晋矿务集股,实系山西要政,若不推求原委,人皆不知底蕴。……苦劝吾晋人民,无论为贫为富,通知赎矿艰难,大家留心矿务。"①此类诗明白如话,切情入理,很受读者欢迎。与此同时,近代山西报刊还刊登一些可资人们在业余闲暇时阅读欣赏的材料,以调节人们的生活。或以调侃而诙谐的口吻劝戒沾染恶习的人改邪归正,或以辛辣而激烈的言辞

---

① 《晋阳公报》,1909 年 8 月 14 日。

嘲讽达官贵人的丑恶心态行为，或以轻松而幽默的笔调记述社会上的逸闻趣事，或以欣赏的态度介绍国内外的科学知识。在这些材料中，大都能给山西人民有益的滋养，提高了人们的文化层次。正如威廉·斯蒂劳森所说的那样，当传播媒介发挥调节功能时，它就可以起到"向广大群众暗示某些行为标准"①的作用。

第二节　山西早期无产阶级报刊

一、高君宇与山西五四时期的新闻活动

高君宇(1986—1925 年)，原名高尚德，山西静乐县人。1919 年五四运动时为北京大学学生会负责人之一。1920 年与邓中夏等组织马克思学说研究会，宣传马克思主义。1921 年参加了中国共产党的创建工作，为党的创始人之一，同年至莫斯科出席远东各国共产党和民族革命团体第一次代表大会。1922 年曾任中共中央机关报《向导》周刊和中共北方区机关刊物《政治生活》编辑。中共"三大"当选为中央委员。1924 年赴广州参加国民党第一次全国代表大会，并参加了平定商团的斗争。1925 年初出席了孙中山在北京召开的国民会议促成会全国代表大会，同年 3 月在北京病逝。

山西是响应五四运动较早的省份之一。五四运动的消息传到山西之后，5 月 7 日，山西大学、山西农业专门学校、山西商业专门学校、省立第一中学、省立第一师范等 11 所大中学校的 2000 多名学生，就在太原中山公园集会，支持北京学生的爱国斗争。大会宣布太原大中学校学生联合会(也称山西学生联合总会)成立。会后举行游行示威，高呼口号，散发传单，抗议北洋政府的卖国外交，要求废除

①威尔伯·施拉姆著《传播学概论》，新华出版社，1984 年版，第 28 页。

"二十一条"、收回山东主权、拒绝在巴黎和约上签字。随后，游行队伍到省公署、省议会请愿。他们手执白旗，上书"人心不死，男儿救国"等语，提出"紧急问题三件"，要求议会"速达政府，为民请命"。三件紧急问题是："一、青岛势必力争；二、善后借款闻有人主张地丁作抵，如此则断送国命矣，誓死不能承认；三、京师数千学生激于爱国热情，致动公愤，人心大快，仍被捕三十余人。如爱国之三十余人可捕，则数千学生皆可捕，如数千学生可捕，则全国人民皆可捕，如不可捕，应请释放。"①在议会，请愿的学生"放声大哭，彼此坠泪，各市民来观，同声呼号。"省议会议长再三劝慰，而学生"坚执一词，并以大义相责备，请求非达到目的不止。"山西议会也认为："该生等此番举动，秩序严整，言词沉痛，纯粹出于爱国之热忱，别无其他之意思。"②从此，山西反帝爱国斗争的高潮迅速掀起，并扩展到社会的各个阶层。

5月中旬，北京学联派代表到太原，进行演讲，宣传反帝爱国主张。5月下旬，天津学联也派代表到太原，商讨统一行动。随后，太原大、中学校的学生相继罢课。他们组织讲演团，每天在大街小巷宣传取消"二十一条"、收回青岛和抵制日货。在广泛宣传的基础上，5月下旬，所有罢课学生又进行了更大规模的示威游行，到省公署和省议会请愿。29日，山西省学生联合总会发出《山西学生罢课宣言》，指出："国以民主，民以国存，祸福相关，休戚与共"，"今我国内忧外患，险象环生，沦亡之祸，迫于眉睫"，宣告："我辈士子，既为人民中坚，自当首途挽救，奔走呼号，情有难忍，废学休业，义不容辞"。《宣言》列举了罢课的三条理由：一是为了"挽救外交"，以"雪国耻"；二是为了"筹助刷新政局"，以"诛国贼"；三是为了"促成南北统一"，以"弥国乱"。《宣言》最后表示："苟可以达救国之目的，即牺牲生命，亦有所不惜。

①《五四爱国运动档案资料》，中国社会科学出版社，1980年版，第208页。

②《五四爱国运动档案资料》，中国社会科学出版社，1980年版，第208页。

哀不择言,愚不避罪,谨以此为政府告,并以此为全国父老兄弟告。"[1]
在省学联的号召下,大同、临汾、运城、汾阳、太谷、平定、离石、祁县、代县、崞县、晋城、霍县等地中等学校和高等小学的学生,也纷纷举行反帝爱国的集会和游行示威,并组织讲演团、宣传队,在各地的县城和集镇进行反帝爱国宣传,"一般人民见之无不赞成,闻者无不感动"。这些青年学生在五四运动后山西的反帝爱国斗争中打了头阵。

1919年下半年,高君宇与邓中夏募款创办了北京平民学校。8月,他从北京回到太原,与山西学联负责人及进步青年座谈如何在太原建立革命组织,传播新思想,决定创办《山西平民周刊》。该刊由王振翼主编,提出"以山西实况报告世人,代人民呼号","将世界思潮输入娘子关内,供晋民以奋斗有效的途径"等办报口号。1920年五一节之前,高君宇受陈独秀委托第二次从北京回到太原,在省立一中召开了有13位进步青年参加的座谈会,讨论了人生观问题,批驳了当时社会上的各种错误思潮,最后议定在太原建立马克思主义组织。此后不久,太原学生依照北京马克思学说研究会的做法,成立了马克思主义学说研究小组,广泛宣传《共产党宣言》等马克思主义著作。高君宇在太原期间,不仅亲自调查了太原工人的生活状况,还派人去大同等工人集中的地区访贫问苦,写下了《山西劳动状况》一文,在《新青年》杂志第7卷第6期上发表。1921年他受李大钊委托第三次从北京回到太原,帮助山西于5月1日创建社会主义青年团。最初的团员有王振翼、贺昌、李毓棠等人,王振翼为团组织的第一任负责人。5月15日团组织第二次会议后,《山西平民周刊》成为山西团组织的机关刊物。为了进一步宣传革命理论,高君宇和革命青年集资在太原开化寺附近创办了晋华书社,秘密发行革命书刊。后来中共中央机关刊物《向导》问世后,晋华书社又成为《向导》的秘密发行处。1922年5月,

①《时事旬刊》第1年第14期(1919年6月11日)。

《山西平民周刊》出至第78期后,"因之而博得社会之赞许与独夫之忌恨",受到封建军阀阎锡山的阻挠破坏,被迫停刊。1923年11月1日,停刊一年多的《山西平民周刊》,经过高君宇和贺昌的筹划,又在北京复刊,改为每半月出一期,编辑部设在北京大学和北京师范大学,每期在北京出版后,由铁路工人秘密运回太原发行。《复刊宣言》指出:"鉴于独夫宰割之犹苦,人民之痛苦日深,知晋民之需要自由与民权,较之一年前更感迫切。同人等唤醒民众之责任再无可旁贷!迫于此种需要同人等乃有恢复本刊之决定。"恢复后的《平民周刊》,"仍抱定为我晋民利益奋斗之宗旨,为了维护人民的利益","凡为人民之利益……本刊必挺身而出而维护。"同时,恢复后的《平民周刊》"除批评政治之外,将注意于文化的宣传,扫荡一切不科学的因袭观念,及弥漫社会的昏乱思想,使吾民再勿为旧的奴隶观念所桎梏。"《平民周刊》立足于山西,但深知山西问题是不能离开中国而解决的,山西人民与各省人民之间有一种"不以省为界的共同利害",因此,它"将努力于此奋斗势力间之沟通,使联合成一种人民的全国的不可侮的团结",① 为山西人民了解全国和全国人民了解山西架起了一座桥梁。《平民周刊》作为山西第一份宣传马克思主义的刊物,对传播新思想、新文化,进行共产主义启蒙教育,引导山西青年走上无产阶级革命的道路,起了极其重要的作用。终刊时间不详。

晋华书社是太原宣传马克思列宁主义的又一阵地,成立于1921年9月。太原社会主义青年团负责人王振翼、贺昌以股东身份参加了书社,青年团员姚鏳为书社经理。当时推销的进步书刊主要有:《共产党宣言》、《资本论入门》、《唯物主义讨论集》以及《中国青年》、《先驱》、《政治生活》、《向导》等,书社还翻印了《共产主义与共产党》、《共

---

① 以上引文均见《〈平民周刊〉复刊宣言》,转引自《太原党史资料汇编》第1辑(内部本),第90—91页。

产主义 ABC》等,这些进步书刊主要由王振翼、贺昌介绍购买。同时,社会主义青年团的会议,还经常在书社内秘密召开。晋华书社的活动,一直坚持了约十余年之久。1921 年 10 月,社会主义青年团员贺昌、刘廷英(刘仲华)又发起组织了青年学会,以“研究学术,服务社会”为宗旨,编辑出版《青年报》,设置图书室,订购许多马克思主义的书籍和当时的进步刊物,吸引了大批学生来这里读书,使他们从中了解马克思主义,进而走上革命的道路。因此,《平民周刊》和晋华书社、青年学会是太原社会主义青年团宣传马克思主义的主要阵地。

二、《新共和》等传播马克思主义的刊物

山西不仅存在着传播马克思主义的必要性,也存在着传播马克思主义的有利条件,主要是:第一,在五四反帝爱国运动中涌现出的一批先进的知识分子,有着宣传马克思主义的热情和积极性,成为在山西传播马克思主义的骨干力量;第二,经过新文化运动和五四反帝爱国斗争的冲击,封建主义的思想体系受到沉重的打击,在人们的心目中开始破产,资本主义的思想也引起了人们的怀疑,从而为马克思主义在山西的传播提供了机遇;第三,处于京畿之地的山西,与新文化运动和五四运动的中心北京联系密切,便于接受北京思想界的影响,北京马克思主义思潮易于影响山西。因此,山西具有马克思主义传播的极大可能性。

马克思主义在山西的传播,是从建立学习和研究新思想的团体开始的。五四运动之后,在省城太原和全省各地,先进知识分子研究新思想的群众团体如雨后春笋,纷纷建立起来。其中影响最大的是山西大学的新共和学会。

1920 年 4 月 13 日,山西大学“新共和学会”成立,这是一个旨在“交换知识,研究学术”的学生团体。关于这个学会的态度和精神,《新共和学会纪事》1 卷 2 号记载:“我们认定:在一个新的时代,无论家庭、社会、政治、教育……一切思想,一切制度,都应当适应这个时代,所以不适时的思想与制度必须赶快推翻，适时的思想与制度必须赶快建设，这是我国近年新思潮唯一的主张。……中国土地广大，'新文化运动'决不是乱嚷两三年就得以成功，还要靠各省各县多有些青年团体，分途切实进行，我们山西大学新共和学会至少也肯负这点责任！我们山西大学新共和学会全体会员的心里至少已经倾在这一方面。再直截了当的说，本会的纯正态度便是生活上、学术思想上一种新的态度！并且我们不只对于中国的共和表示不满意而已，就连外国的共和也不大满意。外国共和的缺点因为他并没有表现大家的全体意思。我们所欢迎的新共和，就是有了大家的意思而复融洽化合成为一个共同意思，这就表现了全体意思，这才能谋全体的幸福。……新共和必具有团体的精神。……我们新共和学会正想试验试验这种团体的精神，讨论会务时固然要拿来试验，研究学术时也要拿来试验。所以本会的精神便是团体上、学术思想上一种真正共和的精神！"

学会成立一年多后，感到有必要出版自己的会刊。于是，在1921年12月10日，创办了《新共和》杂志，为不定期册本，每期150页以上。首期的发刊宣言称：

山西大学的生命，二十年于兹；本会的生命，亦二年于兹；而学报的刊行，要以此次为开始！

向者，山西大学设立译书局，成书二十余种，颇有贡献于当时的社会国家。后译书局停办，而大学只有讲义课本诸任务，几成为灌输固定知识的机关，不成为"发展智慧，研究学理"的机关，其他传播文化的工具，亦绝无仅有。敝会同人不敏，发刊本志，对内则提起大学研究的精神，对外则发表同人研究的结果而已。

本会因尊重学理起见，暂定本志为不定期刊。

本刊无他宗旨，就拿研究学术、宣传文化为宗旨。

本刊的目的，是欲本学术上种种方面的研究，文化上种种方面的进行，以期创造新人生、新社会、新共和出来。

本刊编辑体例,暂分论说、译著、文艺、杂纂、纪录等门;将来第二号出版时,按材料的性质而另行分编。

本志同人等纯采研究的态度,不鼓吹一种主义,不专门介绍几个圇圇好听的名词,所以希望读者也要拿诚恳的研究精神来看本志,并要切实的、深刻的给本志一点批评。

从现存《新共和》前 3 期内容看,它大概讨论了以下三方面的问题:

一是对社会主义和共产主义的看法。当时谈论社会主义、共产主义是一种时髦,《新共和》的作者也是一知半解,在这方面的叙述,不但极为混乱,而且错误很多。如有的人就把无政府主义、工团主义、国家社会主义、基尔特社会主义均看作是社会主义的派别,首期刊登的谢焕文写的《共产主义之研究与批评》说:"自现今趋势观之,共产主义与无政府主义既有血统的关系,又有共同的目标,共作社会运动,亦多彼此协助者。而其对于社会主义,则根本性质各异,后及背驰愈远,甚至永无融洽之希望。"又说:"强权共产主义,此派乃马克思、恩格斯所倡,为中央集权之共产主义……实属社会主义正宗……无政府主义是共产主义之嫡派。"文章虽然大量地介绍了克鲁泡特金的无政府主义,但实际上他所阐述的也并不是克鲁泡特金的主张,可以说是就他的一知半解合各家的学说,揉合而成的一种四不像的东西,他错误地认为克鲁泡特金是主张武装革命的, 而他本人则不赞成通过武装革命去改变社会制度:"社会经此剧烈革命则损失太巨, 且革命后能达目的与否,尚不可知,故吾人苟能避免此时,总以避免为愈。"总的来说,《新共和》的撰稿者们绝大多数都认为社会主义是好的,有些人还把资本主义和社会主义的各方面做了比较, 从而肯定了社会主义制度的优越性,他们说:"据现在大家公认的道理,代资本主义而起的当然是社会主义。我想:有理性、有良心的人,决不至反对社会主义!我们中国除非那些闭眼瞎说,不晓得世界大势的顽固党,也决没有胡乱反对社会主义的!""社会主义的真精神就是增进全体的幸福。"①

二是研究劳动人民贫困的原因及其解决的方法。关于我国农民的贫困状况,《新共和》的作者说:"现在我国社会上有一种极危险、极悲惨的现象,就是一般劳力者终年胼手胝足,滴了许多血汗,然而衣不足蔽体,食不足充饥,房屋不足乐处安居,更不消说赡养家口……我劳苦忠实的农工,营那种非人的生活的,确是苦到万分了!……这实是社会根本上的经济组织改造问题,绝对不是'轻徭薄赋,重农贵粟',和孟子说的'春省耕而补不足,秋省敛而助不给'那种仁政主义所可解决的问题"。关于我国工人阶级的悲惨命运,他们总结了三点:"(一)我国社会素来轻视工人,所以工价的过低,工作时间的过长,工厂卫生的太不讲究,工人疾病死亡残废的毫无保险,劳动法令的毫无规定,恐怕世界上再找不出更坏的景象来。(二)我国劳工所受重利的盘剥,物价昂贵的压迫,恶政治与恶税则的纷扰烦乱,也实在已到了山穷水尽之时。(三)我国劳工除受本国资产主义第一重的掠夺外,更要受外国资本主义第二重的掠夺。""种种事实归纳起来,敢断言:贫乏问题的唯一根本原因就是资本主义。"②他们认为救中国工农贫困的根本方法就是在社会主义制度下发展实业,具体来说,有 6 点:第一,施行社会政策,增加劳动人民的福利。第二,兴办公有工厂。第三,提倡家庭小工业。第四,振兴农业。第五,注重职业教育。第六,崇尚节俭,戒除妄费。

三是对山西实际问题的探讨。例如在山西的矿产公有问题上,有的作者对阎锡山的做法提出了公开批评:"全省矿区收回,仍由私人或私人组织的法人与管理矿务的机关订立合同,定期开采,山西政府

---

① 《新共和》第 2 期《贫乏问题的原因及其解决方法》。

② 此自然段引文均见《新共和》第 2 期《贫乏问题的原因及其解决方法》。

148

不过从中分红而已。……我断定：山西这种办法并不是矿产公有，实在是矿产私有。在人家的私有财产上，只管抽出几分矿税，那就叫做公有，岂不是滑稽得很吗？那就说共产，说实行社会主义，岂不是很可痛心的话吗？我不反对矿产公有！我反对'公挂招牌''名不符实'的公有！我反对山西这种不彻底不合理的公有制度！然则怎样方叫'公有'呢？公有便是社会所有，便是产业的主权属于全体人民，产业的管理操于全体人民，产业的利益分配于全体之人民。"①有的作者还对阎锡山为自己的"政绩"壮门面的"模范村"进行了揭露："这样铺张热闹的声势，不过抄袭日本稻取村与贺振村的几条章程，要拿出哄谁呢？何苦来呢？请问他们什么事情真正办了吗？公共体育场有一件运动器具吗？同乐会有一乐器吗？高等小学的童子军、学校……在哪里？巡回文库流到什么地方？图书馆除了几本烂书，怎么只收存数月前的旧报三四份？最奇怪的……问那块老百姓，大半不会懂得'模范村'这个名词。……只瞧……到处挂起新招牌，到处都静悄悄的关了门了。唉！就说表面的模范，他怎能够得上呀！怎能'自欺欺人'呀！模范省里的模范村居然人民没有得到一点利益，没有受到一点感动，反而厚起脸面来说：'我是模范村'唉！那不把'木魅山鬼'都羞走了吗？"②《新共和》对山西报界也提出了批评，认为"山西报界通同有三种最大的缺点：(一)缺少国外大事的记载。(二)缺少真正的舆论。(三)缺少传播文化的机关。"山西各新闻纸的"每日篇幅差不多充满了政府官厅的法令公文、本省的政绩、各地方的小新闻材料和阎督军的几条格言。最妙的如《山西日报》第一版，总要登上每星期日的洗心社讲演录，那讲演录……只有付之一笑。"山西报纸想方设法"闭塞人民的世界眼光""全世界都是互相关连的，互有影响的。……假设将来世界上通行社

①《新共和》第 1 期《山西的矿产公有》。

②《新共和》第 1 期《山西的模范村》。

会主义,难道中国能独免掉吗?你们不登载外国罢工诸事实,怕我国劳动者罢起工来了,不登载俄国过激派的情形,怕过激主义传到中国来了。唉!这才是古人说的'因噎废食'呵!……诸君何不坦然公开,让人民得明白现在时代现在世界的真相吗?""他们天天所选的时评,不是歌功颂德的文章,便是'仰承圣旨',谈论一些微物末节,不关痛痒的事件,甚么批评政府!监督政府!哈哈!政府是帝天神鬼!谁敢去开罪他?亵慢他?……山西报界实在没有自由思想和自由言论,……再看……每天报纸中间大书特书的几句格言,纯是强制的注入的信条,在现代早已经失了效力。并且古来道德上的格言也很不少,何不搜罗选载,教阅报者常得换换视神经呢?"①谈到山西的教育方面,虽然刊物上也刊登了一些歌颂阎锡山的教育方针和措施的文章,但是大部分的撰稿者还是切实地揭露了山西教育的黑暗。针对有人称赞阎锡山治省有方,学校数目增加,在全国首屈一指,《新共和》撰文指出:"山西的教育是一种非教育,这种非教育的表象就是量的方面——学校数目、学生数目——扩张,质的方面——教员学生的程度、学校的成绩——减少;形体尚整齐严肃,精神越萎靡衰弱;上则养成守旧的、陈旧的、不革新的教职员;下则产出机械的、服从的、不自动的青年学生。到了现在,这些弱点越发暴露了。""腐败原因虽多,而其根本就是因为阎督的教育宗旨错了。阎督的宗旨就是要人人的思想都归向一条路上,所以他处处都带有'一尊'式的色彩,像什么'洗心'哩,'自省'哩,'民德四要'哩,'守身六则'哩……无非是想叫人人的思想归到空空的道德的路上去。他的宗旨既是这样,所以教育上也弄得像专制魔王一样,学生看见了先生,如同丘八看见了上官一样,学生的个性也当然无发展的余地了。再看教职员,一方面也是如此,他们办学校的人好像不是为学生办学校的,也不是为地方办学校的,

---

①《新共和》第 1 期《山西的报界》。

他们是为督军办学校的,所以督军的命令他们就奉之维谨,学生的需要那他们就不管了,所以我们觉得这种'一尊'式的教育宗旨,实在是害人不浅。"①

总的说来,《新共和》杂志是一个进步的刊物,它的主要撰稿者们虽然站在资产阶级改良主义的立场上,想逃避未来的推翻私有制的武装革命,但他们的作品还是普遍地流露出了对于剥削社会的不满和对劳动人民悲惨生活的同情。另外,从字里行间可以看出他们对阎锡山的统治心怀恐惧,不能畅所欲言,但毕竟以亲眼目击的事实暴露了阎锡山统治的山西许多方面的黑暗情况,这对当时不了解山西和对阎锡山抱有幻想的人们是有一定的认识作用的。

除新共和学会和《新共和》杂志外,这个时期在山西建立的研究马克思主义的学会和传播马克思主义的刊物还有:

1920 年夏,邓初民、马鹤天、杨连甫、柯璜、帅左重等进步人士,在省城知识界组织了山西学术研究会。1922 年 7 月,学会创办《新觉路》半月刊,创刊号发表了《怎样改造中国》、《半年来吾国劳工运动见闻》等文章,开始运用马克思主义学说来分析中国社会现状。由邓初民主办,马鹤天任主编,终刊时间不详。

1921 年 8 月,山西省第一师范学生张友渔、刘奠基等 24 人以"发展共进精神,研究有用学术"为宗旨,组织了共进学社,宣传新思想、新文化。学社创办了《共鸣》杂志。

1921 年 10 月,山西省立一中学生以"研究学术、服务社会"为宗旨,组织了青年学会。青年学会的主要成员为本校的社会主义青年团员和进步学生,负责人是贺昌、刘廷英。青年学会创办了自己的机关刊物《青年报》。1922 年 2 月,省立一中学生刘世泽、汪铭等 14 人以"研究学术,开通民智"为宗旨,组织了见闻观摩会,创办了《见闻》刊

①《新共和》第 1 期《山西的教育界》。

151

物。同年春,省立一中学生张叔平(张秉铨)在家乡离石与任定国、杨惠年创办了觉民书社,经销各种进步书刊。特别是省立一中学生会出版的《一中学生半月刊》,由青年团员张养田编辑,除报道一中学生动态、介绍新的书刊外,主要任务是宣传革命真理。傅懋恭(彭真)曾以"春雷"的笔名在该刊发表了《五一节与中国工人》一文,论述了五一国际劳动节的历史意义与中国工人阶级的任务,在山西思想界产生了一定的影响。省立一中部分学生还组织了革新学社,学习研究马克思主义。1922年后半年,在青年学会内创办了平民小学,由省立一中的进步学生、社会主义青年团员教课,吸收附近的贫民子弟学习文化知识。同时,青年学会还在太原大北门街平民工厂里创办了一个工人业余学校,1923年又创办了成人夜校,组织工人听课,传播文化知识和革命思想。成人夜校由社会主义青年团地委平民教育委员会委员长傅懋恭(彭真)负责。正太铁路和印刷界工人上夜校的很多。成人夜校成了教育和发动工人、促进知识分子和工人阶级相结合的一个重要场所。这些学校使一些没有受过教育的工人群众有了学习文化知识的机会,也为团组织发展团员、联系工人群众创造了条件。

1921年,汾阳县河汾中学学生侯士敏在国文教师郭桐年的指导下,创办了新文化书报互助团,组织了河汾中学学生会。

1922年5月,临汾县立第一高小教师景仙洲等开办了新愿书社,随后临汾省立六中学生张振山(张应川)、吉振华及临汾高等小学的教师王权五、徐亚桑、李少卿、李耀庚等进步学生和教师,又创办了新新书社,经销各种进步书刊。还办有期刊《新声》和《新镜》。

1922年7月,在北京上学的戎子桐在平定与晋友中学进步学生侯富山、韩毅、韩刚、杜鸿玉及友爱医院医生杜鸿成等,组织了马克思主义读书会和图书室。11月,太原各社会团体组织了中俄友善会。

尽管上述这些团体和组织形式不同,宗旨也不尽一致,但其共同特点是研究新思想、新文化,其中就包括研究社会主义和马克思主义,逐步形成了五四运动后马克思主义在山西传播的一支生力军。

自1921年5月1日太原社会主义青年团成立后,1922年9月至12月,山西的一些报刊如《晋商日报》、《山西日报》、《并州日报》、《山西公报》等,还相继建立了共青团支部。共青团组织把进一步研究和宣传马克思列宁主义作为一项重要任务。他们从山西的实际情况出发,广辟阵地,扩大影响,揭示无产阶级革命的真理,教育和武装工人,使马克思列宁主义在山西的传播从知识界步步扩大,从一般宣传到步步深入,不断向新的广度和深度发展。

在深入宣传马克思主义的过程中,太原社会主义青年团于1922年5月1日编辑的《五一特刊》,在理论上达到了新的高度。这一特刊思想新颖、内容丰富,围绕无产阶级的历史使命和无产阶级革命的一系列问题,展开阐述和评论。《发刊的旨趣》全文如下:

五月一日是全世界无产阶级开始与资本制度发出衰德美敦书的一个纪念日。在我们老大的无产阶级中国,也渐渐被这战声觉醒,同世界无产阶级携手开到前线作战,这不过是靠近海岸各大都市的现象。反观内地各省,不但毫无作战的计划,就连一个小小的团体也组织不起来!无产阶级的朋友们!难道你们不受痛苦吗?怎么你们不团结起来!

欧美的无产阶级,现已达到"八小时工作"和"标准工资"——工人及其家庭最低度的生活费——的目的,仍继续的对资本制度堡垒作总攻击的计划,预备在最近的将来实现世界革命,无产阶级握了政权,那时,全世界的无产阶级才得了真正的解放!现在劳农会俄罗斯已经实现了。

我们中国内地的无产阶级每天做十二三小时的工作,赚不够一己最低限度生活费的工资:饿着肚子,冷着身体,晚间睡在湿阴的房里,怎么还不觉悟呢?

无产阶级的同胞们!醒来罢!不要怕资本家和他们的走狗威吓我

们,压迫我们;只要我们团结的坚坚固固,固固坚坚,为自己的利益奋斗,为新的社会奋斗,最后的胜利看谁得着!

本团成立一年,对于太原的无产阶级没有十分帮助,从这个痛苦和吉祥的日子——五一——起,与太原无产阶级亲密接近,一同计划作战! 本团刊此,一为庆祝世界无产阶级的胜利;一为唤醒内地无产阶级的同胞;一为庆祝本团一周年纪念。

无产阶级的同胞! 醒来罢!

组织起来! 联合起来!

同盟罢工,是达到我们目的的唯一办法!

中国的无产阶级联合起来呵!

世界的无产阶级联合起来呵!

《本团成立一周年纪念小史》介绍说,太原社会主义青年团是几个进步青年在1921年聚会庆祝劳动节时酝酿组织起来的,起初有十余人参加讨论,一致确定团体的宗旨是"唤醒劳工,改造社会"。因为考虑到国内已有十几个同样宗旨的团体,都叫"社会主义青年团",所以这个组织也采用了同样的名称,以便互相联络。5月15日又开了一次会,草定章程,讨论了进行计划,这时只有8个人参加。后来团员因暑假多半离开太原,留下的虽然集合几次,也没做什么工作,草章和计划就成了空文。1922年春天才重整旗鼓,做了些宣传工作,发展了两个新团员,并且按照中国社会主义青年团临时章程,观察地方情形,重新讨论进行计划。这个组织没有发行什么刊物,这个特刊是临时性的。

特刊上的文章都很短小,但内容都是很好的。《五一纪念史略》和《五一的教训》两篇文章扼要地叙述了五一节的起源和国际工人阶级为减少工作时间而斗争的历史,指出这一斗争即使取得了胜利,"还是讨饭吃,仰资本家的恩惠,赏饭,不若自己握了政权,管理政治、军事、产业……居于治人地位;用那'不劳动不得食'的方式强迫工作;

土地的社会化,资本的国家化,消灭阶级;到了共产主义的社会,'各尽所能,各取所需',全人类才是真正的解放。1917年的俄罗斯革命,劳动者握了政权,无产者何等快活呀!这都是'五一'的痕迹,'五一'的教训。"《五一节与未来的世界》中宣传了马克思关于"人类的思想,不能决定社会的生活;而社会的生活,反能决定人类的思想"的历史唯物主义观点,指出无产阶级革命"实在是资本制度社会自然的结果,什么强力都不能止住的",号召中国无产阶级团结起来,与世界无产阶级一起,用大刀阔斧除去资本家,创造新社会。《与煤窑里工人的一段谈话和感想》一文在描写了煤矿工人的非人生活后,指出工人必须自己起来为解除自己的痛苦而奋斗,奋斗的方法则是联合起来,组织真正的工会,这种工会有三个标志:(1)完全自动组织的;(2)由各车间联络好了,再联络全厂,然后由各厂联合而成工会;(3)实行委员制。《五一节与妇女》一文分析了妇女问题和劳动问题的关系,指出妇女和劳动者的对敌都是"私有制度",号召妇女们和劳动者联合起来对这个敌人进行总攻击,并且说:"五一是劳动者得了胜利的日子,也是妇女们得了胜利的日子,苏维埃俄罗斯劳动者握了政权,妇女们也得了解放。"可见这些文章的观点和方向都是正确的,基本上是马克思主义的。[1]《特刊》上还刊登了太原社会主义青年团负责人贺昌撰写的《庆贺劳动者的大团结》的文章,是为祝贺第一次全国劳动代表大会的召开而写的。

"太原社会主义青年团五一特刊"4开、4版一张,是弥足珍贵的地方团组织的新闻史料。它的编辑和出版,是山西马克思列宁主义宣传深入发展的一个重要标志。此后,太原社会主义青年团在继续进行理论宣传的同时,积极投身到了学生运动和工人运动之中。

---

[1] 以上引文见《五四时期期刊介绍》第2集(上册),生活·读书·新知三联书店,1959年版,第58—60页。

三、五卅运动前后的山西共产党报刊

1923 年,高君宇介绍太原学生中的几名积极分子入党,其中有贺昌、李毓棠、傅懋恭(彭真)等,只是由于党组织没有建立,他们的活动处于分散状态,党组织的许多工作需要通过团组织代行。所以团中央机关刊物《先驱》也发表文章指出:"没有共产党支部的地方(例如成都、太原、郑州、重庆),本团的地方团事实上不能不担任共产党应有的工作,并有的还须以共产党的工作为主。"[1]

1923 年 10 月,北洋军阀曹锟在北京贿买国会议员,当选为大总统,激起全国人民的强烈反对。太原团地委秘密指示山西大中学校学生联合会发起,在太原市海子边召开太原市民大会,"向五千多民众痛斥军阀的横暴和外国的侵略",[2]号召广大民众起来反对军阀和帝国主义列强,会后举行了游行示威。阎锡山严令查处游行示威的组织者,李毓棠被太原法政专门学校开除学籍。10 月 15 日,太原中等以上学校学生联合会联络省城各学校教职员工和一部分机关公务人员,在太原市政公所门前,召开太原民权运动大同盟成立大会,宣布了民权运动大同盟争取的四大目标:(一)集会结社言论出版有绝对自由权;(二)实行普遍选举;(三)劳动立法;(四)男女平等权。大会痛斥军阀的专制统治,揭露军阀勾结帝国主义侵略中国的罪行,会后举行游行示威。同时,太原民权运动大同盟还出版了《太原民权》周刊。

早期太原团组织领导的学生运动,显示出青年学生组织起来的伟大力量。青年学生的斗争精神,推动了各界群众的联合和斗争。在学生运动进一步发展的过程中,太原的青年团员到 1923 年底发展到 66 人,建立起 8 个支部,并在汾阳建立了团支部。学生运动领袖贺昌在领导学生运动中取得了经验,政治上更加成熟,斗争的目标更加明

---

[1]转引自《中国共产党山西历史大事记述》,中共党史出版社,1994 年版,第 44 页。

[2]贺昌《山西的学生运动》,见《太原党史资料汇编》第 1 辑(内部本)第 95 页。

确。这一时期,他撰写的大量文章,对山西学生运动起到了指导作用。他在《学生运动的使命》一文中指出:"此时学生运动有一种很大的误谬,就是只知标榜'打倒军阀',不标榜打倒(甚至不敢说)助长封建军阀为恶、钳制我们中华民族不能自由发展的恶魔——国际帝国主义"。贺昌告诫全国的学生:"抛弃一切和平改良的观念,采用革命的方法,并且要亲切地站在劳动群众的利益前面而奋斗","打倒军阀和国际帝国主义"。①他还在《反抗帝国主义》一文中指出:"我们今后的运动应当是内除国贼——封建军阀和丧权误国的政府及违法殃民的国会!外争国权否认列强侵略中华民族的条约和反抗助长军阀作恶的行动!"②他在《山西的学生运动》一文中对山西的学生运动提出了建议,认为:如果山西的学生"能认清自己的地位和责任,一律加入学生会以强大自身的实力,而后与全国学生在同一目标之下奋斗,方可免去中道夭折和再走错误的路子。"并指出:"学生会今日的重要责任,是'往民间去',暴露军阀的罪恶和列强的侵略,使民众知道乱源的所在,奋起而争自由,以造成团结的势力,推翻两重的压迫。但是这种活动须有一个集中的强大的学生会来统率指导才成,因而山西的学生会的组织要异常严密,行动须完全一致,并与民众紧密的团结,帮助劳工运动(如为罢工工人募款和示威等)和社会事业(平民学校、讲演团、通俗图书室等)。"③贺昌的这些文章,为山西的学生运动指明了正确的方向。

1924年5月中旬,高君宇受李大钊委托第四次从北京回到太原,帮助建立山西共产党组织,并促成山西的国共合作,推动革命形势。几天内,他召集在太原的进步青年接连开了几次秘密会议。经过

---

①《北京学生联合会日刊》第18期(1923年3月2日)。
②《北京学生联合会日刊》第41期(1923年3月25日)。
③《太原党史资料汇编》第1辑(内部本),第96~97页。

慎重考察,他又介绍侯士敏、潘恩溥等几位社会主义青年团员入党,与前一年发展的傅懋恭等几名党员共同组成了山西的第一个党组织。其时,因为山西地方实力派阎锡山于1913年宣布脱离国民党并下令解散国民党,所以国民党在山西没有合法的地位,山西的国民党右翼势力是在北京形成的。1922年,在北京大学读书的山西籍青年苗培成、韩克温、梁永泰、赵广廷等人,经国民党元老王用宾介绍加入国民党,且均为国民党右翼组织"民社"筹备委员会委员,开始形成了山西国民党少壮派。是年夏,他们由北京大学毕业回到太原后,集资创办了太原平民中学,作为国民党在山西活动的据点。苗培成担任了平民中学校长,创办了《晓报》,并在《晓报》上不断发表文章,为发展国民党大造舆论。1924年1月,王用宾、刘盥训、刘景新、邓鸿业、苗培成、赵连登以代表的身份,参加了国民党第一次全国代表大会。他们回到山西后,开始大量发展国民党员。到1925年时,太原的国民党员已发展到400余人。山西逐步形成了国共合作的局面。

1925年5月30日,上海发生了震惊中外的"五卅惨案"。为了声援上海人民的反帝爱国斗争,山西党组织和共青团组织联合省城各界人士,发动成立了太原市民沪案后援会。山西的国民党进步人士和地方政府中的开明人士出于爱国热情,也投入到这场反帝爱国运动中。山西国共两党共同领导的反帝爱国运动从此拉开了序幕。

山西共产党、共青团负责人张叔平、傅懋恭、纪廷梓、王瀛等,同山西国民党主要负责人,太原工商学各界代表人物取得联系,建立了各种形式的援沪组织。6月6日,省城所有学生一致罢课,并在文瀛公园集会,声援上海人民的斗争。会后,举行游行示威,沿途散发传单,向路人讲演,揭露帝国主义制造"五卅惨案"的真相。

6月23日,英、法帝国主义又在广州制造了沙基惨案,激起全国人民更大的愤怒。24日,中华全国学生联合总会派出西北路代表团到太原。25日,太原市民沪案后援会在文瀛公园召开市民大会,参加的有学生、工人、农民、商人、军人、警察和政界人士一万余人，使反帝爱国运动再掀高潮。大会声讨帝国主义惨杀中国同胞的罪行，全城下半旗为死难烈士致哀。全国学联总会西北路代表团代表在会上介绍了五卅惨案的起因、真相以及上海各界对惨案的态度、采取的措施、募捐的办法，接着，大会主席傅懋恭讲话，号召全省各界同胞团结起来，反对帝国主义。会上散发大量传单，发布了《太原学联会募款启示》，会后举行游行示威。

6月26日、27日，全国学联总会西北路代表团又先后在新华舞台和自省堂对各界市民作了关于五卅惨案的报告。30日，张叔平、纪廷梓编辑出版了《铁血周刊》第一期，号召“大家……联合起来，一致向帝国主义激战！……拉破帝国主义的黑幕，唤醒全国民众，大家准备实力，向侵略压迫我们的帝国主义宣战！”山西公立图书馆馆长柯璜自费印刷五种声援沪案的演讲稿，散发到太原市和效区各县。

7月23日，太原市民沪案后援会在文庙三立阁召开第七次全体代表大会，30余个团体的代表到会。经过讨论，决定将太原市民沪案后援会改为山西各界为帝国主义惨杀同胞雪耻大会（简称“山西雪耻会”），会议重新订立了规章制度，设立交际、文书、编辑、庶务、宣传、组织、调查、会计共八个股，由张叔平担任主席。会议还决定将《铁血周刊》改为《雪耻周报》。8月1日，《雪耻周报》发表了《太原市民沪案后援会改组宣言》，指出雪耻会今后的工作是：“领导民众，促成全国工农学商大联合；打倒列强帝国主义及媚外军阀；组织民众，集合在本会旗帜之下；废除一切不平等条约；积极募款；抵制劣货。”《宣言》慷慨激昂地号召：“久伏在列强帝国主义铁蹄践蹈下的同胞们！事急矣！危亡就在目前！勿再犹豫不决，致流亡国之惨。治病要在人未死之前，救国要在国未亡之先！同胞们赶快团结起来啊！”①

①《太原党史资料汇编》第1辑（内部本），第36页。

改组后的山西雪耻会，"一般官僚分子均退出，大多数均系学生，每日派宣传队四出散发传单，深博得一般人同情"。[1]8月初，山西雪耻会领导了太原市学联抵制英日货委员会同总商会的斗争，并取得了胜利，使山西商业界人士受到了一次深刻的爱国主义教育。

与此同时，省城以外的先进青年也在五卅反帝运动中组织社团，编印刊物，大力进行宣传鼓动工作。榆次晋华纱厂的工人在共产党员王鸿钧、王瀛的发动组织下，成立起工人夜校和工人俱乐部，开展党的宣传活动。太谷铭贤中学的学生在共产党员张维琛、赵品三发动组织下，编印出版《锐锋》杂志，揭露帝国主义的罪行。汾阳沪案后援会出版了《闪光》杂志，还建立了中共支部，发展了党的组织。崞县中学成立起协进社、读书会。运城省立第二中学组织了读书会。五寨县在先进青年赵成璧、李在堂等的发动下，成立起夜光学社，出版《夜光》杂志，同时还办起五寨书社，推销革命书刊。五卅运动促进了太原工人运动蓬勃发展，1925年8月19日，太原总工会成立。1926年5月，太原总工会创办了《太原工人》，为太原工会最早的报刊。

1926年7月间，广东革命政府发表《北伐宣言》，国民革命军发动了北伐战争。北伐军进军神速，原停滞在绥远局部地区的冯玉祥所部国民军，在五原誓师，参加国民革命，占领甘陕，逼近山西。为了抵御北伐军入晋，平阳镇守使丰玉鹏奉命从临汾、浮山、洪洞等地强拉民夫3万余人，挖掘平阳城壕，加固城墙。临汾县党组织负责人张振山和其他几位共产党员深入民工中，发动民工起来斗争。经过动员，3万多民工于1927年正月举行罢工，取得了胜利。接着，临汾县党组织又发动农民开展了抗捐斗争。针对临汾县衙将"富户捐"变成"穷人摊"的实际，一方面在《新声周刊》上发表文章，揭露"富户捐"的骗局；另一方面派党、团员深入乡村发动农民，在临汾县河东和河西区组织"抗捐团"，

---

[1]《太原团地委给团中央的报告》(1925年8月)，原件存中央档案馆。

吸收万余农民参加,派代表到县政府讲理,到区政府抗议,迫使临汾县政府宣布:废除摊派给农民的不合理捐款,已收者如数退还。

1927年4月12日蒋介石叛变革命,在上海对共产党员和进步群众进行了血腥大屠杀。随后,阎锡山也在山西开始了恐怖统治,中共山西省委领导机关和基层党组织遭到严重破坏。党团组织的各种刊物也相继停刊。

四、十年内战时期的山西党组织地下刊物

从1927年大革命失败到1937年抗日战争爆发前,由于国共两党分裂,阎锡山政权一直对共产党人和进步新闻工作者采取镇压政策,所以山西无产阶级报刊没有兴盛地发展起来,只有一些地下刊物和以其它面目出现的刊物存在。

1928年5月,遭到破坏的中共太原市委重新整顿了党的组织,成立了中共太原临时市委,并出版《太原市委通讯》。

1929年4月,中共太原市委创办了《太原工农兵红旗》。油印,刊期不定。当时,中共太原市委代替遭到反动当局破坏的中共山西省委的工作,领导山西全省的革命斗争。为了扭转省委被破坏后的被动局面,鼓舞人民奋起革命,中共太原市委及时出版了这个刊物。之后,全省各地党组织相继恢复活动。

1930年9月,重新组织的中共山西省委创刊了《山西红旗》,由省委宣传部主办,魏文伯任编辑。周刊,发行约500份。同时,中共太原市委主办了《工农兵小报》,周刊,发行约700份。中共太原市委军委还创办了《士兵之友》,周刊,发行500份到1000份。同年11月23日,共青团山西省委创办了《太原青工小报》,旨在对全省团员进行组织性、纪律性教育,提高共青团组织的战斗力。当时,太原只剩下8名团员。

1932年11月,《山西党讯》创刊,社址在太原东缉虎营,日出,4开,4版,是阎锡山控制的国民党山西省党部的机关报。由于有中国共产党地下工作者及进步青年史纪言、王中青、朱宝善、张国声等参加编辑工作，便出现了前三个版是宣传国民党和阎锡山的，后一个版副刊版刊登的则是进步文章和进步文艺作品。副刊的名称叫《最后一页》，投稿者多是地下党员和进步人士，有赵树理、力群、亚马、卢梦、鲁木等。赵树理的初期作品《铁牛之复职》、《盘龙峪》、《有个人》和鲁木、力群的版画、文章，就发表在这个副刊上。同年，国内抗日运动高涨，李冠洋在山西成立了"中国青年救国团"，自任团长。在太原各学校发展青年学生 3000 余人，开展抗日救亡和反对蒋介石、反对 CC 的政治活动。青年救国团有"山西工人自强协会"等外围组织和核心组织"中社"。"中社"的负责人是中共地下党员张隽轩，联络爱国知识分子和进步人士侯外庐、张友渔、徐冰、温建公、杨绍萱、杜千秋、王辑五等进行理论研究，向青年讲解科学社会主义理论，开展抗日救亡工作。青年救国团在太原创刊了《中报》，取义"得中求存"。社长李冠洋，总编辑赵登庸，社址在太原东缉虎营 63 号。同年创刊的还有《晋民自治周刊》和《学生新闻》。《晋民自治周刊》似学术性专业报，4 开 4 版。一版是"论著"、"专述"专栏；二版是"经济"、"学术"专栏；三版是"家政"、"教育"、"卫生"、"道德"专栏；四版是"时评"、"案录"专栏。《学生新闻》由山西大学学生赵石宾编辑，内容是宣传抗日，出版不到半年时间，即被国民党当局查禁。赵石宾因被通缉逃离太原，于 1933 年参加中国共产党。

1933 年 6 月 30 日，中共太原市委创办了自己的机关报《太原红旗》，为 16 开册报，每期若干页。第 1 期刊登的《本刊的使命》一文说明了刊物的主旨："本刊是太原市共产党的机关报，代表工农及一切劳苦大众言论的刊物。她的主要任务是推翻帝国主义国民党的统治，争取苏维埃中国的胜利，为山西苏维埃政权而斗争。更具体地说她应该是：一、反对日本帝国主义及一切帝国主义瓜分中国，支持武装民众的民族革命战争。二、推翻出卖民族利益，投降帝国主义的国民党统治。三、批判一切反革命派别的理论及其实质的揭发。四、宣传苏联社会主义经济建设。五、宣传中国苏维埃的建设与劳动生活的改善，及工农红军的胜利消息，粉碎国民党的造谣政策。六、指导工农斗争，并介绍各地工农斗争的经验与教训。"第1期，还报道了《四川红军大胜利》、《工人反对阎锡山的呼声》、《太原抗日救国会内部冲突的一幕》、《××校驱长斗争之检讨》、《第二教导团过大同的实际情况》、《悲壮热烈的张垣民众抗日大会》等消息。由于经费和社会环境等困难，当年9月23日才出版了第3、4两期合刊。内容有《"九·一八"宣言》、《察哈尔民众抗日运动的经过和意义及其前途》、《反对国民党的法西斯教育》、《援助第二监狱罪犯要求改善伙食的斗争》、《河东二师驱逐校长的学潮经过及检讨》、《正太铁路工人斗争高潮》、《红军作战经过》、《一个觉悟了的白军团长揭露国民党罪过的一封信》、《山阴通讯》、《短讯两则》。终刊时间不详。

1933年8、9月间，由清华大学经济系毕业生裴毓华(即裴丽生，垣曲县人，共产党员，当时在北平从事地下工作)发起，联系在北平的垣曲籍的地下党员和进步学生，成立了"垣民之友社"。1934年元旦晚上，研究出版《垣民之友》事宜，当晚议定：(1)《垣民之友》为月刊；(2)《垣民之友》社址定在北平祖家街工学院第二宿舍；(3)《垣民之友》经费来源依靠垣曲籍学生及故乡人捐赠和社会资助；(4)《垣民之友》为32开本，白报纸印刷，每期一万字左右；(5)第一卷(一年为一卷)第一期《垣民之友》定于1934年1月10日印出；(6)在北平的"垣民之友社"成员，每人写一篇文章，捐一块大洋，以保证第一期按预定日子出版；(7)《垣民之友》由裴毓华负总责，王心清、姚藩南负责刊物的校对、印刷和发行。1934年1月10日，《垣民之友》按期印出。《垣民之友》设计考究，印刷精美，封面右侧木刻的"垣民之友"四个字赫然醒目，漆黑的天空有几颗亮晶晶的星星，黑暗笼罩下的大地上有几株破土而出的小苗。封面的左半面，上半部分是"补在卷首"100余字的警言妙语,下半部分是"要目"。在整个封面上套红印着"追赶新时代、创造新垣曲"两行字。封面设计可以说是新颖别致,寓意深刻,耐人寻味。为什么要编辑《垣民之友》?为什么又要在北平发起?1935年1月10日出版的第二卷第一期(新年周岁纪念特大号)《垣民之友》署名"新铁"写的《垣民之友一年来的奋斗史》一文中是这样写的:"它是一种时代的产物,它是一种由现社会的需要而产生出的青年行为,它是垣邑大多数的青年,为了解放自己和为了改造自己现有的不合理的环境而发起的呐喊与运动。它发生在北平的垣邑学生之群中。……垣友的真正精神是在于站在新的合理的人生观的观点上去反对一切旧的'合理'的制度文物。……我们曾经听见过成千成万缴不了租,纳不了税还不了账的老百姓,在疙疸绳下牢狱里的无告的哭声,更曾经亲眼见过多少男女老幼做着'三餐少咸味'的'淡食鬼'。而环视整个中华民族的命运,在日英美各帝国主义者直接压迫之下,东省沦亡、华北垂危、生产停顿、百业萧条,多少生命呻吟在冻馁死亡的惨景之中。这些不景气的痛苦的客观条件,一种一种地压在北平学友各地旅外青年同乡及全县大部分的青年的心身上,使他们早就闷得要呐喊一个痛快,要改造一下环境,要把自己灵魂上的绳索挣断几根。在垣邑的青年中,享受新文化的解放幸福较多的和反抗的感受性较为敏锐的自然要算是大部分的北平学友,这就是垣友运动发起在北平的一般原因。"《垣民之友》主要是办给垣曲县内的青年知识分子看的,基本读者是小学教员和各阶层群众,为了满足各方面的需要,它开辟了很多专栏。其中有分析国内外形势的"时事评介";有抨击社会不合理制度的"读者论坛";有反映国内外大事的"要闻简报";有写给故乡小学生的"小朋友园地";有介绍进步书籍的"书籍介绍";有宣传世界革命派人物的"名人小传";有来自家乡的"垣民消息";有开阔人们视野的"科学小常识";有反映在外垣籍青年与故乡亲友互通鸿雁的"两地信"等十余个专栏。纵观整个刊物,立足垣曲,通过丰富的内容,活泼的形式,为青年知识分子寻找"出路"。因此,它一问世,就与社会发生共鸣,产生了一定的影响。因系公开发行,一开始在内容和措辞上尽量避免过激的字眼。但随着形势的发展,越来越明显地宣扬抗日救亡,宣传新思想,揭露封建地主剥削,鞭笞封建礼教,为垣曲广大劳苦大众鸣冤抱不平,革命性、战斗性越来越强,影响也越来越大。在第二卷第一期上署名"锺"的一篇题为《冬季农村生活的写真》中这样描写垣曲穷苦农民的生活:"吃饭的时候,街头巷尾⋯⋯坟墓似的萧条而寂静;每个人都躲在家里,捧着一碗稀薄而无咸味的米粥,吃着总是有点那个,但大人忸怩的碍于情面,只好把极大的苦痛蕴藏到心的深处,紧锁眉头,很快地往肚子里装。孩子们总是不体谅大人的苦痛,不吃饭,举起他那娇小灰白的面庞,长泪短泪地仰望着面孔瘦削而憔悴的母亲,哦哦地哭着。"面对这种令人悲怆的场面,《垣民之友》向垣曲人民发出呐喊:"天生人类,又赋灵性,相残相害,贫富不同,这究竟是为了什么呢? 穷的饿的冻着死,是应该的吗? "⋯⋯这些,不仅震撼了垣曲人的心,同时也唤起了社会各界对受苦受难中的垣曲人民的同情。随着《垣民之友》影响不断扩大,先是在垣曲县内成立了"垣之友分社",接着,太原、绥远、崞县等地也都和"垣民之友社"发生联络。《垣民之友》发行份数很快由创刊时的 400 余份发展到后来的 2000 多份。其中在垣曲就发行了 400 多份,小学教员几乎人手一册。不少热血青年,不仅为《垣民之友》撰写文章,同时还捐款凑钱寄往北平,支持《垣民之友》的编辑发行。还有一些在北平的外籍人和旅居海外的华侨也慷慨解囊相助。为了继续办好《垣民之友》,在周年特刊上,"新铁"提出:"(1)更进一步地使垣友的内容通俗化,使他的销售普遍化。(2)切实介绍有系统的科学知识并指明青年在做人做事的过程中应当保有的态度,来满足垣邑青年的迫切要求。(3)提高女子教育,,使升入高校及师范班的女子都有新的学识,将来能够担任起女子解放的责任。(4)开展民众教育,为老百姓鸣冤屈。"由于《垣民之友》锋芒毕露,影响扩大,所以,首先使北平当局感到如芒在背,十分不快。但由于是经当局批准公开发行的刊物,一时也难以砸封,于是,只好派人暗中监视刊物的活动。1935 年 5 月 9 日,垣曲县政府逮捕了当地《垣民之友》的负责人及小学教员 40 余人。阎锡山还派出宪警到北平逮捕了刊物的一些编辑,押回太原,投入监狱。至此,"垣民之友社"被迫解体,《垣民之友》随之停刊。《垣民之友》从 1934 年 1 月 10 日创刊到 1935 年 5 月停刊,历时一年零四个多月,共出了 17 期。

第三节　阎锡山统治前期的新闻事业

从 1911 年 10 月山西辛亥革命成功开始,一直到 1949 年 4 月 24 日太原解放为止,阎锡山统治山西长达 38 年之久。这段时间里,山西省已经形成了国内同期相对成熟的新闻事业,报刊、电台、通讯社等均已初具规模,在全国产生了极大的影响。至 1937 年 7 月 7 日抗日战争全面爆发之前,山西境内的新闻事业可以分为"官方新闻事业"、"民间新闻事业"及"民间反阎报刊"三个部分。

一、官方新闻事业

从 1911 年到 1937 年,阎锡山政权直接创办或大力支持和扶持一系列报刊、通讯社及电台,目的是为了维护当局统治,巩固军阀政权,充当阎锡山本人及其政权的舆论喉舌。

阎锡山,字伯川,山西五台人。早年留学日本,受革命思想影响,加入同盟会。回国后秘密参加反清活动,辛亥年响应武昌起义,于 10 月 29 日率山西新军起义,击毙山西巡抚陆钟琦,被奉为都督。从此开始了他在山西长达 38 年的统治。此时官方新闻事业所宣扬的内容主要有以下三方面:

166

第一，大力宣扬阎锡山的政治思想与统治政策，为当局的统治利益鸣锣开道，阿谀逢迎。如宣传阎锡山提出的建立在"心学"基础上的"用民政治"、"公道主义村本政治"、"新三民主义"及"中的哲学"，提倡阎锡山所奉行的经济"物劳主义"、社会"大同主义"及军事战争的"唯力主义"等等。这些个人思想及统治政策的宣扬虽在客观上带来少量的民主思想，但更多的是欺骗、愚昧和反动落后。

第二，着力传播孔子思想。"施政先须以扭转人心做起"，阎锡山认为统治者首先应系统地向人民阐述和宣传一种有感染力并易见成效的思想，通过人民这样的"道德上的革新"去稳定时局。实质上，阎锡山企图在山西复兴孔子的学说，提倡和谐与温和的中庸之道，以此来加强对山西人民的控制，稳定当时混乱动荡的局势，巩固自己的统治。于是，阎锡山下令在各城镇建立"洗心社"，通过多次的讲演和新闻传播，来宣扬这种思想。

第三，特别重视教育报道。在阎锡山统治时期，山西新闻事业有关教育方面的报道十分突出，大力宣传阎锡山当局的教育政策、教育方针及教育事业建设现状。这些报道客观上促进了山西教育事业的发展，小学生入学人数剧增，各类教育书籍需求量不断增加，所推行的新学科也较早引入西方的新知识。1911年，山西人口1100万，有99%是文盲。针对这种情况，阎锡山意识到提高境内人民的文化程度是当务之急。于是，他注重增加教育经费，官方新闻媒体也配合着报道教育改革。

具体来看，阎锡山统治前期的官方新闻事业有以下五类：

第一类：阎锡山统治当局控制的主要报刊

(一)《山西日报》

《山西日报》是当时山西省军政两署的机关报刊，是阎锡山及其所代表势力的最主要的舆论喉舌。该报创刊于1918年6月20日，1937年10月因日军进攻太原而迁往运城，与另一份阎锡山政权的主要舆论喉舌——《太原日报》合办《太原日报运城版》，1938 年 2 月日军逼近运城，这份合办的报纸也无奈停刊。

这个阶段，《山西日报》连续出版发行了 20 年之久，创办初期日销量为 5000 多份，这在当时的中国报界实为壮观。主要创办者为王青田，社址初在"太原市桥头街路南 24 号"，后迁到"省城内新民街 46 号"。1929 年 8 月，报社实行董事会管理制，赵效复任董事长，刘竹溪任经理，张夷行任总编辑，张友渔等名人曾被聘为特约记者。

关于本报的宗旨，1919 年 6 月 20 日《山西日报》刊载的社论《本报第一周年纪念宣言》中提到：第一事为开通民智，第二事为督促官绅，第三事为宣扬政治本体。"以清磬霜钟之厉响，保朝气之恒盛，以"用民政治"救国，以主张公道救世"作为"最重之天职"。同日发表的"时评一"还提及："本报出版以来，纪事必求征实，议论必期适当，凡一切所指导所主张者，无非敦促新政治之进步、维持国内之和平、开通人民之知识，以期实际上福国利民而不盲从一时之趋……固本报之素所坚持，当亦为阅报诸君之所共谅者也。"这明显地表现出该报作为政权机关报，是为阎锡山的统治服务，主要宣传其思想主张。

该报可以分为三个阶段来介绍：

1. 创办初期：1918 年至 1924 年

阎锡山非常懂得通过控制舆论来稳定统治局面。处于京城近郊，五四运动很快便席卷了阎锡山统治的山西，一大批热血青年在山西掀起反帝爱国运动。高君宇到太原宣传马克思主义，于 1921 年 5 建立起太原社会主义青年团，并于 1924 年 5 月成立了山西第一个共产党组织——中共太原支部，从此，山西的革命斗争便在中国共产党的领导下进行。阎锡山希望加大舆论控制力度来统一民众思想。1918 年 6 月 20 日，在阎锡山政权的安排与支持下，《山西日报》在太原创刊。

创办初期的《山西日报》为对开四版，还随报赠阅"山西日报司法周刊"和"山西日报星期附刊"。采用繁体字竖排的编辑形式,报道中白话文与文言文约各占一半,大小字号混合使用,必要时加注着重号。报头为竖排的"山西日报",并标明英文名称"ShanSi Daily News",同时注明"中华邮政特准挂号认为新闻报纸"及"本馆开设山西省城桥头街路南"的字样。编辑样式上少花哨的图片与线条,各版均显得十分庄重严肃,以体现机关报的正规与权威。为了表现该报极强的政治性,每期必有宣传标语和口号。如"识字的人能每期看一遍,更能知政治上许多的要闻;能为人讲解一遍,更能为社会上开通许多的人,实在是功德无量"、"不识字的人能每期听人讲解一回,有如住几年学校,读几部书籍;能将听人讲解的话,更转而为人讲解,如同当了教习,收了许多生徒,实在荣幸异常"。又如"山西省督军兼省长阎告谕人民八条:(一)当兵纳税受教育为国民之三大义务不可不知;(二)身体不壮为人生之大不幸不可不知;(三)尚武为国民必要之精神不可不知;(四)人能有所发明才算真本领不可不知;(五)卫国以武、备战以财不可不知;(六)亡国之民不如丧家之犬不可不知;(七)治病要在人未死之前努力、救国要在国未亡之前努力不可不知;(八)军官能力的军队抵不住政治能力的军队不可不知"。"山西省督军兼省长阎之立身要言六则:(一)公道为社会精神国家元气;故主张公道为国民之天职;(二)桀骜不驯为野蛮人之特性;(三)真血性男子脑筋中有国家两字;(四)欲自立先从不依赖人起;(五)欲自由先从不碍人自由起;(六)能忠于职务者才是真正爱国"、"教育为人群的生命"、"民德四要:一信二实三进取四爱群"、"公道森严驾富强而上之"、"懒就是堕落的起点"等。

《山西日报》每日刊行4版。第1版栏目内容依次为:①"启事"或"通知"。如1919年6月至7月在头版头条刊登"本报特别启事":"本报前为陶铸人民德智、发扬政治精神起见,除星期附刊、司法周刊声明赠阅外,并曾拟定自上半年出版之日起,至本年六月底止,凡订阅本报者,除去已缴报费,一律免收,以期辗转传观使阅报人数得以日见增加,业经登报声明,现在送阅期限瞬已届满,感于经费支绌,自非另定法不足以资维持。兹定于自本年七月一日起除星期附刊暨司法周刊仍照常送阅外,凡订阅本报者一律照章收费。如无来函声明情事,本报即认为继续订阅,照常邮寄,以省手续而免周折,惟慈善团体应予酌量免收,此启。山西日报馆谨启。"②"中央命令"和"本省法令"。如1919年7月7日刊登的"省长训令"写道:"吾国今日为世界所研究之一大问题,即吾民族是否具有不能进化之特性也,本兼省长近日考察城乡国民学校,深信其小学生之精神中确具有无限量之富强文明之种子,特非有良好政治与良好教育不能发育耳。此后责成各国民学校职教员务以传真传热之教授方法,启发其人生固有之本能,使之由发芽而长成,由开花而结果,以免吾民族陷于枯槁悲惨之境遇,是所厚望焉。此命。"③"讲演录"。如《督军兼省长第 X 次为各知事人员等之讲演词》、《杜威博士在大学校之讲演词》(胡适先生口译、邓初民笔记)。④社论。如1919年10月16日至20日连载社论《致亡之原因与救亡之方法》一文,发表意见质疑民国政府当局没有具体的施政方案等等。

第 2 版栏目依次为:①"省垣要闻":报道山西省内及省城太原市内的新闻事件,有社会新闻、教育新闻、经济新闻,也常有当局会议新闻及会议讲话。在报道中,注重宣传有利于当局统治的内容,为当局利益服务。如1919年10月25日《督军为各学员迭次训话之标题汇志》中提出23条训示:"(一)民主政治以理性好恶为经线,故非直不可;以法为纬线,故非密不可。(二)不爱惜人之生命智慧与成就者谓之贼,不爱惜物力时间与致用者谓之残,残贼之人不可以为政。(三)钱这个东西爱他永没够,终为他要了命。(四)最难活的事莫过于不了解之理论强冲刺其心灵,与真心灵之理解不能表现于外之二者。(五)尧至秦二千年为大昼,秦至清二千年为大夜,现在即是大夜已终,大昼又开始的时候,还敢做梦?(六)没有政党成不了个立宪,有政党立宪永好不了。(七)有过半数能立的住的理性好恶,投票制才有着落。(八)非虚灵无以尽实质之功用,非实至无以显虚灵之神奇。(九)理性好恶为人群慧刃,非磨砺不可。(十)人心万能在人类生存安宁活泼上才用着他。(十一)利己主义是专制的余毒,改了这个才是共和的真精神。(十二)当以吾心为万种主义的权衡,不当以吾心为万种主义的奴隶。(十三)中小学生学习外国言文,切是平等教育实用教育的大障碍。(十四)以外国言文教授科学,不特舍易就难,牺牲多数青年有用脑力,且使科学的学理与社会的事实中间隔了千山万海,反不易沟通。(十五)与其说吾国亦世界中之一国,吾之教育应随世界潮流所转移,莫若说吾人群中亦均有良知之人,应以吾人之良知权衡世界之趋势,以定吾人群适当之教育方针。(十六)无论说什么主义皆人类精神病之微菌虫。(十七)无论什么主义皆调戏青年学生精神之媒介物,今日青年学子之灵明皆为虚痨、精神两大传染病之微菌所包围,能突围而出者的是壮士。(十八)人群中若无过半数以公理的保母自任者,三权鼎立可谓无足必覆。(十九)过渡时代的任侠也很要的了。(二十)无神圣不可侵犯之存心,居神圣不可侵犯之地位,终久要倒。(二十一)教育是慈善的,不是营业的,所以教育家应当在人群中随处做的,不只是在讲堂内学校中做的。(二十二)心理上不能独立,职权上独立了更糟。(二十三)已倒之人群中,欲施行独立精神之制度,等于作梦。"又如 1919 年 12 月 27 日至 28 日连载《注重民生之条陈》,文中提倡"颁定工厂法规;保护手工业;推广农工银行;提倡互助制度;增加平民之娱乐方法;谋苦力之便利"。②"时评"。该栏目涉及内容广泛,多为教育、文化、治安、农林等方面。"时评"活跃堪称该报在这一时期的一大特色,常见的署名作者有"睡僧"、"正襟"、"寄琴"、"砺"等人。

第 3 版主要是"各县要闻"和国内要闻,多为省内外通讯社发来的报道。如 1919 年 10 月 24 日《郑重国旗之函告》,文中提及"国旗乃民国最尊重之物,何可就之乱绘一切以侮辱民国而招外人笑骂,曩曾见京津商店就国旗上粘贴货物减价红纸条曾被警厅劝告勿再为贻外人笑骂之举。以商家无识在为之犹可谅也,如之以学界而亦效尤焉则侮辱民国之罪实不可宥矣。"

第4版为国际要闻,以及"附录"(包括一些"教育借镜"、"救国刍言"等不定期刊登的小专栏,颇有早期文艺副刊的意味)、"要件"(不定期报道一些重要的通告、公告或计划、法规、调查等文件,必要时常用图表说明)、"省署日抄"与"车站纪事",另外还有各种启事、广告、公告、通告等。如1919年8月11日"国外要闻":《美议员对山东问题之持论》、《土崩瓦解之俄罗斯》、《德国亲日倾向说》等。"论著":《山西用民政治述略之六——地方制度之建设与自治人才之养成》;"附录":《和平会议决定山东问题实纪》;"报余随录":《报纸为开睿民智之唯一利器》;《山西农学编辑会启事》、《阳兴中学校拍卖校址广告》等等。

《山西日报星期附刊》,共2版,周日发行,单面印刷,随《山西日报》免费赠阅。在报头下方写明宗旨为:"培养民德,开通民智,充裕民财,民用政治的纲要,便是本报的宗旨。每期印赠万张,分毫钱文不取,奉劝大众,其咨留意细看。"并于报头左右分别注明"本馆开设山西省城桥头街路南"和"五十户以上村庄一律赠阅"。该刊主要向农村地区推广发行,每期栏目基本固定,可以说是一周《山西日报》的简版。版面内容分别有"法令选要"、"省长训"、"演说"(相当于"时评")、"本省要闻"、"国内要闻"、"世界要闻"、"选件"(相当于"要件")、"常识谈话"及"标语口号"等栏目。接近农村实际生活,重视农村的教化工作,语言通俗易懂。如"演说":《说秋耕的益处》(1919年10月19日)、《顶好是粗茶淡饭》(1919年8月10日)、《解释"公道森严驾富强而上之"的训话》(1919年8月3日);"常识谈话":《说降霜时候保护禾苗树秧的方法》(1919年10月19日)、《告农民冬季砍柴应注意野火滥伐》(1919 年 11 月 23 日)、《说夏天中暑紧急治疗的方法》(第49 期);"选件":《蚕病表》(1919 年 10 月 19 日);"法令选要":《省长公布省立国民学校规程》(1919 年 7 月 6 日)。

《山西日报司法周刊》,共 1 版,周日发行,随《山西日报》免费赠阅。报头下写明"输灌法律知识、指导诉讼手续、养成守法习惯,便是本报的宗旨。凡五十户以上村庄,随同星期附刊,一律赠阅。"栏目主要有"法令浅释"(如《暂行新刑律》)、"论说"(如《说审理民事案件应当格外注意》)、"判例撷要"(如《大理院对于刑律第二十六章杀伤罪之判例》)、"诉讼程序"(如《发售民事诉讼印纸章程》)等。由于该刊的发行范围也主要是农村地区,所以注意把农村生活建设过程中所遇到的事件与法律紧密结合,以实现以法治村,将农村人口教化为"守法"分子。

《山西日报》创办初期,在推行阎锡山的新政治上力度很大,目的就是为了统一舆论,巩固阎锡山的政权地位。如社论《施政刍议》(1919 年 9 月 3 日到 6 日)中指出"教育之亟宜改良也,自治之亟宜训练也",《政治为人民之生命论》(1919 年 7 月 25 日到 27 日),《论四民联贯祛除隔阂、共谋全国之乐利,为救亡之切要之首图》(1919 年 12 月 22 日)等等。其次则是特别重视文化教育,教化民众。在1919 年 6 月 20 日的"讲演录"《督军与育才馆学员之讲话》中提到:"竖政治愈高愈好,横政治愈广愈好,欲由竖政治而变为横政治,将此权拿于社会主体,必须普及教育,使社会之上人人能将此好善恶恶之心发挥而光大之,充其量在于自己不为恶,并不让他人为恶而后可。……特不能启发之故耳,若能启发出来,何尝不能扶善去恶,跻国运于上治。亦如鸡子可以繁衍无穷,杏仁种树可以合抱参天,木材点火可以光明四达也……能如此方为公道森严,无一人敢胡来。胡来行不去,这才算新政治。"在 1919 年 7 月 3 日"讲演录"《兼省长昨日为省垣各校毕业生第二次训话情形志略》中提及:"国民教育为民主国之根本……国民学校之教员须能传真传热,方能使学生自觉自动。"
又如 1919 年 8 月 10 日报道晋北大同城《兰池学校筹办男女合校》,
1920 年 1 月 12 日刊登《禁止不良小说》《宣扬普及推广国语》等,
1919 年 7 月 23 日社论《对于山西教育之建议》,1919 年 7 月 29 日社
论《论普及注音字母之利益》等等。

总的来看,无论是宣扬"新政治",还是"兴办教育",不少内容本
身在当时是很进步的,最终结果却是并没有真正落实到每个普通的
民众身上,到头来成了一片空话。但客观上也警醒了山西当时的进步
人士,促进了山西真正的民主思潮与教育事业的发展。如 1919 年 12
月(第 518 至 525 号)连载邓初民的社论《极可注意的事与德谟克拉
西》中提到:"一国的政权绝未有归于一党一阀独占的","政党以人民
为基础,以人民为基础的党就是公党,不以人民为基础的党就是私
党","民为邦本",并指出要实行真正的"自由、民主、人道、文治、自
决"等新精神。

2. 发展中期:1924 年至 1930 年

中原大战之前,阎锡山凭借自己的老谋深算、见风使舵和十几年
的苦心经营,已经拥有了相当雄厚的政治、军事和经济实力。在掌握
了山西武力和夺取山西政权之后,起初他在政治上先后投靠袁世凯、
段祺瑞,后又参加军阀混战,排除异己,屠杀革命党人,镇压农民起
义。为了巩固自己的统治实力,稳定在山西的盘踞政权,阎锡山一方
面提出"保境安民"、"六政三事"、"村本政治",另一方面编练军队,发
展官僚经济,扩充实力。北伐开始后阎锡山迟迟不表态,抱观望态度,
直至北伐胜利,蒋介石叛变革命后,他才于 1927 年 6 月初通电服从
三民主义,并于 6 月 6 日在《山西日报》发布公告《令各界悬挂青天白
日旗》,就任北方国民革命军总司令,投靠了蒋介石。并很快攫取了晋
冀察绥及平津四省两市,成为华北实力派人物,与蒋介石形成北南对
峙的局面。他依靠国民党右派势力,在山西大肆镇压共产党员和革命

群众,白色恐怖笼罩全晋。仅仅半年时间,阎锡山便抓捕了 200 多名共产党员,中共山西省委、太原市委机关遭到了严重破坏,山西党的工作遭受了严重损失。

在这段时间里,《山西日报》在编排形式、报道内容、经营体制等方面都发生了明显的变化。首先,当局改变了以往在报纸上直接发表言论的控制方法,转而允许报纸表面上进行自由报道,实则对每篇报道内容进行严格审查。例如,取消了"讲演录"、"时评"等形式,大大减少了阎锡山个人语录性的标语等显性控制形式,用大量的拥阎新闻报道及当局要员名人的访谈录、行知、行径、讲演等形式来表明观点及报社的立场态度。这样,统治当局就成为该报的幕后操纵者,大量减少了支付报馆的运营资金。其次,该报还面临着同行的竞争,需要扩版改版、更新技术装备等。这一系列问题带来了两个必然结果:改组报馆经营机制,大量发布商业广告。1929 年 8 月 6 日《山西日报》3版公布《本馆改组之经过》:"董事会 6 人,董事长赵效复,另有赵丕廉、梁汝舟、赵希训、赵一峰、徐一鉴等,财团法人为'庆山堂',报馆总理赵一峰……今后本报将永为山西社会之公益事业……章程第二条:本馆以代表舆论、宣扬事实、促进社会文化为宗旨,下设编辑部、营业部、总务部。"这便标志着该报开始实行董事会经营管理制度,客观上为报馆的经营带来了新鲜的活力。与此同时,该报通过刊登大量的商业广告来增加报馆经济收入,并且取消了原来赠阅的两份附刊,改变了完全依附当局财政的经营方式,参与到激烈的与同行竞争中来,寻找适合自己的经营方式来办报。在编辑安排方面,该报也做出了重大调整,技术水平有了较大的进步,将版面扩大为每日八版,对开两大张,正反面印刷。字体大小编排规范,增加了图片、漫画等形式,编辑手段也多种多样,常用黑体字突出重点内容,并于 1929 年 7月 12 日增设"本周宣传要点"专栏,使重要内容更加条理醒目,极大地加强了宣传效果。

具体来看，报纸第1、4版两端及下端边线外依旧写明该阶段所宣传的政治口号，如1927年6月份的口号有"拥护北方国民革命军、拥护北方国民革命军阎总司令、打倒压迫民众的军阀、国民革命成功万岁"，"国民党之民主主义有两大意义：一即中国民族自求解放、二则中国境内各民族一律平等；国民党之民权主义与间接民权之外复行直接民权"，"农工商学兵联合起来，肃清一切反动派，打倒帝国主义，打倒反革命的共产党"，"确定县为自治单位，自治之县其人民有直接选举及罢免官吏之权，有直接创制及否决法制之权"，"中国国民党政纲对内政策第13条:励行教育普及，以全力发展儿童本位之教育理学制系统，增高教育经费并保障其独立"，"取消一切不平等条约，重订双方平等互尊主权之条约"，"确定人民集会、结社、言论出版、居住信仰之完全自决权"等。

各版面编排内容分别为：1版（除报头外）、4版、5版、8版均为商业广告，内容多为医疗保健、书刊娱乐、衣食住行及其他日常生产生活用品等，其中最多见的是香烟、钟表眼镜与医药广告。2版设"本报专电"、"要闻"专栏。3版设"要闻简载"、"法令选要"、"省垣新闻"等专栏。6版为"各县新闻"、"特载"、"车站纪事"、"省署日抄"。7版为"余霞"副刊，设有专栏"选论"、"学林"、"译丛"、"自由论坛"、"社会状况"、"游记"、"农业"、"珍闻"、"杂俎"、"友爱小说"、"常识"、"谐著"、"笔记"、"调查"、"谈丛"、"剧评"、"来稿"、"附录"等。

1924年至1930年是阎锡山在政治上很活跃的一个阶段，作为他控制的舆论喉舌，此时期《山西日报》的军事类和政治类报道为其统治做了极大的贡献。在北伐与军阀混战时期，该报宣传了阎锡山政策的"正确"性。如1927年6月1日《张令奉吉黑各军三日内集中锦州》《冯蒋暗潮与现在关系》《孙传芳军仍守睢宁宝应》；1927年6月27日《国民党特别党部警告汪精卫》；1927年10月10日开设"北伐战讯"专栏，增加标语"阎总司令格言：革命军的骨干在与民合作、革命军的精神在拼命牺牲"等,增设"军事丛载"专栏,刊登《军士应有的三精神:不惜力、不怕死、不爱钱》;1928 年 4 月 6 日《蒋冯各军不日大举进攻》;1929 年 7 月 5 日 "紧要新闻"《进退维谷之阎总司令》中云"蒋主席一再挽留,阎主旨首重信义"等等。与此同时,由于阎锡山的反共态度,该报也充斥着反共内容,特别是蒋介石叛变革命以后,该报更是进行了大量的反共宣传。如 1927 年 6 月 26 日《粤桂军急速解决湘赣》、《琼崖一带,共产军发难》;1927 年 7 月 3 日《物质有进步,始能打倒赤化》;1927 年 9 月 12 日《共产军入闽,贺龙军一万》;1928 年 4 月 6 日《共产党徒丧心病狂,假冒布教暗传主义》;1928 年 8 月 19 日"要闻简载"《通缉陈独秀》中写道"新华社云共产党领袖陈独秀,原在广州潜伏,近有北来之风说,国民政府已对陈下令通缉,并悬赏十万元";1929 年 7 月 21 日《彭贺二共匪,糜烂湘鄂赣边地情形》;1929 年 7 月 26 日《中俄冲突之真因,俄欲强我行共产》提出"抗俄之赤军"、"剿灭共匪"的政策方针;1929 年 8 月 6 日《共首朱德死讯》等等。另外,在国际新闻中,该报对日本的侵略意图有了较为清醒的觉察。如 1927 年 6 月 6 日《反对日本出兵已成南北一致》;1927 年 7 月 3 日《居心叵测之日军行动》;1927 年 9 月 22 日《山西各界第二次庆祝北伐胜利、反对日本出兵山东游行示威运动大会筹备会鸣谢捐款启事》;1928 年 8 月 19 日《日本并吞满洲之急进》等等。

3. 经营后期:1930 年至 1937 年

随着蒋阎矛盾的激化,1930 年 5 月爆发了一场大规模的蒋阎冯中原大战,同年 9 月 1 日阎锡山、汪兆铭、冯玉祥等在北平成立了新的国民政府。9 月 2 日《山西日报》刊登要闻《新政府昨日正式产生,中央党部扩大会议明日公布》,文中具体写明"北平一日下午九点三十分本报专电:新政府今日正式产生。中央党部扩大会议以命令公布,同时并公布国民政府组织条例。任命阎锡山、汪兆铭、冯玉祥、张学良、李宗仁、唐绍仪、谢持为国民政府委员。阎锡山兼国民政府主席。政府组织条例规定:委员七至十一人,设十二部,其次序为内政部、外交部、陆军部、海军部、财政部、教育部、司法部、交通部、工商部、农矿部、卫生部、国融实业部",“又电:新政府成立后当以政府名义照会使团通告成立,并声明自本日起,所有本年应还庚子赔款,移交新政府,制止南京政府提用,以缩短战祸。闻公使团对此项声明表示接受之意,大约俟集议后,即可正式答覆。”9 月 3 日刊载《阎电覆扩会:在讨蒋期间,勉任国府主席,大憝未去、民困待苏、暂负此责以报党国》的就职宣誓词等等。1930 年底阎锡山失败后,被迫下野到大连隐居。12 月 30 日《山西日报》刊登题为《阎抵大连详请:声明绝不谈军政,登荒邸眺望海面》的报道。1931 年九一八事变前夕,阎锡山依仗日本势力东山再起,顺利地重掌山西政权,就任太原绥靖公署主任。在发展经济、创办实业的同时,阎锡山也采取了一些比较开明的政策,大力宣传他提出的“中的哲学”、“物劳主义”、“土地村公有”等方针,组织起一批官办群众团体,笼络人心。到 1935 年 9 月,阎锡山已重新建立起自成体系的政治、经济、军事基础,官僚资本积累到近亿元,重新具备了相当大的军阀实力。而对于日渐嚣张、侵略行径日益暴露的日本帝国主义,阎锡山却采取绥靖纵容的态度。也可以说,阎锡山是一个亲日派,他也一直认为日本侵占东北,进而向华北发展的目的是进攻苏联,对山西的威胁不是来自日本方面,而是来自红军与共产党。直到 1936 年红军东征山西,毛泽东亲自写信给阎锡山表示愿意联合抗日,日本方面频频施加压力,蒋介石驻军又赖在山西不走,为了保住自己在山西的统治地位,阎锡山才决定有限度地和共产党合作抗日。1930 年至 1937 年这一时期是多事之秋,为了阎锡山的统治利益,《山西日报》在版面编排、报道内容、经营发行等方面也相应地发生了各种变动。

为了解决报社的经济困难,1930 年 1 月 1 日《山西日报》开始扩为对开十版,并相应增加报纸价格。在编辑技巧上也有了较大的成熟与进步,广告中出现少量从左到右横排文字的形式,并常用边框、线条及短小精干的专栏形式(如"今日提要"、"要闻简载"等导读类栏目)来编排版面内容,在新闻报道中多采用很长的副标题以增大信息的显著性效果,大大提升了内容的条理性与重要性。第 1 版(除报头外)、4 版、5 版、8 版仍是全版的商业广告。第 2 版和 3 版设有"今日提要"、"社评"、"要闻简载"等专栏及国内外要闻报道。第 6 版上半部分为"本市新闻",下半部分为广告。第 7 版上半部分为广告,下半部分为"各县新闻"、"各地通讯"以及"车站纪事"等。新增的第 9 版上半版为"余霞大舞台"文艺副刊,常设有"论坛"、"小言"、"连载小说"、"山肴野菜"(多为趣闻异事)、"名人轶事"、"生活常识"、"漫话"、"三晋风俗谈"等等,下半版为广告。第 10 版上半版为教育新闻、体育新闻、经济商情及文化报道,下半版为启事、通告、公告、广告等。中缝为广告和正太铁路时刻表等等。

可以看出,这次增版显著的变化主要有:第一,设立"社评"及副刊中的"论坛"、"小言"专栏并居于显要位置,意味着当局需要在时局混乱之时通过报纸的作用来宣传自己的政策与立场。第二,加大了文艺副刊与教育、经济等的报道内容及地位。如"余霞大舞台征求下列各稿:长篇分段之游记、笔记及名胜古迹调查;文字浅稚之诗词歌曲;分类注释之民间歌谣;短篇民间奇闻传话;短篇讽刺文字;短篇描写社会情况之文字;短篇讨论人生浅近问题之文字,发表国人对此项问题而征求解答之文字以及答覆此项问题之文字。"第三,商业广告所占篇幅巨大,在十个版中占到五个半版以上。

1930 年至 1937 年间《山西日报》的宣传内容主要有三方面:

一是反蒋,为阎锡山发动中原大战做舆论先锋。如 1930 年 2 月 17 日《时局紧张中蒋阎往返之两要电》;1930 年 3 月 2 日《张学良决定加入反蒋》、《蒋介石急抱佛脚,连日向汪派运动妥协》;1930 年 3

月 9 日发表"社评"《蒋介石一年来之举措》指出"自蒋调兵遣将，蓄意破坏党国，逼使五十七将领通电之后，和平之局，顿现裂痕……"；1930 年 3 月 24 日"本市新闻"中设立"弥漫一时之讨蒋声"专栏，发表《蒋中正比秦始皇恶毒》；1930 年 4 月 22 日发表"社评"《蒋中正摧残舆论感言》一文，痛斥蒋介石之独裁专横，文中云"据报载，南京老百姓报及党军日报等，近以未经检查，披录蒋氏行踪消息之故，竟惹起轩然大波、滔天大祸。不惟上述两报同受发封处分外，即登载乡村师范被封消息之中央日报及新京日报等，亦感栗栗自危云云。国人读此新闻，不知作何感想，吾人站在新闻界之地位，怀已往之痛苦，凛同业之危难，感慨所及，聊申积悃，兼为被封各报，表示惋惜之同情焉。……言论自由，为任何文明国家所公认，愚在本报社评中，曾已数言之。北伐之役，各地新闻界之所以不避艰险，热烈宣传，仗毛锥以诛罚，任革命之先锋者，原冀革命成功，党治实行后，当可以保障吾人法定内言论之自由耳。讵蒋氏攘政以后，恣肆妄为，蔑视一切，事实所昭，乃竟完全与吾人期望相反。仅就摧残舆论一点而言，恶贯满盈，诚已罪不在赦，遑论其他。犹忆客岁有友自宁归来，为述蒋对新闻界之狂吃一则，闻之直令人欲作三日呕，其言曰：'总理灵榇由平南下时，蒋曾亲赴蚌埠迎榇。时适沪上外轮入宗土案发生，舆论哗然。蒋返抵浦口，各方代表以及中外来宾均渡江前往迎迓。下车后，偕入车站休息室。各迎迓者止与周旋之际，时古应芬在旁，蒋即问曰：京中近有事否？古思少顷，答谓：日来无甚要事，惟沪上舆论界，对此次外轮入宗土案发生颇示不满。蒋未恃古异辞，便愤然曰：什么叫舆论？那几家报馆不满意？我们拿上洋钱收买的报馆还敢反抗我们吗？闻者莫不为咋舌。'此事系某君当时所身亲目击者，当时宁沪各地，哄传一时，而资为笑谈云。"1930 年 9 月 10 日《阎在扩会报告倒蒋四大意义》中提到"蒋与国为敌，蒋与党为敌，蒋与民为敌，蒋与公理为敌。新政府成立后，应一反蒋之所为，为党国寻生路。"

二是反共,防止共产党动摇阎锡山的统治地位。如 1930 年 5 月 3 日"本市新闻"中刊登《查拿共党》,文中云"特别党部加紧工作,因讨蒋军事发动后,共产党徒难免乘机活动,特于昨日召集全体职员开会,讨论加紧查拿共产党工作,当决定凡该会职员,除发觉共产党随时报告外,每两星期开会一次,以期消息灵通云。"1930 年 5 月 24 日刊载大篇幅报道《江西共祸写真》,文中云"全省八十一县被陷者达六十县……加以军纪不良恃威胁迫居民……县城之被占者达六十县以上官兵每多失利,匪势卒未稍杀……共产训练学校诱迫青年入学……邻近城市被劫省府向不过问……秘密员所到处即该党势力所及……广信饶州十县厉行共产共妻……人民迭次呼吁省府均置不理……军队劫掠奸淫有时且甚于匪……地方秩序已烂犹复借端勒索……对河设县政府与苏维埃对立";1930 年 9 月 3 日 "本市新闻"中《悬赏捕共》:"山西省防共委员会布告:照得共产主义不适国情,已详载总理遗著。乃被卢布驱使,共产匪徒不审民艰,不察国情,杀人放火,掳掠奸淫,足迹所至,恐怖景陈。近复潜伏各地,乱散传单,随意造谣,淆惑听闻,希图暴动,冀扰治安。凡我各界人士如有将共产党徒亲捆送来,或将其所在巢穴与确实证据报告本会者,本会定予分别给赏。事为党国,决不食言,特此布告。"同时公布《各区会议防共办法 62 页》:"本市各区署长近因各街巷屡发现共党传单,若不严加防范,殊于治安关系非浅。因于昨日上午九时,由一区姚署长召集各区署长署员及各巡官等五十余人,提出防范共匪办法:除饬警严加防范随时注意外,并各区派便衣警五名,于晚六时至次日上午三时分往偏僻街巷巡查,不分界线;每日派探警秘密侦查各工厂、旅店、印刷厂、娼所及公共娱乐场所,遇有行踪可疑者,即带署详讯送惩;偏僻处应呈请加岗防范;饬各长警出勤时于晚十一时实行问口令,勿得敷衍;各官警如能破获共党要犯者,得呈请进级升用,或能侦知共党巢穴者,得呈请奖洋;各门关分所巡官,应督饬所属各警注意出入城门,并派警出滥堰外巡查。"1935年2月10日《杨耀芳警备晋西,召开联匪治安会议》中云"陕北匪共,势仍猖獗","月旦社讯:据确息,陕北榆林一带,现有匪共约在三千余名,与杨猴小匪部勾结大肆扰乱,现井岳秀及高桂滋两部,正协同派队围剿,不日当可肃清"等,此时长征中的毛泽东等红军领导正是看了《山西日报》对陕北红军的大量报道,才了解了陕北地区的有利形势,最终将长征终点定为陕北。

三是宣传阎锡山的建设思想和建设成就。正如1934年1月1日"余霞"副刊中《一年来的本报》所言:"现在山西有两个大问题,即如何打破目前的经济恐慌以及如何建设将来永久繁荣的基础。"1934年1月10日第6版始设"建设周刊"专版,发刊词中提到"我们认为建设是救国的惟一途径,惟于埋头苦干的建设,才能把整个中国位置在国际水平线以上。建设不是什么神奇什么艰难的工作,说起来很简单,就是利用科学的力量,来超越了人力,控制了天然,作出有益人群的事业。因为本省已经走上了这条救国的大路,我们愿竭尽绵薄,来献给社会关于建设方面点滴的愚见。我们想写的有以下诸端:关于铁路公路水利市政建筑等工程之学理与常识;关于各种小规模工业及化学小工业之设计与创设;关于农村经济之现状与调查;关于各种建设新闻及科学新消息;其他有关建设诸问题。"另外在1934年的"本省新闻"报道中几乎每日都有建设"同蒲路"、"修缮云冈石窟"等各项建设新闻。

《山西日报》是当时国内具有较大规模与影响的省级大报,及时准确地报道社会上发生的事件,特别是社会新闻报道,力求快速与丰富。尤其对阎锡山的教化思想,更是详而细之,如1919年7月3日《山西督军兼省长阎手谕人民十四条》:"(一)继母虐待前妻子女、婆婆虐待媳妇是今日之最可恨最可惨的二件事,责成家长村长副闾长严行禁止,亲族邻居切实劝诫。(二)举手打人开口骂人真是野蛮人民,余在外国数年没有见打架吵嘴的人,这就是文明国样子。你们如遇有打架吵嘴的人要尽力劝诫他。(三)要想教自己的儿子好,教他上学校。(四)最可恨的二件事:男人吃鸦片,女子缠足,真是亡国败家的根源,应快快的制止。(五)衣服要朴素整齐,尤要干净。(六)不说理好占便宜,要知道这就是不公道。(七)禽兽也晓得亲爱自己的儿子,若人只晓的亲爱自己的儿子,不能亲爱别人的儿子就和禽兽一般。(八)传教的是为教人学好,入教的是为学个好人,不入教的不可仇视入教的人,不可借教无理横行,如要犯了法不论在教不在教一样的问罪。(九)外国有一种羊名叫美利奴羊,每只每年能剪绒毛十五斤,每一斤能卖大洋一元,利大的很。现在已经从外洋买来一千头,请的外国技师办理牧羊的事,你们一家喂养十头一年就有一百五十元的毛,生下的羔子还没有算,百姓应该早点准备。(十)溺女残忍的很,亦罪大的很,从此以后再不可有。(十一)冬天患咳嗽病是煤炭火呛下的,所以男人得的少,要防此病应该改良火炉或勤开窗户。(十二)父母爱儿子占人的小便宜真是害他不浅。(十三)补习教育是教民学好,并教人学本领,万不可不上补习学校,再耽误了自己。(十四)君主制是皇上做主,皇上不好人民就苦了,共和是民举的议员做主,议员不好人民也就苦了。想教议员好,举的时候不可卖票子,谁好举谁,举下以后要常常打听他的主张行为,如有不好处就要干涉他质问他,万不可举下以后再不管了。"

(二)《太原日报》

1932 年 2 月 1 日创刊。社长先后由赵正楷、方闻、徐培峰担任,总编辑先后由张慎之、吴晓芝担任。注册号:"中华邮政特准立卷之报纸登记中字 651 号"。社址在桥头街新门牌 63 号,电报挂号 1132 号。日发行 5000 份左右。

该报日出三张八版。1 版右上方印有报头,其余全是广告。2 版是国内外新闻,多系南京中央社和各地分社发的电稿,少数是本报专电。3 版上半版是全省各市县行情,有粮、油、布疋、土特产的市价,下半版是广告。4 版是整版广告。5 版上半版是本省新闻,下半版是广告。6 版上半版是"唐风"副刊,刊有故事、小说连载、戏曲、短文等。如《北京三十年前之"混混儿"》《晚晴楼旧话》《离鸿去雁》《历代循吏事迹辑要》《内功丛谈》和著名戏剧家傅惜华的《牧羊记》。各版都没有大块文章,也没有照片,广告中有些插图,也只是手画的。

另外,日出增刊《山西法令公刊》,版次另起。每期都是省政府给各县政府、县长、区长的指令,还有训令、批示、省法院公告、民刑事判决、省府各厅的通告等。另辟"专载"一栏,有登某县财政年度概算表的,有介绍各县土特产信息的,还有牲畜疫情医法等。

作为阎锡山政权的舆论喉舌,该报在报道内容和版面编排上均仿效《山西日报》,为当局统治忠心地服务。如 1936 年 2 月 1 日《太原日报》"社评"《本报三周岁纪念感言》中写道:"吾人今后所努力者,第一为究明当前之敌人与有力的战术;第二为阐扬吾省经济建设之意义而促进其成功。果使因吾人之努力而有所收获,则明年今日,或不至再以'国土未复、农村破产、武力与经济侵略日益加甚'为忧,而发为沉痛之感言乎?"同日另有"太原日报三周年、山西书局一周年联合纪念增刊"两张,内容主要是山西高官名流祝贺题词,如阎锡山题词"提倡建设"。

1937 年 9 月 20 日,新成立的"民族革命战争战地总动员委员会"还在该报三版创办"总动员"专栏,每周出两期。是年 10 月因日军进攻太原,该报与《山西日报》一并撤往运城,两报合办《太原日报运城版》。1938 年 2 月日军逼近运城,合办报停刊。

(三)《太原晚报》

1931 年 9 月创刊,社址先后设在太原市二府巷、龙王庙、新民头条。始由梁伯弘任社长兼总编辑。1934 年梁去世后,该报与《山西日报》合并,由牛青庵、张夷行、郭星符分别担任该报的社长、总编辑、采访主任。由阎锡山的两个秘书方闻、朱点和徐友兰、刘竹溪组成董事会,《山西日报》董事长赵效复兼任该报董事长。阎锡山每月资助该报100元。日出四开四版一张,发行量初为1000余份。

1937年"七·七"事变前,日本在太原新满城已设有领事馆,从事特务活动,并常在街上滋事。《太原晚报》报道了一则日本人在太原制造车祸的消息,日本领事馆即纠集社会流氓到报社闹事。当时,社长牛青庵不在报社,流氓悻悻离去。次日,日本武装人员也来报社挑衅,牛青庵又不在报社,日本人气势汹汹地离开报社,还留了便条"你报所载新满城事件云云,纯属虚构,应登谢罪之广告而更正之,否则予以断然之处置,明午见分晓"。社长牛青庵从最坏处着想,便写了绝命书:"头可断,民族尊严不可污;血可流,中华男儿不低头!"嘱咐总编辑张夷行,如遭不测,则将绝命书制成铜版,分寄全国各报,激愤民众,一致抗日。第二天,牛青庵一直在报社等候,日本人却没来。果然,该报于10月被命令停刊,直到1946年才得以复刊。

总的来看,该报是为阎锡山当局服务的,其报道内容是为了维护当局的统治利益和既定政策。

第二类:阎锡山统治下各军部、党部及其他重要团体组织的机关报刊

(一)《宗圣汇志》

1913年5月在太原创刊,由山西宗圣会编辑发行。初为月刊,从第七期起改为双月刊。封面注明英文名称"The TSUNG SHENG RE-VIEW"。1915年3月改名《宗圣学报》,终刊时间不详。

该刊首页"宗圣汇志例言"中注明其专栏设置:"图经"(凡圣贤胜迹及一切足资与感之绘图摄影,每期选登册首);"论界"(录发挥礼教阐扬圣贤之言);"经苑"(录棣通故训不失家法之言);"理窟"(录甄明心性不涉陈腐之言);"史案"(录史乘学案);"艺林"(录文辞诗歌);"丛乘"(录短书杂记);"讲坛"(录讲稿演词);"时评"(凡评近日中外政教风俗于世道人心攸关者皆得入录);"纪载"(凡各宗圣会报告及关于尊孔明伦事实每期附录册尾）。在"山西宗圣编辑处启事"一文中，提到该刊的办刊宗旨是"证明孔教适于共和及科学发达时代"、"世界诸教惟孔教政教能始终合一"、"证明孔教播布世界当不远矣"等等。该刊内容全部为文言文，登载孔子学说，也刊登一些外国传教士如李提摩太、盖沙令等人的文章和有关西方社会学说的译著。

该刊的实质完全是充当阎锡山政权控制人民思想的工具。当时阎锡山恐惧于社会进步思想的巨大影响，提出"复兴孔子学说"，希望以此来统一人民的精神状态，便于他的独裁统治。他所宣扬的"孔子学说"事实上是包括了佛教、法家学说以及军国主义、自由主义和基督教这些西方思想的杂合体。《宗圣汇志》就是利用报刊方式来传播阎锡山的这种思想。

（二）《来复报》

1918 年 3 月创刊。由阎锡山任社长的"洗心社"编辑出版，社址在太原市中山公园。十六开，册报，周刊，封面右上侧印有"中华民国邮政特准挂号立卷之报纸"。

该报主要内容是阎锡山的讲话和活动情况。每期在"论坛"专页都设立"讲演"一栏，发布诸如《督军兼省长第 X 次在育才馆为各知事人员等之讲演词》等，内容涉及政治、军事、经济、教育、卫生、农业等各方面，体现了为阎锡山统治服务的特点。其他报道领域主要有："教育"，如《尊孔敬上帝爱国家》（第 20 号刊）、《无公德之国民，至蠢之国民也》（第 31 号刊）、《未来责任惟学界诸君担负独重》（第 31 号刊）；"为政"，如《官吏一分不负责即负一分亡国咎》（第 21 号刊）、《官吏为治人者当先去自身应治之病》（第 23 号刊）、《为政当从人心上下手》（第 25 号刊）、《用民政治者，适时之积极政治也》（第 36 号刊）；另外就是大力宣扬阎锡山个人的"中"、"卦"、"忠"、"恕"等哲学观点。

1930 年 12 月 1 日，阎锡山投靠汪精卫反对蒋介石，该报刊登了八条标语："拥护中央扩大会议。拥护党团领袖汪精卫先生。拥护阎、冯总副司令。欢迎全体中央委员莅晋。欢迎全体革命同志莅晋。革命同志要在汪精卫先生领导下奋斗到底。武装同志要在阎、冯总副司令指挥之下打到武汉去。不打倒蒋介石誓不罢休。"由此可以看出,其报道内容随着阎锡山政策的变化而变动。

(三)《山西党报》

1926 年 6 月在太原创刊,是国民党山西省党部主办的机关报。1931 年 12 月 18 日,山西省党部制造了枪杀请愿学生穆光政的惨案,激起了广大学生的愤怒,该报站在反动政权一边,大肆诬蔑学生运动,被进步学生及太原市民捣毁,因此停刊。

1939 年春,撤退到陕西秋林的国民党山西省党部又将该报复刊,改名为《国民日报》,每日对开一张,由刘剑尘任总编辑。1945 年 9 月抗战胜利后迁回太原继续出版。1949 年太原解放后,该报由当时成立的解放军军管会接管。

(四)《清党日刊》

1927 年 6 月 1 日创刊。该刊为国民党山西省清党委员会所办。社址在东缉虎营。日出八开一张,单面铅印。发行对象是国民党各党部和社会团体,各单位自取,不收报费。终刊时间不详。

(五)《革命军日报》

1927 年由第三集团军总部主办,旨在宣扬当局政策、巩固军心,为当局壮大军备力量服务。终刊时间不详。

(六)《民国日报》

1930 年由国民党山西省党部创办。社址先在大袁家巷,后移西肖墙。社长是国民党山西省党部宣传部长梁贤达,编辑主任牛锦章。

1931 年 12 月 18 日,太原发生了国民党党部枪杀请愿学生穆光政事件,该报袒护杀人凶手,污蔑学生运动,被学生群众捣毁,因此终刊。

（七）《山西党讯》

1933 年 11 月 1 日创刊。社址在太原市东缉虎营。日出四开四版。该报是阎锡山控制的国民党山西省党部的机关报。1932 年阎锡山被民国政府任命为太原市绥靖公署主任，即着手建立了国民党山西党员通讯处，这张报纸就是在该通讯处的基础上创办起来的。1937 年 10 月，日军进攻太原前夕，该报停刊。

第 1 版是国内外新闻，第 2 版是省内新闻，第 3 版是市内新闻及社评和"党务消息"专栏。这三个版严格遵守其作为国民党党部机关报的职责，为国民党和阎锡山政权服务。如 1933 年 12 月 7 日发表"时评"《国民党应速团结》，写道："自党外人视察，早已不认为国民党为一整个有生命的政治团体，而视为与过去的北洋系安福派五四分裂、争权弄势之政客集团无异！甚者细加分析，各冠以名目，曰蒋系、曰汪系、曰胡系、曰冯系……门户分歧，不一而足。……然平心而论之，谋国而救党，盖不尚此意气之争也。……为今日国家谋、党权谋，舍精诚团结一途，别无他法。"1933 年 12 月 14 日刊登"本周标语"："誓死反对藉党营私蒙蔽中央的苗培成；不顾山西党员意志解决山西党务就是毁党卖国的行动；山西党员一致团结起来。"第 3 版从 1933 年 12 月 2 日始设立"自由论坛"，指出"为征集各党员及革命的民众对于本党及国事之意见，特开此一块园地，以供自由发抒议论，惟论事务必备条理，计划书尤重设施方案，倘攻讦私人、无理谩骂，一概不登，望我党员同志及革命的民众，一致努力于此一块园地之发展，以企由灿烂的花朵，结得一颗大的果实。"1934 年 8 月 8 日，该报在 3 版又开辟了"黑白"专栏，具有很强的副刊性质，旨在解决报社稿源困难的问题。正如次日该栏发表《也算刊行旨趣》的文章所写："'黑白'已于昨天创刊了，它的意义如何，读了昨天的内容，便可明白。不是我们敢于低了眼睛去看社会，实在是社会上的事实指示我们的路线。在这个年头里，读东西固然感到困难，编东西又何尝觉得容易，前进点儿吧,是犯了大逆不道的律条,带住些吧,又不能得到青年读者的同情,在这进退维谷的当儿,我们只有向趣味化的幽默道上走去。茶余酒后读之,或者可以帮助点消化。这样,虽然在积极方面得不到什么影响,但在另一方面,也不至有什么罪过吧!请环视我们的敌人,'睁眼细瞧科'。世间事不黑便白,不白便黑,因为除了光明就是黑暗。这里没有什么高深的哲学含义,请大家也不必太'费钻究'。贫乏枯燥的小城市,可作'黑白'的材料的太少,无已,我们仍得乞羹于剪刀和浆糊。请读者恕我们是'贩卖者'。"该专栏主要有异闻、文坛逸话、趣味故事等内容。

该报有一个很值得注意的现象,前三版主要是为国民党和阎锡山服务的,但第四版即副刊却刊登的是进步文章和进步文艺作品。副刊版名称原为"山西党讯副刊",1934 年 8 月 1 日改为"最后一页",设有"每日漫谈"、"明日黄花"等专栏。给副刊投稿者多是地下共产党员、进步人士和爱国青年、学生。这些人中有:亚马、卢梦、鲁木、樊希骞、赵树理、力群等。赵树理的初期作品《铁牛之复职》、《盘龙峪》、《有个人》和鲁木、力群的版画、文章,巩廓如痛斥封建主义教育的小说《北城某大学》,就发表在第四版的副刊上。1934 年 10 月 19 日鲁迅逝世,中共地下党员和进步人士在《山西党讯》上发起举办追悼会,征集挽词挽联和纪念文章。10 月 21 日发表《追悼鲁迅逝世专刊征稿启事》,10 月 22 日发表亚马、杨蕉圃、卢梦、田景福、鲁木等发起召开《太原市文学青年追悼鲁迅大会》的消息,10 月 24 日在副刊上又发表《追悼鲁迅先生逝世专刊》之一。至 10 月 31 日副刊上共发了《纪念鲁迅专刊》7 期,有文章、诗、木刻 30 余篇,每期都增印了单页。这个副刊极大地推动了山西的新文化运动。

为什么会在国民党的党务机关报上出现这类进步性文章呢?一方面由于地下共产党员和进步人士如史纪言、王中青、朱宝善、张国声、阎弘铬等参加了编辑工作;另一方面由于当时的局势影响,国民党党派分立,加之中原大战后阎锡山专注于重聚实力,并且抗日思潮在全国逐渐风行,阎锡山当局便无暇仔细分析该报的报道内容,所以进步人士和地下共产党员便纷纷往此处投稿。

第三类:阎锡山政权的政府机关报

(一)《山西公报》

1912年创刊,册报,16开,每期8页。注册:大中华民国邮政局特准挂号认为新闻纸类。报馆在桥头街。主要栏目有"紧要公布"、"民政长官公布"、"山西公报刊布通讯文书条例"、"中央命令"、"临时大总统令"、"部令"、"山西都督长官公布"等,最后两页是广告。终刊时间不详。

(二)《山西教育公报》

1913年10月1日创刊。山西行政公署教育司主办。册报,每月一、十一、二十一日出版,设"图画"、"法令"、"公牍"、"教案"、"撰述"、"调查报告"、"教育成绩"、"风俗调查"、"宣讲资料"、"译著"、"谈丛"、"改良戏曲"、"社会小说"等栏目。第8号起更名为《山西教育报》,注册:中华民国邮政局特准挂号认为新闻纸类。终刊时间不详。

(三)《山西省政公报》

1928年7月创刊。由山西省政府编辑出版。设中央和本省"法规"、"命令"、"公牍"、"例行文件"、"许愿"、"公告"、"特载"、"政闻纪要"等栏目。终刊日期不详。

(四)《山西建设公报》

1929年1月创刊。由山西省政府建设厅主办。有"法规"、"调查"、"统计"等栏目。刊登有关法令和山西省建设情况,以及山西省地理、水文、公路交通、水利调查等资料。1930年4月终刊。

(五)《山西财政公报》

1930年1月创刊。由山西省政府财政厅主办。月刊,有"法规"、"公牍"、"统计"、"调查"等栏目。

第四类：其他官方报刊

（一）《山西实业报》

1912 年 5 月创刊。主持人傅汝梅。初为旬刊，后改为半月刊。主要内容有农工商业发展方向的论文，商业、盐政发展情况调查，省内外发展实业的大事纪要等。终刊时间不详。

（二）《村政周报》

1933 年创刊。四开两版。1 版设"法令"、"村政示范"、"村化鉴"、"村治观"、"民治谈薮"。2 版设"村省常识"、"产育常识"、"特载"、"党声"、"短评"、"村政标语"。注册：中华邮政特准挂号立卷之报纸。

第五类：官方通讯社与电台

（一）通讯社

"太原通讯社"，1922 年孙省伯创建，是山西最早的通讯社，但创办时间不长就停办了。

"三五通讯社"，1923 年 1 月 24 日，由孙达仁在太原南华门创建，之所以叫"三五"，是因为该社宣称以宣传孙中山的三民主义和五权宪法为宗旨，而国民党山西省党部是这家通讯社的幕后操纵者。停办日期不详。

"山右通讯社"，1927 后创建，是阎锡山第三军附设的宣传机构，是当时山西境内发稿量较多的一家通讯社。停办日期不详。

"民信新闻社"，1933 年 11 月 25 日创办于太原，由阎锡山担任社长的"建设救国社"主办，主要报道山西的政治新闻，实际上是阎锡山政权的通讯中心。张至心担任社长，总编辑是王正平。1936 年 6 月"建设救国社"解散，该通讯社也随之停办。

"太原通讯社"，成立于 1936 年 10 月，由《山西公报》主管，是继民信新闻社之后又一家为阎锡山政权服务的通讯中心。社长由《山西公报》负责人方闻和徐培峰担任，1937 年太原沦陷前停办。

(二)电台

1. "太原广播电台"

1931年6月开始播音,这是太原境内第一座广播电台。呼号为XOTY,发射功率35瓦,中波,工作频率为780千赫,由晋冀察绥无线电管理局于1927年负责筹建。使用的发射设备由德国西门子公司生产,两座铁塔也是在德国购买的,并由德国工程师帮助安装调试。电台设在东后小河21号院内,紧靠都督府,机关名称就叫"晋冀察绥无线电管理局"。

当时,录音技术尚未运用到广播业中,太原广播电台内部也没有新闻编辑部的建制。所有文字节目都由播音员(当时叫传音员)直播,新闻信息来自报纸;文艺节目或播放唱片,或请小学生唱歌;讲话节目则把主讲人召到播音室,对着话筒直接向听众照本宣科。由于市内收听工具不多,电台架设专线联通各剧场影院,演出前向观众播放广播内容,同时也利用这条专线转播剧场演出实况。

从当年《太原日报》广告栏刊登的广播节目时间表中可知,太原广播电台早晨5点30分开始播音。其节目为:名人演讲、小学生唱歌、新闻、市场物价和气象预报,以及本市剧场戏剧演出实况。

1937年11月8日,日军占领太原,该电台停播。

2. "太原广播无线电台"

1935年9月建立,呼号为XGOT,频率1000千赫,功率为100瓦。

从当年《太原日报》广告栏刊登的广播节目时间表中可知,该电台的播出时间安排在下午和晚间。内容为:音乐、名人讲演、小学生唱歌、党讯、国际常识、有关旧道德的故事、市场物价、气象预报、公民常识、历代民族英雄小史、国内外新闻、名人讲话、本市戏剧等。

1937年11月8日,日军占领太原,该电台停播。

二、民间新闻事业

这个时期,除官方的新闻事业声势较大外,山西民间新闻事业也颇具朝气。

民间的新闻事业多为个人独资或筹资合伙创办,虽无当局政策扶持,但却有着经营灵活,政治色彩可自行把握等优势,同时也涌现出一批能干的报人。与官方新闻事业相比较,这些民间新闻事业有着自己的特色:新闻消息来源渠道多,信息量大,采写较灵活,易于普通百姓接受,且与社会联系密切,更多地履行着媒体的基本职能。言论形式灵活,稿源丰富。副刊内容广泛,贴近社会生活。商业广告多,达到了总版面的40%以上。

第一类:言论较公正中立,政治立场较淡化的报刊

(一)《太原共和白话报》

1912 年创刊。由山西省临时议会议员赵鸿逵筹资创办,总编辑是赵的同学马鹤天。出版一年多后停刊。

该报的创刊,正是辛亥革命刚取得胜利,建立了共和国之时。但有些人对共和政治缺乏了解,该报用白话文宣传共和政治,使文化水平低的人能读懂,没文化的人听别人念能听明白。日出,对开,四版,内容有"社论"、"国内新闻"、"本省新闻"、"文艺时评"等。辛亥名人景梅九用白话文写了许多诗歌和小说都发表在《太原共和白话报》上。该报对封建帝制时代的特权、虐政、贪污、腐化、宗教迷信等持批判的态度。主张婚姻习俗破旧立新,很受女界欢迎,太原女子师范学校学生经常给该报投稿。据马鹤天回忆,山西省议会议长杜上化,年过七旬,娶了 16 岁的小姑娘为妻,不许此女出门,不许见生人,每天关在家里念佛经。马鹤天将此披露报端,反对老夫少妻,指出这种恶习,尤不该出现在革命后的民国和机关领导人身上。这些宣传受到了平民百姓的赞同。

（二）《晋阳日报》

《晋阳公报》于1907年10月在太原创刊,讨伐袁世凯的二次革命失败后被迫停刊。1914年1月6日该报改名《晋阳日报》复刊,梁硕光任社长,梁恩三任主笔,张嘏堂任副主笔。1937年10月日军进攻太原前夕时终刊。该报是山西境内最早的民办日报,也是晚清和民国时期山西出版时间最长的报纸,总共存在了30年之久。

《晋阳日报》复刊初期即屡遭挫折,先因张嘏堂在报上批评袁世凯政府,导致梁恩三和张嘏堂被迫引退;同年夏天,金永巡按山西,仗袁世凯之威,扩张警备,消除民党,搜刮民财。梁硕光将此披露报端,金永以"蛊惑民听、扰乱治安"为由,勒令该报停刊20天,将梁硕光拘于看守所数日。

1936年1月6日该报创刊30周年纪念日时,刊有国民党军政要人李宗仁、孔祥熙、何应钦、张学良、孙科、于右任、阎锡山、傅作义、马鸿逵等的题词,如张学良题词"朝阳鸣凤"。同时发表25篇专题文章介绍30年来山西的政治、经济、农业、工业、商业、物产、矿业、机器制造业、新文化的发展、新闻事业、城乡教育、太原市街衢变迁、山西公路铁路建设、妇女服装变化,以及艺术、国术等的概况。并且刊载梁硕光写的《本社三十年来之史略》,这些文章都具有很重要的史料价值。

《晋阳日报》两张八版。第1(除报头外)、4、5版及中缝均为广告。第2、3版为国内外要闻;第6版是省内要闻;第7版为省内外"经济新闻";第8版为"新晋阳"文艺副刊,有"闲话"、"文苑"、"谈荟"以及连载小说、漫画等栏目。

该报有两个显著特色:一是言论及言辞运用较中立、公正,政治立场较淡化。例如与官方报刊相比,该报在新闻报道用语中对当局政府人员多直称其姓名,而不带其官位职位,以示公正。二是社会新闻丰富,有很强的可读性。如1936年9月19日本省新闻中的几则社会报道:《牛背唱皮簧》(副题"牛倒摔石上、肾囊流黄汤")写一老耕牛摔伤的民间新闻;《黎明未起》(副题"匪徒持杖光临、大洋全被搜去")写榆次一村户人家被盗的新闻;《洪赵争水案已解决》(副题"筵席五桌、杯酒言欢")、《戏场内掷果调少妇》(副题"无赖子被罚")等等。《晋阳日报》是较公正的民间大报,但缺乏其创办初期与落后现象、黑暗势力勇敢斗争的精神,因此也就缺少进步性的报道及言论。

(三)《并州新报》

1916 年 8 月 15 日在太原创刊,社址在柳巷小海子。主办人乔良斋,主笔先后有郭乾甫和郭秀峰。著名人士张友渔从 1923 年起担任该报驻京记者。该报出版时间较长,一直到 1937 年 10 月日军进攻太原前夕才停刊。与《山西日报》《晋阳日报》并称民国时期山西境内的三大老报。

日出,两张,对开六版。第 1 版报头下注明"Ping chow Sin Pae"、"中华邮政特准挂号立卷报纸"、"开设山西省新城北街",其余部分均为广告,并多有创新。如 1935 年 1 月 7 号头版有一丝绸商店广告,题为《谁丢失的信》,文案中写道"有明姊:我听说柳巷中街路东同成信是北平分此绸缎专业家,有丝绵、时装等等的绸缎新料;货色好,价目小,我要去,你去否? 可以先买两样看看! 素中鞠躬 12 月 20 日。"第 2 版是国内新闻。第 3 版上半版是国际新闻,下半版是广告。第 4 版为广告并刊布同蒲铁路价目及时刻表。第 5 版为本市新闻,基本上都是本市通讯社发的稿件。在要闻报道中,该报常常采用一种把各通讯社发来的相关电文短消息组合成一个有着总标题的新闻报道形式,并将最要紧的一则放在最前面,用大号字体突出其主要内容。第 6 版是"报屁股"副刊版。内容有小说、散文、译文、故事、短评、常识介绍、村政周刊、农坛专刊、儿童专刊等。副刊办得很丰富,但进步性文章很少。

该报对红军及共产党的报道采取与阎锡山当局一致的态度。如

1935年1月7日称红军"匪将妇女编队,前线每次接触后,匪所遗女尸不少。亦区内遍种鸦片,意在将来向外换取子弹食盐,置民食于不顾"。又如1935年1月17日刊登消息《陕北共匪啸聚骑匪窜蒙》、《陕匪猖獗,焚家劫财》。1935年1月24日报道浙江方志敏"残匪被缴械,方化装潜逃,余众溃散"。

(四)《富强周报》

1925年5月创刊。由荆虚心主办,周日发行,社址在太原市郭家巷12号。注册号:"内政部登记证警字1028号,中央党部执委会宣传部中字709号"。该报每份两版,单面铅印,版式别具一格,高48.5公分,宽25.5公分。1版设"富法"、"强术"、"商事"、"省垣商情"等栏目。2版有"要闻"、"杂志"等栏目。中缝是体育消息。天地线外印有生活常识,如去垢、除锈、消荤腥味等。终刊时间不详。

(五)《小孩报》

1925年9月创刊。这是荆虚心主办的另一张报纸,四开两版,逢周六出版,单面印刷。社址也在太原郭家巷12号。1版主要刊有学生修养,2版刊有儿歌、故事、校园生活等。终刊时间不详。

(六)《民众晚报》

1930年由郭景行在太原创办,这是山西最早真正意义上的晚报。具体办报情况和终刊时间不详。

(七)《明星报》

1931年2月创刊。该报由牛锦章独资创办,并自任社长、总编辑。社址在太原市新民街头条9号。四开四版,周刊。专载童话、歌谣、小故事、图画、小学生习作。1版设有"国际要闻"、"一周大事报告"、"儿童问题"等栏目。2版设"小说连载"、"小言论"、"文坛艺谈"。3版设"古事业谈","小朋友日记"。4版设"民间传说"等。终刊时间不详。

（八）《明星文艺报》

1933 年 11 月创刊。是牛锦章创办的第二种报纸。四开,前三版是新闻,第 4 版是文艺,趣味性较强,供读者茶余饭后消遣。

牛锦章办报经济效益可观,开始由文蔚阁印刷所代印,后来自己开办了印刷厂,印刷自办的报纸,还承揽印刷业务。1937 年 10 月终刊。

第二类:支持当局统治政策,"拥阎"的报刊

（一）《民话》

1927 年 5 月 1 日创刊。樊象离任董事长,王尊光任编辑部主任,编辑有张暂我、许一民、关民权、张青樾。樊、王系阎锡山"育才馆"的毕业生。樊时任山西省公署第三科科长,掌握着各县知事、区长的任免大权。王尊光时任省公署村政处考核股股长。他俩都想通过办报捞取政治资本,伺机腾达。

报社设在太原市新城街 69 号。日出,四开,一张,1、2 版是国内外新闻,3 版是本省新闻,4 版是副刊"翰舟",后易名"落叶",再易名"飞絮"。当时,阎锡山推行"村本政治",提倡"内政先尽人民,取由下而上主义"、"公道森严,驾富强而上之"、"人人公道,人人有饭吃","编成村制,是为的让人民自治"、"一家的事,一家处理,一村的事,一村处理"等等,并用油漆写在铁皮上,再钉在电线杆上。编辑张暂我就此写了题为《公道何在,请问电杆》的短评。编辑许一民有意摘发《京报》一条长冯玉祥志气、灭阎锡山威风的消息。樊、王怕对己不利,令二人辞职。

1928 年 6 月赵戴文任国民党南京政府内政部长,阎锡山派樊象离任内政部警政司司长,关民权随樊协助工作。樊、关走后,《民话》由张青樾负责。过去,樊象离凭手中的权力和"育才馆"老同学的关系,募集办报经费,托省公署派驻各县的政治视察员推销报纸。1930 年阎锡山被迫下野,报纸办不下去了,便于 6 月宣告终刊。

（二）《太原华闻晚报》

1931 年 12 月 31 日创刊，社址在太原市新道街 36 号，社长吕征夷。办报经费是吕征夷、王华灼募集而来。注册号：内政部警字第 797 号，中宣部中字第 1125 号。日出，四开，四版一张。销量较大，初办时日发 1800 份，4 年之后增至 6000 份，以后又增至 10000 余份。除在本市发行外，远销北平、天津、上海、武汉和西北、东北各大城市，日本也有发行。如此大的发行范围，吸引了诸多广告客户。报社还对外兼营印刷业务，代销文具、药品等。

该报虽为私人商业性质的报纸，但在报道上时时处处投统治当局所好。1 版国内新闻，尽力吹捧蒋介石、阎锡山，污蔑中国工农红军的反围剿斗争，谴责张学良、杨虎城发动的"西安事变"。2 版本省新闻，为阎锡山的统治大卖力气。3 版设"世界珍闻"、"法律顾问"、"医药顾问"等专栏。4 版是"华闻舞场"、"文苑"，多是歌颂蒋介石、阎锡山，还刊登些低级趣味的东西。中缝是广告。

日军进攻太原前，曾用飞机对太原日夜轰炸。该报公然披露太原的防空机密，配合日寇空袭。"牺盟会"立即召开应急会议采取对策，社会各界亦纷纷谴责，阎锡山迫于形势，不得不下令查封太原华闻晚报社，缉拿社长吕征夷。气愤已极的太原人民，于当晚 10 时许冲进报社，捣毁设备，将住在报社的人员押送太原市公安局。吕征夷闻风而逃，报社倒闭。太原沦陷后，吕征夷化名吕贞一潜回太原，担任了汉奸组织的"兴亚皇军"司令部秘书厅厅长。1939 年被撤职，回到原籍翼城县，不久死去。

第三类：其他较中立的民间报刊

《公益日报》，1912 年创刊于太原，主办人张毅庵。终刊时间不详。

《民隐报》，1912 年由刘壬秋创办于太原。终刊时间不详。

《大声报》，1913 年由刘苏佛创办于太原。终刊时间不详。

《并州日报》，1914年创刊，由乔景山创办。社址先在太原柳巷小海子，后移棉花巷、开化寺。日出，对开，一张，经费自筹。乔景山的目的是通过办报，在政治上谋求一席之地，竞选省议员，因对手得胜，气急成疾，不久即逝。主编先后由郭乾甫、郭秀峰担任。张友渔曾被聘为该报的特约记者。郭秀峰任主编期间，重视文艺，连载牛锦章写的《千里云山记》和《孤鬼录》等。郭秀峰也善写言情小说，该报曾刊载他写的《机器面奸杀案》，轰动全市，吸引了一些读者，日销3000余份。1937年10月停刊。该报是山西发行经营时间较长的一份报纸。

《晋绳报》，1914年创刊于太原，由陈乙和主办，终刊时间不详。

《唐风报》，1916年创刊于太原，由李弼亭主办，终刊时间不详。

《政法五日报》，1917年创刊于太原，由任重甫主办，终刊时间不详。

《桐封报》，1917年创刊于太原，由庞见三主办，终刊时间不详。

《政法月刊》，1921年1月创刊于太原，由山西政法专门学校出版。以"授课之暇研究介绍并交换法律政治经济各学说为目的"。专载本校学生的研讨文章，连载李存浩的《中国政党史》等。1934年5月终刊。

《好友周报》，1922年创刊于太原，由耿俊震、白勤之主办，终刊时间不详。

《晓报》，1922年创刊于太原，由苗培成主办，终刊时间不详。

《新民日报》，1923年创刊于太原，由樊柱臣主办，张育麟编辑，后由傅作义的参谋朱某接办，社址在柳巷4号。四开四版。1版右上方印报头，其余是广告。2版上半版是"要闻简载"，下半版是广告。3版是"公电"、中外新闻。4版上半版是本省军政活动的消息、"火车站纪事"，下半版是"学苑"、"论说"、"研究"、"小说"、"诗歌"、"戏剧"、"杂俎"。有时还辟有《反基督教副刊》，旨在反对帝国主义对中国的文化侵略。1929年终刊。

《山右觉世报》，1924 年创刊于太原，终刊时间不详。

《新华报》，1924 年创刊于太原，由郭乾甫主办，终刊时间不详。

《影时画报》、《醒世画报》，均为 1927 年创刊于太原，终刊时间不详。

《唐风报》，1929 年创刊，由太原第一师范语文教员杨廉甫主办，四开报，社址在太原大濮府巷，终刊时间不详。

《童孩周报》，1931 年 4 月 10 日创刊于太原，主办人王青子，终刊时间不详。

《乡镇白话周报》，1931 年 11 月创刊。由郭怀璋主办，社址在太原市龙王庙 10 号。四开八版，设有"国内一周大事简载"、"短评"、"要闻"、"世界大事记"、"本省新闻"、"本市商情"、"小说连载"、"生产常识"、"儿童笑话"等栏目。终刊时间不详。

《盐政周报》，1932 年 5 月创刊于太原，由李畅生、齐天授主办，终刊时间不详。

《新民报》，1932 年 9 月创刊于太原，发行人武南阳。1940 年 9 月与北平《新民报》在四版上合办"山西版"，出至 1944 年 4 月 30 日第 2218 号终刊。

《小小报》、《晋文画报》、《华文晚报》、《新生画报》，均于 1933 年创刊于太原，终刊时间无从查考。

第四类：民间通讯社

(一)"中外联合通讯社"

1930 年 11 月 15 日由马笠伯主办。马笠伯早年参加过青帮，交游广泛，与军政要人多有联系，常常能得到一些内幕消息。该社注重采集社会新闻，同时兼顾各种信息。1937 年日军进攻太原前夕停办。

(二)"新新通讯社"

1931 年 2 月 1 日由曲古香、安惠堂、刘剑尘等人合办。后由郭秀峰负责，郭同时兼任《并州日报》总编辑。经费除自营外，还接受傅作义等山西高级将领的津贴。注重发布社会新闻。1937年日军进攻太原前夕停办。

（三）"大同通讯社"

1931年3月1日创办，由董事会集体负责，赵乙峰为董事长兼社长。此时刚发生中原大战，阎失败后被迫下野，隐居大连，晋军群龙无首，所以非常看重这个通讯社，希望借此维持山西局面，交流信息。该社与山西军政界关系密切，是当时所有通讯社发稿量最多的一家。1937年太原沦陷前夕停办。

（四）"华闻通讯社"

1931年9月由吕征夷创办。该社后来还创办了《太原华闻晚报》。该社在政治倾向上与阎锡山政权一致，多次歪曲报道红军东征、西安事变和太原的抗日救亡运动。1937年10月，太原进步群众将该社和其办的《太原华闻晚报》一起捣毁，因此停办。

另外，还有"双十通讯社"，1932年由山西党讯报社开办；"月旦通讯社"，1934年10月由董跃庚创办；"艺术通讯社"，1935年开办；"新中通讯社"，1936年开办。这些通讯社均设在太原。

三、民间"反阎"报刊

利用新闻工具来传播进步思想、开启民智是山西进步势力同阎锡山当局作斗争的一项重要手段。在当局官方新闻事业发展推广的同时，民间也存在着一些"反阎"报刊，这些报刊有两个重要特点：一是战斗性强。采取公开与隐秘相结合的斗争形式，以言论为主要斗争利器，通过对真实情况的剖析，揭穿国民党及阎锡山当局的假仁假义。由于言论激烈惹怒当局，这些报刊的寿命都很短暂。二是内容积极进步，情操高尚，给当时处于黑暗统治中的山西人民带来了光明和希望。

第一类：由民间进步人士创办或主持的"反阎"报刊

(一)《太原时报》

1931年3月创刊,仅出版了3天,便因言论激烈为当局痛恨,被查封停刊。

(二)《民众呼声》

1931年4月10日创刊,日刊。《山西文史资料》第65辑有人撰文称其为我国最早用汉字横排的报纸。社址在新道街,社长杜白公。杜的父亲和新任山西省政府主席商震有点关系,于是杜想借办报讨好商震,谋取高官厚禄。办报经费主要靠杜白公四处筹集,商震捐助了200元。报馆用房是借用别人的私产,印刷是通过私人关系,在西肖墙的德和信印刷厂代印。

杜白公对办报是外行,请在北京《国风日报》当过编辑的屈斗山任总编辑,原《民话》报馆的关民权、张晢我、张青槭为编辑。时值蒋介石、阎锡山在山西驻军30余万,给山西人民带来沉重的粮饷负担。这些部队纪律很坏,抢劫勒索,无所不为,民怒冲天,申诉无门。杜白公在与办报人员商定报纸名称时,同意了屈斗山的意见,定名《民众呼声》。既替民诉说蒋、阎军队的劣迹,又对商震为政有善则扬,有恶则劝。

在发刊词中,阐述了民国以来战事不断,山西今又屯兵三十余万,横行霸道,民不聊生。欲改善此种局面,寄希望于省府主席商震。还说"本报刊登民众呼声,以促当局注重"。不日,陆续收到全省各地反映军队抢劫、勒索、绑架、拷打民众,以及公开贩卖大烟土等稿数十件。在报上摘发了一部分,有关部队驻太原办事处人员,就经常到报社寻衅闹事,并给商震频频施加压力。

5月31日该报被迫终刊。此前,该报发了一条消息,内容是省农矿厅厅长常秉彝,为安插亲信,把原厅长的部属裁掉大半。裁员不服,组织了"要求复职团"与常交涉无效,便写了宣言刊登在《民众呼声》

上,还配发了社论,讽刺商震无能,与常狼狈为奸。5月31日,报馆接到山西省政府秘书处通知:"奉主席手谕,《民众呼声》报煽动风潮,扰乱社会秩序,辱骂国家官员,目无法纪,着即日勒令停刊。"因此,该报仅仅出版了52天便告终了。

(三)《民报》

1932年1月1日创刊。负责人周宜,编辑有史纪言、杨蕉圃等,社址先在西肖墙25号,后迁南肖墙84号。初为四开报,2月8日扩为对开。1、2版是国内外新闻。3版是本省市新闻。4版是"民报副刊"。

该报的副刊办得很有特色,和新闻报道配合得很紧。声称"努力使副刊上的文字都是:集团的;生命的;活力的;深刻的;讽刺的;辛辣的;短俏的;趣味的。"由于史纪言、杨蕉圃的精心编辑,又有王中青、赵树理、巩廓如、高沐鸿、丁武等人撰稿,办得很有生气。最精彩最有史料价值的作品有:王中青的长诗《我有一个心念》、《雪夜怀梅》、《复生》;赵树理的长诗《歌生》;杨蕉圃的诗《一座寂寞荒凉的古城》、《在无边黑暗的寂寥荒原中》,散文《从"静淑"说起》、《跋涉》、《一个声明》、《是谁误会》、《逃亡》;高沐鸿的《苦力与妄想》、《改造自己》;赵秋心的《骆驼前进曲》,评论《谈及批评》;庸麟的小说《静淑》、诗《乞儿的歌唱》;樊希骞的诗《青春》;绍文的《悲剧中的悲剧》;巩廓如的剧本《一口鲜血》、《哭着的蝴蝶》;青青的《临别的前夜》等。

副刊版于1932年3月1日创办"炮台"专栏,对当局腐败等社会丑恶现象猛烈抨击,正如投稿规则中所写:"本台以扫除人类生存障碍为职责,换句话说就是促进世界大同为目的,在此原则之下绝不妥协、毫不畏惧、奋斗到底。"该专栏的署名也很有特色,如"手榴弹"、"绿气弹"、"达姆弹"、"开花弹"、"流弹"、"子弹"、"引信"、"地雷"、"探照灯"等等,很具有战斗意味。3月13日"炮台"专栏发表署名"小钢炮"的《几个主义》,文中讽刺道:"蒋介石抱的是稳健主义,冯玉祥抱的是备战主义,阎锡山抱的是绥靖主义,张学良抱的是跳舞主义,吴秀才抱的是报国主义,马占山抱的是投降主义,胡汉民抱的是风凉主义,方振武抱的是遨游主义,溥仪抱的是伪国主义,国民政府抱的是迁都主义,全国国民抱的是流血主义,十九路军抱的是抵抗主义,张发奎抱的是援沪主义,官僚政客抱的是括钱主义,米司们抱的是恋爱主义,太太小姐们抱的是影戏主义,吴敬恒抱的是屁完不放主义,警察们抱的是站二、息五、十足发薪主义,民报炮台抱的是大放特放主义,本人是个学生抱的是读书主义。"

该报的报道内容主要有四个方面:

一是宣传抗日。1932年2月2日刊登了该报记者从河南省洛阳发回的稿子《国难会琐记》,记述了国民党四中全会上对日军主战主和两派的斗争,在"社评"《和欤? 战欤? 》中,揭露"所谓日本数小时可以亡中国之论调,不出于他人,而偏又出于军事领袖蒋介石口中。和平交涉之声,不发于非战的文人与国民,却又大声疾呼于握实权之军事长官刘峙、何应钦……此类军人何怯懦,私利畏外,至于此极。误国祸国,罪岂容诛","国人在中央和战犹豫之间认清当道,自作准备,挽救危亡,舍战无他。"2月13日刊登题为《晋人爱国表现何后人耶》,激励三晋父老积极支援抗日前线。2月15日发表"社评"《国人勿为宋子文怪论所惑,急起实质援助京沪抗日军》,号召人们支援抗日部队。披露了李济深等三人主张"必军事上有积极抵抗之决心和方法,然后外交乃有进行之可言"。再次指明抗战是惟一之路,妥协只能亡国。2月21日刊登《本报代收淞沪抗日军捐款启事》,并将捐款千元速寄上海前线,此举轰动社会。

二是不懈地揭露国民党的腐败政权。如1932年3月4日"时评"《蒋先生何销声匿迹》,文中云:"数年来的国内战争,肯负责且能负责的蒋介石先生,没有一次不是总司令,没一次不在前方指挥战事。……现在我们看着日本人占了东三省,又把东方第一商埠、光明灿烂的上海占领。蒋先生不但不向日本帝国主义与反动势力作殊死战，就连个虚张声势的电报都见不到了！行踪更难捉摸。"《呜呼！蒋介石张学良》文中说"我们不知中国政府——尤其是蒋张这两个人为什么始终是抱着一贯的妥协精神，始终没听见他们说过'抵抗'两个字！"

三是猛烈抨击以阎锡山为首的山西当局。如 1932 年 2 月 21 日《徐主席怎病》中揭露省府主席徐永昌，在国家"危急存亡，千钧一发"之际，不组织支援抗日，"却以病称，这真是使我们失望之后，再为失望了。"《主席！厅长！处长！同日死了？》中，针对某主席、某厅长、某处长不务抗日，却在山西大饭店灯红酒绿，玩弄女性，痛骂这些官吏为什么不能同日死了。2 月 23 日该报披露了国民党中央把省党部枪杀学生穆光政的 4 名凶犯解往洛阳，而不在太原惩办。并在"社评"中质问徐永昌："护送杀人不偿命的凶犯逍遥法外，能算作全省人民的公益吗？"此文引起太原各界强烈反响，学联组织了 120 余人的"太原一二·一八惨案请愿团"，赴洛阳向汪精卫、蒋介石请愿。副刊编辑史纪言以记者身份参加了请愿团，在副刊上连发了 14 篇《洛阳之行》，揭露国民党中央对请愿团提出的正当要求推诿拖延，袒护杀人罪犯，还记述了沿途国统区的残败状况。2 月 25 日，阎锡山倒蒋失利后，隐居大连遥控山西政务，蒋介石为了拉拢阎锡山，任命阎锡山为太原绥靖公署主任。该报发表"社评"，题为《阎先生东山再起》，指出阎锡山过去政绩不佳，山西经济没有发展，人民生活苦难，今后阎锡山也不会把山西搞好。3 月，阎锡山赴任太原绥署主任，企图以重金收买《民报》，变为官办，遭到该报的拒绝，该报仍不间断地揭露阎锡山的黑暗统治。3 月 2 日发表署名"达姆弹"的文章《且看阎先生这一次》，写道："阎先生东山再起，这是一般的人民早已渴望的事。果于昨日，就任绥靖主任了，真是十分的幸事啊！过去阎先生治理的山西，虽不至世外桃源名称全国的模范。然而老百姓们在保境的主义之下，总算过过几天小康日子，到了商徐二主席之手，不知怎得就大不相同了！这个果是由哪里结的？阎先生走了一年的光景，山西闹了个稀糟，社会紊乱，土匪遍野，人民欲生不得求死不能。在这种环境之下，阎先生登台，这里多么的欢欣鼓舞啊？听说阎先生这次出山，具有最大的决心，有很多的计划，要将山西整顿成新的山西，一切军事、政治、经济等问题皆将迎刃而解。这真是福星到了，我们等着吧！且看阎先生这一次……"

四是为进步思想摇旗呐喊。如1932年4月12日发表署名纪言的文章《突飞、活跃之太原出版界》，其中说："在不久以前，太原市曾经有过《肉博》和《劳工周刊》，虽然它们的生命都不过是昙花一现，但站在太原思想界出版界说，确留下不可磨灭的价值与意义。……《前夜》递然出现了，说明现在正是暴风雨的前夜，世界的巨变就要开始，中国在此巨变中将有它的新出路。……接着又有《从理论到实践》的诞生，决定了资本主义社会之必然没落与崩溃后，又建立了社会主义革命即将爆发的理论……这是多么值得我们注意与欣喜的事物啊！"

1932年4月17日该报披露"山西全省丹料鸦片之消耗，年需五千万元"。4月18日发表《花样繁多之晋省突出售戒烟药饼》、《我来瞄瞄省政府的戒烟药饼》，对省府公卖鸦片暴利害民予以揭露。此后，该报每天都有针对"戒烟药饼"的新闻报道，阎锡山被这些文章搞得声名狼藉，恼羞成怒，随即于4月26日下令将《民报》查封，负责人扣押。

从创刊到被查封，不到4个月时间，该报只出了107期，但它的战斗精神，却令人难以忘怀。

（四）《平报》

1932年3月12日在太原创刊。国民党爱国将领续范亭的族弟续约斋任社长兼总编辑，编辑有李仲琳、霍善青。社址在南华门36号，发行对象是进步分子和爱国青年。3月12日，正是孙中山先生逝世7周年纪念日。为纪念孙中山,在创刊词中提出四点主张:"拥护三民主义,继承孙中山遗志;抵制外侮,反对列强瓜分中国,反对日本对中国蚕食鲸吞;反对独裁统治,提倡民主自治;反对贪污,澄清吏治。"

报道内容集中在四个方面:一是刊登日本田中的奏折全文,把日本帝国主义征服"支那"以至全世界的狂妄野心,暴露于光天化日之下,以唤醒民众,同心抗日。二是民国以来,有人背离孙中山的路线,争权夺地,兵荒马乱,民不聊生。三是顽固分子反对孙中山改组国民党和提倡新三民主义,企图开历史倒车。四是揭露阎锡山下野大连后,其在山西的爪牙仍大肆贪污、横行霸道,痛斥阎锡山"左手提上同志头,右手讨得一等侯,廉耻丧尽,已失去做人的资格"。

由于言辞激烈,反动当局以反蒋、反阎、反CC的罪名,指使太原警备司令荣鸿胪于1932年7月7日查封了该报社。

(五)《一报》

1932年4月12日在太原创刊。社长陈毓汾,社址在皇华馆。创刊时,正值《民报》连续揭露阎锡山的腐败,《一报》不甘落后,和《民报》紧密配合。副刊"灯塔"刊登征稿启事:"为大多数被压迫阶级找出路,为社会人群除障碍,特设'灯塔'一栏,专照现社会一切恶魔,与《民报》炮台联络,以取互助合作之精神。凡被压迫同胞,敬希多给几个照那魑魅魍魉的灯或镜,来领导普罗列搭利的航船,走光明的世界。"

4月26日该报被查封,仅出版了15天。社长陈毓汾和编辑王文生、梁静庵被关押。

第二类:由进步学生、教师等创办的"反阎"报刊

(一)《山西法政经济日报》

1912年创刊于太原。由法政专门学校校长张瑞任社长,薛笃弼任总编辑,因揭露阎锡山与袁世凯勾结,出版不久便被捣毁停刊。

（二）《见闻》

1922年2月在太原创刊。由山西省第一中学进步学生编辑,半月刊,终刊时间不详。

（三）《乡村建设通讯》

1933年6月25日创刊。社址在太原西肖墙19号。由担任中共山西地方党特科工作的冀云程任编辑。逢星期日出版,四开四版。1版设"建设消息"、"漫谈"、"一周大事日记"等栏目。2版是"公民常识"。3版是"论坛"。4版上半版是副刊,下半版是"社会调查"。终刊时间不详。

（四）《乡村小学教育周刊》

1933年10月创刊。由省立国民师范校长冯司直等创办。冀云程是该刊的主要负责人之一,旨在进行革命宣传,联系全省爱国青年学生和小学教师。1936年3月26日负责人冀云程就义。据当时的目击者回忆,冀云程是在乡村建设通讯社院内被捕的,阎锡山当局按所谓的"紧急治罪法"立即对冀云程执行枪决。当时冀云程年约30许,形态自若,大义凛然,英勇就义。该刊也于是年终刊,共出版了107期。

第三章　抗日战争和解放战争时期
的新闻事业

　　1937 年 7 月 7 日卢沟桥事变爆发，中华民族全面抗战从此开始,共产党和国民党实现了第二次合作。中国共产党领导的工农红军改编为八路军。这年 9、10 月间,八路军 3 个师相继东渡黄河,开赴山西抗日前线。11 月,遵照毛泽东在山西进行游击战争的重要指示,按晋东北、晋西北、晋东南、晋西南四个地区实行战略部署。八路军同中共山西地方组织和山西新军密切配合,通过牺盟会、战动总会,发动群众,武装群众,建立抗日根据地,使抗日烽火在三晋大地熊熊燃烧起来,形成华北乃至全国抗战的出发地和支撑点。从抗日战争到解放战争,中国共产党领导的以山西为中心的各根据地报纸,大部分出版八九年,创造了战争年代在农村办报的丰富经验,先后有 120 多位新闻工作者献出了宝贵的生命,在中国新闻史上谱写了光辉的一页。

第一节　抗战初期的统一战线报刊

一、牺盟会报刊

　　1935 年 12 月,中共中央政治局在陕北瓦窑堡召开扩大会议,确立抗日民族统一战线的路线和政策。处在日本帝国主义直接威胁下的山西地方实力派阎锡山,在民族矛盾日益发展成为主要矛盾的情

209

况下,发生了有利于抗日的转变,阎锡山决定停止反共,采取了联共抗日的方针。1936年秋,他敦请刚从北平草岚子监狱出狱的薄一波回晋,共策保晋大业。中共北方局决定由薄一波、杨献珍、董天知等5位同志组成专门进行上层统一战线工作的中共山西省公开工作委员会,于同年10月赴晋。他们来晋前的9月28日,阎锡山系统的"山西自强救国同志会"刚成立,它是由进步青年宋劭文、戎子和、刘玉衡等倡议,经阎锡山批准成立的。薄一波等人来晋后,随即接办了这个组织,经过改组,正式命名为"山西牺牲救国同盟会",简称牺盟会。并提出"不分党派,不分男女,不分职业,只要不愿做亡国奴的人们,一齐动员起来,积极参加一切救亡运动"的总纲领。不到数月时间,山西就成为当时全国抗日的中心,许多海内外青年纷纷涌向山西,献身于民族解放事业,在全省各县,深入乡村,动员群众,发展了100多万名会员。当日军大规模地侵入中国领土,并进攻山西的时候,牺盟会在山西建立了"青年抗敌决死队"(简称决死队)和工人"武装自卫队"、"政治保卫队"等数万人的抗日新军,成为中国共产党直接领导下的一支地方武装力量。为了宣传党的抗日民族统一战线政策,指导党领导下的人民武装和人民组织的工作,牺盟会和山西新军出版了许多报刊。

1937年2月,牺盟总会在太原创办了《牺牲救国》周刊,刊名由阎锡山亲笔题写,四开四版铅印,面向全省公开发行,社址设在太原国民师范学院牺盟会总部内。中共党员赵石宾任总编辑。宗旨是宣传抗日民族统一战线政策,指导牺盟会的工作,发布牺盟总会的指示信。以1937年7月8日"卢沟桥事变"后第2天出版的第28期为例,头版有两篇文章,一篇是社论《反汉奸运动的重要意义》,从"反汉奸是目前工作的中心"、"如何推进反汉奸运动"、"反对抗战中的错误倾向"三个方面进行了阐述;另一篇是要闻《为保卫华北而奋斗》,报道说:"在卢沟桥演习日军之一中队,约六百余人,于七日晚十二时,突向二十九军驻卢部队射击,华方为自卫计,遂起而抵抗,华方死伤甚重。……敌人向我们的新的军事进攻又开始了，我们曾经一再的指出，'第二次九一八事变就要在华北开演了'，现在不幸而言中。……敌人趁着我们内部尚没有巩固的团结，尚未能加紧自强，而乘虚进攻。虽然我国在三中全会后，实现了和平统一，然而内部团结的伟大力量，终于是没有表现出来，相反的还有许多不争气的为仇者所快、亲者所悲的事实发生。……"版面两边印有醒目的竖行大字标语："要加紧准备收复失地的一切条件"，"为实现救亡统一阵线而斗争"。《牺牲救国》周报在内文中对重点句子，都标有重点符号给读者以提示，这在众多的报纸中较为少见，也可以说是该报的一个显著特色。1937年10月太原沦陷前夕暂时停刊。1939年初在陕西宜川复刊，改为铅印16开的半月刊。同年12月"晋西事变"发生，牺盟会被解散，后亦随之终刊。

牺盟会各中心区和各分会创办的报刊还有：太原中心区的《太原战旗》；长治中心区的《战斗日报》、《黄河日报》；夏县中心区的《中条战报》；临县中心区的《西北战旗》；洪赵中心区的《大众抗日报》；岢岚中心区的《大众化》、《抗战生活》、《新西北报》、《黄河日报》等。翼城县牺盟分会先后创办过《抗日新文字拼音报》、《老百姓报》、《河山战报》、《突击》四种报刊；临县牺盟分会创办过《临县战号》；洪赵牺盟分会创办过《洪赵战旗》；阳城牺盟分会创办过《新生报》、《新中国报》；沁县牺盟分会创办过《洪流》；武乡牺盟分会创办过《大众力量报》；平顺牺盟分会创办过《挺进报》等。这些报纸在晋西"十二月事变"前后均停刊，内容多为宣传抗日救亡，反对投降分裂，鼓动人民参加抗日工作。现以牺盟会长治中心区的《战斗日报》为例，来说明各地牺盟会报纸的共同特点：

1. 挂着阎锡山的旗号。由于牺盟会是以阎锡山为会长组成的群众团体，所以在宣传党的路线和确定报道任务时，就不得不涂上一层山西地方色彩，利用阎锡山所提出的一些有进步意义的口号、惯用术语和政策规定,以协调党和阎锡山建立起来的特殊形式的统战关系,贯彻和实现党每个时期提出的各项任务。如"抗日民族统一战线"这个口号,阎锡山认为是共产党的提法,为了表现他的独特性,他提出"民族革命统一战线"或"救亡统一战线"的口号,因为牺盟会名义上是他领导的,所以该报在宣传中一直使用这个口号,这是《战斗日报》不同于其它党报的一个重要特点。

2. 对重大事件进行比较深细的报道。1939 年 3 月 13 日华北《新华日报》发表陆定一《回答一个问题》一文,对《战斗日报》的办报风格进行了肯定:"各报要发挥自己的特点,要更加地方化,讨论问题要更加具体化,内容要更加通俗化。例如《战斗日报》的'民革室',讨论问题非常切实具体,是我们各地报纸应当仿效的。如果大范围的比较深细的报道任务,由《新华日报》与《战斗日报》等几个报纸担负起来,而各地方报纸的编辑同志把注意力放在具体化、地方化、通俗化的工作上,即不但毫不冲突,而且是相得益彰,有益于抗战。"《战斗日报》对国际、国内、晋东南、晋南广大地区发生的重大事件,均作了比较深细的报道。第一版是社论和要闻版;第二版是国内各战区的战况;第三版是国际版;第四版是地方新闻。据统计 1939 年 2 月 20 日至 4 月 23 日的《战斗日报》,共刊登社论 33 篇,消息 1007 条,通讯 24 篇,专稿 30 篇。其中,反映全国各战区和晋东南地区战况的消息 613 条,国内和地方的其它消息 174 条,国际消息 220 条。

3. 政权建设是首要报道任务。抗战初期,不少地方的政权还掌握在旧官吏和恶霸地主、土豪劣绅手中,他们打击牺盟会,残害进步人士,破坏抗日运动。如高平县长刘函森,乘日军进攻之机,杀害了县牺盟会特派员王静波。陵川县长师人凤上任后,即将抗战日报社、抗战话剧团、总动员委员会和各村政权中的进步人士一一排挤出去,换上了当地的反动分子和顽固分子。在晋东南全区开展的反贪污、反恶霸、改造县乡政权的群众运动中,陵川县迅速掀起了一个群众性的反对师人凤的请愿高潮，《战斗日报》及时报道了群众的斗争情况，反映了群众的呼声，揭露了师人凤的罪恶，促进斗争向纵深发展。终于，在群众舆论的压力下，山西省政府撤换了师人凤，委任共产党员张维翰为陵川县长。从此，晋东南各县真正的抗日政权相继建立起来，民主选举了各村的村长，使抗日根据地建设进入一个新阶段。

山西新军办的报刊主要有：决死一纵队的《新军日报》；决死二纵队的《长城》；决死三纵队的《铁军报》；决死四纵队的《前线报》、《前线月刊》、《前哨》、《广播台》等。山西工人武装自卫队创办了《工卫报》、《战地快报》，暂编第一师创办了《萌芽》。

二、战动总会报刊

1937年9月20日，在太原成立了第二战区民族革命战争战地总动员委员会，简称战动总会。战动总会是在中共中央代表周恩来和阎锡山多次商谈后建立的统一战线组织，由共产党和国民党各方代表组成，国民党左派爱国将领续范亭担任主任委员，共产党方面的代表有邓小平、彭雪枫、程子华、南汉宸，它实际上是中国共产党领导的半政权性质的抗日团体。战动总会的活动地区主要是晋西北、雁北及绥远、察南等59县。战动总会从成立到结束，前后两年之间，做了很多工作，它对晋西北抗日根据地的开辟起了奠基的作用。由它所动员组织的游击队，共8个支队1.5万余人，活动在雁门关内外及晋中平原，经常破坏敌人的交通运输，袭击敌人的据点。战委会结束以后，这些游击支队改编为暂编第一师，由续范亭任师长，在晋西北地区配合八路军120师坚持抗战。在晋西事变时，同阎锡山的旧军进行了坚决的斗争，成为山西抗日新军的一个重要组成部分。

战动总会驻太原时，就在《山西党员通讯》报上创办了"总动员"副刊，三日一期，宣传抗日民族战争的方针政策。它在《发刊词》中写道："在这伟大的时代，一方面在血淋淋的抗争，一方面却沉沦在迷梦中。我们要发扬民族意识的积极性，批判一切歪曲的理论，报告抗战的实际情况。为了上述的使命，我们的《总动员》就仓猝的诞生了。"同时，还在《太原日报》上开辟了"总动员"专版，每周出两期。到太原沦陷前，《山西党员通讯》上的"总动员"副刊出版 7 期，《太原日报》上的"总动员"专版大约出版了八九期。

太原沦陷后，战动总会移驻到离石，于 1937 年 12 月在离石县创办了油印日报《战地通讯》，通过电台收听，抄录国内外重大新闻，并刊登各地动委会的来稿，同时报道晋西北的战事情况。

战动总会后来由离石移往岢岚，为了集中力量统一宣传，总会将当地 5 家报纸联合起来，共同出版了一张报纸《西北战线》，每两天出一期，共出版了 120 余期后停刊。

战动总会宣传部还出版了两个通俗报纸，面向普通老百姓宣传国内外大事和战时常识，一个是《老百姓周报》，另一个是《战动画报》。

各县动委会都出版了自己的油印小报，如：介休的《动员五日刊》，临县的《战旗》，五寨的《动员》，岢岚的《抗日自卫》、《抗战建国》、《战斗》，宁武的《汾源怒吼》，神池的《火花》，河曲的《雪耻》，静乐的《战潮》，保德的《自卫》，右玉的《抗日先锋》，岚县的《岚动》，兴县的《抗战》，忻县的《战声》，偏关的《怒吼》，雁北的《炸弹》等，不下 20 多种。刊物则有临县的《抗战形势》，宁武的《战斗救亡》，忻县的《农村救亡》、《大众呼声》等。这些报刊在组织动员群众积极投身民族解放战争，加强军政军民关系方面发挥了重大的作用，并为以后建立晋西北抗日根据地起到了舆论准备的奠基作用。

三、其他进步报刊

除牺盟会报刊和战动总会报刊外，抗战初期还有许多阎锡山系统的报刊和民营报刊表现出积极的抗日救国热情，为维护统一战线做出了贡献。

省城太原的如《山西党员通讯》，创办了"总动员"副刊，三日一期,宣传抗日民族战争思想。《太原日报》在三版下半版办了"总动员"专栏,每周两期。它还对牺盟会的活动,进行了大量的报道。1936 年 10 月 15 日报道:"牺牲救国同盟会定期成立,宣言纲领均已拟就,只有抗战才能实现真正和平。"并刊登了牺盟会成立宣言、工作纲领和简章。1936 年 10 月 18 日报道:"各界民众踊跃参加牺牲救国同盟会,该会将进行审查登记之会员。"《太原晚报》报道了一则日本人在太原制造车祸的消息,日本领事馆即纠集社会流氓到报社闹事。社长牛青庵从最坏处着想,写了绝命书:"头可断,民族尊严不可污;血可流,中华男儿不低头!"并嘱咐总编辑张夷行,如遭不测,则将绝命书制成铜版,分寄全国各报,激愤民众一致抗日。据原山西省妇联主任黎颖回忆,1937 年上半年她曾几次到太原电台宣传牺盟会的纲领和章程:"牺盟会太原市委员会成立,我被分配到市委会工作,主要是搞宣传工作,写宣传材料,到广播电台(就是阎锡山设在后小河的广播电台)去广播,一星期去两次。广播的内容主要是牺盟会的纲领和章程,包括牺盟会的性质、宗旨、组织、任务等,说明牺盟会是反对敌人政治压迫和武力侵略的救亡组织,凡是不愿当亡国奴的人,都可以参加牺盟会。"[1]

当时驻晋西北地区的晋绥军和旧政府也出版了一批救亡报刊,如第 19 军的《新军报》,第 35 军的《奋斗日报》,骑兵第 1 军的《抗日铁骑》,保安队的《游击三日刊》《抗游通讯》,第二区行政督察专员公署的《抗救周报》,四专署的《政治日报》,十一专署的《抗救日报》,静乐县政府的《抗建周报》,中阳县政府的《县政周报》等。晋东南地区有晋城县出的《春雷》、《抗战救国》墙报等。

---

[1]黎颖《青春纪事》,山西人民出版社,第 97—98 页。

第二节　晋察冀根据地新闻事业

晋察冀抗日根据地,亦称晋察冀边区,位于山西、察哈尔、河北、热河、辽宁五省部分地区。1937年八路军115师主力南下,留下的部队在聂荣臻的率领下,以五台山为中心,开辟晋察冀三省边界地区敌后抗日根据地。到11月初,相继收复蔚县、涞源、曲阳、平山等20余座县城。同时,在冀中、平西等地开始建立抗日武装。11月7日,晋察冀军区成立,聂荣臻任司令员兼政委。1938年1月,晋察冀边区临时行政委员会成立。5月,在冀中成立八路军第三纵队,在平西成立八路军第四纵队。1939年1月,中共中央决定撤销晋察冀分局,成立中共中央北方分局,彭真任书记,辖北岳、冀中、冀热察三个区委。到1940年底,根据地面积达20余万平方公里,人口约1500万,在80余县建立了抗日民主政权,部队发展到约10万人。抗战8年中,根据地军民与日伪军作战6万5千多次,歼敌33万余人。

一、《晋察冀日报》

《晋察冀日报》是在敌后抗日游击战争极端困难的环境中创刊,伴随晋察冀边区根据地一起发展壮大起来的。它从1937年12月11日创刊,到1948年6月14日终刊,坚强地战斗了10年6个月。它是中国共产党在敌后抗日根据地创刊最早、连续出版时间最长的大区党报之一。

(一)《晋察冀日报》的前身《抗敌报》(1937年12月11日—1940年11月6日)

1937年9月,日本侵略军在华北展开全面进攻,迫使国民党军队节节撤退的时候,中国共产党领导的八路军115师挺进到华北敌后的山西、察哈尔、河北三省连接的山岳地带,迎击向晋东北进犯的日军。9 月 25 日，115 师首战平型关，一举歼灭日寇板垣师团一千多人，是中国抗战开始后打的第一个大胜仗。接着，分兵开辟敌后抗日根据地。11 月 7 日，即太原失守的前一天，中国共产党在敌后建立起第一个抗日根据地——晋察冀边区。以聂荣臻将军为首，在五台山上树立起抗日救国的大旗。这时，华北抗战出现了新形势，以国民党为主体的正规战争已经结束，以共产党为主体的山地游击战争进入主要地位。

聂荣臻时任晋察冀军区司令员兼政治委员，他认为，办个党报，是打仗和开拓根据地都迫切需要的头等大事。他与中共晋察冀省委书记黄敬、军区政治部主任舒同等领导人商定后，立即着手创办根据地党的机关报。当时，创立才半个月的晋察冀根据地正遭受日寇的第一次围攻，根据地领导一面指挥抗击，一面艰难筹办党报。1937 年 12 月 11 日，晋察冀党的机关报《抗敌报》终于在根据地中心河北阜平县城创刊了。

《抗敌报》创刊后的头四个月，是由晋察冀军区政治部主办的。报社负责人由军区政治部主任舒同兼任，副职为沙飞和洪水。1938 年 4 月，晋察冀省委改为晋察冀区党委，《抗敌报》从军区政治部划出来，改为晋察冀区党委的机关报，邓拓被任命为报社主任。邓拓（1912-1966），福建闽侯人。笔名马南邨、左海等。1930 年参加左翼社会科学家联盟，同年加入中国共产党。1938 年 4 月任《抗敌报》主任，后任社长、总编辑。在此期间，还兼任新华社晋察冀总分社社长。1949 年 10 月，任中共中央机关报《人民日报》总编辑。1957 年当选为中华全国新闻工作者协会主席。1958 年调离《人民日报》，后任中共北京市委书记等职，兼市委理论刊物《前线》主编，还在《北京晚报》开辟《燕山夜话》专栏。"文化大革命"前夕，因受迫害于 1966 年 5 月 18 日去世。

刚创刊时，由于北岳山区物资奇缺，经济困难，《抗敌报》只能用黄毛边纸,石印,三日刊,发行1500份,靠军邮和地方抗委会沿村转送。1938年3月5日,敌机轰炸阜平县城,正在印刷中的报纸连同一台石印机被炸毁,报社随即转移到五台山东麓的大甘河村继续复刊石印。1938年8月16日起,由石印改为铅印,由三日刊改为间日刊。

《抗敌报》从1937年底到1940年年底,主要进行了以下四个方面的宣传报道和艰苦斗争。

1. 运用各种新闻形式,动员群众积极参战

晋察冀三省连接的广大地区,群众爱国的觉悟很高。卢沟桥"七七"事变,战乱突起,人们要求抗日救国,心急如火,但社会秩序混乱,群众的思想动荡。当时,随着八路军一起开辟这块根据地的《抗敌报》,就连续报道八路军抗击日寇,破坏交通,歼灭敌人,解救同胞的胜利消息,以振奋民心,奋起抗战,因此,这份报纸就迅速在广大群众中传开。开始时,稿件来源较少,靠几个编辑抽空采访,少量通讯员供稿,以及选用中央社和苏联广播稿,只出两个版,编排也不稳定。第12期起,黄毛边纸改为新闻纸,两版扩大成四版,内容丰富,版面清新,又都是抗日救国的内容,新闻简短,文字通俗,还有社论、通讯、专刊、漫画,形式多样,报道及时,特别是连续登载八路军挺进敌后,开展游击战争,唤起人民,组成抗日救国团体,建立抗日民主政府等各项工作的成绩,使敌后的读者耳目一新,人人称快。如:

[曲阳灵山讯]挺进到冀西山区的八路军一支骑兵部队,于1937年10月18日凌晨,飞速突袭曲阳县城,出敌不意,一举攻克,打垮日军一个中队,捣毁敌寇进攻石家庄用的曲阳兵站,缴获兵站军用物资6000多箱,上千群众把这大量战利品运送到部队领导机关。

[唐县讯]12月17日,八路军一小股,在唐县么家佐,与伪军张殿军部遭遇,杀伪军20多,活捉120人,得战马30匹,步枪、手枪、迫击炮、子弹等大批武器。

[苏联1938年1月18日广播]侵入山西东北部的日军,遭到中

国八路军最大的抵抗。八路军采用游击战术，日军束手无策。八路军已经武装起 3 万以上的部队，组织起 5 万以上的抗日自卫军。许多红十字救护队、群众运输队，亦组织健全。

[本报讯] 1938 年 1 月 11 日到 15 日，晋察冀边区军政民代表大会在阜平城隆重举行。到会代表 149 人，民主选举聂荣臻、宋劭文、胡仁奎等 9 人为委员，宋劭文为主任委员。大会通过了统一全边区的军事、行政、财政经济、文化教育、民运工作等各项决议。从此，边区人民有了自己各级的抗日民主政府。

宣传抗战、动员抗战的《抗敌报》，发到山乡和平原，读者无不振奋。一传十，十传百，一张报纸，有时几个村庄传看，农村读报组纷纷成立，讲报的人越来越多，听报的人越聚越众，形成了群众读报晚会，人们要了解抗战消息的激情，非常感人。报社虽然尚未建立发行网，根据地也还未建立新邮政，但迫切要看报的农村老百姓，却自愿传送。

驻扎在五台山以后，开过一次激动人心的编辑会议。因社主任、副主任都去了前线，会议由军区政治部宣传部长潘自力主持。大家的发言，集中在一点上：坚决抗战，坚持出报，在新闻岗位上，坚守阵地，发动群众，对日寇战斗到底。潘自力部长说："咱们在敌后办报，就是新闻战线上的抗日战士。"他号召大家做"自觉的新闻战士"。会后，就在 3 月 25 日继续出版的第 25 期上，发表了《本报重要启事》，声明："残暴的日寇，虽能毁掉本社的机器，却不能毁掉本社同志们坚决奋斗的精神。现在，我们决心以所有的力量，恢复、扩大我们的抗战武器——《抗敌报》，来回答敌人的残暴进攻。"第 25 期报纸，以较充实的内容与较活泼的形式出现在读者面前，是初创时期最可纪念的一页，是坚持敌后游击出报的一个标志。

邓拓上任后，4 月下旬，第一次主持编辑工作和报社规划的会议。关于报纸的改革与发展，主要商定了三条：一是不断出报。从 3 月间报社遭日寇飞机轰炸后报纸停刊18天的经验中得出结论:今后不管敌后游击战多么频繁、艰苦,我们这个党报要坚持不断出版。二是增加评论,积极组织社论、专论和短评。报纸要适应敌后游击战和开创根据地的需要,加强指导性、战斗性。三是改为铅印,缩短刊期,争取早日改三日刊为隔日刊,及时向敌后人民进行新闻报道。

2. 宣传党的抗战思想,报道我军抗战成绩

关于游击战的宣传,从创刊号上就开始了。《抗敌报》1937年12月创刊时,聂荣臻率领八路军3000人,已经有了敌后游击战的一些具体经验。当时,他们已经分兵到五台、阜平、曲阳、涞源、定襄、崞县、代县、繁峙、灵丘、盂县、易县、蔚县、阳原、井陉、平定等广大地区,120师359旅也向平山、盂县派驻了工作团。这些八路军小部队和工作团,都在地方党组织的配合下,放手发动群众,开展游击战争,歼灭敌伪,夺回城镇,扩大边区,解救人民。分散的游击战,取得了许多胜利。

例如:八路军一个骑兵营,从1937年10月初到11月初,一个月内就连克曲阳、唐县、完县、满城等5个城镇和两个日军兵站。在五台和冀西山区开展游击战,发动群众,建立抗日根据地的时候,平汉路以东的冀中平原地区,抗日游击战争也迅速发动起来。吕正操司令员领导的冀中人民自卫军,在1937年10月组成后,很快攻克了高阳城,全歼城内的伪保安队。接着,在12月中旬,就分出三支部队,夜袭平汉铁路:一路攻打定县,袭入城内,杀伤日寇100多名,自卫军只牺牲1人。另一路猛攻寨西店车站,守敌逃跑,自卫军烧毁车站,拆掉路轨。再一路突袭新乐县,进入城区,与敌激战,歼敌一部后,即撤出战斗。

对于晋察冀根据地初开辟时这些频频告捷的游击战斗,《抗敌报》作了连续报道,并发表社论、专论、短评,建立《时事一周》专栏,宣传敌后开展游击战的新形势, 阐述在华北以国民党为主体的正规战争已经结束,以共产党为主体的游击战争进入主要地位。反复宣传敌

后游击战争在全国抗战中的战略作用，详细报道八路军开展敌后游击战的各种实践经验。宣传报道的重点，集中于八路军正规部队、地方武装和民兵游击队三位一体相结合的敌后人民战争。突出的报道有：打退 1937 年底 1938 年春日寇两次对晋察冀根据地的进攻，克复阜平、涞源两县城；1938 年的三次大出击；平西、冀中平原根据地的开辟；冀东抗日义勇军武装大起义；粉碎日寇所谓"北围五台"的秋冬大围攻。

关于持久战的宣传也是《抗战报》的中心任务之一。编辑和其他工作人员的政治、业务学习内容，主要是中共中央和毛泽东主席关于持久战的指导思想，即我国的抗日战争只能是持久战，速胜论、亡国论都是错误的。同时，在编辑工作中，通过新闻、通讯、言论和副刊，把持久战的战略思想，灌输到广大读者群众中去，帮助人民群众树立起坚持长期抗战、争取最后胜利的信心。

毛泽东主席《论持久战》的讲演，1938 年五六月间在延安发表后，很快就传到晋察冀边区。《抗敌报》接到登载这篇讲演的《解放》杂志，邓拓看了，赞叹不已，说这个讲演"太精辟了！实际，雄辩，逻辑性很强，通篇充满了辩证法，是指导抗日战争的理论武器。要让边区的干部很快都能读到。我们的报社，不但要出报，还要出书，还要办成出版社。抗战一周年就要到了，我们就用'七七出版社'的名义，先出版这本书。"

为了宣传抗日战争"不能速胜，只能是持久战"，为了使这个关系中国存亡的抗战理论在晋察冀抗日根据地的广大干部和群众中迅速传播开，报社一面加紧印刷出书，一面在《抗敌报》上大力宣传。

在抗日战争前期，即从 1937 年到 1938 年一年多，战略上敌人进攻，我军防御的期间，《抗战报》对各个战场上我爱国军队的英勇抵抗，作了大量的报道，因为远处华北敌后的晋察冀根据地被敌人四面包围封锁，大后方的报刊，很难发到边区来。《抗敌报》就成了边区军民能经常看到的唯一大报。社长和编辑们,对正面战场和敌后战场上的战局变化,都很重视,把抵抗日本强盗的抗战捷报,源源不断地报道给边区广大读者,帮助他们了解全国抗战大局的发展变化。对于像台儿庄大捷、徐州会战、中条山战役、广州保卫战、武汉大会战等等重大战况,都用了很多篇幅,发了大量新闻,使读者们了解得清清楚楚。

到了1939年、1940年,《抗敌报》对敌后抗战的新形势,做了大规模的宣传:报道各地的破交战;把运动战、歼灭战放在突出地位;对群众游击战、歼灭战,连续地进行报道。主要的有:冀中平原的齐会战斗;北岳区的上下鹤山、上下细腰间、大龙华、陈庄等战斗;长城脚下雁宿崖、黄土岭的歼灭战;还有多次反"扫荡"和主动进攻的"百团大战",以及击毙日军中将指挥官阿部规秀等振奋全国、震惊日本侵略者的大捷。在报道这些要闻期间,报纸发表过多篇社论,鼓励边区军民,全力发展敌后游击战争,保卫边区这块华北敌后抗战的大堡垒。

《抗敌报》大力宣传了击毙日寇中将阿部规秀的伟大胜利。这个胜利,是由一分区司令员杨成武直接指挥的,他把游击战和运动战相结合的方针运用得很好。《抗敌报》在首要版面上报道:11月上旬,在涞源县境长城南侧千米上下的高山深谷间,晋察冀北线八路军,调动大部队,长途行军,以优势兵力,迎击由涞源城连续南犯的敌寇。从3日到7日,在雁宿崖和黄土岭的深山峡谷中,连续包围和痛歼敌人,使日军"蒙疆驻屯军"最高司令兼第二混成旅团长阿部规秀中将指挥官亲自督战的精锐部队2000余人,大部落网覆没,阿部中将当场被八路军的迫击炮弹炸死,官兵被歼灭1500多人。事后,日本的《朝日新闻》报,连续3天通栏标题都是"名将之花,凋谢在太行山上"。这家报纸说,自从日军成立以来,"中将级将官的牺牲,是没有这样例子的。"

"百团大战"结束后,《抗敌报》及时全面地进行报道,这是空前大规模的一次军事宣传。

大战第一阶段的重点,是对正太铁路全线大破击。8月20日起,到9月10日,在八路军总部领导下,晋察冀、晋东南、晋西北三大区协同作战。晋察冀军区子弟兵,在攻击正太路东段的同时,还对平汉路、北宁路、津浦路、石道路、仓石路广泛破击。

8月20日夜,边区周围全线总攻开始后,报纸就用大字标题,在头条位置,把"大战"的攻势和胜利的新闻连续报道出去,使广大读者及时看到捷报:

"晋察冀八路军全线出击,正太、平汉捷报先传。炸毁三铁桥,铁路已中断。攻占井陉矿区,守敌被歼,新矿全毁。"

"十八集团军,雄师百团大举总攻。前线群众随军参战极为踊跃。"

"晋察冀八路军气吞山河,正太东段攻克天险娘子关。我军胜利的红旗插在关头。"

"正太东段守点之敌,外出扰乱,被我击退。"

"129师及决死队,出击正太西段。攻占寿阳以西车站和据点,全歼守敌。"

"朱彭总副司令代表八路军,电慰重庆被炸同胞。电文称:'敌机狂炸重庆,居民死伤无算。闻讯之下,愤怒莫名!适于该日晚,我军集中百团大军,开始向正太、同蒲、平汉等路大举进攻。……德等谨代表八路军全体将士,以百团大战之胜利,贡献于重庆全市被难同胞之前,以报受敌寇之残暴兽行,而为被难同胞雪恨'。"

"百团大战声震全国,华北八大铁路均被毁断。平汉我军猛震平绥路,攻克桑园等据点。"

"冀中军民五万破路,石德、沧石百里毁断。敌公路网已支离破碎。"

"冀东八路军出动万余,攻克蓟县,歼敌三百。"

"长城沿线八路军展开攻势,攻入唐山,截断北宁。"

"平西八路军攻迫（进）北平，攻占卢沟桥附近据点，守敌百余被歼过半。"

"晋西北 120 师，攻击同蒲路，歼敌三百，炸毁铁桥。"

"正太东段我攻占泉头站，解放铁路工人一千七。"

"井陉煤矿被毁后，矿工三千全部解放，投奔边区人民政府，正待分配工作。"

"百团大战胜利声中，绥东伪军万余反正。"

"百团大战频传捷报，边区政府群众纷纷劳军。"

"朱、彭总副司令嘉奖晋察冀参战指战员，望猛烈扩大战果。"

"八路军百团大战丰功伟绩，蒋委员长特电嘉奖。"

"百团大战鼓舞友军，卫立煌长官驰电祝捷。"

反映攻势胜利的这些新闻，通过报纸，传到根据地各个角落，群情振奋。

报社派到正太路、平汉路随军采访的战地记者、特约记者和随军作战的特约通讯员，发回报社 30 多篇前线通讯，对这次大进攻的主要战斗，对子弟兵的英雄气概，对参战民兵的战斗热情，都有生动的描述。报纸迅速发表了这些通讯，使读者对这次历史性的大战役，有个生动的系统的了解。

9 月 20 日到 10 月 10 日，百团大战发展到第二阶段。这个阶段的任务是在全华北扩大战果，各战略区的攻击目标、进度都不同。晋察冀八路军的任务，主要是发动"涞灵战役"，向涞源、蔚县、广灵、浑源大出击及在冀中向任丘、河间、大城、肃宁地区出击。《抗敌报》组织力量，继续大力报道。进攻开始后，报纸即在头条用大标题宣告群众：百团大战第二阶段，晋察冀北线子弟兵威撼涞蔚，攻克涞源附近的三甲村、东西团堡、白石口、下北头等 8 个据点，守敌顽抗，被我全歼。晋察冀八路军出击 5 日，歼敌 800。拔掉了长城西北面涞源、灵丘、浑源、蔚县一带敌人的一批据点，破击了长城内外的敌人的公路交通，摧毁了这里的伪组织,恢复了抗日村政权和群众团体。报社为宣传第二阶段的胜利,发表了大量新闻、通讯和社论,还发了号外。

自 10 月上旬到 12 月,百团大战进入第三阶段,扫荡与反扫荡的斗争,成为这个阶段的特点。北岳区的反扫荡,从 11 月 9 日到 12 月 3 日,经过 55 天的游击战,粉碎了日寇想挫伤晋察冀部队主力、摧毁根据地的企图。在北岳山区坚持战斗的《抗敌报》,于 11 月 7 日改名为《晋察冀日报》。改版后,随即投入冬季反扫荡,继续展开对百团大战的宣传报道。

3. 配合根据地建设,宣传生产运动和民主选举

(1)关于政权建设的宣传

《抗敌报》创刊时,正是边区抗日民主政府筹备成立的日子。1938 年 1 月 15 日,用民主选举的方法产生了晋察冀边区政府——晋察冀边区临时行政委员会,以聂荣臻、宋劭文、胡仁奎、刘奠基、张苏、吕正操、孙志远、李杰庸、娄凝先 9 人为委员,并推选宋劭文为主任委员,胡仁奎为副主任委员。

这是根据地开辟时的重大新闻,报纸着重报道了这个振奋人心的喜讯。消息和社论强调:这是在华北敌后根据地创建的第一个统一战线的、抗日的、民主的政权。从此,结束了旧的国民党地方政府土崩瓦解后的无政府状态;也逐渐结束了 1937 年冬各地群众团体、各级"动委会"、"救国会"等机构在过渡时期代替政权的现象。从此,长城内外广大的山乡和平原,有了统一的抗日民主的政权系统,有了保证抗战的统一的政策、法令。这个边区政府的成立,是晋察冀边区正确地执行中共中央抗日民族统一战线政策所取得的巨大成果。这个政府代表着边区汉、回、蒙、藏各民族及和尚、喇嘛等宗教界人士,代表着边区的共产党和国民党这两个政党组织,有广泛的人民代表性。

当时,作家周立波正在晋察冀访问,他访问了参加军政民代表大会的五台山喇嘛代表,探访到大会的详情。后来,他在介绍晋察冀《抗

敌报》新闻的同时,记述了这次大会上洋溢着抗日民主气氛的一段佳话:

宗教与少数民族问题,在边区军政民代表大会上,更展开了热烈的讨论。有一个代表起来发言,认为和尚喇嘛除了烧香念佛以外,不做其他的事,他们只是消费者,对抗战毫无利益。他主张减租的时候,把和尚喇嘛的田地租少减一点。于是引起蒙藏同乡会和喇嘛代表刘三阳的反驳。他说:

"本席代表五台蒙藏同乡会和青黄两庙说两句话。两教原来归一家,我们也是中华民族的一分子,在这全国一致抗日的期间,我们也是抗日的。我们虽然是出家人,但只是为穷所迫,没有法子。所以,不应当存着一些歧视心理。我们许多和尚喇嘛,也都来参加抗日,也组织僧人动员会、自卫队,来共同一致抗日呀!(鼓掌)况且过去青黄两庙对于支差,是很尽力的。今年,五台山若不是僧人,不但大军过往没有办法,就是三二百人也要受饿。我们还供给许多皮衣。不要因为有少数汉奸分子假借朝山进香的名目来作暗探,便要排斥我们。"(鼓掌)

于是邓拓代表发言:

"和尚喇嘛他们也是中国人,也有着抗日的一致要求。他们虽然出了家,但并没有出国,同样可以打日本。我们不要因为他们以往的生活习惯上的不同,便来摒弃他们。这是很不正确的。(鼓掌)他们的烧香念经,只是宗教上的信仰问题,我们应该保证人民的信仰自由,不要用鄙视的眼光看他们!"(鼓掌,热烈的掌声)

于是聂荣臻司令员发言:

"我听了133号代表发言,使我觉得非常的兴奋。我完全同意邓拓同志的发言。是的,在这全民抗战的时候,在民族革命统一战线上,我们应该和各民族紧紧地携手,不分彼此,共同抗日!(鼓掌)我们不应该因为和尚和喇嘛们信仰和生活习惯的不同,便把他们抛弃在抗日的门外！一切不同信仰，不同种族的人们应该有坚固的团结。我们不能干涉任何人的宗教信仰，应尊重他们的信仰自由。少数民族的特殊利益，我们政府、军队和人民应当加以保护和尊重。他们也是中华民族的一个组成部分，他们并不甘心当亡国奴，他们也有抗日的要求。所以，我们应该对他们取同一待遇，把他们看成同其他的人一样，不可稍存歧视的心理！（鼓掌）我们要各族一致坚固的团结起来，争取中华民族的彻底解放。"

河北定县有许多回民，这一次定县全体回民的代表刘心义，回民游击队的代表马逢遴、王正声，参加了边区的代表大会。他们是后来的。当他们走进会场的时候，全体代表热烈地鼓掌，同时呼了许多欢迎的口号。

到过五台山的人，都看到了青黄两庙的和尚与喇嘛，执着枪刀在日夜放哨。为了抵御残暴的日本强盗，捍卫垂危的祖国，僧侣们暂时走出了经堂，破除了杀戒，用钢刀来保证"如来"的爱。

"他们出了家，但并没有出国"，这是抗战的佳话。

这一段"佳话"，正是晋察冀边区一开始就认真执行抗日民族统一战线政策的一个明证。

在报道了边区政府成立之后，《抗敌报》对根据地头一年开辟过程中的抗日民主政权建设，进行了连续的报道和宣传。包括很快开辟出来的800多个村的民选，村、区、县政权机构的改革，反对贪污、厉行节约和廉政建设，政府和军队、群众团体之间新关系的建立，政府工作人员的民主作风与朴素的生活作风，反围攻中"游击政权"的重要作用，等等。除新闻报道外，关于民主政权工作的社论，发表了23篇，评论和建议的重点，集中在发扬民主与廉政建设。例如1938年4月至9月间，新闻和通讯中关于唐县、平山民主廉政建设的报道：

[唐县讯] 唐县已普遍实行了民主选举，村长、村副都是抗日救亡工作表现好的，且有几个村当选的是妇女，她们成了妇女参政的先

锋。民选的新县长，带领群众到平汉铁路上破坏敌人交通，有 2000 多民兵跟着他去战斗，取得大胜，成为群众爱戴的抗日民主县长。政府的干部，带头节约，自动把生活费降低，县长 15 元，区长 13 元，余皆 12 元，并号召民众，开展节约运动。

[平山洪子店讯] 平山县自去年冬到今年 6 月，县区政府工作人员，都在艰苦奋斗当中，谁都没有想到挣钱和领津贴。自从新的县区政府建立后，一般都是依照八路军的津贴来支领。自从边区政府颁布生活费的规定到县后，大家都感到支生活费影响不好，自动开会讨论，大家通过议案：除饭费、衣服费和 4 元、3 元或 2 元的零用费外，其余的生活支出存起来，40% 作救国捐，30% 慰劳部队，20% 津贴群众团体，10% 津贴穷苦的工作员。此议案决定后，各方面都表满意。

对于个别新政权中发现的贪污、舞弊和官僚主义现象，《抗敌报》在 6、7 月间连发社论，提出警告，严加批评。6 月 19 日到 7 月 9 日，《根除贪污现象》、《防止税收中的舞弊》、《反对官僚主义》这 3 篇连发的社论中，揭发有的县长贪污 200 元，被群众发觉，在群众大会上公开承认错误，填写悔过书。有的税收机关及人员，收税时滥用权力，税率竟高出政府法令规定数倍。社论严格指出：这样的政府工作人员，"是持久抗战中的脓包，是国家民族的罪人，必须割除、处治，不应姑息！"要求各地"发扬群众监督的积极性，县长应在各界群众代表组成的县行政会议上，报告政情和经费账目，听取群众代表意见。"报纸对抗日民主政权的建设，表现出极大的关心和支持。

1938 年 9 月，在晋察冀边区的灵寿县，发生了一件极其令人痛心的事件——抗日自卫队基干队员刘庆山被县长（共产党员）非法枪决。这个惊人的冤案，当时被称为"刘庆山事件"。

刘庆山，小名拴牛，灵寿县白河村坚决抗日的青年。共产党八路军到这里开辟抗日根据地时，他就积极参加抗日救亡工作。1938 年 2 月，参加抗日义勇军，在十二大队当战士，随后转到区公所和县政府工作,遭枪杀时是基干队员。他为人忠厚,性情直憨,不畏强暴,工作积极,同志邻里,对其都有好感。在区公所工作期间,直接批评区长粟怀玉和助理员梁世昌一再贪污的罪行。这个区长和助理员不但不悔改,反而怀恨在心,找县长去诬告刘庆山。县长庇护区长,不查不审,将刘逮捕,诬为"暴民",当夜枪决。此事传出,群众哗然,纷纷为刘庆山鸣不平。《抗敌报》闻讯,特派记者前去专访,查清事实经过,于11月27日,立即向社会报道冤案真相。30日,发表《关于刘庆山事件》的评论,指出:"在抗日根据地里,发生这样的事件,显然是一个严重的不幸与耻辱。""它会使我们的救亡工作者觉得:在抗日政府之下也没有任何保障,得不到生命的安全。这在神圣的民族抗日的伟大事业上,是何等严重的损失!"报纸代表群众呼吁:边区政府应立即彻底查究,依法严惩县长与贪污官员,向群众公布处理结果,保障救亡工作者的安全。报纸的新闻与评论发出后,在社会上引起强烈反响。各方愤懑不平与要求执法必严的稿件,源源不断地投到《抗敌报》。12月9日,发表边区政府通告:(1)灵寿县长蓝天,已知自己错误,并致电边区政府宋主任,听候政府审判。(2)边委会已将灵寿县长蓝天撤职,交司法处依法议处。区长粟怀玉、区助理员梁世昌贪污腐化问题,依据惩治贪污暂行条例议处。至于抚恤刘庆山家属及群众团体要求保障救亡工作人员生命的安全事,边委会已完全应允。

《抗敌报》关于"刘庆山冤案"在报上进行公开的批评,持续了一个月,采用了新闻、通讯、社论、读者议论、读者信箱以及文艺作品等多种形式,特别充分地反映了边区各界的意见和要求,这是《抗敌报》创刊头一年内公开批评中最典型的一次,是一次很出色的连续报道和全面报道。它对抗日民主政府工作的改革,对群众团体监督作用的发扬,都起了明显的推动作用,也反映了党报的指导性与群众性。

(2)关于生产建设的宣传

开创根据地时的经济困难,十分突出。北岳山区经济落后,人民生活长期贫困。《抗敌报》创刊不久,就宣传建立战时经济,提出大力发展生产,保障军需民食。

1938年一开春,报纸就热情地大抓农业宣传,把农业放在经济报道的首位。在2月17日,开辟"春耕专号",当时还在边区党委机关工作的邓拓,在春耕专号上发表《迅速开展春耕运动》的文章,指出"1938年的春耕搞好了,对于初创的晋察冀根据地的建设,有决定意义。"为了冲破农业经济的难关,这篇专文提倡集体的协作劳动;进行可能的农业技术改良;开展垦荒运动;增加有利作物的种植。这些建议,很快被有关单位采纳,在边区各地实行。5月间,报纸搜集了十个县春耕运动的情况,介绍先进经验,促进了五台、崞县、繁峙、平山、唐县、阜平等县相互学习,把春耕、开荒、协作劳动等推动了一步。一到秋天,报纸就及早提醒边区各界"武装保卫秋收"。8月21日发表社论,指明保卫秋收是全边区的战斗任务,要求一切抗日部队坚决打击抢粮的敌人。要求广大农村,不仅要及时抢收抢种,坚壁清野,为部队准备好给养;还要保留青纱帐,为秋后的游击部队准备好作战的有利阵地。

(3)关于文化建设的宣传

《抗敌报》在晋察冀根据地文化战线上,是新文化的传播者,是抗战文化的先锋队,是对日寇、汉奸文化作斗争的中流砥柱。在边区初创时期,尤其如此。

1937年秋冬和1938年春季,抗日救国的文化活动蓬勃兴起。抗战的歌曲遍地唱,抗日救亡的街头剧到处演出,抗日的小报,像雨后春笋在许多县、许多团体、许多抗战的单位里创刊,共有90多种。在3省72个县1200万人口的地区,初创时期就能出版这么多报纸,充分表现出边区抗战的新闻事业蓬勃兴起的新气象。《抗敌报》及时报道了这个新气象,促进了它的发展。其他方面,如小学中学教育的恢复、重建,战地小学、国防小学的创办,各抗战剧团、解放剧社和轻骑式演出队的活动,群众中自办的救亡室、民革室、救亡教育研究社和时事讨论会,在这一时期都有报道。报社编辑面对新文化振兴的热烈景象,很受鼓舞,经常以大量篇幅广为传播。

对于新文化建设,报纸的言论起了明显的作用。《论边区的文化运动》、《怎样加强教育训练工作》、《开展冬学运动》等社论和文艺副刊,竭尽全力传播新生的抗战文化,经常发表和推荐人民抗战的歌曲、话剧、歌剧、街头诗、报告文学、短篇小说等等。表扬抗战立功的文化教育工作者,在报上组织新文化问题的讨论,揭示新文化运动中的缺陷和问题,指明新文化发展的方向。在抗日根据地开创时期,《抗敌报》就显示出在创立和发展新文化中的特殊作用。

4. 克服艰难困苦,坚持游击办报

1938年秋,日寇大肆喧嚷要实现"南取广州,中攻武汉,北围五台"的作战计划,妄图速战速决,灭亡中国。当时,敌人侵占了我国东部的大城市和交通要道,却挡不住中国共产党领导下的抗日根据地的发展。尤其是晋察冀边区,迅速壮大,控制长城内外、威胁平津,被日寇视为心腹大患。于是在"南取广州"、"中攻武汉"的同时,调集5万多兵力,从平汉、平绥、同蒲、正太各线,发动对晋察冀中心地区的多路围攻,扬言要"犁庭扫穴",疯狂之极。敌人的主要目标是边区党政军领导机关和主力部队,当时在五台山的《抗敌报》社,也是围攻目标之一。

聂荣臻司令员告诉邓拓:"五台山是战场,你们报社可向太行山的北部山区转移。"

坚持新闻岗位的报社,没有急着离开五台山这个坚持了半年多的宣传阵地,而是尽快把敌人进攻的消息告诉边区人民,并抓紧进行反围攻的舆论指导。8月底,曾发过社论《加紧秋收与保留青纱帐》、《彻底克服太平观念》。9月中旬又发社论,批评平汉线附近有些地方割掉了青纱帐,使游击队失掉一部分极有利的游击阵地。9月18日在《时事一周》里指明：敌人已从灵寿城开始向边区蠢动。但群众中仍有不少人缺乏迎战准备，针对这个情况，报社力争多出了几期报，并连发《加紧战争动员，粉碎敌人围攻》和《怎样进行坚壁清野》两篇社论，及时帮助群众作好反围攻准备。到 9 月 30 日发表社论《反对麻木不仁与惊惶失措》时，围攻的敌人已逼近五台山，报纸印了一半，就不得不拆了机器，转移阵地。

当敌人临近时，报社带着编辑资料、铅印器材、出版物资，依靠一队骡马的运输，浩浩荡荡从五台山南麓的大甘河、海慧庵出发，越过太行山北部的长城岭，向河北省阜平、平山间的深山区转移。黑夜到达长城岭下益寿寺时，得知东路敌人正从曲阳进攻阜平城。报社收到聂荣臻司令员来电，指明敌情紧急，叫报社队伍不要东进，必须在当夜离开益寿寺，躲开敌人主力。报社人员翻过南山，钻进险峻山谷中的一个小村——瓦窑村，昼夜突击，连续出版《抗敌报》4 期，把刚收到的中共晋察冀区党委号召粉碎敌人围攻的文告，各路军民抗击日寇的新闻，很快发表出去，使群众及时了解了反围攻的形势和领导的意图。

报社的临时阵地——瓦窑村，是个只有十几户人家的贫苦小村，老百姓住的都是土草房。乡亲们支持报社，清理出几间柴房作排字间、机器间，借给几张桌子当案子排版。没有汽灯，就用麻油碗灯，在昏暗灯光下，拣字、排版、印刷。编辑们坐在乡亲的门槛上，伏在膝盖上写稿、编报。睡觉时，乡亲们把热炕让给报社的人。吃的是土豆、蔓菁菜饭和乡亲们送的一点咸菜。

4 期"日报"印发完了，日寇已到龙泉关，离报社只有 10 公里了。"走！"再转移，使合围的日寇自己空撞去吧！报社队伍恰似一条游龙，"游"到平山县卧龙村，"卧"在这里，悄悄出报。这里是太行山东麓的一条深谷，比瓦窑村更隐蔽，日寇围兵多路乱窜，始终没有找到《抗敌报》这个流动阵地。

陆定一同志对《抗敌报》的游击办报进行了高度评价,他在华北《新华日报》上发表文章《晋察冀边区粉碎敌人进攻中的几个重要经验》,其中说:"报纸是宣传和组织的一支重要武器,在平时固然极其重要,在战时更为重要。""当敌人大举进攻晋察冀的时候,报馆的地址可能被敌人占去,报馆不能不随着军队打游击,平时组织好的发行网、通讯网等,也可能因战争而瓦解。只有以极大努力,克服这些困难,保持报馆工作的正常进行,才能达到其在战时应有的作用。在这一方面的工作之中,我们应当指出,晋察冀的报纸工作确是做了模范,并给了我们很宝贵的经验。"在谈到报社的记者、通讯员时,他说:"他们的通讯员不愧为'战地报人'。""《抗敌报》在战时每期都有很有权威的社论,极其具体,而且切实,没有不着边际的空谈。有本区的作战消息,占新闻的主要地位。有国际和国内消息,各约占一版地位。第四版登载专论、宣言、地方讯和文艺作品,连文艺作品在内,都是针对当前紧急任务的。"

(二)最艰苦的岁月(1940 年 11 月 7 日—1943 年 12 月)

1940 年 5 月 4 日,中央北方分局开会,讨论报纸和通讯工作,彭真主持,成立分局党报委员会,由邓拓、刘澜涛、姚依林、李常青、胡锡奎五人组成,邓拓任书记。5 月 18 日,彭真视察了抗敌报社工作,在报社干部大会上,他特别强调了党报的党性问题。会后,邓拓、刘平、郑季翘等领导、编辑、记者和全体工作人员,讨论党报的性质、任务和编辑方针,成立评论委员会,建立了加强报纸工作的制度和纪律,举办政策教育讲座,请北方分局姚依林等领导人到报社讲抗日根据地的经济建设和对敌经济斗争等,还举办青年练习生训练班,提高政治思想水平,报社领导体制由主任制改为社长制,邓拓任社长。11 月 7 日,北方分局决定,把隔日刊的《抗敌报》改为《晋察冀日报》。

这个夏天,报社曾遭遇过一段特殊的困难:日寇伪造《抗敌报》,潜入边区散发,企图鱼目混珠,淆惑视听,破坏威信;顽固分子造谣中伤,挑拨离间,破坏这个报与人民群众的亲密联系;派进坏人,破坏报纸的印刷;阻止报社物资的运输和新报的发行。5月16日,报纸发表社论《向边区各界呼吁》:"切望边区各界同胞,洞悉敌寇汉奸、投降派、反共派、顽固派对我边区文化事业和舆论机关无耻的阴谋破坏伎俩,一致予以无情之揭发与有力的打击,予本报以更多的实际援助。本报誓必竭力加强与我全边区广大同胞血肉斗争的联系,巩固边区抗敌的革命的舆论阵地, 与敌寇汉奸及一切民族败类顽强奋斗到底。"报社发出呼吁后,广大读者反映强烈,纷纷响应号召,给报纸创造出许多开展工作的有利条件,日寇伪造的《抗敌报》,很快就被群众的怒火烧掉了。

11月7日,在晋察冀军区创建3周年之际,《晋察冀日报》以新面目按计划同读者见面了。在头版头条位置,发表了简要的《革新启事》,声明:"为适应抗战新形势的要求,本报实行全面的革新,改为日报,并更名为《晋察冀日报》,俾能反映与推动晋察冀边区全面的斗争。"同期日报还发表中共中央北方分局书记彭真写的专论《军区三周年、十月革命二十三周年与<晋察冀日报>》,文中阐明:这个报"是我们共产党在边区文化上的党军,是抗日统一战线和抗日斗争的武器与思想卫士,已成为边区人民的喉舌和思想武器,她自己就是一种在晋察冀具有根深蒂固的基础的抗日力量。""我们相信,她将成为全边区人民最忠实的喉舌和我们思想战线上的正规的党军。"聂荣臻同志是开创晋察冀根据地的领导者,也是这个报的创办人,他给新改版的《晋察冀日报》题词:"坚持敌后抗战整三年,边区子弟兵愈战愈强,《抗敌报》更以新的姿态——《晋察冀日报》出现,我们的宣传战、思想战也愈战愈有力。"

改为日报后,报纸发生了以下几点显著的变化:

(1)加强了党性。按党的方针政策,更加经常地指导边区多方面的工作,这突出地表现在增加言论上。新日报在一年内关于对敌斗争、根据地建设等方面的社论,就发表了278篇,比改日报前的一年多发107篇,这明显地加强了党报的指导性。

(2)加强了地方性。边区新闻在一版、二版头条中及显著版面上,占了大部分,突出了地方性,对晋察冀根据地建设和对敌斗争的新面貌,反映得较充分了。

(3)对宣传更加重视。关于发展敌后游击战争的新闻、通讯量增加。报纸经常提醒读者:对相持阶段敌后战争的残酷性和严重困难,要做充分的准备。

1. 颂扬白求恩精神

中国人民的抗日战争,得到国际朋友广泛的同情和支持。他们有的在本国发动群众,开展援华抗日运动;有的亲自到我国敌后抗日根据地,同中国人民共同战斗,发扬了高度的国际主义精神。

1938年6月初,加拿大著名大夫、共产党员诺尔曼·白求恩,从延安出发,冲过同蒲铁路封锁线,到达五台山地区,军区司令员聂荣臻迎接了他。6月27日,《抗敌报》报道了五台群众欢迎白求恩大会的盛况,宣传白求恩医疗队支援中国抗战的国际主义精神。在数千欢迎群众的掌声中,白求恩发表演讲,他热情地说:"我们医疗队是来支援你们抗战的。为了你们,为了你们的孩子,为了你们孩子的孩子,共同努力吧,把日本鬼子打出中国去。"他很快就在五台县松岩口创办了救死扶伤的医院,天天不断地进行手术治疗,并给重伤员输他自己的血,进行急救。白求恩先后到过五台、灵丘、冀中平原游击战场和长城南侧的涞源、唐县地带,在游击战里,抢救了八路军无数生命垂危的伤员。1939年11月,在消灭日寇1500人、炸死敌中将指挥官阿部规秀的雁宿崖、黄土岭歼灭战中,白求恩到火线上为八路军许多伤员做手术,为那次闻名全国的歼灭战立了战功。

很不幸,在那次前线手术时,他受到了致命的感染,11月12日,在唐县黄石口村与世长辞!他在生命的最后一刻,写信给聂荣臻司令员,深情地嘱托:"请转告加拿大和美国共产党,我在这里十分愉快,我唯一的希望是能多有贡献!""请转告加拿大人民和美国人民,最近两年是我生平中最愉快、最有意义的时日!"他写下的最后一句话是:"让我把千百倍的谢忱送给你和其余千百万亲爱的同志。"

《抗敌报》把白求恩逝世的消息,报道给边区军民,上报给延安新华社总社。毛泽东主席很快就在延安《新中华报》上发表一篇专文《纪念白求恩》,指明加拿大共产党员白求恩,"把中国人民的解放事业当作他自己的事业",颂扬白求恩精神"是国际主义精神,是共产主义精神,是毫不利己专门利人的精神。"晋察冀边区军政民各机关、团体举行追悼大会,聂荣臻号召到会群众和边区共产党员"向白求恩学习"。

《抗敌报》——《晋察冀日报》在以后的宣传报道中,多次颂扬白求恩精神,使之成为鼓舞人民前进、争取抗战胜利的力量。

关于印度人民援华抗日的报道,突出地宣传了印度国民大会援华医疗队柯棣华大夫的事迹。柯棣华大夫在晋察冀边区战斗过3年,从1940年到1942年底,一直在抗日前线工作。他处处以白求恩为榜样,为抗日军民救死扶伤,奋不顾身地战斗到最后一息,于1942年12月9日病逝,享年32岁。他把宝贵的青春,贡献给了中国人民的革命事业,为中印人民之间的战斗友谊谱写了壮丽的篇章。

《晋察冀日报》于当年12月15日,报道了这位印度朋友的国际主义精神:"柯棣华大夫,是印度医学专家,1940年来晋察冀边区参观,感于敌后医务人员的缺乏,遂自动留在军区工作,旋被任为白求恩国际和平医院院长。在他任职两年多的过程中,由于他高度的工作责任心和精深的医学技术,对军区卫生工作的建设,有许多宝贵的贡献和创造。他自奉俭朴,和八路军一样,过着艰苦的生活。在学习上,更是刻苦努力的模范,很短时间,就学会流利的中国话,能阅读中文报纸和文件。他的家庭是印度一家地主,可是他自己却有坚定的革命人生观,愿终生献身于无产阶级的革命事业,更对中国的伟大抗日解放战争深表同情,不顾万里征途,亲身来参加这一艰巨的斗争。由于他不断追求国际主义者的远大理想,他终于在 1942 年参加了中国共产党,成为前进的革命科学家和战士。"

当时,中共中央所在地的延安举行了柯棣华追悼大会,毛泽东主席送了亲笔挽词:"全军失一臂助,民族失一友人。柯棣华大夫的国际主义精神,是我们永远不应该忘记的。"

2. 揭露日寇罪行

1941 年至 1943 年,是全国抗战相持阶段中晋察冀抗日根据地最艰难的时期。这三年间,我国的抗日战争和世界反法西斯斗争,都发生了重大的变化。1941 年 6 月德国法西斯发动侵苏战争;日本法西斯与之呼应,也于同年 12 月发动了太平洋战争。为了迅速灭亡中国,一面对国民党施加军事压力和外交诱降,一面集中 64% 的日军和 90% 以上的伪军,频繁"扫荡"敌后抗日根据地,特别是把侵华作战的重点逐步转向华北,对我抗日根据地实行"三光政策",力图扩大占领区。国民党反动派发动第二次反共高潮,由片面抗战转为消极观战,指示大批敌后国民党军变为伪军,与日寇勾结,进攻解放区。

(1)对秋冬季反扫荡的宣传

1940 年 8 月到 12 月,日寇 3 万多人分 13 路向晋察冀边区进行"冬季扫荡"。这是敌人在我"百团大战"中遭受重大打击后的"报复扫荡",来势很凶恶,喧嚷要"毁灭"晋察冀根据地。

对于日寇的这次"扫荡",晋察冀抗日根据地的党政军民早有迎击的准备。7 月 22 日,军区司令员聂荣臻发出了准备对抗敌人的命令。报社也早有准备,7 月 31 日,社务会议制定了《反"扫荡"工作提纲》,要求全社人员,"足够估计残酷战争环境的新困难、新特点,准备在最紧张的情况下,坚持出版铅印报"。

8 月下旬,进入边区西南部的敌人,开始对晋察冀日报社搜索合围。24 日,逼近滚龙沟 10 公里时,报社人员才急行军转移到沟外。这样就多坚持了 10 天,多出版 10 期报,发挥了更大的宣传效果。

9 月里,报纸重点报道了"狼牙山战斗":

9 月 24 日,易县管头、松山、周庄等据点敌人,集中 3500 多,向北围攻狼牙山区。隐蔽在这一片深山里的涞、易、徐、满四县部分干部和几万群众,坚决突围。

在场的一分区领导人和邱蔚团长,指挥得当,一支八路军和几万群众,进退敏捷,日寇"高见部队"疯狂搜山,完全扑空。

掩护着几万人向山北转移的八路军一个排,不论敌人攻击多么猛烈,坚决阻击,未后退一步。负责最后完成掩护几万群众突围任务的第六班 5 个人,毅然把围过来的几千名敌人引向狼牙山高峰棋盘陀。

班长马宝玉带领 4 个战士且战且上,一直战到棋盘陀绝壁顶峰。向棋盘陀围攻去的 3000 多日寇,被这支 5 位战士的"主力"引入迷阵之中。

5 个人战到最后,在"打倒日本帝国主义""中国共产党万岁"的高呼声中,一齐跳下山崖!

"高见部队"拖着被打死的 100 多具尸首,退回管头,祭奠无声的"凯旋"。

关于老百姓智斗日寇的报道很多,对群众的鼓舞很大。从放牛娃王二小迷惑敌人的壮举中,可见一斑:平山县一个放牛娃,13 岁的王二小,1941 年 9 月 16 早晨去山坡放牛时,把进山"扫荡"的一队敌人,带进了八路军的伏击圈,突然我伏兵四起猛攻,把那队敌人全部歼灭。英雄王二小惨死在日寇的刺刀下。当时隐蔽在附近山沟里的一批干部和老百姓几千人得救了。王二小的英雄事迹传到每个村庄、每个机关、每支部队,大家含着眼泪,颂扬二小放牛郎。党报上发表了音乐家劫夫与诗人方冰创作的颂歌《歌唱二小》,迅速在广大群众中传开。

在报道我军战绩的同时,《晋察冀日报》还大量揭露了日寇的暴

行。如 1941 年 12 月 6 日报纸刊载的北岳区妇救会一则《暴敌蹂躏我女同胞的兽行》的调查报道,原文如下:

[本报特讯]敌寇在今年秋季"扫荡"中,其烧杀、奸淫暴行,惨绝人寰,旷古未闻。兹据北岳区妇救会不完全统计,敌寇在北岳区对我妇女同胞所施兽行即有如下数字:(一)奸淫与屠杀:龙华××两个村子500 个妇女全被奸淫。阜平县有两个村 400 个妇女中大部分被奸淫,在阜平方代口一个壮年妇女,被 30 个鬼子轮奸后,用刺刀从阴道刺死。有的妇女被奸或杀死后,阴道里还填满了谷子高粱。有的故意在孕妇肚子上用刺刀刺,直到刺死为止,有的一刺刀把孕妇肚子里的孩子挑了出来。有的用擀面杖在妇女身上来回擀,擀到完全不省人事以至死去。有的从鼻子里灌冷水,有的把妇女吊在树上用刀把身上的皮全剥去,但并不一下弄死,叫她在那里惨叫一直到死去。曲阳××村有两个老年妇女被敌人一片片的割死了。在阜平有个村一个妇女赤身被吊在树上。很多地方为了奸淫妇女,就把孩子给挑死,有的把孩子的皮剥光了。井陉几个鬼子,你拉头,他拉脚,把一个儿童分成几块,最后鬼子们还很得意地哈哈大笑。××地敌人捕捉很多青年妇女,叫她们站队登记,然后关在屋子里再一个个的点名叫出去,名曰"过堂",实际强奸,有的妇女连续被叫去五六次。阜平××村,到了晚上,敌人即将捉来的妇女一个个拉去奸淫。金家口村一个 16 岁的女孩被 8 个鬼子强奸,至今起不了床。阜平×村 6 个鬼子强奸一个11 岁的女童,河南村一个 10 岁的小女孩都被强奸死了。(二)侮辱与玩弄:敌寇除奸淫和惨杀妇女外,还用别种方法侮辱妇女。阜平的老树庄,敌人挑选 3 个最漂亮的青年妇女,强迫她们脱光衣服,给他们带路。金家口村捉去十几个妇女,逼着脱去衣服转圈子,敌人在四周用小石块扔她们以取乐,还叫青年妇女裸体扭秧歌。完县××村敌人叫一个妇女脱去衣服,把衣服烧了,叫她围着火绕三圈。王快村被捉去一个孕妇,在生小孩的时候鬼子们挤满了屋去看。(三)捕捉妇女运

往东北。曲阳郑家庄敌人用汽车抢走我 427 个妇女同胞,运往东北当娼妓,作牛马,在灵寿运走者更多。各地被捕的妇女被奸后,凡稍具姿色者,也被运走。

(2)对五一反扫荡的宣传

1942 年 5 月 1 日,侵华日军对冀中区发动了空前残酷的大"扫荡",冈村宁次调集 5 万兵力,"扫荡"数月,捕杀冀中群众 5 万余人,成为日军侵华史上最恶毒的一页。

这次反"扫荡"大战的特点之一是:村落阵地的争夺最为激烈。每一个村落争夺战,我方参加的不仅是英勇的八路军,而且包括周围一村或数村的民兵、老百姓,能作战的人,都参加了,形成了最广泛的军民配合的群众性游击战争。这样的村落阻击战,是从无极县赵户村开始的。《晋察冀日报》特派记者沈重,写出报道《四次赵户战斗》:

八路军一个连,在无极县赵户村抗击 500 日寇的进攻,坚持了 25 天,毙伤敌人 300 多,自己伤亡 18 人,然后,胜利转移。在阻击攻村的敌人时,全村百姓奋起助战,地雷阵、手榴弹大显神威,投弹手李三子向鬼子群中扔去 180 个手榴弹,一人打死 80 多敌人。鬼子遭到重大伤亡后,施放毒气,但仍进不了村。敌人四次进攻,都被打退。这次顽强的村落阻击战,粉碎了敌人急欲打通无极、定县公路的企图,保住了附近八路军几个部队间的依托,对冀中军民是个很大的鼓舞,很好的动员。

这次冀中人民反"扫荡"的特点之二,就是地道战。《北候的地道斗争》,报道了无极县军民利用地道战的方法获胜的一次战斗:

上千的日寇"皇军",配合着坦克、汽车、大炮、骑兵、车子队等联合兵种,从无极县城及附近各据点分路出来,包围了不到一(平)方里的一个小村——北候(无极县城北 30 公里)。这里是我们民兵大队的驻地,临时也来了一支八路军。日寇团团围定,像兵山枪林,大有风雨不透、水泄不通之势,敌人号称"铁桶包围阵"。

在村边，敌人遭到民兵的抗击。地雷和手榴弹的爆炸声中，鬼子兵发出惨厉的惊叫与呻吟。鬼子们踏着他们的死尸，攻进街道。民兵们熟练地穿越屋顶，消失在各个角落里。

"钻洞了？"鬼子们发现了地洞口，焦急、生气。洞里黑黑的，阴风刺骨，有的鬼子缩着头往下钻，被突然的枪声打倒在洞口了。有的用水灌，但不管用，地道中早有挖好的大量沟和井。有的放毒瓦斯，也不行，防毒设备早已备好。下洞、灌水、放毒，都是枉费心机。

鬼子害怕了。坑洞、灶台、猪圈、厕所，处处有洞口。明口、暗口、死口、活口，处处放冷枪。小鬼子谁也不敢钻，强迫汉奸钻。可是，汉奸明白，谁下地道，谁送命。他们发现洞口后，就弄些伪装去掩盖它。敌人又动手往下挖地道，没挖几下，又被地雷炸飞了。还有不知从哪里打来的子弹，报复他们。"皇军"付出了大量代价，撤退了。

北候的地道战，是武装活动、地雷爆炸和地道旋转"三位一体"的地道战。他们消灭了敌人，保卫了自己。这次地道战，八路军、民兵和老百姓，一个也没有伤着。

冀中这次"五·一"反"扫荡"大战，于6月底结束。八路军对敌作战272次，毙伤敌寇旅团长以下官兵和伪军共1.1万多人。游击队、民兵也获得很大战果，平原游击战取得了丰富经验。

（3）关于根据地反蚕食斗争的报道

1942年到1943年上半年，晋察冀全边区展开了反"蚕食"、反"扫荡"、反"封锁"的斗争，其中，武装斗争是核心。《晋察冀日报》在新闻宣传战线上，是反"蚕食"斗争的一支力量，是对敌政治攻势的一个组成部分。

在群众广泛开展的游击战中，涌现出无数的英雄人物。最突出的是爆炸英雄李勇，每个子弹消灭一个敌人的曲阳县神枪手李殿冰，灵寿杜庆梅游击组等等，他们屡建战功，受到表彰。1943年5月23日发表军区通令：表彰阜平县五丈湾村民兵队长李勇率游击组巧布地雷阵,歼敌36名的英勇事迹。同时发表了中共北岳区党委给五丈湾支部的奖励信。当日头版头条新闻是:全北岳区民兵行动起来,开展李勇爆炸运动。并刊载了北岳区人民武装部长程世才的《猛烈展开李勇爆炸运动》文章,第四版刊有仓夷的通讯《爆炸英雄李勇》。6月9日发表社论《广泛开展李勇爆炸运动,把民兵战斗推进到更高阶段》。后来,发表了记者沈重《神枪手李殿冰》的通讯,记述李殿冰的英雄事迹。记者秋浦报道了杜庆梅游击组的战功。

半年多集中全力进行的一段反"蚕食"、反"扫荡"、反"封锁"的斗争,使北岳区周围的敌我斗争形势发生了重大变化,敌人的"蚕食"计划被制止,开始扭转1941年以来所出现的被动局面。

(三)坚持全党办报,宣传抗战胜利(1944年1月—1945年8月)

1. 报纸的群众性

1944年到1945年8月,晋察冀边区处于局部反攻到大反攻的时期。中共中央和北方局指示,以"坚持抗日根据地,积蓄力量,准备反攻,迎接胜利"为1944年的方针,并以"强化对敌斗争,开展大生产运动,贯彻完成整风,强化时事教育"为中心任务。这也是当时进行宣传报道的依据。面对新的形势与任务,报社加强了这方面的宣传工作,认真贯彻执行了"全党办报"的方针。

这个时期形成了全党办报的高潮。其基本指导思想即列宁的办报思想:党报要成为集体的宣传者与集体的组织者。也是毛泽东同志的思想:走群众路线,从群众中来,到群众中去。在1944年4月的边区通讯工作会议上,详细而深刻地讨论了党报通讯工作的群众观点和群众路线问题。邓拓同志发言的题目是:《改造我们的通讯工作和报道方法》,提出了"群众内容、群众形式、群众写作"问题,并提出以"典型的、有重点的、有发展过程的、批判的"报道方法,改造现有的报道方法。他尖锐地指出:"这个改造,不是简单的方法问题,而是一个思想问题。""今天我们应该进一步认识到,真实的群众内容才是我们通讯的唯一生命。"这篇发言具有新闻学理论的深度,从哲学的高度分析总结了新闻工作的特点和方法。

1944年和1945年,两次群英会的宣传报道,体现了在通讯写作方面进一步走了群众路线。1944年2月18日,报道首届群英会开幕的新闻时,以"从群众中来,到群众中去"作为引题,主题是"边区党政军民联合召开空前热烈的群英大会",副题是"战斗英雄和模范济济一堂交换经验,将进一步组织广大人民迎接新胜利"。除了连续的新闻报道之外,专辟《英雄人物介绍》栏,共计发表了16位专业和非专业记者、通讯员的20篇通讯报道。此次会后,许多英模的光荣斗争事迹和宝贵经验大量地被反映出来。1945年2月9日至17日,连续报道了记者仓夷、张帆写的二届群英会开幕、小组会、典型报告、闭幕及战斗生产成果展览会的新闻,还于1月12日到3月14日期间,连续发表了59位专业和非专业记者、通讯员写的74位英模人物的通讯报告。像这样大规模的新闻报道阵容,不仅超过了第一届群英会的规模,在边区历史上都是空前的。关于英雄模范的介绍,要求抓特点,只有深刻地描写了特点,才能给人以生动深刻的印象;不但要写出英雄模范所创造的战斗、生产和工作的标准,特别重要的是要写出他怎样达到了这个标准。只有这样,才能使群众学会他的方法,走他的路,才能达到改进工作、培养干部、联系群众的目的;要求真实,要经过领导机关的审查,并尽可能地经过群众鉴定后再寄出;语言文字要力求使用群众语言,力戒华而不实。

2. 抗战胜利后的艰巨任务

这个时期,日寇为了配合太平洋战场,不甘心自己的失败,困兽犹斗,仍不断组织力量对敌后抗日根据地进行奔袭和"扫荡"。在这个敌后战场斗争极为激烈的时期,《晋察冀日报》从军事上、政治上、经济上不断地揭露敌人的阴谋,控诉日寇的"三光政策"所制造的令人发指的惨案。《晋察冀日报》(含《抗敌报》)于1937年12月11日创刊前，日寇在晋察冀地区制造的千人以上的屠杀惨案就有：1937年7月27日，天津市几千难民被杀；9月9日，山西省阳高县城被杀1000余人；9月12日，山西省天镇县城被杀2200余人；9月15日，河北省保定城2000余人被杀；9月间，山西省灵丘县居民1000余人被杀；9月28日，朔县县城被杀居民三四千人等等，不可胜数。有的直到抗战胜利后，八路军解放了那些地方，惨案的事实才得以如实地报道出来。如阳高惨案、天镇惨案。1945年10月24日《晋察冀日报》刊载了刘振铎所写《大祭血丘坟》的通讯，叙述阳高惨案的真相。这里简要介绍如下：

1937年农历八月初五这一天，日本强盗打进了山西的北大门阳高。鬼子兵把全城的老百姓压缩到十字街的中心，人们挤成了一个疙瘩。1000多个老百姓你看看我，我看看你，不敢作声。"该死！"谁让咱不早两天跑掉呢？日寇把老百姓们赶到朝阳门外，便开始了血腥的大屠杀。善良无辜的人们，在罪恶的枪弹面前，一个个、一群群地倒了下去。

鬼子兵的残暴达到了极点，他们用刺刀直穿，用马刀横劈，白刃进去，红刃出来。人们红了眼，完全忘掉了死是什么！从血泊中，在死人身子底下爬起来，赤手空拳地奔向敌人，卖肉的老刘夺过敌人的枪，一连刺死了三个鬼子，他壮烈地倒在了地上。死难同胞的尸体横卧在洒满了他们辛勤汗水的土地上。

秋风萧萧，阳高城死了。直到三个月之后，死难者的家属花了不少运动费，除领一名死尸花洋50元外，还得承认：第一，"你的人是该死"；第二，"这是'皇军'为了保护你们，才杀死你们的儿子或丈夫的"；第三，"不准哭叫"。老百姓咬着牙，吞下血泪应允了后，才把那些血肉模糊，尸体残缺的亲人抬到家里，把泪咽到肚里，把仇记在心上，葬埋了。

1945年8月，日本宣布无条件投降。对这种急剧变化的抗战形势,大家没有足够的思想准备,因而有许多糊涂思想需要解决。《晋察冀日报》刊载程子华同志的报告是有针对性的,请看这样几段话:

"敌人还没有放下武器,我们不是等他们放下武器,举手而得,而是要经过斗争。"

"解放区一切力量都要动员起来,援助前线、支持前线。但是这几天我们表现是怎样的呢?第一天收到日本宣布无条件投降的消息后,大家都一夜没有睡觉,自发地激起了从来未有过的狂欢,这样的狂欢是应当的。但是狂欢以后,现在还有许多人坐也坐不住,工作也干不下去了,使得当前紧急的工作放松了。没有认识到敌人虽然宣布无条件投降,并不等于投降,要敌人放下武器,还须要你去缴它。好多同志恨不得插上翅飞到大都市去,怕留在山沟,甚至暂时几个人处理后方事务都不愿意,对乡村一下子就变得毫无感情了。"

《晋察冀日报》当时的报道证明,日本无条件投降,对美军和蒋介石来说可能是无条件的。对敌后八路军、新四军甚至苏联红军来说,那是假的。我军要解放任何城乡,都要经过艰苦的战斗。所以,在宣传抗战胜利的同时,提醒广大军民要注意还有更残酷的斗争在等着我们。

(四)对人民解放战争的报道(1945 年 9 月—1948 年 6 月)

1. 在张家口办报

1945 年 8 月 23 日,晋察冀八路军解放张家口。

张家口是八路军解放的第一座较大的城市, 晋察冀边区党政军领导机关起初选定首府时,并不是在张家口,而是定在北平。如果日军真的无条件投降,边区领导机关即准备赴北平受降。但是到涞水后,才知道,北平日寇已奉日酋冈村宁次的命令,拒绝向八路军投降。这时,张家口才被确定为晋察冀党政军领导机关的首府。邓拓奉命率队转路开赴张家口。

《晋察冀日报》社于 9 月 12 日开始,在张家口出版城市大报,为对开四版,有时出六版。由《晋察冀日报》社接管的原伪《蒙疆新闻》社的印刷设备比较先进,印刷机为高速轮转,每小时印4万份,报社印刷条件大为改观,印刷质量达到创刊以来最好的水平。9月12日的版面安排是:第一版要闻,第二版为边区地方新闻,第三版为国内外新闻,包括其它解放区新闻,第四版为副刊、广告。遇增出六版时,五六版为长篇文章。

此时,蒋介石国民党政府奉行假和谈真内战的方针,一方面全面实行蒋日伪合流,一方面在美国政府支持下,急如星火地向中原、华东、华北、东北运送军队,抢占大中城市。令人气愤的是,八路军已经在敌伪手中解放的城镇,国民党军也不讲道理地夺走。以晋绥地区为例,在大反攻中,八路军已从日伪军盘踞的地区中,解放了归绥、武川、陶林(今科布尔)、卓资山、丰镇、集宁、兴和等地。就在毛主席赴渝谈判前后,国民党军傅作义部,又从八路军手中夺取了上述城镇。以晋察冀边区为例,蒋日伪合流不限于平津大城市,所有中小城镇几乎都是一个模式。《晋察冀日报》如实地作了这样的报道:

> 阎锡山与雁北敌伪合流,驻山西的日本第三混成旅团的大批军官混入阎军。10月2日,石家庄伪治安军变成中央军,伪新民会变成国民党部。保定各汉奸机关更换新招牌;伪新民会河北省总会,原封不动地成了"三民主义青年团"保定分团部;伪《华北新报》成了保定国民党机关报。大同日寇以维持治安为名,实行总武装,并杀害我同胞200余人。

当抗战接近胜利之时,国民党宣传机关和西方报刊曾经散布了这样的舆论,说共产党发源于农村,所谓"土八路",不会管理城市,好像只有在国民党统治下,中国才有出路。事实如何呢?抗战胜利后,晋察冀地区恰有两个相隔不远的城市,一个是八路军从敌伪手中经过战斗解放的张家口,一个是国民党从敌伪手中和平接收的北平。这两个城市到底谁管理得好,哪个城市人民大众安居乐业? 事实胜于雄辩。由于国共两党的政治、经济、文化等方面的主张不同,共产党实行人民民主专政,国民党实行垄断官僚资本统治,两个城市的面貌也就成了根本不同的样子。报纸是反映现实的,《晋察冀日报》有关两个城市的报道,自然就成了一个鲜明的对照:

"张家口市在共产党领导下,人民民主政权迅速建立,敌伪统治机器被彻底打碎,社会秩序很快恢复,工厂复工,商店开业,学校复课,经过日寇统治和战争破坏的张家口,那么快就呈现出一片繁荣的景象,实是历史上的奇迹,难怪国外人士都把她看成是人民城市的典范。"

"北平是我国历史古都,著名的文化城,当国民党和平接收后,北平人民并没有从抗战胜利中得到什么。重庆飞来的'劫收大员'横行霸道,汉奸摇身一变成为党国要员,工厂开不了工,商业一片萧条,物价飞腾暴涨,北平人民刚刚从日寇的魔爪下解脱,又深深陷入'中央政府'带来的重重灾难之中。"

2. 对绥远战役和大同战役的报道

1945 年 9 月,中共中央军委决定:由晋察冀、晋绥两军区集结主要兵力,组织绥远战役,消灭傅部主力,收复归绥,解放绥远,切实保障以张家口为中心的战略根据地。

在将近两个月的作战中,晋察冀八路军协同晋绥军区部队,把猖狂进攻解放区的傅作义部队,一直打回归绥、包头,先后歼敌 1.2 万多人,解放了绥东、绥南广大地区。八路军给受苦受难的绥远人民留下了极好的印象,老百姓对八路军以"菩萨军"呼之,这也是政治上的一个重大胜利。

《晋察冀日报》热情地报道了绥远战役的全过程,编发了七条新闻,对绥远战役进行宣传,正确地贯彻了党中央的"针锋相对,寸土必争"的方针。

1946 年 1 月 13 日停战令生效后, 晋绥地区傅作义部和阎锡山军一直没有停止对解放区进犯和骚扰。八路军忠实地执行停战协议，即使处于优势地位，也不先打第一枪。但是，1946年6月以后，蒋介石已彻底撕毁了停战协定，国民党军向解放区发动了全面进攻。在晋绥军区、晋察冀军区，八路军最先面临的是阎锡山、傅作义军队向绥东地区进犯，八路军采取针锋相对的方针，坚决进行自卫反击战争。晋绥军区提出了晋北战役的作战方案，并由中共中央军委批准。7月初，晋察冀军区部队派第4纵队第11旅开赴晋北地区作战，晋察冀军区第一、二分区的部队也予以配合。经过40多天的连续作战，两区部队先后解放了山阴、岱岳、宁武、繁峙、代县、忻县、原平、五台、忻口、定襄等城镇，完成了夺取晋北诸城的任务，歼敌8000余名。八路军夺取了上述各地，就孤立了大同的敌人，中共中央军委命令晋察冀军区与晋绥军区部队配合，执行攻打大同的任务。

《晋察冀日报》于1946年9月2日刊登晋察冀、晋绥军区关于大同战役的联合声明。八路军应人民之请，对大同阎、日、伪实行自卫反击。3700余阎伪日军，沿平绥线东犯，企图威胁张家口，八路军忍无可忍，将其击退，当天报纸刊登：

[本报大同前线电] 我晋察冀、晋绥八路军于8月14日晚开始向大同展开自卫反击的讨逆战役，连日展开激烈的攻坚战，至31日晨，阎伪军损失3500人，我肃清外围据点，包围城垣，控制飞机场全部。阎伪士兵厌战，一营士兵300多人，全部放下武器。

《晋察冀日报》对大同之战的报道是以新闻为主体，以八路军的英勇战斗和胜利捷报为宣传内容，材料丰富，文风朴实。

3. 对土地改革的宣传

在解放战争从战略防御逐步转入战略进攻的新形势下，由于土地改革运动轰轰烈烈地展开，使正在胜利发展的解放战争获得不断的人力物力的支持，晋察冀边区也不例外。翻身青年农民纷纷参军，保卫胜利果实。"前方战士打老蒋，后方农民挖蒋根"的口号深入人

心。《晋察冀日报》有关这方面的报道,几乎每天都有。如:

[据新华社冀晋讯] 冀晋地区土地改革后,广大农村变成了新天地。

抗战前后,阎锡山和日寇统治下的农村,每天都有成群的乞丐沿户讨饭。定襄解放后,经过土地改革,1.34 万余亩土地归还了农民,有940 户赤贫和贫农都分到了土地。以前讨饭吃的农民,现在过年时也吃上了肉饺子,穿上了干净衣服,全县已经没有讨饭吃的人了。

完县城关斗倒了大劣绅刘玉田,千余亩土地归还农民手中。北街51 户无地穷人现每人平均分到一亩半以上的土地。南街 33 户抗属每人分到 3 亩以上土地。刘刁的母亲 20 多年来未梳过头、洗过脸,热天苍蝇总是围着她。翻身后,既纺线,又种地,有吃有住有穿。她说:"20 多年我过冬的衣服就是条破麻袋片片,想不到还有今天。"北街郭腊八因母亲和老婆在日寇统治时期当过妓女、卖过鸦片,解放后被改造了,分到了土地,开了个炸锅铺,每集能挣万余元,每集两人纺两斤线。他们说:"有一点办法,谁愿当寄生虫,民主政府救活我一家。"全城织布机子从十几张增到百余张,每天织出百匹布,整个完县城土改后复活繁荣起来。

在土改运动宣传中,给读者突出印象的,有一个典型报道,这就是 1947 年 7 月 14 日登载的王子野、布克采写《王元寿访瞎牛》的通讯。王元寿是平定县工会主任,参加土地改革工作,在访贫问苦、发动农民群众方面,做出突出成绩。这篇文章的小标题是:一、找到穷人如获至宝;二、滚在一块,建立感情;三、以苦引苦,见甚说甚;四、心动了,开始算账;五、吃上白面,感激八路军。同版还配发了王元寿、石文臣写的《访苦歌》:

下乡要往穷人家钻,心里先有四不嫌:

不嫌糠面饭,不嫌铺破席片,

不嫌圪巴碗,不嫌火灵旦,

壁虱虼蚤能咬几天?翻了身这些都能变。

上炕睡觉滚在一起,亲戚朋友拉扯起,

放架子放武器,放下背包先扫地,

家里没水给担水,上地更是要紧的。

千万不要性发急,话语说的土土的,

见什你就拉扯什,以苦引苦最得劲。

　　1947 年 7 月 27 日,《晋察冀日报》转载了《冀晋日报》社论:《迈进群众路线途径的王元寿》;8 月 23 日又发表了王子野采写的《王元寿自述》;12 月 1 日发表了王元寿在边区农会临时代表会上的讲话《我们的课》。他这次讲话,对贯彻党的群众路线,对深入土地改革运动,起了典型示范作用。

　　4. 反客里空运动

　　反客里空运动于 1947 年 6 月由《晋绥日报》和新华社晋绥总分社首先发动,逐步在各解放区展开,一直持续到 1948 年,成为我国新闻史上规模最大的一次反对弄虚作假、捍卫新闻真实性原则的群众运动,对于革命新闻事业的健康发展产生了深远的影响。

　　1948 年 1 月 28 日,《晋察冀日报》在头版刊登了周扬《反对"客里空"作风,建立革命的实事求是的新闻作风》的文章和编辑部《< 晋察冀日报 > 一年来错误报道的检举》的自我批评。文章揭露《晋察冀日报》的"客里空"报道篇数达十多件,说明报纸和少数记者、通讯员"客里空"现象还是相当严重的。这篇文章检查了三个方面的"客里空"现象,摘要如下:

　　夸大土地改革的成绩。1947 年 1 月至 4 月,报上登载了许多土地改革"完成了"、"胜利了"的消息,有的说"土地改革已经全部完成",有的说"实现了耕者有其田",有的说"赤贫农已经绝迹"。这些消息好多都是不真实的。如 2 月 17 日,报上登的定襄土改消息说:"定襄土地改革已经完成,二、三、四、五、六区 941 户贫农、雇农、赤贫全部上升中农","五区赤贫农绝迹"。根据边区土地会议检查,这是通讯员仅根据一个村的材料,估算出来,便写成"五区赤贫农大部绝迹"。稿子到了冀晋分社,分社又把"大部"改成"全部"。该文也检查了编辑部"客里空"报道的责任,说:"我们编辑部自己是客里空,又当了客里空的贩子。"

颂扬地主。对报上颂扬地主的错误也进行了检查,如1947年3月19日报上登了关于宁晋地主武望众的消息和通讯,这样一个表扬典型,结果完全是"替反动地主分子歌功颂德"。根据边区土地会议和冀中十一分区土地会议检查,武望众原来是宁晋第一号大地主,他哥哥是给日寇汉奸办事的有名的特务,他自己在抗战时期作过宁晋的伪商会主任,儿子也给敌人办事情。在土地改革中,他并没有进步,仍然是一个很顽固的汉奸地主。在土地复查时候,他逃到蒋管区去了。

捏造与夸大生产成绩。对生产的假报道也时有发生,如1947年7月1日,报上登了辛集"张英群试制造纸机"的消息,说是"经过240天的苦心钻研,已于2月初试制成功,每小时可造两面光白纸500张,与外来的报纸一样。"这个消息发表后,报社即派纸厂人员前往辛集采购。不料,那个造纸机还未试验成功。

经过一段学习和检查,《晋察冀日报》对新闻真实性问题的认识,大大提高了一步。1948年2月27日在报上设了一个栏目:《本报要求大家检查报道的真实性》,指出:"本报最近收到一些地方的来信,提出我们刊登的消息,仍有与事实不符的,值得我们严重警惕。过去我们报纸对'客里空'检查很不够,现在正需要大家随时指出我们的错误,随时帮助我们改正,使我们的报纸,真正能够彻底消灭'客里空'作风,树立革命的实事求是的新闻作风。"在这一栏中,公开发表了阜平县土门贫农团代表会的来信和山咀头工作组杨庆浩的来信,提出报纸两条消息的不真实的情况,接着发表了《本报调查事实真相》和《编者的意见》。从这一组报道来看,《晋察冀日报》对群众的意见是认真对待的,尽管两条消息基本思想是正确的,但在一些具体事实上有很大出入,这就暴露了记者采访时粗枝大叶、不严肃、不认真的作风。这里将《编者的意见》摘要如下:

"对记者通讯员,有重点有计划的采访,是必须的。但在进行采访时,不要主观上先划定一个圈圈,把材料往里套,合的就要,不合的就不要。一切要从实际出发,事实有什么说什么,有多少说多少,那怕事实不合自己的主观要求,也不要紧。我们的报道,不只是为了要证实一个问题,或为了说明问题,更重要的是发现问题提出问题。比方,要报道政策执行中的"左"、右偏向,不能简单地找一两个例子来证实一下就完事,而要多方面地搜集事实,经过研究分析,再作判断,并进一步发现新的问题。要纠正偏向,需要有确切的事实作根据。有事实,就驳不倒,纠正偏向就有力量。否则,自己先成了'客里空',哪里还有资格批评别人?"

在晋察冀解放区,经过一段时间的反"客里空"运动,新闻报道中不真实现象基本上得到克服,新闻工作者通过自我改造,解决了新闻队伍中思想不纯的问题。

5.《晋察冀日报》终刊

1947 年 11 月 14 日,《晋察冀日报》用通栏横标题《解放石家庄,歼匪二万,活捉匪师长,第三军从此全部消灭》,报道了石家庄战役大捷的振奋人心的消息。

1948 年 5 月,中共华北局决定:新华社晋冀鲁豫总分社与晋察冀总分社合并,成立华北总分社。晋冀鲁豫边区《人民日报》与晋察冀边区《晋察冀日报》合并,出版《人民日报》。新的《人民日报》是中共中央华北局的机关报,原晋冀鲁豫的《人民日报》的报头是从毛主席写的字中拼凑起来的。这次,由华北局出版新的《人民日报》时,报社请毛主席重新题写报头。

《晋察冀日报》于 6 月 14 日终刊,并发表了《终刊启事》:

本报奉命与晋冀鲁豫《人民日报》合并，即日终刊。今后在中共华北中央局统一领导下，另行出版《人民日报》。

目前在华北4400万人口的广大区域内，已开始建立统一的党、政、军的领导机构，以便更有效地领导全华北人民从事各种建设，并以一切力量支持内线与外线各路解放军的胜利进攻，以达到解放全华北和全中国的伟大目的。在此新的形势下，本报过去作为晋察冀一个地区的报纸，现在结束它的历史任务，是极为光荣的。

本报自1937年12月11日创刊迄今，历时10年又6个月零3天，随着晋察冀解放区的创建、发展和它今天在人民解放战争胜利发展的局面下合并为华北解放区的全部过程，本报始终成为党领导人民并与人民结合的战斗武器，即使在过去日寇最残酷的"扫荡"时期，亦能坚持出版，这只有在党的坚强领导和人民的热烈支持下才有可能。晋察冀人民之所以爱护本报，也正反映和说明了人民爱护我党，一时一刻不能离开我党的领导。本报对于晋察冀人民在十余年来的抗日战争与人民解放战争中的伟大贡献，致以崇高的敬意，并望继续为今后华北的建设和全国的胜利作更伟大的贡献。

二、《边政导报》等其他报刊

《边政导报》是抗日战争时期晋察冀边区行政委员会的机关报，1938年6月13日创刊，开始时为周刊。1944年5月以后临时停刊。1946年8月1日复刊，改为月刊，到1947年6月1日终刊。《边政导报》由晋察冀边区行政委员会秘书处编辑出版，开始为赠阅，供各级政府机关查阅研究。到1941年7月改为订阅，成为公开刊物。后因对敌斗争日益复杂，各项论文指示不便公开，又改为政府内部的秘密刊物。《边政导报》内容十分丰富，除刊登边区政府的法令以外，大部分是论文，以讨论抗战形势及边区的一切行政、军事、教育、经济、司法、公安等方面的实际问题为主。辟有"工作通讯"、"工作问答"等栏目，以报道军政民各部门的工作经验与现状。当遇有战争，不能汇编成册时,就出版《临时增刊》,以便及时指导实际工作。为了集中力量办好《边政导报》,从 1942 年 1 月 1 日到 1943 年 2 月 20 日,先后有《边区教育》、《抗战建设》、《边政往来》等报刊并入。从此,《边政导报》便成为晋察冀边区政府综合性的领导刊物。

《战线》创刊于 1938 年 2 月 7 日,为中共晋察冀省委机关报。32 开油印本,不定期刊发。1940 年 7 月改为铅印。1941 年 1 月 1 日晋察冀省委改称北岳区党委,为区党委机关报。《战线》的主要读者对象为县级干部,除刊登政治形势、边区建设、党的组织、地方武装等问题外,侧重点在指导如何贯彻党的历次会议精神和宣传党的各项政策方面。它对北岳区党员干部思想的统一和马列主义水平的提高,发挥了重大作用。

《边区教育》创刊于 1939 年 4 月 1 日,由边区政府教育处编辑出版,半月刊,32 开册本。首期《写在前面》中说,创办该刊的目的是:"为使边区的教育,进一步地符合于抗战时期的急切要求,使边区教育的实施动向,普遍而又深入地传达到社会的各个角落,成为全边区教育工作者的行动指针。"它是一种带有群众性的自由研究刊物,不代表政府的态度。内容多半是关于某个问题或教学法、管理法的讨论和研究;边区政府的教育法令;教育理论和模范教育工作者的经验介绍;有关教育动态的通讯报道等。1942 年 1 月,《边区教育》并入《边政导报》。

《抗战建设》创刊于 1939 年 6 月 1 日,由晋察冀边区行政委员会主办,半月刊,16 开杂志型。它的主要内容有:边区政府关于抗战建设的政策法令、方案、指示、号召等;有关工业、农业、商业、渔牧业、水利等方面建设的论文和通讯报道;有时代精神和抗战建设意义的木刻、漫画等美术作品。1942 年 1 月并入《边政导报》。

《新长城》是晋察冀边区的一份综合性理论刊物,1939 年 7 月 31 日创刊,月刊,铅印 16 开杂志型。创办《新长城》的目的,是要把边区

"斗争的史实和宝贵的经验教训,加以科学的检讨。把全国许多关于当前政治方针与实际政策的正确主张,介绍到边区来。把边区宝贵的经验教训有系统地提供给全国同胞以及全世界爱护和平正义的人士,争取友邦的同情及援助。"《新长城》的内容主要有:毛泽东、朱德、彭德怀等中央负责同志的报告和文章;边区负责同志的讲话和论文;中共中央的重要指示;苏联共产党的动态和理论阐述;政治、经济、军事、文化等方面的探讨总结;敌军的文件、资料、情况等。该刊内容充实,有助于边区军政干部提高理论水平。1940 年 7 月 30 日终刊。

《边政往来》是抗战时期晋察冀边区行政委员会办的另一份刊物,1940 年 7 月 25 日创刊,不定期出版,32 开小册子。关于《边政往来》的任务,在《发刊词》中指出:《边政导报》过去在政治上的领导较多,由于篇幅的限制,未能更多反映各地工作的经验教训,因此另行发行本刊,其首要任务,即在补助其不足。经常反映各地工作的实际情形,交换各地的工作经验,借以互相观摩,互相砥砺,展开竞赛,应为本刊任务之二。经常讨论有关干部学习与生活的诸问题,应为本刊任务之三。本刊要以较通俗易懂的文字,作为教育区级干部的工具,特别要成为教育区级干部学习技术、掌握技术、提高技术的指导刊物,此为本刊任务之四。"《边政往来》的内容,主要刊载关于政权工作的论文,政策法令的研究与解释;各地工作方法及经验教训的介绍;干部的学习材料等。《边政往来》出版发行一年零七个月,1943 年 2 月并入《边政导报》。

《教育阵地》创刊于 1943 年 1 月 1 日,月刊,32 开册本,由边区教育阵地社编辑。内容丰富,涉及教育专论、工作介绍、工作通讯、文学艺术等方面,辟有 "名词浅释"、"信箱"、"游戏唱歌"、"儿童俱乐部"、"教育动态"、"反法西斯参考资料"、"敌伪奴化教育透视" 等栏目。《教育阵地》密切配合了边区教育建设不同时期的不同任务,具体指导了各项工作的进行,无论在教育技术的改造与提高上,在各地经验的交流上,以及对民众进行思想教育、文化教育、生产教育等方面,都发挥了积极的作用。自创刊以来,订户不断增多,深受读者的欢迎。1947年7月30日终刊。

除上述报刊外,晋察冀抗日根据地出版的全区性报刊还有:《救国报》,是边区政府的机关报。《子弟兵报》《抗敌周报》《熔炉》是晋察冀军区政治部主办的报纸。《实话报》,是晋察冀日报社主办的面向敌占区和游击区发行的报纸。《工人报》,边区职工会创办。《晋察冀群众报》,边区抗救会主办。《抗敌画报》《晋察冀画报》,晋察冀军区主办。《冀晋日报》,是中共冀晋区委的机关报。

三、根据地通讯社

(一)晋察冀通讯社

1939年5月14日,晋察冀边区在河北阜平县建立了晋察冀通讯社。社长为刘平。当时通讯社的主要任务为:为边区政府的机关报《抗敌报》提供稿件,并向新华总社发稿,同时编辑《晋察冀通讯》等刊物。1940年5月,晋察冀通讯社合并到抗敌报社。合并后的抗敌报社组织了一些记者、编辑精选边区报刊上的材料,以新华社晋察冀分社名义向延安发稿,每月发3万字到5万字,系统地反映根据地的对敌斗争和建设情况。

(二)新华社晋察冀分社

1945年6月,新华社晋察冀分社成立。由晋察冀边区党委宣传部长胡锡奎兼任社长,胡开明任副社长。同时先后建立了冀晋、察冀、冀中三个支社。9月12日,晋察冀分社进入解放后的张家口。10月8日,晋察冀边区党委决定将分社改名为新华社晋察冀总分社。

(三)新华社晋察冀总分社

新华社晋察冀总分社于1945年10月8日在河北张家口成立,由邓拓担任社长。这个时期,总分社的主要任务是采写军事报道,有关战斗消息和英雄特写数量很多,其中最有影响的是关于大同战役的报道活动。1946年8月,晋察冀边区率军与阎锡山、傅作义部展开了大同争夺战,总分社派记者深入前线,与《晋绥日报》紧密配合,对大同战役进行了充分的报道。

(四)新华社晋察冀前线野战分社

新华社晋察冀前线野战分社成立于1947年4月20日,由丘岗担任社长,李希庚为副社长。分社下设四个支社。分社属于军队编制,主要任务是随军采访,做好军事报道和军事宣传。分社的重大报道活动主要有:对解放石家庄的宣传报道、对平津战役的宣传报道,对华北三个野战兵团会攻太原的宣传报道。

第三节　晋绥根据地新闻事业

晋绥抗日根据地,亦称晋绥边区,包括山西西北部和绥远(今并入内蒙古自治区)南部广大地区,下辖46个县,320余万人口。1937年9月,八路军120师进入晋西北地区,发动群众,开展游击战争,创立了以管涔山为中心的晋西北抗日根据地。1938年8月,120师一部和地方武装组成大青山支队,挺进绥远北部,开辟大青山抗日游击根据地。晋绥两地接壤,统一领导,合称为晋绥抗日根据地。1940年2月晋西北行政公署(后改称晋绥公署)成立,续范亭为主任委员。11月,成立晋西北军区(后称晋绥军区),贺龙任司令员。1942年9月,建立中共中央晋绥分局,关向应任书记。抗战八年,晋绥根据地军民同日伪军作战近3万次,歼敌13万余人。

晋绥边区所辖晋西北与绥远南部地区,大部分都是十分偏僻的山区,过去文化比较落后。在抗战前,山西、绥远两省出版的报纸期刊,大都病态地集中于少数大城市里。如山西的大报和通讯社,都拥挤在太原;《绥远日报》《绥远民国日报》等报刊和通讯社,也都拥挤在归绥(今呼和浩特市)。而在各中小城市与广大农村,不但没有报纸出版,就是大城市发行流传的报刊,在那里也寥寥无几。晋绥边区人民的新闻事业,是在抗日战争的炮火中建立起来的。据不完全统计,抗战八年中,在这块土地上出版发行的各种报刊有 200 余种,设立过 4 家通讯社。其中影响最大,在中国新闻史上产生过重大作用的是《晋绥日报》。

一、《晋绥日报》

要了解《晋绥日报》的历史,首先要了解抗战时期晋西地区革命根据地的演变情况和报纸间的渊源关系。

1937 年 9 月下旬,八路军第 120 师到达晋西北,在神池、五寨、宁武、崞县、河曲、保德、偏关、岢岚、静乐、忻县、兴县、临县等 14 个县,组织起游击队和自卫军 1.1 万人,使抗日游击战争有了初步的发展。太原失守后,第 120 师与中共晋西北临时省委密切合作,挺进绥远大青山,建立了晋西北根据地。1939 年 1 月,中共晋西北区党委创办了自己的机关报《新西北报》。

1937 年 11 月,太原失守后,八路军第 115 师师部率第 343 旅到汾阳、孝义地区,与中共山西省委、牺盟会结合起来,广泛发展地方抗日武装,重建地方政权,开辟了晋西南抗日根据地。1938 年 5 月,晋西南区党委创办了油印机关报《五日时事》。

跟那些由中国共产党统一领导,八路军力量占绝对优势的晋西北、晋察冀、晋东南抗日根据地相比,晋西南抗日根据地是一个统一战线地区。八路军、新军开进来的时候,阎锡山的山西旧军及中央军、杂牌军也撤退到这里。正如中共晋西南区党委书记林枫所说,这里"是山西新旧力量参半的地方,新军新派以六区为根据地,旧军旧派以九区为根据地。"阎锡山一直想把新军新派从这里赶出去。1940 年 2 月 1 日至 3 日,晋西北地区召开了一次行政会议,正式成立了抗日民族统一战线的新政权——晋西北行政公署。2 月 7 日,中共晋西南、晋西北两个区党委合并,组成中共晋西区党委。至此,晋西北地区的抗日根据地建设进入一个新时期。原来油印的《五日时事》和石印的《新西北报》,显然已不适应新的形势的发展要求,急切需要出版一份统一的铅印报纸。于是,晋西区党委决定停办《五日时事》和《新西北报》,从这两个报社和黄河出版社抽调一部分工作人员,创办新的全区统一铅印报纸——《抗战日报》。《抗战日报》于1940年9月18日在山西兴县创刊。

1946年7月1日,《抗战日报》改名为《晋绥日报》。改名当天,发表《本报今后的任务》的社论,说明了报纸改名的原因:"抗战胜利的结束,本报主要的政治任务业已完成。当前国际国内形势进入了争取和平民主的新阶段之际, 由于晋绥人民所给予本报的新任务, 已与《抗战日报》原名互不相称,因特征得党政军民各界之同意,本报从今日起更名为《晋绥日报》。"

1949年,山西全境解放后,《晋绥日报》的历史使命已经胜利完成。于是,在5月1日出版了最后一期。

《晋绥日报》之所以在中国新闻史上很出名,值得大写一笔,与两件史事分不开,那就是:1947年由《晋绥日报》发起的、进而波及解放区新闻界的反"客里空"运动;1948年毛主席路过山西兴县时,所作的《对晋绥日报编辑人员的谈话》。其实,党中央、毛主席对晋西的新闻事业一直予以特殊的关怀,这是因为:晋西具有十分重要的战略意义,它既是守卫革命大本营延安的门户和屏障,又是党中央同敌后各抗日根据地保持密切联系的主要孔道。从《五日时事》,到《抗战日报》,再到《晋绥日报》,毛主席或亲笔题写报名,或多次指示具体的办报方针,予以无微不至的关怀与期待,使晋西的新闻事业具有了重要的地位和作用。

（一）《五日时事》和《新西北报》（1938年5月—1940年9月）

1.《五日时事》

1938年初，中共晋西南区党委成立，林枫同志任书记。为了及时传达中央政策和区党委的指示以及报道战争形势，决定创办一份报纸以适应工作需要。由于处于游击环境，办报只能用油印。1938年5月25日，《五日时事》报在山西孝义县张家庄创刊，系八开油印小报。出版时间是每月的5号、10号、15号、20号、25号和30号。创刊号至第49号，报头是横排黑体字；从1939年2月15日第50号起，用"五日时事，毛泽东题"报头。并发表《志谢》文章说："本报同人凤仰毛泽东先生对国家民族贡献之伟大，特辗转托人求先生为书一报头，以表同人等对毛先生伟大人格崇敬之意。兹蒙不弃，慨为惠题，不胜感幸之至，特此致谢！"事实是，1939年初，在延安举办的各抗日根据地报纸展览会上，《五日时事》报受到了毛泽东同志和中央领导同志的赞赏，毛泽东同志还给晋西南区党委宣传部长张稼夫写信说，报纸办得很好，希望你们向《新中华报》学习。后来林枫同志去延安开会，请毛主席给《五日时事》题写报头，毛主席欣然命笔并署名，以表示对这份报纸的肯定。

《五日时事》每期蜡纸两版，印数5000份，内容是5天来的时局形势，各战场战况，以及区党委的指示通知等。宣传部长张稼夫亲自抓电讯的收集和稿件的审查，并经常撰写社论。北方局党委书记杨尚昆和晋西南区党委书记林枫也亲自指导小报的编辑工作。主编为王修。由于《五日时事》报刻写精致，并时常配以地图、漫画和彩色套印，版面整齐美观，所以在延安展览会上受到广泛赞誉。

在过去的战争环境中，机关不断地进行转移，个人行装不断地进行精简，所以《五日时事》报完整地保存到今天的极少。仅就目前存档的少量张数来看，《五日时事》报的报道内容也是非常广泛的，大致可以分为五个方面：

（1）关于党的方针政策的报道。1938年12月15日第41期特载《中共扩大六中全会致东北义勇军及全体同胞书》，指出："在中共扩大的六中全会开会的时候，我们代表中国共产党的全体党员及共产党所领导下的抗日军队与游击队，向沦陷在敌人统治下已七年的东北同胞致以最崇高的民族革命的敬礼！"同时表示决心说："只要我们坚持民族抗战到底，坚持持久战，坚持以国共合作为基础的抗日民族统一战线，我们定能克服目前的困难，团结全国人民继续抗战，停止日本的进攻，以准备将来的反攻。"1938年10月30日第32号发表《武汉退出后全中国人民的迫切任务》，指出摆在中国人民面前的任务是：第一，坚定我们抗战的决心和信心，更加提高我们民族的自尊心。第二，巩固与扩大全中国人民力量的团结，巩固国共亲密合作。第三，加强我们各方面的进步，准备我们的力量。第四，和日寇作长期的残酷的斗争，在持久的艰苦的斗争中，以积极的行动，消耗敌人，争取大大小小的胜利。文章结束时坚定地表示："最后胜利一定是属于我们的。"《五日时事》报还发表了许多党的决定和领导人的文章。如1939年2月15日第50号发表了《毛泽东论新阶段粹语摘录》；4月15日第60号发表了毛泽东《中国军队应该学习苏联军队》的文章；"五一纪念增刊"发表了《中共中央关于开展职工运动与五一工作的决定》；7月20日第78号转载了毛泽东《当前时局的最大危机》一文。这些文章都及时地宣传了党的方针和政策。

（2）关于共产国际以及外国朋友声援中国抗战的报道。如1938年10月15日第29号译载了《共产国际执委会主席团的决定》，指出："共产国际执委会主席团声明完全同意中国共产党的政治路线，并声明共产国际与中华民族反对日寇侵略者的解放斗争是团结一致的。""中华民族反对日本侵略者的英勇斗争，博得了国际无产阶级及各国广大人民大众的热烈同情。""必须到处使这种同情，走向积极的行动。一切事情应加组织，以完成：第一，从政治道义上给中国以援助;第二,增加日本军阀在侵略中国中之各种困难和阻挠。"在同一天报纸上还译载了苏联《真理报》发表的《论中国必胜》的文章,指出"日本政府因战事拖延出乎意料之外,不得不增加人民的捐税负担,以应付庞大战费。持久战使日本经济动摇,财政破产,日军民间反战情绪逐渐扩大。而中国四万万五千万民众,为对付日本军阀残暴侵略,于民族生存抗战中,团结更加密切。""同时中国又于日军后方,展开游击战争,逐渐消耗敌人的武力,以获得最后胜利。"1938年12月15日第41号发表消息,报道英国支援中国大批载货汽车;第42号还报道了国际社会援助中国牛痘疫苗、霍乱血清等消息。

(3)关于日本侵略者罪行和我军抗击日寇的报道。1938年10月30日第32号以《敌在广州纵火焚掠,狂炸文化机关乡村居民,我各地自卫团英勇歼敌》为题报道称:"广州市连日为敌纵火焚掠,触目瓦砾,景象凄惨。敌兵四处抢掠,搬运甚忙。据难民称,敌在民间搜劫,即被褥亦所必取。敌机连日飞向公路一带市镇狂炸,我军民死伤不可胜计。二十六日晨向三华中学投弹,适正上课,当场死伤百余人。"1939年4月5日第58号发表《敌寇暴行在汾西》,揭露日本侵略军在白子原这个15户人家的村庄,拉走牲畜11头;在釜底村家家清抄,人人搜腰,抢走粮食十余石,憩兵三日,放纵兽兵自由行动,烧杀奸淫抢掠无所不为。城内某老年妇女,70岁了,被50多个兽兵轮奸了一整夜。此等惨状,令人发指。

(4)关于抗日政权建设的报道。1939年1月20日第45号发表《敌军退走后的政权工作》小评,指出"现在的政权,是抗日的政权,在敌后方及接近敌区的政权,负起抗日工作的政权,才能得到广大群众的拥护,才有存在的价值,才能够得到发展。"1939年2月5日第39号发表通讯《敌后方抗日政权工作在突飞猛进中》,报道说:从去年12月1日起,霍县举办的村级干部训练班,已办完7期,人数共530人。1月4日,霍县县政府召开了代表民意的第二次行政会议,到会代表 40 余人,讨论了 3 天。不但议论了政治问题,而且充满了教育精神,呈现出进步的气象。代表们提出了对政府的建议与批评,县长孙新人表态说,代表们的意见是完全正确的,他无条件地欢迎和接受。在指导农业生产方面,1939 年 3 月 20 日第 55 号发表小评《把春耕变成广大群众的抗日运动》,传达了区党委对春耕生产的指示,指出"有计划地领导春耕在晋西南还是一件新的工作",怎样把春耕变成广大群众的抗日行动呢?首先要做充分的政治动员,使人民了解抗战和春耕的关系;二是政治动员要由各种组织系统动员;三是警惕汉奸破坏春耕;四是政府社会团体与军队采取一致的步调。3 月 25 日第 56 号还报道了 115 师指战员先后帮助 43 家抗属和群众开荒种地的消息。

(5)关于群众团体活动的报道。1939 年 2 月 15 日晋西南区妇女委员会成立后,妇委书记郭明秋撰写文章《动员妇女参加到生产战线上来》,发表在 2 月 25 日第 52 号头版显著地位。区青年委员会成立后,青委负责人罗毅撰文《关于青年的教育问题》,发表在 7 月 30 日第 80 号上。在组织反日统一战线方面,1939 年 10 月 5 日第 92 号上,发表了晋西南区党委欢迎日本朋友佐藤秀辉的报道。介绍说:"前几天我们在兑九峪捉到了一个日本兵,现在已经是一个异国的朋友。"张稼夫代表区党委致词说:我们的敌人是日本帝国主义和日本法西斯军阀,日本的人民,日本的劳苦大众,是被军阀所欺骗和强迫来当炮灰的,所以日本军阀法西斯同样也是日本劳苦大众的敌人。今天这个被压迫的日本朋友到我们这里来,我们要欢迎他,我们要联合起来站在一条战线反对共同的敌人日本军阀法西斯。佐腾秀辉报告了日本国内的反战情绪和老百姓的困苦状况,揭露了国内军阀对士兵的欺骗,表示自己已经脱离了罪恶的军阀统治,到了一个新的光明的环境,要为反战反压迫而奋斗。

1939 年 12 月"晋西事变"后,晋西南区党委转移到晋西北兴县,与晋西北区党委合并,成立晋西区党委。《五日时事》作为晋西区党委的报纸,继续出版。一直到 1940 年 9 月,《五日时事》才停刊。自创刊至终刊共历时 2 年零 4 个月,中间除反扫荡行军的日子外,大约出刊了 230 期左右。

2.《新西北报》

《新西北报》是晋西北抗日根据地早期的一张石印小报,它创刊于 1939 年 1 月 28 日,地址在岢岚,后搬至兴县,到 1940 年 9 月终刊,出版时间 1 年零 9 个月,出版报纸 160 期。

《新西北报》的创刊原因是这样:原由周恩来与阎锡山共同协商于 1937 年 9 月 20 日成立的国共两党及各界人士参加的抗日民族统一战线机构——战地总动员委员会,在太原失守后撤退至晋西北地区继续活动。1939 年,阎锡山为了限制抗日舆论活动,下令撤销“战动总会”,停止其一切活动。这样,由“战动总会”出版的《西北战线》也随之而停刊。为了不使我党的声音在晋西北地区消失,创办一份新的报纸就成为迫切需要。但当时中共晋西北区党委尚处在秘密状态下,不便出面直接办报,而由中共控制的牺盟会等进步组织还存在,并且有群众基础,最后决定以牺盟会的名义出版一份新的报纸,取名《新西北报》。

《新西北报》实际上是中共晋西北区党委领导下的统一战线报纸。当时为照顾统一战线关系,名义上是牺盟会晋西北办事处办的,这样在对外说话方面就有些讲究,以利于争取更多的同盟军及同情分子的拥护。当时党的工作纲领就是“坚持抗战,反对投降;坚持团结,反对分裂;坚持进步,反对倒退”。《新西北报》在宣传报道上,坚决拥护贯彻这一纲领,与阎锡山顽固势力既有斗争,又讲究策略。1939 年后期,阎锡山派第七集团军总司令兼第二游击区(即晋西北)行署主任赵承绶坐镇兴县蔡家崖,针对《新西北报》,另出版了一份《晋西北报》,作为进行反共宣传的喇叭。在这张报纸的唆使下,晋西北各地顽固势力反对进步力量的活动日益猖獗。《新西北报》针锋相对,编写社论,发表消息,进行斗争。报社根据毛主席的统一战线策略思想,有时直来直去,有时迂回侧击,对阎锡山、赵承绶是"既捧又斗"。如多次列举"阎司令长官"、"赵总司令"说过的伪善辞令,在实际工作中却倒行逆施,并要求他们改正自己背信弃义的行为,这样就起到了团结教育群众的作用。

《新西北报》大量揭发顽固势力制造分裂,进攻决死队,镇压人民的进步活动,在新军内部策动叛变投敌的罪恶事实,以提高人民的警惕。报纸连续发表牺盟总会负责人薄一波、新军将领续范亭等人的署名文章,以及群众救亡团体的时局宣言,正面解释反对顽固势力斗争的正义性和必要性。又连续报道各地群众运动的情况,以声援群众斗争,认识自己的力量,指导自己的行动。如报纸对文水县人民挽留抗日县长顾永田的请愿斗争,对忻县人民反陈(陈兴邦)拥马(马孔智)的请愿斗争,均给予了大力支持,迫使顽固分子低头认输,顺从民意。

1940 年初,在抗日军民的反击下,赵承绶及其部队被赶出晋西北,晋西北人民取得反顽固斗争的胜利,成立了人民政权,建立了抗日根据地。此后,《新西北报》的宣传任务也有了新的变化,那就是继续巩固扩大抗日民族统一战线,为新的人民政权服务,为根据地建设服务。根据党的指示,《新西北报》突出报道了新政权建立的重大消息。对新成立的晋西北行政公署(主任为续范亭)、晋西北军区(司令为贺龙,政委为关向应)、新军总指挥部(总指挥为续范亭、政委为罗贵波)进行了广泛的宣传。1940 年夏秋,日寇加紧了对晋西北的扫荡,《新西北报》不得不过着流动办报的艰苦生活,在非常困难的情况下,坚持向人民宣传"四大动员"(征兵、公粮、钱财、军鞋),并及时报道"百团大战"和根据地生产建设等方面的消息。这些报道对鼓舞晋西北军民的胜利信心,起了很大的作用。

1940 年 9 月 18 日,中共晋西区党委机关报《抗战日报》出版,

《新西北报》完成了自己的任务,随之宣布终刊,所有人员与器材,均并入《抗战日报》社。

(二)《抗战日报》的诞生和初期的宣传(1940年9月—1941年4月)

中共晋西区党委为了更好地巩固和发展这块根据地,以适应对敌斗争形势和根据地工作的需要,于1940年初春即决定创办全区统一的铅印报纸,并指定由区党委宣传部长张稼夫主持筹备工作。

当时急切需要出版一份统一的铅印报纸,是由以下种种原因决定的:

第一,1940年1月,晋西北党政军民的统一领导机关军政委员会成立,随后,中共晋西区委、晋西北行署、晋西北军区也相继成立。根据地政权组织建立后,各项工作迅速展开,新情况新问题不断出现。党和政府迫切需要通过报纸把党的路线、方针、政策及时准确地宣传到广大干部群众中去,同时,也需要通过报纸及时了解各种复杂的情况和问题,以便提出正确的对策和措施,卓有成效地开展对敌斗争和根据地建设。

第二,晋西北根据地处于山区,各地区分散隔离,地理环境复杂,又长期被敌寇包围。各地区之间非常需要借助报纸沟通情况,交流经验,以及时对付敌人对根据地的军事进攻。

第三,根据地军民在抗战中和生产中,涌现出大量的英雄模范人物,创造出许多可歌可泣的光辉业绩,通过报纸宣传这些人和事,不仅能极大地鼓舞根据地人民的斗志,而且会在全国甚至在国际上造成很大的政治影响。

第四,原晋西南区党委办的《五日时事》和晋西北区党委办的《新西北报》,都是油印或石印小报,印刷数量少,信息量小,且间隔时间长,已无法适应新合并成立的晋西区党委的工作需要。为了集中人力财力办好一张影响全区的大报,停办这两张小报是必要的。

另外,在晋西自卫反击战中,我军缴获了阎锡山部队的一个印刷厂,已具备了铅印报纸的物质条件。

经过半年多的紧张筹备,《抗战日报》在 1940 年 9 月 18 日,即"九·一八事变"9 周年之际,于山西兴县正式创刊。

报社第一任总编辑为赵石宾(1914—1942),山西榆次人。1932 年考入山西大学文学院,编撰过进步刊物《学生新闻》。1933 年加入中国共产党。1937 年负责编撰《牺牲救国》周刊。1940 年任《抗战日报》总编辑。1942 年 3 月 30 日,因积劳成疾而逝世。

1. 在艰难困苦中办报

报纸初创阶段,正是晋西边区最困难的时期。这里长期遭受军阀阎锡山的血腥统治和封建制度的残酷剥削,历史上本来就异常贫困,在顽固军南逃的时候,又遭到一次大洗劫,再加上日本侵略军的频繁"扫荡",全区满目疮痍,一片荒凉。面对残酷的战争,报社工作人员不得不"游击办报"。一遇敌人"扫荡",就坚壁清野,把桌椅板凳藏进山洞,背上单薄的行装,挎上文具包和干粮袋,向安全的地方转移;到达驻地,顾不上休息,有的装好手摇马达和收报机,抄收延安新华社的新闻电讯,有的修改手头的稿件,有的撰写评论文章,一片繁忙景象。远处传来的隆隆炮声,更增添了编报工作的紧张气氛。在冬季的反"扫荡"转移中,河面结冰,脚下打滑,一不小心就会摔倒,有时冰层裂陷,掉进水中,双脚冻得麻木,不少人手脚患上冻疮,没有煤炭和木柴取暖,只好七八个人挤在冷炕上和衣而睡;没有桌凳,墨水冻结,只得趴在房东的锅台炕头写稿编报。报社在黄河西岸神府县前杨家沟村的后方基地建立起来后,在战斗紧张激烈的时候,为了保证按时出版,编辑人员就渡过黄河,战斗结束后再返回河东,在"黄河两岸度春秋"。1945 年以前,报社基本上驻在陕西神府县的杨家沟村;1945 年以后,报社常驻山西兴县的高家村,直到报纸停刊。深入前线和基层的报社记者,工作尤为辛苦。他们随军采访,往往黄昏开始行军,途中不吃饭,不休息,黎明到达宿营地后又要抓紧时间采访写稿。在游击区采访与敌人遭遇时,他们或者参加战斗,或者巧妙地躲过敌人,然后继续进行采访。当时的许多期报纸,就是这样在战斗中编排出来,与读者见面的。

在《抗战日报》创刊号的发刊词中,开宗明义地提出了本报的宗旨和任务:"《抗战日报》是晋西五百万人民的报纸,就是说,它是代表晋西五百万人民抗战意志的报纸。本报的第一个任务是坚持抗战到底,顾名思义,坚持抗战即是本报最基本的任务。本报的第二个任务是坚持团结到底,巩固扩大抗日民族统一战线。本报的第三个任务是坚持晋西北的建设,使晋西北成为巩固的进步的模范的抗日根据地。抗战到底,团结到底,建设晋西北,便是本报的三大任务。"

晋西区党政军领导对《抗战日报》予以极大关怀与期望,贺龙的题词是:抗战日报,人民呼声。关向应的题词是:团结人民,巩固统一战线。续范亭的题词是:抗战理论之重心,西北文化之灵魂。林枫的题词是:抗战日报应该是领导人民抗战到底,团结到底的报纸。刘少白的题词是:我希望抗战日报从西北的黄河流域一直鼓吹到东北的鸭绿江边去。牛荫冠的题词是:政治领导的旗帜,组织群众的武器。

报纸印出后,要发送到读者手中,也是一件相当艰难的事情。晋西北行署为此建立了一个严密有效、四通八达的交通发行网,发行点、线一直延伸到游击区、敌占区。报纸印出后,少量的由交通员用肩扛,大量的由牲口驮,日行六七十里,风雨无阻地把报纸送往各地。离报社160多里路的地方,两天半就可看到报纸。在这个过程中,交通员备受艰辛。有的曾与敌人遭遇,开枪战斗,保护报纸;有的遇到紧急情况把报纸隐藏起来,敌人撤退后取出再送;有的为了完成送报纸任务,三天三夜没有合眼;有的为了报纸的发行工作献出了自己的生命。离石模范交通员李人和等同志,就是在送报途中,与敌遭遇,英勇牺牲的。

总之，为了战胜敌人封锁造成的严重困难，报社工作人员自力更生，辛苦经营，建立起一个相当庞大齐全的后勤保障系统，既保证了初期办报的物资供应和交通发行，也为以后报纸工作的进一步发展奠定了基础。

2. 初期的宣传

初期的《抗战日报》，每周出版两期，即逢星期三、六出版。每期四个版面：头版为社论和地方新闻；二版为国内新闻；三版为国际新闻；四版为副刊。

从创刊起，《抗战日报》就忠实地履行了自己的使命，把"抗战到底，团结到底，建设晋西北"，作为报纸宣传的三大任务。

（1）在坚持抗战方面，报纸的报道重点是，充分报道"百团大战"的辉煌战果和120师配合晋东南主战场所进行的胜利战斗；连续报道敌寇对晋西北根据地的侵害和根据地军民反扫荡的业绩；广泛报道各抗日根据地的战况和全国人民反投降、反倒退的斗争。

创刊号上，刊登了彭德怀副总司令对新华社华北分社记者的谈话《百团大战意义及其影响》，指出："这一次百团大战及其所获得胜利，在华北抗战历史上，乃至在全国抗战史上，都占很重要的地位。大大提高了全国军民的抗战信心，严厉打击了悲观失望的情绪。人民受鼓舞，敌伪组织更加动摇，对世界反法西斯战争也是个推动。"根据这篇谈话，报纸第4号（1940年9月28日）刊登了《百团大战宣传要点》：第一，对国际形势的影响。第二，在华北抗战中的意义。第三，初步的伟大战果。第四，对国内的影响。第五，对八路军本身的影响。第六，战局的发展形势。第七，拥护百团大战，参加百团大战。这就为宣传百团大战定下了基调。在报道主战场成果的同时，也注意报道晋西北的策应战。如9月25日特载贺龙的文章《百团大战的一个侧面——晋西北》，指出："自战役开始到现在才不过十数日的光景，其间我们120师各部协同晋西北的新军与地方武装，不断破坏铁路、公路、电线、桥梁,袭击敌人的据点、车站和县城,不断获得胜利与成绩,捷报如雪片飞来。十余日来,共进行大小战斗 163 次,敌人伤亡 2700 余名。"10 月 5 日,安排了百团大战第二阶段专版,内容主要有:贺龙将军谈晋西北获伟大胜利,同蒲路忻口段被我军控制,9 日内战斗 55 次,毙敌近千名;消息《晋西民族中学捐献三日菜金,慰劳百团大战将士》;转载朱德文章《扩张百团大战的伟大胜利》等。

百团大战的胜利,也激怒了日本侵略者,他们先是对晋东南根据地发动了扫荡,接着对晋察冀根据地发起扫荡,依照过去的经验,很快就会对晋西北根据地进行侵害。为了唤醒晋西北军民的警觉和树立必胜的信心,报纸 10 月 30 日发表社论《准备粉碎敌人新的扫荡》,11 月 6 日发表社论《军民一致动员起来迎击敌人的新进攻》。敌寇在扫荡中,报复心极强,兽行极残暴,如报纸所述:"专以屠杀老百姓为能事。从一个老百姓身上搜出送粮的条子,先被打个半死,然后再用刺刀捅死。从三交大道上来的敌人,用手比划着八字,问一个放羊的有八路没有,放羊的告诉没有。但敌人往前走了不远,偏偏碰上我八路军的 24 个武装便探,敌人抱头鼠窜地跑回来,抓到那个放羊的,就严刑拷打,以致死去活来数次,最后把头塞进石头缝里用石头压在身上压死了。有不少老百姓被敌人把阳物用细绳子捆起来,吊在枣树上,打到半死再把头割下。有的被敌人把头按在崖畔上,如杀羊似的把头割下掉到沟里。"类似此兽行的报道还有很多。但报纸还是侧重报道了晋西北军民反扫荡的业绩:如消息《敌到之处大肆烧毁,残暴空前,经我各路痛击受阻》《各路进犯之敌,遭我袭击回窜》《贺龙将军对本报记者谈话,冬季反扫荡胜利结束,月余内进行大小战斗 270 次》;专稿《夜袭杨方口》《夜袭忻口》《砚湾伏击》等。

在广泛报道各抗日根据地军民浴血奋战的同时,《抗战日报》还对阎锡山、蒋介石顽军的倒行逆施进行了揭露和斗争。如 11 月 27 日的通讯《时局危机紧迫中的晋西南》,全面揭露了晋西南阎军的现状:

剥削民间脂膏的利器；驻军坐食山空与民争食；士兵无斗志暗杀长官；军官花天酒地有谣为证；争权夺利互相倾轧；密组铁血团陷害异己；高级军官别有心肝暗通敌伪。"皖南事变"发生后，《抗战日报》进行了猛烈的抨击，分量重的文章有《今之秦桧，国人皆曰可杀》、《新四军事乃秦桧害岳飞》、《从四·一二事变到皖南事变》等。

（2）在坚持团结方面，报纸的报道重点是：宣传党的抗日民族统一战线政策，团结一切可以团结的力量共同抗战；分化瓦解伪军，争取反正倒戈；对国民党顽军挑起的磨擦既进行有理有节的斗争，又保证统一战线不破裂。

抗战开始后，敌人打不过 120 师，就开始派遣汉奸渗透进来进行欺骗宣传，致使一部分对党的抗战政策不理解的地主逃往敌占区，结果被日寇当作肥肉任意宰割，叫苦连天。边区政府为了有效制止地主逃亡，并争取已逃亡的能赶快回来，于 1940 年 5 月公布了《人民迁移条例》，明确规定对迷途知返者既往不咎，并酌情减轻负担。这就粉碎了敌寇的诱降阴谋，增强了边区人民的凝聚力。报纸在 9 月 28 日发表了通讯《晋绥边区怎样制止了地主逃亡》，介绍了这一经验。10 月 2 日，发表社论《加强并开展敌占区工作》，指出："第一，严格执行统一战线政策，争取敌占区人民之大多数，利用各种各样的方式，广泛的争取一切不甘心当亡国奴的人们，都回到祖国方面来。并要设法争取一切误入歧途的胁从汉奸，回到祖国方面来。第二，要尊重敌占区各阶层人民的基本利益。第三，在锄奸政策上主要以争取自首为原则，只打击其主要的为群众所深恶痛绝的大汉奸。第四，敌伪傀儡政权是卖国的，反动的，奴役人民的。"10 月 12 日和 10 月 16 日，又接连发表社论《团结广大人民坚持抗战到底——必须彻底纠正统一战线中的"左"右倾错误》和《在纠正统一战线中"左"右倾错误时应注意的几个问题》，所有这些重要文章，都保证了党的抗日民族统一战线思想的正确贯彻。

为了有效地分化瓦解伪军,《抗战日报》还编写了一些易读易记的诗传单,并注明:"此文专为对敌伪宣传之用而作,特于此发表,希各部队大量翻印,散发敌占区。"举二例:

《告"警备队""清乡队"诸位同胞》

鬼子侵华三年整,国内越打越贫穷。

要添枪炮没有钱,要招新兵缺壮丁。

中国抗战三年整,兵力越打越强盛。

后方训练机械化,装甲兵团数不清。

装甲兵团何时用,单等最后大反攻。

鬼子削弱难抵抗,一战赶他回东京。

第八路军最英勇,凡事都要打前锋。

现在先派一百团,放个炮给大家听。

好教敌区同胞们,知道祖国力无穷。

百团大战一开始,华北七省似天崩。

别的地方咱不讲,单说同蒲铁路东。

一战收复康家会,当天靠近太原城。

高村铁桥炸坏了,往北破坏到原平。

据点收复无其数,杀的鬼子几千零。

我们单打日本鬼,不杀中国好弟兄。

警备队和清乡队,都是农村子弟兵。

只因被敌来逼迫,才给鬼子干事情。

平日受尽肮脏气,我们早就心同情。

如今祖国军队到,一家人遇一家人。

诸君保乡我救国,同心协力杀敌人。

指引我军去作战,掩护我军探敌情。

敌人消息来报告,我方消息莫透风。

若是被迫来交战,枪口对着半天空。

让出阵地莫动手,我们好杀鬼子兵。

倘若配合杀敌人,请君算是第一功。

或者拖带来归顺,我们也是很欢迎。

大家如此齐努力,收复失地不费工。

我军如今已来到,特把此事先说明。

若有执迷不悟的,别说我们无同情。

八路威名谁不晓,谁敢助敌活不成。

玉石俱焚悔之晚,劝君三思莫当轻。

（1940 年 9 月 25 日）

《告伪政权全体公务人员》

为君解放枷锁,快把主意来安。

不要胆小害怕,不要暮四朝三。

要知敌人今日,已经死在面前。

大军四面合围,瓮中捉鳖何难。

诸君乘此机会,正好立功争先。

从今脱出魔窟,不教人呼汉奸。

或是明来接洽,或是心照不宣。

暗中帮助我军,共同杀敌除奸。

泄露敌人秘密,破坏敌人机关。

或是设计暗杀,或是和他作难。

情报故意迟延,消息传递不全。

鼓动壮丁逃跑,再把粮草隐瞒。

我军胜利消息,逢人秘密宣传。

指引我军路线,掩护我军人员。

暗地私通消息,我们保你安全。

诸君诚能如此,不愧中华儿男。

恢复祖国领土,重建抗日政权。

（1940 年 9 月 28 日）

这些宣传还是有效果的,如9月18日的报纸就报道了《太原"兴亚黄军"在反正》的长篇通讯。

对蒋、阎军队的挑衅和摩擦,《抗战日报》除予以揭露外,在使用词语时很注意政策,仍称"蒋委员长"和"阎司令长官",称呼搞破坏的部队为"××军"或"××师",而不直点其名。这样既达到了揭露、警告的目的,又维护了两党两军的团结。而在重大原则问题上,却没有丝毫的妥协与退让。如1940年12月11日发表的社论《晋西事变一周年》,1941年1月29日发表的社论《纪念一·二八,反对制造内战》,都表达了反对投降反对分裂的主题思想。

(3)在建设晋西北方面,报纸的报道重点是:政权建设,通过系统反映村选工作,宣传了"一切工作在于村"的思想;文教建设,主要报道如何提倡学习,恢复国民正规教育,利用农闲以冬学形式提高群众文化水平和基层干部素质,以及普及卫生工作的情况;经济建设,以社论和消息的形式,宣传解释了党和政府在发展生产、商业外贸、收购公粮、减租减息等项工作上的政策,并如何解决群众切身困难,改善人民生活状况。

晋西北根据地的实际情况,诚如《抗战日报》1940年10月12日所载通讯《日益壮大着的晋绥边区抗日根据地》所言:"人民的经济生活、文化水平都比较的落后。山村中的一些地区,行使白银交易或竟仍以物易物,尤其在抗战初期,钞票往往被拒用,有钱买不到东西。农民识字的很少,尤其绥远境内,有个识字的便像神仙般受尊敬。人民叫政治委员只能叫出两个字的'×政治',机关枪被称为'节节枪',其文化落后民智不开由此可见一斑。此外,吸食鸦片的人到处皆是。物产较丰的东部平原,被敌寇所占据。我占地区主要是穷困的山地,物产以莜麦山药蛋为主。这里最大的缺点是不产棉花,秋季以后多着皮衣。因此,经济条件是很艰苦的。"

解决这些问题,只能依靠党和人民政府。《抗战日报》创刊后第二期,就全文刊登了中共代表林枫在晋西北第二次行政会议上的发言。林枫的发言主要谈了健全村政权、生产建设和教育三个问题,而核心是村政权:"最基本的工作在村,我们的口号是:一切工作在于村。如果村的工作弄不好,别的工作也做不好。村工作是巩固晋西北新政权的基础。"关于村政权建设,《抗战日报》的重要报道有:《山西省第二游击区村政权暂行组织条例》(1940 年 10 月 12 日)、《山西省第二游击区村选暂行条例》(1940 年 10 月 16 日)、《一切工作在于村》(1940 年 11 月 9 日社论)、《确实健全村政权》、《关于村政权几个重要争论的问题》(1941 年 1 月 1 日)等。

1940 年 10 月 26 日,《抗战日报》发表社论《如何进行冬学运动》,拉开了群众性文教建设活动的序幕。文章指出:"冬学第一要进行抗战的教育;第二要进行民主的教育,为将来的村选工作打好基础;第三要进行爱护晋西北根据地的教育。"在通讯《离石的妇女》(1940 年 12 月 21 日)中,从一个侧面反映了冬学带来的效果:离石妇女县府请愿争取参政,加紧识字学习政治。署名常芝青的专稿《一年来的晋西北新文化运动》(1941 年 1 月 4 日),也提到了基层组织的学习情况:在各机关、部队、工厂以及各地市镇村庄开始建立通讯网、文艺小组和读报会,尽管这些组织才开始萌芽,但它们是在发展着,并获得了一些工作经验。

有关经济建设的报道内容很多,几乎贯穿了初期宣传的始终。例如《抓紧时机发动有组织的秋收运动》(1940 年 9 月 28 日)、《把征收救国公粮造成一个热烈的群众运动》(1940 年 10 月 9 日)、《配合征收救国公粮展开减租减息运动》(1940 年 10 月 23 日)、《巩固西北农民钞票》(1940 年 11 月 27 日)、《合作社应向生产方面发展》(1940 年 12 月 4 日)、《发动妇女纺纱织布》(1940 年 12 月 18 日)、《加强晋西北经济建设》(1941 年 1 月 18 日)、《认真领导春耕运动增加农业生产》(1941 年 3 月 19 日)。有篇小文章值得关注,在战争年代还不忘思考晋西北的绿化生态问题,这就是 1941 年 3 月 12 日刊登的《多植几棵树》:"晋西北的根据地上几乎到处是一片黄土,苍翠的树是不多见的。站在长期建设根据地的立场上,为了调节雨量,提高农业生产,为了润泽气候,减少疫疠疾病,大家多植几棵树吧。在山头上、大道边不便开荒的地方,都植起树来吧。"

报纸创刊初期,尽管在上述三方面的宣传中做了大量工作,但由于缺乏在农村根据地办党报的经验,因而存在着因袭过去城市办报的老框框,脱离根据地实际的问题。每期以二、三版的全部版面刊登国内国际新闻,地方新闻仅占头版除报头、社论以外大约半版的篇幅,数量很少,质量也不高,而且还存在着报道盲区,例如村选、村政权建设的实际情况的消息几乎没有。第四版的副刊,也主要发表或转载一些大块文章,缺乏生动性、群众性、地方性。这种状况显然不能适应根据地工作与斗争的需要,不能满足广大干部与群众的要求。

(三)第一次改版及副刊新变化(1941 年 5 月—1942 年 5 月)

为了改变初期宣传中的缺陷,从 1941 年 5 月起,《抗战日报》第一次调整了版面。调整后的一版以刊登社论和要闻为主,二版为国内国际新闻混合版,三版全部刊登地方新闻,四版刊登专文。并在 5 月 7 日的《重要启事》中宣布:"本报为更多反映晋西北根据地工作,自本期起各版内容略有更动。"可见,改版的指导思想是为了加强地方新闻的报道量,并进一步提高报纸的质量。另外,为扩大信息传播量,由每周出版 2 期改为每周出版 3 期。这一年的《抗战日期》,在提高业务水平和贴近工作实际,丰富副刊内容两个方面发生了变化。

1. 新闻业务水平的全面提高

1941 年 9 月 18 日《抗战日报》周年版上,刊登了一篇《抗战日报在部队》的文章,反映了读者对这个时期《抗战日报》办报水平的看法:"最显著的是在印刷与编排上纸张的质地精良了,因之字句清晰,便于阅读,同时差字白字是微乎其微,标题惹人注目,段落穿插紧凑大方，有条有理的，看了一处还想看另一处。其次内容方面更是突飞猛进，由狭小范围的反映，而普遍了晋西北每个角落的反映，以至敌人据点里的情形都反映出来，这表现在第三版的改进上，与地方通讯网的建立是分不开的。一些新闻都能扼要具体的把握材料组织材料。"

　　读者最满意的第三版，是《抗战日报》的重头戏，即地方新闻。为了办好第三版，报社编辑部注意把党性原则与新闻规律结合起来，以此判断正确与错误，决定稿件的取舍和见报时机。地方新闻负责人阮迪民，在为报纸创刊一周年而写的纪念文章中，曾经谈到稿件处理的几条原则："第一，要有新闻价值。就是说新闻一定是大众欲知而未知的事物。第二，新闻是服务于政治的，要把握政治上的原则立场。根据地的新闻就必须与整个根据地的建设事业联系起来。第三，要有社会价值。根据地报纸的使命，就是指导与教育群众，不但流于低级趣味的黄色新闻不能采取，即使比较没有社会意义的新闻，也是越少越好。反之，凡能提高群众情绪，对群众有教育意义的事情，则越多越好。第四，要具体事实。小题大做或道听途说的新闻，虽然里面包含一些事实，我们也只好不用。因此对作深入采访，广收材料，并且写得合理恰当，不歪曲夸张，便是我们的希望。"按照这几条原则，对一些明显违背党的方针政策的稿件，编辑部坚决不用；对一些基本符合党的方针政策，但其中个别观点个别提法不尽正确不很准确的稿件，编辑部在采用时用按语加以批注和纠正，以免造成不良影响；对稿件中涉及的一些重要情况和问题，编辑部感到不熟悉拿不准的，就及时请示报告，绝不自作主张，保证编辑工作按党的政策和策略原则办事，严格把好报纸宣传的政策关。

　　晋西北人民在抗日斗争中，渴望了解其他根据地的情况，十分关注蒋管区人民的爱国民族运动，也很想知道国际上发生的事情。为了满足群众的这种愿望，《抗战日报》编辑部在坚持地方新闻为主的前提下，十分重视国内国际新闻的编辑工作，让晋西北人民都知道天下

大事。国内国际新闻负责人杨效农在为报纸创刊一周年而写的纪念文章中,曾经谈到国内国际新闻编辑的指导思想:

首先,在地理环境下,晋西北是抗战前后方交通联络的一个桥梁,是敌后各抗日根据地的枢纽,因而就负有沟通敌后各抗日根据地与大后方的责任。这也就是说我们应该有计划有系统地将大后方所发生的重要问题和动态,如压制民主、亲日派的罪恶活动,以及一切违反团结抗战的反动黑暗现象,反映到根据地来,以促起抗战军民为克服这些倒退黑暗而努力;将敌后各抗日根据地的各种新民主主义政治、经济的建设,民众的动员和所有军民坚持敌后抗战艰苦奋斗的情形广泛地介绍出来,为坚持团结抗战,建设新民主主义的政治、经济、文化的伟业而奋斗。

其次,根据地是处在与敌伪直接作战的前线,就整个华北所有抗日根据地来说,基本上我们对敌人已经形成了包围形势。可是,我们的敌人当然也要拼命挣扎,它对各根据地所采取的破坏阴谋和伎俩,自是日益阴险恶毒,敌我在军事、政治、经济、文化各方面所展开的斗争必然更加尖锐和剧烈。所以我们对敌寇任何一个阴谋步骤,须要更加及时地揭露出来,从各方面加以粉碎,以便进一步地开展敌占区工作。

最后,关于国内战报,一些重要的战况,这是每个人都想知道的;一些较次要的战报也许就有一些读者会感到单调、枯燥、乏味,没有多大兴趣去读它。但我们觉得这还不是一个单纯的趣味问题,因为战争毕竟还是抗战现阶段中心的一环;特别是华北敌后"扫荡"与反"扫荡"的更加频繁,战争的意义也更重大。我们对这些战报,照原电报那样发表,虽嫌连篇累牍一点,但加以一番整理综合的功夫,简明扼要地报道给读者,这是非常必要的。

国际新闻版的目的,就在于经常报道国际上的重大新闻,使一般读者对于世界情势能有最低限度的了解,并引导读者提高对国际问题爱好研究的兴趣,以及引起他们认识国际问题对于中国抗战有什么影响。照分量上来说,我们的消息是比大报纸为少,可是在质量上我们是比较精粹,同时重要的消息一条也不会丢掉。因为我们的编辑方法是采取精编,在取舍材料和处理材料上要经过一番慎重考虑的手续。在电讯收到之后,首先经过审阅是否有登出的必要和价值,然后按其性质或种类分别予以归纳,去其冗长复杂,把材料集中在一个系统之下而留其精粹。这样编过后的消息,使读者容易了解,也节省读者的时间和精力。

从上述几段引文可以看出,国内国际新闻的编辑工作,为了体现为晋西北人民服务的思想,确实是动了一番脑筋,下了一番功夫的。

国内国际新闻的来源,主要依靠新华社电讯。收到这些电讯稿以后,编辑部按照晋西北根据地的工作实际和人民群众的需要,进行精选和加工处理。凡属必须让干部群众知道的事情,比如党中央公开发表的文件、毛泽东主席与其他中央领导同志的文章和讲话、《解放日报》和新华社的有关全局的重要社论和评论等,一般都原文照登。凡属动态性的新闻报道,比如其他根据地战争和生产上的重大胜利和成就,以及工作中对晋西北根据地有参考意义的经验、蒋管区人民的爱国民主运动、第二次世界大战的战况消息等,一般都采取了改编的方法。改编有两种:一种是删节摘要,把一篇长消息改成简明新闻,以增加报纸版面的容量;再一种是综合编写,把多篇报道改为一篇。综合编写又有两类:一类是横向的综合,即把不同地方同一事件的消息综合成一篇,使读者对同一事情在各地的进展情况有个概括的了解,比如各个根据地土改工作的进展情况,精兵简政工作的成绩,文化教育事业的发展等;再一类是纵向的综合,即把某一事件的连续报道综合成一条系统的新闻,使读者对这件事的前因后果、来龙去脉有个较为系统完整的了解。比如皖南事变,苏德战争等。采取改编的办法处理国内国际新闻,编辑要对有关材料加以归类整理,分析综合,这样编辑工作的难度大了,新闻时效也可能差一些,但它符合农村读者的需要,宣传效果比原文照登要好得多。

2. 较为丰富的副刊内容

《抗战日报》从创刊起,就把第四版作为副刊,占用整版篇幅。但是,在创刊后的初期,第四版上刊登的多是长篇大论的文章,实际上成为容纳长文章的机动版面,并不完全具备副刊的性质。

对副刊性质的正确理解,是从1941年3月开始的。这一点,在日后副刊编辑室撰写的总结文章《加强与实际工作联系,提高副刊的指导性》(1949年2月25日《晋绥日报》)中就可以看出来:"副刊是党报用以辅助指导工作,指导思想的一个重要武器。它应该运用各种各样的形式,如通讯、报告、问答、理论、短论、杂文以及小说、故事、诗歌、木刻、剧本等文艺创作,反映解放区的工人、农民、妇女、青年等的新气象;介绍我们工作与学习中的问题;表扬各部门工作中的模范人物和事迹;批评一切不良的思想作风,批评工作中的缺点和错误;以及介绍各种社会常识和文化知识等等。从各方面帮助群众与干部提高思想觉悟,为完成党在每个时期所提出的任务而努力。"这段话清楚地表明,副刊的编辑方针就是加强与根据地实际工作的联系,为推动根据地各项工作服务。

关于稿件的选编标准,副刊负责人常芝青在报纸创刊一周年的纪念文章《一年来的本报四版》中说得很清楚:"首先要看稿子的内容对根据地工作有没有帮助和实际的意义,这个作用和意义是否表现得相当有力和充实。其次看它和实际工作配合的怎样。这样来决定取舍和快登或缓登。"

这个时期的副刊编排,主要有三种形式:

(1)配合党和政府的中心工作而编发的连续性专稿。例如1941年10月,晋西北行署颁布了《征收抗日救国公粮条例》之后,副刊上陆续发表了《关于公粮实验工作中的几点意见》、《征收公粮实验团的经验》、《对公粮工作若干问题的商榷》、《兴县公粮问题初步研究》、

《在公粮工作中怎样进行深入的调查》《开展一个行政村的公粮运动问题》《纠正公粮工作中的不民主方式》等文章，既反映了面上的情况，介绍了点上的经验，又探讨了工作中的问题，批评了不正确的工作作风。

（2）配合东方民族反法西斯大会而编发的知识性系列专稿。1941年10月26日，在延安召开了东方各民族反法西斯代表大会，这是一个有国际革命意义的会议，代表来自国内各地和东方各民族，有汉、蒙、满、回、藏、苗、彝等民族及台湾地区、日本、犹太、印度、菲律宾、马来西亚、泰国、缅甸、越南、朝鲜等国家和地区的代表。为了使晋西北人民对这些民族的历史及当时的发展情况有一个概括的了解，以加强国际反法西斯统一战线的团结，从11月18日起，报纸陆续在副刊上发表专门的介绍文章。如对蒙古民族的介绍，文章中提到："蒙古民族自九·一八以来，在日寇欲征服中国必先征服满蒙的政策下，成吉思汗的43万子孙已沦为日寇的牛马，蒙古的王公、贵族、喇嘛、平民在日寇的强迫下又重新跪拜了清朝君主。现在不只广大的蒙古人民觉醒了，同时贤明的蒙古王公也是坚决反对日本帝国主义的。外蒙古政府对日寇的历次挑衅坚决回击，东方各盟旗的蒙民组织了蒙古青年革命党，蒙古抗日义勇军在东北掀起了抗日浪潮。特别是大青山的蒙古青年热烈地参加八路军，组成了蒙古游击队，共同建立了大青山抗日根据地。"在《朝鲜近况》一文中说："为保证供给日本、满洲的劳动力，平时登录各村的壮丁数，组成劳动报国队，施以若干训练，以备必要时出动。在今日的朝鲜，不分日夜，不分男女，不分老幼，连80岁的老婆婆，都得握着锄头劳动。去年某郡的庄稼，由于男丁都征了苦役，结果一万二千亩水田，全由妇女和小孩种植。"这些文章，使根据地人民大长见识，意识到自己不是孤立无援的，东方民族都在反抗日本帝国主义的侵略和压迫。

（3）配合专门工作而组织专栏。这个时期开办的专栏有6种，依次为：

"村选"。这是《抗战日报》开办的第一个专栏，创刊于 1941 年 7 月 25 日，由晋西北村选指导委员会编辑。占整版篇幅，10 天左右办一期，共出刊 7 期。主要是配合当时根据地普遍开展的村政权选举工作，刊登村选工作通讯，介绍村选工作的方式方法，交流村选工作经验教训，发表村选工作调查报告和研究论文。

"敌情"。1941 年 12 月 21 日创办，占整版篇幅，20 天左右办一期，共出版 13 期。主要刊登关于敌国情况的研究论文，敌国敌军内部动态和敌伪在沦陷区活动的情况报道，介绍对敌斗争经验，刊登国外有关日本问题的研究论文及可供参考的敌伪军资料译文。

"教师之友"。1942 年 1 月 10 日创办，占整版篇幅，10 天左右办一期，共出刊 12 期。内容主要有教学工作经验介绍及问题讨论；模范学校、学生、教师事迹介绍，教学管理、学校建设、儿童教育等方面的研究成果；教师自学读物、教学参考资料和儿童课外读物；各地教育协会工作动态。

"文艺之页"。1942 年 1 月 17 日创办，占整版篇幅，10 天左右办一期，共出刊 14 期。主要刊登各种体裁的文艺作品、文艺理论研究文章和译文，报道各地的文化活动情况。

"卫生"。1942 年 1 月 20 日创办，由晋西北军区卫生部和手术医院编辑。占整版篇幅，20 天左右办一期，共出刊 12 期。内容主要有卫生知识；疾病预防意见；军民卫生办法；季候病、地方病消息；有关卫生工作的论著和译文。

"青年"。1942 年 1 月 29 日创办，20 天左右办一期，共出刊 6 期。占整版篇幅，主要反映青年的工作、学习、生活和要求；介绍各条战线的模范青年人物；交流青年团和青年工作的经验；回答青年提出的各种问题；介绍有关各种知识。

由于副刊编辑工作始终贯彻了为根据地工作服务的方针，不断加强和读者的联系,加强和实际工作的联系,因而副刊受到群众的普遍欢迎,许多地方把副刊上的小文章摘登到黑板报上,或者作为群众冬学的教材。河曲独立营刘耀就曾写信给副刊编辑室说:"我是常读副刊的读者之一,像《学习朱总司令》、《车辗螳螂》等民间故事和一些民谣短诗,我都看过三四遍,还把《脚印子》、《老资格》、《八路军从天上掉下来》等,说给战士们听,大家都很感兴趣。"这个意见说明,副刊收到了良好的社会传播效果。

(四)第二次改版与实现地方化的努力(1942年5月—1944年9月)

1. 报社的整风学习

1942年,党中央向全党提出了反对主观主义以整顿学风、反对宗派主义以整顿党风、反对党八股以整顿文风的任务。整风学习开始后,《抗战日报》社和其他12个新闻出版单位统一组成学习委员会,定期研究,及时指导工作。学习的方法主要是个人阅读文件,独立思考,写学习笔记,结合小组讨论和座谈会,交流思想,交流心得。配合整风学习,报纸刊登了《解放日报改版座谈会》、《怎样办党报》等文章,主要介绍毛主席在《解放日报》改版座谈会上的讲话、中共中央宣传部关于改造党报的通知、列宁论党报等思想和观点。

通过一段时间的学习,于4月20日召开了新闻改革座谈会,发言极为踊跃。先后指出编辑工作缺乏主动性,新闻领域过分狭窄,如地方版从3月24日起登的10期105件新闻稿,31件是会议新闻,25条是指示性法令新闻,占去总数的53%;反映群众生活不够,缺乏批评精神;写作方面的缺陷表现为没有中心,罗列现象,新闻均带有大脑袋大尾巴,用语贫乏,如统计的3个月的新闻稿中,用"为了什么"、"自××而后""在××下"等同一格式起头的新闻有77件。最后,《抗战日报》负责人廖井丹做了总结性发言,他说:新闻工作常害"聋盲哑软"四种病症,具体表现为:听不见群众呼声;看不见群众的活动及根据地各种症结问题;喊不出群众要求也不能向群众透彻地解释政策法令;软就是与敌人作斗争差,工作中的批评精神差。新闻稿存在的问题是:第一,事情未来,大吹大擂;事情正做,全无声息;事情完了,放一个马后炮。第二,只抄数字,不问情由,把一件完整事情凌迟处死。第三,太爱搽粉,很少挤脓。第四,满篇都是指示任务,关起门来写稿,群众意见不能上达。第五,文长意短,题目很大,内容很少,临去三回头,戴一顶大帽子,穿一双大靴子。第六,杂七杂八,零零碎碎,不能反映全面。第七,语言贫乏,格式单一,无异办小八股训练班。时政论文存在的问题是:第一,政治意义起,空头号召终。第二,咬文嚼字,夹杂不清,大量堆积形容词汇。第三,瞄不准靶子,抓不住中心,文章看完,不知症结所在。第四,对症下药,总是一盒万金油,什么病也想治,什么病也治不了。第五,宣传政策法令,以"换句话说……"的方式,作不深切之解释。

联系新闻工作实际整顿文风,找准问题,为紧接着的改版工作和实现地方化打下了良好的基础。

2. 第二次改版与反思

1942 年 5 月 19 日,《抗战日报》进行了第二次改版。一版改为以刊登地方重要新闻和社论为主的要闻版;二版为地方新闻版;三版为国内国际新闻混合版;四版刊登与地方工作有关的文章和对敌斗争的文艺作品等。为此,报纸专门刊登了《为改版告读者》:"根据整顿三风的精神,本报检查了过去二十个月的报纸,同时决定改版,并趁改版机会,提出今后本报改进的方向。还在本报创刊的时候,我们即确定为晋西北五百万人民的利益和要求而服务,我们一贯地坚持了这个方针。但是现在检查起来,我们的努力是不够的,报纸本身还存在着很多缺点。我们认为最主要的,就是以很大的篇幅去刊登国际国内的新闻,和一些跟晋西北很少关连的长篇大论的文章。同时关于晋西北的实际问题,反而讲得很少,不但反映不够,而且注意也不够。特别是组织根据地的力量,贯彻根据地的政策法令做得不够。作为根据地的报纸,最主要的任务,就是能针对根据地的实际情形,团结广大人民,组织一切力量,以实现根据地的政策法令和工作任务。它应当是深入群众的,不仅要把个别的日常的细微的活动,变为全面的综合的系统的报道;不仅是从这些报道来标明工作的进步,而且主要的是根据这些实际情况,解决实际问题,改进实际工作。这正是本报过去所没有做到的,也正是今后所要努力的方向。"这次改版,增加和突出了对本根据地新闻的报道,反映晋西北根据地军民斗争与生活的稿件,占到每期报纸近三分之二的篇幅。从此,地方新闻在报纸上重点突出了,数量增加了,质量提高了;报纸开始注意对实际工作存在的缺点错误展开批评与自我批评;记者和通讯员深入采访,积极扩大报道面;编辑更加重视地方新闻,加强了与记者和通讯员的联系;文风和编写技巧方面也有了改进。应当说,这是整风学习取得的可喜成果。

随后,在新闻界参议员的竞选演说中,《抗战日报》负责人廖井丹、穆欣、常芝青等都阐述了自己的新闻改革主张,为日后的工作改进做好了思想准备。廖井丹的改革思路有五点:"第一,团结根据地一切新闻工作者,坚持团结抗战国策,充分发扬民主自由,主持公论。第二,努力做好新民主主义的新闻建设,由政府协助充实现有的新闻机关,欢迎根据地内外人士出资创办新的新闻机关,出版报纸杂志。第三,奖掖新闻工作者,给予工作上、生活上各种方便。第四,建立和普及全根据地的新闻通讯网,奖励新闻写作,加强对外宣传与介绍。第五,建立和健全报纸杂志战时的特殊发行站,使根据地军民在交通不便的情况下,能经常读到报纸杂志。"穆欣补充的新主张有:"加强新闻教育,设立新闻奖学金,提倡新闻研究与写作,扶助新闻学术团体,发扬新闻学术研究自由。在专门学校设新闻学系,培养新闻人才,目前则宜建立短期新闻研究班。"常芝青补充的新主张有:"第一,欢迎大后方和敌占区的抗日记者来根据地工作,欢迎私人投资创办通讯社。第二,提高新闻记者的地位,提高稿费,切实执行文化工作者待遇办法。"

为了配合新闻改革，提高报纸工作人员的新闻理论水平和业务能力，《抗战日报》从 1942 年 8 月到 10 月，刊登了一系列《解放日报》的有关文章，如《把我们的报纸办得更好些》、《列宁论报纸》、《报纸和新的文风》、《开展通讯员工作》、《党与党报》等，对新闻工作实践发挥了巨大的指导作用。特别是穆欣在"九一记者节"写的《加强通讯战斗性》一文，对《抗战日报》这个时期的通讯工作现状和今后的改革设想提出了看法："我们检查了一年来的稿件，感觉到通讯工作中还存在着很多问题，不论在采访上，或是在写作上。总的缺陷是尚没有打破新闻的囚笼，旧的新闻圈套箍住了大部分的通讯员同志。他们翻来覆去的写着开会之类的消息，写的和看的人都有些厌倦了。而对于很多新鲜事物却忽略了，辨别不出什么是新闻，形成新闻贫乏的现象。有几种偏向存在于我们的通讯员同志中，即轻视采访，重视写作；轻视内容的充实，重视形式的美好；好写长篇的通讯，不屑写短小精悍的消息；好写文章而不愿点滴辛勤的搜集一些新闻资料。这样便形成新闻真实性不足，内容空洞等毛病。针对这些毛病，我们提出三个口号：采访重于写作；内容重于形式；消息重于通讯。"这是一篇很好的反思文章。

3. 晋绥分局《关于抗战日报工作的决定》

根据中共中央决定，1942 年 8 月至 10 月，撤销晋西北军政委员会、中共晋西区委和中共绥远区委，成立中共中央晋绥分局，统一领导晋西南、晋西北、绥远大青山共三区的党、政、军、民工作。中共晋绥分局书记为关向应，因关向应长期在延安养病，由林枫代理书记，林枫同时还兼任晋绥边区参议会议长。晋绥军区司令员为贺龙。《抗战日报》为此专门刊发了消息和社论，报道说："这样能更有效地统一进行对敌斗争，是打败日寇、争取胜利的有力保证。"

中共中央晋绥分局成立后，就于 10 月 1 日作出了《关于抗战日报工作的决定》，指出："《抗战日报》是晋绥边区六百万人民的报纸，是根据地党政军民的喉舌，是体现党和政府一切政策的有力工具，是反映人民生活和要求的镜子，是对敌斗争的锋利武器。凡我晋绥边区每个党员都有爱护它、研究它、为它写稿、为它传播的责任。过去，我晋绥边区某些党员中，对《抗战日报》，曾有忽视或轻视的现象，不知道尽量利用它宣传鼓动的效能，不设法通过它去发挥指导各项工作的作用，没有为它写文章、写消息、写通讯，不研究它上边反映具体政策的社论和各种文字，更不知道把报纸读给不识字的干部和群众听，以教育和组织他们。这是非常不对的，是党性不强的表现，应该迅速纠正。为此，分局特作如下决定：（一）从分局起到各级党委党团，要把帮助与利用《抗战日报》的工作，作为自己经常的重要任务之一，定期检查自己对《抗战日报》所做的工作。（二）各地委县委的宣传部长及军区各级宣传负责人，规定担任《抗战日报》的特约通讯员，与报馆直接取得联系。（1）负责组织其所管地区或部队内的通讯网，吸收具有最低写消息能力的干部为通讯员，并帮助通讯员如何搜集材料，撰写稿件。（2）负责组织读报组工作，使每份报纸，能经常有一百人读到或听到，并收集干部和群众的反映及意见。（3）负责供给《抗战日报》各种新闻材料或文章，并组织党内外人士为《抗战日报》写稿。（4）负责帮助《抗战日报》各地办事处。（5）负责帮助《抗战日报》派往各地的记者了解情况，并供给必要材料，使其采访工作便利。（三）各机关、部队、学校、工厂的负责同志，应经常为《抗战日报》写文章，并建立健全本部门的通讯工作。对所属工作人员写的消息和稿件，应负审查的责任，在稿件上签字。（四）担任《抗战日报》特约撰稿人的党员，均须遵守规定，按期写稿。"

这个决定进一步明确了《抗战日报》的性质和任务，报纸也相继发表社论，阐述地方党报的重要作用，如《报纸和工作》、《广泛建立和健全通讯网》、《给党报的记者和通讯员》、《关于口语化》等，提出办好

《抗战日报》需要有实际工作经验、与群众有密切联系的通讯员支持和参与报纸工作。此后,全区大力发展了通讯工作,组成了记者、通讯干事、通讯员、读报小组紧密结合的通讯报道网。报社在贯彻党的政策,加强对根据地工作的指导上,继续采取了一些改进措施。比如,社论写作更加注意质量,能针对实际问题,总结经验教训,加强指导性;编辑和记者改变作风,深入实际,联系群众;增设联系群众的栏目和专刊。

4. 为根据地服务的宣传思想

从 1942 年 5 月到 1944 年 9 月这段时期,《抗战日报》比较充分地反映了晋绥根据地军民对敌斗争、生产运动和其他各项工作的成就。宣传报道的重要内容有六个方面。

(1)关于民主建政的宣传。1942 年,晋西北根据地将召开临时参议会,选举产生晋绥边区政府,讨论根据地民主建政的一系列重要文件。《抗战日报》围绕这次会议,大量报道了各地村选工作的情况和经验;发表社论号召人民群众以实际行动迎接临时参议会的召开,实现统一战线政策和"三三制"原则;详细报道了晋绥边区士绅赴延安参观团的活动;全文刊登了晋绥分局《关于巩固与建设晋西北的施政纲领》;反映了参议员在竞选、演讲、选举过程中发扬民主和严格执行"三三制"原则的情况;系统报道了临时参议会大会发言、报告、小组讨论等各项活动和会后一些参议员的工作情况;同时,还不断向人民群众解释党的领导与民主建政的关系, 如 1943 年 5 月 20 日刊登的《党的一元化领导和三三制政策》等。这些宣传,对团结建设民主根据地产生了良好影响。

(2)关于转变干部作风的宣传。配合整风学习,《抗战日报》开展了转变干部作风的宣传,认为转变干部作风是密切联系群众,搞好各项工作的基本保证。1943 年 2 月 20 日刊登的专论《转变不深入群众的作风》,列举了种种浮夸的工作现象:"许多同志的脑子里,把自己看成是公家人、干部、上边来的,以为自己比群众高贵,比群众高明,认为群众是落后的,什么也不懂。因此,不更多地关心群众日常切身利益;不注意在工作中解决群众的各种困难,使其负担更加公平合理;不认真地在执行法令中维护群众利益,而是机械地执行法令;对群众提出的问题敷衍了事;做群众工作不是说服教育,而是强迫命令;在生活上远离群众,不能和群众打成一片,处处表现自己是特殊人,而不是群众的自家人。不深入群众的作风,在各级干部中都是严重的存在着,每个同志都应该好好地反省自己。"针对这些问题,报纸刊发了《中共中央关于领导方法的决定》、《关于文艺工作者下乡问题》等文章,从正面引导干部作风的转变。这些宣传,为转变干部作风起到了极大的推动作用。如 2 月 27 日刊登的通讯《在兴县转变干部作风会议上所看到的》,报道说:"兴县抗联为了开始转变作风,在一月里开了县区干部会,下了很大功夫专门检讨同志们过去在认识上、作风上,有些什么不对的地方,和讨论怎样才能认识得对,做得对。在反省会上,有不少同志说:我骂了群众,我非法禁闭过群众,我对群众吹胡瞪眼拍桌子。也有的说:咱过去不去深入群众,每天只是去抓赌、打烟灯、捉破鞋。还有的说:我用号召代替行政,用命令完成任务,不走群众路线,不发动群众,这是贪图省力,没耐心,方式不好。……经过报告、讨论、反省,不少干部都认识到转变作风是件大事情,得持久地坚持下去,不是一朝一夕能解决了的。"6 月 22 日刊登的《我是怎样下乡工作的》、《河边村武装宣传记》,都能结合具体事例,正面宣传知识分子工农化,干部与群众一体化。

(3)关于"把敌人挤出去"的宣传。从 1942 年秋开始,日本侵略军对晋绥根据地的扫荡和蚕食日益残酷,政治上强化伪政权和特务活动,经济上加紧封锁和掠夺。与此针锋相对,晋绥分局根据毛泽东同志的指示,提出了"把敌人挤出去"的口号。边区军民广泛开展游击战争,围困敌人,组织武工队加强敌占区工作,缩小敌占区,扩大解放区。1944 年 3 月,中共晋绥分局又发出了《一九四四年对敌斗争工作的指示》,具体制定了"挤敌人"的方针:向下钻,深入群众工作;向前钻,开展伪军、伪组织工作。要从困难着想,做长期打算,巩固已有的成绩,逐步地有阵地地向前发展。根据这一方针,边区军民采取"联防作战"的方式,根据自然地形和战斗的需要,由数村民兵共同订立联防公约,在联防指挥部的统一领导下,调派一村或数村民兵的力量,积极主动地打击敌人。当敌人出现和扫荡时,担任警戒的民兵按预定计划,适时适地打击敌人,民兵越打越多,最后将敌人包围起来彻底消灭。或主动出去,从四面八方迫近敌据点并逐渐收缩,将敌人挤进碉堡。《抗战日报》过去主要报道主力部队反扫荡的战况,现在则扩大为全面反映主力部队、地方武装、民兵和广大群众反蚕食、挤敌人的斗争场面。报纸发表多篇社论,阐述了"把敌人挤出去"的重要意义;以大量篇幅报道了各地军民长期围困敌据点、袭击敌据点,以地雷阵逼敌撤离据点、打进敌据点夺回被抢粮食和耕畜等"挤敌人"的成功做法;突出报道了一些较大规模的拔除敌据点战斗的胜利消息;连续介绍了一批民兵英雄和民兵队的战斗经验。"把敌人挤出去"的报道,是一次成功的宣传战役,它讴歌了波澜壮阔的人民战争,交流了对敌斗争的经验,鼓舞了边区军民的斗志,为抗战的最后胜利做出了重要贡献。

(4) 关于大生产运动的宣传。在敌后战争的环境中努力发展生产,一直是《抗战日报》的宣传重心之一。1942 年,报纸根据敌人对根据地进行封锁的新情况,展开了发展生产厉行节约的宣传。这年 12月,毛泽东同志发出开展大生产运动的号召后,报纸在 1943 年的生产报道中,推广了劳动互助、发动妇女儿童参加劳动、部队机关支农以解决劳力不足等经验;宣传了各地的农事活动和改良耕作技术的情况;还发表社论,对春耕准备、领导春耕、保卫春耕夏收秋收、发展劳动互助等工作进行指导。1944 年,报纸连续反映了大生产运动的深入和扩大,特别是详尽介绍了群众创造的变工互助的合作新形式。后来,又集中宣传晋绥分局提出的"耕三余一"、穿衣自给、主要工业品自给的三大奋斗目标和边区军民实现三大目标的情况。在大生产运动的宣传中,报社采取了两种报道方式:一是树立正面典型形象,一是抓反面典型的转变。前者如1943年5月对生产竞赛中劳动英雄张秋凤的系列报道,共发表了15篇大小型文章;后来如1943年4月10日刊登的消息《二流子参加生产》和1944年1月8日马烽写的文章《懒汉回头赛如牛》等。

(5)关于"劳武结合"的宣传。所谓"劳武结合",就是把生产运动和对敌斗争紧密结合起来,既能有力地打击敌人,又可有效地保卫和建设根据地,这是晋绥边区军民的伟大创造。《抗战日报》积极地宣传了这一经验。这种斗争形式一出现,报纸就及时介绍。后来,随着"劳武结合"的普遍推广,出现了民兵与群众共同进行战斗演习;组织变工爆破小组,广泛开展群众性的地雷战等新形式,报社及时抓住这些新动向,用社论、消息、通讯等形式作了报道宣传。后来,边区军民在全民练兵习武运动中,创造了"文武变工,学文习武"的方式;在围困敌据点的斗争中,创造了据点内外群众变工抢种,一面围困敌人,一面掩护生产的经验;在解决生产与支前的矛盾中,创造了武装群众、军火自给、群众战法的三结合形式。《抗战日报》对这些,都进行了充分的报道。

(6)关于劳动模范、抗日英雄和抗战成绩的宣传。1942年年初和年底,1944年年初和年底,晋绥边区先后召开了4次劳动英雄大会,检阅和总结在"劳动结合"、大生产运动和"把敌人挤出去"三项工作中取得的成就,表彰劳动模范和抗日英雄人物。《抗战日报》以这4次大会提供的材料为基础,用大量篇幅和各种新闻形式,进行了连续报道,造成了声势。如1944年1月对第3次劳动英雄大会的报道,在全面介绍大会盛况、各类英模人物之后,对"劳武结合"的榜样,"变工互助"的创造者张初元进行了重点报道。张初元是宁武县某村民兵领袖,这个村附近自 1941 年秋被敌寇建立据点后,就经常受到扰害。为了保卫耕种,张初元组织起民兵队,开展侦察活动,游击袭扰敌人。但开展武装斗争,又会影响民兵家里的农业生产,于是张初元采取了轮流制:把民兵分为两部分,出去打游击的,家里的农活由留下的民兵干;打游击的回来也如此干。变工的形式就产生了。以后村里全民皆兵,这样的变工互助小组就发展到 13 个,解决了武装斗争和农业生产的矛盾。像这样的宣传报道,有理有据,形象生动,对根据地的建设工作发挥了很大的促进作用。在宣传劳动模范、抗日英雄的同时,为了驳斥蒋介石"没有国民党就没有中国"的谬论,让人民群众认清究竟谁是抗战的中流砥柱,报纸还展开了对根据地军民抗战成绩的宣传。如 1943 年 8 月 31 日刊登的三篇重要文章《没有共产党就没有中国》、《共产党抗击的全部伪军概况》、《国共两党抗战成绩的比较》,指出:"共产党抗击了全部侵华敌军 26 个师团 60 万人的 58%(35 万人),国民党仅仅抗击 42%(25 万人)。全国伪军 61 万余人,大部为国民党军队所伪化,其中 90%(56 万人)以上为共产党所抗击,国民党仅仅牵制不足 10%的伪军。"文章最后说:"中华民族之兴亡,究竟系于共产党,还是系于国民党,3 岁的小孩也是明白的了",这样的报道辩驳力强,很有教育意义。

另外,这个时期专版、副刊的宣传成就、办报特色也较为突出。介绍国内外军事动态的栏目 "十日国际述评"、"半月军事动态"、"半月敌情",很受读者欢迎,及时满足了广大读者的阅读欲望。《行政导报》原为晋西北行政公署编辑出版的月刊,为便于提高时效,指导工作,1943 年 2 月 13 日起改在《抗战日报》出版副刊,10 天一期,占整版篇幅。内容主要是行政公署有关根据地建设的重要指示,各地工作经验总结,有关行政工作的理论研究文章。《战斗周刊》原为晋绥军区政治部主办,1943 年精兵简政时归入《抗战日报》,一周一期,共出刊 31

期。内容以反映和指导部队生活为主,同时刊登反映部队生活的文艺作品,介绍军政文化知识。《吕梁文化》创办于 1943 年 3 月 6 日,由根据地文社编辑,共出刊 16 期。主要刊登反映根据地军民生活的文艺作品,文化动态和文化活动的简讯。山西著名作家孙谦、束为等人都曾在此副刊上发表多篇小说和散文。

(五)第三次改版与报纸的地方性群众性(1944 年 9 月—1946 年 6 月)

1944 年 9 月 18 日《抗战日报》创刊 4 周年时,由间刊改为日刊,并部分调整了版面。除保持并提高以地方新闻为主的一版要闻版和二版地方新闻版外,三版以国内国际新闻为主,必要时也刊登地方新闻,四版改为以文艺形式为主反映晋绥边区各条战线斗争的副刊。

在为改版配发的社论《改出日刊和加强通讯工作》中,报社指出:通讯员写稿的热情是很强烈的, 但稿件的质量尚差, 采用量不及 50%,常常为"写什么,怎样写"的问题所苦恼,因而碰到什么写什么。现在我们提倡"做什么,写什么",4 年来的经验证明,这是组织稿件与写作稿件的正确方针。"根据地在做什么,群众在做什么,我们就写什么,因为根据地和群众所做的,正是报纸应该报道和读者需要知道的。同时,自己做什么就写什么,才能写得分外亲切深刻,具体生动,而更有益于工作。"以后又提出了"大家办,大家看"的口号,以及"写事实、写过程、写典型、写经验"的要求。这些口号、要求的提出和实行,使报纸实现地方化的深层次努力,有了新的进展,保证了宣传任务的胜利完成。

1. 毛主席对《抗战日报》的重要指示和报社的工作改进

1944 年 12 月 20 日,毛主席在延安与晋绥分局代理书记林枫同志谈话时,对改进《抗战日报》的工作作了重要指示:"本地消息,至少占两版多到三版。排新闻的时候,应以本地为主,国内次之,国际又次之。对于外地与国际消息,应加以改造。对新华社的文章不能全登,有些应摘要,有些应印成小册子。不是给新华社办报,而是给晋绥边区人民办报,应根据本地人民的需要,联系群众,为群众服务,否则便是脱离群众,失去地方性的指导意义。"

这个指示在报社传达以后,经过学习和讨论,编采人员开阔了思路,提高了认识。大家明确了报纸的地方化问题,不仅要着眼于扩大地方新闻的版面,还要从版面的组织安排上,国内国际新闻的选择和编写上加以改进,更要在地方新闻如何适应根据地人民的需要上下功夫,要多角度多层次地改进报纸报道工作,真正做到"给晋绥边区人民办报"。为此,报社着重抓了两方面的工作,一方面发展与健全地方通讯组织。报社和各级党委协同努力,针对各个地区的不同情况,分别采取了建立发展、整顿加强、健全组织制度的方法,使通讯队伍成为报社联系实际联系群众的纽带,成为群众向报社反映意见和要求的桥梁。另一方面则是改进报社内部工作,更有效地为群众服务。对新华社所播发的动态报道,有的采取删节摘编的方法,有的则定期进行综合编写。在稿件的选择上,除带有全局性的重大新闻必须选登外,其他报道则根据本地区工作的需要,决定取舍。

这个时期是基层通讯工作的大发展时期,有三条经验值得总结。

(1)积极培养工农兵通讯员。工农兵通讯员生活在群众中,往往是新闻事件的参加者和闻见者,掌握着鲜活的第一手材料,最有条件"做什么,写什么"。1944年下半年,晋绥各地相继召开通讯工作会议,研究如何培养模范通讯员的问题。兴县劳动英雄温象栓领导的村通讯小组提出了如下办法:"第一,没有写过稿的人,先开始在本村黑板报上写稿。第二,把寄给报纸的稿子,自己留底稿,等报纸修改登出来后对照研究。第三,多用集体写作的办法,大家收集材料一起讨论,由会写的人执笔,写好后念给大家听,共同研究修改。第四,每人遇到材料就写下来,供大家研究。第五,多读报纸,向人家学习。第六,通讯小组每月至少集体写稿两次。"岚县通讯工作会议则提出:"第一,对稿件要求全面报道,将一件事情的前后经过、具体办法、模范事例、取的成绩,都完整地反映出来。这就必须把事情调查研究清楚,获得足够的材料,找出中心,把材料组织起来。写完后再审阅修改,不充实的再补充,克服片面报道或轻率报道的缺点。第二,提倡集体写作,在一个通讯组内,由熟悉材料的同志讲,选出会写的执笔,写完大家研究修改,材料不足,再分头搜集补充。第三,对工农通讯员,要分配专家帮助,代笔的稿子,要念给他自己听,根据他的意见修改。"这些办法在晋绥地区推广后,收到了很好的效果,不但工农通讯员的人数增加了,稿件的质量也一天天地提高起来。培养和发展部队通讯员的工作,也始终紧抓不松,1945年1月1日,报纸刊登了陶铸同志的文章《关于部队的报纸工作》,其中谈到"应切实培养部队的群众通讯员"。"第一,要相信群众的能力,首先找出积极分子。我们部队有许多战士已具备初步的读写能力,只要在一个连找出一两个积极分子,认真发动他们写,告诉他们方法,这个连的通讯工作就一定可以开展起来。第二,连长指导员要把培养通讯员看成是自己的职责。第三,要认真改稿和处理稿件。在大家动手写稿以后,稿子多了,不能用的也多了,这时千万不要怕麻烦,泼冷水,应将来稿尽量在连的墙报登出,好的按级送上。"通过培养教育,部队涌现出很多模范通讯员和通讯小组,1945年7月10日报纸介绍的"王焕章通讯小组",就是其中之一。文章说,模范战士通讯员王焕章领导的连通讯小组,是一个很好的通讯小组,他们提出了"集体写,写集体"的方法。在写稿实践中,通讯小组认识到:写稿不能文绉绉,用战士平常说的话就好。通讯小组开会时,要用说材料的方法把材料说出来,看什么材料有用。整个写稿过程是:讨论研究,确定报道内容;通讯员民主分工,根据自己所分的范围,深入到战士中调查采访;写成后,先由干部改,再由集体改。这样的集体写,就不仅仅是通讯员的小集体,而是通讯员与连队战士结合

山西新闻传播史

第三章 抗日战争和解放战争时期的新闻事业

的大集体,因此在写集体上,就由部分的全面反映发展为全部的全面反映。

(2)经常交流通讯工作经验。在长期的写作实践中,许多基层通讯员和通讯小组总结教训,探索出一条条成功的经验,把它们及时地交流出来,对改进新闻工作和提高办报质量有极大的好处。《抗战日报》在这方面做了大量的工作。如1945年1月2日刊登的工农通讯员张承武的文章《我是怎样学习写新闻通讯的》,编者按说:"张承武同志是六分区抗联主任兼宁武县抗联主任,是一个农民出身的干部。本文简明扼要地叙述了他对通讯工作认识的转变过程,及克服写稿困难的经验,值得各地通讯员特别是工农通讯员参考。"张承武的文章在回顾了自己的写稿历程后,总结道:"过去不写稿,决不能推到工作忙、没材料、不会写或其他原因上去,而基本上是思想不对头。以前,我写稿主要是一时的冲动或个人想出风头,并没有认识到报纸是与工作密切联系的,是为广大群众服务的,因而没有把写稿当作自己的责任,只以为报纸是知识分子和报社少数人的事,与自己无关。近半年来通过学习教育,我终于弄清了自己是干什么的,为谁干;报纸是谁办的,为谁办。所以我认为,没有群众观念,就不愿写稿,也写不出为群众欢迎的稿子。"1945年2月26日,报纸又刊登了工农通讯员张荣的文章《学习写作的经验》,他回顾了自己幼年因家穷半读半农的经历,参加抗战工作后,认识到"文化低的人也能写稿,只要想写就成;登不登没关系,因为练习了我的写作和识字;在战争中学习战争,在写稿中学习写稿。"文章的重点是谈他写稿的经验和心得:"第一,写什么的问题。要写的就是人民所做的,人民要说的;写自己亲手做的;写典型人物和事迹;写各时期的中心工作。第二,怎样采访,材料从哪来的问题。材料来自于自己做过的;材料来自于自己见过的;材料来自于自己问过的;材料来自于自己接触过的等等。第三,怎样写的问题。有了材料要经过研究,看是消息还是通讯的材料,不要把消息勉强地写成通讯，这样会空洞无物的；在未写前要好好地想一下，共有几个中心，怎样组合才使人爱看，写通讯每段必须有一个中心问题；要着重于具体事实，不要着重于写的话好听，写上一套空洞无内容的话，是没用的；有材料要抓紧时间写，不然会失去了时间性。第四，怎样才能把通讯工作做好。要大家动手；通讯员要有定期的组织生活；要有计划地组织写稿。"同样的文章还有《当一个好通讯员》（1945 年 1 月 9 日）、《静乐通讯工作是怎样开展的》（1945 年 1 月 18 日）、《集体写、写集体的范例》（1945 年 7 月 10 日）、《群众掌握、掌握群众的区别》（1945 年 7 月 11 日）等。

（3）扶持指导黑板报和油印小报。黑板报和油印小报是基层通讯员亲自创办的，目的是指导本村、本连队或本单位的工作，交流信息，交流经验，教育群众，团结群众。它有两个好处，一是大家办，大家看，都是身边的人和事，更具有新闻的接近性；二是就地消化了大报不能刊登的大量稿件，锻炼了通讯员的写作能力，形成了群众看报评报的风气。《抗战日报》深知黑板报和油印小报是产生基层通讯员的摇篮，和对于基层工作的重要意义，因此，非常重视对黑板报和油印小报的扶持指导。1945 年 4 月至 7 月，接连发表了《怎样办黑板报》、《黑板报的发展》、《边区油印小报介绍》、《油印报的方向问题》等一系列文章，特别是 7 月 22 日的社论《油印报的方向问题》，非常重要，指出了油印报的性质、作用和具体办报方法。如谈到内容问题时说："较之《抗战日报》，油印报更具有地方性，有一定的读者对象和范围，有一定的具体内容，在对当地工作的指导上具有更直接相连、更具体有效的作用，是在黑板报与大众报之间的一种地方性报纸。因此，它的内容，应该与当地每个时期的中心工作密切结合，所报道的材料，不宜流于泛泛一般，而应该抓住群众中最迫切的问题，有具体的人物事件，有表扬有批评，只有这样，才能真正发挥油印报纸的指导作用。"在编排上"应以短小精悍的文章为主"，在语言上"应大胆采用当地群众的口语,尽量做到文字与群众口头语言一致,还应该建立通讯组织和读报组织。"由于《抗战日报》的扶持与帮助,1945年晋绥各地的油印小报多达56种。除此之外,边区政府召开的各种会议,还有临时性的会刊出版,正如2月26日的报道《小型报起的作用大》所说:"各县扩干会上都出版油印会刊。临县每天出一张,当晚就把各组讨论的情形、提出的问题、方式方法、领导意见等,刊印出版,第二天一早就成了小文件,对干部思想的展开和认识问题的全面深刻性,都有很大帮助。"

2. 抗战胜利前后的新闻和言论

这个时期是抗战即将取得胜利、历史即将发生重大转折时期,《抗战日报》紧密配合党在这个阶段的中心工作,进行了六个方面的重点报道和宣传。

(1)关于组织各种生产活动的宣传。晋绥边区是山西经济最贫穷落后的地区,土地多为山地,不适宜种植小麦和棉花,这就为根据地军民的吃饭和穿衣问题带来很大的困难。为此,晋绥分局和《抗战日报》都把发展纺织业、副业,保证秋收颗粒入仓当作性命攸关的头等大事予以特别重视。早在1943年9月,晋绥分局就作出了《关于发展纺织业的决定》,随后《抗战日报》多次发表文章介绍纺织知识和先进经验。如1944年10月20日刊登的《精纺精织的经验介绍》;11月5日的社论《开展精纺精织运动》和纺织专版中各种先进经验的介绍;11月20日刊登的专稿《少年妇纺英雄刘之英》;11月22日的消息《男人开煤窑女人编线线》等。1944年9月30日,报纸发表社论《组织与保卫秋收,展开反抢粮反扫荡斗争》拉开了宣传秋收的序幕。10月16日办了秋收专版,如《快收快打快藏,防敌扫荡,温象栓村开展秋收竞赛》、《各地变工队抢收队帮助抗属秋收》等。秋收结束后,又刊登了《利用冬闲发展副业》、《搞好各种后勤工厂》、《发展边区工矿业》等方面的文章,进行各种生产活动的宣传。

（2）配合群英大会报道各类英模人物。1944 年底，晋绥边区召开了第四次群英大会，共表彰英模人物 751 名，包括战斗英雄、民兵英雄、农民英雄、妇女英雄、工业英雄、后勤模范、学习模范等。他们是边区各条战线工作成绩优秀的典型代表，展开对他们的宣传报道活动，对各项工作能起到示范作用和推进作用。从 1944 年 12 月到 1945 年 1 月，《抗战日报》对群英大会进行了两个月的集中报道。一是报道大会动态和英模的报告，如《张初元同志在群英大会上作劳武结合典型报告》、《部队战斗英雄作战斗报告》、《群英大会欢欣鼓舞，热烈讨论毛主席的指示》、《民兵英雄交换爆炸经验》、《劳动英雄座谈变工互助问题》、《张主任报告对敌斗争及练兵问题》、《战斗英雄研讨战斗经验》、《部队英雄与工业英雄讨论拥政爱民工作》、《民兵英雄研究军火自造自给问题》、《防奸英雄谈群众性防奸工作》、《晋绥边区第四届群英大会宣言》等。二是报道各类英模人物的事迹。如《谈谈劳动英雄刘有鸿的歌》、《战斗英雄张明的战斗故事》、《部队英雄邓朝贵》、《工人的旗帜张秋凤》、《卓越的民兵指挥员段兴玉》、《妇女劳动英雄张秋林》、《军队妈妈王补梅》等。对英模人物事迹的报道，一改过去长篇大论满纸空话的写作方式，而是采用拉家常、讲故事的方法，写英模人物的具体话、具体事，读者读起来亲切生动，很受教育。

（3）关于减租减息的宣传。减租减息是在团结抗日的前提下，调节各抗日阶级利益的一项重要政策。《抗战日报》对这项任务的宣传，起初侧重于帮助干部群众正确理解在当时的情况下，只是经济上削弱封建势力，既要实行减租减息，又要动员农民群众交租交息，让地主能生存下去，照顾主佃双方利益，保证农民有地种，地主有租收，以利于农业生产的发展。随后根据这项政策贯彻落实的情况，从保障农民利益和发展农业生产出发，批评了一些地主非法夺地和额外加租的行为，展开了强大的政策攻势。如 1945 年 11 月 1 日的专论《贯彻减租政策，发展农村经济》，11 月 6 日的消息《新解放区小河头减租中,取消了地主对佃户的额外剥削》,以及各地发动群众认真查租、取消佃户一切额外负担、联合进行减租斗争的情况。同时,还刊发了通俗易记的减租歌谣,供群众宣传时使用。如 10 月 22 日的《减租谣》:"租的房,租的地,头顶人家天,脚踏人家地。没吃没喝难出气,还要五五加上利。八斗九年三十石,十个骡子驮不完。二十五年整一万,升升合合还不算。簸箕簸,扇车扇,一石租子顶的八斗三。辛辛苦苦受一年,黄米颗颗不见面。地主一年坐的三百六十天,佃户春夏秋冬忙不完。放冬羊,驮冬炭,走不尽的路子受不尽的难。共产党,为人民,减租赎地翻了身,倒比父母对咱还关心。拥护毛主席,拥护八路军,吃水不忘掏井人。"

(4)对党的七大的宣传报道。从 1945 年 5 月 6 日到 6 月 18 日,《抗战日报》对党的七大进行了长达一个多月的连续报道,宣传七大的精神和毛泽东思想。重点刊登的文章有《毛主席在七大作政治报告》、《毛主席论联合政府》、《朱总司令在七大作军事报告》、《晋绥边区各界群众热烈集会,庆祝七大胜利成功》、《边区农村加紧农业生产,以实际行动落实七大精神》等。

(5)关于抗战胜利的宣传。1945 年 8 月 10 日,毛泽东同志发表声明,号召"八路军、新四军及其他人民军队,应在一切可能条件下,对于一切不愿投降的侵略者及其走狗实行广泛的进攻,歼灭这些敌人的有生力量,夺取其武器与资财,猛烈地扩大解放区,缩小沦陷区。放手组织武装工作队,成百队成千队地深入敌后之敌后,组织人民,破袭敌人的交通线,配合正规军作战。"在这一历史巨变时刻,《抗战日报》除刊登各解放区转入反攻的战况消息外,主要报道了晋绥军区部队发动攻势,逼近各中小城市,攻占一系列据点,收复失地的胜利捷报,充分反映了边区群众参军支前的动人情景。在日本投降后的一段时间里,报纸集中揭露了阎锡山与日寇汉奸合流,勾结日伪拒绝向我军缴械投降的罪恶活动。此后,随着新解放区的扩大,报纸的宣传重点转向新解放区的恢复和建设工作。

（6）关于"制止内战、争取和平"的宣传。《抗战日报》的反阎宣传由来已久，正如 1944 年 11 月 13 日刊登的《阎锡山部通敌叛国侵扰边区残害人民的罪行一斑》文中所说："阎锡山部四五年来，曾屡次勾结敌寇，向我边区进扰，我为顾全大局，忍让再三，希其悔悟。不料他们反更倒行逆施，继续通敌叛国，破坏团结抗战。"所以，对阎锡山集团的斗争，就成为《抗战日报》的一项重要任务。1944 年 9 月 7 日，报纸发表了续范亭将军《寄山西土皇帝阎锡山的一封五千言书》，历数阎锡山破坏团结抗战的桩桩罪案，把阎锡山的老家底揭了个遍："七七抗战开始，你高喊这是民族战争，需要大家一齐努力，委我为高级参谋。我忠心耿耿的帮助你抗战，是为了我们的国家，不是为了你个人。谁想 1939 年初你所召集的秋林会议，图谋投降妥协，加紧独裁，破坏团结，制造分裂，阴谋反共，欲困死八路军，饿死八路军。取消动委会，取缔牺盟会，这是你反共投敌之开始。1939 年 12 月，你发动了晋西事变，勾结日伪进攻山西抗日新军。你已经六十好几的人，就是勾通日寇回到太原，你还能享受几天？只要你们不投敌，不反共，抗战到底，赞成民主，将来山西民主政府成立了，你们也算是对抗日有功的人。"文章以循循善诱的语言，真挚动人的情感，动之以情，晓之以理，做到了仁至义尽。紧接着，又刊登了《阎锡山暴政下的活地狱》、《通敌卖国的阎锡山》，反映阎锡山政权对晋西南人民的残暴统治，正如晋西南民谣所说："阎钵子，真气人，勾结日本乱杀人。要粮要款又抽兵，害的老百姓没法生存。实实的真苦情。收了地，充了公，兵农合一害人民。青年人抓去当了兵，老汉们支差又修工，拷打受苦刑。灰条沙蓬当饭用，树皮草根都吃空，饿的眼发昏。"从 1945 年 11 月起，《抗战日报》大力进行了"制止内战，争取和平"的宣传。报纸揭露了蒋介石和阎锡山搞假和平、真备战的阴谋，动员边区军民提高警惕，保卫抗战胜利果实，进行必要的自卫反击战。这个时期，晋绥边区受到阎锡山军队和傅作义军队的南北夹击,边区军民如何抗击这两股敌军,就成为《抗战日期》报道的重点。如《山西人民公敌阎锡山为进行剿共战争,在同蒲沿线大修碉堡,十里一大堡,五里一小堡,二里半一哨所》《阎锡山部一百八十名军官通电,呼吁和平反对内战》《太原阳曲等地阎军疯狂捕杀解放区人民》《边区群众团体电前方将士,坚决反对傅作义进攻》《傅作义军士兵反对打内战纷纷逃亡,他们说:抗战八年没打日本,如今要打八路军,老子不干!》《重庆和谈开始后阎军仍在进攻》《阎锡山在干什么》等。1946年上半年,报纸大张旗鼓地揭露和声讨了阎锡山违反停战协定,向解放区进犯,蓄意制造和扩大内战的罪行。作为对照,也报道了我军自卫反击胜利的消息,新解放区和平民主建设的景象,我军整编复员就业的情况。

(六)改名《晋绥日报》与土地改革宣传(1946年7月—1947年12月)

1. 改名《晋绥日报》

1946年7月1日,《抗战日报》改名为《晋绥日报》。改名当天,发表《本报今后的任务》的社论,说明了改名的原因:"本报是晋绥人民的报纸,其目的在于全心全意为人民服务,充当人民的喉舌,老老实实替人民讲话,反映人民的生活和要求。坚持抗战,打败日本侵略者,就是它过去6年中的主要政治任务。抗战胜利的结束,本报的主要政治任务业已完成。当前国际国内形势进入了争取和平民主的新阶段,由于晋绥人民所给予本报的新任务,已与《抗战日报》原名互不相称,因特征得党政军民各界之同意,本报从今日起更名为《晋绥日报》。"同时申明报纸今后的任务:"坚持和平民主,反对封建独裁。晋绥军民经过8年苦战,以血肉换来的和平民主生活,绝不容许破坏。本报今后将一本初衷,无条件地为我晋绥人民服务,晋绥人民的利益就是本报的利益,晋绥人民的疾苦就是本报的疾苦,使之真正成为晋绥广大人民的喉舌。"

改名《晋绥日报》时,报社内部的编采力量较前有了发展与加强。

除了领导人员的变动外，先后从延安和晋绥边区其他单位调进了一批干部，还从各地通讯干事和通讯员中遴选了不少干部充实到报社。这些新进的干部，有的被派往基层当记者，深入第一线采访，有的被留在社内搞内勤，加强通讯联络工作。

这个时期，晋绥边区党委和中央负责宣传的同志对《晋绥日报》的工作作了一系列重要指示，为《晋绥日报》指明了今后的办报方向。

报纸改名前不久，晋绥分局于5月25日发出《关于进一步加强党报通讯工作的指示》，指出"全党办报"的中心一环，是建立广泛的群众性的通讯网，通讯网开展的关键，决定于各级党委对通讯工作的重视与认真负责的领导。报纸改名后不久，贺龙同志为报纸创刊六周年向记者发表谈话指出，"最近几个月来报纸有很大进步，你们登载了侵犯中农利益的新闻，登载了反贪污浪费的消息，这是为了为人民服务。""今后报纸还要强调为人民服务的思想，报纸要为人民服务就要替老百姓说话，成为人民的喇叭。只有在为人民服务的大课题下，去反映实际，写群众生活，报纸的内容才会更充实、更生动和更有力量。""目前反贪污浪费运动才刚刚开始，记者还要深入采访，从领导机关先展开这一运动。有些贪污浪费现象实在不得了，如果我们好好把过去清算一下，也能吃一年半载，你看能给老百姓节省多少？"李井泉同志围绕着实贯彻无产阶级思想和正确帮助群众解决土地这两个中心问题，讲述他对报纸的意见："为什么在实际工作中，会发生违反政策、官僚作风等现象呢？这是由于小资产阶级思想作怪，在各级领导干部中，知识分子出身的占多数，他们的许多观点作风，必须受到批评教育和帮助，因此，报纸的宣传必须和这一思想教育密切配合。报纸还要宣传土地改革，即帮助贫雇农得到土地，也要维护中农的利益。"11月21日，中共中央宣传部长陆定一给《晋绥日报》写信，把他的办报经验概括为"全党办报"和"农村办报"两条。关于"全党办报"，他指出全党办报包括我们办报的人，要"以党的利益为第一，以为人民服务为第一,以为通讯员服务为第一。这与技术第一和抽象的政治第一(如国际第一)、报人第一(无冕之王)和怕通讯员麻烦而提倡报人包办相反。"关于"农村办报",他指出,"包括一切适应农村环境。农村里交通不便,各种物质条件不足……有许多事情在农村是办不通的,勉强办了,吃力不讨好,或者反而有害。……在文字上,因为在农村,只应作相应的改变。"陆定一同志说:"总而言之,我们办报的人,对于人民,对于党,是个勤务员,也只有做个好勤务员,人家才会喜欢这个报。"晋绥分局的指示、贺龙同志的谈话和陆定一同志的信,教育报社工作人员深化了对"全党办报"方针的理解,增强了为晋绥人民服务,把报纸宣传工作搞得更好的信心。因此,从《抗战日报》到《晋绥日报》,不仅是报纸名称的简单更换,而且是报社整个工作的深化和发展。

2. 土改宣传中的经验与教训

报纸改名前夕,中国革命正处在重大的转折关头,国民党反动派依赖美国的援助,抢夺抗战胜利果实,抢占战略要地,不断调集军队向解放区进攻,妄图消灭在抗战中建立了殊勋的人民军队和敌后民主根据地。山西的土皇帝阎锡山与日伪合流,抢占了山西平川的重要城市和交通线,这时也频繁向晋绥边区蚕食、侵扰、进犯。晋绥边区的农民同其他解放区的农民一样,迫切要求党坚决地领导他们解决土地问题,发展生产,反对敌人的军事进攻,保卫解放区。为此,党中央领导人民群众进行了制止内战、保卫和平的不懈斗争,要求解放区必须和人民群众亲密合作,争取一切可能争取的人。在农村中,一方面坚定地解决土地问题,紧紧地依靠雇农、贫农,团结中农;另一方面,在解决土地问题时,应将富农、中小地主分子和汉奸、豪绅、恶霸分子加以区别。在城市中,除团结工人阶级、小资产阶级和一切进步分子外,注意团结一切中间分子孤立反动派。中共中央 1946 年 5 月 4 日《关于清算减租及土地问题的指示》,即将抗日战争期间实行的减租减息政策,明确改为没收土地分配给农民的政策,指出:"解决解放区土地问题是我党目前最基本的历史任务,是目前一切工作的最基本环节。"在这种形势下,当时解放区的主要工作,一个是发展自己的力量,随时准备歼灭敢于进犯的敌人;另一个是实行土地改革,发动群众发展生产,支援解放战争。

根据这种形势的要求,《晋绥日报》在改名当天的社论中宣布:"本报今后的任务即坚持和平民主,反对封建独裁。只有制止内战,实行民主,结束封建独裁,才能挣脱近百年来半殖民地半封建的悲惨境地,建设独立、自由、民主、统一与富强的新中国。为达到以上目的,誓愿与我晋绥六百万军民及全国军民,携手并进,奋斗到底。"此后,报纸的宣传工作即以土地改革运动和与之密切相关的整党工作为中心展开,同时用大量篇幅报道了解放战争、人民群众支援前线和发展生产建设的活动。

1946年下半年,晋绥分局从各机关、单位、部队抽调干部,组成了土改工作团,陆续到达农村进行土地改革。在土改运动进行的同时,整顿边区党的组织,清理党的干部队伍的工作也展开了。《晋绥日报》在这两项中心工作的报道上,做了大量的宣传工作,取得了显著成绩。运动一开始,就满腔热情地深入斗争实际,了解并反映贫苦农民对土地的迫切要求,对地主阶级和封建剥削制度的血泪控诉。报纸每天都发表有关新闻报道,并配以社论、小评和编者按语,旗帜鲜明地支持农民群众的正义要求和斗争。

（1）揭露地主阶级残酷剥削农民的手段和罪恶,倾诉农民群众受压迫、受剥削的非惨状况。如1947年1月15日报道的《地主白玉虎的剥削秘诀》:"五寨县赵和庄,在土地改革中,群众从地主白玉虎暗藏的账簿中,发现了一个剥削穷人的传家秘诀,现披露如下:晚里睡下专听头鸡叫,一防长工偷盗牲口草料,二防长工偷盗耕地种子,三防偷盗场上的草垛子,鸡叫时起来好好地防。头伏翻羊圈,伙计长工只吃饭无工钱;伙计放羊人打杂人,今晚安排好明天的活,不让他随便来偷闲;天阴下雨早吃饭,吃了饭放羊,长工早动弹。长工吃饭不与女人见,省得拉话误时间;上仓倒粮不许息晌午,掌柜爷们要催他忙。雇人要雇少吃有力的汉,最好不付他工钱。以上是发家的秘诀,后辈儿孙记心中。"再如1946年8月20日的报道《宁武新区群运如火如荼》:"在讨论如何斗地主时,农民说孤树不成林,单马不上阵,要斗大家来,小股股吃不开。在农民代表会议上,大家互相申诉苦难,在吐苦水、找穷根、算老账中,大家思想觉悟提高了,认识到穷人要翻身,全靠一条心,哪里穷人都是一条线线上的人。在克服了天命、变天思想和害怕地主的心理后,7月26日召开了联合批斗大会,控诉伪合作社帮助敌人搜刮粮食、毛皮,强迫家家入股,实行物资专卖。老百姓因此吃不到一两盐,买不到一寸布,杨润成的弟弟还被伪合作社指称通匪,杀害后头悬东门示众三天。抗属佃户顾换面哭诉日寇在时,他借地主徐三的地窖埋东西,徐三乘乱挖走,气死他老婆,又逼他卖了儿媳妇。"这类报道激发了农民群众对地主阶级和封建剥削制度的仇恨,提高了他们的斗争觉悟。

(2)报道各地清算恶霸地主、奸伪人员的斗争典型,歌颂轰轰烈烈的群众运动。1946年下半年和1947年上半年,报纸分配了大量版面,有时甚至是整版专版,来报道群众的清算运动。如1947年1月20日的报道《血债汇成复仇洪流,泊水等9村展开反恶霸清算》:"代县泊水、西庄、上花庄等9村1500余群众,展开反恶霸斗争。数十年来为当地封建恶霸勾结阎伪敲诈群众的深仇血债,今天到处汇成了复仇的洪流。西庄村恶霸刘平等5人,掌握村政权达30余年,占地霸产,群众痛恨入骨,称他们为阎王鬼。12月中旬,全村500老幼,敲锣鸣鼓召开清算大会,高呼打倒小阎锡山,当场改选村政权。泊水村三代恶霸冯存虎,依仗阎敌势力,欺凌群众。冯第生欠他50元债,因还不起,就把其女当押品霸作妻室。胡劳有老汉因一句话,冯即痛加鞭打,死活数次,要把房屋纵火焚烧。在控诉会上,胡老汉说起这件伤心事,浑身发抖,两眼冒火。一个 60 岁的老婆婆颤抖着指着冯说:那年你看上了我种的 5 亩好豆田,硬诬我偷了你家的粮,把我的豆子霸割了,今天你给我吐出来!高存柱质问:我做抗日工作,你为什么领日本人捉我,大杠压、小杠打?控诉案达 30 余件。在反恶霸斗争中,该村农民共获得土地 600 亩,粮食 400 石,白洋数百元。"这类报道替群众讲了话,支持了群众运动,摧毁了封建政权在农村的残余势力。

(3)介绍一些地方在土改中做好思想教育工作,严格执行党的政策,充分发动群众的经验。比如《朔县一区发动群众的经验》一稿,介绍了这个区既大胆放手发动群众,又掌握政策的经验。再如报道静乐县群众运动向偏僻农村发展,一区布袋沟村农民清算了"山主老爷",分房分地获得翻身的消息时,报纸发表《读布袋沟消息后》的小评,指出"一个成功的群众运动,必须是思想上觉悟了的群众自觉的行动,因此必须在工作中贯彻思想教育,依靠群众自己起来斗争的方针。"这类报道运用具体的实际材料,宣传了党在土地改革工作中的方针政策。

(4)指出一些地方执行土改政策上出现的偏差和问题。比如静乐县打垮恶霸统治时,存在分割中农利益的问题,临县的土改工作,部分干部分不清封建剥削与资本主义剥削的差别,在运动中发生了过分损害富农自耕地与纺织业的现象。报纸在刊登这类报道时,一般都配有言论,从正面阐述党的方针政策。上述两篇报道,就分别配发了《静乐群众运动总结读后》、《向群众工作者进一言》两篇小评,明确指出:中农问题是基本群众自家内部的问题,只应以批评与调解的方式解决,而不应采取"反"或"斗"的方式。"反"或"斗"的方式只能是用之于对汉奸、恶霸的方式。土地改革是为了反对地主封建剥削,为发展解放区生产,为发展资本主义经济扫清道路,并不是实行"均分土地"。至于富农所经营的工商业,不能拿反对封建剥削的办法来对待。

就是地主所经营的工商业，除了罪大恶极的汉奸分子外，也应予保全，否则将造成很坏的结果。这类报道，及时地纠正了执行政策上的偏差，引导土改工作健康地发展。如1946年7月31日的报道《神池县城关义井等地，中贫农每户增地三垧，侵害中农利益的行为已着手纠正》；8月5日的报道《从思想上耐心的教育着手，纠正侵犯中农利益，静乐县双井成为能推动工作的好村庄了》；9月1日的报道《根据群众要求深入发动，集中清算汉奸恶霸，坚决保护中农利益团结了多数》，都属于鼓励性报道。

（5）批评一些干部作风上的强迫命令、包办代替、恩赐观点。比如崞县、离石县二区等地在检查工作时，发现由于干部作风上的问题，造成群众未彻底发动，地主恶霸依然横行，民主政权和农会、民兵组织流于形式，或者出现打人捆人的现象。这类报道及时给一些干部敲响了警钟，促使他们转变作风，相信群众，依靠群众，为实现群众的利益而斗争。

（6）报道在整党中揭发出来的少数干部的严重问题。如1946年8月14日的报道《保德四区干部不深入工作不了解下情，听传说谎报工作成绩》；8月19日的报道《保德四区冯家川检查工作，开会说得多实际做得少，原因是村干部只顾自己生产，县区又少切实的帮助》；11月22日的报《岢岚一区村干部只谋自己发财忘了群众》、《河曲楼子营干部两月来杀猪羊二百余只，大吃二喝不闹生产了》这类报道批评了干部思想作风问题，为纯洁干部队伍，起到了推动作用。

（7）宣传出现了"左"的偏向。《晋绥日报》关于土改和整党的前期宣传报道，坚持了正确的方向，很好地体现了党中央的方针政策。报纸内容丰富，尖锐泼辣，有朝气，反映了伟大的群众斗争，为群众讲了话，撑了腰，鼓了劲，对土改和整党工作起了极大的推动与指导作用。

但是，1947年5月以后的半年多时间里，《晋绥日报》的土改和整党宣传，出现了严重的"左"的偏差。这年2月，康生、陈伯达分别到临县郝家坡和静乐县潘家庄进行土改试点,他们采取了"查三代"、"挖底财"、"看铺摊摊大小"、"贫农团要代替党支部"、"贫雇农坐天下,说啥就是啥"等一套违反党的土改政策、否定党的领导的做法,宣扬什么"为了最大限度满足贫雇农需要,动了中农不算左,不动富农不算右","群众运动天然正确"等机会主义的论调。在这年5月7日,晋绥分局在郝家坡召开的土改经验交流会上,他们又极力鼓吹这一套错误做法和论调,遂使土改和整党工作严重地偏离了党中央政策的正确轨道。受其影响,《晋绥日报》的宣传工作,也发生了"左"的偏向。概括起来,这个时期"左"的宣传主要表现在:

①在划分阶级成份问题上,背离了党中央所规定的正确标准。划分阶级成份,划清阶级界限,是正确执行土改政策的前提。按照马克思主义的阶级分析法划分阶级成份,只能以对生产资料的占有关系和有无剥削为唯一标准。但是,在一段时间里,报纸对实际工作中出现的"查三代"、"看铺摊摊大小"(即看生活水平的高低)来划分阶级成份的错误做法,作了肯定的宣传。同时还宣传了定成份由"贫农团"或少数人决定的做法,助长了"左"倾错误的蔓延和发展,以致许多地方把并无封建剥削或者只有轻微剥削劳动人民的错误地划到地主、富农的圈子里去。比如把勤劳致富而生活水平较高的中农定为地主,把多年已没有剥削而转化为农民的人定为"破产地主",把已经向工商业转化的人定为"化形地主",把一些开明士绅也当作恶霸地主来斗争。从1947年7月到12月,几乎每天报纸上都有查出大批隐藏地主、外来地主、化形地主、阶级异己分子、重新审查成份的报道。如《五寨东秀庄土地复查中,发动群众审查改订成份,清查出大批地主,群众觉悟提高》(7月5日);《保德丛林沟群众查出移民户地主,武德明被送回原籍交群众清算》(7月9日);《宁武赵家沟村查出冯家化形地主,冯三丑曾混入农会分得果实》(7月16日);《襄垣城关各工厂中,查出大批隐匿的地主,由工人斗罢送原村交农民处理》(7月19

日);《什么是阶级异己分子》(9 月 24 日);《阶级异己分子王兴邢海棠把持民兵武装镇压农民,山阴三查动员会上扣交群众处理》(12 月 18 日)等。刘少白先生是著名的开明士绅,时任晋绥边区临时参议会副议长,也被撤掉职务,当作恶霸地主予以批斗。《晋绥日报》1947 年 10 月 1 日头版头条刊登了《兴县二千余群众集会,向刘少白进行说理斗争》的长篇报道。这样就扩大了打击面,违背了党在土改工作中"可能和必须团结农村中百分之九十左右的全体劳动人员,建立反对封建制度的统一战线"这样一个极端重要的战略方针。

②片面宣传"走贫雇农路线"、"群众咋说就咋办",助长了尾巴主义。依靠贫雇农,巩固地团结中农,是党在土改工作中的一项重要政策。这两句话是一个不可分割的整体,片面地强调某一个方面都是不对的。另外,无论是依靠贫雇农还是团结中农,都不能否定党的领导作用。但是,在实际工作中,有的地方提出"走贫雇农路线"、"群众要咋办就咋办"等错误口号。报纸对此不但作了宣传,而且加以论证。例如在 1947 年 11 月 27 日发表的《为纯洁党的组织而斗争》的社论,认为不走"贫雇农路线"而走"干部路线"、"中农路线",其结果就会是地主富农路线。"不仅不能完成彻底打垮地主阶级,彻底平分土地的任务,同样也不可能完成改造组织的任务。"在这种极"左"思想的影响下,有关"贫雇农路线"的报道越来越多,贫雇农不仅可以给人定成份,而且可以随意解散基层党政组织,代行职权,甚至可以撤换县委书记和县长,真是荒唐之至。如《兴县高家村工作团,不相信贫雇农抛弃贫雇农,经开会检查与批评后,决定汪涛等同志向贫雇农承认错误》(10 月 27 日);《兴县六区蔡家会群众,审查区公所所有人员,解散区公所由农会代行职权》(11 月 2 日);《临县后月镜村贫雇农大会,解散党的旧支部,支委刘宗禄等三人包庇地主被扣》(12 月 6 日);《神池县农会临委会,接受群众要求并奉命宣布,解散县委县政府,将地主封建集团县长李克等扣押,发动全县人民控告制裁》(12

月 17 日);《包庇地主贪污腐化，怀仁县委书记马浩县长李子润被撤职》(12 月 18 日);《朔县神头土地会议上，痛击地主思想与地主立场，县委书记石磊化县长王宏达等被宣布撤职，县政府所有人员中恶霸地主等占百分之六十以上》(12 月 25 日);《岢岚一区召开农民代表大会，雇工项存喜代理区长，原区委区公所全被地主掌握，经审查后已分别清洗撤职》(12 月 24 日)等，大都以长标题黑体大字刊登在头版头条显著位置，并配发评论予以引导。这些"左"的观点的传播，使得相当多的中农群众人心不安，贫雇农群众也感到孤立，严重影响了土改工作的顺利进行。

　　③在镇压恶霸地主的报道中，助长了乱杀之风。土地改革是一场推翻封建剥削制度的阶级斗争，在这场斗争中，经过人民法庭和民主政府，对那些罪大恶极的反革命分子和恶霸分子判处死刑，是完全必要和正当的，不如此，就不能建立民主秩序。但是，对于一般的地主富农分子，或犯罪较轻的分子，则必须严禁乱杀。报纸有关这方面的报道，没有能够明确坚持党的严禁乱打乱杀的方针，而是宣传了一些未经人民法庭和民主政府就处死地主分子的消息，这就助长了乱打乱杀之风，不必要地处死了一些地主富农分子，并给农村中的坏分子以乘机报复的可能，他们由此借机杀死了若干基层干部和劳动人民。从1947 年 7 月到 9 月，报纸上几乎隔三岔五地就会出现经群众大会公审处死地主的消息。如《方山班庄村群众，镇压恶霸地主肖应芝》(7月 1 日);《崞县塌坡泉村阎家地主五人，经群众公审后依法枪决》(7月 6 日);《隰县泊村群众公审处死恶霸李俊清》(7 月 9 日);《汉奸恶霸傅春源被群众公审当场处死》(7 月 15 日)等。再如 9 月 10 日头版头条《汾西霍家坪地主恶霸破坏土改，杀害贫农郭四颗罪孽滔天》，并配发评论《为贫农郭四颗复仇》;12 月 6 日二版头条《神池虎北村，富农打死贫农赵甫文》;12 月 22 日二版头条《隰县石家庄行政村，土改进入分配阶段中，恶霸谋害贫农代表》等。

④宣传揭露所谓"化形地主",侵犯了农村的工商业。如前所述,由于在划分阶级成份上背离了马克思主义的正确方法,一些地方把曾经是地主而后来转事工商业的人定为"化形地主"。这本来是侵犯农村工商业的错误做法,报纸对此也没有认识,而是作了宣传和提倡,违背了党的"将消灭地主富农的封建剥削和保护地主富农经营的工商业严格地加以区别"的政策,对边区经济的发展造成了不利影响。

⑤在整党问题上,作了唯成份论的错误宣传,并过于严重地估计了党内组织不纯的问题,助长了残酷斗争,引起了党员干部的思想疑虑和不安。报纸发表的《为纯洁党的组织而斗争》的社论认为:"区以上领导,地主富农成份占绝对多数,支部则许多是统一战线组织,虽有贫雇农,但不起领导作用。"认为"从形式上看是干部问题,组织问题,实质上是土地问题,阶级问题。"提出"只有采用群众路线的审查方针","打倒阶级异己分子,投机分子,才能彻底打倒地主阶级。"显然,这是只讲阶级成份,不看现实表现的唯成份论观点,混淆了整党和土改所要解决的两类不同性质的矛盾。这些认识上的错误,使报纸在整党宣传上,报道了许多残酷斗争干部的消息,助长了这种错误的党内斗争,甚至清洗了一批过去在对敌斗争和生产运动中涌现出来的英雄模范和积极分子,造成了很坏的影响。如《凉城部七连全体战士,审查党员改造支部》(1947 年 10 月 14 日);《兴县胡家沟,群众审查共产党员》、《三分区机关部队,民主审查成份纯洁组织,把混入特务连和纺织厂的地主王龙赵书甫清洗出去》(10 月 20 日);《绥蒙军区司令部三查运动中,支部领导走地主路线》(12 月 8 日);《保德三区十一村群众,打倒韩过继,解放柳树沟,韩某披上"边区甲等英雄"外衣榨取穷人血汗》、《河曲潘家山接到告农民书后,贫雇农扣起恶霸村长书记》(12 月 10 日);《五寨四区农委联席会上,审查区委区公所人员,区委书记尹世奇另分配工作予以改造机会,代区长徐庆元是个

异己分子开除出党》(12月11日);《三〇九大队依靠贫雇农战士,隐瞒成份的都露出原形》(12月12日)等。

1947年,党中央发现了土改和整党工作中的"左"的错误,发出一系列指示予以纠正。晋绥分局也连续发出几个关于纠"左"的文件,至此,《晋绥日报》才停止了"左"的宣传。但是,由于编辑人员的思想认识问题一时没有完全解决,反映到报纸工作上,就出现了毛泽东同志后来所指出的情况:"开始纠正'左'的偏向以后的这一时期,你们的报纸却有点泄气的样子,不够明确,材料也少了,使人不大想看。"这种状况直到1948年后半年才得到彻底扭转。

3. 对反贪污浪费的报道

1946年8月25日,中共晋绥分局发出了"节约人力物力,反对铺张浪费贪污腐化"的指示,要求全党全军必须作长期打算,十分注意节省使用人力物力与物质资源,力戒贪污浪费,减轻人民负担。8月30日,《晋绥日报》配发评论,指出边区各级政权中存在的种种腐败现象:"其一,贪污腐化成风,许多经济生产人员中享乐营私,甚至有积私挥霍达数十百万元者。其二,供给制度废弛,有虚报名额向公家领取衣服粮食,甚至隐瞒公共家务专要挟上级发给者。其三,组织制度松懈,有重配冗员马匹不按编制,甚至有私枪私马互相赠送及私自出卖者。其四,财务制度混乱,村摊款有超过公粮二倍,甚至有许多干部讹诈农民。其五,军队发展本位主义土匪主义,有进入集市采取搜刮,损害公共财物,甚至严重损害群众利益者。其六,铺张形式作风,开会过多,不切合实情的变工合作及慰劳等。加以战争频繁,历年来公粮过重而浪费又甚巨,结果是加重了人民负担,许多地方群众生活不但没有改善,甚至有日见恶化者。"社论号召全党全军对业已发生的贪污腐化、铺张浪费等现象进行铁面无私的斗争。从1946年9月到11月,《晋绥日报》集中报道了边区各地的反腐败运动,基本上遏制了腐败现象进一步蔓延的趋势,达到了预期目的。这个时期的反

腐败报道,主要集中有三个方面:

(1)基层干部中存在的多吃多占、乱分浮财、贪污土改成果及粮款现象。如9月21日的报道《方山刘家庄干部贪污了反贪污款,群众不满意工作垮台》:"刘家庄去年反贪污斗争的款子,村干部开会就用它买饼子吃,共花了7500元。村主任私用了18000元,给自己买了坰地,又把12000元借给私人用。民兵队长随便罚人,一个贫农偷了一颗云瓜就罚了2斗麦子,抓住五六个小偷就罚了18000元,这些钱都被村干部私分了。群众得不到斗争果实,情绪低落,干部贪污浪费,脱离群众,工作垮了台。"再如9月25日的报道《方山扩干会对斗争果实分配的检讨》:"许多村干部私分土改斗争果实,如班庄村长薛俊才用公款三四万元娶了一个婆姨,农干赵锁子用公款十余万元打饼子赚钱,还有些干部给自己多分地多分财物,而这些都是从恶霸地主那里没收来的。"在揭露丑恶的同时,又对自我纠正退还粮款的行为予以表扬,以达到教育挽救的目的。如10月5日的报道《方山干部多分斗争果实退给群众,改善了群众干部间关系,领导上检讨,思想上教育,纠正工作才能做好》。

(2)党政机关和地方财政存在的贪污浪费现象。如9月5日的报道《不爱惜民力民财,文水财政浪费惊人,私行扩大编制,增加津贴,滥用公款,全县预算竟超过税收总数》;9月19日的报道《宁武二区浪费了军火粮》;10月10日的报道《行署机关直属各单位检查工作,历年浪费足供三个月开支》等。

(3)经济部门和经营单位存在的腐败现象。如9月25日报道《临县白水镇招待所主任高清亮贪污巨款被清算》;10月10日的报道《休养连事务长黄先发揭露自己的贪污方法》;10月4日的报道《只管投资,没有检查,一炭窑被贪污90万,三分区贸易局做买卖摆架子减少了营业额》。

4. 副刊质量的显著提高

在延安保卫战期间和晋绥土改高潮时期，延安的报刊和晋绥边区的文艺刊物先后停办，《晋绥日报》的副刊就成为陕北和晋绥作者发表文艺作品的唯一阵地，对组织创作起了重要作用，整体质量也随之显著提高。副刊发表的文艺作品，有小说、散文、剧本、秧歌剧、广场报告剧、诗歌、民谣、歌曲、快板、鼓词、木刻、漫画等种类。副刊曾经刊登过赵树理的小说《李有才板话》、《福贵》、《小经理》，刊登过李季的长篇叙事诗《王贵与李香香》，刊登过马烽的小说《谁可恶》和介绍《吕梁英雄传》的文章，作家丁玲、杨朔等从延安路过晋绥，也在副刊上留下了优美短小的散文和诗歌。尤其是赵树理的小说《李有才板话》，对实际工作起了很大的作用。束为写的《李有才板话帮助了陆家沟工作》，就谈到陆家沟村政权被二流子把握，群众不敢说话，工作展开不了，工作组老安给群众读小说《李有才板话》，群众受到启发，纷纷起来揭发地主恶霸，揭开了土改盖子。1947年3月6日的报道《立功运动中战士里出了李有才》，说的是某部10连在立功运动中，出了很多李有才式的战士，自编快板唱词，表扬立功同志，批评有缺点错误的人。

《晋绥日报》的副刊，对山西"山药蛋派"文学的形成起了一定的作用。在当时，年轻的马烽、西戎、束为、胡正、孙谦等，都与副刊编辑室保持着密切的关系，有的还直接参加了副刊的编辑工作，经常为副刊撰写各类文艺作品。同时还培养出一批业余作者，他们中有的人的作品，全国解放后被收入中学课本，作为教材使用，如1947年9月23日的专稿《西瓜兄弟》。

副刊上的许多诗歌质量上乘，在当时乃至今天都值得细读玩味。如徐秋凤的《唱毛主席》："太阳出来满山红，毛主席是咱的大救星。桃花落来杏花开，毛主席领导咱站起来。三条大路中间走，毛主席和咱们手拉手。莲花生在水里头，毛主席活在咱心里头。走过了南北又东西,谁不拥护咱毛主席。百灵子过河沉不了底,忘了我娘老子也忘不了你。辈辈公鸡辈辈鸣,跟上咱主席闹革命。"如徐挺秀的《牛》:"沉默的大犍牛,勤劳的大犍牛,一天耕地好几亩,太阳底下热汗流。往年租税重,打下一石交六斗;草料不足牛儿瘦,主人常担忧。如今减了租,主人不发愁,牛儿每顿嚼黑豆,满身黄毛亮油油。有福一同享,有苦一同受,大犍牛啊,你是农民的好朋友!"

5.编者按语的使用

在土改和整党报道中,《晋绥日报》广泛使用了编者按语,表明编辑对报道中一件事、一个人、一种观点赞成或反对的态度。这是报纸编辑工作的一个新的发展。

编者按语的形式,一种是加在正文之前,再一种是插入正文之中,还有一种是在正文之后的"编后话"。这几种形式具体到一篇报道中,有时单独使用,有时配合并用,而以后两种用得较多。

编者按语的内容,大体分为五类。下面仅以1946年9月至11月的按语为例。(1)对稿件中正确宣传的东西加以肯定和提倡。比如报道忻县魏家沟对干属地主张耀进行说理斗争的消息时,编者按语指出:"魏家沟干部开始对张耀进行劝说方式是对的","张耀不听劝解顽抗减租法令时,光由几个村干部去算账,办法不妥。后来由农会会员大家说理的办法是对的,最后大家接受他的意见,少要六百元白洋也是对的。因为他虽然顽抗过,后来终于改进了。他毕竟是干属,应该予以必要的照顾。"(2)对错误的东西提出不同意见,并予以修正、抵制或批评。比如报道保德县二区干部包办代替,土改与群众运动脱节的消息时,编后话指出:土改的目的是为了把群众发动起来,做到农村百分之九十以上人口的团结,"任何形式上解决了土地问题而没有把群众发动起来,把觉悟提高,都是不对的。"(3)对原稿中不够周密严谨的地方进行补充。比如关于静乐县采取各种办法解决一部分无地农民问题的报道,原文有"把地主长余的土地继续分给群众"这句话,编者在"地主长余的土地"之后,加了"应该是超过一般中农的土地"的按语。仅仅12个字,就体现了一条政策,弥补了原文的缺陷。(4)对原稿言而未尽之处,提出自己的看法。比如在刊登《兴县水磨滩人多地少,土地问题尚未适当解决》的消息时,编后话就来稿所谈情况,提出了几个问题与各地同志商讨:"第一,在实行'耕者有其田'时,在这样的具体村子,是否一定要使人人有土地,都去从事于农业耕种呢?""第二,在实行'耕者有其田'时,是否都要抽地,不能再有租佃关系呢?""第三,水磨滩是否曾用'保佃权'法令把农民之间的租佃问题维持了许多年,而没有从农民之间的实际要求出发,采取调解仲裁办法适当解决呢?"编者就这些问题谈了自己的看法,以引起大家的研究,求得正确解决的办法。(5)对稿件中涉及的比较重要却未能突出的问题,加以强调,引起读者的注意。比如报道文水财政浪费惊人的消息时,编后话就强调了两个问题:"第一,如何正确地处理新区群众的负担;第二,如何教育干部克服享乐思想而防止贪污腐化。"

《晋绥日报》的编者按语,简洁明快,态度鲜明,尖锐泼辣,充满生气,对指导实际工作起了很好的作用。只是后来受"左"的思想影响,有些编者按语不够客观,对涉及的人和事未经调查核实,就主观臆断,妄加评论;有些编者按语甚至凌驾于各级党委之上,对干部横加指责,出口伤人。例如:汾西县曾发生打死一位贫农的事件,县委决定调查后再作处理,这本是完全正常的,报纸的编者按语却严词质问:"这种表现,到底是腐朽的官僚主义呢? 还是你也站在奸伪反革命地主恶霸的立场上呢?"八分区在处理一位干部的问题时,有人认为这位干部的罪恶没有报上说的那么严重,报纸的编者按语却认为这是把这位干部的"一切滔天罪行拉在党的身上","哪里有一点革命者的味道?如果他们在组织上是共产党员,那对党是个莫大的污辱"。关于对这位干部的处理,有个别同志觉得处分过重,编者按又说,"这些个别同志,是多么伤心惋惜啊! 这些个别先生们……我要来明白告诉你：你的意见是可恶的，也是可耻的，你不转变的话，你将永远失望，你将随着封建势力——中国社会的这堆垃圾一同灭亡"。这种盛气凌人，动辄问人以罪的态度，在读者中造成了一种紧张空气，人们生怕报纸按语按到自己头上。这就是毛泽东同志后来所批评的，编者按语的"缺点主要是把弓拉得太紧了"。尽管出现了这样的缺点和偏差，毛泽东同志仍然认为，编辑人员处理稿件的"那种认真的精神是好的"。应当说，这个评价是符合当时报纸使用编者按语的实际情况的。

在运用编者按语这种新闻形式上，《晋绥日报》的主要经验教训是：

（1）正确的方针政策是编者按语的灵魂。当按语贯彻和体现了党的正确方针政策时，就具有很强的说服力，就能为读者所接受；相反，偏离了党的方针政策，它也就失去了力量。

（2）实事求是是编者按语写作的原则。按语要对一件事或一个人作出正确估价和准确判断，编者就必须调查研究，进行实事求是的客观分析；如果脱离实际，主观武断，就一定要犯错误。

（3）平等待人、与人为善是编者按语应有的态度。编者按语实际上是编者与读者的一种思想交流，当编者以平等的循循善诱的态度对待读者时，编者的思想、观点就易于为读者所理解、所接受。否则，编者按持一种居高临下、高人一等的态度，读者就会反感。

语言的简洁明快、尖锐泼辣是编者按语的特色。编者按语短小精悍，文字必须简洁，不能冗长。编者按语要表明编者的态度，语言感情色彩必须鲜明，不能含糊其辞，模棱两可。但是，语言表达方式是为按语内容服务的，不在按语内容的准确上推敲，只追求语言文字的犀利，那是装腔作势、借此吓人的"党八股"的表现，是报纸宣传工作所禁忌的。

6. 报纸批评的开展

在抗日战争时期，《抗战日报》就比较重视开展报纸批评。针对不同时期实际工作中出现的缺点和错误,先后批评过主观主义、宗派主义和党八股的种种表现,批评过整风学习中忽视备战工作的现象,批评过劳动互助运动中出现的形式主义、命令主义作风,批评过一些民兵自恃有功,脱离群众的倾向。改名《晋绥日报》以后,在土改和整党宣传及其他报道中,编辑部十分注意抓住那些有违党的政策、有损群众利益的典型事例,或刊登批评报道,或发表批评言论,使报纸批评经常化,充分发挥指导工作的作用。据统计,仅 1947 年 7 月和 8 月两个月, 报纸就刊登批评报道或带有重要批评内容的报道共 27 篇,其中有 6 篇刊登在头版头条位置。批评的对象,有行政村,也有区和县,有一般干部,也有村、区、县的领导干部。批评的内容,涉及土改反霸、变工互助、减租清算、对敌斗争、民兵建设、优待抗属、反对贪污浪费等项工作中出现的种种问题。比如有的地方未能充分发动群众,大半农民缺地;有的地方组织生产不力,反而加重群众负担,贫农买地后又卖地;有的地方放弃领导,变工互助垮台,严重影响生产;有的干部懒于劳动,不努力工作,有的干部不了解下情,弄虚作假,谎报工作成绩,有的干部只顾自己翻身,不关心群众疾苦,造成土改不彻底,大部分贫农无地。这些批评性报道,引起了有关地方干部群众的警觉和重视,及时检查纠正,把工作搞得更好。

在开展批评的同时,《晋绥日报》对自身工作中的缺点和错误,也勇于进行自我批评,毫不隐瞒和掩盖。这种自我批评,除了抗日战争时期对宣传工作脱离根据地实际,常患"盲、聋、哑、软"四种疾病的检查和纠正外,在解放战争时期还有反"客里空"运动中对失实新闻的检查,在土改和整党工作中对宣传上"左"的偏差的检查,以及在平常工作中对一些具体差错的检查。这些检查,都刊登在报纸上,公之于众,接受广大读者的监督。

《晋绥日报》的批评与自我批评,具有下述特点:

(1)既肯定成绩,也指出缺点,不因成绩而掩盖缺点,也不因缺点而否定成绩。比如 1946 年 8 月 11 日头版头条新闻,主题是《忻静沿线已打垮恶霸统治》,副题是《侵害中农利益等错误仍严重》。在这个褒贬色彩鲜明的标题下,既报道了忻静沿线群众轰轰烈烈打倒恶霸统治的大好形势,又指出了群众运动中存在的不敢大胆领导,未能发动和团结中农等缺点,比较客观真实地反映了忻静沿线群众斗争的实际情况。这样的批评报道,无疑会起到促进工作的作用。

(2)在刊登批评报道的同时或以后,发表评论文章,摆事实,讲道理,帮助被批评者认识和改正错误。以上篇报道为例,报纸在刊登的当天和第二天,接连发表了《静乐群运总结报道读后》和《静乐群众运动中偏差的政策思想重点是什么》两篇文章,就报道中涉及的一些政策问题和思想认识问题,进行了较为充分的阐述和说明。这就表明编者的批评不是为了整人,而是为了治病救人,搞好工作。

(3)批评以后,对检查纠正和改进工作的情况,及时予以报道鼓励。比如曾经创造了"劳武结合"斗争形式的宁武二区新堡,土改中干部一度只顾自己翻身,不关心群众疾苦,造成大部分贫农无地或少地,严重脱离了群众。报纸对此提出批评后,他们在县、区领导的帮助下,发动群众讨论批评,听取群众的呼声和要求,积极带领群众深入开展反霸斗争,解决土地问题。在斗争中团结了群众,重新赢得了群众的信任和拥护。这时,报社经过调查总结,又发表《新堡怎样转变了干部脱离群众现象》一文,记述了干部转变作风的思想认识过程。这样的宣传,不光对被批评者是一种鼓励,对其他干部也是教育。

(4)一旦发现批评得不实不准,就立即予以纠正。比如 1946 年 8 月 21 日,报纸刊登了《宁武全县干部更趋团结》的电讯,内称"贸易局刘局长自我批评本机关未和房主商量,即占民房一座,侵犯群众利益,营业中只图赚钱,未能处处为群众打算和帮助群众生产。"后来,贸易局局长刘子隆同志和电讯作者文玉山同志,都向报社写信指出这段话与事实稍有出入,并作了解释和说明。9 月 17 日,报纸在《批评与被批评的态度问题》的标题下，刊登了这两封信和编者的话。指出"从来信中看，再一次告诉我们，在采访消息时应该有切实的调查研究精神，多方面来考证事实的真相和你所得到材料的真实程度，并应向当事人进行调查研究。只有这样，所反映的情况，才能是完全真实的。""这个经验教训，是各地记者和通讯员同志必须牢牢记取的。"从这件事可以看出，报纸对开展批评是认真负责的，十分重视事实的准确，允许被批评者进行申辩和反批评。

《晋绥日报》的批评和自我批评，后来也发生过一些比较严重的缺点，最主要的就是"左"的偏差。具体表现为对所批评的基本事实未加调查核对，即贸然公开登报；有时只凭一封群众来信，就认定错误，批评一通，造成严重失实；对所批评的人和事，缺乏具体分析，没有搞清问题的性质就任意"上纲上线"，使得批评失去分寸，造成了人们害怕批评的恐惧心理；离开了党的方针政策的正确依据，给被批评者乱扣帽子，使人无法接受，产生对抗情绪；不尊重被批评者的人格和权利，态度生硬，出语伤人。

（七）反"客里空"运动

1. 维护新闻的真实性原则

1947年6月15日，《晋绥日报》第四版刊载了苏联作家科涅楚克所写剧本《前线》中的第一幕第一景和第三幕第五景。内容主要是戈尔洛夫和客里空接触的情节。戈尔洛夫和客里空，是剧本《前线》中的主要人物，前者是一个保守、自满的军事指挥员，后者是一个惯于弄虚作假、吹牛拍马的战地记者。客里空浮夸、虚假的新闻工作作风，在《晋绥日报》的报道中也有表现，存在某些新闻不真实的问题。比如采访时道听途说捕风捉影，写稿时凭空想象，编稿时无根据地随意删改，有时改变了作者原意，甚至歪曲了事实。这些失实的报道，引起了一些读者的不满，不少人来信批评，甚至发生过不得不收回登载失实新闻的报纸的事故。因此，开展反"客里空"运动以维护新闻的真实性原则,既非常必要,又非常及时。为了引起警觉,报纸加的编者按语指出:"希望我们的读者、记者、通讯员、编者都能够很好地读一读。读过之后,会使我们的眼睛更明亮起来,将会发现我们这里有许多"客里空"式的新闻通讯,我们将不但发现不少的"客里空",而且有比"客里空"更坏的人。我们的编者作者应该更加警惕,并勇敢地严格检讨与揭露自己不正确的采访编写的思想作风,更希望我们每一个读者都起来认真、负责、大胆地揭发"客里空"和比"客里空"更坏的新闻通讯及其作者。在我们的新闻阵营中,肃清"客里空"。"此后,报社开展了反对"客里空"、维护新闻真实性原则的思想教育运动。

反"客里空"运动,是一次新闻工作者的自我教育运动。报社编辑部多次开会讨论,检查失实报道,并与新华社晋绥总分社一起座谈,着重从新闻思想和工作作风上,分析检查出现"客里空"的原因。报社编辑部根据读者反映和调查,写出了《不真实新闻与"客里空"之揭露》的长篇文章,在 1947 年 6 月 25、26 日的报纸上连载,公开揭露了一批失实报道的材料。如:"去年 5 月 26 日本报副刊刊登了一篇《女游击队长李桂芳——绥远人民抗战故事》,这一天的报纸到达绥蒙之后,幸亏当地党委将其扣留未发。这是一篇完全撒谎的通讯,作者成青昭,在某旅工作,他把一个拆烂污的女子,竟报道为女游击队长。""如去年 11 月 16 日本报二版《临县张家沟抢收》一讯,作者艾柏,临县县委宣传干部,本报通讯员,把地主张顺鸿的女儿,吹嘘为纺织生产模范。""李宏瑞是汾阳人,曾充日寇警察、便衣特务,后混入我地方武装,杀人抢劫,强奸妇女。去年 11 月 22 日与 12 月 27 日,本报曾发表过两篇通讯《李宏瑞和他的武工队》《李宏瑞又建奇功》,作者为吕梁新华社记者谷曼,对此已写了检讨书。"还刊登了一些读者来信,指出:"最近报上登了一些忻县的消息,有不合事实的,有过份夸大的,也有把人名村名闹错的。""今年 1 月 28 日发表的《河曲曲峪村长张保宏帮助六个复员军人成家》的消息,贺龙司令员还专函表示对张保宏的谢意,但并非如消息所说的那样,真正由他帮助结婚的只有一人。"

以后又陆续刊登了一些揭露材料和读者的批评信。如1947年5月14日本报记者宏流写的报道《地主剥削下的中农惨状》,有这样一段话:"保德某村中农郭毛旦,有五十余垧赖地,喂的一条牛,还有三十多只羊。在旧政权时,每垧地一年要出一块白洋的捐税。村里有几家地主,种着大几百垧上好水地,每亩地顶多出六七毛钱。"读者来信指出:"郭毛旦纯系富农成份,他村共二十余户,数他家的地多地好,其他都是由外地移来的贫苦农民,开荒种地安下家的。报道说村里有几家地主,这纯属谎话,连一家也没有。"河曲县为了纠正本地通讯员写稿中的不真实问题,还到报道失实最多的村庄,发动群众检举"客里空",规定以后凡写群众活动的稿件,要经过群众审查。1947年7月27日和8月24日、25日、28日,报纸连辟几个版面,在《不真实新闻的检讨》总标题下,连续发表了有关通讯员、记者、编辑的文章,对不真实新闻的产生过程和原因作了检查。如《改稿中的粗枝大叶和主观片面作风》、《编稿中思想方法之检讨》、《问心有愧》、《关于岢岚大涧村抢种报道失实》等。通过检查,编辑记者和广大通讯员受到了新闻必须真实的思想教育,进一步清除了资产阶级新闻观点和作风的影响。这对新闻工作者坚持实事求是的优良作风,深入实际,深入群众,调查研究,无疑起了很大的促进作用。

反"客里空"运动,推动了土改和整党的宣传工作。报社通过检查工作,提出了改进的措施,防止编辑工作中的添枝加叶,随意拔高,防止采访工作中的浮而不入、道听途说。报社还组织编辑人员轮流下乡,参加土改和整党工作,在群众斗争中经受锻炼,增长知识。许多地方也健全了审稿制度,规定凡是反映群众斗争的稿件,都要经过群众审查,杜绝失实新闻的发生。这些措施的实行,使报纸工作更直接地接受广大群众的监督和检查,宣传报道的质量有了提高,报纸上反映土改和整党工作的消息多了,反映群众呼声和要求的稿件多了,读者来信也上了头版头条,版面透出一股清新之风,受到读者的欢迎和称赞。

2. 对各解放区新闻界的影响

《晋绥日报》的反"客里空"运动,对各解放区的新闻工作和其他工作,产生了很大影响。反"客里空"运动开始不久,8月28日,新华社编辑部发表了《锻炼我们的立场与作风——学习晋绥日报的检查工作》的文章,指出:"晋绥日报这次的反"客里空"运动,在人民新闻事业建设过程中,是有历史意义的,不但对晋绥一地有意义,对其他解放区同样有意义。""各解放区的新闻工作单位部门和个人,均应普遍在公开的群众性的方式下,检查自己的立场与作风,由此开展一个普遍的学习运动。"

9月1日,新华社又发表了《学习晋绥日报的自我批评》的社论,结合当时土改的形势,论述反"客里空"的必要性及其意义。社论指出:"晋绥日报的自我批评是土地改革中的一个收获,它必将使新闻工作更加向前推进一步。这种自我批评不仅各解放区的新闻工作者要学习,而且一切工作部门都应当向它学习,以便更加改进自己的工作。"陆定一同志撰文《建立实事求是的新闻作风》,提出了具体的意见:"希望大家把一个好的作风建立起来,以此影响整个解放区的新闻工作。就是不马虎,不苟且,出精品。作文章,写消息,总要能解决一个问题或解释清楚一个问题,而不是作空洞无物的宣传。"11月9日,中共中央宣传部发出指示说:《晋绥日报》发动的反"客里空"运动,"中央已号召应将此种自我批评的精神应用到各种工作中去,使我们的各项工作,都能有根本性质的某种改变,以适合于改变了的土地政策,彻底消灭封建与半封建制度。"从此解放区新闻界出现了反"客里空"的高潮,各工作部门也开始反"客里空",一直延续到1948年春季,成为中国新闻史上的一件大事。

3. 反"客里空"运动中的"客里空"

《晋绥日报》的反"客里空"运动，就其教育党的新闻工作者要坚持和捍卫新闻必须真实的原则，要公开进行正确的批评和自我批评，要使新闻工作本身也置于人民监督之下这些方面来说，无疑是一次十分有益的尝试和创造，在人民新闻事业建设过程中是有历史意义的。但是，在反"客里空"运动的过程中，也发生过一些"左"的偏差，主要表现是把对新闻工作者进行思想作风教育的反"客里空"运动，同解决农民土地问题的反对封建剥削制度的政治运动联系了起来，提出了要揭发"比'客里空'更坏的新闻通讯及其作者"。经过这种号召，到当年9月，"左"的偏差就愈加严重了。有的记者在报道中搞错了一位农民的阶级成份，被看作是"丧失阶级立场"；有的编辑在改稿时改错了一个地方，被认为"站错了立场"；甚至发展为审查个人历史，把土改中"查三代"等"左"的做法也搬用过来，伤害了一些好同志。

如前一节所述，晋绥的土改与整党工作，自有康生、陈伯达参加的郝家坡会议之后，偏离了党中央的土改路线与政策，发生了"左"的偏差。从当年6月上旬到7月下旬，晋绥分局又召开了全区高级干部参加的土改、整党工作会议，对晋绥解放区过去各方面的工作进行了回顾与检查，以"左"的观点批判了抗日战争时期的工作，并持基本否定的态度。晋绥分局的一位负责人，在"九一"记者节晚会上讲话，认为《晋绥日报》的反"客里空"运动，"现在只是开始，揭露得还很不够，顶多揭露了今年和去年的，但是好几年来都有"客里空"，特别是1943年、1944年以来更严重，也应当揭露，应当算老账，翻底子。"他说："客里空不仅新闻界有，我看到处都有，各个工作部门都有。'客里空'与戈尔洛夫是分不开的，'客里空'是替戈尔洛夫执笔的。戈尔洛夫到处也有，党内、政府内、军队内都有。对于这些，报纸都没有揭露。"他认为前几年晋绥的工作没有多大成绩，原因是"自满的戈尔洛夫加上一个说假话的客里空，使我们打了大大的败仗"。所以"不仅报社要检查'客里空',全党都要来公开检查,报纸要号召把反'客里空'推广到各个角落去"。

这次讲话过后,编辑部领导人写了一篇文章,认为反"客里空"运动的性质,"不仅仅是自己有多少'客里空'精神的问题,也不仅仅是区别哪些是否'客里空',而是如何明确阶级观点,严格区别敌我问题,是如何不失掉立场与站稳无产阶级立场的问题。"同时,编辑部和新华社晋绥总分社还联合写了《关于"客里空"的检查》的长篇文章,既否定了抗日战争时期报纸的正确宣传报道,也否定了抗日战争时期晋绥边区的工作成绩。这篇检查文章的第一部分是"通讯工作中的立场与作风的检查",把指导群众通讯工作的报道提纲,同捕风捉影、弄虚作假的"客里空"混为一谈,说:"编辑部有不少的报道提纲,就是一个主观主义的标本——'客里空'式的思想指导的标本","因而也就直接的培养和助长了'客里空'式的通讯员"。第二部分是"反对党八股以来的技术观点",把报社1942年整风学习中对"盲、聋、哑、软"四种疾病的检查以及对编辑工作的改革,说成是"单纯技术观点","资产阶级技术观点",并认为是"报社'客里空'现象的历史根源之一"。第三部分是"从献地宣传中看我们的立场",把报纸对党所支持的开明士绅献出土地的报道,说成是"为地主阶级做义务宣传","丧失了无产阶级的立场"。第四部分是"从报道兴县杨家坡模范村看我们'客里空'的思想作风,把报纸宣传这个模范村时运用综合统计数字说明生产发展和群众生活水平提高的情况,说成是"只看到地主富有者,干部的丰衣足食,看不到贫苦农民的穷苦生活","没有明确的阶级观点"。进而认为这个模范村和这个村的杨家坪合作社是"假典型",并且给这个合作社的社长戴上"新恶霸"的帽子。总之,这篇检查文章把反"客里空"的内涵,扩大到无所不包的程度,本身就犯了"客里空"的毛病,造成了极坏的影响。

1948年初,晋绥分局根据党中央的指示,开始纠正土改和整党工作中"左"的错误,《晋绥日报》的反"客里空"运动,也随之停止下来。报社在清理土改和整党宣传中的"左"的错误时,对反"客里空"运动中的"左"的错误,也一并进行了认真检查。有关这些错误的具体内容,也写进了 1948 年 9 月 1 日至 3 日发表的《我们的检讨》的编辑部文章,在报纸上公开向广大读者和有关当事人作了自我批评,挽回了由于犯"左"的错误而产生的恶劣影响。

(八)毛泽东对晋绥日报编辑人员的谈话

1948 年 4 月 2 日,毛泽东同志亲切接见《晋绥日报》编辑人员,进行了长时间的谈话,这是《晋绥日报》史上光辉的一页。

这年 3 月下旬,毛泽东、周恩来、任弼时、陆定一同志率领中央机关,从陕北向河北平山转移,于 3 月 25 日抵达晋绥分局机关和晋绥军区司令部驻地兴县蔡家崖。在兴县住留期间,党中央派中央宣传部长陆定一同志看望《晋绥日报》工作人员,座谈会上,大家表示了渴望见到毛泽东同志的急切心情,并请陆定一同志转达这一愿望。4 月 1 日傍晚,晋绥分局宣传部给报社打来电话,通知"毛主席欢迎同志们去,毛主席准备明天接见你们!"喜讯传来,大家欢蹦乱跳,兴奋不已,当晚即拟定了需要请示的 6 个问题,抄写工整,准备第二天呈交毛泽东同志。

4 月 2 日清晨,20 来名编辑人员早早聚集到报社院子里,8 点多钟从高家村出发,一口气跑了十多里路,来到蔡家崖,在晋绥军区司令部石窑大院西侧的一间接待室里,急切而紧张地等待着。10 点多钟,毛泽东同志由贺龙、陆定一等同志陪同,走进了接待室,他和大家一一握手,询问了每个人的名字,根据这些姓名的特点不时地讲几句幽默的笑话,屋里气氛立即活跃起来,响起一阵阵欢欣的笑声。他在一张单人沙发上坐下,点燃香烟,手里拿着关于贯彻党的路线和全党办报的方针、关于宣传党的路线和政策、关于依靠贫农和团结中农、关于开展批评与自我批评等 6 个问题的请示稿,慢慢审视了一会儿。他风趣地说:"办报,你们是先生,我是学生,先生不了解学生,对学生不会出题目嘛!"接着,就侃侃而谈,发表了长篇谈话。谈话中,还不时站起来做出各种手势,或加强语气,或解释说明自己的意见。中午12点多,催吃午饭了,才结束了这次接见和谈话。谈话内容如下:

我们的政策,不光要使领导者知道,干部知道,还要使广大的群众知道。有关政策的问题,一般地都应当在党的报纸上或者刊物上进行宣传。我们正在进行土地制度的改革,有关土地改革的各项政策,都应当在报上发表,在电台广播,使广大群众都能知道,群众知道了真理,有了共同的目的,就会齐心来做。这和打仗一样,要打好仗,不光要干部齐心,还要战士齐心。陕北的部队经过整训诉苦以后,战士们的觉悟提高了,明白了为什么打仗,怎样打法,个个摩拳擦掌,士气很高,一出马就打了胜仗。群众齐心了,一切事情就好办了。马克思列宁主义的基本原则,就是要使群众认识自己的利益,并且团结起来,为自己的利益而奋斗。报纸的作用和力量,就在它能使党的纲领路线,方针政策,工作任务和工作方法,最迅速最广泛地同群众见面。

在我们一些地方的领导机关中,有的人认为,党的政策只要领导人知道就行,不需要让群众知道。这是我们的有些工作不能做好的基本原因之一。我党二十几年来,天天做群众工作,近十几年来天天讲群众路线。我们历来主张革命要依靠人民群众,大家动手,反对只依靠少数人发号施令。但是在有些同志的工作中间,群众路线仍然不能贯彻,他们还是只靠少数人冷冷清清地做工作。其原因之一,就是他们做一件事情,总不愿意向被领导的人讲清楚,不懂得发挥被领导者的积极性和创造力。他们主观上也要大家动手动脚去做,但是不让大家知道要做的是怎么一回事,应当怎样做法,这样,大家怎么能动起来,事情怎么能够办好? 要解决这个问题,根本上当然要从思想上进行群众路线的教育,同时也要教给同志们许多具体办法。办法之一,就是要充分地利用报纸。办好报纸,把报纸办得引人入胜,在报纸上正确地宣传党的方针政策,通过报纸加强党和群众的联系,这是党的工作中的一项不可小看的、有重大原则意义的问题。

同志们是办报的,你们的工作,就是教育群众,让群众知道自己的利益,自己的任务和党的方针政策。办报和办别的事一样,都要认真地办,才能办好,才能有生气。我们的报纸也要靠大家来办,靠全体人民群众来办,靠全党来办,而不能只靠少数人关起门来办。我们的报上天天讲群众路线,可是报社自己的工作却往往没有实行群众路线。例如,报上常有错字,就是因为没有把消灭错字认真地当做一件事情来办。如果采取群众路线的方法,报上有了错字,就把全报社的人员集合起来,不讲别的,专讲这件事,讲清楚错误的情况,发生错误的原因,消灭错误的办法,要大家认真注意,这样讲上三次五次,一定能使错误得到纠正。小事如此,大事也是如此。

善于把党的政策变为群众的行动,善于使人们的每一个运动,每一个斗争,不但领导干部懂得,而且广大群众都能懂得,都能掌握,这是一项马克思列宁主义的领导艺术。我们的工作犯不犯错误,其界限也在这里。当着群众还不觉悟的时候,我们要进攻,那是冒险主义。群众不愿干的事,我们硬要领导他们去干,其结果必然失败。当着群众要求前进的时候,我们不前进,那是右倾机会主义。陈独秀机会主义的错误,就是落后于群众的觉悟程度,不能领导群众前进,而且反对群众前进。这些问题有许多同志还不懂得,我们的报纸要好好地宣传这些观点,使大家都能明白。

报纸工作人员为了教育群众,首先要向群众学习。同志们都是知识分子,知识分子往往不懂事,对于实际事物往往没有经历,或者经历很少。你们对于一九三三年制订的《怎样分析农村阶级》的小册子,就看不大懂;这一点,农民比你们强,只要给他们一说就都懂得了。崞县两个区的农民一百八十多人,开了五天会,解决了分配土地中的许多问题。假如你们的编辑部来讨论那些问题,恐怕两个星期也解决不了。原因很简单，那些问题你们不懂得。要使不懂得变成懂得，就要去做去看，这就是学习。报社的同志应当轮流出去参加一个时期的群众工作，参加一个时期的土地改革工作，这是很必要的。在没有出去参加群众工作的时候，也应多听多看关于群众运动的材料，并且下功夫研究这些材料。我们练兵的口号："官教兵，兵教官，兵教兵。"战士们有很多打仗的实际经验，当官的要向战士学习，把别人的经验变成自己的，他的本领就大了。报社的同志也要经常向下边反映上来的材料学习，慢慢地使自己的实际知识丰富起来，使自己成为有经验的人。这样，你们的工作才能够做好，你们才能担负起教育群众的任务。

《晋绥日报》在去年六月的地委书记会议以后，有很大进步，内容丰富，尖锐泼辣，有朝气，反映了伟大的群众斗争，为群众讲了话，我很愿意看它。但是从今年一月开始纠正"左"的偏向以后的这一时期，你们的报纸却有点泄气的样子，不够明确，不够泼辣，材料也少了，使人不大想看。你们现在正在检查工作，总结经验，这样很好。总结了反右反"左"的经验，使头脑清醒起来，你们的工作就会有改进。

《晋绥日报》在去年六月以后进行的反对右倾的斗争，是完全正确的。在反右倾的斗争中，你们作得很认真，充分地反映了群众运动的实际情况。对于你们认为错误的观点和材料，你们采用编者按语的形式加以批注，你们的批注后来也有缺点，但是那种认真的精神是好的。你们的缺点主要是把弓拉得太紧了，拉得太紧，弓弦就会断。古人说："文武之道，一张一弛，"现在"弛"一下，同志们会清醒起来。过去的工作有成绩，但也有缺点，主要是"左"的偏向。现在作一次全面的总结，纠正了"左"的偏向，就会做出更大的成绩来。

在我们纠正偏差的时候，有的人把过去的工作看得毫无成绩，认为完全错了，这是不对的。这些人没有看到，党领导了那么多的农民得到土地，打倒了封建主义，整顿了党的组织，改进了干部的作风，现在又纠正了"左"的偏向，教育了干部群众，这不是很大的成绩么？对于我们的工作,对于群众的事业,应当采取分析的态度,不应当否定一切。过去发生"左"的偏向,是因为大家没有经验,没有经验,就难免要犯错误。从没有经验到有经验,要有一个过程。去年六月到现在的短短时期内,经过反右和反"左"的斗争,使大家都知道了反右、反"左"是怎么一回事,没有这样一个过程,大家是不会知道的。

经过检查工作、总结经验以后,我相信,你们的报纸会办得更好,应当保持你们报纸的过去的优点,要尖锐、泼辣、鲜明,要认真地办。我们必须坚持真理,而真理必须旗帜鲜明。我们共产党人从来认为隐瞒自己的观点是可耻的。我们党所办的报纸,我们党所进行的一切宣传工作,都应当是生动的、鲜明的、尖锐的,毫不吞吞吐吐,这是我们革命无产阶级应有的战斗风格。我们要教育人民认识真理,要动员人民起来为解放自己而斗争,就需要这种战斗的风格,用钝刀子割肉,是半天也割不出血来的。

在这次重要谈话中,毛泽东同志对《晋绥日报》1947 年 6 月以后土改和整党宣传中的经验和教训,作了系统的分析和总结,既肯定了成绩,也指出了缺点。更重要的是,他结合《晋绥日报》的实践,精辟地论述了报纸工作的几个基本原则问题。这些论述,可以概括为以下几个方面:

(1)报纸的任务与作用问题。毛泽东同志首先从报刊宣传党的政策问题谈起,明确指出:"有关政策的问题,一般的都应当在党的报纸上或者刊物上进行宣传。"接着,他从理论上阐述报纸的作用和任务,强调说:"马克思列宁主义的基本原则,就是要使群众认识自己的利益,并且团结起来,为自己的利益而奋斗。报纸的作用和力量,就在它能使党的纲领路线、方针政策、工作任务和工作方法,最迅速最广泛地同群众见面。"由于报纸具有这样的重要作用,所以他认为:"办好报纸,把报纸办得引人入胜,在报纸上正确地宣传党的方针政策,通过报纸加强党和群众的联系,这是党的工作中的一项不可小看的、有重大原则意义的问题。"

（2）办报的路线与方针问题。毛泽东同志批评了"报上天天讲群众路线，可是报社自己的工作却往往没有实行群众路线"的现象。他说："我们的报纸也要靠大家来办，靠全体人民群众来办，靠全党来办，而不能只靠少数人关起门来办。"

（3）报纸工作人员的学习与锻炼问题。毛泽东同志说："报纸工作人员为了教育群众，首先要向群众学习。"他提出："报社的同志应当轮流出去参加一个时期的群众工作，参加一个时期的土地改革工作，这是很必要的。在没有出去参加群众工作的时候，也应当多听多看关于群众运动的材料，并且下功夫研究这些材料。""要经常向下边反映上来的材料学习，慢慢地使自己的实际知识丰富起来，使自己成为有经验的人。"

（4）总结反右反"左"经验的问题。毛泽东同志接见时，报社正在检查工作，总结经验。当时，报纸宣传有点泄气的样子，不够泼辣，不像过去那样有朝气。毛泽东同志具体分析了报纸半年多来的工作，充分肯定了《晋绥日报》的成绩，表扬它"内容丰富，尖锐泼辣，有朝气，反映了伟大的群众斗争，为群众讲了话。"表示"我很愿意看它"。他指出："过去的工作有成绩，但也有缺点，主要是'左'的偏向。把弓弦拉得太紧了，拉得太紧，弓弦就会断。""过去发生'左'的偏向，是因为大家没有经验。总结了反右反'左'的经验，使头脑清醒起来，你们的工作就会有改进，你们的报纸会办得更好，会做出更大的成绩来。"

（5）报纸的战斗风格问题。在这次谈话的最后，毛泽东同志希望《晋绥日报》保持过去尖锐、泼辣、鲜明的优点。这实际上肯定了要在报纸上正确开展批评与自我批评。他还由此进一步阐述了报纸的战斗风格问题，指出："我们必须坚持真理，而真理必须旗帜鲜明，我们共产党人从来认为隐瞒自己的观点是可耻的。我们党所办的报纸，我们党所进行的一切宣传工作，都应当是生动的、鲜明的、尖锐的，毫不吞吞吐吐,这是我们革命无产阶级应有的战斗风格。我们要教育人民认识真理,要动员人民起来为解放自己而斗争,就需要这种战斗的风格。"

这次谈话结束时,毛泽东同志应大家的请求,为《晋绥日报》题词两幅并写了新的报头。一幅题词是:"无产阶级领导的,人民大众的,反对帝国主义、封建主义、官僚资本主义的革命。"这是党在新民主主义时期的总路线和总政策。另一幅题词是:"依靠贫农,团结中农,有步骤地、有分别地消灭封建剥削制度,发展农业生产。"这是党的土地改革的总路线和总政策。

后来,报社将毛泽东同志的重要谈话记录作了整理,以《毛主席对晋绥日报编辑人员的谈话》为题,发表在报社的通讯刊物《新闻战线》特刊号上。将毛泽东同志的两幅题词木刻制版,发表在 1948 年 5 月 1 日和 5 日的《晋绥日报》上。谈话和题词给了报社工作人员以极大的鼓舞和深刻的教育,大家经过认真学习,以谈话和题词为指导,检查了土改和整党宣传以及反""客里空""运动中的"左"的错误,总结了经验教训,制定了改进的措施,宣传工作又有了新的起色。

(九)《晋绥日报》的后期工作(1948 年 1 月—1949 年 5 月)

在后期将近一年半的时间里,《晋绥日报》的宣传工作主要集中在三个方面:一是关于纠正土改和整党中"左"倾错误的报道;二是关于阎锡山政权罪恶和山西解放战争的报道;三是开辟各种专栏,加强新闻通讯工作和文化建设工作。

1. 关于纠正土改和整党中"左"倾错误的报道

1947 年底,党中央发现了前段土改和整党中的"左"倾错误,发出一系列指示要求各地予以纠正。这样,晋绥分局也连续发出了几个关于纠正"左"倾错误的文件,并从 1948 年 1 月起着手纠错工作和平反工作。《晋绥日报》亦随之加强了这方面的宣传报道。

1 月 24 日,报纸发表社论《关于最近分配土地中的几个问题》,

集中阐述了党的土地政策和应注意的具体事项，拉开了纠错宣传的序幕。1月26日，头版头条报道了《兴县刘家曲订成份犯了排三代的错误，订错的成份已经改正，老孟等又回到农会》的消息。1月27日、2月2日，也有关于改正错订成份的报道。3月2日，头版头条刊登消息《王天才领导木耳崖群众，主动改成份退东西，团结中农大家如意》，此后，各地纷纷主动给中农退财物，退牲畜，以实际行动落实党中央和晋绥分局的指示精神。3月5日，头版头条刊登消息《兴县二区农代大会一致通过刘副议长继续留职工作，取消去年九月撤销刘少白先生职务的提议》，平反了去年"左"倾错误中晋绥边区最大的一桩冤案。各地也陆续给被整错的同志落实政策，给被错误开除出党的同志恢复党籍。

　　3月23日，报纸刊登了长篇通讯《崞县是怎样进行土地改革的》，同时刊登了毛主席对这篇通讯的批语："这是山西崞县的一篇通讯，在这个通讯中说明了那里的群众斗争业已展开，群众对于分配土地业已完全酝酿成熟，在一个农民的代表会议上完成了平分土地的一切准备。那里对于划分阶级成份，曾经划错了许多人，但是已经公开地明确地经过群众代表的讨论，决定改正。对于不给地主以必要的生活出路，不将地主富农加以区别，侵犯中农利益等项错误观点，作了批判。总之，在这篇通讯中所描述的两个区的农民代表会议上所表现的路线，是完全正确的。"4月1日，毛主席应邀作了《在晋绥干部会议上的讲话》，对晋绥的纠错工作予以肯定，指出："按照实际情况决定工作方针，这是一切共产党员所必须牢牢记住的最基本的工作方法。我们所犯的错误，研究其发生的原因，都是由于我们离开了当时当地的实际情况，主观地决定自己的工作方针。这一点，应当引为全体同志教训。"

　　经过学习毛泽东同志《在晋绥干部会议上的讲话》和《对晋绥日报编辑人员的谈话》，报社编辑部对1947年5月至12月的报纸，进行了逐张检查,清理"左"的新闻报道。1948年8月15日,晋绥分局宣传部在报纸上公开发表了《关于去年土改中我们在宣传党的政策上所犯的"左"的偏向与错误》,代表分局就错划阶级成份、严重脱离中农、助长乱打乱杀、过分估计党内不纯的严重程度等问题,作了综合性的检讨与总结,进行了认真的自我批评。9月1日至3日,报社编辑部连续三天用三个版的篇幅刊载《我们的检讨》,对宣传中"左"的偏向和一些典型事例,作了检查和自我批评,提高了思想认识。

在检查了工作,吸取了教训以后,报纸的宣传工作重新回到正确的轨道,逐步恢复了尖锐泼辣、朝气蓬勃、鲜明生动的特点。报纸先后报道了能够体现党的方针政策的土改和整党消息,主要内容有:报道一些区、村正确划分阶级成份,地主富农占全区或全村人口的百分之六到九;贯彻执行了抽补搭配的政策,没有搞彻底平分土地,即使缺地农民分到了土地,又团结了中农;报道各地斗争主要靠说理,不硬挖地主的底财,地主也分到一份土地,参加生产劳动;报道一些逃往敌占区的地主,重返解放区分地闹生产;报道一些县的农民分到了土地和其他果实后,用于生产,增加了生产底垫,生产热情空前高涨;报道团结农村人口的百分之九十,许多地方在改正成份或纠正平分土地后,出现贫雇中农互帮互助,团结一心,大闹生产的喜人景象;报道一些平川村庄和富裕村庄,抽出一部分土改果实,支援前线,支援山区灾民和穷村;报道一些地方贯彻保护工商业的政策,工商业得到迅速恢复,市场物价稳定;报道一些县在土改中不撇开干部,恢复党员组织生活,工作团带领他们一同工作,在工作中考验他们,以利于团结干部的大多数;报道各地加强对党员的政治、政策和时事教育,通过整顿思想作风,纠正强迫命令、脱离群众的作风和放任自流的现象;报道通过整党,纯洁了党的组织,密切了党与群众的关系,掀起了生产热潮。所有这些报道,都能较好地体现党对土改和整党工作的方针政策,促进了土改和整党工作的胜利完成。

2. 揭露阎锡山罪行和对解放战争的报道

1948年上半年,面临着人民解放战争的猛烈攻势,阎锡山在山西的政权岌岌可危,又不甘心失败,开始了最后的疯狂,到处屠杀共产党员和人民群众,奸淫抢掠,无恶不作。《晋绥日报》对阎匪军的罪恶予以彻底揭露,以此激发人民群众参军支前、保卫土改成果的热情。

4月5日,刊登《阎匪在汾阳上金庄的罪恶》,报道敌军杀害党员干部、民兵、群众34人。4月16日,刊登《汾阳边山人民沿途号哭,向我军控诉阎逆暴行》:"许多人家被翻箱倒柜,衣物粮食抢劫一空,锅缸被砸碎,门窗被烧光,人烟绝少。不少老弱和受伤的人,有的卧炕呻吟,有的依墙啼哭,状极凄惨。"此类报道很多,像《临西人民控诉阎匪罪行记》、《阎匪统治下的左云城》、《晋中阎匪疯狂抢麦》等,比比皆是。

1948年下半年,中国人民解放战争的形势发生了根本的变化,人民解放军在数量上由长期的劣势转入了优势,不但能够攻克国民党坚固设防的城市,而且能够一次包围和歼灭成万人甚至几十万人的国民党强大精锐兵团,歼敌速度也大大加快。人民解放军先后发动并取得了辽沈、淮海、平津三大战役的胜利,歼敌150多万人,解放了东北全境和华北、长江以北的广大地区。1949年4月21日,人民解放军在长达500多公里的战线上,强渡长江天险,摧毁了号称"固若金汤"的敌人长江防线,于4月23日解放南京,宣告了国民党22年反革命统治的覆灭。此后又挥师南下,解放了东南、华南地区。西北、西南地区也相继解放,人民解放战争的最后胜利已指日可待了。

与此同时,在晋绥边区周围,人民解放战争也取得了一系列胜利。1948年3月下旬,绥蒙地区部队配合晋察冀解放军,发动了察南、绥东、雁北战役。3月初至5月中旬,晋绥解放军协同晋冀鲁豫和太岳部队发起临汾攻坚战,5月17日攻克临汾,歼敌25000多人,解放了晋南全境。6月中旬,晋绥军区部队又与华北军区、北岳军区部队一起,共同发动了晋中战役,7月21日胜利结束,共歼敌10万人。9月5日至11月14日,人民解放军华北兵团、北岳军区和晋绥军区部队,发起了察绥战役,歼敌2万多人,解放了察绥广大地区,并完成了配合辽沈战役、牵制敌人不使出关的任务。10月,晋绥解放军兵临太原城下,扫清外围,于12月初占领城南和东山各要点,歼敌5万多人,之后转入围城休整和政治攻势。平津战役胜利结束后,1949年4月20日发起总攻,24日即全部解放太原,歼敌12万4千人。接着,大同守敌于5月1日放下武器,山西全境遂获得解放。

对于全国的解放战争和山西的解放战争,《晋绥日报》都进行了积极热情的报道和宣传,对鼓舞晋绥军民的斗志起了很大的作用。

3. 开辟各种专栏,加强新闻通讯工作和文化建设工作

1948年1月至10月,《晋绥日报》为了加强和改进新闻通讯工作,陆续刊登了许多这方面的消息和文章,像《五寨建立了读报组通讯组》、《关于农村通讯网的建立》、《改造我们的党报》、《列宁怎样做编辑工作》、《我是怎样做通讯干事的》、《河曲农村通讯工作的经验》、《神池通讯工作的报告和经验》、《党员要为党报负责》等。之所以这样做,是基于以下原因:土改和整党工作开始以后,报社抽出相当多的编辑记者参加土改和整党工作团,编采力量有所减弱,加之大批农村青年积极分子报名参军,致使通讯员队伍人数减少,新闻工作受到一定影响。有一段时间,不少通讯组织不复存在,不少县通讯干事岗位空缺,来稿数量锐减。为了扭转这种情况,报社从当时的实际出发,一面对原有的通讯组织加以整顿和恢复,使之正常工作;一面把工作重点转向土改工作团,在工作团内建立通讯组织,在农村发展新的通讯员。经过一段时间的努力,通讯队伍逐步恢复并巩固起来,来稿数量逐步回升。到1948年9月,回升到665件,当年10月以后,每月来稿稳定在800多件。

为了给各地的通讯工作提供交流经验的场所，报纸从 1948 年 10 月 13 日起，创办了《通讯工作》专版，每隔 20 天左右时间出一期，至报纸终刊，共出版了 10 期。内容主要有:通讯工作情况;报道情况;每月来稿统计表;写稿经验等。如第 2 期的 4 篇文章《神池通讯工作计划》《各县通讯工作应建立些什么制度》《五分区通讯工作在改进中》《为什么要改写这篇稿子》;第 6 期的内容《12 月份通讯工作通报》《提倡学校通讯小组和村干部结合》《培养基层通讯员的一段弯路》《12 月份来稿统计表》。为了加强记者、编者、作者与读者的沟通，还从 1948 年 12 月 10 日起，创办了《读者服务栏》，不定期，每次回答读者提出的两三个问题。正如创办时发表的《编者的话》所说:"凡群众、干部在工作、学习、生产中遇到的疑难问题，各种科学常识、农村医药卫生及其他问题，各种科学常识、农村医药卫生及其他问题之询问，本栏均设法解答。为求解答确实，本报聘请有关机关担任本栏顾问，负责答复有关问题。答复方式，按性质分为报载与直接答复两种。此外，读者意见、群众呼声与批评建议，本报亦很欢迎。"

　　《晋绥日报》在开展群众通讯工作的长期实践中，不断总结，不断改进，积累了许多符合当时当地实际的宝贵经验，主要有以下几点:

　　(1)首长负责，亲自动手。这是各地领导同志的自觉行动，也是搞好通讯工作的关键。许多领导干部从亲身经历中体会到，自己亲自动手，带头写稿，不但能给通讯员作出表率，树立榜样，带动通讯员写稿，而且只有亲自动手写稿，才能摸索出通讯工作的内在规律，了解通讯工作中存在的问题和困难，从而取得领导通讯工作的主动权。许多通讯工作搞得好的地方，都是那里的领导干部自己经常写稿，直接抓通讯组织建设。另外，领导干部自己动手写稿，就要深入群众，深入实际，调查研究，掌握第一手材料，这就有助于他们转变思想作风和工作作风，锻炼分析问题和研究问题的能力，总结工作中的经验教训，不断提高领导水平和工作能力。正如临南五区区长阎钊所说:"自己写稿子,就要深入地具体地搜集材料,这样,也帮助着自己具体地指导全区工作,配合着报纸,更有力地推动全区工作。工作开展了,又鼓舞起自己更大的兴趣,亲自去抓中心工作。"

(2)工作、学习、写稿三结合。这是通讯员正确处理工作、学习、写稿三者关系所采取的有效方法。由于通讯员本身直接从事实际工作,通讯小组又制订有学习制度,因而工作者就是写作者,通讯组织也是学习组织。通讯员在做好工作的过程中,就注意加强学习,加强调查研究,搜集新闻素材,往往是稿子写出来了,同时就把工作总结了。这样,学习和写稿都围绕工作进行,三者融为一体,互相促进,形成良性循环。所以,通讯工作比较活跃的地方,也是各项中心工作和群众性学习活动卓有成效的地方。工作、学习、写稿三结合的具体形式很多,在县区机关,干部每次下乡前,都要学习有关文件,研究工作部署,安排组织报道;下乡后,一边工作,一边搜集材料;下乡回来,汇报情况,总结工作,最后写成稿子。这种方式,人们称作"学了文件做工作,做了工作写报道"。在许多农村,变工组、识字组、读报组和通讯小组,本身就是统一的,生产、学习、写稿结合得更为紧密。

(3)知识分子干部与工农干部相结合。这是工农通讯员发展起来后,通讯工作中创造的一个经验。工农通讯员大多是半文盲或文盲,不会写稿,只能口头报告工作和生产情况。为了充分发挥这些同志的作用,各地在组建通讯小组时,把他们与知识分子干部混合编组,由他们口述,知识分子干部记录整理,写成稿子。这种结合不仅促进了通讯工作的开展,而且对知识分子干部与工农干部的成长进步都有好处。就拿工农干部来说,他们中的许多人在知识分子干部的帮助下,不断学习进步,由不识字到识字,由不会写到会写,成为模范通讯员和优秀干部。在农村,知识分子干部与工农干部相结合的一种普遍形式,就是小学教师与村干部合作写稿,既解决了村干部没有文化不会写、教师会写又没材料的矛盾,拓宽了教师通讯员新闻报道的领域,又促进了学校教育与农村工作的结合,还产生了教师与村干部互相帮助、互相学习的良好作用。

（4）做什么,写什么。这是通讯工作的一个重要方针。当时,许多通讯员写稿热情很高,但却常常为"写什么,怎样写"的问题发愁,因而碰到什么写什么、想到什么写什么,稿件质量很差。为了解决这个问题,报社总结一些通讯工作的经验,在《改出日刊与加强通讯工作》的社论中,提出了"做什么,写什么"的方针。所谓做什么,写什么,就是根据地在做什么,群众在做什么,通讯员就写什么。因为根据地群众所做的,正是报纸应该报道和读者需要知道的。同时,通讯员自己做什么就写什么,才能写得分外亲切深刻,具体生动,更有益于推动工作。这就解决了通讯报道要围绕和服务于中心工作的问题。与此相联系,社论还提出"要写事实,写过程,写典型,写经验",要求通讯员抓住典型的人和事,写出工作中一些问题的发生和解决过程、解决方法,生动而具体地反映实际情况。这就解决了怎样围绕中心工作开展通讯报道,又通过通讯报道推动中心工作的问题。各地按这样的方针办事,不再为没啥写、不会写而发愁。

（5）集体写,写集体。这是三十七支队模范战士通讯员王焕章领导的通讯小组创造的经验,以后在各地普遍推广和采用。这个通讯小组在报道活动中,注意发挥集体的力量,发挥群众的智慧。在集体写方面,他们采取的形式有:识字的和不识字的配合写;战士与干部配合写;通讯员与飞报员配合写;通讯员集体写;一件事情,大家执笔,各写与己有关的方面;连队飞报员与小报结合;小报又与团部的报纸结合。他们的写稿过程大体是:写稿前,通讯小组集体研究,确定报道内容,通讯员民主分工;根据自己所分的范围,深入到战士中调查采访;稿子写出,干部修改后,通讯小组再座谈讨论,把原稿与改稿对照,分析总结。在写集体方面,他们采取的办法是:报道英雄要与周围群众相结合,表扬中有批评,批评中有表扬;一切主题都用写集体的办法全面报道;一切体裁都用写集体的办法去写。这样写出的稿件,内容更实际,观点更全面。集体写,写集体,不只是通讯小组的小集体,而是通讯员与群众结合的大集体,它是通讯工作上发动群众,大家写,写大家,群众写,写群众的一种好办法。而在这个过程中,通讯员本身也得到了提高。王焕章本人说得好,"既要写稿,对连上好多问题必须各方面收集,这样问题了解的多了,接近群众也好了。"

《晋绥日报》在通讯工作上的经验是相当丰富的,绝不限于以上几条。这些经验看起来简单,但是在实践中要得到却是不容易的,它浸透了专业新闻工作者和广大通讯员的心血,是集体智慧的结晶,群众创造的硕果。它告诉人们,全党办报,群众办报的路线,是报纸工作的生命线,只有贯彻这条办报路线,报纸才能植根于人民群众之中,受到人民群众的喜爱。

为了边区的文化建设,这个时期,《晋绥日报》又恢复了以前的传统,办了许多副刊专栏。主要有:

《大众园地》,1948年8月29日创办,一周一期,占整版篇幅。这是供文化程度较低的工农干部阅读的一个专栏。主要刊登工作经验、教训总结、工作体会、工作研究、工作建议和要求等稿件,解答工作和学习中遇到的问题,同时也刊登有教育意义的民间故事、歌谣、快板等。内设《工作研究》、《故事》、《问答》、《三言两语》、《科学常识》、《小常识》、《小医院》等栏目。

《职工园地》,1948年12月8日创办。20天左右一期,占整版篇幅。创办时编者发表的《希望》一文说:"为了反映我边区公营、私营工厂中职工同志们艰苦奋斗的、积极创造的忘我劳动热情,为了交流职工运动中的各种经验,提高工作效率,发展生产,推进职工运动,更有力地服务于当前的革命战争及解放区建设,以迎接迅速发展的形势,我们出刊了《职工园地》。""我们希望它能在团结职工,提高职工阶级觉悟、组织性、团结性、提高工作效率方面;同时,也希望它能在提高职工同志们的文化、业务、写作能力上,有所帮助。"稿件正是围绕这些目的而写的。

《妇女生活》,1948年12月16日创办。20天左右一期,占整版篇幅。创办时编者发表《发刊的话》说:"我晋绥妇女对支援战争、土改整党、发展生产、民主建设等各方面,曾作了巨大的贡献,这种功绩是不可磨灭的。为了更好地反映这些情况,加强今后的妇女工作,提高妇女的思想觉悟与政治觉悟,交流妇女工作的经验、使妇女在目前迅速发展的革命形势下,更能发挥她们的积极性,以加速完成革命任务,我们出刊了《妇女生活》。"主要内容有妇女工作动态,妇女英模人物介绍、妇女卫生常识等。这个时期的妇女工作是晋绥边区各项工作的重点之一,除《妇女生活》外,报纸还利用其他形式,发表了大量反映妇女工作的消息和文章,如秧歌剧《婚姻要自由》,诗歌《妇女秋收曲》,1949年3月6日、3月7日、3月8日连续3天出版妇女特刊。特别是3月7日的妇女特刊,头版全部是关于支持妇女婚姻自由的内容:《万人痛恨买卖婚姻及早婚罪恶,兴县县政府公审惨杀儿媳案,凶犯丁合小已执行枪决》、《凶犯丁合小的罪状》、《宣解婚姻自由的真义》、《偏关一区部分妇女婚姻自主,三区有些干部违犯婚姻法》。这些宣传报道,配合了解放区婚姻法贯彻落实,推动了妇女工作的全面发展。

《黑板报》,1948年9月25日创办,每7天出一次。正如编者所说:"这个黑板报,专门是给村干部,小学教员,农村、市镇中识字的人看的,并且作为他们办黑板报的参考。"内容主要有:重要时政简讯;根据地动态;宣传口号;宣传诗等。如《秋收歌》:"秋风起,秋风凉,快收快割快打场。今年的雨水真不少,今年的庄稼长得好。秋风起,秋风凉,秋风过了是霜降。防备早冻先下手,熟一块来收一块。秋风起,秋风凉,快收快割快打场。男女老少齐动员,互相帮助最快当。"《参战谣》:"红红的阳婆蓝蓝的天,参战队员们去支前。鸡儿叫来狗儿咬,参战队员们出发了。天上的雁儿排成一字齐,参战的人儿不把队来离。雁儿飞成人字形,参战队员们向前奔。天上刮风云跑开,运送子弹风响快。担架铺得厚又绵,火线以上抬伤员。模范奖旗耀眼红,打了胜仗立大功。"《标语口号 100 条》:"打倒蒋介石,建设新中国!""打到太原去,活捉阎锡山!""人人有地种,人人有饭吃,人人有衣穿,人人有房住,人人有工作,人人有书读!"等。

这个时期,副刊上还登载了许多优秀的文艺作品,为边区的文化事业建设做出了贡献。如马烽的小说《金宝娘》,秧歌剧《婚姻要自由》;西戎的小说《麦地里的水桐树》、《谁害的》;束为的小说《卖鸡》;战士作者的作品《小司号员圪蛋》、《送夫参军小唱》等。

在人民解放战争节节胜利的大好形势下,党决定抽调晋绥解放区的干部到解放区工作,以迎接全国的解放。《晋绥日报》社即于1948 年 5 月抽调一批骨干编辑人员前往中共晋南工委,在新解放的晋南重镇临汾城创办了晋绥边区第一份城市报纸——《临汾人民报》(后改名《晋南日报》),发行于晋南地区的 31 个县市。

随着解放战争形势的进一步发展,急需大批新闻工作者到全国各地开辟新的更多的新闻宣传阵地,加之山西全境的解放,也标志着《晋绥日报》的历史使命已经胜利完成。于是,这张诞生于抗日战争烈火中的报纸,在艰苦支撑了九度春秋以后,1949 年 5 月 1 日出版了最后一期,便在人民解放战争的胜利号角声中宣告终刊了,终刊时为2171 号。

终刊号发表的《本报终刊致读者》一文,在简要回顾了报纸的战斗历程以后说:"在本报终刊之日,我们情不自禁地要庆祝中国人民革命斗争的胜利和晋西北人民革命斗争的胜利。同时,也庆幸本报八九年来,和晋绥特别是晋西北人民一起斗争中,尽了自己的光荣任务。本报所以能完成光荣的任务,首先应归功于党的领导,归功于晋绥人民,归功于晋绥全体党员同志的努力。当然,这与本报同仁,与为创办本报积劳成疾而病故的前总编辑赵石宾同志的艰苦奋斗，也是分不开的。""在本报终刊之日，我们特向晋绥全党与晋绥人民致以崇高的敬意。"

《晋绥日报》终刊后，全体编辑人员和后勤部门的骨干，南下临汾，进入中共晋绥分局党校学习新区工作政策。1949 年冬，这支新闻队伍又分为两批各赴使命。第一批由常芝青、高丽生同志带领，随刘邓大军西向入川，于重庆解放后创办了西南《新华日报》。第二批由杨效农、邵挺军同志带领，随解放军第十八兵团南下入川，于成都解放后创办了《川西日报》。还有一批工作人员，则被派往西安、兰州、乌鲁木齐，参加或创办了那里的新闻事业。党在《晋绥日报》社培养起来的这批新闻战士，成为新中国新闻事业的奠基者和开创者。

二、《晋绥大众报》等其他报刊

（一）《晋绥大众报》

1940 年 10 月 26 日，《晋绥大众报》的前身《晋西大众报》在中共晋西区委所在地山西兴县创办，是中共晋西区委的机关报。1945 年 6 月 5 日改称《晋绥大众报》。

《晋西大众报》的首任负责人是王修。当时中共晋西区委对《晋西大众报》制定的办报方针是：宣传报道党的各项方针政策，反映根据地的对敌斗争和生产建设、政权建设情况。宣传方式应结合晋西区农业落后、文盲多的特点，力求通俗化大众化地方化，适合农民读者的口味，文字尽量口语化，文章风格应短小活泼。《晋西大众报》编辑人员根据区委的要求，把读者对象定位于识字 800 个左右的基层干部和农民，并在农村基层发展通讯员，保证大部分稿源来自于生产第一线。

《晋绥大众报》辟有"百事通"、"工作经验"、"地方通讯"、"街谈巷议"、"大众信箱"、"政策问答"等干部群众喜闻乐见的栏目，及时报道了发生在人民生活中的人和事，解答了他们心中的一些疑惑问题，沟通了党和人民的联系。报纸的副刊很受读者的欢迎,刊载有鼓词、快板、民间故事、谜语、木刻连环画等多种形式的通俗文学作品,尤其是以章回体小说写成的《世界大战记》,产生了很大的影响,使读者在有趣的阅读中了解了国内外发生的大事。

《晋绥大众报》还为发展解放区文艺事业做出了大量的贡献,马烽、西戎等山西著名作家就是这个报社培养出来的。当时他俩都在《晋绥大众报》担任编辑工作,受报社的委托,用通俗的民间章回体小说形式来反映晋绥区的抗敌英雄和模范。具体的写作过程和刊登情况,马烽、西戎二人曾在解放后出版的《吕梁英雄传》的后记中讲得很明白:

《吕梁英雄传》这本书,是在抗日战争和解放战争的硝烟烽火中写成的。当时,我们都还很年轻,刚刚二十出头。应该说在各方面的准备都还不很充分,甚至可以说是匆匆忙忙闯入文学领域和进入创作过程的。

我们之所以能写出这本书,除了党组织的领导、关怀和支持,战友们、同志们的热情鼓励和帮助之外,最主要的就是由于它是我们学习了毛主席刚刚发表的《在延安文艺座谈会上的讲话》以后的创作实践,它是我们的切身感触之作。我们在写这本书的时候,首先想到的不是要当作家,不是要创造什么高雅的文学,而是要尽一个革命战士所应尽的天职。对于我们来说,拿笔杆和拿枪杆的意义是完全一样的。在那艰苦的战争年代里,我们和吕梁山区的人民群众一块战斗,共同生活,亲历了革命征程中的"血"与"火"的锻炼与考验,耳闻目睹了许许多多英雄人物的英雄事迹。所有这一切,就像狂飙一样在我们的周身翻卷着,就像春潮一样在我们的胸中鼓荡着,使我们的内心里常常有一种按捺不住的冲动,总觉得应该把敌后抗日军民在伟大领袖毛主席领导下,与日本帝国主义、汉奸走狗斗争的英雄事迹记载下来,谱以青史,充声讴歌,弘扬后世,变为巨大的精神力量,使人民群众从中受到应有的鼓舞,教益和启迪。书中所写的内容,尽管只是那宏伟壮丽的革命战争生活的一小部分,但正像从一滴水可以看见整个太阳一样,通过它总还可以看出毛主席"人民战争"光辉思想的无比强大的威力。我们的创作目的很明确,就是要通过对吕梁山区敌后抗日军民的英勇斗争事迹的真实而生动的描绘,热情歌颂毛泽东同志和中国共产党领导下晋绥抗日根据地军民的斗争功绩,对中国革命的伟大历程作"一枝一节"的形象化记录。为此,我们特意在书中提到了晋绥边区的创始人之一贺龙元帅。

《吕梁英雄传》是从1945年春天开始写作的。那时晋绥边区刚开始第四届群英大会,《晋绥大众报》上要介绍民兵英雄们的英勇战功,无法一一介绍;后来编委会决定由我俩排选一些比较典型的材料,编成连载故事。接受任务以后,我们便多方搜集材料,除了亲自搜集的以外,边区武委会也主动提供了许多素材。另外,我们还改编了报纸上的一些消息和通讯。比如第六十一回写民兵从碉堡内活捉出日军,就是根据利润战斗写的。当时并没有计划要写成一本书,也没有预先拟出通盘的提纲,只是想把这许多生动的斗争故事,用几个人物连起来,并且是登一段写一段,不是一气呵成,因而在人物性格的刻画上,在全书的结构上,在故事的发展上,都未来得及下功夫去思索研究,以致产生了很多漏洞和缺陷。比如:一些人物写得没血没肉;性格不突出;没有心理变化;故事发展不够自然;没过程;甚至有些前后矛盾的地方。这许多缺点,也说明了我们工作上不够细心。

《晋绥大众报》上连载的,共九十五回,1946年印成的单行本,只合编了前一部分,共三十七回。后来我们就下乡参加了土改运动,没时间修改下一部,所以一直也没有出版。

《吕梁英雄传》被看作是延安文艺座谈会后解放区文学的重要成果,也是描写抗日战争的第一部长篇小说。从此,喜欢看《晋绥大众报》的读者越来越多,报纸的发行量也猛增了许多。

贺龙将军对《晋绥大众报》进行了高度的评价,在报纸创刊一周年之际,特意写了《模范的通俗报纸》一文,说它是全心全意为老百姓服务的好报纸。《晋绥大众报》的负责人先后为王修、周文、吉哲、卢梦、马烽、张友等。

1949 年 7 月 24 日,《晋绥大众报》停刊。

(二)《祖国呼声》

《祖国呼声》,创刊于 1942 年春,由毛大风主编。它是晋绥边区出版的专门给敌占区人民阅读的报纸,原名《正义报》。一直出版到1945 年。具体的办报情况和经过,主编毛大风后来写的《从正义报到祖国呼声》一文[1]讲得确切详细:

1942 年初,敌后抗日战争进入艰苦阶段。日本侵略者在其占领区大搞所谓"政治强化运动",企图巩固它在占领区的血腥统治。为了揭穿敌人的阴谋和各种欺骗宣传,向敌占区人民报道国际和国内形势的真相,进行抗日和爱国主义教育,宣传中国共产党的政策和抗日根据地建设成就,中共中央晋绥分局宣传部决定创办一种专门给敌占区同胞阅读的报纸,定名为《正义报》。当时我在分局宣传部工作,领导上就决定派我筹办和主编这一报纸。根据领导上的指示,确定了报纸的宣传方针和报道内容等。为了编辑工作和印刷等方便,当时我住在《抗战日报》(即后来的《晋绥日报》)编辑部编印这一报纸。

《正义报》经过一段时间的准备,于 1942 年春天开始出版,起初是八开小报,每半月出版一期。后来感到篇幅太小,改成三十二开的刊物形式,每期二三十页,有时还要多一些。

通过这个报纸的出版和发行,向敌占区人民介绍了国际反法西斯战争的真实情况,报道苏联红军的胜利消息(这些胜利消息给当时坚持抗日战争的中国人民以极大的鼓舞);传播了八路军、新四军和

---

[1]《山西文史资料》第 18 辑,1981 年出版。

各地人民抗日武装坚持敌后战争的胜利消息；介绍中国共产党的抗日民族统一战线政策、减租减息和奖励生产等政策，报道了抗日根据地的经济、文化建设的成就和根据地人民生活的改善等。通过这个报纸，还向敌占区人民进行爱国主义教育，号召他们坚持正义，坚持民族气节，坚决地和巧妙地跟敌伪进行各种斗争，鼓舞敌占区人民坚持抗日战争，争取胜利的信心。

当时根据地处于敌人和国民党的几面包围中，物质条件很差，纸张非常困难。一般书报都是用土造的稻草纸印刷的。但是党组织重视《正义报》的出版，特专门拨给了一批白报纸和连史纸来印。《正义报》开始印一二千份，后来增加到三四千份。

报纸在根据地后方的印刷厂印好，通过党的秘密交通站系统，穿过游击区，向敌占区读者分发。发行的主要对象是一些与我工作有联系的具有抗日爱国思想倾向的知识分子（如小学教员等），通过他们再将报纸和报纸内容传播给敌占区同胞。

时长日久，敌人发现了它，敌特和日伪人员便到处进行搜查，并声言：《正义报》是共产党的宣传品，被查到了就要杀头的。但《正义报》还是秘密地在敌占区同胞的手中传递着，它向敌占区同胞发出正义的召唤。

为了检查报纸的发行情况，收集敌占区读者对报纸的反映和意见，1942年秋天，领导还派我到敌战区去了解情况。当时兴县周围的静乐、宁武等县城和若干大集镇都为敌人所占。我从兴县出发，穿过游击区，到了忻州边山，找到了当地的党组织，经过和一些敌占区地下工作同志的交谈，了解到了一些有关的情况。

《正义报》的继续出版，显然激怒了敌人。他们的搜查更加厉害了。为了逃避敌人的耳目，敌占区读者经常把《正义报》糊上了《西游记》、《西厢记》等旧小说的封面，把它伪装起来进行传阅。

到1943年，《正义报》改名为《祖国呼声》继续出版，它的形式还是三十二开本的刊物,但篇幅增加了许多,有时多达七八十页。一直出版到 1945 年抗战胜利。

(三)《人民画报》

《人民画报》的前身是《大众画报》,创办于 1941 年 3 月,由李少言、黄再刊、黄薇共同主持。画报主要刊登木刻作品,具有新闻性,用艺术的形式反映当时根据地人民的抗敌斗争和生产建设。1942 年底停刊,共出版 11 期,发行 4800 册。解放战争初期,延安的大批美术工作者撤退到晋绥根据地,遂使这里的美术界人员集结达到高峰,为迎接美术运动新高潮的来临,中共晋绥分局决定于 1946 年 1 月 5 日恢复出版美术刊物,更名为《人民画报》。《人民画报》遂成为晋绥根据地办刊时间最长、影响最大的一份美术报刊。当时赠送于各解放区文化部门,在全国第一次文代会上,曾受到与会人士的高度赞扬。

复刊后的《人民画报》负责人先后为李少言、苏光、力群。该刊为半月刊,每月逢 5 日、20 日出版,4 开单张套色。前 3 期是木刻,铅印。从第 4 期开始改为石印。每期发行 3700 份。1947 年 5 月停刊,共出版 32 期,发行 11.8 万份。

《人民画报》公开申明自己是为时事服务的,指导思想完全是服务于中心任务。以图代文,形象生动,使《人民画报》能迅速为广大农民群众所接受,为广大不识字的百姓所接受。许多村干部、小学教员,也学会了利用画报向群众宣传解释时事。有的村里开干部会,干部们先把贴在墙上的画报学习学习,然后领会精神给群众宣传。离石县店坪村村长说:"报纸可是帮了我的大忙,我一下乡,群众便问我:'最近有什消息啦?'我先是展开报纸读胜利消息,然后便拿出画报讲国内时事、民兵故事,群众听得很有兴趣,都能懂!"①作家西戎当时曾有过这样一段记述:"我下乡到离石田家会,正遇上赶集,人民画报第十九

①西戎《利用人民画报加强时事宣传》,见 1946 年 11 月 13 日《晋绥日报》。

期刚贴出街上,看的人便从四面八方拥来,当时我也拥在其中,看画的大部分为赶集来的农民、妇女,从他们见了画发问的情形看,大半都不识字,但他们特别喜爱看。"①节日期间出专号,如"纪念中共诞生二十五周年专号",刊登了毛泽东主席像、朱德总司令像等;1946年11月"苏联十月革命节专号",刊登了列宁、斯大林的木刻像,还有英雄劳模像。这些人物绘画木刻作品触发了边区老百姓的浓厚兴趣,适应了他们的心理,极受群众欢迎。翻了身的穷苦农民对于解放了他们的共产党和人民军队的领袖有一种朴素的感激之情。"在兴县城北塌村,当卖画的同志初去时,群众都不大注意,后来张海成同志就利用晌午的时间,给群众看画报,宣传时事,一阵功夫就轰动了全村的男女老少,二十岁的妇女刘娥则买了一张画报对嫂嫂说:'画报可好咧,有毛主席像,有武副主任,还有武改则纺织,这张给你,我再买去。'她又用鸡蛋换了一张。一个要上地的老汉看见画报上有毛主席像,高兴地说:'毛主席帮咱们翻身发财,比供神仙也好。'全村二十八家就有二十四家贴上了画报。"②在对外宣传上,《人民画报》同样受到人们的重视和欢迎。多年来在国民党大汉族主义的统治之下,蒙古族同胞与外界隔绝,陷入窒息的苦闷中,得不到祖国的真实情况。不知什么时候,一张《人民画报》从黄河船夫的手中漂落到蒙古兵的手里,他们如获至宝,争相传阅,最后还带回军队内部。晋绥边区的同志得知这一情况,每期就赠送给他们一两份。"这让蒙古同胞感激莫名,时常给船夫捎话,叫他们捎去《人民画报》。大约有个把月看不到,就在黄河对岸大声喊叫:'八路军同志,共军同志,给我们把《人民画报》捎来吧!'因为他们从《人民画报》上知道了解放区是怎样从事建设,人民丰衣足食;知道了反动派是怎样无耻出卖祖国,依靠美帝国主义屠杀中国

---

① 西戎《利用人民画报加强时事宣传》,见 1946 年 11 月 13 日《晋绥日报》。

② 宋萍《把人民画报送到群众手中》,见 1946 年 10 月 8 日《晋绥日报》。

同胞……他们——蒙古同胞看见了真理,看见了光明,他们把《人民画报》当天书一样地细细看了,并保存起来。"[1]1946 年 9 月 14 日,《晋绥日报》中肯地指出,边区群众喜爱《人民画报》的主要原因是因为该刊"内容适合群众需要,能配合时事,配合工作。如中共七七宣言、解放区自卫反击战、蒋军反内战起义等,都在画上画出来,群众很感兴趣,并帮助认识了时事;关于边区的各种工作,如减租、冬学、春耕、种棉、除油汗、纺织、儿童、妇女、反迷信、讲卫生、除奸等等,每期占据相当大的篇幅。群众不仅感觉到红火热闹,且有指导意义。"

《人民画报》的第二个成就是它真正成为宣传教育的好材料。《人民画报社致各地工作同志的信》中指出:"不久之后,冬学就要开学,希望各县能够充分利用《人民画报》作为冬学之教材,因《人民画报》首先是最好的看图识字课本。其次可以根据图画讲解时事、防奸、训练民兵、推动纺织等问题。《人民画报》愿与未来之冬学取得密切联系,冬学有何要求,本画报都愿努力做到。"[2]每期画报印出后,很快就在集市上、民教馆、小学校等众人聚会的地方张贴出来,而且还注意贴的高低,并注意不让风吹雨打。在离石三区,干部把画报当成一种集体学习文件,每期都到集市上去为群众解释宣传,借以联系群众,团结群众。《人民画报》同样为妇女儿童们所喜爱,第四期曾是"四四儿童节纪念专号",从此,一些小学校即选《人民画报》作为公民课的主要教材。教员们利用图画使许多儿童对不易理解的革命道理加深了理解。"连环图画《模范儿童马儿则》更激励了小学生及青年民兵们,看了这幅画,花牛、牛牛、拴命子等,连声叫好,并当场表演马儿则在勾子军营下偷枪的动作,表示愿向这位英勇机智的儿童学习,只要画报一到,总是成群的人围拢着去看、去谈的。"[3]

①雷行《蒙古兵和人民画报》,见 1947 年 1 月 6 日《晋绥日报》。

②见 1946 年 9 月 14 日《晋绥日报》。

③苏光《人民画报在杨家坡》,见 1947 年 1 月 6 日《晋绥日报》。

《人民画报》的第三个成就是培养了一大批与人民群众密切结合的美术工作者，为解放后的美术事业奠定了基础。《人民画报》是美术工作者耕耘的园地，也是他们在群众中亮相的舞台。他们的作品通过这个舞台获得了良好社会效果，扩大了影响，经受了考验，在办刊中得到锻炼，和人民群众的感情打成一片。主编力群同志感慨地说："我觉得我能参加这个工作是很光荣的，我是更进一步地做到用美术这个武器为成万的根据地劳动人民服务了，虽然服务的还有很多缺点。""这是如何的鼓舞着我们，使我们感到极大的愉快呀!而这种愉快都是解放区以外的画家们所万万享受不到的。""因为它是个刊物，为了办得好，就要求我很好地了解党的政策法令；因为要画政治漫画，就逼得我要钻研时事；因为要从群众中寻找画材、典型示范，就鞭策我多了解边区的实际；因为要发表群众自己的作品，就引导我从他们的作品中发现优点，向他们学习；因为要表现群众的生活，因此就不得不多体会他们的生活，多观察他们的面貌，并了解他们的思想感情；因为要使自己的作品为群众所喜爱并发生好的作用，于是就不得不主动地搜集群众的意见，继续不断地改进自己的作品。"①《人民画报》在一年半的时间里发表了许多有影响的美术作品，如力群的《送马》、《公祭关向应同志》、《毛泽东主席》、《朱德总司令》、《斯大林》等木刻作品；李少言的《攻城》、《高树勋起义》、《阎锡山与苏体仁》、《黄河渡伤员》，和刘正挺合作的《东庄自卫战，歼灭顽固军，生产又练兵，巩固解放区》；苏光的《翻砂》、《摘棉花》、《穷人翻身》；牛文的《丈地》、《阎锡山的"兵农合一"》、《领回土地证来》；陈岳峰的《关向应政委像》；吕琳的《送别》；安明阳的《参军图》等，都代表了当时解放区美术界的最高水平。

---

①力群《人民画报教育着我》，见 1947 年 1 月 6 日《晋绥日报》。

（四）《临汾人民报》

1948年5月,临汾解放后,晋南全境解放。中共晋绥分局晋南工委于当年9月10日,创办了《临汾人民报》,四刊四版,铅印,间日刊。编辑人员由晋绥日报、晋绥大众报、新华社晋绥总分社调来,这是在山西境内, 中国共产党由农村办报转向城市办报的尝试。1949年1月1日,《临汾人民报》改名为《晋南日报》,改出日刊。这个报纸重点宣传了党在新解放区的政策、城市政策和城乡工矿业建设,报社还举办了两期共百余人的新闻培训班,培养了本地一批新闻通讯员。同年6月30日,《晋南日报》停刊,共出版236期。报社大批工作人员调往陕西、新疆、四川等新解放区开辟党的新闻事业。

（五）其他报刊

从1940年初晋绥边区抗日新政权建立, 到1945年抗战胜利结束,6年间,晋绥根据地还出版过其他各种大大小小的报刊,总计大略有79种。按其办报单位来划分,大致可以归为4种类型:

1. 部队报刊

部队报刊中影响最大的是《战斗报》。创刊于1935年红军第二方面军长征开始时, 原为红二方面军的机关报。抗战后即为八路军第120师的机关报。晋绥军区成立后,是军区的机关报。专在部队内部发行,读者对象是部队指战员。每期印刷1500份。社长由军区政治部宣传部长汪小川兼任。

其他部队报刊列表如下:

刊　　名	刊　　期	主办者
西北卫生	月刊	军区卫生部
前　　线	月刊	决死四纵队
敌　　情	半月刊	军区政治部
战斗文艺291	月刊	暂一师文艺小组
每日新闻	从此以下均为油印不定期小报	军区政治部

刊　名	刊　期	主办者
学习快报		军区教导团
战士生活		27 团
战 线 报		二分区
战线报副刊		二分区生产指挥部
练兵报道		练兵营
长城报		36 团
战士生活		21 团
生产通讯		三分团
学 讯		练兵营
练兵通讯		临县练兵队
支队生活		离石支队
生产学习		六分区
战斗生活		忻崞支队
学 习		35 支队
生产备荒		20 支队
前线生活		八分区
时事快报		八分区
时事通讯		游击支队
战 士 报		塞北分区
战线画报		二分区政治部

　　这些报纸的共同特点是有深入连队的通讯组织，报纸充分反映了战士的战斗生活。有许多粗通文字的战士经常写稿，还有一些是由英雄人物口述，别人代笔而成的文稿。忻崞支队的《战斗生活》公布，从 1945 年 5 月 1 日到 18 日间，该报就收到战士来稿 93 篇，因此他们经常保持间日或三日出版一次，从不感到稿荒。27 团的《战士生活》，是其中办得较为出色的，得到战士们的爱护和支持。1945 年 5 月 26 日出版的第 26 期上，有一篇四连的战士来信，他们说："我们连里生产回来还没有洗脸，战士们就都跑到连部去找报，特别是《战士

生活》,非常爱看。在开荒时,一休息,高志全水也不喝就看起小报来。5月5日大家收工回来,一堆一堆地读报,吃饭的时候还有读报的声音。"这张报纸版画清晰活泼,内容充实,文章多样化,有新闻、故事、谜语、小知识、连环漫画等,很符合战士阅读的特点。

2. 地方政府、学校报刊

刊　名	刊　期	主办者
行政导报	月刊	行署秘书处
试　笔	月刊	区党委文艺小组
青年与教育	从此以下均为油印不定期小报	行署教育处
生产快报		行署生产委员会
解放小报		岚县
文教通讯		岚县
生产快报		岚县
防旱备荒		党校一部
学　习		实验学校
工作通讯		二专署
文教通讯		二专署
生产教育		保德
生产报		河曲
生产与民兵		偏关
生产消息		岢岚
生产战斗报		五寨
战斗生产		神池
工作快报		临县
离石小报		离石
方山小报		方山
学习生活		第一中学
工作通讯		六专署
文教快报		八分区文教委

刊　名	刊　期	主办者
工作通讯		六专署
文教快报		八分区文教委
交西工作通讯		阳曲
生产快报		阳曲
生产与民兵		察绥行署

这些报纸中办得较好的是保德的《生产教育》、偏关的《生产与民兵》、临县的《工作快报》。这三张报纸的共同特点,是能及时反映各个时期的中心工作,如练兵、种棉、村选等,都能集中力量组织报道,出版工作也正常。《生产与民兵》是地方报纸中出版时间最长的,印刷精美,文章短小精悍。每期一张蜡纸,可以工工整整写上5500字,几与铅印比美。由标题到正文,每一条线,每一个符号,都表现出一丝不苟的负责精神。从《工作快报》上可以看到,临县党政领导是通过这张报纸来指导各项工作的。报纸上不仅刊登领导机关的指示、通知,还常载有他们总结的工作经验和教训。《生产教育》编排生动活泼,标题通俗生动。例如第9期的标题:《袁谦同志作风老实,说到做到》;《什么是进步?什么是落后?怎样是没面子?怎样才有面子?》;《说了不改,有甚用?》等。

刊　名	刊　期	主办者
西北文艺	月刊	晋西文联
中国青年晋西版	月刊	晋西青联
通讯生活	月刊	抗战日报社
晋西群众	月刊	晋西抗联
洪　涛	月刊	雁北洪涛社
新闻岗位	不定期	晋西青联 青年记协晋西分会
晋西歌声	月刊	晋西音协
晋西剧运	月刊	晋西剧协
习　作	月刊	晋西文协文艺小组

刊　名	刊　期	主办者
青年文艺	月刊	晋西青联文艺小组
荒　地	月刊	手术医院文艺小组

3. 各人民团体报刊

在上述期刊中,《西北文艺》是中华全国文艺界抗敌协会晋西分会的机关报。1941 年 7 月创刊,1942 年 2 月停刊,每期印数约 1000 册左右。在刊物上写稿的,基本上是专业文艺工作者,所刊作品大部分是反映根据地农民与战士生活的, 但它却没有农民和战士读者。《中国青年晋西版》是延安《中国青年》的分版,1940 年 10 月在兴县创刊,1941 年 9 月停刊。《通讯生活》是抗战日报社出版的业务刊物,是用来培训记者和通讯员的。

4. 临时会刊

晋绥边区各单位召开的规模较大的会议,大都出版有临时性质的会刊。也有的是把经常出版的报纸暂时停刊,改出会刊,会议结束后再继续照常出版。仅 1944 年冬到 1945 年春,就出版了 16 种会刊。会刊的读者对象主要是与会者,目的在于反映大会生活,报道会议内容和进程,供与会者讨论时使用。

三、根据地通讯社

抗战伊始,最早在晋西南、晋西北开展通讯业务的是民族革命通讯社,简称民革社。1938 年 4 月 15 日,阎锡山及其总部从临汾撤至吉县后不久,民革社就在吉县成立,并立即开始向第二战区《阵中日报》,同时向外地发送战报电讯稿。民革社是第二战区司令长官阎锡山拨款创办的官方通讯社,由战区司令部秘书梁绥武任社长。民革社建立分社的重点是敌后和抗日根据地,包括晋西北(岢岚)、晋东南(上党)、晋东北(五台)、汾西(吕梁)、绥蒙(榆林)等。抗战初期,因梁绥武尚能顺应当时比较良好的统一战线形势, 总社聘请了相当数量的进步青年担任记者编辑，各分社由根据地自行选派社长，所以发送的新闻稿件，基本上反映了山西前线的抗战面貌，对八路军和山西新军、地方抗日游击队、自卫队对日军作战的胜利战绩，也能如实报道。但 1939 年 12 月"晋西事变"以后，民革社即陷于解体状态，原在总社任职的进步青年纷纷辞职离开，各抗日根据地分社均与总社断绝联系，该社从此一蹶不振，名存实亡。

1938 年 8 月 1 日，晋西南抗日根据地创立了战斗通讯社。它是个小型通讯社，由中共晋西南区党委领导。当时晋西南根据地尚处在创建阶段，战斗通讯社供给各种报刊的稿件，主要是报道吕梁山区军民的抗日斗争和为抗日服务的各项建设事业。稿件虽然数量有限，水平不高，但因这里是被称为抗日前线的"西战场"，还是受到有关报刊的欢迎。"晋西事变"后，战斗通讯社撤退到晋西北，由晋西北军区政治部领导，1940 年恢复发稿。他们一面及时地将各种战报、文稿供应给《抗战日报》及《战斗报》，一面印发《战斗通讯》，寄发大后方及各根据地报社，把晋西北的战绩反映到国内外各种报刊上。

1940 年 8 月 1 日，国际新闻社晋西北通讯站在兴县成立。国际新闻社是经范长江等人筹备，以中国青年新闻记者学会会员为骨干，于 1938 年 10 月 20 日在湖南长沙成立，总社设在桂林。晋西北通讯站共有通讯员 100 多人，负责报道的地区，包括晋绥边区、陕甘宁边区、晋察冀边区以及绥西、陕北地区。每月向总社寄发稿件二三十篇，前后一年多时间中，共发稿件约计 200 多篇。这些稿件相当广泛地报道了根据地军民的抗战业绩，尽管数量不多，但总算从国民党的封锁线上冲开了一条缝隙，使得根据地军民坚持敌后抗战的光芒能够透露出去。1941 年初，国际新闻社被国民党当局查封，该通讯站并入抗战日报社，成立对外发稿科，向国内 50 多家报刊继续供稿。

新华社晋西北分社于 1942 年七八月间在陕西神木县成立。由郁文担任社长。新华社晋西北分社和《抗战日报》合署办公，主要任务是向新华总社和《抗战日报》供稿,反映晋西北军民的抗战斗争和根据地的建设情况。在抗日战争时期,晋西北分社的报道内容主要有三个方面:一是关于根据地的抗敌斗争。例如1942年秋日军对晋绥根据地进行大"扫荡"的同时,还进行经济掠夺,晋西北分社报道了边区军民的地雷战、袭击敌据点、拔炮楼、夺粮食等活动。1945年重点报道了军区部队收复中小城镇的战斗。二是关于根据地的政权建设。如召开参议会选举边区政府、组织边区士绅到延安参观、在农村开展减租减息等。三是关于英雄模范的事迹。抗日战争胜利后,晋绥边区进一步发展壮大,为适应形势发展的需要,新华社晋西北分社改称为新华社晋绥总分社,于1946年7月1日在山西兴县成立,郁文继续担任社长。总分社还相继建立了绥蒙、雁门、吕梁、晋中4个分社。在解放战争时期,晋绥总分社的报道内容主要有:关于土地改革和整党工作的报道;关于解放晋北、晋西南、晋中多次战役的军事报道;关于同国民党和平谈判的报道。晋绥总分社首先报道了刘胡兰的英雄事迹。1947年1月12日,蒋阎匪军包围了文水县云周西村,用铡刀铡死了刘胡兰等多名共产党员和进步群众,当时刘胡兰年仅15岁。吕梁分社记者李宏森听到这一消息后,立即赶到云周西村,经过调查了解,采写了两篇报道,发往晋绥总分社:《刽子手阎锡山屠杀文水人民,云周西村农民多人惨死于阎军铡刀铁蹄之下》《女共产党员刘胡兰慷慨赴义》。1947年2月5日,延安《解放日报》刊登了这两条消息。《解放日报》的标题是:"只要有一口气活着,就要为人民干到底——女共产党员刘胡兰慷慨赴义。"引用的是刘胡兰临终前的最后一句话。《晋绥日报》也刊登消息并配发了评论《向刘胡兰同志致敬》。2月4日至18日,延安各界慰问团来文水活动期间,副团长张仲实从《晋绥日报》上看到了这条消息,很受感动,回延安后向任弼时汇报了刘胡兰牺牲的情况,并提出:"最好请毛主席写个匾。"后来毛主席含泪写了"生的伟大,死的光荣"八个字。1949年5月1日,晋绥总分社从兴县南移临汾,不久便宣告结束。

四、青记晋西分会和外国记者的活动

1938年3月,中国青年新闻记者学会在武汉成立。5月7日,中国青年新闻记者学会晋西分会在山西兴县成立,当时共有会员93人。分会工作纲领共有五条:"第一,建立并开展敌后新闻工作,与敌寇、汉奸、顽固分子进行宣传战争,扫荡各种欺骗麻醉宣传。第二,团结晋西新闻工作者,加强各报社通讯社的联系,推动新闻工作的深入群众。第三,进行自我教育,研究并提高新闻工作的理论与技术,培养敌后的新闻工作人才。第四,将晋西各种活动情况,向外作有计划的报道。第五,在总会及晋西文联领导下,健全本会组织,沟通本学会与各文化团体及全国新闻团体的联系。"从此,晋绥边区新闻界有了统一的组织和共同的工作纲领。分会成立后即与总会取得联系,并与6月5日打电报给总会声称:"分会同人等正拟追随全国新闻界共谋新闻事业之进展,不幸而我大后方摧残限制新闻工作之事件相继发生,始则在报纸上乱开天窗,继而又对记者大肆拘捕,成都《时事新刊》查封之后,编辑李亚凡复遭枪决;西安《老百姓》报,借口登记之故,亦被迫停刊。消息传来,令人不胜惊诧。特电请总会本《三民主义》、《抗战建国纲领》扶植言论出版自由之最高原则,向蒋委员长与各界呼吁,迅速制止此等不幸事件,惩办肇事祸首为祷。"晋西分会除组织会员学习时事、业务外,经常对时局表示态度。如"皖南事变"等重大政治事件发生后,分会均即发出通电宣言,呼吁团结抗战,对反动派表示抗议。对大后方同行遭受迫害事件,也都予以声援。分会出版有会刊《新闻岗位》。1941年4月28日,总会在重庆被国民党当局查封,晋西分会从此停止发展组织,但仍继续活动直到抗战胜利。

晋绥抗日根据地的壮大发展和八路军、新军的英勇抗战,引起国内外舆论界的注视。抗日战争期间,曾有一些对中国人民友好、支持中国抗战的外国记者,不顾艰险,千里迢迢来到这一地区考察访问,并把晋绥抗日军民的光辉战绩向全世界报道。

抗战初期首先经由晋西南来到晋西北考察访问的外国记者,是1910年出生于新西兰的英国《每日先驱报》、《曼彻斯特卫报》驻中国特派员詹姆斯·贝特兰。他曾于1937年10月间前往延安,访问毛泽东和许多中共军政领导,而以其后收入《毛泽东选集》的名篇《和英国记者贝特兰的谈话》开始为中国读者所熟悉。同年11月初,他渡过黄河前往山西前线访问八路军,跟随120师转战晋西北各地,直到1938年2月。1939年,贝特兰在英国出版报道此行经历的《华北前线》。在《华北前线》中,他对贺龙等八路军将领作了详尽生动的记述,如:“贺龙的生活史在中国十二省内都已变成了传奇”,“他远在加入中国共产党以前,就成为农民军的领袖。他的真实生活的奇妙简直不下于传奇。它几乎是从《水浒传》里摘录出来的一章。”“但贺龙自己却认为加入共产党以后方开始他的真正革命生活。”书中详述了贺龙一生战斗经历以后,贝特兰说:“很早以前就向日军挑战的贺龙,现在率领一军人马在华北前线活动,而且迅速地组织新的队伍,把所有精力都献给抵抗外来侵略的战争。”这本书如实地反映了晋西北广大军民的抗日热情,和他们在这里进行的卓有成效的战斗。和生龙活虎的红色战士相对照,贝特兰也对那些腐败顽固的山西人物作了一些勾画,特别着意描绘了阎锡山亲信将领、当时晋绥军骑兵师师长赵承绶的丑恶形象。他在书中以《一个旧式将军的肖像》为题,记述了同赵承绶两次会见的情景,带着鄙夷的心情记下了见到的一切。贝特兰写道:“他的帽子和青色外套的两袖都是黑羔皮的,他饰着红黄两色的将军的领章。棕色的花缎裤子裹在软软的皮靴里,裤腿的边上扣着钮子(新式派头),他的一切有点像滑稽歌剧里的角色,但的确很漂亮。……赵将军虽然具有军人的品质(要把这位养尊处优的人物跟艰苦的战役调和起来,也稍有点困难),但依然是一个无懈可击的传统的中国式的主人。他把我们领到一间热得过分的房子里,给我们香茶喝,氛围里是那样充满彬彬的礼貌,我简直不敢提起战争的题目。"其后,赵承绶让贝特兰尝到"在中国所享受到的最讲究的筵席","桌子上放着铜烛台——这是我几个月来看见的最文明的东西。每样菜都烧得十分讲究,配合得十分适当,有来自广东和四川的美味佳肴。甚至还有鲜鱼,将军在这种季节从哪里获得鲜鱼,倒是一个哑谜。……在席上,赵将军显示出了自己的本来面目,谈着阎锡山(阎氏是他的亲戚,也是他童年时代的友伴);谈着他在大同专为接待外国宾客而建造的特别房子。餐后,他带着专门家的知识(他谈到战争问题时,就缺少专门家的知识了),津津有味地谈着养马的事情。"他给贝特兰留下的总印象:"觉得自己好像参加演出了某个中国旧戏的一幕。"所以当别人请他评论赵承绶时,贝特兰反问说:"他很不错,但他也打仗?"

美国海军陆战队军官、驻华大使馆参赞埃文斯·福代斯·卡尔逊,抗战初期两次访问华北都曾到晋西北地区考察。在他所著《中国的双星》一书中,记述了八路军和华北人民在抗日战争中取得的巨大胜利。他在岚县前往临汾途中,遇到阎锡山的山西旧军(晋绥军),看到那些部队的腐败邋遢,与八路军是迥然不同的两种军队。他说:"我们尽快地向临汾赶路,这是我在十二月遇上军队的地方。前进得缓慢,因为道路上挤满了向北去迎击敌人的军队。他们是阎锡山军队的各师部队,士兵缺乏我曾与之一起行军的那些人(指八路军)的精神和纪律。他们沿着结冰的道路拖着双脚步履艰难地走着,脸上无精打采。除了奉命而外,他们不知道为什么而战。官员们傲慢地坐在马鞍上,跑来跑去驱赶士兵前进。这里缺少的是激励八路军的那种和谐的精神。"他到岢岚县城访问过续范亭和战动总会,留下了深刻的印象。在《中国的双星》中曾对这次访问记述道:

我们有了沿黄河的路上使人沮丧的经历后,岢岚的气氛像是一付有活力的补剂。它充满了乐观、幸福和友情。

岢岚是山西西北部的一个动员中心,有一个总动员委员会,其成员包括国民党和共产党的代表,还有山西政府的官员。这大概是我在中国看到的不同政见的人们合作的最好榜样了。人们都具有真正的自我牺牲精神,有要把中国从外国统治下拯救出来的热烈愿望。领导者们已经懂得自我克制和努力合作的价值,他们内心感到满意,因为在他们的努力范围内没有一个人享受特殊待遇. 他们受到的信赖,他们奉行的伦理学说也被人民一心一意地接受下来。

在这个舞台上最有力量的人物,是总动员委员会的主任续范亭将军,国民党员。他是一位高尚、正直、诚恳、细心、精力旺盛又谦虚的人……

中国人民熟悉的美国朋友, 著名的女记者艾格尼丝·史沫特莱,抗战初期曾经访问过晋西南和晋西北的一些地区,在她的名著《中国的战歌》和《中国在反击》中,留下当时访问的纪录。她在《中国在反击》中写道:

当我们进入当地大县中阳城的时候,街上有数千居民,手里拿着旗子,欢迎我们。中年时分,我听到敲锣声,还有人高喊:"开会! 开会! "这种会是大多数县城在八路军到达之后一般都要召开的欢迎会。朱德又要发表讲话了,其他人员正在小饭铺里休息时,我趁机会到会场去看了几分钟。只见朱德站在一所古庙的大门口,向群众发表演讲。听众大部分是游击队员,也有救国会和其它爱国组织的人员。中阳城里已建立了很多比较大的爱国组织,甚至连那家小饭铺的两名伙计也都参加了爱国团体,对八路军非常了解。其中有个人对我非常了解,因为他看过我发表在太原报纸上的一篇文章。"我认识你",他对我说,还伸出大拇指表示赞赏。

另一位著名的美国女记者安娜·路易斯·斯特朗所著《人类五分之一》一书中,也记述了她在晋西南临汾、洪洞地区访问八路军总部的详细情况,她的书中还记述了贺龙的革命事迹。

1938 年夏天,英国路透社驻中国记者史密斯,曾到晋西南和吕梁山区抗日根据地考察军民对日作战情况。过去他对当地情况不甚了解,对于听到过的前线军民奋勇作战情况将信将疑。但到吕梁山区根据地深入群众中采访以后,亲眼看到这里不论男女老幼,都有比较高的抗日救国觉悟,深受感动。过去他曾怀疑过农民游击队袭击敌人、破坏铁路的消息是否真实,这次他随同一支抗日游击队到同蒲线上,亲眼看见他们英勇进行破击战,打得敌人缩在"乌龟壳(碉堡)"里不敢出来,游击队员把铁轨抬回根据地里面来,就改变了原来的看法。在离开这个地区的前夕,史密斯为蒲县牺盟会出版的《老百姓报》题词时写道:"山西老百姓,以很大的坚决勇敢牺牲的精神,保卫他们的独立平等自由。他们是全中国抗战的模范。我和英国的人民热烈的表示同情,希望得到抗战胜利。"

　　1944 年 8 月底至 10 月初,从重庆到延安访问的中外记者西北参观团中的三位外国记者:美国《时代》杂志、《纽约时报》、联合劳动新闻社记者伊斯雷尔·爱泼斯坦,美国合众社、伦敦《泰晤士报》记者哈里森·福尔曼和英国路透社、多兰多《明星》周刊、《巴尔的摩太阳报》记者莫里斯·武道,前来晋绥边区进行访问。爱泼斯坦在其所著《中国未完成的革命》、福尔曼在《北行漫记》中,分别详细记述了晋绥前线的见闻。福尔曼还将此行拍摄的照片编辑成书,出版了《西行漫影》画册。国民党反动派曾无耻地制造了许多谣言诬蔑中国共产党、八路军,胡说什么八路军"游而不击",又说什么解放区"不民主",好像比法西斯专政下的国民党统治区还要"独裁"。爱泼斯坦非常愤慨地表示:所有对八路军诬蔑的谣言已被事实所粉碎,任何封锁都已封锁不住了。他保证要将所见的事实报道出去,揭穿一切对八路军的造谣诬蔑。他说:"这次我们在陕甘宁边区、晋绥边区住了几个月,看到了敌后的军队与人民在怎样艰苦英勇的工作与战斗,怎样牺牲自己的生命为自己的祖国、为世界人类和平而斗争。我们的责任,是要将

364

所知道的真理告诉全世界。"武道说："三天的战斗说明八路军、游击队，比日本军队打得好，中国人民有能力一步步将日本赶走的。而八路军在敌后与人民亲密合作的事实，不但能影响中国其他地方，也会使世界其他民主国家以八路军作为榜样。"福尔曼说："过去有人告诉我们说，八路军不打仗，没有伤兵，没有俘虏，人民害怕八路军，恨八路军，今天这些谎话已被事实揭穿了。我看到了八路军在英勇的作战，八路军有很多伤兵，有大批的俘虏，人民在热爱着八路军。我要将所见到的八路军英勇斗争的事迹，写成文章，拍成照片，告诉全世界人士，争取美国对八路军给以武器的援助，最后将日本法西斯打垮。"

英国《曼彻斯特卫报》记者冈瑟·斯坦因在其所著《红色中国的挑战》，英国物理学家威廉·班德夫妇合著的《与中共相处两年》，也都记述了行经晋绥根据地时的见闻。

外国记者对晋绥前线的访问，冲破了国民党当局的新闻封锁，具有重大的政治意义。正如一位中外记者团的外国记者所说："把一座被关闭了很久的门，打开了一个缝隙，使光线进来，而这个缝隙虽然很少，但是再要强制地把这座门关得像以前那样紧密，恐怕是不可能了。"

第四节　太行根据地新闻事业

太行根据地是抗战时华北敌后幅员最大、人口最多的晋冀鲁豫边区中具有重要战略地位的一个根据地，是八路军总部所在地。这里是华中、山西两根据地同延安联络的重要通道。抗日战争中，由于形势不断变化，太行根据地的辖区和名称曾多次变更。根据地开辟时期，辖区处于山西、河北、河南三省交界处，因此称为晋冀豫抗日根据地。1939年7月，日军以重兵打通白晋铁路（从祁县白圭到晋城），遂把晋冀豫区分割为两个区域。白晋路以东为太行区,以西为太岳区。至1947年,太行根据地共有2个市,44个县,559万余人。

抗日战争前,太行山区除潞安市出过半官方报纸《民报》,高平有《长平民报》,晋城有国民党县党部的石印报外,再没有任何地方性的报纸。抗战八年,中国共产党和人民团体的各级组织共在这里出版了200余种报刊,其中影响最大的是《新华日报》华北版和太行版。

一、《新华日报》华北版与太行版

(一)《新华日报》华北版的创办过程

1937年10月,八路军129师开赴晋东南建立抗日根据地。同月,根据中共中央北方局的指示,中共晋冀豫省委成立,书记李菁玉,组织部长李雪峰,宣传部长徐子荣。1938年8月,改称晋冀豫区党委。1943年10月,又改称太行区党委。

129师开赴晋东南地区后,所到城镇乡村,即散发张贴该师政治部编辑的油印小报《先锋报》。这是太行山上出现最早的抗战报纸,其内容有揭露日寇烧杀奸淫的报道,有正面战场情况的披露,有129师所属各支队战斗活动的新闻,还有少量的国际要闻。这个报纸一经张贴在墙,围观者甚众,很受群众欢迎。

1938年5月1日,中共晋冀豫省委机关报《中国人报》在沁县创刊,7月社址迁往屯留县寺底村。起初是油印,四开两版。报社负责人有李竹如、杜润生等。因是战争环境,报社规模很小,开始时人员只有十多人,印刷工具就是简陋的油印机。报纸的编排内容,大体包括:国际间反法西斯斗争的形势,国内特别是敌后各抗日根据地的形势,这方面的稿件主要依靠新华社;晋冀豫边区各县抗日斗争、武装群众以及减租减息等报道,依靠各县委宣传部及聘任的通讯员供稿;区党委的指示性文件,以及社论、短评等。报纸有自己的发行网,在边区各县都设有《中国人报》发行站,分发给党的基层组织和抗日团体。发给游击区和敌战区的,则通过党的秘密交通渠道转递。

1938 年 8 月 1 日，中共晋冀豫区党委作出了对党报的决定，要求"每个支部每个小组都至少订阅一份《中国人报》，要组织读报小组和战斗小组，使每个同志都能与党报共呼吸，注意并经常收集同志和群众对党报的反映和意见，交给报社。"此后，报纸发行量由最初的几百份增加到 2400 多份，蜡纸刻制的版面已经无法应付印刷数，必须改油印为铅印。这样，就从长治县城买来一台破旧的铅印机和部分残缺不全的铅字，10 月改为铅印。《中国人报》到 1938 年 12 月 29 日终刊，共出版 95 期。在终刊的当天报纸上发表了《告别读者》信："本报自 5 月 1 日出版到今天适满 8 个月，由几百份几千份以至现在数量达一万二千份，这点成绩都是在读者的爱护与协助之下获得的。但是为了集中宣传力量，统一抗战宣传，本报今天已经是最后一期，自元旦起即与《新华日报》华北版合并了。"

抗战初期，党中央就想在靠近延安的地方办个报纸，报道北方的抗战情况。起初设想在西安，但在西安开始筹备时，受到国民党反动派的层层限制，多方刁难。于是变更计划，决定到敌后根据地太行山去办，归中共中央北方局直接领导。这时，保卫武汉的会战已拉开序幕，汉口《新华日报》作了疏散的部署，于是就抽调何云、陈克寒等同志支援太行山的报纸工作。这样，经过 3 个月的筹备，《新华日报》华北版于 1939 年 1 月 1 日在沁县后沟村正式出版。头 3 年为间日刊，每逢单日出版，为四开四版小报。

《新华日报》华北版也被人们习惯地称为华北《新华日报》，首任社长兼总编辑为何云同志。何云，男，原名朱士乔，1904 年出生，浙江上虞县人。曾在复旦大学修业半年，1929 年留学日本早稻田大学，学习经济，"九一八事变"后愤然回国，从事抗日救亡运动。1932 年加入中国共产党，后又参加"反帝大同盟"，编辑《中国论坛》杂志。1933 年 6 月在上海被捕，7 月被判无期徒刑，移送南京监狱。狱中 4 年，受尽酷刑，坚贞不屈，坚持自学德文和世界语。抗战爆发后出狱，任南京

《金陵日报》编辑。1938年初赴汉口参加筹建《新华日报》,后任国际版编辑和党支部委员。同年11月奉命北上晋东南,创办《新华日报》华北版,任社长兼总编辑,同时兼任新华社华北总分社社长、边区参议员等职。1942年5月28日在突围时中敌弹,牺牲于左权县大羊角村附近,终年38岁。

华北《新华日报》是中共中央北方局的机关报,北方局为加强领导,成立了党报委员会,成员先后有杨尚昆、彭德怀、左权、罗瑞卿、陆定一、刘伯承、邓小平、何云、陈克寒等,陆定一任党报委员会主任。党报委员会每月都要开会讨论机关报的工作,包括宣传报道计划和重要评论选题。所以,报纸一经创刊,不论在政治内容、编排形式,还是在印刷质量上,都给广大读者以新颖不凡,质高一筹之感。

(二)报纸早期的新闻与言论(1939年1月—1939年12月)

1939年元旦,《新华日报》华北版与千万军民见面了。在敌人后方,这样一个正规报纸的诞生,是世界新闻史上的创举。当群众拿到第一张报纸时,他们内心的喜悦是难以形容的。一位农民代表说:"我虽然识字不多,但我能看懂报纸上的重要消息,我相信这张报纸一定能替我们农民说话。我代表晋东南80万农救会员,愿以全力维护华北《新华日报》。"有位救亡团体的代表说:"中国没有一个报纸能够像《新华日报》那样有远大的眼光,伟大的魄力,深入到敌人后方来反映抗战,组织抗战,指导抗战。"

"反映抗战,组织抗战,指导抗战"这三句话,基本上概括了《新华日报》华北版早期宣传的特色。

1. 维护团结,维护统一战线;反对投降,反对分裂,反对磨擦

高举抗日民族统一战线的旗帜,教育广大军民正确认识和对待当时复杂的政治形势,坚定团结抗日信念,认识进行必要的有理有力有节的斗争正是坚持团结抗日所必需。华北版创刊后,针对蒋介石消极抗日、积极反共日渐明显,即连续发表社论,强调指出"在今后的长

期抗战中,也只有抗日民族统一战线之继续发展与巩固,才能保证克服困难,争取胜利的迅速到来。"当时,部分国民党军队仍留在华北敌后地区尚未撤过黄河,有的国民党地方负责人也有团结抗日表示,华北版及时派遣记者对某些代表人物进行访问,宣传他们确实有过抗战业绩,以及继续团结抗日的言论(有的具有"立此存照"的性质)。

对于某些国民党人在敌后专搞反共磨擦破坏团结抗日的劣迹罪行,报纸则进行揭露和声讨。报纸连续发表社论,指出"磨擦的本质,是日寇企图分裂抗日民族统一战线的奸计",是"经过汉奸之策动挑拨发生的不幸现象",对被敌利用搞磨擦的"专家",希望他们"有所觉悟,幡然改悔"。报社特派员陈克寒曾对彭德怀副总司令作过专访,提出有关磨擦真相及解决办法的七个问题,彭总一一作答,长达两万字,报纸分三期连载,并发表社论,表明我们唯一期望是专事磨擦的人们幡然省悟,迅速停止一切磨擦行为,把刀锋转向日寇。当时国民党部队中的有识之士、八路军、决死队的指战员以及各界读者,经常给报社写信,称赞"报纸的特点就在于:每到时局严重的关头,一定吹起号角,敲响警钟,唤醒千百万军民,为克服危机而奋斗。"

《新华日报》华北版刚创刊时,正是国民党内部主战派与主降派斗争最激烈的时刻,汪精卫集团叛国投敌的阴谋日见明显。为了维护来之不易的抗日民族统一战线,报纸首先开展了拥蒋反汪宣传。如连续5天报道消息《晋东南各界元旦拥蒋大会》、《拥护蒋委员长整饬纲纪坚定国策,汪兆铭永远开除党籍,撤除一切职务以正视听》;发表社论《拥护蒋委员长和国民政府》、《坚持抗日民族统一战线》;还有4月1日刊登了阎锡山的文章《巩固百万民众组织,奠定游击根据地的群众基础》。

分化瓦解伪军也是建立统一战线的重要内容之一。2月27日,报纸刊登专论《争取伪军工作》,对我党经过耐心的思想教育,取得的显著成效予以肯定:"伪军正在大批反正,给日寇以华制华的毒辣政策以严重的打击。去年豫北伪皇协军李福和部六千余经 119 师争取而反正;河北永清伪军四千余经吕正操纵队争取而反正;其余最近反正之例,不胜枚举。"8 月 15 日,报纸发表社论《粉碎敌人以华制华的政治阴谋》,继续深化争取伪军的宣传攻势。

在晋南和豫北许多县份中,回民同胞占三分之一的数目。他们是伊斯兰教的忠实信徒,大部分人没有田地,以经商为生。过去因历史上种种不必要的纠纷,回汉的团结没有达到满意的程度。自从日寇侵入以来,回族同胞也与汉族同胞一样,遭受日寇兽军的焚掠烧杀、强奸妇女等惨祸,甚至连阿訇也被杀害了许多。为此,报纸于 2 月 13 日发表社论《团结回民同胞积极抗战》,并专门在副刊版开辟了《回民》专栏,反映回民群众的抗日战斗与生活。如 4 月 25 日第 2 版内容:《告沦陷区中的回民》、《回民义勇队的组织与生活》、《回民的呐喊》。

反投降反倒退主要体现在反汉奸反磨擦的宣传上。2 月 27 日,刊登社论《加强锄奸工作》;11 月 21 日,刊登社论《扑灭汉奸》;创刊号刊登消息《晋城民众要求枪毙大汉奸赵聘三》:"大汉奸赵聘三系本县南议村人,向在商界服务,曾充商会主席。敌人第一次犯晋时,他首先组织维持会,为敌经营策划,百般帮忙。同时成立伪公安局,为敌维持秩序,筹办粮秣。并办理'泰康里',强迫良家妇女供敌泄欲。曾为敌设计剿灭国军,屠杀老百姓,派人行刺前县长。发行伪钞两万元,扰乱我国金融。吞挪公款 4 万 7 千元,接济敌人。因此晋城人民恨之入骨,早欲食其肉,剥其皮,而县城收复后,赵颇机警,先行逃走,小汉奸虽均伏法受诛,赵贼反却逍遥法外,全县三十万民众均感不平。"5 月 19日和 21 日,报纸连续两期发表社论《论磨擦》,指出一些国民党顽军在"防共""限共"的口号下,肆意挑衅我抗日军民,造成同室操戈的恶劣事件。6 月 9 日,发表社论《反共即是亡国》,刊登通讯《立刻猛省吧,磨擦专家们》,对破坏团结抗战的顽军进行了彻底的揭露。

2. 坚持华北游击战争,巩固敌后抗日根据地

1月7日,报纸发表社论《论华北战局》;5月11日,发表社论《坚持华北游击战争》;8月9日,发表社论《开展群众游击战》,阐述了敌我力量对比悬殊,不能靠拼老本倾家底,而要保存自己消灭敌人,开展游击战、持久战的必要性。为此,报社还在第二版特辟了《战地通讯》栏目,专门刊登一些成功的游击战事例,教育军民树立持久作战的观念,指导抗战工作的健康发展。如4月9日的消息《血的经验教训》,就是一个很好的例证:"打运动战,我死亡 23.5 人,敌死亡1人。打埋伏战,则我牺牲3人,换敌7人。夜袭敌人,则敌伤亡4人,我才牺牲1人。"

要坚持持久战,还必须有一个巩固的敌后抗日根据地,来保证各方面工作有条不紊地进行。报纸也始终进行这方面的宣传报道。1月11日,刊登朱瑞的文章《论建立晋冀豫抗日根据地》,说明建立根据地的四个重要性:第一,可以支持沦陷区的长期抗战;第二,便于游击队的作战与机动;第三,可以牵制敌人,消耗敌人,限制敌人活动,缩小敌占区;第四,可以作为核心与依靠,组织群众保存一切人力物力与财力。1月15日至2月9日,连续刊登毛主席的长篇文章《论新阶段》,向群众宣传党的一系列主张与观点。2月9日,发表社论《公务人员的标准》,要求各级抗日民主政府的工作人员必须坚定政治,勤奋工作,廉洁奉公,作风民主。5月5日,发表社论《开展敌后文化运动》;11月25日,发表社论《论目前的文化教育工作》,对根据地的文化建设和教育发展提出了建议和意见。所有这些,都对根据地的政权建设起到了推进作用。

华北《新华日报》在平时,除积极报道我军小规模的游击战绩外,主要是揭露日寇的暴行,以激发军民的抗战情绪。如4月9日的通讯《轰炸后的长治城》,写日寇两架战机投掷炸弹,长治城一片血肉模糊,房倒人亡的惨状;8月21日的消息《残暴之极》:"进攻武乡的敌

寇,沿途强拉妇女百余人,专供士兵淫乐。每日只给稀饭两顿,因而日有过度创痛而丧命者。"在大的战役发生时,则坚持办战时专版,积极为战争服务。如7月18日至8月5日,连续办了15期战时专版,报道日寇集结7个师团的兵力,对晋冀豫边区的扫荡和我军民英勇抗击的事迹。发表社论15篇,消息75条,其他有关文章120篇,为反扫荡胜利做出了很大的贡献。报纸创办的第一年中,就发表了有关军事斗争的社论50多篇,并连续介绍晋察冀边区的反"扫荡"经验。报社记者先后访问聂荣臻、吕正操、宋时轮、徐向前、罗荣桓、陈光、萧克、宋任穷、陈锡联、陈赓、李达等八路军高级将领,访问部队、民兵的战斗英雄,一年间发表访问记和战斗通讯100多篇,介绍各抗日根据地创建、成长的概貌,讴歌华北军民浴血奋战的丰功伟绩。

3. 创办各种专栏,丰富文化活动

华北《新华日报》这个时期创办的副刊专栏,除《回民》外,还有以下几种:

《战地报人》。1939年1月13日创刊,不定期出版,由中国青年记者学会太行分会编辑。内容主要是交流新闻工作经验,讨论在战时怎样才能办好报纸。如第一期的稿子《论华北报人当前的任务》、《怎样编一个战斗性的地方报纸》、《建立并加强敌区新闻堡垒》;第二期的稿子《晋东南报人加紧团结起来》、《地方报纸的工作方向》、《战时新闻工作讨论大纲》。其中谈到报纸的任务时说:"华北报人必须紧密团结起来,统一组织,集中力量,形成强大的文化抗战阵容;与敌人的欺骗宣传作针锋相对的斗争,并把这种斗争深入到敌人控制的区域里去。"

《卫生常识》。2月17日创刊,不定期出版,由卫生常识社编辑。内容主要是介绍平时及战时特殊疾病的防治办法,正如《开场白》所说:"因战争环境失去安定生活常规,易招外伤灾病;敌寇不仅用枪炮杀害我同胞,还违背国际公法,施放毒气,散放毒药毒菌,我们更应注意战时卫生。"第一期的稿子有《外伤救护纲要》、《止血法》、《消毒法》、《预防天花》、《战争与瘟疫》、《请关心我们的伤病战士》、《卫生情报》。

《新地旬刊》。1月9日创刊,主要刊登文艺作品。《发刊词》说:"所刊载的是通俗和具体的作品,要说大众说得出、听得懂的话;要写大众看得见、正在做的事;篇幅短小精悍,不要矫揉造作的浮美辞藻,也不要没有内容的作品。"这个专栏上曾刊登过一些著名作家的作品,如卞之琳的《两棵柿子树》;田间的《假使我们不去打仗》:"假使我们不去打仗,日本强盗用刺刀杀死了我们,还要指着我们的骨头说:看,这是奴隶!"

《戏剧》。2月27日创刊,不定期出版,由晋东南戏剧社编辑。第一期内容有《我们戏剧运动的方向》、《火星剧团的工作经验》、《抗战中的剧团工作》、《典型的故事和典型的人物》。

《抗日军人》。3月1日创刊,不定期出版,由抗日军人社编辑。发刊词说,创办的目的是:"第一,在抗战建国的艰苦征途上,把精神食粮供给英勇奋战的健儿们,作为鼓励;第二,加强战士们的政治军事教育;第三,反映战士们可歌可泣的事迹,作为学习的模范;第四,反映部队生活的优点和缺点,提高士兵的战斗力。"第一期的内容有《军事知识浅说》、《新年的连队茶话会上》、《模范战士的故事》。

《华北妇女》。3月7日创刊,不定期出版,由华北妇女社编辑。第一期内容有康克清的文章《晋东南妇女大团结》,浦安修的文章《祝贺晋东南妇救总会成立》,及其他文章《第三区妇女工作概况》、《记妇女缝纫工厂》。

《华北青年》。2月15日创刊,不定期出版,由华北青年社编辑。编者在《我们的希望》中说:"所有青年工作的经验教训,英勇斗争的实际生活,各地青年动态,生活中遇到的问题,都是本栏目要刊载的内容。"

《敌后方木刻》。7月1日创刊,每月或半月出版一期,由晋东南鲁艺木刻工作团编辑。这是华北《新华日报》的一个显著特色,仅1939年就发表3260多幅优秀的木刻作品。每件木刻作品图文并茂,有很强的艺术鼓动性,都是反映抗战生活的内容。正如《发刊词》所说:"这里,将发挥木刻在抗战中的威力,勇猛地与敌人搏斗,直到我们自由解放;这里,将团结与组织敌后木刻工作者,为开展敌后木刻运动而奋斗。"报纸创刊后,每期在报头一侧刊有一幅木刻作品。报上还经常刊登多种插图,有歌颂敌后军民英勇斗争的,有讽刺打击敌人的,也有表现重大节日的政治意义。这些作品,同报上的评论、新闻报道密切配合,大大增强了宣传效果。在部队、机关单位办的墙报上,在村头巷尾的墙壁上,这些木刻作品常被仿照绘出,很受欢迎。朱德总司令给予报纸高度评价:"一张《新华日报》顶一颗炮弹,而且《新华日报》天天在作战,向敌人发射出千万颗炮弹。"日寇汉奸对报纸的巨大影响确实非常不安,东京、北平、天津、太原的敌伪报纸,在1940年都吹嘘那一年的三次"扫荡"获得"赫赫战果",其中"第二个重大战果"就是"毁灭"了《新华日报》。敌人是把华北版当作仅次于八路军首脑机关的目标力图摧毁的。

《新华文艺》。7月1日创刊,每月出版一期,由晋东南新华文艺编辑。《写在前面》中说:"军民大众都来从事创作,写出反映战斗、激励战斗的作品,让不抗战的文学家滚开!"这个栏目上刊登过刘白羽、陈荒煤等作家的多篇作品。如刘白羽的《二十棵树》、《菜田里》,陈荒煤的《陈赓将军印象记》。

4. 坚持游击办报,出版油印小报

翻开华北《新华日报》1939年至1942年的全部版页,我们就会发现:1939年7月8日至17日,9天无报;1939年10月1日至8日,8天无报;1940年10月14日至24日,10天无报;1942年2月14日至3月12日,28天无报;1942年5月24日至6月23日,30天无报等,1939年7月18日至29日,为战时版油印小报;1939年9月28日至30日,为战时版油印小报等。这是为什么呢?凡是无报的现象,都是因为在敌寇残酷的扫荡中,或报社工作人员被冲散,或在突围中牺牲,或印刷工具被敌人炸毁,或物质条件困难,无法进行正常的出版工作,所以暂停。凡是出战时版油印小报的,都是因为报社转移途中,无法携带沉重的铅印设备,只好以蜡版刻印,在战斗的缝隙中赶印出来的。

关于这种情况,总编辑何云同志在《一年来的本报》中说得很清楚:

"1939年'七一'前后,敌寇已决定大举扫荡晋东南,集中六个师团,分六路出动,把长治作为进攻中心。我们举行会议,决定坚持出版到最后一刻。五日沁县失陷,当时我和副总编辑克寒同志已与报社诸同志隔离了,他们坚持出报,印发了7月3日5日的报纸,并且印发了'七七'纪念刊。到了七八两日,我们的前面已经没有军人和机关了,我们差不多已站在离敌人最近的前线,即将留馆人员组织成'第七连',打了十多天的游击,终于冲破重围,到达新地点与全体人员会合。这中间铅印报停止了11期。我们乃决定出东南西北四线的号外,是油印的,发行了4000余份。到9月底,因物质条件困难又使报纸停印了数期。"

报纸创办之时,具有相当政治理论水平、熟悉新闻业务的干部屈指可数,抗战前的大学生也没有几位。干部来自五湖四海,绝大部分都是年轻人。有些是来自东北、平、津、四川等地的学生,有些是只有初高中文化的当地青年。他们中许多是经过"抗大"、"陕公"、"鲁艺"或报社自己办的记者训练班短期学习,参加了报社工作。高昂的革命热情,勤奋的工作实践,锻炼培育着这批年轻干部迅速成长起来。当时,报社有江横、袁勃、林火、华山、吴宏毅、齐语、李庄等一批著名记者,编辑部还有魏克明、史纪言、赵树理、王春、缪乙平、黄中坚等一批很有学识的编辑。这样,华北版就成为当年太行抗日根据地新闻、文化出版事业的中心,也是革命知识分子的集中荟萃之所。

敌后办报,世界创举。华北版创刊一周年时,北方局书记杨尚昆同志曾著文庆祝,指出"新华日报华北版的努力,替我们新闻史上写下了光辉灿烂的一页,开辟了敌后新闻事业的新纪录。"敌后办报条件非常艰苦,报社处于敌人包围之中,5 年不到,报社经历了 69 次反"扫荡",社址变迁达 7 次之多。

(三)坚持团结抗战和对敌作战的宣传主题(1940 年 1 月—1941年 12 月)

1940 年新年伊始,华北《新华日报》就开始迎头痛击蒋介石国民党掀起的第一次反共高潮。当时的客观形势是:经过长期精心策划和周密部署,国民党终于发动了对敌后抗日根据地的军事大围攻,首当其冲的是八路军总部所在地太行山根据地。在山西的"十二月事变"中,蒋介石曾调动 5 个军的兵力,配合晋东南阎锡山所属孙楚部,向晋东南的山西新军发起进攻,先后摧毁了沁水、阳城、晋城、高平、长治、陵川、壶关共 7 县的抗日民主政权,屠杀共产党员和抗日进步分子 500 余人,绑架 1000 余人。1940 年 1 月,蒋介石又公然下令,逼迫坚持在白晋路两侧对敌奋战的八路军,必须撤往白晋路以东、邯长路以北地区,以使晋东南的国民党军队形成对八路军的合围之势;冀西的国民党别动第四纵队侯如墉部,也对冀西地区的八路军疯狂进攻。外有日寇频繁出击扫荡,内有国民党顽固军加紧进逼寻衅,制造磨擦,太行根据地大有内外夹击、腹背受敌,难以坚持抗战的态势。所以,揭露国民党的反共行径,就成为华北版的首要宣传任务。在这点上,报纸共进行了三方面的报道:

1. 找根源,挖要害

面临上述客观形势,华北《新华日报》根据中共中央 1939 年 12月发出的《关于组织进步力量争取时局好转的指示》,1940 年 2 月 1

日毛主席在延安群众大会上的演讲《团结一切抗日力量，反对反共顽固派》和大会通电《向国民党的十点要求》，用大量篇幅对团结抗战和反对华北的投降派，作了及时的具有相当声势的宣传报道。1月3日，报纸发表社论《论山西时局》，指出："山西的投降分子顽固分子，他们对汪精卫卖国贼始终态度暧昧。在晋察冀大龙华战斗中缴获的敌寇的文件《归顺匪团处理纲要》中，特别规定：山西有一种可以政策争取的中国军队，对于这种军队，只要不加害于日本军队，可以划出一定地区，与日军占据地相脱离，使其驻屯之，努力于怀柔。这种军队显然指的是投降分子顽固分子的一部分军队，他们早就与日寇互通声气。"1月13日，又发表社论《民族败类的罪行》，指出："晋绥军陈良捷部，与敌寇配合，乘决死二纵队杀敌归来，喘息未定之际，突然进袭，并残害大宁、永和、汾西三县抗日政府，逆迹昭彰，人神共愤。我们号召全华北爱国军民，一致拥护决死二纵队之讨逆义举，并愿誓作后盾。"

从2月下旬起到3月初，报纸连续刊登杨献珍写的《论山西十二月政变》的文章，彻底揭露了国民党顽固派企图妥协投降，掀起反共活动的罪恶历史过程。在前言中，作者指出："山西的投降运动是与全国的投降运动密切呼应的，是中国一部分大资产阶级决心脱离抗日阵营的信号。"文章共分五部分：山西妥协投降活动的历史，从秋林会议到十二月政变；十二月政变的严重性；山西投降派与抗战派斗争前途的观测；牺盟会的严重考验时期；坚决消灭十二月政变，争取时局好转。可以说这是一枚重磅炸弹，将山西投降派的老底揭得一露无遗。

2. 明骂汪精卫、孙楚、侯如墉之流，实则痛斥蒋介石、阎锡山之类

华北版在反顽宣传中，正确贯彻党中央的策略思想，除了坚决公开揭露孙楚、侯如墉之流的反共分子外，大都采取了间接斗争的策略，以维护统一战线的团结，防止破裂。从1月到4月，报纸先骂大投

降派,那就是汪精卫集团。1月29日,刊登了《汪精卫卖国新条约全文》,并配发社论《亡国灭种的协定》;4月17日至25日,连续发表《论汪逆精卫的叛国》、《汪逆卖国又一铁证》、《反对汪逆伪中央政府》、《坚决铲除明的和暗的汪精卫》四篇长文章,对汪精卫集团的卖国罪行进行了彻底揭露。然后再骂小投降派,那就是侯如墉、孙楚之流。1月21日,报纸刊登消息和社论《侯如墉投敌》:"华北游击总队第四纵队司令侯如墉,原系汪伪余孽,所属队伍,系由土匪改编而成。在冀西一带,专门摧毁抗日政权,破坏民众救国运动,策动会门,勾结土匪,横征暴敛,鱼肉百姓。两年来,在日本特务机关指使下,造成无数次流血惨案,如去年5月的赞皇政变和12月的沙河惨案。侯本人在今年1月15日,又率部百余人,径向平汉线窜去,直接投入日寇怀抱。"并指出:"侯如墉的公开投敌,充分证实今日抗战阵营内确实存在着一批汪派汉奸,而且与敌寇有着密切的联系。"2月27日,又发表冀西通讯《侯如墉可杀》,用冀西民歌揭露了侯如墉的本质:"四纵队,皇军编。不抗日,不除奸,只吃香油和白面。"1月25日,报纸发表消息《薄专员发表声明,痛斥孙楚无耻谎言》,其中说:"血腥的晋南六县政变以来,山西投降派孙楚,一面大肆屠杀抗日进步分子,造成极端恐怖气氛;一面四处散布流言蜚语,造谣诬蔑我晋东南抗日军民,企图遂其政治阴谋。"2月23日,又刊登消息《孙楚狂暴益甚》:"晋南自叛逆孙楚窃据以来,各县顿成鬼城,奸淫拷打之事,日必数起,人民敢言抗日二字者,即遭杀戮。暴秦罪行,乃复见于今日。近几日来,仅阳城一县进步群众无故被捉去者就达300余人,至今生死不明。孙楚所委之伪专员已在晋城办公,于是晋城近郊便出现各种汉奸标语:防共灭共的责任要大家负起来!持久战是灭亡中国的理论!民众见之,莫不愤恨万分。"3月15日,报纸头版发表了薄一波等牺盟会负责人给阎锡山通电《对山西不幸事件,牺盟会决死队忍痛不咎既往,大敌当前一切应谋合理解决》,通电中说:"三年以来,我军或驰骋疆场,纵横与敌周旋;或深入群众,坚持抗战阵地。虽不敢以勋劳自居,但亦堪告无愧。不意祸起萧墙,正当敌寇大举扫荡,我山西处于万分危难之际,陈军长长捷、王军长靖国、孙军长楚等突指挥所部,在晋西南、晋东南等处分头向决死队猛攻,解散牺盟组织,摧残抗日政权,大举搜村,迫害志士。民族元气,由是大伤;山西阵地,顿呈混乱。我牺盟会决死队全体同志,忍痛不咎既往,再申和议,使保持团结,加强进步,继续抗战,在钧座统率之下,为实现民族革命十大纲领而奋斗。"所有这些宣传报道,即体现了我党有理有节的斗争原则和策略,又维护了山西团结抗战的局面,不使统一战线公开分裂。

3. 打在汪精卫、何应钦、顾祝同脸上,痛在蒋介石心里的宣传策略

1940 年底到 1941 年初,蒋介石掀起了第二次反共高潮,制造了震惊中外的"皖南事变"。在此次宣传大战中,华北版采取了先抑后扬的报道策略。1940 年 11 月 19 日,发表朱德总司令、彭德怀副总司令、叶挺军长、项英副军长的联合通电,指出:"多一份的磨擦,即多一份困难,请派大员彻查,希望永杜纠纷;江南部队北移,恳予宽以期限,望能兼顾人心,江北暂予免调;正当奸伪思逞,亟宜一致对敌,切忌煎迫太甚,演成两败俱伤;以五十万之众,领四万人之饷,请即酌为扩编,培植抗战力量;作战专凭肉搏,负伤听其自然,苦衷上达聪听,期获涓埃之助;边区悬案未决,周遭又加封锁,纷传大举进攻,请释军民疑虑;寇奸互相策动,投降危机严重,请求裁抑反动,驳斥联合剿共。"11 月 27 日,发表社论《目前时局的严重危机》。12 月 3 日,特载彭德怀的文章《论目前时局的严重危机》。1941 年 1 月 17 日,发表消息《抗日者屠,前线将士泣血椎心,遵令北移反遭国军围歼,江南新四军痛陷绝境,弹尽粮绝叶项军长誓以死报国,军民悲愤请委座解皖南重围》。至此,报纸的宣传可以说做到了苦口婆心,仁至义尽。从 1 月 19 日起,华北版开始猛烈反击,痛斥国民党反动派。请看报道:《反对亲日派阴谋策动围攻新四军》、《华北新闻界通电全国,抗议围歼新四

军》、《抗议无法无天之罪行》、《肃清何应钦一类亲日分子》、《拥护中共中央九项主张》、《亲日派反共派为什么围攻新四军》、《新四军七千健儿壮烈殉国,誓与亲日派反共派不共戴天》、《一手掩不尽天下人耳目》、《司马昭之心路人皆知》、《晋冀豫将士纷纷请缨驰援新四军》、《乱臣贼子人人得而诛之》、《一二九师请缨南下》、《驳斥蒋介石反共内战的叫卖》、《何应钦的卖国事实》、《汪逆赞赏蒋介石》、《严词拒绝反动分子无耻诱胁,叶军长正气凛然,"今天要打要杀皆由你们,要我屈服是不能的。"项副军长生死尚无确讯》。像这样的宣传报道,及时而有力地揭露了反共派的罪恶,制止了妥协投降活动,起到了威慑作用和敲山震虎的作用。

反磨擦,反分裂,目的是为了团结抗敌。这一时期,日本侵略军已打通白晋路由祁县到长治一段,割断了太行和太岳两区的联系。同时,进一步提出肢解抗日根据地"囚笼政策",实行"三光政策"和"强化治安",根据地周围的敌人皆蠢蠢欲动。面对敌顽夹击威逼我太行根据地的险恶形势,1940年5月5日,华北《新华日报》首先敲响警钟,发表社论《准备迎击敌寇对晋冀豫的大扫荡》。8月,百团大战打响后,华北版即全身心地投入了对百团大战的宣传报道。

太行根据地是八路军总部所在地,也是百团大战的主战场,从1940年8月到12月,华北版的主要版面就是报道百团大战,以给全国抗日报刊提供足量的稿源。第一阶段的主要报道有《庆祝百团大战正太路上序战大捷》、《我克天险娘子关》、《华北交通总攻击战开始》、《我军攻入寿阳巷战激烈》、《十八集团军彭副总司令关于百团大战对本报记者的谈话》、《我军攻入唐山进击卢沟桥》、《井陉敌矿狂燃五日》、《左权将军论百团大战的伟大胜利》。第二阶段的报道有《我军攻克晋北要隘阳方口》、《冀中万千民众参加百团大战》、《毁敌路基长达400余里》、《正太北侧我军直取盂县》、《华北铁道支离破碎》、《我军血战晋城包围高平》、《长治外围战炸毁敌机四架》、《庆祝百团大战第二阶段序战胜利》、《榆社外围歼敌大战》、《刘伯承将军谈正太战役》、《朱德总司令论扩张百团大战的新胜利》、《百团大战战绩总结》。

华北版 12 月 15 日的社论《论百团大战的伟大意义》，是一篇非常重要的历史文献，因为它对百团大战进行了全面的总结和评价："轰动全球的百团大战，历时 3 个月又 15 天，投入兵力 103 个团，前后作战共达 1824 次，毙伤敌伪将近 3 万之众。百团大战直接打破了敌在华北的囚笼政策和堡垒主义，使敌寇平素视为万能的对付八路军和敌后游击战的政策与手段，从此丧失信心；百团大战遍及冀察两省和晋绥大部分地区，对八路军是一个很好的考验，其英勇卓绝，令人感奋；百团大战对改变中国抗战局势，增强必胜信心，有着巨大的作用。"百团大战及其报道在国内外激起了强烈反响。一位来自四川署名远波的读者来信说："日寇连续疯狂轰炸重庆，使这里的同胞呻吟在死亡的边缘，愤怒燃烧着每一个人的心。正在这时，朱德总司令驰电慰问，并发动百团大战回答日寇的暴行。雪片般飞来的捷报感动得大家流下热泪，使得亲身遭受日寇暴行而愤怒的同胞获得复仇的愉快……大家都感觉到像八路军这样生活异常困苦，装备不好的队伍，仍一天比一天壮大坚强，那是中华民族最大的光荣。"这封信只是一滴水，但它反映出百团大战在全国人民中所产生的巨大影响，也是对敌后新闻工作者的一大鼓励。

在抗日根据地的建设中，华北版突出宣传"三三制"民主政权的建立。粉碎汉奸伪政权，改造旧政权，建立民主政权，对坚持敌后抗战斗争，对推动国民党统治区民主运动的发展，具有重大历史意义。1940 年 4 月，华北版连续发表社论，宣传建立"三三制"的重要性。社论《论抗日民主政权》指出："结束腐朽的、'历史上的政权'，建立抗日民主政权，是'抗战必胜，建国必成'的中心关键。"《论建设抗日民主政权》指出：抗日民主政权的"根本任务是反对日本帝国主义及卖国的汉奸反动派，保护一切抗日人民，调节各抗日阶层的生活，改善工农的生活。"1941年,华北版驻地太行区举行晋冀鲁豫边区临时参议会,选举成立晋冀鲁豫边区政府,报纸进行了连续、集中的宣传;对晋察冀等根据地的政权建设,也分别作了介绍。通过这些报道,反映了空前热烈的边区民主政权建设。

重视国际报道,是华北版的一大特色。报纸每期四开四版,以第三版刊登国际消息和评论,即使在行军转移期间,报纸由铅印改出油印战时版也不间断。当时正处于第二次世界大战爆发前后,国际局势错综复杂,动荡多变,却又与中国抗战密切相关。为帮助广大读者身在山中,胸有全局,及时了解国际时局动向,了解党的有关方针政策,正确判明形势,提高胜利信心,国际报道至关重要。当时延安新华社播发国际新闻不多,报社直接抄收世界各大通讯社广播,斟酌去取,编辑成文,工作量很大。国际版还设有时论、国际问题分析、国际论坛等多种栏目。社长何云、国际版主编左漠野撰写的国际问题评论文章,很受读者欢迎。1940年初,读者杜靖之来信说:"从来(在二十年间)没有一次使我这样渴望报纸。东欧的战争,以九月五日(按:指九月三日英国对德宣战,报纸五日登载此讯)为转折点,延烧着全欧……我们在这个大事变前有些迷乱了……九月十三日(这将是不易忘却的日子)得到一张九月九日的新华日报(按:刊有毛主席对当前时局的谈话),我豁然开朗了。依了这铁的论据,我才有勇气起草了十五日大会的演说……。"

这个时期值得一提的还有《新华增刊》。它创办于1941年3月21日,12月23日停刊,共出版了32期,大约每周出版一期。在开场白中,编者说:"自从《新华文艺》中断以后,年余来有不少文艺同志,热情青年,经常呼吁道:既然文艺家是心灵的技师,那么在广大华北抗日根据地,在这样一片光明的土地上,就不能给技师们开辟一个工作的场所,给文艺之神建筑起一座公园吗?《新华增刊》便应运而产生了。""本刊欢迎短小精悍的诗歌、戏剧、小说、故事、报告、散文、随笔、杂文等,来稿以内容充实、现实性强烈,最为欢迎;特别欢迎青年习作,工农兵大众习作。"增刊每期两版,是在正常版面之外增加的。刊登的内容大都能配合当时的时局,对读者有所启发,因此很受欢迎。如选载百团大战中缴获的敌小队长大坪福男的日记:

8月22日。渊石警备队仍陷在重围里痛苦着。本日东方仅有敌人的警戒哨,但没打枪。附近村子依然侵入着无数的敌人。因为下雨,总以为敌人该退却了,但意料不到,他们仍坚决地战斗着。有风有雨真是寒冷。

23日。早晨4时到达翼家庄高地,埋伏着等待敌人通过,但结果没遭遇到,12时就回来了。周围仍响着炮声,且更加激烈,敌人丝毫没有退却的模样。黄昏,看到寿阳方向,有两架飞机剧烈地轰炸着。这次正太路被彻底地破坏和袭击了,已不堪目睹。

24日。本日上山又下山,因兵力太少,实在辛苦。恐怕不能出去作第2次的出击。附近一带敌情极坏,铁道材料被敌人用马匹向南搬走。敌人好像彻底征用了驴和苦力,来继续破坏铁路。夜,又有子弹从北方高地射击过来。

25日。本日是从故乡出发以来的第三个年头。依然没有援兵,无线电台没了电池,也不能取得联络,身处孤岛之中。幸亏还有粮食和青菜,还能支持。

26日。在构筑工事时,敌人时时打冷枪,真是讨厌之极。周围我军已开始撤退了。

27日。敌人七八名从南方高地逐渐逼近来,当到达附近树林时,就激烈打枪,能看到他们穿着灰衣服。因为我们没出去,敌人都悠然自得,真令人生气。

30日。在静寂的黄昏落日之时,坐在碉堡内沉思,真是最欢喜的事情。看到美丽的落日和澄清的天空,静静地回忆到故乡之事:田中的谷子和正在摘葡萄的人。我的人生,恐怕这是最后的幸福了。

敌人的日记,从一个侧面反映了我军的英勇、敌军的苦恼及思乡厌战情绪,这是平时的新闻报道所无法企及的,因而有极大的宣传价值。

《新华增刊》创刊时,"皖南事变"已发生,因此不断发表诗歌来表达人们郁积在心中的愤怒。如《我弹起愤怒的弦子,为茂林巨变七千烈士而歌》:

> 好比深夜里天空中的流星,
>
> 曾照破宇宙间黑暗重重。
>
> 当它在飞跃中陨落时,
>
> 灿烂地放射出永恒的光明。
>
> 茂林原野的七千壮士啊,
>
> 我把你比作七千颗陨落的巨星。
>
> 生前,你们是人民的旗帜,
>
> 而今,为了你们的冤魂,
>
> 我将弹起这愤怒的弦子。
>
> 扬子江的江水呵,
>
> 请把我嘶哑的歌声带去,
>
> 请把我愤怒的弦音带去,
>
> 送过那迷茫的大海,
>
> 送到全世界人民的心底。
>
> 你杀人不眨眼的刽子手,请莫得意!
>
> 我将撕下你辉煌的皇冠,
>
> 把你黑色的心,
>
> 摆在全国人民面前!

街头诗三言两语,短小明了,但对读者的鼓动作用很大,因此,《新华增刊》经常刊登这类诗作。如田间的《垦荒园》:"叫你的孩子,叫你的女人,都跟着大队走,到山上去,到河边去!要每一寸荒土,都长出粮食。"《去破坏敌人的铁道》："到晚上,那时候,我们去破坏敌人的铁路。勇敢地,多拔些钉子,多毁几条。据说,那拿红灯的,他不报告。"《遵守纪律》："没有纪律,我们会像散沙一般,被敌人一粒一粒,很快的踩碎。也无话可说,也不能哭泣。"《我们都有资格》："大伙儿来吧,老婆也行,只要开通呵。横竖由我们选举,坏种们总通不过。我们都有资格,找一个好人,为全体服务。"

艾青写的《诗论》,对促进太行山区的诗歌创作,也起了很大的作用。如他在《诗论》中说:"凡心中有痛苦的,有憎恨的,有热爱的,有悲愤与冤屈的,不要沉默。""问题不在你写什么,而在你怎样写,在你怎样看世界,在你以怎样的态度去拥抱世界。""只有忠实于生活的,才说得上忠实于艺术。""愈丰富的体验了人生,愈能产生真实的诗篇。""诗的前途与民主政治的前途结合在一起,民主政治的溃败,就是诗的无望与衰退。""要想的比写的多,不要写的比想的多。"在这些诗歌理论的指导下,高质量的诗作越来越多。如《太行牧歌》:"在月地小林中,让牛群停息吧!烧起青藤火来,大家围着坐下。如今什么都不怕了,青藤火烧热了太行山,野狼吓得走远了,到处都是幸福的家园。我们学会了战斗,把忧愁丢掉了!今天呵,谁再想来伤害我们的牛,我们几千只手,一起举起太行山的石头!就是秋来的时候,夜风也吹不散欢乐,我们围着青藤火,我们的心,可以从大风沙里穿过。今夜,就在月地的小林住下吧!天不会雨呀,天这么高,星星在月的身边都模糊了。"这首诗把战斗空隙中人们的和平生活写得如画如梦,表达了人们对幸福生活的企盼之情和对侵略者的仇恨。

《新华增刊》还有许多优秀的文学作品,如墙头小说《检讨会》、《王连长》、《四颗人头》、《落选》;散文《太行山的英雄们》、《战地一叶》、《记一个不灭的灵魂》、《我怎样来抗大的》等,都有着鲜明的时代特征和浓郁的乡土气息,表达了太行山人民如火如荼的战斗生活和丰富多彩的悲壮人生。

（四）中国新闻史上最悲壮的一页（1942 年 1 月—1943 年 9 月）

从 1942 年到 1943 年，是太行根据地最困难的时期，日寇加紧了对八路军总部所在地的空前大扫荡；也是华北《新华日报》最困难的时期，在大扫荡中报社共牺牲了 46 位同志，谱写了中国新闻史上最悲壮的一页。

这个时期，华北版的主要报道内容和宣传工作集中在下述三个方面：

1. 加强对敌占区的分化瓦解并与敌人展开宣传战

1941 年 12 月 23 日，报纸发表社论《论今后华北敌我的政治斗争》，对当时的形势及今后的任务进行明确的阐述："敌寇根据其三分军事，七分政治的新方针，把政治进攻提高到第一位。""针对着这一新的形势，提出我们的任务，便是坚持根据地、开展敌占区接敌区工作、争取敌伪军三位一体的任务。""在争取敌伪军工作方面，我们要利用一切方法进行宣传鼓动，要以七擒七纵的宽大精神去感化敌伪，瓦解敌伪，这便是今日敌我政治斗争的具体内容。"

对敌伪宣传的主要方法，一是政策攻势。如 1942 年 1 月 14 日的报道："辽县接敌区小学教员多人，为安慰敌占区同胞，粉碎敌寇欺骗麻醉阴谋，特于日前配合决死队，深入敌占区，宣传我国抗战形势，根据地同胞自由幸福的生活情形，劝告伪军弟兄杀敌反正，并对敌寇的欺骗宣传进行揭露，敌战区同胞听者极众。""和东县召开宣传联合会，研究布置对敌宣传计划，以展开政策攻势。"15 日发表社论《寄语今日之苏武》，号召敌占区知识分子隐身自保，坚决不为敌所用，保持民族气节。二是揭露日寇对伪军的迫害。如 1 月 1 日的报道《敌寇铁蹄下朝不保夕》："日美战争爆发后，敌对伪军镇压，益加严厉。日前右玉县敌将伪清乡队三十余人，全部逮捕屠杀，仅有二人乘隙逃出。另某地伪军五十余名，突然失踪，其他各据点伪军，亦遭严厉监视。"三是反映日兵的厌战情绪。如 1 月 23 日发表《告敌占区同胞书》，指出：

"太平洋战争爆发后,战期无限延长,日兵思乡厌战情绪增长,我们要用尽一切办法,对日兵进行秘密的鼓动宣传,使其掉转枪口,反对日本的军阀财阀,参加中国抗战。"关于日兵自杀的报道很多,如1月18日至28日,几乎每天都有这方面的消息:冀南各地半月之内,日兵集体自杀者达20余人;磁县梧桐庄敌兵,反对南调,数人跳车自杀,3人上吊,2人服毒;日前敌中队长一名,突然发疯,逢人便谓日本和美国打仗是要失败的,并率一分队日兵,在院子内喝酒狂笑,状极颓废;某日,敌下级军官一人,乘马至玉皇庙,先用手枪将勤务员击毙,然后自杀。

在政策感召和分化瓦解的宣传攻势下,敌伪军纷纷投诚反正,宣传战取得了显著的效果。华北版对此进行了及时而集中的报道:

(新华社电)晋东北山阴县日兵10人,携带全部武器,包括机枪2挺,投入八路军。晋东北盂县据点日兵6名,亦带武器出走投入八路军。以上16人均受我军优待与欢迎。据投诚日兵谈,彼等平时受法西斯军阀压迫,生活日苦,归国无望,对前途感到十分悲观。(1942年1月12日)

(晋东讯)本月初,白晋路襄垣段敌36师团随军摄影记者三本及金井伊太郎二人,以战争扩大,凯旋已成梦幻,乃携带轻机枪一挺,子弹700余发及摄影机一架,向我投诚,日前已安抵我武东县政府。(1942年1月13日)

(太行讯)潞城敌寇甚为动摇,敌首已将北、东、西三门堵塞,并在南城门严加防备,防止士兵逃走。4日黄昏,敌士兵3名携带三八式步枪3支,越城而出,向我八路军某部投诚。(1942年1月14日)

(太南讯)长治敌井关师团葛目联队士兵百余人,日前由小队长发起,秘密组织暴动,准备向八路军投诚。不意事机不密,被敌宪兵司令部侦悉,即将彼等全部逮捕扣禁,迄今生死不明。(1942年1月23日)

（辽县讯）最近辽县伪军中流行甚广的歌谣，名曰："十大凄惶"，夜半低吟，倍觉凄凉。今抄得原词如下：一凄惶，石圪台炕冷冰房；二凄惶，没盐焖饭淡米汤；三凄惶，两个月发了半个月饷；四凄惶，白天出发夜站岗；五凄惶，出发早了吃不上；六凄惶，母亲妻子见不上；七凄惶，冬天不发棉衣裳；八凄惶，闹疥闹了一身上；九凄惶，疥疮越搔越发痒；十凄惶，当了伪军没下场；十大凄惶念了个遍，伪村长把俺送到死路上。（1942年7月3日）

在我方对敌方展开宣传攻势的同时，敌伪也对内部及我方展开宣传攻势，双方于1942年4月至5月开始了宣传拉锯战。4月15日，华北版发表社论《现时太平洋战局与对敌伪宣传》，提出"我们应努力克服过去对敌伪宣传中的一个弱点，那就是：并不充分考虑日本法西斯对日伪士兵进行怎样的宣传教育，只管高叫我们自己的主张，这样，当然预期效果不尽如人意。现在我们应进行调查研究，看看敌人对日伪军作了些什么宣传教育？对一般士兵有什么影响？然后采取对策，将敌人的反动宣传——给予反驳和粉碎。""最近日寇妨碍及破坏我军的对敌工作，或派奸细打入我军内部，或用其它阴谋进行诱骗，我们对此必须提高警惕。"4月29日，又发表社论《粉碎敌寇阴谋，巩固军民团结》，指出"敌人对我华北抗日根据地反复扫荡，采取了绝无人道的各种办法，兽蹄所至，人烟灭绝，并施放毒气毒菌，散布瘟疫。同时借此离间我军区团结，如血洗住过八路军的村庄，宣传受此荼毒是由于八路的抗战。于是一部分人可能因为敌人的疯狂与欺骗宣传，而发生悲观失望，惊慌失措，甚至产生对抗战军队不满的情绪。我们在进行反扫荡战争的过程中，便要注意此种情绪，及时揭露敌人的欺骗宣传，用巩固军民团结，来回答敌人无耻的挑拨离间。"

于是，华北版在这时期的宣传拉锯战中，一方面继续鼓励我方军民深入敌占区展开说服教育，另一方面则重在揭露敌人的欺骗性宣传。如下列报道：

（元氏讯）本县参议员钱玉堂先生，为响应政府加强争取伪军之号召，近来特写了许多旧诗寄给敌伪军，号召彼等反正投诚。兹从其樱花节赠日军诗中摘录两首以飨读者："远离祖国作征军，每逢佳节倍思亲。今年兄弟游春去，看遍樱花少一人。""强迫当兵运入华，杀人放火作生涯。樱花又放无归日，一片悲声泪满家。"（1942年4月15日）

（太南讯）我八路军某旅一部配合当地区干队，近向潞城一带敌占区连续展开宣传。4月4日黄昏，该部乘暮色昏暗中，悄悄进入微子镇某村。其时该村正在演唱旧戏，台下观众拥挤不堪，该部遂派一同志从人群中跃登戏台，出现于观众之前。群众见此突如其来的八路军，莫不惊喜交集，台下立即涌起一阵雷动掌声。我乃乘此机会，进行宣传，详述数年来我根据地党政军民，对沦陷区同胞，无时无刻不在挂念，希望彼等身在曹营心在汉。演讲至此，群情感动。频频点头称是。接着我又散发大量传单，群众争先抢阅，并珍藏于腰间。此后4月8日，微子镇据点之敌，也出动至此村，强迫召集群众大会。正在大肆吹牛，夸张皇军赫赫战果时，突然一声传说"八路军来了四五百"。敌寇闻后仓皇失措，拔腿奔逃，有一太君，连马都顾不得骑，夹尾鼠窜而去。（1942年4月21日）

（太行讯）近来冀西、漳北、太南一带，发现一部分反动分子，暗与敌寇配合，到处散布谣言，混淆视听，阴谋破坏我抗日根据地。例如反动分子见我实行精兵简政，他们就造谣说："八路军共产党已穷得吃不起小米，所以不得不借精兵简政的名义来裁兵减员，他们已不行了，还得依靠汪精卫中央政府才是办法。"冀西一带，最近出现几件野狼伤人事件，于是他们又到处狂吠："八路军要走了，毛泽东派了一队狼军，到处吃人。"个别地方近来发生鸡瘟，他们滥造谣言说："大劫大难已临头了，现在是鸡瘟，接着就是猪瘟狗瘟人瘟了，若不赶快参加会门，就大劫难逃。"某地有一尼姑，暗与一和尚发生关系，因此怀孕，最近生下一小孩，背部脊骨畸形突出，这伙反动分子，又立即利用这个消息,兴风作浪,造谣说这个孩子是当今的真龙天子出世,天下大乱将告平息,梦想诱惑群众,发展汉奸组织。个别地区少数无知的人,曾被这种欺骗宣传所利用。本月10日,西岗村汉奸秘密组织"一心会"里的一个头子,在他的会徒面前,突称神仙附体,假装怪样,大声吼叫:"东方将有大祸!"群众见此,纷纷至西山躲避。结果几天过后,平安无事,群众始知上当受骗。(1942年4月25日)

(新华社电)岚县敌近日出高价购买我方报纸,《解放日报》每张伪币50元,《抗战日报》每张20元,买后供给敌伪特务组织研究其用语和编排形式,借以编印伪《建设报》及《先锋报》。(1942年5月4日)

(新华社电)日本在华反战组织觉醒联盟的机关报《觉醒新闻》,于上月21日创刊,在发刊词中,该报向日本士兵作出诺言,保证不断向他们供给各种真实消息。创刊号第一条新闻,即美空军轰炸三岛之纪事,该报指出:战祸业已降临祖国本土,人民遭受的苦难,正与日俱增,为挽救祖国,特号召日本人民迅速行动起来,反对侵略战争,推翻东条政府。(1942年5月4日)

(和顺讯)敌自3月10日起,开始抽训女特务,专门瓦解我抗日工作人员。其办法是,每村抽一漂亮女人,以慰劳皇军为名,到马坊据点敌特务机关受训,经过三天或五天后立即放回,进行特务工作。先是打扮修饰,从事招引,若遇意志薄弱者,即殷勤招待,与之发生关系,诱其投敌。马坊的敌特务机关,还收买大批汉奸,经过专门训练后,派入我根据地作侦探,以作扫荡时之耳目。(1942年5月7日)

在这场宣传拉锯战中,敌寇最后以失败而告终。5月13日,伪《山西新民报》刊文自叹,此次思想战收效甚微,还须再图良策以待重起。

1942年下半年至1943年上半年,敌我双方又展开了第2次宣传拉锯战。8月5日,华北版刊登《对伪军伪组织怎样进行宣传》;8月25日,刊登《华北日人日兵反战代表大会,致书八路军新四军,今年打垮希特勒,明年打垮日本军阀》、《敌人怎样对付我们的政治攻势》;8月26日,刊登《粉碎敌寇谣言》;8月28日,刊登《薄一波纵谈政治攻势问题》;9月29日,刊登《给敌占区青年记者的信》;10月13日,刊登《宣传战赢得伪军回心》,像这样的报道和文章,几乎每天都会出现。1942年10月,斯大林发表演讲,誓灭德日法西斯。1943年2月,斯大林格勒会战结束,第二次世界大战局势发生逆转,德国法西斯灭亡指日可待。华北版抓住这些良机,展开了更猛烈的宣传攻势。如:

(太行讯)斯大林十月革命节的演讲,传到了敌占区,人心大为振奋。许多知识分子说:"提出来很久的问题,今天可算是有答案了。"报纸传到敌据点,一个日本兵听到伪军们在讲:"苏联军队,只消灭希特勒,不消灭德国老百姓及军人。"就拉着一个伪军小队长问道:"中国将来反攻,是不是也和苏联一样?"伪军小队长说:"一样的,中国军队只消灭日本军阀,不消灭小兵弟兄。"这个日本兵说:"我不当兵是不行的,这些八路朋友是知道的。"当夜,他拿着报纸,叫伪村长细细讲给他听。而后,把报纸折起来,珍藏进皮包里去了。(1942年12月7日)

(本报讯)晋冀鲁豫边区日本士兵代表大会、日人反战同盟大会,于1943年3月25日上午在某地举行,与会者近千人,情形颇为热烈。到会日本士兵代表所属各师旅团。西田、松本、赤石等代表36师团;伊藤、铃木等代表吉野联队;栗田等代表井上山炮轰队;其余109师团、69师团、41师团、独立混一旅团、第9旅团、第10旅团等都有代表士兵数人。36师团的士兵讨论通过了《对36师团要求书》,反对搜腰包打耳光及侮辱士兵。(1942年3月29日)

1943年4月3日,刊发了反战专版,集中报道日人反战大会的各项内容。4月11日,刊登了《反战宣传大纲》,提出了反战宣传的具体内容和办法。

为了使反战宣传更有说服力,报纸同时刊登了许多日军杀害伪军、杀害俘虏、杀害知识分子和无辜百姓的报道。如:

（太行讯）敌对我军俘虏看管极严,特别虐待。每隔10天左右,就有一批俘虏被押到太原城东北的乱坟岗上,把手脚绑住,衣服剥光,让四周敌兵嘶喊冲杀,用刺刀追逐乱刺。被刺者厉声怒骂遍地翻滚,到死时已不成人样,然后埋进大坑中。敌酋说,这是为了锻炼新兵冲锋的杀性和腿力,俘虏们是供作活肉靶子的。这些俘虏,有中央军官兵,也有晋绥军官兵和八路军士兵。（1942年8月11日）

（太行讯）武乡伪军班长刘步跃,被控秘密通匪,被日寇中队长北川逮捕。先给以一顿毒打,除了灌凉水、压杠子外,还用狼狗将其全身咬得鲜血淋漓。刘因受不了这些毒刑,只得供认与抗日政府有过来往,并胡乱说出一些有关人员。于是敌人将城门紧闭,实行戒严,把伪警察团团包围,强迫600伪警察全部缴械。当着这些伪警察的面,将刘步跃活埋致死。（1942年8月13日）

（太行讯）北平敌寇摧残中国文化,逮捕大批青年学生及燕大教授马叙伦先生,最近更将辅大教授陈庚甫先生等3人用火烧死。消息传来,引起晋冀鲁豫边区党政军民之极度愤怒。此间文化界杨秀峰、杨献珍、陈克寒、徐懋庸、任白龙等,于昨日联名发表《抗议日寇火焚辅仁大学教授宣言》,对敌占区文化界知识分子之安危,表示极度关怀。（1942年12月23日）

（本报特讯）这次敌寇来犯,在左、黎、偏、涉等地,均施其新的更野蛮的屠杀劫掠手段,其残酷蛮横当为世所罕闻。敌人在其清剿地区内,见人即杀。仅黎城城关一个井内,就填进了一百几十个被杀了的尸体;涉县西辽村被杀了61个无辜的老百姓;石窑村一个窑洞里全家9口,被敌搜出后,全数推下绝崖摔死;其余在各地被杀的尸体里,有的被剖开肚子流出了肠子;柴火堆里,发现拦腰砍断了身子的老汉;半崖的树枝上挂着被奸污以后又被从肚子到阴门剖杀得稀烂的女尸;几岁的小孩,也竟被敌人活生生地撕成两半。敌人退却时,将俘虏衣服脱光,用绳子捆住,然后用开水与烟头烫烧,直至浑身起泡发焦,始用刺刀刺死。而我被俘的同胞,在敌人灭绝人性的暴行下,表现了崇高的民族气节,怒目视敌,高声怒骂,竟把伪军也感动得涕泪交流。(1943年5月29日)

2. 参加整风运动,审判新闻工作中的党八股

从1942年2月开始,党中央发出整党文件和一系列有关整顿三风的文章之后,华北版立即全部进行了转发,报社领导人首先身体力行改进作风。社长兼总编辑何云,过去很少到各科室,中央一经提出整风,他即亲自深入到各科室向大家问长问短,改变过去只顾工作、互不往来的习惯作风。同时,除在报社内部展开对整风文件学习之外,立即密切联系工作,进行整顿,开始宣传报道。

4月1日,华北版首先审判报纸上的言论,认为它存在七个问题:第一,身为群众喉舌,有时却患哑症。第二,多发空头议论,未能时刻照顾下面实际情况。第三,大言吓人,少顾读者,不用讨论口吻,多用灌注方式。第四,言之少物,未能紧抓新鲜事物加以论析,以致多为论著性质,缺少时评气味。第五,虚张声势,浪费笔墨。第六,言语贫乏,不敢放手。第七,五段论法,老一格调。所谓五段论法,即:开场白,先说以往成绩,再说存在问题,于是对症下药,下了一二三四几味药,最后便呼口号收尾。何云在发言中指出,言论八股之形成,确系主观主义与形式主义作祟,凭主观概念出发,写成刻板文章,何得不成八股? 语言词汇贫乏,写作过分拘泥,更给八股流行以机会。

4月2日至3日,华北版继续开会讨论主观主义发生的原因,以及今后改进的办法。大家一致认为,过去言论编辑未能与新闻事件保持密切联系,对新事物缺乏足够的敏感,是形成主观主义的根源。今后要肃清遗毒,就必须时刻照顾读者对象,扩大论题范围,凡与群众有密切关系的新闻事件,必须抓紧时机予以评论,使评论第一为糖,人人爱吃爱看;第二为酒,可以给人以兴奋;第三为炸药,富有批判力战斗力。

4月6日至7日，华北版开始审判各版编辑内容。认为新闻内容对群众的生活反映不够，仅在几个狭小圈子内兜来兜去，如元月份报纸所发表的地方新闻虽有400余条，但其主要内容不外乎民兵、冬学、参军、生产、敌伪暴行、反法西斯强盗、政权建设等7种，新闻的单调与缺乏敏感性，由此可见一斑。因为新闻取舍的范围狭窄，以致影响到各地通讯员，只注意报馆指定的采访方针，不知再去挖掘新事物。其他各版在编辑方面，也多少犯有公式化的毛病。如有些新闻标题没有抓住新闻的要点，不能用暗示方法引起读者的兴趣注意，多是平板的老一套。标题不仅过多，而且有些是空洞口号，这条新闻可用，换一条新闻也可用。最后话题转到具体改进方法上，大家发表了许多切实的意见。

4月9日至10日，华北版转而审判军事报道上存在的问题。认为最严重的弱点，在于没有把握敌后游击战争的特点，也不了解各个不同地区的不同情形，以致用报道阵地战正规战的手法，来报道千万次英勇的游击战，真正生动的材料不知发掘，却反凭主观想象加以似是而非的描述。无论战役或战斗的报道，一般都是孤立的，缺乏综合性分析，使读者只见树木不见森林，只知道是在打仗，不知道打了这些仗的意义和作用。关于这次会议的情况，华北版在4月15日以《本报三审新闻八股》为题进行了公开报道：

在谈笑风生的座谈会上，本报已完成了"新闻八股"的葬礼。根据"党八股乃主观主义和宗派主义的表现形式"，首先展览出新闻八股的八大形式及其罪状：

第一，法庭判词式：空洞的歌颂与批判，只给人一个"无边概念萧萧下，不尽滥调滚滚来"的印象；

第二，摇头摆尾式：这种写作形式前边一顶帽子，后边一条尾巴，两头大，中间小，议论多，事实少；

第三，开会程序式：平铺直叙，没有中心，年月日时，甲乙丙丁；

第四,短篇论说式:批判不透过事实,机械地贯彻政策,结果变成生硬教条;

第五,竹竿钓鱼式:前面的一项空帽子,犹如一根竹竿(例如写伪军反正,开头总是自太平洋战争爆发以来……),往往与主题毫无关联,这正是"嘴尖皮厚腹中空",把一切问题一般化,简单化;

第六,三段论说式:开头因为什么,中间于是什么,最后应该什么,不是新闻,简直是议论;

第七,大杂烩菜式:五花八门,样样俱全,主题模糊,没有特点;

第八,价目一览表式:数字连篇,枯燥无味,调查既欠精确,也没有比较与研究。

在新闻内容方面的主要缺点乃是:新闻范围过于狭窄,材料仅限于有数的几个单元,往往法令、公报占去很大篇幅,工作计划布置多于事实行动的报道。而在新闻报道上,又往往局限于直观片面,没有事实发生的前因、后果、经过及发生这事件的环境条件,以及对前途的估计。有时新闻要素不够具体,一部分通讯员来稿用某某代替了人名地点,用"本县本区"代替了真实地名。时间抓得不紧,不能作到"随采随写随寄",甚至道听途说,以假当真,致使新闻丧失时间性与真实性,贻害读者不浅。

针对"新闻观念不强","采访不深入","采访方针限制了通讯员的眼界"这三大病源,何云同志指出了对症良药第一剂:加强新闻观念,继续肃清以文艺眼光处理新闻的残余观点,在采访上绝不满足于现象、印象、轮廓的追求,在写作上不要把描写代替叙述,想象代替事实。具体办法,他提出"钻、研"二字,也就是切实的调查研究。第二剂药:"打破新闻囚笼',这一口号,得到全体同志的一致赞成。随着客观事物的发展,在过去曾尽过若干历史任务的采访方针,今天已变成拘束运动选手的跑道, 应该坚决废除。今后在采访上"放开缰绳任马跑",从军政大事,直到社会新闻,凡是具有新闻价值的社会现象,都受欢迎。第三剂药:必须休止空泛的议论,批判应经过事实。

在随后的新闻工作中,华北版继续结合实际,对存在的问题进行揭露和纠正。4 月 15 日,对报纸上的通讯进行检查。大家认为,通讯应该是属于新闻范畴以内的,而我们的通讯,往往把一件新闻材料吹胀成为一篇文艺的速写,文字华丽内容贫乏,不能向读者提出问题,分析问题,或者解决问题,而只是现象的罗列,或某个场面的拍照。内容既然不丰富充实,写作方法就露出各种病态:第一,记录式的有闻必录,拾到篮内都是菜。访问记等,可作代表。第二,印象派的写法,事实本质尚未研究清楚,作者脑子里就先有了一个抽象的概念的主题。例如报道敌伪动态,总不外乎敌伪残暴,民众痛苦,最后拖上一条民众意图反抗的尾巴,拿着一般的尺子,去衡量极复杂的具体事件,材料又往往是东拉西凑,一鳞半爪,因此读者所得到的仅是浅薄浮面的印象。第三,小说式的写法,作者在对事实的追寻上,没花费力量,却把大量的臆想掺杂进去,过分追求新奇形式,甚至涂上不真实的枝叶,使人未免有虚构之感。第四,轮廓画式的,描写多于事实叙述,既无文艺的深刻性,又乏新闻的真实性。战斗通讯就是一个例子。第五,论文式的写法,具体材料有限,或对一件事情的前因后果,经过发展未弄清楚,议论都是连篇累牍,结果不是变成空洞的歌功颂德,便是标语口号式的批判。

4 月 29 日,报纸发表专论《打碎新闻囚笼》,对通讯工作中的问题进行披露:往往报纸上发现了一些什么新闻,通讯员便源源不断地寄来同类新闻,春是春耕,夏是武装保卫麦秋,秋是秋收屯粮,冬是冬学拥军。两年前,出现了一篇《石友三在冀南干了些什么》,于是一个时期尽是《某某某在某某干了些什么》,内容写法完全一样;最近《王小二诉苦》是一个新鲜东西,但接着"诉苦"就多起来了,《李小三诉苦》、《某某某叹苦》,犹如雪片飞来。大家都把眼睛望着报纸,而不去寻找新的线索。1 月至 3 月,仅法令一项,报纸就登了 54 件之多,难怪读者把本报第 4 版称为政府官报,官方记录簿。

进入 1943 年,在何云同志牺牲后,陈克寒同志继任总编辑,继续领导了报社的整风学习。并根据读者的来信,把他们对报纸的意见概括为 10 点:

第一,指导性不够强。一般社论多嫌空洞,一般化,对掌握各时期形势的演变与工作发展的特点,而予以具体的指导上,做得不够。对某些新闻,没能很好地掌握其意义与中心,对某些中心工作的反映则不够突出,因之也削弱了新闻的指导性。

第二,新闻的真实性不够。有些新闻与事实有出入,个别新闻甚至与事实完全相反。因之,一致要求:采访与选稿上要更进一步地深入与审慎。

第三,新闻的范围不够宽广。就地区上说,每个分区每个县反映的不平衡;就新闻的内容上说,对群众生活、根据地建设、妇女问题等新闻反映的不够;就新闻来源上说,直接由群众反映的新闻,采用得不多。

第四,对各方面解释得不够。使水准低的读者,读报如看"天书",因之要求多刊地图,多登解释性的文章,对国际新闻,除按时登载半月国际述评外,还要求有一个时期的综合报道。

第五,通俗化很差。不仅一般小学教员看不懂,即使许多中级干部也不能消化。因此要求对新闻通讯与文章的写作上,都须进一步地通俗化与群众化。

第六,新闻的估价上欠正确,有些"桃色新闻"反映得太过分。

第七,要求增加如下的内容:(1)经济、妇女、文化之类;(2)学术性的文章;(3)木刻插图。

第八,新闻的编写上不够系统、简练,有些零乱,太冗长,尤其是通讯须更加简练。

第九,编写与校对上均不够细腻。时有错字、别字与不通的句子出现。

第十，发行迟缓。有些村里一月以后才能看到报纸。

2月1日，陈克寒同志在报纸上发表《加强新闻的指导性》一文，代表报社提出了今后的改进意见。

由于华北《新闻日报》的主动带头，在纪念"五四"23周年时，整个文化艺术界审判"党八股"的整风运动立即掀起。晋冀豫边区文联、文协、剧协、美协、音协、新文字协、华北文化社等文化团体，对于各自一周来的文风检查中所揭露出来的文化八股，都一一列出罪状，见之于"五四"纪念日的报端。

1942年掀起的整风运动，学习成效是显著的，尤其在文化艺术界，经过学习《在延安文艺座谈会上的讲话》，一批好的通俗作品，在1943年即开始问世。最有代表性的文学作品就是赵树理的《小二黑结婚》《李有才板话》等，彭德怀为《小二黑结婚》题词："像这样从群众调查研究中写出来的通俗故事，还不多见。"中共中央北方局李大章介绍《李有才板话》说："这是赵树理同志的比《小二黑结婚》更成功的一部作品。"

3. 46位报人壮烈牺牲，仍在反扫荡中坚持游击办报

1942年5月，日寇对太行山根据地进行了空前规模的大扫荡。在这次反扫荡中，华北《新华日报》受到很大损失，社长何云等46位报社工作人员壮烈牺牲。

关于这次报社的反扫荡，刘江同志在1994年有篇回忆文章《反扫荡中的华北新华日报社》，可资参证：

1942年5月25日晚12时左右，我们报社接到八路军总部命令："立即出发转移！"

这次反"扫荡"大转移，华北新华日报社被编为总部下属的一个行军大队。报社社长兼总编辑何云任大队长，接到出发命令时，报社的战斗班已经组成。被编入战斗班的是报社中身强力壮的安文一、马

映泉、陈光(资料员)、李德甫和我等10余个同志。

没有出发前,连续几天来,大家就挖洞备战藏东西,本已疲累不堪,再加上一夜行军,就更加人困马乏,大队人马就地歇脚在圣寺院村前的河滩里。炊事班的同志们立即动手在地堰开沟安锅点火做饭,睡梦中的同志们被开饭哨声叫醒,大伙儿来到锅边刚把第一碗小米饭盛走,前面传来消息:武安方面的来敌已越过阳邑镇,逼近我们这里了。刘祖春同志把我们战斗班的几个人叫去,让我们立即到北山方面去探听情况。他指着我手里的饭碗说:"连吃带走,有情况就报警。大队随后紧跟你们。"

当我们走出不到几里地时,就听到来自阳邑方向的炮声。而那边的敌人并未发现我们大队这个目标。这时,大队已紧随我们而来,前进的方向,就是迅速越过面前的一座大山。我们在毫无道路可循的乱石陡坡、悬崖峭壁上爬着。翻越山梁时,另一路敌人已从管陶方向迎面包抄过来,并抢先夺取了我们面前的制高点。敌人居高临下,立即以密集火力向我们扫射下来。报社优秀共产党员、美术工作者赵在青同志,就是在这时失足落崖而牺牲的。当时,我们借着山路崎岖、石笋耸立的特殊地形,再加以行动敏捷,所以即使武装到了牙齿的敌人来包围、追击,我们还是从他们的眼皮下撤走了。

这奔逸绝尘的激烈飞跑,也是一场体力竞赛的大检阅。那年已38岁的社长何云,早在抗日战争前,就长期遭受国民党铁窗镣铐的摧残,身体十分虚弱,哪能再经得住如此剧烈的奔波呢!尽管在翻越乱石断岩中有同志们挽扶架持,但是飞跑下山,突围出来之后,他已经面色苍白,气喘吁吁很难支持了。同志们都关切地围拢上来,为他的身体担忧。但他却笑着说:"真给同志们添麻烦了。"当时几个领导同志都提议要从战斗班选派二人专门随从他走,他坚决不同意,操着地道的浙江口音,诙谐地说:"那我不仅是同志们的累赘,且不成了山大王了吗?"最后,他还是坚持只要一个警卫员王保林跟着。

这次敌人对我太行腹心地区的大"扫荡"，共调集了 6 万余兵力。采取的战术，主要是分进合击，奔袭抉剔。各路敌人，均系轻装，昼宿深山，连夜兼程，远距离突袭。一经分路共进包围之后，若是我主力部队，即聚而歼之；如系我后方党政机关，则将其部队撒作扇形，如同梳头似的反复搜索，名之曰"篦梳扫荡"。这次敌人对我太行区的大"扫荡"，真可谓诡谲狡诈，手段残暴，无所不用其极。

　　敌人步步紧缩包围圈，我们如此庞大臃肿的后方机关，显然难以适应这样紧急的形势。看不到头尾的大队人马，全部暂停在这个大山包内，听候新的命令。夜幕渐渐降落，细雨蒙蒙不停，八路军总部政治部主任罗瑞卿当机立断，决定化整为零。报社这个大队，分为 3 个小队。大队长何云、副大队长陈克寒、编委会秘书史纪言各带一个小队，立刻分散出发。原战斗班解散，各回自己的小队。

　　我们这个小队主要由总务科、电务科、校对科、图书资料室合编而成，一共近 30 个同志，由史纪言同志带领，沐雨穿云，飞步向南家楼方向的大山转移，当晚走进一个大山洼里，找到老乡种山地用的一个避雨棚栖身。夜幕降落，风雨如晦，万籁俱寂。屋小人挤，潮湿难寐。凌晨 3 点多钟，史纪言同志派我外出侦察。我沿坡下行，不到两百米地，便清晰地听到下河沟里人语马嘶，一片杂沓声。再一细听，"叽哩咕噜"，分明是日本话，而且是正向我们所在的山上运动。我急步返回报告情况，同志们很快离开棚屋，隐蔽起来。在熹微的晨光中，已能朦胧地看到敌人正冲着我们左侧的山梁爬上来。

　　我们所在的这个山凹，上部山势险峻，怪石嶙峋；下洼脚梯田层叠，满沟桃核树林，茂密蓊郁，构成一座自然屏障，人藏在其中，完全可以不被发现。天色大亮，细雨小作。来自山头的清脆枪声，把连日来只安睡了一夜的空山的大门，又叫开了。紧接着，双方对阵的轻重机枪、掷弹筒、迫击炮，便剧烈地轰鸣起来。军事行动上的机密，有时简直就是神秘。一夜如此安谧悄然，谁能料到，129 师某旅的 13 团，就睡在我们身边。我们竟全都没有发觉。然而诡秘狡猾的敌人，东撞西冲，狼奔豕突，却找到了我们这一部分主力！战斗一打响，隐蔽在上山梁上的毛联珏、浦一之、张向霖、马映泉、王二马等同志，便立即和13团相偕而去。我们隐蔽在山梁下侧的同志们，则失去了这一良机，只好哑然不动，一藏到底。一整天激烈的炮火弹雨，时时从头顶呼啸而过。但双方正面的冲击，我们却始终未能看到。因为敌人是主攻，对脚下两侧也不时要作一些粗略的搜索。严密隐蔽在石缝、崖下、核桃树林里的同志们，看到了敌人将史纪言击伤抬走；总务科韩邦藩被敌追击而牺牲；电务科张炳在被一个汉奸追捕时，急中生智，转身面对汉奸高呼："中国人不打中国人！"汉奸为这一意想不到的举动所震惊而止步，张炳即乘此一霎那，闪身一跃，跳下地堰逃走。……在这惊心动魄的时刻，我们每个隐蔽着的同志，目睹敌人的凶残，有如肝胆撕裂，可当时有什么办法呢？

我们从陡立的北山爬起，越过伸手可摘星辰的高峰峻岭，伴随着清明的月光，又返回到前天我13团迎击敌人的那条大山梁。一路上，同志们沉默寡言，心似铅压，都在心里捉摸是哪个记者负了伤。

我们到达目的地一看，原来伤员是史纪言。此时，老史正赤身面向背阴土坎，微微张口，呼吸土层上的一点湿气，以减轻唇裂舌焦的痛苦。他的左腿受了重伤，黑色的血痂，在月光下看得十分清楚。围拢来的同志们，一见此情此景，都心痛得潸然泪下。大家急忙把他抬上梯子，就近找了个庄子隐蔽起来。把老史隐蔽安顿之后，一经了解，才知道敌人催促伪军将老史抬上山梁时，因我13团炮火猛烈，敌人只顾忙于招架，遂将老史撂在一边。后来伪军看到日本人也自顾不暇，便乘机将老史全身剥光而去。同志们经过察看，老史的左腿腓骨已被打碎，整个左下肢完全失去活动能力。他整天疼痛难忍，药物全无，只能靠盐水洗洗伤口周围。同志们个个心急火燎。正在这时，报社的炊事班长石好仁闻讯赶来，重伤的老史有人照顾了，但药物仍无着落。

那天四周的情况又突然紧张起来,敌人篦梳搜山又迫近这个庄子。大家立即研究决定,首先把老史向安全地带转移。

刚把敌人的搜山躲过,老史的伤口已逐渐化脓。到第6天,又发现伤口生蛆。幸好这时敌对太北地区的"扫荡"已开始收缩,同志们又很快打听到后方医院的驻地,才把老史及时安全转移到医院治疗。

左权将军、何云、海凤阁、黄君珏、王健、缪乙平、黄中坚等同志的不幸牺牲,我们都是在敌"扫荡"即将结束时才得知的。噩耗传来,同志们思前想后,无不悲恸欲绝!

事后得知,何云同志于20日在辽县大羊角附近突围时中弹牺牲。黄君珏同志隐蔽在庄子岭(今河北省涉县境内),6月2日下午敌人包围了庄子岭进行搜索,黄君珏同志和王健、韩医生隐蔽在山洞被敌人发现,凶残的敌人在洞口点燃柴草,君珏抱定宁死不当俘虏之决心冲出洞外,以手枪连续射击,数敌应击倒地,她然后飞步到崖边,纵身跳了下去。王健和韩医生均被敌杀害,王健当时年仅16岁。报社在这次反扫荡中共牺牲了46位同志。由陈克寒同志率领的小分队坚持游击办报,编印战时版,一直坚持出版到24日,后因印刷设备或被敌炸毁,或在突围中丢失,从5月25日至6月20日,27天无报。

(五)改版后的新华日报太行版所担负的巨大历史使命(1943年10月—1945年8月)

《新华日报》华北版改为太行版的历史背景。1943年10月6日,中共中央决定将晋冀豫区党委改名为太行区党委,直属中共中央北方局领导。从当时太行抗日根据地的斗争形势来看,已开始有了大的转机,从1942年时的6个分区发展为8个分区。为使太行地区的战略地位和作用充分得到发挥,为使战斗在这块根据地的《新华日报》更加紧密联系实际,联系群众,改进工作作风,直接宣传指导这个地区所面临的各项任务,中央决定,将《新华日报》(华北版)下放为太行区党委的机关报,显然已成为形势发展的必然要求。

华北版《新华日报》于 1943 年 10 月 1 日改为太行版,当时面临的客观形势,从国际方面来谈,希特勒德国经过 1942 年冬季的斯大林格勒战役,已从进攻的顶峰跌落下来,苏军已经开始转入反攻。因此,群众有"今年打败希特勒,明年打败小日本"的兴奋议论。从全党来说,中央 10 月 1 日刚发出《关于减租生产、拥政爱民及宣传十大政策的指示》,要求各根据地当年要实行彻底减租和大规模的生产运动。十大政策为:第一,对敌斗争;第二,精兵简政;第三,统一领导;第四,拥政爱民;第五,发展生产;第六,整顿三风;第七,审查干部;第八,时事教育;第九,三三制;第十,减租减息。

这里需要说明的是,任务如此繁重,报社的工作力量非但没有加强,反而抽去近 30 人去中央有关单位学习。报纸的宣传并没有因此而削弱,而是顺利完成了 1944 年的各项报道任务,如太行区的对敌局部的反攻,太行区内空前规模的群众灭蝗救灾运动,农业生产中的互助合作运动,太行区规模壮观的首届杀敌劳动英雄大会等等。

1. 对生产度荒运动的宣传报道

太行山除平汉线西侧和黄河北岸有少量平原外,大部分是山地,历史上十年九旱。抗战开始后,有的地区不断出现自然灾害,由于范围较小,全区的社会积蓄还未耗尽,敌人的扫荡间隔又较长,军需民食还未感到十分困难。1940 年以后,敌人对太行山的扫荡越来越频繁,对根据地的封锁越来越严密,国民党政府停止了对八路军的供给,又经过了 4 年的战争消耗,原有的社会积蓄大部分用尽。1941 年秋冬季雨雪稀少,1942 年春发生干旱,全年粮食大幅度减产,根据地军民的粮食供应发生困难,灾民达到 36 万人。

从 1942 年秋末开始,旱灾继续蔓延,直到 1943 年 8 月才下了透雨。太行区许多水井干涸,不少河流断源,土地龟裂,禾苗枯死,人畜用水都很困难。伴随旱灾而来的是疾病蔓延,不少村庄流行着传染病。飞蝗乘机铺天盖地而来,大片大片的禾苗被蝗虫一扫而光。9 月以后,大雨连绵,漳河猛涨,冲破堤岸,毁坏 15000 多亩良田。1943 年太行区秋收只有 3 成左右,军需民食濒临枯竭的边沿,全区灾民占总人口的 50%。天灾更加人祸,国民党反共顽固派掀起了第 3 次反共高潮,在太行区的太南、豫北地区,伪军庞炳勋、孙殿英部队乘机向北进犯,形成敌顽夹击之势。敌伪特务和国民党特务在根据地造谣破坏,群众思想一度比较动荡,社会秩序也不如前,增加了救灾的难度。

面对这种情况,中共中央太行分局于 1943 年 6 月召开研究太行区经济建设的会议,强调在救灾工作中把生产作为中心环节。7 月 2日,邓小平在《解放日报》发表《太行区的经济建设》一文,指出"我们救灾的办法,除了部分的社会互济之外,基本上是靠生产"。之后,中共中央北方局、太行区党委先后发出紧急号召和指示,要求把救灾同生产结合起来,以生产为中心,克服灾荒,渡过难关。

太行《新华日报》从思想教育入手,采取有效措施,通过宣传报道安定社会秩序,稳定人心。针对许多群众认为旱灾蝗灾是天定劫数,一心参加祈雨求神的迷信活动;一部分人认为抗日政府对灾民已照管一年,现在连腹心区也遭了灾,担心政府没有力量再救济灾区;有的人拍卖家产,以求一顿饱餐;有的人出卖青苗换粮吃;有的人屠杀出卖耕畜等。太行版用 1942 年度同灾荒作斗争的事例,来说明只要同心合作,努力生产,抗日政府完全可以领导大家克服困难,并提出"打破迷信,人定胜天"的口号,鼓励广大群众相信自己的力量,战胜自然灾害。

与此同时,边区政府制定颁布了一系列安定社会秩序,扶植群众生产,打击破坏活动的政策法令,如禁止宰杀耕牛母猪通令、反对印制假冀钞紧急指示、禁止副食出口通知、粮食调剂执行办法、灾区戒严令、严格限制离婚指示等。为了使濒临破产的手工业作坊、煤矿坚持和恢复生产,抗日政府有计划地向小手工业者低价供应粮食,发放低息贷款,帮助他们推销产品。在疾病流行的地区,边区政府用了万元购买药品,组织医疗卫生队,免费为灾民治病。组织了千军万马的挑水运水队,在"浇一苗活一苗,养活一棵收一棵"的口号下,抢救了一批快要枯死的庄稼。对政府的这些工作,太行版都进行了及时的采访报道,并对群众进行思想教育和防奸防特教育,到 1943 年底,灾区群众的情绪逐渐稳定,社会秩序趋于安定。

厉行节约是太行版报道的一个重点。可参看下列一些例证:

(太行讯)彭德怀副总司令员最近以自己的模范行动,把所存稿费津贴 76 元 6 角交给公家。作为党员,他号召全体同志尽量节省,把私人存下的不必要的金钱交给公家,帮助公家解决困难。现在灾荒还正严重,大家不仅应该努力生产和节约,同时还需要从党的利益出发,清除私自享受的观念,把所有力量贡献给党,踊跃交出个人私存金钱,以养成克己奉公的高尚品德。(1943 年 10 月 19 日)

(太行讯)三分区被服所职工同志,看到彭副总司令把稿费交公的消息后,认为在目前严重的灾荒面前,每个同志都应节省俭用,所以大家都自觉地把不必用的钱拿了出来。工友贾敬之、钟建业等,把剩下的数百元工资都捐了出来。所长郑甫淦同志,是长征过来的老干部,他把过去储存了多年的 30 元钱也拿了出来。因为他深刻地认识到,整个革命事业有办法时,个人才有办法;革命事业没办法时,个人是不会有办法的。(1943 年 11 月 3 日)

(太行讯)军区司令员李达同志在号召每人采集 5 斤花椒叶运动中,独自完成 8 斤。在节约中,自动取消了小厨房(这是上级特许的),与全体人员在大饭堂共膳,大家吃什么,他吃什么,甚至在病中另给作的病号饭也不吃,丝毫不搞特殊化,又自动减免了保健餐。每日拂晓即起,参加公共活动,不论工作如何繁忙,对整风从不松懈,参加各小组进行反省。这与一些假公济私、贪污浪费、"逃风"的人形成极明显的对照。(1943 年 11 月 7 日)

发展生产也是太行版报道的一个重点。仅 1943 年 10 月至 11

月,关于生产自救的报道,就有86篇。如《军区司令部的秋季开荒》、《刻苦勤劳耕作细致,姜希云创最高纪录,每亩产量达一石四斗》、《欧团已开荒地千亩》、《武乡号召大量造肥,李海川烘多收成好》、《滚粪虫吴启明,会打算肯劳动能节省,他说巧种不如拙上粪》、《部队机关秋季开荒一万多亩》。为了配合农业生产,太行版还从1943年10月起,创办了《农事半月》专版,一直办到1944年10月,共一年24期。内容主要是根据节令介绍耕种知识和科学管理的经验。如《各地应成立农业研究组》、《今年春季种什么好》、《沤骨肥的方法》、《怎样培训树苗》、《怎样栽树》、《果树的剪接方法》、《种籽发芽试验》、《采集代食品》、《怎样识别野菜》等。

在发展生产的报道中,树立正面劳动英雄形象是一种行之有效的宣传方法,太行版在这方面也进行了大量的努力。1944年3月19日,报纸刊登了《五分区女劳动英雄孟祥英》的长篇通讯,介绍涉县女劳模孟祥英不仅自己劳动,并组织全村妇女生产自救的先进事迹。称这个村妇女以前都缠脚,自孟祥英当上妇救会主任后,首先动员全村妇女放足,下地劳动。她带领全村妇女不仅靠挖野草渡过了饥荒,而且还积极反特,抓住了搞破坏的敌伪特务。这个叫交口的村子,是涉县最贫苦的村庄,全村351口人,只有380亩赖地,在孟祥英的组织下,全村形成了大互助,男人积肥,女人纺织,没有饿死一人,胜利度过饥荒。4月9日,报纸又刊登专题报道《开展孟祥英运动是涉县妇女运动的新方向》,称赞涉县妇女在孟祥英的影响下,涌现出许多劳模,带动了全县的生产自救。1944年5月至6月,太行区普遍发生蝗灾,报纸又集中力量进行灭蝗报道。如《沙河54个村每天灭蝗2万斤》、《部队参加剿蝗》、《打蝗新经验》、《漳北成立捕蝗总指挥部》、《太平庄南山剿蝗大捷,一天捕捉8万4千斤》《5千人大战石岩沟,一天救出1400亩麦苗》等,这些报道,对发动群众缓解蝗情、抢救夏苗起到了一定的作用。

山西的普遍灾荒也给日伪军造成了极大的困难,于是,抢粮与反抢粮,就成为这个时期敌我斗争的一个焦点。1943年10月23日,太行版发表重要消息《晋省敌伪停止办公,大规模抢粮开始》:"伪山西省省政府,最近于太原召开会议,主要讨论今冬抢粮计划,并订出严格的惩赏办法。办法规定,一定要各伪县知事负责,如数抢到规定数额的粮食,如只完成20%者,处死刑;完成50%者,处无期徒刑;完成70%者,撤职;完成90%者,记大过一次。仅下达给襄垣县的指标,就要求抢大麦50万斤、小麦120万斤、粟420万斤、高粱200万斤、玉米140万斤、大豆100万斤、黑豆70万斤,总计1100万斤。还有干草36万斤。敌伪在抢粮期间,一律停止办公,全力进行抢粮。在太南,敌伪调集机动兵力,不断出来抢粮。壶关敌伪于上月29日开会,计划全县抢粮315万斤,每亩抢30斤,从本月1日起,15日止,限期半月内完成。伪干部抢粮不力及民众抗粮不交的,一律枪杀。本月4日,已在一区辛村一带开始抢粮,抢去粮食500余石。"11月7日,又报道:"日前我晋中军政领导,检查对敌粮食斗争工作,发现在敌伪疯狂抢掠下,秋粮遭受不少损失。寿阳被抢走千余石,平定被抢走40多石,榆社一个区被抢走30多石,其中特别惊人的是太谷一个村就被抢走粮食1900多斤。其原因是我们自己麻痹吃了亏,没有主动地对敌展开粮食战,这一点是值得百倍警惕的。"通过这些报道,各地普遍开展了反抢粮、反抢壮丁的群众运动。12月7日,报纸发表专论《保卫粮食,保卫我们的命根》,介绍各地反抢粮斗争中的经验教训。12月19日,报纸专版刊登了《潞城忽视反抢粮斗争,没有细密布置,也没有严格要求,其负责干部干脆就不大管》的报道,称敌在潞城县抢走的粮食,已有228万斤,占到抢粮计划的1/3。同时配发评论《从潞城的粮食斗争说起》,对潞城的军政领导提出了严厉的批评,他们只满足于屯粮任务的完成,对反抢粮感到没办法,是一种失职无能的行为。从此,各地想出了不少藏匿粮食的好办法,扭转了反抢粮斗争的不利局面。

2. 加强报纸群众性战斗性的努力

1944 年新年伊始，太行版首先对报纸改版后的工作进行了认真的总结。报纸刊登了一个版面的读者意见。如涉县二分区农会干部乔浦说："报纸改成太行版以后，地方新闻多了，本县本区的反映也多了，所以我对一、二、四版都很注意,能和我当前工作结合的,就一定要看。比如 12 月 23 日的报纸来时,我们正布置冬学,看了第一条新闻后就只看了看标题。21 日四版上俊清同志那篇《开展群众反特务运动》,我们还组织了一次讨论。社论都要看。这些都起了推动自己工作的作用。比如我们布置造肥工作,就读过《从南委泉到索堡》;组织互助时,就读过《杨发仁的互助小组》;动员备战时,就读过《涉县二区备战松懈》。结果,村干部们也把报纸和自己的工作联系起来,现在有些小村如韩窑都要求订报纸,他们说:不看报实在迷闷得很。我们爱读哪些文章和新闻呢？拿 12 月份的报纸说吧,文章如《组织起来》、《平抑物价办法》、《安阳怎样解决复工问题》、《开罗会议与德黑兰会议》,社论、工作指示和《农事半月》等;新闻如《解决出差民夫困难》、《冯进泉问题》、《河南店坦白大会》、《武乡造肥经验》、《劳动英雄会见毛主席》、《三大领袖会议》、《中英美开罗会议》、《南国临时政府成立》等。这中间可分为两大类,一类是对自己工作有帮助的,一类是我们所关心的国际国内大事。太长的文章不是不爱看,而是很难看完。现在报上长文章少了,倒觉得很好。"一位叫陈均的读者在《我搜集的意见》中说:"关于生产运动的报道,如《农事半月》的许多技术指导,最受老百姓欢迎,鼓动了生产热情,许多村干部改变了过去轻视生产的观念,在开荒时期,报上所登载的许多经验起了相当大的作用。通俗化上有很大进步,表现在地方消息,读给群众听时,一般都能懂。标题通俗化,更加生动活泼,能吸引读者。如最近关于冯进泉问题的报道,就很好。"

这些读者来信在肯定太行版的地方新闻时，都提到了冯进泉问题的报道。这篇消息刊登在 1943 年 11 月 29 日的头版头条：

曲里非法征负担夺滩地　侵犯冯进泉合法利益

区干部竟不关心群众痛痒

（涉县讯）冯进泉是从南岗头搬到曲里村的一个农民。先前，一家 8 口人，靠二分半地吃饭。后来，为了改善生活，他下决心修漳河滩地，从 1939 年起，每天起早搭黑，不顾风刮日晒，费了两三年的功夫，出了五六百个工，修了 7 亩滩地，还开了 350 尺长的一道渠。1941 年种上，收了 4 斗麦子（刚够种子），1 斗稻子。1942 年收了 6 斗麦子，1 石稻子。今年收了 7 斗麦子，2 石稻子，6 斗杂粮。这样，他的生活就慢慢地好起来了。去年又典进 6 亩地，买了一头驴。现在，连租地、典地、滩地，他一共有 21 亩多地，一头驴，由贫农上升为中农了。

按法令规定：滩地从修成的那一年算起，5 年当中不出负担。可是村上从去年就收了他的负担，产量评议的是 10 石零 4 升。今年 9 个地主又合伙把他修好的滩地夺过去，种上麦子。这 9 个地主里边，还有农会干部和前任村长。

此前，冯进泉曾找过区干部某同志，替他解决问题。某同志却不大关心，只说把 9 个地主找到一起谈谈再说。一直到现在，冯进泉还眼看着自己的地里，种着别人的麦子，干着急没有办法。

在刊登消息的同时，还配发了评论《解决冯进泉的问题》，其中说："在这件事情正确处理以后，政府应该批评那位不负责任的区干部，并安慰冯进泉。另外，最好能在漳河沿岸村庄来一次检查，看还有没有这类事情。并同时把对冯进泉问题的正确处理结果，向群众宣传，提高群众的修滩热情。"看到报纸后，边区农业厅刘厅长和涉县二区武副区长都派人到曲里村调查了解，帮助冯进泉解决问题。报纸 12 月 5 日刊登了这条消息。12 月 7 日，又报道："冯进泉问题有了眉目，只要弄清滩地的年限就能解决。"原来，按照边区土地条例规定，要是公滩，修的人也有种 5 年的权利，现在也不能夺地。要是私滩，就应该无条件地还给冯进泉。经过调查了解，证实冯进泉修的是他人的私滩，但按照边区土地法，冯进泉修的滩地，还没有到年限，村里收负担和地主夺地都是不对的。另外，在调查中还发现曲里村另8户贫农凑了8股钱修私滩，也才4年，收成又很不好，修滩户还没有得到什么好处，地主杨佩琦就开始夺地了。报纸在12月9日就这个问题的调查详情发了4条消息，1篇短论。短论《要进行法令教育》指出："曲里村老八股问题的发现，是我们真正和老百姓接触，给老百姓解决切身问题的结果。也可以看出过去我们工作的深入程度，还很不够，村里的问题是不少的，关键是要向农民进行法令教育，让老百姓认识到今天的人民政府是给老百姓谋利益的，学会运用法律武器维护自己的合法权益。"12月11日，报纸在头版又发了两篇消息《因为冯进泉问题，涉县叫干部检查工作，确实保障人民利益，推动明年生产》《老八股的滩地还得种3年》，一篇专论《修滩法令需要明确统一》。至此，冯进泉问题及相关问题得到了彻底的解决。

关于冯进泉问题的连续、系列、深度报道，是太行版改版后努力向地方化、群众化、指导性、战斗性方面迈进的众多报道之一。正如1944年1月1日刊登的《加强报纸的战斗力》《明确为工农兵服务的基本方针》所说："1943年，报纸的地方化实际化，已经获得了进一步的改善。报纸对于实际工作的指导和批判性，也已经大大的加强起来。""自改为太行版后，由于同志们的努力，报纸不仅能发扬以往的优良传统，还有不少新的创造。如克服平均主义的铺叙，采取对中心工作的集中报道；根据一般号召与个别指导相结合的原则，随时抓典型事例，进行具体的指导与批评；打破版面上老一套的呆板形式，采用了混合编辑法；尝试了更进一步的通俗化；开始建立工农通讯网，这些都是很好的。"

太行版非常重视对工农兵通讯员的培养与提高，1943年12月19日，报纸用了一个版面内容来交流通讯工作经验。其中《怎样才能把新闻写得通俗些》提出了四点要求："一个新闻只说一个事情;没用的话不要写;怎样说就怎样写;写得明白清楚就好。"《让我们的笔更尖利些》指出:"今后我们写批评报道时,应该站在工作的立场上,用治病救人的原则来说话。我们的态度是诚恳的,是对事不对人的;我们的笔锋是尖锐的正面的,不是冷嘲热讽的。这样,写出来的东西,才能使人心悦诚服,才能使人知道我们是在帮助他,从而勇敢改过。"

报纸的地方化、群众化加强了,农民们也就爱读了,也会对实际工作产生指导促进作用。1944 年 4 月 5 日的《读报组推动了生产》一文说:"马家沟村于旧历正月 23 日晚成立了读报组,自读报以来,全村对春耕的准备更紧张,也对建设模范村更有办法了。正如他们所说:过去不读报,两眼黑洞洞;现在读了报,毛主席给咱老百姓谋划着什么,咱都知道了;许多英雄模范的好办法,咱也了解了,知道该怎样学习了。他们读了《怎样组织起来》,不但在道理上认识了组织起来的重要,在讨论中又具体研究了本村的变工队,认为各组间要相互竞赛,相互督促,要变到底,保证不发生任何问题。他们读了吴满有创造模范村的计划,便讨论到本村的春耕准备不够,于是全村掀起了砍柴高潮,积极沤制草粪。他们读了田荣贵如何办合作社的经验,认识到合作社是真正为民谋利的,也自动提出了入股金的数目。他们读了部队去年的生产自救成绩,认识到军队既然为人民减轻了负担,咱们今后也应该更好地拥护军队和优待抗属。他们读了毛主席也要变工生产的消息,就更加感动了,都说领袖都要生产,咱们更要努力,许多人提出要为毛主席和边区领导同志代耕。从这些事例中,说明了他们是喜欢读报听报的,因为这能解决他们村里的实际问题,用他们的话说,就是:读报是为了学习人家的好办法,把咱庄里的事情办好。"

3. 对太行区英模会文教会的报道

1944 年下半年到 1945 年上半年,太行根据地举行了两次规模空前的大会,即首届英模会和首届文教群英会,太行版对此进行了大量的集中宣传报道,在当时产生了重大的影响。

在紧张艰苦的对敌斗争和根据地建设中,太行区涌现出大批杀敌英雄,劳动模范和优秀工作者,成为战斗和建设的榜样,受到全区广大军民的崇敬和赞扬。为了宣传推广他们的英雄模范事迹和生产工作经验,把新英雄主义的旗帜插遍太行山,1944 年 11 月 21 日到 12 月 7 日,在黎城县南委泉村,召开了第一届杀敌英雄大会和第一届劳动英雄大会,同时举办战绩展览和生产展览。会议以小组座谈为重点。座谈会上,通过英雄模范们的介绍,可以看到太行军民赤胆忠心,英勇杀敌,保卫根据地,坚持敌后抗战的英雄业绩;可以看到在共产党和抗日民主政府领导下,根据地军民充分发挥聪明才智,同敌人搏斗,同困难搏斗,用低劣的装备战胜武装到牙齿的敌人,把根据地建设成反攻的基地;也可以看到英模们勤劳刻苦,艰苦奋斗,带领群众度荒救灾的非凡壮举。经过讨论和大会评选,选出太行区一等和二等杀敌英雄 31 名,劳动英雄 39 名。大会通过了《太行区第一届杀敌英雄大会宣言》、《太行区第一届劳动英雄大会宣言》。太行版除了对大会的进程,内容进行全面报道外,还重点报道了英雄与模范的事迹,如《会捉鬼子的刘二伯》、《飞毛腿郑全喜》、《矿工状元梁来元》、《合作英雄老王典》、《侦察英雄赵亨德》、《度荒英雄卢有仁》等,使群英会的精神传遍每个部队、村庄,有力地鼓舞了广大军民杀敌、生产的积极性。

在所有华北敌后根据地中,太行区有着发展文教事业的优越条件。由于中共中央北方局、八路军总部等领导机构驻扎在这里,集中了大批有较高文化水平的人才和专业文化人,大大促进了文教工作的发展。从 1939 年开始,形成了以华北《新华日报》社为中心的新闻出版发行网。以抗大、各级党校、干部学校为主的干部教育发展很快,以冬学为主的社会教育网,中学、小学和各种剧团也纷纷建立起来。晋东南文化教育界抗日救国总会团结了全区的文教界人士,加上从延安、国统区、敌占区到太行山的许多名流学者,使太行区成为华北敌后人才荟萃的地区。1942 年 1 月,129 师政治部和中共晋冀豫区党委联合召开了太行文化人座谈会。会后不久, 大家又学习了毛泽东《在延安文艺座谈会上的讲话》,认识有了进一步的统一和提高。大家纷纷走出机关,走出编辑部,一边体验生活,一边改造思想,创作群众喜闻乐见的作品。深受根据地人民欢迎的《小二黑结婚》,就是赵树理经过调查研究写出的通俗故事, 成为根据地文艺创作的一面旗帜。1945 年春,太行《新华日报》每期印 7000 多份,发行到每个连队、行政村;入学儿童增加到 12 万 5 千多人;发行各种读物近 13 万册。农民的孩子过去极少有入学的机会,经过减租减息运动,多方动员儿童上学,使绝大部分农家子弟进了学校。为了总结和检阅抗战以来太行区的文教成绩, 制定今后的发展计划,1945 年 4 月召开了第一届文教群英会,同时举办太行区文教展览。许多模范文教工作者在会上介绍了自己的经验。经过大会评比,选出一等模范小区教员 11 人、一等模范义务教员 8 人、一等模范戏剧工作者 4 人、一等模范医务工作者 4 人。太行版对此也进行了全程报道。

4. 减租减息运动深入开展

1944 年 8 月,中共太行区党委召开地委书记联席会议,研究了进一步开展减租减息的问题。11 月 17 日,区党委发出《关于贯彻减租运动的指示》,总结了 1942 年减租减息运动的经验,强调从思想上发动群众, 启发群众的阶级觉悟, 引导群众自觉地起来进行说理斗争。指出封建思想对农民的束缚根深蒂固, 尽管抗战已进行了 7 年多,但相当多的农民仍然认为地主的剥削是合理的,农民靠地主才能生存。思想问题不解决,就无法使运动深入下去。1944 年 12 月,区党委总结了平顺县路家口村启发农民自觉起来减租减息的经验,以《从反省中打通思想发动群众检查减租》为题,发了通报,刊登在太行《新华日报》上。随后,太行版抓住这一典型,广泛进行宣传。指出路家口经验的核心,是先打通村干部的思想,再依靠干部打通群众的思想,通过算账、回忆、对比,使农民明白不是农民靠地主,而是地主靠剥削农民发财;不是地主剥削合理,而是农民受剥削极不合理,只有彻底减租减息,农民才能翻身,才有活路;日本侵略者已是秋后的蚂蚱,我们抗战必胜,人民当家的天变不了。通过推广路家口经验,平顺县的减租减息开展得很好,对其他地方也起了示范作用。

农民的阶级觉悟提高和充分发动起来,减租减息运动形成高潮后,正确掌握政策,防止和纠正过火行为,就成为应该注意的问题。为此,太行版强调进行法令政策教育,引导群众了解共产党政策的内容和实质,使农民从切身体会中,认识到减租减息是抗日民族统一战线的土地政策,目的是团结各阶层参加抗日斗争。如果不按政策办事,斗争不该斗争的人,或者不给被斗对象安排生活出路,就会把一些人推到敌人方面去,对抗战不利。群众懂得了这个道理,自觉按报纸上宣传的政策办事,运动得以正确进行。如报道黎城县政府不出面干涉,由群众自己纠正过火行为,这样既保护了群众的积极性,也解决了问题。为推广黎城经验,报纸上刊登了区党委1945年1月26日的通报《黎城通过群众纠正处理夺地问题的过火》,各地普遍采取同样的做法,防止了"左"倾行为。

太行根据地减租减息运动深入发展,猛烈冲击了封建制度,引起了农村社会阶级关系的重大变化。据太行版1945年5月对12个县15个典型村调查,地主的土地占有量由23%下降为3%,中农占有土地量由37%增加到60%,许多贫雇农上升为中农。整个根据地中,中农化的趋势极为明显,表明土地大部分转到自耕农手中。减租减息后,租额大都降低了1/3到1/2。这样的宣传报道,极有说服力,极大地提高了广大群众的阶级觉悟,增强了与党和人民政府的感情。

（六）保卫根据地的斗争和自卫战争在太行区的胜利（1945 年 9 月—1947 年 6 月）

日本刚刚宣布无条件投降，国民党就集中大军向山西的上党地区、河北的平汉沿线急进，妄图侵占上党区，控制平汉线，进而夺取华北解放区。为了保卫根据地，晋冀鲁豫解放区胜利地进行了上党和邯郸（平汉）两大战役。1946 年 6 月国民党发动了对解放区的全面进攻后，太行区军民在自卫战争中，参加了正太战役，进行了豫北战役，把国民党军队压缩在南北交通沿线。在这期间，根据中共中央的"五四指示"，全区开展了实现"耕者有其田"的清算减租运动，极大地调动了广大农民参加自卫战争的积极性，为解放全区，支援全国解放准备了充分条件。

1. 根据地形势的变化和报纸面临的新任务

在 8 年抗日战争中蒙受了巨大战争创伤、付出了重大代价的中国人民，抗战胜利后，渴望有一个和平环境，休养生息，重建家园。国民党政府完全不顾人民的愿望，坚持独裁、内战的反动方针，妄图抢占中国共产党领导人民在敌后建立的根据地，独霸抗战胜利果实。日本宣布无条件投降后，蒋介石悍然命令日军在原地"作有效之防御"，不得向八路军投降，并收编伪军，封官加爵，使其摇身一变而成"国军"，充当向人民"收复失地"的"先遣军"；又命令八路军"原地驻防待命"，限制八路军向日军发动反攻和受降。太行版对此进行了揭露与抨击。

1945 年 9 月 10 日，发表消息《受降名单竟无朱总司令，全国人民一致表示愤慨》。9 月 21 日，发表消息《太行军民的呼声：八路军牺牲流血，不让受降，岂有此理》："受降名单没有朱总司令的不公平待遇，引起本区各界人民的无限愤慨。涉县乱石岩村一个老百姓说：华北是咱八路军和咱老百姓牺牲流血换来的，不让咱们受降可不行。大家对于那些专打败仗的国军将领的受降，同样表示很大的不满。"与此同时,国民党依靠美国海、空军的帮助,由西南、西北向全国各地大量运兵,控制战略要地和交通,积极准备进攻解放区。

地处华北要冲的晋冀鲁豫边区,在抗战胜利时,所属太行、太岳、冀南、冀鲁豫四个根据地已经连成一片,形成当时全国最大的解放区。全区拥有了2400多万人口,近30万军队,40万民兵,控制了80多个城市(主要是中小城市)。经过抗日战争的锻炼和减租减息等一系列的群众运动,老区广大人民群众对于土地的要求已经基本解决,思想政治觉悟大为提高。新解放的地区,也已建立人民政权,发动群众进行了肃清汉奸恶霸的工作。当时日军虽已退守铁路沿线,但仍拒绝向八路军投降,甚至还在继续骚扰。国民党军队则企图在日军接应、掩护下,经同蒲路和平汉路向平津推进。这两条铁路都从晋冀鲁豫解放区通过,因而在反对蒋介石内战和保卫解放区的斗争中,晋冀鲁豫解放区处于十分重要的战略地位。太行根据地东为平汉路,西为白晋线,直接控制着蒋介石运兵北上和阎锡山派兵南犯的通道,因此,成为蒋阎军向解放区进攻的首要目标。在时局急剧变化的历史关头,根据中共中央和晋冀鲁豫中央局的方针、指示,太行区党委和军区确定太行区斗争的主要任务:(1) 坚决粉碎国民党军队向太行区的进攻,阻止或迟滞其沿同蒲路、平汉路北上的行动;同时,继续从日军手中夺取一切可能夺取的据点,控制铁路线,继续扩大解放区。(2)立即集中主力,以边打边练和边打边建的方法,编组野战部队。同时动员群众参军参战,进一步发展地方武装和民兵。(3)在新解放区,迅速建立和加强人民政权,开展反奸反霸和减租运动,武装基本群众。在老解放区,进行减租复查工作,进一步发动群众。在全区大力发展生产,厉行节约,同时加强解放区周围敌占城市的工作。(4)加强军队和广大人民的阶级教育,揭露美帝国主义侵略和蒋介石内战、独裁、卖国的阴谋,使全区军民政治觉悟迅速提高,为保卫解放区,争取和平民主而斗争!

日本帝国主义宣布投降后,太行《新华日报》由间日刊改为日刊。由于形势发展的急需,逐步为报社输进了一批新鲜血液,其来源主要是:(1)骨干通讯员;(2)太行联中毕业的一批学生。因此,整个报社的各项工作,顿时有了新的起色,生活空气也大为活泼新鲜,全力以赴地宣传太行区的新任务。

2. 对上党战役的宣传报道

1945 年 8 月中旬,阎锡山在日军接应下进驻太原,立即派 19 军军长史泽波,以第八集团军名义,率领 19 军 37 师、68 师和 61 军 69 师等部 1 万 7 千余人,从临汾、浮山、翼城,向长治地区(古称上党)进犯。21 日侵入长子,23 日侵入屯留、长治,25 日侵入壶关、潞城、襄垣等县城,企图抢占整个晋东南,恢复其在山西的反动统治。这时,晋冀鲁豫军区部队正在继续执行对日反攻作战任务,太行军区主力准备收复沁县、武乡。8 月 25 日,晋冀鲁豫军区刘伯承司令员、邓小平政委自延安返回太行,根据毛泽东主席和中共中央关于保卫上党的指示,决定集中力量,先打入侵上党之敌。随即调集太行纵队的陈锡联部、太岳纵队的陈赓部、冀南纵队的陈再道部,3 个军区的主力及地方兵团一部,共 3 万 1 千人,于 9 月上旬开始上党战役。

上党战役是抗日战争胜利后,晋冀鲁豫军区部队对国民党军队进行的第一个大战役,也是军区部队由分散的游击战向集中的运动战转变的第一个大战役。当时集中的 3 个军区的主力部队,虽然多是老部队,但不满员,多数团在千人以下,装备也差。进犯的阎军是基干部队,装备精良,占据有日军多年修筑的工事。为了取得战役的胜利,参战各兵团在向上党地区开进中,一面扩充兵员和调整组织,进行战前练兵;一面进行政治动员,提出"为保卫胜利果实而战"、"为支援毛主席谈判而战"的口号。广大指战员对国民党篡夺人民胜利果实的罪行极为愤慨,纷纷宣誓坚决歼灭敌人,争取战役胜利。太行纵队首先肃清了武乡的日伪军,乘胜南下,于 9 月 1 日攻克襄垣。晋冀鲁豫军区立即总结战斗经验,发出战术指示,并在襄垣城组织实弹演习,研究攻城和巷战经验,为上党战役的胜利进行了充分准备。

1945年9月10日,上党战役正式打响,到10月12日胜利结束。战役是从解放长治周围各县城开始的。首先解放襄垣城,毙敌350余人。12日攻克屯留,全歼守敌。17日攻克潞城。19日解放长子、壶关。9天时间连克5城,歼敌7千。长治之敌完全陷于孤立。

阎锡山为了救援长治被围孤军,派第七集团军副司令彭毓斌率23、83两个军的6个师和省防军2个师,共2万2千多人,进抵沁县以南。结果这2万2千人被我全歼。

援军被歼后,困守长治的阎军待援无望,于10月7日夜趁大雨浓雾弃城西窜,企图横穿太岳区,逃回临汾、浮山和翼城。12日,逃敌在沁河以东的将军岭和桃川地区全部被歼,19军军长史泽波、68师师长郭天辛、37师师长杨文彩等被活捉。上党战役至此胜利结束,共歼敌3万5千人。

太行版在报道主战场的同时,还积极报道人民群众的一些典型战例。如在围歼老爷山和磨盘垴阎军的激战中,20团主攻老爷山据点,正面进攻遇到困难,屯留县茶栅村民兵王玉连带领队伍从自己熟悉的小路绕到蚂蚁圪垴,出其不意地攻上了制高点。老爷山主峰极为险要,772团从正面强攻几次没有成功,刘成沟的民兵张新锁父子俩自告奋勇当向导,领着部队从主峰两边长满荆棘的饮马池,攀陡崖攻上山,切断敌人的水源,敌指挥部被迫向北撤退。当发现敌人北退时,20团奉命要赶到逃敌前面进行截击,急需捷径赶路。由于民兵带路,提前赶到漳河边,迎头痛击逃敌,取得打援任务的胜利完成。援军被歼后,在尾追史泽波部队的沁河激战中,太行、太岳区民兵又积极配合部队,取得了追歼逃敌的胜利。

上党战役的胜利,打击了蒋介石的反动气焰,对全国、对根据地,影响都很大。毛泽东主席从重庆回到延安后,在延安干部会上作的题

418

为《关于重庆谈判》的讲话中,深刻指出:太行山、太岳山、中条山中间,有一个脚盆,就是上党区。在那个脚盆里,有鱼有肉,阎锡山派了13个师去抢。我们的方针也是老早定了的,就是针锋相对,寸土必争。这一回,我们"对"了,"争"了,而且"对"得很好,"争"的得好。就是说,把他们的13个师全部消灭。他们进攻的军队共计3万8千人,我们出动3万1千人。他们的3万8千人。被消灭了3万5千人。,逃掉2千人。,散掉1千人。。这样的仗,还要打下去。

3. 对邯郸战役的宣传报道

1945 年 10 月,太行版连续发表消息《国民党高树勋部结合伪军,向豫西解放区大举进犯,五六天内,用剥皮、刀砍、活埋等方法,杀死我伤病员、地方干部、抗属及各阶层同胞 500 余人,被捕者 700 余人》《国民党军队侵占我晋南平陆夏县》《高树勋等部进入新乡,协同敌伪摧残人民,诬蔑新乡人民都是汉奸,掘地三尺,强奸妇女,大抓民夫,赶修炮楼,在高部及敌伪摧残下,城内商铺全部被逼关门》《平汉我军占领邯郸》等,敌我双方在平汉线豫西一带展开了争夺。这时,国民党 30 军(军长为孙连仲)、40 军(军长为马法五)和新八军(军长为高树勋)4 万多人,在第 11 战区副司令长官马法五、高树勋的率领下,从新乡沿平汉线北犯。

晋冀鲁豫军区对当时敌我情况作了周密的分析,认为敌军数量多,装备好,久经训练,长于防御,是其长处;但敌系新到,地理民情不熟,远离后方,供应困难,突击力弱,不善野战,特别是派系不一,内部矛盾重重,孙连仲所部原是西北军,除 30 军是半嫡系外,40 军和新八军都是"杂牌",新八军中还有一部分民主分子,对蒋介石为削弱杂牌驱使他们作内战先锋,极为不满,这些都是国民党军的严重弱点。晋冀鲁豫军区野战部队虽然组成不久,装备也差,连战之后未经整训,但系胜利之师,为保卫胜利果实而战,士气高昂,又控制了一大段平汉线可作为诱敌深入的战场,加上根据地人民的支援,完全具有歼灭敌人的基本条件。决定集中一、二、三纵队和太行、冀南、冀鲁豫3个军区的主力共6万余人，并动员10万以上的民兵、群众参战，进行邯郸战役。

10月22日，国民党40军、30军、新八军共4万5千人，北渡漳河，占领磁县，继续向北进犯。10月23日，邯郸战役打响。晋冀鲁豫军区以一部兵力正面阻击，一部兵力控制漳河渡口，切断敌后续部队北上道路，主力从西侧突然出击，将敌包围。地方武装分别牵制和阻击由安阳、石家庄南北两面增援的国民党军队。主力部队28日向被围之敌发起总攻，经激烈战斗，歼敌40军一部，30军也受到沉重打击。国民党第11战区副司令长官兼新编第八军军长高树勋将军，经政治争取，率新八军万余人，在马头镇起义。这一义举给予国民党军队很大的震动，使它丧失了固守的信心。刘伯承、邓小平估计高部起义后，敌人必然向南突围，乃网开一面，将主力预伏到漳河以北敌退路两侧，准备歼灭突围之敌。31日，国民党军队脱离阵地，向南逃跑，晋冀鲁豫军区部队从东、西两面突然出击，战至11月2日，向南突围之敌，除少数漏网外，大部被歼。石家庄和安阳出援的敌军闻风撤退。这次战役俘敌11战区副司令长官马法五以下2万3千多人。

在邯郸战役中，刘伯承司令员、邓小平政委在军事斗争的同时，十分重视对国民党军队进行争取、瓦解工作。邯郸战役打响前，邓小平先派王定南转告高树勋，希望他从大局着眼，配合行动。接着派李达参谋长代表刘、邓看望高树勋，又一次提出恳切的期望，指出：高树勋起义，比当年冯玉祥的五原誓师影响更大，足与董振堂、赵博生二位西北军将领发动宁都起义媲美，希望高树勋做出比五原誓师更光辉的事业。在此情况下，高树勋将军率领新八军一万多人，在马头镇起义。刘伯承司令员看望高树勋时，转达了毛泽东主席、朱德总司令对他高举义旗，反对内战，主张和平壮举的热烈欢迎。11月1日，起义部队离开战区，开往武安县伯延一带。邯郸战役历时10天，歼国民党两个军,争取了一个军起义,再次打击了蒋介石的内战阴谋;对保卫太行及华北解放区,掩护解放军在东北的战略展开,起了重大的作用。特别是高树勋将军起义,给当时的国民党军指出了一条弃暗投明的道路,具有很重要的意义。

11 月 6 日,太行版头条以大字标题《国民党 4 万余部队侵犯磁邯,冀南军民自卫大捷,高副长官率新八军全部起义,马副长官等高级将领暨数万人放下武器》,报道了邯郸战役的全过程。

4. 对根据地建设的宣传报道

经过上党、邯郸两大战役,国民党向华北的进攻被初步粉碎,但内战危机仍然严重。为此,中共中央于 1945 年 11 月 7 日颁发了《减租和生产是保卫解放区的两件大事》的指示,指出国民党在美国援助下,聚集一切力量进攻解放区,全国规模的内战已经存在。当前的任务,是动员一切力量,站在自卫立场上,粉碎国民党的进攻,保卫解放区,争取和平局面的早日到来。这个文件接着指出:只有把减租和生产两件大事办好,才能克服困难,支援战争,争取胜利。中共太行区委结合本区的实际,部署 1945 年冬季和 1946 年春季的工作,决定在全区开展反奸反霸、减租减息和生产运动。

新收复区的阶级斗争比老区复杂、尖锐。由于敌伪汉奸长期统治,中农、贫农丧失了大量土地,封建势力和新兴的恶霸、汉奸、土匪等相勾结,掌握武装,利用和发展会道门,对农民肆无忌惮地欺诈压迫,这种现象在冀西许多地方存在,在豫北更为普遍。地主等恶势力放高利贷,成了普遍现象,所以新收复区的群众运动,必须从满足群众最迫切的要求入手。不少地方首先救济困难户,然后宣传共产党的政策,开展诉苦运动,培养训练积极分子,进而团结广大农民开展运动。当时各阶层群众除奸反霸的要求十分强烈,对那些作恶多端的首要分子必须狠狠打击,否则群众是发动不起来的。如长治在全县范围内公审了 19 个汉奸头子,很快打开了局面。接着趁热打铁,边诉苦、边斗争,斗争胜利后,抓紧分配胜利果实,迅速扩大了影响,加快了发动群众的步子。一个村胜利了,影响一大片。许多地方组织了反奸反霸的万人大会,群众纷纷起来控诉汉奸、恶霸的罪恶,在群众初步发动的基础上,及时地转向减租减息,驻地部队也积极参加了这些斗争,为群众撑腰鼓气。抗战期间,有些地主住在城里,城里有他们的商店、作坊等,城里的汉奸也经常到根据地农村掠夺、抢劫。随着城市的解放,农民纷纷要求进城捉地主,没收地主在城里的商店、作坊等。根据中共中央关于保护工商业的有关指示,各地都进行了大量的工作,劝阻了农民要求进城算账的行动,保护了城市工商业。通过这些斗争,广大贫苦农民在经济上减轻了封建剥削,从汉奸、恶霸、地主手中收回了土地、耕牛、农具、粮食等生产和生活资料。在政治上通过诉苦、算账,认识到封建制度和地主阶级的剥削,是农民穷苦的根源,从而提高了阶级觉悟,决心"跟着共产党走","保卫胜利果实"。

太行版积极地对上述政治任务进行宣传报道,在1945年后期的4个月中,共发表社论7篇,转载延安《解放日报》社论25篇,各种报道265篇,来反映减租减息和生产运动。在报道生产运动中,太行版十分注意对游民的改造。改造的场所,就是每个农村。办法是说服教育,帮助解决困难,动员他们参加互助组,在劳动中进行改造。大多数游民参加了生产劳动,有的转变成为劳动模范。这部分人改造好了,在根据地基本上消灭了乞丐、偷盗、吸毒、赌博等坏现象。

随着根据地的扩大,革命政权的建立,军事斗争的胜利,特别是除奸反霸和减租减息政策的贯彻,生产运动的发展,人民生活初步改善,使旧的风俗习惯、道德观念,逐渐被新的道德风尚、风俗习惯所代替,许多家庭的封建习俗也逐步得到了改造。太行版及时抓住这方面的典型展开宣传活动。如二专区的襄垣县,农民李来成家兄弟妯娌不和,经常吵架拌嘴,生产搞不好,全家闹着要分家。新的社会制度和新的道德风尚,使他家走上了建立新型家庭的道路。他家建立了家庭会议制度,讨论决定有关全家的事务,家庭内部实行分工,根据性别和劳动条件,对每个人提出适当的工作要求,使人人各尽其能,劳动能力得到合理发挥,家庭收入迅速增加。一个少吃缺穿的人家,很快变成吃穿用有余的家庭。他家的事迹当时曾编成剧本、说唱本,广为流传。李来成建立的新型家庭,对周围的农民有很大影响,一家传十家,十家传全村。后来太行区的农村,都向李来成家庭学习,对改变人们的精神面貌起了很好的作用。

1946年春,老解放区的减租减息运动,经过认真复查更加深入。新解放区减租减息运动也普遍展开。随着抗日战争的胜利和国民党军事进攻扩大,国内阶级关系发生了根本变化,阶级矛盾成为主要矛盾。减租减息已经不能满足农民的要求,他们迫切要求彻底解决土地问题,从地主手中直接取得土地。在这种形势下,满足农民的土地要求,实现"耕者有其田"这一民主革命的基本目标,就成为把广大农民发动起来,取得自卫战争胜利的关键之一。中共中央于5月4日,发出《中共中央关于清算减租及土地问题的指示》(简称"五四指示"),明确提出:"解决解放区的土地问题是我党目前最基本的历史任务,是目前一切工作的最基本环节。"

太行区党委随即召开会议,学习中央指示,部署全区土改工作。要求各地委、县委,继续放手发动群众,使全区运动走向普遍深入平衡,要求各地区在6个月内,实现"耕者有其田"。"五四指示"的传达和贯彻,在太行新老区广大干部和群众中,受到了普遍热烈的欢迎,把它比做"拨开迷雾"的明灯,有的干部说,"我们抗战八年,现在又解决了中国封建社会长期未能解决的问题,我们从根据地看到中国革命胜利的前景了。"广大群众,更是群情振奋,奔走相告,以更大的积极性,投入新的翻身运动。

太行版在这场伟大的变革中,主要报道了以下多方面的内容:

报道1946年7月,太行区组织1700人参加的翻身队,深入农村工作;到八九月份,全区 40 个县的群众翻身运动进入高潮。

报道在执行"五四指示"时,由于新区老区情况不同,所以采取不同的办法进行;在老区主要依靠干部领导,在新区主要派工作队。

报道老区经过 1942 年以来的减租减息运动,农村阶级关系已经发生了重大变化;地主经济大大削弱,贫农大为减少,中农逐渐增多,并且出现了不少新富农。

报道对地主、富农的多余土地,采取分别抽动的办法。对那些一向对农民态度较好,特别是积极抗日的开明地主,允许保留多于每人平均数的土地;对暗中高价出典或保留押地继续出租的地主,则通过清算收回其土地;对于伪装进步、暗中勾结敌人以至做了特务的,在查有实据后予以没收。由于采取了区别对待的作法,许多开明地主要求献田,顽固拒绝清算的为数不多,通过几年来的双减清算,他们已经看到"耕者有其田"是大势所趋。

报道在贯彻执行"五四指示"的过程中,一部分中农、富裕中农有过一些震动。有人把"五四指示"理解为平分土地,因而准备"献田"。有些干部和群众,也认为这次是要"推平",准备平均"分地"。各级领导及时提出,不能接受中农献田,对于他们超过平均数的多余土地也不做计算。经过教育,中农普遍放了心,积极参加了运动。

报道在分配斗争果实前,各地首先抓紧解决干部的思想问题,主要搞通两条:一是少数人先翻身,还是大家齐翻身?干革命是为自己发财,还是为人民服务?在进入分配斗争果实阶段后,抓紧群众的思想教育,使大家认识到,从地主手里没收的果实,不是哪个人的,而是无数劳动人民的血汗,公平分配,理所应当。应该按照各人贫富不同情况和不同需要,公平调剂,互让互谅。干部多分不对,但群众翻身了,干部继续受穷也不对。由于大多数干部有了正确的认识,工作中又坚持了群众路线,分配斗争果实时,虽然难以做到人人满意,但基本上做到大体合理,大多数人满意。

报道由于深入地执行了"五四指标",太行区在 1947 年 7 月全国土地会议以前,基本上实现了"耕者有其田"。全区 600 万人口中,得到利益的达 330 万人。

报道广大农民不仅在经济上翻了身,在政治上也翻了身,普遍参加了各种群众组织,许多人担任了村干部。据 9 个县 15 个村统计,参加农会、妇联会、民兵等组织的农民,占到全村农民总数的 57.2%。

从封建制度上翻了身,革命积极性大大提高,更加拥护中国共产党,坚决同人民子弟兵站在一起,为打败蒋介石,保卫翻身果实而战斗。据 5 个分区 31 个县统计,半个月之内,即有 3 万多翻身农民参了军。

报道"耕者有其田"的实现,也提高了部队广大指战员的阶级觉悟,有力地瓦解了国民党军队的士气,大批解放士兵受到阶级教育以后,立即调转枪口,参加对蒋军的战斗。

5. 对民兵游击战争的宣传报道

全面内战爆发以后,太行区的地方武装和民兵,不仅配合野战军作战,还积极打击敌人的蚕食进攻,并开展国民党占领区和边沿区的游击战争,保卫群众利益,牵制敌人兵力,有力地支援了主力作战。

太行版对这方面的报道主要是:

报道在蒋军大举进攻初期,根据地一部分地区又变成国民党军占领区,敌人在这些地区进行野蛮的统治和残酷的镇压。保安团、还乡团、倒算团、恶霸地主、特务等实行军事清剿,建立反动政权,疯狂进行倒算,杀害地方干部和基本群众,暂时恢复了反动统治。

报道各地整顿地方武装和民兵,加强防特工作和对反动地主的控制,撤出一些暂时不适宜坚持斗争的后方机关、干部和人员。

报道在一些基础较好的村庄,建立秘密游击小组和情报网,搜集情报,协助配合游击队和武工队。对少数最反动的地主及其爪牙,坚决镇压。

报道以县或区为单位，组成游击集团，进行较大规模的游击战争；以地方干部为基础，配合精干武装，组成武工队，结合群众保家乡、反倒算、反抓丁、反抢粮斗争，广泛开展武装斗争。同时大力进行群众工作，利用多种方式，广泛开展政治攻势，宣传人民解放军的胜利消息，宣传蒋军必败、人民解放军必胜的道理，镇压罪大恶极、疯狂倒算的地主分子，教育和争取一切爱国反蒋的地主和爱国人士。如太谷边沿区军民，1947年元宵节前后，在阎军据点林立的平川地区开展政治攻势时，一周内在平川地区甚至离敌据点5里的村庄，召开了19次群众大会。在20个村庄，写了300条标语，直写到离太谷城3华里的村庄和铁路附近，在国民党占领区的村庄和据点散发300份传单。

报道民兵、武工队的"满天星"战术：在重点突破普遍震荡之下，采取分散的小型武装作面的散开，公开和秘密相结合，到处开展小型武装捕捉、歼灭蒋阎军的活动。同时采取远距离奇袭的"黑虎掏心战"，消灭敌人的地方团队、封建地方武装和乡区公所等，取得了很好的战果。

报道杀敌英雄和模范武工队，如组织情报除奸，开展政治工作的辉县郭兴、沁阳李家成武工队；镇压奸霸，结合政治工作开展反倒算斗争的安阳段法章、任文亮武工队；英勇善战的修武连致中，焦作杨聚和、任秀河，平定周家庭武工队。杀敌女英雄韩二花勇敢机智，3次化装进出敌人据点；捕捉英雄"房上飞虎"胡德贵，跟战友一起4个月捕捉"还乡团"等78人、击毙2人；爆炸英雄穆喜成，组织群众，一次爆炸石雷、地雷82颗，炸死敌人88名；被誉为"爆炸旗帜"的榆次田四儿，用多种爆破办法炸敌，使敌人闻名丧胆。

（七）大决战时期的《新华日报》太行版（1947年7月—1949年8月）

1. 对刘邓大军南征的宣传报道

1947年，人民解放军越战越强，已由战争开始时的120万人，发展到近 200 万人。武器装备也得到改善，士气高涨，人民拥护，后方日益巩固，已经牢牢掌握着战争的主动权。

据此，中共中央提出解放战争第二年的作战方针是：举行全国性的反攻，以主力打到外线，将战争引向国民党统治区，同时以一部分主力和地方部队继续在内线作战，消灭内线国民党军，收复失地。

根据中共中央制定的作战方针和战略部署，晋冀鲁豫野战军的 4 个纵队 12 万 4 千余人，在刘伯承、邓小平指挥下，于 1947 年 6 月 30 日夜，从鲁西南的张秋镇到临濮集 300 里的地段上，强渡黄河，揭开了人民解放军战略进攻的序幕。经过 21 天的战斗，歼灭国民党军 9 个半旅、6 万余人，收复了冀鲁豫区黄河故道南岸的广大地区，解放了数百万人民，粉碎了国民党的"黄河战略"，打开了大军南进的大门。这是战略转变后的一个决定性胜利。7 月 23 日，中央命令挺进开辟中原，8 月上旬，大军即 3 次越过陇海路，千里跃进大别山，展开了长江以北、黄河以南的中原地区的争夺战，以解放这一关系全局的战略要地。

8 月下旬，由太行部队组成的 9 纵队（秦基伟为司令员，黄镇为政委）和太岳部队合组的陈（赓）谢（富治）兵团，由晋南渡黄河，挺进豫西。9 月初，华东陈（毅）粟（裕）大军挺进豫皖苏地。各解放区的内线部队也展开全面反攻。10 月 10 日，中国人民解放军总部发表宣言，提出"打倒蒋介石，解放全中国"的伟大号召，这就形成人民解放军战略进攻的总态势。

太行根据地是刘邓 129 师开创的，对刘邓大军南征的宣传报道，成为这个时期太行版的一项重要任务。1947 年 7 月 7 日，太行版刊登本报特派记者发回的报道《千军万马声势豪壮，刘伯承大军横渡黄河，揭开大反攻光荣序幕，蒋军 300 里河防全线崩溃，我军挺进菏泽城郊》；7 月 11 日，刊登《南渡大军势如破竹，连克郓城钜野曹县，歼灭蒋军 1 万 1 千》；7 月 15 日，刊登《南下大军再传捷报，收复定陶歼敌1旅》;7月21日,刊登《南下大军痛创阻击蒋军,钜野以南歼敌1万9千,包围敌66师》;8月5日,刊登《彻底摧垮蒋匪地主统治集团,汤东全民剿匪战大捷》;9月14日,刊登《我军大举反攻开始,威震长江南北挺进大别山区,刘邓大军连克22城》。

刘邓大军的渡河南征,极大地鼓舞了太行区军民的斗志。广大群众人心振奋,兴高采烈,纷纷要求参战支前。几天内全区即有数万名民兵报名,经过批准,一万多人随军过河。三分区武委会政工部长李荣、沁阳县县长任小凤、博爱县副县长李涵若等亲自率领群众奔赴前线,有110名区以上领导干部加入参战支前的行列,大家都表示:"军队打倒哪里,我们支援到哪里。"

1947年10月初,根据前线的需要,再次进行南下参战支前的动员。晋冀鲁豫解放区共动员了30多万人,其中太行区达10多万人。由于群众积极性高昂,动员工作进展非常迅速。长治市一个晚上就有1500人南下参战。

太行版对翻身农民的参战支前进行了大量报道。例如:

为支援全面大反攻和保秋、保田的紧张斗争,博爱翻身农民在此次参军中,表现了高度的阶级觉悟,喊着"夺天下,坐江山,参加胜利军,保卫聚宝盆"的口号。三区于上月19日召开庆祝大反攻千人群众大会,在共产党员崔大名带头下,58位青年参军。当主席报告完时事而提出我们该怎么办时,翻身农民对答如流:"咱们翻透了身没有?""翻透了!""咱坐天下了没有?""坐了!""坐得稳不稳呀?""不大稳!""为什么呀?""还有蒋介石!""怎样才能坐稳呀?""参加胜利军,刨倒老根!"大岩村一位70多岁的老太太送儿曹喜生参军时说:"过去咱没房没地,住庙开荒,现在翻了身送你参军,保我再好好活几年!"距敌仅5里的柏山村群众,全部转移到山上安全地带,听说大反攻后,立即掀起参军热潮,19岁的刘实富一人动员了16位青年参军。王立凤三兄弟争着要去,吵成一团,哥说:"你小,在家吧!"弟说:"你是哥,还是我去吧!"翻身老农刘九友又送三儿参军,说:"我二儿到河南参战去了,焦作敌人天天作乱,我要叫三儿参军收复焦作。"苏家寨功臣陈元洪听说新战士要走,一夜睡不着,天明去送别,再三叮咛说:"大家要常想光景是怎样来的?我们是为谁打仗的?"战士们大声回答说:"元洪爷,您放心,打不垮蒋介石,我们就不回来!"(1947年10月5日)

随秦基伟将军南征之陵川、沁阳、博爱、黎城民兵担架队已胜利完成任务,光荣归来。这1700余担架队员,虽经跋山涉水,长途行军,但仍精神饱满,英气勃勃。受到沿途群众的欢迎。参战群众艰苦辛劳渡过黄河时,旅首长来信:部队已在打新安和孟津公路重镇横水,先让大家休息一下。全体队员听说让休息,很不高兴,一致说:"俺们过河来是上火线,不是休息。"并推选支队长去要求:非立刻上去不行。转送弹药之二大队亦提出:为啥不让俺们上火线招呼彩号?得到许可后,立即全部跑上,涌现大批抢救英雄。六大队副队长王志龙一连从火线上背下5个伤员。担架队员扯下自己衣服,为伤员包扎伤口,转运途中,为伤员烧开水。二大队原存山掩埋牺牲同志时,找不到锹,即用手挖坑。300人参加陇海路大破击时,原计划两夜破2里,但他们破了13里,并烧毁了4个炮楼,得到旅部表扬,奖励步枪22枝,衣服被子200余件。他们列队归来时,沿途群众高喊:"南下打老蒋,胜利扛回机关枪!"引得许多群众纷纷表示:下一次参战我也去!(1947年11月3日)

2. 对反抢粮斗争的宣传报道

刘邓大军南征时,太行区大部分地区已获解放。残留在太行区周围的蒋、阎正规军约有2万3千余人,地方武装约有2万1千余人,共计5万4千余人,主要分布在豫北新乡、安阳地区一部分城镇和晋中的榆次、太谷、祁县、寿阳等县。

上述地区之蒋、阎军,在1947年7月以后,虽已处于孤立无援的境地,但仍作垂死挣扎。他们极力强化内部组织,扩充实力,一方面将残留的正规军加以扩充和整编,一方面强迫群众,组织"保安队"、"自卫队"、"还乡团"、"民卫军"等。豫北14个县就有这种武装2万4千2.百余人。晋中阎锡山的统治区普遍建立"民卫军"实行"村村自卫",并推行"兵农合一"的暴政,编组抓丁,扩充实力。蒋阎军在其控制区广修碉堡,加强工事,固守点线,不断集中2千至5千的兵力,突袭入侵解放区,抢粮抓丁,夏秋收获季节更为频繁。以特务、地主、恶霸、土匪、流氓为骨干组成的保安队、还乡团、乡镇武装,也不断向边沿区侵扰,捕杀干部、民兵和积极分子,摧毁民主政权,建立反动统治。

1947年9月以后,太行区军民一面继续支援解放军主力外线作战,一面集中力量保护秋收,打击蒋、阎军向解放区抢掠粮食的侵扰活动。他们喊出响亮的口号:"粮食是命根,保秋如保命!"9月下旬,阎锡山派出他的40、44、71、37、66师和八、九纵队等部在晋中平川疯狂抢粮。太行二分区部队在当地民兵配合下,积极掩护和帮助边沿区群众抢收,同时给予进犯阎军沉重打击,使其抢粮阴谋未能得逞。

太行版对反抢粮斗争进行了及时的报道和指导。例如:

阎管区人民不满阎伪"宁饿死100个老百姓,不饿1个兵"的疯狂抢粮行为,纷纷起来反抗。继祁县老农徐步福刀劈6敌壮烈牺牲后,榆次又一郝姓老汉用厨刀砍死3个抢粮阎兵。郝老汉是榆次郝村人,家里只有老两口,穷困度日。不意8月10日,家里仅存之5斗麦,被乡公所以借粮名义征走,当下老两口无吃无喝,嚎啕大哭。次日,二人饿着肚子到田里拾麦穗,拾了三四天,积下2斗多,乡公所又要借走。老汉一怒之下,操起厨刀,乱刀劈死伪乡长、伪指导员、特派员3人,老汉亦壮烈牺牲。围观群众纷纷说:猫不急不上树,兔不急不咬人,这是阎锡山逼得咱造反哩!(1947年9月11日)

继击毙温县蒋匪县长原汉山,武陟护粮战再获大捷,粉碎匪军7天抢粮计划,毙伤其70余人。上月22日拂晓,武陟蒋匪41师500余敌,配合保安团1500余人,在大虹桥一带抢粮。我获嘉、武陟两县民兵和群众,乘敌早饭时,将其包围,敌乱作一团,慌忙逃命。民兵排长王安发跳上一所房顶,见院内有一机枪,即投下一手榴弹,跳下墙夺过机枪,打死伪复兴乡大队长梁着鸿等2敌。民兵乘胜追击10余里,缴获机枪1挺,步枪22枝,手枪3枝,子弹甚多。(1947年11月3日)

阎匪"滚滚队"、"还乡团",今秋在我边区抢粮,历经民兵击败未得逞。上月23日,阎匪正规军1个团约千余人,带有轻重机枪10余挺,火炮10余门,分3路向我肥村一带进犯,企图抢粮。当即遭到我寿阳民兵的迎头痛击,激战4小时,阎匪死伤40余,狼狈逃窜,我仅牺牲民兵1人。(1947年11月5日)

再如:《不要只发号召听汇报,朱桥等村一次失粮500石,辉县深入检查藏粮种麦》、《一手拿枪,一手拿镰,粉碎阎匪抢粮计划,掩护全区完成收藏,区党委表扬寿阳抢收队》、《榆太军民英勇善战,内外夹攻抢粮阎匪,切断同蒲线,使敌无法运兵运粮》、《军区司令部号召全区武装,再接再厉开展护粮斗争,彻底藏粮备战困死蒋阎匪军》、《打烂猪嘴困死阎匪,全区护粮节节胜利,9天歼匪430余人》。

1947年12月运城解放,解放军进攻的矛头直指临汾。阎锡山为挽救临汾的危局,抽调部队企图增援临汾。太行二分区部队为配合主力围困临汾,阻止阎军对临汾的支援,于1948年1月8日至14日,向同蒲路中段展开持续一周的政治攻势与破击作战。先后炸毁铁桥两座、石桥两座,使敌交通中断,阻滞了阎军部队的南援。并在各据点附近展开伏击战斗活动,给予阎军沉重打击。

3月上旬,临汾战役开始,太行二分区部队为配合临汾作战,向晋中阎军据点展开了攻势。3月15日,43团设伏于四卦辛庄,歼灭太谷城出犯抢粮之阎军149人。23日,榆次团结合民兵一部设伏于榆次杨梁村,歼灭修文出犯抢粮之阎军70余人。42团、太谷独立营、祁县独立营积极地活动于阎占区和游击区,给予小股出犯之阎军以重大打击,并连续破击铁路线,将其斩断。在此期间,各县地方武装结合当地民兵,也主动地深入到阎军据点附近围困、袭扰。在阎军经常出入的主要道路上,埋设地雷,封锁路口。阎军出犯时,则以伏击战、麻雀战、地雷战,给以打击,使阎军不敢轻易出扰。

3. 对土地改革运动的宣传报道

1947 年 12 月 31 日,太行版刊登了《中共中央关于公布中国土地法大纲的决议》和《中国土地法大纲》,随即,对太行区开展得轰轰烈烈的群众土改运动进行了全程报道。

1948 年 1 月 7 日,报道《讨论贯彻中国土地法大纲,边区土地会议胜利闭幕》。1 月 15 日,报道《太行行署关于贯彻土地法的布告》,配发评论《克服对于土地法的曲解和误解》。1 月 17 日,报道《中国共产党晋冀鲁豫关于土改运动告全体党员书》。1 月 23 日,报道《晋冀鲁豫边区农委告农民书》。

这时,土改中"左"的偏向,又有了新的发展。这种"左"的偏向,在实际工作中表现为片面强调"贫雇路线",挖地主的浮财,将部分地主"扫地出门",不留或少留生产、生活资料等。在划分阶级成分中,把剥削阶级扩大化,甚至牵连到一些地主、富农出身的或同地主、富农有亲朋关系的党员干部。对放手发动群众的方针,有的地方错误地理解为"群众说啥就是啥",搞所谓"贫雇当家"等。这种"左"的偏向严重地影响了农村阶级关系的稳定和一部分群众的生产积极性,对根据地工作产生了不利的影响,也伤害了一些干部。

太行版对这些"左"倾错误,也起了推波助澜的作用。请看这些报道:

地主和旧富农,是剥削咱们的人,土地法就是为了取消这种剥削制度才定出来的,在执行的时候,地主和旧富农一定会使些阴谋来搞破坏。同样的一句话,我们说出来为的是把事情办好,地主富农说出来,就是别有用心。比方某人多占了果实,某干部应该撤换,我们提出来是民主,应该称赞;地主富农提出来就是挑拨,应送人民法庭受审。

因为这些事，与地主富农无干，他即使说的是事实，也是挑拨捣乱！（1948年1月25日）

目前很多地主富农，都在曲解土地法，说要给他分一份，就到处造谣破坏。行署出了布告，他们就不听，这事不简单。为什么地主富农敢这样造谣破坏？恐怕是咱们管制得有点松了吧！我们的意见是：一定要严格的管制，不要让他们说一个字的意见，把他们的家产全部封存起来，并扣押起来！（1948年2月7日）

从1948年3月份起，太行版已经意识到了一些错误做法。3月4日，发表读者来信《用追三代办法划分阶级是错误的》："正月初九，我村成立了贫雇农团，每个人还要追三代。我觉得这与新华日报说的不一致，就到区上去问，区上的指示还是要追三代。如我村郭混秋，他爷爷是富农，他爹时就穷了，到他本人就靠讨饭当长工放羊过日子。他担心地说：我这不知成了啥成份？很多群众思想弄不通。"3月17日，刊登消息《只发动贫雇农忽视了中农，群众思想混乱不敢春耕，南委泉工作组开始纠正》。3月23日，转载长篇调查报告《山西崞县是怎样进行土改的》。3月24日，转载任弼时的讲话《土地改革中的几个问题》。

太行区党委纠正土改中的"左"倾错误是从1948年4月份开始的。4月27日，太行版刊登了区党委赖若愚同志的文章，要求各地纠正土改中"左"的偏向。4月30日，刊登消息《坚决纠正错误，扫除生产障碍，毛村补偿错斗中农，安置地富》。5月1日，刊登《中共晋冀豫中央局关于工商业政策的指示》。5月3日，刊登消息《陵川椅掌村纠正错误推动生产，把封中农门子的封条撕掉了》。5月5日，刊登《中央局指示太行区党委，检查纠正"左"倾冒险主义》。5月7日，刊登陶鲁笳的长篇总结报告《坚决纠正更乐村"左"倾冒险错误的经验教训》。5月9日，刊登消息《更乐村纠正"左"倾错误后，秩序安稳，人人有地种，农民地主齐心闹生产》。5月10日，刊登毛泽东《在晋绥干部会议上的讲话》。5月13日，刊登《长治市委向区党委汇报，检讨以农村观点对待城市的错误》。5月20日，刊登消息《蔡家庄群众知道斗了自己人，坚持补偿了错斗中农，被安置地富也感谢群众的厚待》。5月31日，刊登《中共太行区党委告全区农民、党员及村干部书》，对这个时期土改中的经验教训进行了全面总结。6月1日，刊登《中共中央关于1948年土地改革工作和整党工作的指示》，对下阶段的土改工作进行正确指导。

此后，各地根据这些指示的精神和太行区的实际情况，针对在解决土地问题上不完全合理的问题，进行了"填平补齐"的工作。正确地划分阶级，动员党员、干部退出多占的好地，按照"中间不动两头动"的原则，适当退补。与此同时，停止了一切违反政策的错误做法，对已发生的错误进一步进行纠正，对错斗户进行改正和补偿，对错误处理的干部加以甄别和平反。这样既避免了土地的大变动，也使阶级关系得到进一步的稳定。

在进行土地改革宣传报道的同时，太行版还学习《晋绥日报》的做法，在太行区开展了反对"客里空"的活动。1948年1月11日，报纸刊登了《张静宇同志来信说：老鸦岭基点村干部说谎，冬季获利稿子是假报告》。张静宇是这个村的蹲点干部，在1947年冬季的一次村干部会议上，他听干部汇报说冬季组织贫雇农搞副业，人人都增加了收入。于是，他就写了一篇消息，刊登在1947年12月29日的太行版上。后来他经过了解贫雇农，才知道是村干部说了谎，于是来信检讨自己的"客里空"作风。1948年3月21日，太行版刊登了《区党委给襄垣县委的一封公开信》，全文如下：

襄垣县委：19日新华日报载《襄垣办公室检讨"客里空"》，说明了你们办公室《两个月冬季生产回顾》一稿是一个不符合事实的报道。这一稿件在发出之前，县委是否审查过？一个总结性的报道县委是必须审查的，不审查是错误的。如果办公室同志没有交县委审查，办公室同志是错误的。办公室给报馆的复信中，检查是很不深刻的，看来对这一问题的认识是不够的，没有当作一个原则性的问题来看待。仅仅说是"粗枝大叶"、"太马虎"，没有当作思想问题、作风问题来看待。其根本原因是：

第一，形式主义的传统。形式主义使我们只满足于辉煌的数字，而不研究工作中的问题；只注意任务的完成，而不注意工作的过程。这样就发现不了工作中的错误与缺点、经验与教训，你们的总结就会变成流水账。

第二，官僚主义的作风。对群众的事业缺乏严肃的负责精神，不考察群众的情况，不注意群众的问题，不关心群众的觉悟程度与组织程度，所以就不会了解群众的实际，只是凭听小报告来总结工作。

这一问题不仅仅是襄垣一县的问题，希望引起太行区整个党组织的注意，大兴调查研究之风，大兴实事求是之风。

4. 对晋中战役的宣传报告

1948 年 5 月 21 日，临汾解放，统治山西近 40 年阎锡山大部分兵力，陷入被四面包围的晋中盆地内，仅盘踞在忻县、太原、榆次、太谷、祁县、平遥、介休、灵石、清源、徐沟、晋源、交城、文水、汾阳、孝义和晋北的大同等 16 座城市及周围的村镇。阎锡山恐慌万状，看到他的老巢岌岌可危，在 1948 年 5 月中旬发出"保卫晋中"的悲鸣。为了作最后挣扎，阎锡山把大部主力摆在晋中平川点线上。同时，命令全部军政人员，准备一切力量，出动比往年更加疯狂的大规模抢麦活动。

为了保卫麦收，并在护麦斗争中大量歼灭阎军有生力量，抢救被阎锡山残酷统治的晋中百万人民脱出苦境，最后推翻阎锡山的反动统治，解放山西人民，华北野战军第一兵团主力解放临汾后，稍事休整，即沿同蒲路北上。6 月 2 日，根据中央军委指示，组织晋中战役，由徐向前、周士第统一指挥。解放军总兵力 6 万多人，阎军在晋中总兵力 13 万人,解放军在总数上处于劣势。

整个战役从 6 月 19 日开始。6 月 25 日,太行版报道《我军全歼阎匪一个师》;6 月 28 日,报道《我军在平遥北又歼阎匪一个师》;7 月 11 日,报道《晋中前线我军攻克猴岭歼敌一营》;7 月 12 日,报道《晋中我军腰斩阎占区,克祁县交城歼敌 4 千》;7 月 15 日,报道《晋中我军乘胜扩张战果,又打下清源徐沟两城》;7 月 16 日,报道《晋中前线解放平遥》;7 月 18 日,报道《晋中我连下太谷汾阳等 6 城,歼敌 4 个师》;7 月 19 日,报道《晋中我军全部消灭阎匪 33 军,活捉匪首赵承绶》;7 月 29 日,转载新华社社论,一个月来,歼灭阎锡山匪军 1 个集团军司令部,5 个军司令部,9 个多师,2 个总队,解放了太原以外的一切地方,活捉集团军总司令赵承绶、第 33 军军长沈瑞及许多师长。我军进展之速,犹如秋风扫落叶。现阎匪残部,已缩守太原孤城,山西省会的解放与阎锡山匪军的彻底消灭,已经不远了。

5. 对生产建设的宣传报道

太行区农业生产的发展并不是一帆风顺的。由于战争的破坏,自然灾害的侵袭造成极大的困难。抗日战争胜利后,1945 年和 1946 年的年景比较好。1947 年春耕播种以后,旱情很严重。1948 年干旱继续蔓延,1949 年更加严重,开始是春旱少雨,以后是持续无雨。针对这种情况,太行区实行了农副业结合的方针。在农业为主的政策指导下,因地、因时、因人制宜,靠山吃山,靠山养山,发展畜牧等副业。据 11 个县统计,平均副业收入占总收入的 27%。不但增加了收入,而且以副促农,帮助了农业的发展。

太行版在报道生产建设的活动中,注意抓先进典型以带动全面的工作。李顺达领导的西沟村是太行版树立的一个农业先进典型。1948 年 8 月 17 日,报道《西沟庄稼黑油油的又高又好》,指出李顺达带领全村群众积肥锄地,搞好秋播秋种工作。9 月 15 日,又在头版头条刊登《西沟村割蒿超过计划,随割随沤积肥万余担》。11 月 14 日,

436

刊登《劳动英雄李顺达团结全村群众组织起来,西沟今秋增产 100 余石》《富了更富,长期发家建家,李顺达订出第二个五年计划,全家订出今冬生产计划》。1949 年 4 月 9 日,刊登《西沟村的增产计划》,在农业生产和副业生产两方面都做了具体的计划和安排。通过追踪连续报道西沟村在各个生产阶段的做法和经验,给太行区的生产建设起到了一个示范作用。

6. 太行《新华日报》的终刊

1949 年 4 月 24 日,太原解放。5 月 6 日,太行区全境解放。8 月 19 日,太行区党委和太行军区联合通知:奉上级命令,华北行政区重新调整,太行行署、太行区党委、太行军区建制撤销。各专、县分别划归山西、河北、河南三省管辖。同日,太行《新华日报》宣布停刊。

在终刊号上,报纸刊登了《给各级党委宣传部、各办公室及全体通讯员同志们的告别信》。同时,刊登了部分读者联名写的《向太行新华日报的告别信》:

党报对工作起了指导和推动作用。在每个时期的中心工作中,都起着火车头的作用,如在抗战,中心工作是战争、生产、发动农民减租清债、积极抗日,报纸上主要就登这些。今春完成土改以后,农民得到了土地,中心是发动大生产,响应毛主席"生产长一寸"的号召,报纸上即介绍了好多生产材料,如平顺李顺达家庭民主和睦,劳动发家致富。《农民发家之路》等稿子,曾有力地打消了群众中的怕冒尖思想,都积极劳动走富裕之路。今年 6 月初,太行一、四、五专区有 80 多个行政村发现蝗虫,由于党报及时地有力地指导与推动,打蝗运动经过 18 天的战斗,已大部或全部被消灭。这些都是党报宣传作用的结果。

党报就是群众的报纸,与群众的关系是血肉相连的,所以群众就爱看报纸,普遍表现在民校或冬学里,群众要求读报。还有的群众到小学教员那里去看报,如杨家山农民就经常去学校借报看,他们说:"以前听人家说不出门知天下,我们今天看了报纸,的确是天下大事都知道了,读报就是好。"县城民教主任李中华说:"咱的报登的都是实在事,有个别字排错了,还要更正,所以我每天怎么忙,也要看看报纸。"

党报对干部工作上的帮助,直接起到指导作用。不少干部都说:报纸材料具体现实,如介绍农业技术,现在大家都学会这些办法了。我们感到第四版上的《问题解答》非常好,有什么不懂的都可以问。另外如登载的自然常识、地理介绍、卫生常识等,对学校教学及干部自学都有很大的帮助。

二、《战场报》等其他报刊

《战场报》的前身是 1937 年 11 月八路军 129 师政治部办的《先锋报》,1941 年改为《战场报》。主要刊载各抗日根据地斗争经验,军队的生产救灾及练兵消息等。1945 年开始,侧重报道各战场的战斗情况。《战场报》在部队政治建设、军事训练等方面起到了普及知识、推广经验的作用,是一份深受部队官兵喜爱的小报。

《胜利报》于 1938 年 5 月 1 日在和顺县创办,石印,四开四版,间日刊。初为中共晋冀特委机关报,后改为中共晋冀豫区党委机关报。它从创刊开始便是以区域性党报出现的,着重于指导本区的实际工作,报道各种成功的经验,批评纠正工作中的错误和不良倾向。读者对象是根据地的党员干部和进步群众。版面丰富,文字通俗。以 1939 年 9 月至 12 月部分报纸为例,头版栏目主要是社论、要闻和通讯,如:《论目前的紧迫任务——为完成屯粮、动员武装、加紧扩兵而斗争》、《创造太行山根据地的子弟兵》、《辽县三区西崖底民众出粮超过计划五石》、《惨案! 惨案! 惨案! 在敌人疯狂扫荡中,冀游第四纵队干部竟然惨杀自己人,群众请愿未遂惨遭毒手》、《伪军反正》、《活跃于敌区的和顺公安局》、《乘敌熟睡活捉鬼子》、《快快反正吧! 祖国需要你》。二版栏目比较活泼,有"三日国内大事"、"三日世界大事"、"冬学适用抗日识字"、"重要人物讲话"、"抗战名词解释"等。最具特色的是寒声的漫画连载《毛三爷游记》《毛家沟检查屯粮工作》《毛家沟展开反汉奸运动》等。1941年7月改名为《晋冀豫日报》，同年12月底并入华北《新华日报》，共出版390多期。

《新华日报》太南版，1939年7月20日在壶关县创刊，为中共太南特委机关报。11月改名为《太南日报》。1940年1月停刊。

《太南人民报》是中共太南区党委的机关报，1940年5月1日在平顺县创刊，1941年2月停刊，历时8个月。这一时期是太南区最困难的时期，各县小报均被敌伪摧毁，《太南人民报》是唯一出版发行的报纸，它经历了反击第二次反共高潮和百团大战等许多重大事件。尽管当时条件困难，又是孤军作战，但它还是坚持宣传了党的政策，报道了人民军队的重大胜利和根据地各方面的建设成就。特别是赵树理主编的副刊《大家干》，内容丰富，通俗易懂，具有浓厚的大众化地域化特色，深受广大读者欢迎。由于太南区所辖范围大部分为敌占区和蒋管区，所以报纸只在太南的解放区发行。

《人民日报》于1946年5月15日在邯郸创刊，是中共晋冀鲁豫分局的机关报。这是报道整个晋冀鲁豫边区（包括太行、太岳、冀南、冀鲁豫）的一张报纸。1948年6月与《晋察冀日报》合并，仍称《人民日报》，为中共中央华北局机关报。1949年迁入北平，为中共中央机关报。

太行根据地建立后，各级政府、部队、团体、学校、企业等还出版了许许多多的小报，据不完全统计，大约有150多种。现列表如下：

主办单位	报刊名称
区署机关	太行军区的《职工生活》《职工周报》《参战快报》《太行民兵》；其他：《太行邮报》《职工小报》《太行三中园地》《太行二中生活》《教学通讯》《漳中小报》《英雄与模范》。

主办单位	报刊名称
一专署	专署机关的《劳武群英会刊》《职工园地》《翻身民兵》；邢台的《民主》《前进报》《太行邢台师范》《减租小报》《翻身》《组织起来》《民主生产》《修铁路专号》；其他:《农民生活》《群英大会会刊》《大众报》《红星通讯》《翻身小报》《文教通讯》《农民报》《生产总结会刊》《群众生活》《生产快报》等15种。
二专署	署机关的《职工小报》；武乡的《庆祝胜利专号》《参战专刊》《纪念七一专刊》《义运专号》《生产快报》；襄垣的《职工小报》《工作快报》；潞安的《潞安小报》；和顺的《尽达快报》；太谷的《太谷小报》《灯塔》；祁县的《生产战斗》。
三专署	署机关的《前卫报》《职工生活》；长治的《比选会刊》《冬季生产》《长治小报》；黎城的《团结会刊》《秋耕快报》《秋种秋收》《生产建设》《保苗度荒》等20种；潞城的《职工通报》《教育通讯》《参军通报》等38种。
三专署	署机关的《前哨报》《职工通讯》《群运快报》《经济情报》《新生周报》《新生报》《商情综合》等11种。
三专署	署机关的《妇联会刊》《职工报》等4种；林县、安阳、汤阴、辉县、武安、磁县、涉县的《林县小报》《安阳民兵》《战地报》《立功小报》《学习小报》《涉县小报》《筑路》等25种。

三、根据地通讯社

1. 民族革命通讯社上党分社

1938年9月在长治成立,1939年元旦开始正式发稿,主要反映敌后军民的抗日斗争和各项建设活动。1939年"十二月事变"后,分社迁往平顺县,一直坚持到1941年4月才撤销。

2. 新华社晋冀豫分社

于1941年7月7日在河北涉县下温村成立,组织上归中共晋冀豫区党委广播委员会领导,与《晋冀豫日报》合署办报。分社的主要任务是:报道晋冀豫区政府和各抗日团体的重大活动,广大军民反击日寇扫荡的斗争,根据地的各项建设事业和日伪军的残暴罪行;给《晋冀豫日报》供稿,同时向延安新华总社发电讯稿。1941 年 12 月,《晋冀豫日报》并入华北《新华日报》,分社也随之撤销。

3. 新华社晋冀鲁豫总分社

1946 年 5 月 15 日,新华社晋冀鲁豫总分社在河北省邯郸市建立。当时,正值抗日战争胜利后,原来被日伪军阻隔的太行、太岳、冀南和冀鲁豫四个战略区连成一片,而且已经成立了晋冀鲁豫边区一级的党政军领导机关。总分社同中共晋冀鲁豫中央局机关报《人民日报》社合署办公,一套机构,两块牌子,对内是报社记者部。由报社社长、总编辑张磐石兼任总分社社长,由总编辑安岗兼任总分社副社长。新华社晋冀鲁豫总分社和晋冀鲁豫《人民日报》派出的齐语、方德、吴象和陈勇进等,组成前线记者团,随刘邓大军各路兵马,沿着太行山东侧的冀鲁豫大平原,深入战火纷飞的前线采访,连续参加了陇海、豫东、豫西、鲁西南和豫皖边区等多次战役的军事报道。记者陈勇进在陇海战役中,冒着狂风暴雨采访了攻占砀山城的战斗,他采写的《暴风雨夜战砀山》的通讯,是耳闻目睹的第一手材料。刚脱稿,他又火速随部队追歼逃跑残敌,还和团长吴忠一起到前沿阵地侦察被围敌人。在以后的豫北、鲁西南和豫皖边区几次战役中,他也像陇海战役中那样,都是在主力作战部队中度过的。他说:"只要和战士们在一起行军、作战,就会有收获,虽然极度疲劳紧张艰险,但是不仅丰富了我的军事生活,坚定了我的意志,还锻炼了我的新闻写作。"这一年他采写了 80 多篇战地通讯和特写,有不少被《人民日报》发表,其中《红色蛟龙闹黄河》一文获《人民日报》好新闻奖。为了做好各项新闻报道,晋冀鲁豫总分社于 1947 年 8 月 15 日,向所属各分社和报社发出通知,要求在检查报道工作的同时,认真整顿思想作风,务必在报道中做到准确、真实,防止""客里空""现象的发生,更好地为人民的新闻事业服务。1948 年 6 月 14 日,晋冀鲁豫总分社奉命同晋察冀分社合并,改为新华社华北总分社,15 日开始发稿。

第五节　太岳根据地新闻事业

1939年7月白晋路未切断前,太岳区还是属于晋冀豫区的一部分,党的领导机关为中共太岳地委。这时因华北《新华日报》社驻在沁县后沟,所以太岳地委没有另办什么报刊。及至1939年7月,敌人对晋东南发动第二次围攻,占领白晋铁路沿线城市后,太岳区即成为一个战略地区。1940年初,中共太岳地委即奉命改为中共太岳区党委,直属中共中央北方局领导。到1945年秋,太岳区所辖范围包括晋中、晋南、晋东南、豫北共38个县,行署机关驻在沁源和安泽一带。太岳区新闻出版事业创建和发展的过程,从抗战中期1940年6月7日《太岳日报》创刊之日起,到解放战争后期1949年止,长达9年零3个月之久。

一、《太岳日报》

山西"十二月事变"后,原驻在太行区所属沁水县的《黄河日报》上党版(牺盟会长治中心区机关报),因在事变中被晋绥军捣毁,1940年初即转移到太岳区所属沁源县继续出版。在这期间,区党委为了筹办机关报,报经北方局同意,由华北新华日报社派来魏奉璋、江横(董谦),在原《黄河日报》社人员和设备的基础上,筹办了太岳区党委的机关报《太岳日报》(石印),于1940年6月7日创刊。社长魏奉璋,副社长史纪言,地方版编辑江横,国际版编辑刘希玲,经理部长姜时彦。

(一)抗战时期的新闻与言论(1940年6月—1944年3月)

创刊初期的《太岳日报》,逢单日出版。同年11月反《扫荡》后,改为四开四版三日刊,不定期增刊两版。从1942年7月24日起,又改为双日刊,每逢星期一、三、五出版。至1944年3月底,共出版石印报369期。

此期间,正是抗日战争进入相持阶段,日军回师华北,对根据地频繁"扫荡",加紧人力物力的掠夺。特别是经过 1939 年山西"十二月事变"的摧残,1940 年 11 月日军的毁灭性"扫荡",使得沁源、沁县、屯留、安泽等县城乡房屋大部分被烧光,农民数千人遭屠杀,成千上万的农家被洗劫一空,军需民食遭受极大困难。在区党委克服困难、重建家园的号召下,太岳日报社全体职工同党政军干部一起,参加了打窑洞和帮助群众重建家园的运动。同时报社还要克服各种设备条件和生活上的困难,坚持按时出版报纸,宣传党的政策,反映群众的呼声,揭露日军的暴行,提高干部群众对敌斗争的勇气,坚持持久抗战、争取最后胜利的信心,克服了悲观失望情绪,增加了农民群众互助互济、生产自救和参军参战的积极性。报纸在初期能顺利发展,这和魏奉璋具有坚韧的新闻事业精神是分不开的。他具有果断、沉着、谨严、坚韧的工作作风,不怕困难,任劳任怨,勤勤恳恳,兢兢业业。发稿审样,字字句句都仔细看过。他和报社其他负责同志一样,都深受何云办报作风的影响。在编写或审阅大样的过程中,都力求做到政治内容上、文字技术上无任何差错。不过编印石印报,比编印铅印报更为困难,编排稿件要算字数、划版、缮写、贴标题;改错要擦、糊、剪、贴,工序很是复杂。在石印药纸上看大样时,要在强光下衬在白纸上看。如果光线弱,还要悬在半空中透着光亮去看。作为报社的一位领导,他能吃苦在前,享受在后。后来他准备改出铅印报,但未能看到铅印报的出版,便离开了战斗的岗位,牺牲时年仅 25 岁。

1. 报道太岳区的粮食争夺战

1940 年 8 月 5 日,《太岳日报》刊登消息《赵城敌寇下东山,翻砖挖墙大抢粮》:"最近几天以来,敌人常常成群结队地到东山下抢夺我食粮,有时翻砖挖墙,四下里搜寻。上月 25 日,赵城伪警备队 100 多人,又到上纪落村一带抢粮。事后调查,仅这一村就让抢走七八大车小麦,还抓去 7 个老乡。据说,敌人企图把这些老乡训练成抢粮的眼线。"同时配发社论《展开粮食争夺战》,指出:"粮食是群众的命,是根据地的命,粮食问题是关系根据地生死存亡的头等大事。军政民要一致配合,反对敌人抢粮,禁止粮食偷运,保卫自己的命根,保卫根据地的命根。"

报纸结合敌人抢粮的特点,及时予以揭露,以引起根据地军民的警觉。第一是敌伪政权头上有指标,完不成抢粮任务要受罚挨整,如太原日伪省府给平遥介休等县下令,限期抢夺和强购粮食40万石。第二是敌伪在抢粮的同时又抢人,以人质为诱饵索要粮食,如赵城敌人在7月下旬抓走明姜村壮丁210人,并威逼每村保送十七八岁的姑娘2人,限3日内送到。第三是散布流言蜚语,以动摇我军心民心,如屯留县敌人一面派大批汉奸在乡下造谣,捣乱金融秩序;一面收买上党票,伪造上党票,破坏我上党票信誉,使物价上涨,麦子1斗涨到16元,人心不安,有的新战士偷跑离队回家。

针对敌伪的这些破坏活动,《太岳日报》报道了我根据地军民行之有效的斗争策略。第一是号召人民不要把粮食卖给敌人,即使敌人出高价也不卖,谁卖出去谁就是汉奸。第二是想方设法囤粮藏粮,不如此就要遭殃。第三是作出节约用粮规定,军政民团体机关人员每日按定量供给。第四是主动出击,粉碎敌人的各种破坏活动。如7月21日,同蒲游击二支队与介休公安局密切配合,在永庆村大败敌人抢粮队,打死打伤敌3人,缴获战马2匹,夺回骡子14头,一一归还给原主。如洪洞县在敌我粮食争夺战中,处于主动,到8月初囤公粮已有8000石,其中2000石已运到安全地带,使敌人强迫摊派的"1亩地交4斗麦子"的计划不能完成。敌人于是派大队人马抢粮,结果被民兵用手榴弹打得狼狈逃窜。如沁县加强对敌斗争,严厉打击汉奸特务活动,县武装科蔡科长侦察清楚新店镇伪区长张士达把全部伪军派出抢粮,只有他和助理员2人守区公所。张士达是个死心塌地的汉奸,曾在太原受过奴化训练。蔡科长就带领8人,乘机越墙到张士达住处,两枪结束了张士达和助理员的性命,安全返回。汉奸侯有儿是太谷人,到沁县当汉奸,当敌人抢粮的眼线,被我游击小组捉拿归案,依法枪决。张成喜也是敌伪派出的汉奸,四处散发伪冀钞,伪法币,以伪混真,捣乱金融秩序,被沁源县政府枪毙。

在这场生死攸关的粮食争夺战中,我根据地军民取得了最后的胜利。8 月 27 日,《太岳日报》报道太岳区农工业生产展览会举行,万人到会争先参观。展出产品有 200 多种,显示太岳区粮食储备有方,资源丰富,具备自力更生条件,可以做到人尽其才,物尽其用,地尽其利,物畅其流,有足够的力量对付敌人的抢粮和经济封锁。太岳还召开了第一次农工业合作社会议,会议对今后的粮食生产,副业生产,扩大群众资本,利用土产,根绝仇货,作了布置。

2. 报道百团大战

1940 年 9 月 1 日:社论《庆祝"百团大战"在正太路上序战大捷》。

报道上月 20 日我八路军、决死队百团精兵主动向敌华北交通线开展总攻击战,我英勇健儿攻占正太铁路线上的天险娘子关,歼敌 400,爆破井陉矿,切断北宁、平汉交通,晋冀敌交通断绝,山西敌寇孤立。白晋、同蒲线被我军截断,鬼子龟缩据点不出。

报道百团大战我军取得辉煌胜利,也付出了血的代价。8 月 23 日我某团副团长吴隆熹在漳源战役中英勇殉国。

3 日:社论《论华北交通总攻击战——再祝"百团大战"的大胜利》。

报道我八路军一部在百团大战开始的 20 日晚上冲入寿阳县城,同敌开展白刃战,平定西南的冶西村敌据点也被我军攻克。沁源民众2000 多人远征白晋线破坏敌交通,配合"百团大战",粉碎敌寇"囚笼政策"。介休游击大队攻四万户堡,30 个鬼子死伤一半。绵上县基干营伏击下乐坪,3 个伪军反正。屯留常村伪军有 7 人反正。

5日:社论《论"百团大战"》。

报道太岳区青记分会于9月1日成立,推选出9人为执委。会上为庆祝"百团大战"胜利,发出向朱德总司令、彭德怀副总司令致敬电。为扩大"百团大战"战果,8月21日,灵石、介休军民在同蒲路上开展大破袭。太岳群众欢腾鼓舞,热烈开展劳军运动。赵城县游击队杀死敌伪警备队长。

报道在潞城县参加"百团大战"的决死三纵队政治委员董天知同志,于8月20日晚同敌作战中,不幸中弹6处,英勇殉国。

11日:报道决死队一部在"百团大战"半月间,在白晋、同蒲线上破袭23次,断铁路52里。

报道平遥县游击大队,本月1日在东西赵村打击敌抢粮队,打了两小时,敌人丢下50石粮逃走,粮归原主,民众非常高兴。

13日:社论《迎接"九·一八"》。

报道我八路军一部于本月4日远征临屯路,猛袭屯留路村,痛歼敌寇,敌伪80人丧生。决死队一部在霍县韩底毙伤敌30多人。灵石静升镇日军腾本留次,于本月7日向我投诚。

17日:社论《加强抗日根据地工作》。

报道八路军、决死队一部在"百团大战"第一战役中,包打白晋线,作战58次,毁路基16里。决死队一部本月10日在临屯路南北柏利打敌运输队,毁汽车1辆,毙伤敌10余人。

19日:刊载八路军总司令部野战政治部《"百团大战"战役的初步总结》。指出目前战局已进入第二阶段。这个阶段的中心任务,是继续扩大战果到全华北以及整个敌后区域去,到一切有利的地方去!

23日:社论《怎样爱护根据地》

报道八路军为欢迎反正伪军兄弟归来,布告三事,原有武器仍保持,部队不编散,给以各种帮助等。

报道决死队一部于8、9、10三天,在霍县连打3仗,9日在南堡打伏击,毙伤敌 20 余人,毁汽车 1 辆,决死队一部于本月 10 日夜打进白晋线上的白家沟,捣毁敌合作社,毙伤敌 20 余人,活捉两人,夺回驮骡 14 头。白晋路南段我军一度打进晋城城内。

25 日:报道洪洞民众千余人三天四夜连续破坏洪安路,路基 30 里已浸雨全毁;洪洞敌人在"百团大战"的震惊下,狼狈不堪,伪军十分动摇。本月 9 日伪警备队长带领 30 余人出城抢麦子,在途中一班长率 11 人,突然开枪打死警备队长,他们携机枪 1 挺,冲锋枪两支,步枪 11 支反正过来,我军举行大会表示热烈欢迎。

29 日:报道"百团大战"第二阶段于本月 20 日作战开始,八路军一部两路攻打白晋线南段,冲入长治敌飞机场,炸毁轰炸机 4 架,焚毁敌仓库两所。豫北我军也袭击安阳机场。我军 21 日晚在白晋路北段一夜破坏铁路 8 里,焚烧枕木 3000 根。报道专署办事处规定"双十节"举行"优抗日"。

3. 报道根据地政权建设

1941 年 1 月 3 日:社论《怎样健全村自卫队的工作》。

刊载太岳部队与民约法三章:第一,本军给养应依政府规定统筹统给,不得随意向民众摊派公粮;第二,绝对禁止抢住民众房舍;第三,办理差务应按照支差条例严格执行。

6 日:社论《反对工作上的空谈主义》。

报道沁源等县掀起参军热潮,出现整连整排的青年参军入伍。

报道太岳区八路军、决死队、三专署办事处合组群众纪律检查团、慰问团,分三路出发,检查反"扫荡"前后的纪律执行情况,慰问遭日军抢掠、烧杀、奸淫受难民众。到沁县的慰问团 10 天中给 28 村发放赈款 1675 元,受灾 202 户、1153 人得到救济,受伤民众 34 人得到医治,对受灾抗属赈济小米 10 石 8 斗 5 升,杂粮 24 石 6 斗。

9 日:社论《开展坚决对敌斗争》,强调发展群众武装,开展群众性对敌斗争,加强除奸工作,要求彻底转变在敌占区、游击区的工作方式。

报道太岳工救会号召 3 万会员武装起来,挺身而出反对日军"扫荡",青救会要求农村青年应参加"青年抗敌先锋队",组成以部队为骨干的天罗地网,准备反击日军的"扫荡"。沁源县客籍居民组成有 10 余人参加的"土枪队",日军进攻时,配合主力军杀敌。赵城群众劳军,支持和鼓励军队杀敌人。沁源垣上村民众春节慰问子弟兵,妇女登台演出《送郎上前线》歌剧。绵上县表扬定阳村妇救会宣传干部工作做得好。洪洞、赵城民兵配合主力军破坏洪安公路,粉碎日军"囚笼"政策,保卫根据地、游击区的抗日政权;我军截击"黑狗"队在屯留、余吾的抢粮活动,得粮 3 车,救出被抓的我干部 3 名。

12 日:社论《给太岳区知识青年》,号召党政军民同青年知识分子一起为坚持根据地、建设根据地而奋斗,知识青年要做出应有的贡献。

报道安泽县千人请愿要求减租减息,区长当众答应五条要求:一是减租 37.5%;二是因天旱没种上的可免交租;三是粮食被日军抢走、烧光的可免交;四是因客观原因收的粮食吃不到明年 3 月的可免交;五是抗属户可多减租 10%。泌县九区人民开大会热烈欢送 9 个青年参军,妻子送郎上前线,父母送子打日本。安泽县妇救会干部张庆云领导一个村群众,在反对日军"扫荡"中,办法多,转移得好,全村人都安全回来,受到人民称赞和上级表扬。

21 日:社论《加强政权工作》,要求做好恢复、整顿区村政权,加强政府与群众的联系,认真整顿政府工作纪律。严格奖惩制度,并要做好敌占区与游击区的政府工作。

报道三专署办事处给在政府工作上做出优秀成绩的沁县县长岳维藩等 13 名干部记大功一次,给屯留县县长张日新因失职记大过一次,对犯有临阵逃脱罪的安泽六区区长温国华撤职查办,对赵城三区营田庄村长李文换私吞私分公物也给予应得处分。

448

1941 年 3 月 6 日：报道沁县妇女艰苦奋斗，半年取得巨大成就。主要的是：参加打游击 5 次，收割电线 50 斤，烧毁敌木桥一座，为我军送信带路两次，劳军菜蔬 1100 余斤，米 17 石 1 斗，白面 229 斤，鞋 179 双，款 144 元 9 角；领导妇女开展斗争 48 次，使其在政治、精神上得到解放；在秋收工作上组织互助组 698 个、打场组 240 个、送饭组 16 个，人数达 2000 余人，收了 4479 亩秋，打了 3920 石粮，帮助抗属收了 820 亩秋；在教育上办了 86 个识字班，有 2647 人参加，还有些人给合作社集资 289 元，在合理负担工作上也做出出色成绩。

15 日：报道太岳区第二届妇女代表大会，从 3 月 8 日开始到今日，盛会开了 6 天，圆满结束。会上韩玉梅报告了一年来太岳区的妇女工作，在武装生产、民主建政上出现了不少英雄，如沁县的张国英参加白晋线的对敌斗争，打游击、破铁路、送信带路等成绩十分突出；绵上的韩芝兰在春耕时，挑粪耕地，秋收时参加收打，一年四季不停，堪称劳动模范。大会要求妇女积极参加武装斗争，民主建设，生产建设，改善妇女生活，提高妇女地位，走出"闺阁"，到社会的火热斗争中生活。提出了 1941 年妇女工作的三大任务：动员妇女参加民主运动，参加村选举；动员妇女参加到生产斗争中去，参加全年的经济活动，改善妇女生活；组织妇女自卫队，代替男人站岗放哨，送信带路，同敌人斗争。

27 日：报道太岳工救会各县秘书联席会议于本月 19 日结束，会上总结了半年来的工作，布置今年的工运工作。主要是健全公营企业和矿业的工会组织，巩固农村工会，发挥工人的积极性创造性，保证武装、生产、民主建政三大建设任务的完成。会员要参加合作社，工厂、煤矿要组织工人自卫队；农村工人要有三分之二的人参加基干队或青抗先；组织工人学文化、科学技术，消灭文盲。

4. 对反扫荡的宣传报道

药彦明是沁源绵上村一个泥瓦匠，在 1940 年冬季反"扫荡"时，用木棍同 3 个日军搏斗,打死打伤各 1 个。太岳区党委、太岳军区把他的这一英勇杀敌事迹广为宣传,区党委书记安子文写了开展药彦明杀敌立功运动的文章,并主持召开群众大会,亲手奖给药彦明一支手枪。在 1941 年反"扫荡"中,涌现出药彦明式的众多杀敌英雄,太岳区武委会在全区开展了学习沁源民兵英雄药彦明的杀敌运动,《太岳日报》对此作了连续的报道。如 1941 年 4 月 6 日,报纸发表社论《创造药彦明式的群众英雄》,指出药彦明式英雄的标准不应该是一样的,但基本的精神应是群众武装斗争中最坚定的最勇敢的人物,是一手拿锄,一手拿枪的群众英雄。又刊登沁源秧歌剧《药彦明打鬼》,歌唱他的英雄事迹。报纸的这种典型宣传,对推动民兵训练和支前参战,都起到一定的鼓舞作用。

1942 年 10 月 20 日,日军对太岳区发动秋季大"扫荡",占领太岳区腹心地沁源县城,准备长期驻扎,建立所谓"山岳剿共实验区"。同年 11 月,根据区党委长期围困敌人的指示,对敌展开了长期围困的斗争,时达两年半之久。在此期间,新华通讯社太岳分社副社长兼太岳日报特派员江横,从反"扫荡"开始就深入前线,和沁源军民一起日夜转战在山头林坡之中,对围困沁源的斗争进行了连续而系统的报道,直到围困斗争后期他又带领一个由记者张艾如、姚庆惠以及刘兴汉组成的采访团,到沁源西部地区采访了生产互助运动。连同围困斗争和生产互助运动,一共写了 20 多篇相当出色的通讯,从 1943 年 6 月到 1944 年 1 月底,先后在《太岳日报》和延安《解放日报》发表。这些通讯及时报道了沁源军民的斗争情况和经验,充分显示了新闻宣传对于推动实际工作的巨大作用。1944 年 1 月 17 日,党中央机关报——延安《解放日报》发表了《向沁源军民致敬》的社论,指出:"模范的沁源,坚强不屈的沁源,是太岳抗日民主根据地的一面旗帜,是敌后抗战中的模范典型之一。"

敌人长期占领沁源后,太岳日报社和新华分社即随首脑机关迁至安泽县桑曲、郭庄两村之间的一个小山庄,名叫二道河。庄前一片滩地,庄后一片山坡。1942年和1943年,岳南地区遭受严重蝗灾和旱灾,报社全体职工便响应区党委节粮救灾的号召,利用庄前滩地、庄后山坡,开荒种山药蛋和瓜菜,改善了职工的生活。这个时期报纸的内容,着重揭露了敌人"铁滚扫荡"和"三光政策"的罪行,宣传报道了军民在反"扫荡"中英勇斗争的事迹和恢复生产的积极性。报社社长兼总编辑魏奉璋,电务科干部张谔,印刷厂长、书店副经理魏汉卿,从太行运送铅印机的工人师傅王剑平,美术编辑刘韵波,在1943年秋季反扫荡中壮烈牺牲。通联部部长王佩琳、编辑黄维达,在1944年秋季反扫荡中遇难。这些同志都是在战地办报工作中,为执行各自的工作任务,献出了年轻的生命。

魏奉璋,1918年生,河南省濮阳人。正当他上中学时,"九·一八"事变发生了,他基于爱国热情,积极参加抗日运动,进行抗日宣传与组织工作。因此,被学校反动当局开除学籍。尔后,又考入北平国立艺术专门学校,仍继续抗日活动。"一二·九"运动爆发后,他毅然脱离学校,南下至京沪一带从事抗日工作。"七七"卢沟桥事变发生后,他投入陕北公学。毕业后,于1939年3月被派到新华日报工作,任地方版编辑及编委会秘书。此时,他已成为中国共产党正式党员。1940年5月间,中共中央北方局又派他来太岳区创办《太岳日报》,同年6月7日《太岳日报》创刊,任社长兼总编辑。为了办好《太岳日报》,他日以继夜工作,艰苦自励,克服人力物力困难。虽在病中,亦工作无间,从政治到技术,都表现了严肃认真的态度,在报道与反映对敌斗争及根据地的各种建设中,建立了不可磨灭的功绩。1943年10月,反"扫荡"中,在阳城南山与日寇遭遇,不幸牺牲,为人民流尽最后一滴血。

5. 揭露敌伪顽的各种罪恶行径

1941年2月3日,发表社论《揭露亲日派的阴谋罪行》。刊载陈赓、王新亭请命率386旅赴华中讨伐亲日派,为国除害,为死难将士复仇的文告。揭露皖东反共派配合日军夹击新四军罪行，致使皖东珠龙桥陷入日军手中，许多抗日人民遭日军残杀。2月6日，刊载延安急电《目前时局》电文：日本进攻中原，国民党反动派进行的反共不停，中共为挽救时局危机，提出驱逐亲日派、停止黑暗反动统治、重新整顿抗日阵营等十二条主张、意见。2月11日，报道太岳区各界万余人在沁源城举行声讨亲日派援助新四军大会。决死一纵队政委、太岳专署专员薄一波，副专员裴丽生，决死一纵队副纵队长牛佩琮，212旅旅长孙定国，各救会代表邹桐，杀敌英雄药彦明等人在会上讲了话。大会通电全国声讨亲日派，援助新四军，坚决拥护中共中央为挽救时局的十二条主张，并为其实现而奋斗到底。2月18日，报道沁县民兵从去年11月到今年1月，在白晋铁路线上先后进行破袭战71次，缴获铁道器材5000多件。沁源县五区五风峪等村700余人集会，反对亲日派，支持新四军。会上五风峪等村共有53人报名参加青抗先、自卫队。岳阳煤窑工人陈庆文报名参军，在入伍会上宣誓说："不打败鬼子，誓不还乡。"安泽县在唐城开劳军大会，有1000多人参加。驻军柴团长讲百团大战情况，展出缴获的战利品，政府和群众把慰劳品送到军队手里。岳阳一工人把12元6角钱拿出劳军。

1941年2月21日，报道抗日老英雄、60岁老人任九福殉国。他为了人民利益，保护来往抗日干部安全，在门外放哨，一有情况就赶紧报警，人称他是"抗日老英雄"。一天早晨，他回家休息，不料日军500人将村包围，他落入日军手中，敌人用刺刀穿透了任九福的胸膛，这位60岁的老人为了人民流尽了最后的一滴血。5月27日报道绵上县赤石桥村村长武俊工作积极肯干，办事公正，认真执行政府的政策，对敌斗争坚决勇敢。不幸被敌人抓走，敌人对他严刑拷问，百般侮辱，武俊坚定不屈，英勇就义。6月30日，报道霍县姚村村长张清福被敌人宪兵队抓走。敌人用肥皂水灌，用杠子压，又用烧红的铁绳烧，吊起来打，他始终坚定不移地说："村长是我，自卫队长是我，农会秘书也是我！我是中国人,我就要抗日,你想杀就杀,中国人是杀不完的!"敌人气急败坏,就把他活埋了半截,并用狼狗咬他上半身。张清福临终时高呼:"中国必胜!日本帝国主义必败!中华民族解放万岁!"

1942年6月24日,报道太岳第一军分区、沁县县政府在沁县故县镇召开公审大会,对原铜川游击大队长王明川、管理员魏燕忠判处死刑,立即执行。王原系反正过来的伪军,政府本着宽大政策,予以优待,而王明川暗受日寇特务机关指使,密组汉奸组织"长毛道",进行破坏活动。魏燕忠是汉奸组织"长毛道"首领,罪行累累。同时还报道平遥县破获一起阴谋武装暴动案,首犯主谋韩建富、苗桂金、张海元3犯已落法网。3犯受敌特务机关指使组织"天义大会",利用这个组织蛊惑群众。韩建富自称是"火龙星"下凡的"真龙天子",计划在5月18日率领会徒举行武装暴动,残杀抗日干部。韩建富等人14日晚在石贤村掳掠一14岁少女,被政府查获。从他3人家中搜出武器4件,迷信宣传品53张,计划屠杀干部的名单一张。在审讯之下,张海元交代出"天义大会"的全部罪行,被骗入会的人纷纷宣布脱离反动组织。

1943年2月7日,报道敌人派汉奸混入群众中活动,这些汉奸共有300人在沁源城受训,其中有一女汉奸,17岁,身藏短枪,混到人群中,开枪把一名干部打死。9月1日报道国民党特务分子贾真一,长期以来公开叫嚣"参加八路军就是叛国",一手在垣曲一带制造血腥的"七月大屠杀",被杀人民达2000人以上,手段残忍绝伦。9月4日,报道太岳纵队司令员陈赓发表谈话,驳斥刘进反共手令。刘进是中央军27军军长,我军最近获刘进给他弟弟刘丙甲的手令,令部下坚决执行"打击八路军",对"敌伪采取避战暗和拉拢态度"等等一系列反共的指示,陈赓将军对此一一加以驳斥。同时报道太行左权县最近再度破获敌特罪案,敌特勾引警卫人员谋刺彭德怀副总司令,要犯全部被捕,无一漏网。9月21日,报道我军在裴家垣与郭家庄战斗中俘获汉奸王达,王原是当地的杀人魔王,抗战前后杀死的有名有姓的人在 400 人以上,4 月在"老五区"抓走小学教师和群众 120 多人,至今下落不明。青城县组织抗日法庭,经过公审判处王达死刑。

(二)抗战胜利前后的新闻与言论(1944 年 4 月—1945 年 12 月)

1944 年初,魏克明接任魏奉璋的工作。区党委决定,报纸要准备改铅印版,报社机构要进行调整。新华通讯社太岳分社要合并到报社,成为报社的通讯联络部,不过对外仍保持分社的名义。报社领导班子也进行了调整,魏克明任社长兼总编辑。

1944 年 4 月 1 日,《太岳日报》改名为《新华日报》太岳版,同时由石印改为铅印,每 3 日出版一大张。改版当天,刊登了中共太岳区委宣传部长赵守攻的文章《把我们的党报办得更好一些》,指出:"各级领导机关及负责同志,应经常为党报写文章,随时检查党报工作并提出改进意见。各级交通机关,在发行党报上,应保证每一份报纸能迅速到达读者手里。""报纸的指导性加强了,下层工作的同志就可以从党报上看到工作的方针方向和步骤。报纸及时反映了各种工作的动态,尤其是中心工作的情况,领导机关就可以借此来了解下情。这就是报纸党性原则的具体表现。"同时刊登了报社负责人魏克明的文章《几点打算和希望》,提出:"要加强典型报道,来推动一般的工作。如在目前大规模生产运动中,据我们所知道的,有许多地区(如屯留二区)、许多单位(如二分区陈团)、许多个人(如劳动英雄葛河堂),都创造出很多宝贵的经验,发现与解决了很多生产中的问题。假如我们能将这些经验教训,及时地介绍出来,让大家参考学习,不知要使大家在工作中少受多少摸索的痛苦,少走多少冤枉的弯路。我们打算:欢迎工农兵自己投稿,多反映工农兵自己的工作、生活、疾苦(如敌寇、特务、封建思想、自然界加给工农兵的痛苦)与要求,使太岳版成为工农兵的喉舌。写作上尽量用工农兵的口语,使他们能用眼睛或耳朵来接受报纸。供给他们所迫切需要的一切知识,做一个雪里送炭的挑夫;同时也要批评他们的缺点,做一个如切如磋的朋友。"

1. 对人民群众进行各种方式的教育

1944年4月1日,太岳版刊登《克服不正确的劳动观念》的文章,指出了在根据地生产运动中八种不正确的劳动观念:"第一,卑视劳动。认为劳动是受苦,是下等人干的事,是卑贱可耻的事。第二,自流主义。认为做啥务啥,庄稼人懂得做活,我们去领导,是多余的一套。第三,枪杆主义。认为我手中有枪,还怕没有粮吃,何必去生产。第四,下山主义。认为抗战快要胜利了,将来打下山去,到了平地,不愁没粮吃,何必在山里开荒生产。第五,右倾情绪。认为过去吃了顽固分子的大亏,今天何必去积极生产,生产出来的东西还不是被顽固军抢了吃了用了。第六,游戏观念。有少数同志把生产当作游戏,他们参加生产,好像正月里闹红火一样,缺乏脚踏实地的苦干精神。开荒锄地,蜻蜓点水。岂不知人哄地皮,地哄人的肚皮。第七,重商轻农,愿种菜不愿种粮。第八,侵犯群众利益,自己不开荒,却去抢种群众开出来的荒地。"

在批评各种错误的劳动观念的同时,还对各种不劳而食的社会丑恶现象进行揭露。如1944年4月7日,刊登《横河的江湖先生》:"阳城县横河镇,曾有一个江湖先生,每天拜求仙丹来骗人赚钱。他的药丸事先藏在宽袍大袖里,有人求药时就说是神仙赐给的。一天,群众把江湖先生的衣服脱光,然后请他拜仙丹,结果他什么也求不来,于是大家一起动手把他赶走了。这个事例告诉我们:打骗子,必须把他脱光了,让他露出原形,大家认识了真相,就没人再相信骗术了。"4月10日,刊登《吃现成的人改了行》:"沁源从抗战以来,由于不断教育,群众的思想起了变化,风俗习惯也发生了变化。一是王八轿夫没事办。过去人们过红白喜丧事,都要把吹鼓手和轿夫请来,这些人迎了东家送西家,办了北庄赶南庄,一天吃好几顿,动手就算工,耍嘴就有钱。近二年来,人民政府教育群众要节俭持家,红白事小打小闹,也就断了王八轿夫的财路。二是和尚道士设不起。以前人死了,要做七,要出殡,就要请和尚尼姑来念经,请道士设道场,花了不少冤枉钱。近来老百姓都不迷信了,和尚道士也就吃不开了,设不了道场了,纷纷改行,参加社会上各种生产劳动。三是算命先生没饭吃。以前人多相信命运,相信八字,所以那些算命打卦、拆字相面的人就可以混饭吃。现在,群众认识到了人定胜天,靠天不如靠自己,不再相信什么流年运气,靠卖嘴皮骗钱的人就开始饿肚子了。去年,好村集上,一个算卦的摆了三集摊子,就是没开市,最后只好收起卦摊,想法赚别的钱去了。四是纸火铺没生意。过去人多捉鬼闹判,求神避邪,因此,卖香裱金箔等东西的纸火铺,就可以大发其财。现在,老百姓受了反迷信教育,不再信这回事,纸火铺生意就冷落下来。去年有个杂货铺,用毛边纸染了些五色纸,满以为本小利大,可以赚迷信钱,结果卖了一年也卖不了,最后只好当废纸处理。"

注意对青少年进行教育也是太岳版始终坚持的一个重点。如1944年4月4日,在儿童节期间,报纸号召儿童开展"六要六不"运动:每个儿童拾粪500斤;每个儿童植树3棵;每个儿童养蚕50个;每个儿童养鸡1只;劝懒汉与断麦地小路;站岗放哨防奸防毒。一不念敌人的书,二不听鬼子的话,三不受鬼子的骗,四不吃鬼子的糖,五不参加鬼子的会,六不告鬼子一句实话。再如1944年8月4日,报道:"绵上三区王陶村段大云互助组,全组共10个人,都是一伙年轻人。全组共有洼地150亩,他们除把自己地里的活做完外,还外出打工。他们这个组最大的好处是教育了青年,除组长由段大云担任外,还设立了学习小组,规定了学习制度。3个月来,不识字的人平均每天都能学会50个字。几个读过书的都喜欢研究时事,因此就订了4份报,还买了《青年修养手册》和《小二黑结婚》等书。报纸上的消息,他们一般都能理解。他们组里有5个是民兵,除了生产与文化学习外,还每天练习武艺,研究武器的构造与使用。他们对防奸缉私也细心研究,常在夜间或路口检查,这3个月来,他们防奸缉私已得奖金

1000元。现在村里的人对他们的看法改变了,说现在的年轻人真学好了。各人的家庭也都欢喜满意,在村里的威信大大提高了。"

长时期的宣传教育,不但转变了民俗民风,而且也改造了人,使根据地的群众基础发生了质的变化。我们可以 1944 年 8 月 4 日的这篇报道为证:

金菊变了

土沃村是沁南有名的懒汉村,不但男人懒,女人也多是好吃懒做。在今年的生产运动中,懒汉得到了很大的改造,懒娘同样也有了大的转变。现在村里妇救会秘书梁金菊,就是转变过来的一个模范。

她今年才 21 岁,年纪很轻,家里只有她和她男人郑兴太两口子。兴太今年 30 岁左右,很老实,也肯动弹,因家里只有七八亩坏地,近年来又因敌人骚扰,收成不好,所以兴太就给别人当了半个雇工,一面捎着种自己的地。

金菊在 15 岁的时候就出嫁了,当初的几年,和兴太过得还不错。1940 年敌人扫荡时,兴太被敌人抓走,两三年没有消息,有人谣传说是不在了,那时她婆婆虽还在世,但管不住她,她整日好吃懒做,常住在娘家,男女关系也不好,一回家就闹离婚,一直闹到去年上半年,她婆婆死了,她也就改嫁了。

去年七八月间,兴太回来了,这时距她另嫁不到 3 个月。兴太即向政府告状,经政府依法判决,金菊仍回到兴太家去。但家庭关系是一天不如一天,家里的活她全不管,除了打扮外,就是等兴太出去的时候,一个人偷偷做些好吃的,整日的在外面东跑西转,见了兴太好像是眼中钉。她向来没有上过地,兴太从地里回来,也不与兴太说话。村里人在旁边看着他们也难相处,但兴太总希望金菊有回头的一天。

土沃村的工作一天天地开展了,妇救会也建立起来了,金菊就参加了妇救会。她以为参加了妇救会,整天东跑跑西转转,不用干活,可她的算盘打错了。妇救会吸收她,并不是带着她闲逛,而是劝她和丈夫和睦，共同生产，好好闹家务。金菊虽然有很多缺点，可是她很有能力，活动力也大，由于她进步很快，就被选为妇救会秘书。

近几个月来，区干部为了开展生产运动，就住在土沃村，集中力量对她进行教育，教育她只有生产才能提高妇女的地位，才能不依靠男人，和男人讲平等，并引用报纸上许多妇女劳动英雄的事迹鼓励她。果然金菊就慢慢转变过来了！当她开始组织互助组的时候，许多人不相信她能变好，或说："谁能把金菊教育好，就算谁本事大！"或说："过去连锄把都不知道怎样拿，还能生产？"可是，金菊真的搞起来了，像她这个互助组，二区还不多见。我们可看她的成绩：全组6个妇女，从6月8号开始拔苗，6天共拔了20多亩，费工29个。每人平均一天拔7分地，拔得还很细，比许多男人都强。全组拔完了自己的地，还包了别人的4亩谷地，6个人干了一天，赚小米1斗5升，买成布每人做了一条裤子。

现在这个互助组正在扩大中，闲了就给别人打工，前几天还帮抗属拔了2亩苗子，什么报酬也不要。金菊现在与丈夫的关系也好了，和兴太该说啥就说啥，吃饭也知道节省了，穿的也不讲究了，还开始给丈夫缝衣服，这可是她出嫁以来头一回。这时群众的反映也不一样了，一谈起金菊都不禁有些惊异："她真的变好了，只有共产党的政府才能把人转过来！"就是金菊本人说起自己，也惊奇自己与以前大不一样了。

2. 大力进行典型报道

首先是树立劳动英雄典型。1944年4月10日，报纸发表社论《向劳动英雄葛河堂看齐》："屯留劳动英雄葛河堂，是民国26年从河南林县逃来的难民，当时他只是空人空手与一根扁担。靠着辛勤劳动，开荒种地，尤其是1943年政府彻底实行减租之后，他更积极响应抗日政府的号召，多开荒多上粪多犁多锄，打的粮食一年比一年多，到现在他已成为拥有235亩土地的富裕中农了。葛河堂这样的穷光蛋达到富裕光景的道路,应是我全体劳动农民所走的道路;葛河堂今后发展的方向,应是我全体劳动农民的方向。"同时刊登消息《上村成立互助大队,葛河堂当大队长,病了不误时,没牛的能犁地,没锹的能开荒,互助起来什么困难都能解决》。4月13日,又报道《农代大会挑起生产比赛,葛河堂大战众英雄》:"屯留县的农代会开了36天,好不热闹。大家提出要在今年生产中比个高低,这是由劳动英雄葛河堂挑的头。葛河堂下的战书是:第一,今年产粮90石;第二,沤肥1万石,开荒32亩;第三,帮助别人犁地90亩,帮助7户难民安家,帮助别人粮食3石3斗;第四,拥军拥政,比去年多交2石公粮,多纳20双军鞋;第五,纺织2百斤,种菜2千斤,支援前线;第六,给全村订新华日报1份,帮助大家学习。"5月4日,刊登《沁县劳动英雄郭满仁,写信向葛河堂应战,提出耕一余一的目标》。5月25日,刊登《劳动英雄石振明》,并报道青城某村农会开会号召学习石振明。5月28日,报道李村《巩固和提高互助组的几点经验》。6月4日,报道葛河堂检查春耕计划,提出要在太岳区争做第一。6月7日,报道太岳纵队开荒下种结束,举行总结大会,开荒7600多亩,超过去年7倍,并奖励劳动模范。

其次是树立战斗英雄典型。1944年6月10日,报纸刊登通讯《民兵英雄夜明珠》,夜明珠原名李银保,当时他是阳南县一位22岁的民兵英雄,曾一人独战100多个鬼子,打死机枪手一名,鬼子2名。他之所以得到夜明珠的外号,是因为他黑夜放哨,从来没打过瞌睡,眼睛瞪得圆圆的,稍有些动静,总逃不过他的眼睛耳朵,村里的老百姓也就敢安心睡觉,就好像有一双夜明珠,给他们监视着鬼子。夜明珠在一个多月的保卫春耕中,打过19次仗,他单独打死鬼子3人,打伤伪军2人;他领导的小组打死鬼子6人,打死伪军15人;夺回粮食90多石,耕牛22头,还有衣服被子包裹等无数。7月25日,刊登《太岳军区关于创造与培养战斗英雄的号召》,提出了战士战斗英雄、部队集体英雄、民兵战斗英雄的具体标准。例如民兵战斗英雄的标准是：第一，积极主动配合正规军作战，在无主力的情况下，亦能积极活动，英勇袭击扰乱敌人，多捉俘虏，多缴武器；第二，切实维护群众利益，掩护群众转移，保护群众的粮食、衣物、牲畜等；第三，熟悉射击、投弹、埋雷三大技术，多次成功爆炸、杀死杀伤敌人最多者；第四，创造与发明土制武器，成效显著者。8月7日，报道《某民兵战斗组保卫粮食，12天作战5次，捕获伪军15名，夺回粮食200斤》《霍县民兵武装反抢粮，埋雷埋到城脚下，活捉伪科员1人，打伤伪军7人》。9月10日，刊登《介绍两个战斗中的模范村》："沁源某村靠近敌人据点，他们经常处在战斗中，敌人只要一出来，就得打仗，该村的人也记不清打了多少仗。但这个村子并不因为战争频繁就把庄稼撂荒了，他们一边战斗，一边想尽办法，完成了春耕锄苗，完成了夏收秋种，现在庄稼长得又壮又多，他们正准备好武器保卫秋收。另一个村离敌人的交通线只有三四里地，每天汽路上全是来往流动的敌人，他们把全村的民兵自成系统地组织起来，专门担负警戒任务，其他人则安心生产劳动。"

关于劳动英雄典型和战斗英雄典型的报道，是太岳版1944年到1945年长期坚持的一个基本报道方针，榜样的力量是无穷的，它带动了全区工作的进展。许多群众和组织都按照报纸上介绍的办法指导自己的生产和工作，取得了良好的效果。

3. 1945年的报道重点

根据党中央对1945年提出的任务，报纸的宣传重点主要是报道和反映扩大解放区，缩小敌占区方面的各种工作和斗争。1945年1月1日，报纸报道了在延安演出的反映太岳区对敌斗争的话剧《粮食》和《沁源围困》，高扬文、刘开基参加了编写，薄一波亲自指导和导演，在延安演出时，轰动一时。从1日至23日，报社派记者团系统地报道了太岳区群英大会的盛况。特等民兵杀敌英雄李德昌、特等劳动英雄石振明、赵金林、牛德河、葛河堂、殷望月、靳秉乾等，大多是记者在会前深入农村、部队采访，又经会中补充采访后作了全面介绍，为大会的评选工作提供了材料，而最后评定下来的。会后报社还召开了报纸通讯员座谈会，奖励了模范通讯员。不久，晋冀鲁豫边区召开了太岳区参议会，报社又派记者进行了会议专访。在政治、军事、生产方面，也作了大量的宣传报道，如大举反攻的动员和准备，党的七次代表大会的宣传，放手发动群众进行减租减息和生产互助的宣传报道等等。日本帝国主义无条件投降后，报纸又着重报道了日伪、国民党当局和我方关于受降与接管城市的复杂斗争、"重庆谈判"以及太岳纵队、太行部队在上党战役中取得的重大军事胜利及政治意义。在解放战争初期，报道了人民群众对于实现国内和平民主的愿望和要求，同时进行克服和平麻痹思想的宣传教育。在贯彻执行中共中央土地政策的宣传中，报道了反奸清算、减租减息、放手发动群众的斗争。报社还派出记者金沙、郑东、鲁生、古维进、姚天纵、贺笠、李泽民、戈曼等，分赴各县农村进行土改报道。日寇投降后，报社除派刘希玲、荣一农、张赛周、窦凯等到同蒲前线随军采访外，还派何微、江横分别参加了临汾、太原军调处执行小组的采访活动，及时报道了停战谈判和晋绥军破坏"停战令"的罪行。

早在1944年8月10日，报纸就刊登了阎锡山所部《61军暴行记》："2月25日，曲襄下东沟村民赵节寿被活埋，苏寨村民张学文、张天喜、抗日政府仓库员张绍文均被刺死。2月26日，要东村王安邦老汉说了一句八路军好，被便衣捕去，送到军部，受刑不过死了。3月10日，61军一部在周家庄刨粮，没有刨到刘秉祥的粮食，就把他的两个大拇指拴住吊起来，结果吊断了两个指头。3月19日，郭庄陈寡妇因61军抢光粮食，无法生活，将亲生的5岁男孩活埋。3月27日，61军10余人闯入上村刘清海家，调戏18岁少女，并将刘清海的儿子带到村公所倒吊起拷打，逼迫粮食，不几天刘清海就气闷死了。4月6

日,郑家庄杨品三的老婆去走亲戚,在马台河碰到61军,抗拒强奸,被枪打死。"1945年10月5日,报道《国民党军队占领我平陆夏县后,继续向晋南解放区进攻》:"途经新绛之崔家庄一带时,将民间财物洗劫一空,所有各村青年妇女无一免其蹂躏。现晋南国民党军队占领区内,暗无天日,人民痛苦万分。16军曾将一保长捕去剥皮处死。18日该部又在一村以投顺共匪为名,枪杀群众70余人,活埋100余人。16军所到之处,沿途尸首堆积,血腥熏人,劫后人民流离失所哭声震天,闻者酸鼻。"11月3日,报道洪洞阎锡山部300余人,血洗板场、南堡、北庄等村,用机枪射杀群众10余人,捆走135人。11月9日,刊登专论《谁在玩弄内战的火焰》,指出"山西以同蒲线为基地,号称数十万的国军,正向人民的头上舞弄着内战的火焰。已有8年抗战锻炼的人民,清清楚楚地知道,蒋阎匪帮是内战的祸首。发动10年内战的老账抛开不说,单以抗战中无数次勾结敌伪进攻解放区,尤其在日本投降后,仍与敌伪一起,破坏停战令,这些血的事实,血的历史,人民是永远不会忘记的。"11月15日,报道《阎锡山联合敌伪继续逞凶,不断侵犯我岳北边区》:"本月3日祁县日伪军1800余人南下,到达灵石富家滩,四处袭扰抢粮,我军屡遭袭击,群众损失严重。"

对阎锡山军队不断破坏停战令,进攻解放区的嚣张气焰,太岳军民予以迎头痛击。12月17日,报道晋南我军向盘踞闻喜周围的敌军进行反击,解放闻喜县城,控制同蒲铁路110里。12月19日,报道上党战役大捷,共毙伤阎军8000余人,俘虏33000余人。12月21日,报道我军对浮山敌军发起进攻,攻克浮山县城,消灭敌人200余人。

(三)1946年的新闻与言论(1946年1月—12月)

1946年1月底,新华日报太岳版随同太岳区首脑机关,又从沁水石室村移驻阳城县西关,印刷厂分驻在鸣凤村、汉上等村。这是根据地从山沟办报转移到城市办报的开端。

1946年的报道重点是:揭露国民党军队进犯解放区,破坏停战

462

令,及我军自卫反击的情况;放手发动群众进行土改;组织起来开展生产互助运动。

1946年1月至4月,太岳版把报道重点放在国民党军队如何进犯解放区及解放区军民的忍耐克制上。1月1日新年伊始,报纸就在头版刊登了两条对比性新闻:《本区各界举行反内战扩大座谈会,要求国民党停止进攻,电请政治协商会议实现人民和平愿望》、《新华社记者评论,国民党拖延协商会议,拒绝中共停战建议,坚持发动更大规模内战的计划》。以后又陆续发表了多篇这方面的新闻报道,如1月17日《太岳我军遵行党中央停战通告,全区部队停止军事行动》、《国民党军不执行停战命令,14日仍继续向我进攻,侵占我浮山县城猛攻豫南光山,古北口西南一线战事异常激烈》;1月18日《关于国民党军队违约进攻事,中共发言人发表谈话,指出国民党毁法乱纪,要求立刻从占领区撤退》、《停战命令颁发后第四天,国民党军仍疯狂进攻》。3月16日,头版头条报道《本区周围国民党军不断破坏停战协定,一个半月进攻我300次,且千方百计捏造事实污蔑我军》。5月17日,又在头版报道《停战令以来国民党军纷纷调动,向我边区进攻900余次,现边区周围国民党军集结39个师》。1946年下半年,太岳版把报道重点放在太岳军民的自卫反击上。八九月同蒲中段战役期间,报社先后组织两次同蒲前线记者团,由何微、金沙分别带队,参加的记者先后有张克仁、古进维、鲁生、李泽民、杨朗樵、郭允昌、朱言晋等,他们深入战地生活,写了多篇振奋军心民气的军事通讯和表扬英雄模范人物的报道。同时,还报道了翻身农民参军参战、拥军优属、踊跃支援前线的热潮。特别是金沙、杨朗樵和鲁生写的《天下第一军的毁灭》和有关陈赓、王新亭将军指挥临汾浮山战役的通讯,既报道了我军全歼胡宗南所谓"天下第一军"之第一旅(即董钊的美械装备,这时番号改为第一旅)的战果,又反映了陈赓将军诱敌深入,瓮中捉鳖的指挥艺术。9月26日,延安《解放日报》就临浮大捷,发表了《向太岳纵队致敬》的社论,指出:"这是晋南八路军继7月间消灭胡宗南军两个师,8月间解放同蒲中段270里,歼灭阎锡山军万余后第三次大捷","这对于粉碎蒋介石进攻,争取国内和平民主,有其不可磨灭的功绩。"前线记者团的同志们,在这几次采访中,既当记者,又当战士,既要领会指挥员的意图,还要深入连队生活。记者张克仁、杨朗樵,他们集记者、战士于一身,所以能够写出生动感人的新闻通讯。区党委宣传部为此曾发出通知,表扬张克仁和杨朗樵深入采访的模范事迹。这个通知曾刊登在报端,对所有采访人员和全区报纸通讯员都起了极大的鼓舞作用。这是铅印的太岳版《新华日报》在解放战争时期,反映太岳区军民取得重大战争胜利,而又得到党中央通报表扬的一次影响深远的宣传报道。

1946年6月,太岳区党委召开各县县委书记、县长会议,传达党中央关于开展农村土地改革运动的"五四指示",报社编委会同志也参加了这次会议。会后,全区减租减息复查运动,开始转向"耕者有其田"的土地改革运动。报纸为了坚决贯彻"五四指示"的精神,首先重点报道了访贫问苦、扎根串连和土地还家的诉苦说理斗争。具有重大历史意义的农村土地改革和农民群众的翻身运动,同保卫胜利果实的爱国自卫战争结合在一起,揭开了人民解放战争的序幕。

报纸还重点报道了组织起来,开展大生产运动,发展经济,建设后方,参军参战,支援前线等方面的工作。记者金沙、姚天纵、古维进、郑东、鲁生、李泽民、王士元等,这时主要对土改、生产进行了重点采访和报道,他们写了大量这方面的新闻报道和通讯。

(四)解放战争时期的新闻与言论(1947年1月—1949年8月)

1.1947年的报道重点

群众游击战争是太岳版始终关注的一个报道热点。1月7日,报纸发表专论《论游击战争诸问题》,指出:"依着新的战斗情况,当前的作战方针,是以运动战为主,游击战为辅,这和抗日时期以游击战为主,运动战为辅,其地位显然是不一样的。但由于运动战不能孤立进行,暂时被敌占领的地区,我们必须坚持斗争,因之,游击战争仍是整个战争的一个组成部分,是服从以运动战为主决不可少的一个组成部分。坚持与发展这一部分,就会使运动战打得更好,打得更有保证,其地位依然是很重要的。"1月11日,报道浮山县民兵实行蛛网联防的游击战术,屡获奇胜,使被困蒋军常有死伤,寸步难行。报纸短评指出:"当城内敌人出扰,无不被他们设伏的罗网紧紧地缠绕起来,一处发现敌情,即马上传遍各村,一处枪响,周围即蜂拥而来,给敌以打击,使浮山城敌人不得不缩小活动区于城关附近,到处布满了纵横交错的蛛网。这种灵活的战术,值得边缘区地带民兵好好学习发扬。"2月1日,报道平遥民兵转变硬打硬碰战术,坚持机警灵活的爆炸、冷枪战术,创造了敌我伤亡65比1的辉煌战例。2月5日,报道汾南战斗英雄赵川领导的游击队,7天内纵横于格子网内,打死打伤敌27名,活捉伪区长以下56人,我无一伤亡,创0比83辉煌战例。太岳军区通令嘉奖,并奖给"出奇制胜"红旗一面。2月9日,刊登晋冀鲁豫中央局《关于群众游击战争的指示》,指出:"在过去半年爱国自卫战争中,我全区在沦陷区边沿执行放手发动游击战争的方针,获得不少成绩,地方兵团游击队及民兵共歼敌5万以上,牵制蒋军30个旅。蒋军虽占我30个县城,但广大乡村仍为我所控制。战争开始时的混乱现象已基本停止,五分之四的沦陷区已打开局面。""今后半年至一年将是我们斗争空前紧张的时期,开展沦陷区、接敌区,甚至蒋管区的游击战争,仍是一项重要任务。"2月17日,报道晋冀鲁豫军区传令嘉奖太岳区民兵游击队战斗英雄,随后报纸对7名战斗英雄和9个英雄游击队的事迹进行了专门介绍。

对新闻工作的经验教训进行认真地回顾总结,也是此时期太岳版注意的一个问题。2月17日,摘要刊登了报纸编委会1946年新闻工作总结,题为《接受一年来经验,把党报提高一步》,回顾了过去办报的五点经验:第一,必须有明确的群众观点,深入了解实际,实行采做合一,才能正确认识现实,反映现实,指导现实。第二,地方报纸必须名副其实地地方化,接触本区群众的思想与工作实际,多采用本区群众的口语,力求通俗、生动、简短。第三,全党办报。第四,党报提高一步是建筑在全体新闻工作同志提高一步的基础上。第五,党报的主要任务是掌握积极因素,宣传群众的功绩与创造,引导大家向它学习,向它看齐。3月1日,太岳行署特颁1946年文化奖金,奖励优秀文艺作品,新闻作品和教材。评选的标准是:第一,内容实际,反映了太岳区人民的现实生活与创造;第二,方向明确,为人民斗争指明了道路;第三,在群众思想上、工作上起了启发与推动的作用;第四,写作群众化,通俗易懂。根据此标准,受奖的新闻作品有《河防堡垒杜八联》、《天水岭翻身记》、《焦五保战教结合》等。同时刊登魏克明的文章《新闻报道的方向——向受奖的新闻通讯学习》,他分析了这些获奖作品的共同特点:第一,以群众的先进思想克服了落后思想,即接触了群众的思想实际;第二,以群众的英勇行为,鼓励了群众的情绪;第三,以群众的创造,指导了群众的行动。9月1日,以本报编委会名义刊登《彻底消灭"客里空"》的文章,指出太岳版存在的三种"客里空"现象:一种是无中生有;另一种是夸大事实,添枝加叶;再一种是不分析研究事物的本质,只报道出一般假象。文章分析了产生"客里空"现象的原因:没将我们的报纸与资产阶级报纸从原则上区别开来;个人英雄主义在作祟;从固定观念出发,拿上政策法令的框子硬套表面的材料;作风粗枝大叶不细致。文章最后要求太岳区新闻工作者要查思想、查作风,在新闻作品中反映群众的呼声,表现群众的创造,提出问题解决问题,使我们的党报更好地与实际结合,更好地为群众办事。

在军事报道上,这个时期集中力量宣传了晋南战役。4月11日,晋南前线我军在保卫毛主席的誓言中,5天内连下翼城、浮山、绛县、稷山、河津、侯马6城,活捉敌旅长王书忱,控制秦晋天险禹门口。4

月 15 日,解放万泉县、荣河县。4 月 17 日,攻占曲沃城、猗氏城。4 月 19 日,晋冀鲁豫军区首长刘伯承、邓小平等特电嘉奖晋南作战部队,华北《人民日报》发表社论《祝平汉、同蒲双捷》。4 月 20 日,新华社发表社论《战局的转折点》。5 月 23 日,晋南前线公布战果称:共解放县城 19 座及重要军事据点数十处,毙伤俘敌 1 万 8 千余人,收复失地 3 万平方公里,缴获大炮 171 门,轻重机枪 500 余挺,控制铁路线 300 余里,击落敌机 4 架。晋南战役的胜利,吹响了山西解放战争的序曲。

2. 1948 年的报道重点

从 1947 年 11 月起,太岳区的土改工作出现了"左"的错误,太岳版也随之进行了错误的舆论导向,把土改中的"左"倾错误当作正面经验来宣传。如 11 月 1 日,用醒目标题《地主吃咱们的肉喝咱们的血,闻喜五区苦水泛滥,七百个贫雇农大报仇,乱棒中处决十个奸霸》,报道闻喜县五区 760 多贫雇农集会,提出"雇农坐天下,想说啥就说啥,想干啥就干啥"的口号,宣传了乱捕乱杀的错误做法。11 月 5 日,在《雇贫坐天下,苦人掌刀把》的横幅标题下,报道翻身风席卷闻喜全县,270 村贫雇农形成力量,组成人民联防法庭,公审奸霸 200 余人,破获蒋特组织数十个。11 月 13 日,太岳版发表短论,支持晋南"左"倾路线,并进一步要求"还必须在实践中不断地与中农路线的思想残余作斗争"。

所以,太岳版 1948 年的主要任务,就是纠正土改宣传中的"左"倾错误,把土改工作引导到正确的方向上来。

4 月 5 日,刊登武安县河西村民主填平补齐土地的经验:填补中首先满足贫下中农,还对过去"割封建尾巴"、"查三代"中错划为地主的 22 户中农的成份予以郑重改正,并补偿土地。

4 月 23 日,登载《中央局对太岳区党委所询各问题的指示》,中心意思是要纠正"左"倾冒险主义,端正政策,正确执行党中央的路线、方针和政策。

4月27日，报道岳北地委向各县发出指示，强调有几个思想认识问题要认真加以解决：一是"左"比右好；二是借口群众情绪，群众要求，不愿纠偏；三是怕纠"左"又会弄成右；四是怕弯子转得太猛，连政策也不敢公开向群众讲。有些村子还写着"雇贫坐天下，说啥就是啥""雇贫掌大权，江山万万年"的标语，应认真检查，赶快擦掉。

4月29日，刊登行署主任牛佩琮给各县县长的命令，判处死刑必须呈报行署，各县无权批准杀人。

5月7日，报道极"左"路线下发生的两起人命事件，一起是翼城县田家村女劳模王秀英强迫妇女编组上地，逼死中农妇女王兰英；另一起是高平县郝家庄强迫斗争对象为合作社无偿劳动，因他没吃的，又不准群众给他吃，就饿死了人。翼城县政府判处王秀英2年徒刑，并撤销其劳模称号；高平县为郝家庄村长记大过一次。

6月1日，报道浮山县召开干部会，清算片面贫雇农观点，批判了"雇贫坐天下，说啥就是啥"，"一切必须通过雇贫困"，"放手大胆，啥都不管"等"左"倾口号和尾巴主义；强调：反复深入了解情况，反复宣传政策解除顾虑。干部觉悟提高，当众真诚认错，群众觉悟提高，情愿赔偿中农。中农贫农解开疙瘩，真心诚意开团结会。

6月9日，报道行署规定的10条禁令：一不准捆人、扣人、吊人、打人、罚人；二不准随便摊派、动员、募捐和浪费公款；三不准给群众乱戴特务帽子；四不准随便宣布戒严，搜查居民，检查户口；五不准强迫限制、干涉妇女的婚姻自主；六不准假借群众意见，公报私仇；七不准伪造、假借上级命令，威胁人民；八不准贪污、窃取、多占、贱买果实，也不准浪费、破坏、变卖斗争果实；九不准调戏妇女；十不准游手好闲，受贿腐化。

6月11日，报道晋城县北城公村解散假雇贫团，群众去掉心病，纠偏顺利进行。

经过3个月的纠编纠"左"宣传报道，太岳区基本上改正了1946

年后期的土改错误,群众消除了隔阂,重新团结在了一起,为解放战争的彻底胜利奠定了思想基础和群众基础。

1948年9月,报社传达了刘少奇对华北记者团的讲话,围绕新闻工作深入实际、深入群众的问题,编辑部作了深刻检查。区党委书记顾大川还到会听了同志们的发言,并作了重要讲话,讲话在报纸上公开发表。

1948年秋,为迎接接管大城市报社和进入大城市办报的需要,江横、何微等同志,调到《山西日报》和新华社山西分社工作。1949年1月,魏克明、姚天珍、贺笠、古维进等也先后调到华北《人民日报》。这时太岳《新华日报》的领导人事作了调整,梁涛然任社长,金沙任总编辑。

魏克明在太岳机关报工作期间,给同志们留下了较深的印象,最主要的就是:他具有一定的政治涵养和文化素质。他常说编写出的每篇文章,都要让它能经得起实践和历史的考验。他的组织观念较强,能认真执行区党委的指示和决定,不因见解不同而自作主张。他独立负责,不骄不躁,寓热情于冷静之中。他文风严谨,审改稿件,校阅报样,一丝不苟。每天工作到深夜,次早还要坚持集体学习。处处能以身作则,不搞特殊。他患有胃病,却从不因病休息过。他热爱新闻工作,具有艰苦创业的精神,对工作总是精益求精。他在太岳《新华日报》工作5年,加上在《黄河日报》(上党版)和《新华日报》(华北版)工作的时间,约有10年,他为晋东南根据地报纸工作的建设作出了重要的贡献。

3. 1949年的报道重点

1949年,经区党委决定,太岳《新华日报》于4月1日又恢复原名《太岳日报》。这时报纸的宣传报道重点,主要是抓好生产互助、支援前线,再就是报道大中城市的解放。但因地方干部(包括报纸通讯员)大批南下,报纸通讯网大都解体。再加上纠正宣传报道中的"左"

倾偏向之后,进一步要求加强报纸的党性和思想性,于是报纸出现了严重稿荒现象,选作头版头条的地方新闻都成了难题。这就需要依靠记者、编辑的采访,直接供稿,在他们的积极努力下,才逐步克服了稿荒现象。

这个时期,全区的工作中心已由结束土改整党转向互助生产、战争支前。报纸为加强结束土改整党和互助生产的宣传报道,几乎每篇典型报道,都配有短论或评论,更有力地发挥了报纸的指导作用。这和区党委的指导是分不开的,区党委书记顾大川就亲自动手撰写了许多评论,以此来影响和推动编辑部撰写评论的积极性。

人民解放战争的快速进行,胜利的消息频频传来,都要求报纸作突出的报道,而报纸的版面有限,这就需要采用精编的方法,加上醒目的标题,给读者以突出的印象。因而从编辑、排字、校对到电务科的工作量都增加了,但大家还是有条不紊地积极完成自己的任务。特别是在党的七届二中全会决议的鼓舞下,报社的同志在学习中联系自己的思想,都一致表示要努力工作,站好最后一班岗。上级决定1949年9月1日要恢复山西省建制,所以《太岳日报》随同太岳区党委完成了历史任务,也就在8月底奉命停刊。

总的说来,石印的《太岳日报》出刊369期,铅印的太岳《新华日报》出刊856期、铅印的《太岳日报》出刊85期,三者共出刊1310期,为时共计9年零3个月。办报的最大特点是:石印的《太岳日报》是处在抗日战争最困难的时期,铅印的太岳《新华日报》则处在准备对日反攻和解放战争胜利发展的时期,也是报社发展的鼎盛时期。

二、《晋豫日报》等其他报刊

1943年5月前,晋豫区和太岳区还是并列的两个区,都直属中共中央北方局领导。中共晋豫区党委曾先后创办过《人民报》、《光明报》和《岳南大众》,其中《岳南大众》是区党委的第一个机关报,创办于1941年11月17日。《晋豫日报》于1942年3月1日在阳城县李圪塔村创刊,是晋豫区党委的第二个机关报。社长兼总编辑为徐一贯。抗日战争进入相持阶段之后,由于国民党政府实行消极抗日、积极反共的错误政策,给了日军以可乘之机。1940 年,日军第四次进攻,就长期占领了晋东南南部各县,据点林立,推行"维持",加紧分割封锁和所谓"治安强化",践踏人民,搜刮地方,实行"以战养战",造成人祸天灾、蝗灾旱灾接连发生。1941 年 5 月,日军发动中条战役,国民党军队 20 多万大军全军覆没,一败涂地,遗留了一些土匪、特务,配合敌伪、汉奸,使人民陷入水深火热的地狱之中。先是军队自立政府,以后土匪各自成立"官府",强迫群众多面维持。单以沁水为例,为时不过两年,即有贺清亮、刘福康、阴象明、赵晋英、冉渭鱼、史文裕、卫禄祥的"贺府"、"刘府"、"阴府"、"赵府"、"冉府"、"史府"等等。大股土匪则有贾真一、张根来、李坤春……钻山窜乡,闹得群众穴居野处,路断人行。在这样的环境中,群众日夜盼望八路军来解救他们,很想听到共产党的声音。《晋豫日报》及时反映了发动群众开展对敌武装斗争,消灭各股土匪,建立插花式的由小块到大块,然后块块相连,发展成为大片的根据地的过程。先是自上而下地建立"三三制"抗日民主政权,以后实行合理负担、减租减息,群众发动起来之后,改造村政权,民选村干部,《晋豫日报》都作了全面报道。

1942 年 3 月,晋豫区召开士绅座谈会,与各界人士协商,推选出以郭清文同志为主任的晋豫政权组织。区党委宣传部长李哲人指出,要把晋豫区建成抗日民主统一战线的模范区,以影响豫北、豫西广大地区,这在宣传报道上很重要。所以,经区党委批准,《晋豫日报》一度改称《豫晋日报》。《晋豫日报》在物资困难的条件下,印数有限,油印版有时重刻,也发不过来。一份报纸,众人传阅。为了照顾不同读者的不同要求,《晋豫日报》开始是以进步的群众性报纸出现的,它要灵活地掌握宣传策略,适当地运用群众喜闻乐见的形式,讲清持久战必胜的道理,表明太岳支队坚持晋豫区团结抗战到底的决心,引导群众克服悲观失望情绪、提高胜利信心和革命斗志,进行建立根据地的各项工作。在这些方面,《晋豫日报》都发挥了积极的宣传、动员作用。1942年5日反"扫荡"胜利以后,腹心地区有了相对安定的环境。报社住在阳南县黄龙村时,聂真同志为纪念"七七"抗战5周年在报上题词:"为巩固和发展晋豫抗日民主根据地而奋斗!"这个题词,也是区党委对于编辑方针的指示,《晋豫日报》即时公开了党报的面目。这就更便于宣传党的方针、政策,发布党的号召,把广大读者群众团结在党的周围。《晋豫日报》时事新闻报道较少较迟,但简明评述的综合报道较多较好。分析政治形势,宣传解释政策,指导当前工作的专论和社论,起了指路灯的作用。1943年5月,晋豫区和太岳区合并,《晋豫日报》随之终刊,并入《太岳日报》。报纸坚持了1年零2个月。

据不完全统计,太岳根据地的其他报刊还有30种,列表如下:

刊 名	主办者	刊 名	主办者
太岳文艺	太岳文联	战报	沁县县委
教育通讯	太岳行署文教处	大家看	沁县县政府
新文艺	太岳文联	吼声	屯留县委
工农兵	太岳日报社	翻身小报	沁源县委
新闻通讯	新华社太岳分社	长子小报	长子县委
参考消息	新华社太岳分社	霍县小报	霍县县委
岳北人民报	一地委	战旗	灵石县委
晋南人民报	二地委	民革室	垣曲县委
太岳政报	太岳行政公署	火星报	安泽县委
太岳邮报	太岳邮政局	农民周刊	赵城县委
行军日报	决死一纵队	冲锋号	介休县委
新阳城	阳城县委	战斗翻身报	介休县委
民革导报	晋城县委	新介休报	介休县委
抗战导报	高平县委	河山战报	翼城县委
战号报	太南地委	太南导报	太南地委

三、新华社太岳分社

新华社太岳分社于 1942 年 3 月 1 日在沁源县成立。抗日战争期间,太岳分社对全区农民减租减息、互助互济、生产自救、参军参战和抗日斗争,进行了连续报道。特别是对沁源县驻军和民兵持续两年之久的围困境内日军据点的斗争事迹进行了系统介绍。这些新闻报道,在延安《解放日报》和《太岳日报》发表后,在各抗日根据地引起了强烈的反响。1945 年 1 月,太岳区在沁源县召开全区群英大会,出席大会的劳动模范、先进工作者及战斗英雄共 250 多人。分社组派了记者团,对这次大会进行了系统报道。记者鲁生采写的《一等杀敌英雄赵金生》、《劳武结合英雄蒲春阳》,郑东采写的《特等民兵英雄李德昌》、《李德昌领导的劳武结合经验》等通讯,反映了边区人民互助合作和对敌斗争的成果,除在《太岳日报》发表外,太岳新华书店还出版了单行本,在军队和地方广为流传,起到了很好的宣传作用,受到上级领导的表扬。

解放战争期间,太岳分社重点报道了两个方面:一是揭露蒋阎军破坏停战协议的罪行和我军自卫反击战的进展;一是关于我军每次重大行动的军事情况。在揭露蒋阎军破坏停战协议方面,陈赓要求每篇报道都要发表在国民党中央社之前,以便我军在进行谈判斗争时,进行有理有利的工作。分社的记者承担起了这项任务,在近一个月的随军报道中,既赶时间写稿件,又能准确反映军区领导的宣传策略思想。如全部彻底消灭阎军省防十二师等几次战斗,就是这样及时报道的,为我军在谈判桌上与国民党进行针锋相对的斗争,提供了有力的证据。在军事报道方面,陈赓也要求讲究军事策略,报道得好,就能有力地配合军事行动。军事报道也要抢时间,落在国民党中央社后面,我们就要被动。有的消息从军事上考虑,需要晚发,甚至不发;有的还要作点迷惑敌人声东击西的报道;有的本是大的战役,为迷惑敌人可以把它写成小的地方性的战斗;有的是计划中的事,为了引诱敌人、调动敌人或破坏敌人的部署,也要虚张声势地进行及时报道。分社记者关于晋南战役的报道,就体现了陈赓将军的军事策略思想。晋南战役发生在 1947 年 4 月,陈赓将军率领太岳军队 5 万多人,向侵犯晋南三角地带的蒋阎军发起强大反击,共解放 25 座县城,歼敌 2 万多人。当时,分社记者团按照陈赓的指示,把战役开始时首先夺取的一些县城,称作地方游击队所为,以迷惑敌人,放松警惕性。之后当我军连克 10 多座县城,消灭大量敌人,将所有县城重镇包围之后,才开始大量报道。分社记者冒着枪林弹雨,及时采写了大量的战地新闻和通讯,如《晋南我军攻克 10 座县城,歼敌万余》《我军击落敌机两架,攻占运城机场》《摧毁蒋阎军晋南要塞》《保卫我们的交通壕》《我是民工也是战士》《陈赓将军评晋南形势》。分社对这次战役的报道,受到晋冀豫边区政府的嘉奖,鲁生采写的通讯《保卫我们的交通壕》,荣获二等奖。张克仁和杨朗樵在晋南战役中也写了很多优秀新闻作品,受到中共太岳区党委宣传部的通报表扬:

太岳新华通讯社外勤记者张克仁、杨朗樵二同志,此次晋南战役随军采访,工作积极,有了很大成绩,为人民立了功,特予以表扬。克仁、朗樵同志的主要优点是:(1)亲自参加战斗深入火线采访:克仁同志在曲襄战斗中,大胆沉着地与机枪手、炮手们在一起,在火线上观察战斗,朗樵同志在解县战斗中随军冲入城内。他们亲临火线采访,深入体验战士的无私奉献精神,亲眼看到部队英勇杀敌,使军事采访与实战相结合,因而能发现不少好典型,写出了很多作品,堪称英勇奋斗为兵服务的模范。(2)深入群众,艰苦朴素:亲自巡视工事,夜以继日地工作,因而报道了摧毁晋南蒋阎军的要塞、荆来发的灵活战术、张庚午的思想互助和李书田的立功等典型。朗樵同志反复调查进行多方面采访,使报道准确、材料丰富,写出了攻打曲沃的炮兵显威风、特等参战功臣刘大汉等作品。(3)写作上有很大进步:朗樵同志在写作上慎重考虑,反复修改,采取审慎严肃的态度,因而才能写出不少比较成熟的,为读者欢迎的作品。克仁同志在写作上,也有不少改进,并采取了写与画结合的生动报道形式。(4)帮助部队工作,密切和部队的关系:由于他们亲临火线深入采访,发扬了典型创造与部队英勇战斗为民立功的光荣传统,对部队工作有了不少帮助,部队不愿让他们离开。克仁同志在 409 部队帮助改进通讯报道工作,常与荆来发、张庚午、席文殿等功臣研究工作,因而功臣们说:"张记者对我们帮助很大,今后我们要为人民更多建立功劳,才对得起他!"以上是张克仁、杨朗樵同志深入晋南前线采访的主要成绩与经验,值得发扬。希望他们再接再厉,勿骄勿傲,功上加功。

1947 年 2 月,太岳分社在沁源县建立了岳北支社;8 月,在闻喜县建立了晋南支社。岳北支社采访范围包括沁源、沁县、屯留、长子、安泽、洪洞、赵城、灵石、霍县、介休、平遥共 11 个县。尽管物质条件很差,但坚持报道了岳北恢复生产、土地改革、政权建设和支援解放战争的情况。晋南支社的采访范围包括平陆、芮城、猗氏、河津、万泉、稷山、夏县,闻喜等 12 个县。晋南支社和《晋南人民报》的编辑记者,都身兼二职,在统一领导下进行采编工作。他们根据太岳区党委和太岳分社的要求,报道了党在新解放区的各项政策、人民解放军的军事进展和群众的支前活动。

1947 年 9 月至 12 月,太岳部队会同西北野战军,发动了运城战役。分社又派出记者团,进行了连续报道。1948 年 4 月至 5 月,临汾战役打响,分社记者采写的《临汾城的攻克》、《临汾解放的第一天》等通讯,受到读者的广泛好评。分社为山西的解放事业,做出了自己应有的贡献。

1949 年 8 月 23 日,山西全境解放区已贯通连成一片,人民政权诞生在即,太岳分社和太岳《新华日报》已完成了自己的历史使命,奉命解散。

四、新华社太岳分社电台

太岳日报社电务科和新华社太岳分社电台是一身兼二任的工作单位,它为《太岳日报》抄收电讯,也向新华社总社发稿。

报社电务科的人员,是 1940 年 1 月《黄河日报》复刊时,由薄一波同志从决死一纵队调给报社的。而这些人员原是晋绥军电务处拨给决死队的,思想比较落后,没经受过战争的考验。电务科长申鸿俊有电务专长,工作也很努力,但染有一些旧的嗜好。后来,经过思想改造,申鸿俊改掉了身上的毛病,改名申健。他为人宽厚,乐于助人,教技术毫不保留,工作之余,他还滴滴答答地用嘴念着电码,让郭允昌练习抄收。过了一段时间,在收报机上插上两副耳机,两人同时抄收新华社的信号。经过半年多的精心培养,郭允昌终于能上机抄报了。

太岳根据地在日军频繁的残酷"扫荡"中,电台工作困难重重,最为困难的是:电讯器材奇缺。报社的采购人员,真是"神通广大",冒着生命危险,不断从敌占区买来真空管、AB 电池和漆包线、插头等零件,因此,电务人员对采购人员冒着生命危险换来的器械十分珍惜,爱护备至。

在一次反"扫荡"后,社长魏奉璋曾收到陈赓将军的一个便笺,上写:"穴居野处二十余日矣!有何重要新闻,请能告知一二。"陈赓将军指挥着千军万马,身边自然带有电台指挥作战,如何还要向报社索要新闻呢? 原来机要电台和新闻台的职能不同,机要台要绝对保密,抄发电报均用密码,报务人员与机要人员从不往来,机要台不能也不允许抄收新闻(防止日军电台侦察出机要台的方位)。当时,苏德战争正处在紧要关头,陈赓将军关心国内外天事,故给魏社长写此便信。魏社长于是决定:以后每逢反"扫荡",由他带领电务人员两人、文印员一人、饲养员一人,另外带一头驮骡,跟随太岳军区司令部行动。每天抄收的新闻,先供区党委与军区首长阅读,然后出刊油印战报,统交军区发行。此举受到区党委书记安子文的称赞,说报社能在反"扫荡"

中继续出报,说明了我们党还是和群众生活在一起的,他特赠给了报社《辞源》一部。

1942年10月,日军入侵沁源全境,长期占领沁源县城。太岳区党委与太岳军区司令部转移到屯留与长子之间的一个小村庄,报社电台与陈赓将军同住在一个院子里。一天,伙房给陈赓将军送来饺子,他亲自端到电台让电务人员吃;薄一波政委也送来一些梨子,嘱咐好好抄报。四分区政委刘聚奎来司令部汇报工作,晚上就和电务人员一起打地铺睡觉,并为电务人员烧火做夜餐。在战争时代,在革命的大家庭里,上下之间、同志之间,就是这样亲密无间相处的。

从建社到1943年这段时间,电务科只有台长申健、报务员郭允昌和译电员廉俊儒3人,收报机一台。但是,由于电台没有马达,如同不能说话的哑巴,只能收报,不能发报,收到的重要新闻有时遗漏不全,也无法同总社联系补充。因此,当地的重要新闻,在《太岳日报》刊出外,只好等到有人去延安时捎去,往往经过半月才能到达,无法及时电发总社,传播全国。为了帮助解决发稿的困难,1943年9月,太岳军区司令员陈赓从部队抽出一部二万五千里长征时用过的小功率马达,拨给电务科,还给调来报务员廉志纯和摇机班长李文彩。陈赓到延安学习时,又带去电台联络的符号,沟通了分社与总社的联系,缩短了太岳山区和革命圣地的距离。

抗战胜利后,毛主席赴重庆同国民党举行和平谈判。电务、采编人员欢欣鼓舞,夜以继日地轮流值班,很少有休息时间,有时电务人员把抄收的重要消息小跑步送到编辑同志手里,有时编辑同志轻手轻脚地守候在电台旁边等待倾听党中央毛主席的声音,尽快争取时间印发号外,传播胜利的喜讯。

1946年春解放侯马时,正值春节前夕,数九寒天,在大雪纷飞的晚上,电台摇机员魏培旺和郭万功冒着严寒,在10分钟内就上房把天线架设好,保证了第五执行军调小组在侯马谈判的消息及时发回分社。二打运城时,分社的一个台设在晋城东沟村,报社来电要求,4天内赶到闻喜县,参加解放运城战役。大家披星戴月,冒着严寒,由魏培旺与赵树德轮流背着机器,如期赶到闻喜。但因国民党的青年军增援运城,电务人员随军沿着山路向霍县一带转移,途经洪洞苏堡镇宿营村时,电台正往分社发《天下第一军的毁灭》通讯,突然敌机轰炸苏堡。台长便对魏培旺说:是否暂停发报? 魏培旺则坚定地说:继续发。这样才使这一胜利消息,及时发回分社。魏培旺在摇机时吐过血,但从不告诉别人,仍然坚持工作。1947年7月1日,中共太岳区党委在阳城召开直属各机关党员大会,隆重纪念中国共产党诞生26周年时,区党委秘书长卫恒还号召全体党员向太岳新华日报社摇机员魏培旺同志学习,并称赞他是机关人员立功的模范。太岳《新华日报》为此发了评论,并以《机关人员立功的方向》为题,介绍了他的模范事迹。同年9月23日,报纸又刊登了晋豫总分社表彰太岳分社电台的公报:

各分社负责同志暨电务工作同志:

　　一年来太岳分社电台的工作是很好的,他们效率高,不压报,作风好。他们的经验是:(一)联系台固定两位同志,便于精通业务。(二)重视技术的教育,如他们一位同志,每分钟可发一百六十个字码,收报能力也高,手续简明。(三)注意遵守联络时间及其他纪律。今特通报表扬,并望各分社同志向太岳学习。

　　1949年8月23日,新华社太岳分社解散后,分社电台也随之解散。9年多来,分社电台及时收听国内外重大新闻,架起太岳军区与延安党中央及时联系的空中桥梁,并把太岳根据地的情况及时传播到各解放区和全国各地,出色地完成了太岳区党委交给的宣传任务。

第六节　沦陷区日伪新闻事业

　　抗战时期,华北地区尤其山西是敌人反动新闻政策实施的重点,日本帝国主义在山西通过建立法西斯新闻统治机构,控制山西的舆论方向,使新闻媒体更好地为其在晋的利益服务,他们在山西建立了一系列的日伪报纸:以《山西新民报》为骨干报纸,同时在山西先后出版的日伪报纸还有太原的《新山西日报》、《阵中新闻》;大同的《蒙疆日报》(晋北版);临汾的《晋南晨报》;运城的《新民五日报》等。这些报纸被日军控制并大肆进行政治欺骗、军事宣传和奴化教育,以混淆山西人民的视听,打击广大山西民众的抗日意志。

一、《山西新民报》

(一)新民会与《山西新民报》

　　新民会是抗日战争时期日本帝国主义在华北沦陷区建立的反动政治组织,为了更好地配合日军对占领区人民进行"思想教化","他们便采取'以华治华'的手段,仿照'满洲国'的协和会在华北建立由汉奸组成的新民会。新民会不仅执行了宣传和教化的功能,而且还与华北伪维新政府及后来的伪华北政务委员会紧密联系在一起,同时执行组织、管理等功能。"[1]

　　我们首先来看看《山西新民报》是如何在其报纸上向广大读者解释新民会的由来的:"中国欲在中日事变的过渡期中,而把握未来的新生机运,自然需要先行剿除英美和赤色的潜在势力,而后再以独自的立场,谋求中国的复兴。同时在过去熏陶于蒋政权下国民的旧的思想理念和习惯,自然也需要另作新的纠正,以为充实把握未来新的机

---

[1]陈昌凤、刘扬《日本占领时期〈新民报〉研究》见《北大新闻与传播评论》一书,北京大学出版社,2004年版。

运的国民力量，当然在这一拆毁旧轨道重新铺排新道路的工作阶段里，自然也需要有新的国民理念的指导和习惯性思想纠正者从而领导国民来实践新的复兴运动，于是'新民会'应运出现了，他是负有'领导国民走向新的生路'和'谋求东亚永久和平'重大使命的中国国民的教化团体。"①

新民会的政治立场也非常鲜明，在太平洋战争一周年之际，新民会中央总会就发表了告民众书："迭奏凯歌,节节胜利之大东亚战争,迄至本月八日适值周年之期,回顾一年间,友邦之赫赫战果,辉煌事迹极堪钦佩。新民会中央总会为使华北民众明了大东亚战争周年之意义,特发表大东亚周年告民众书:……(1)我们要绝对相信胜利是属于日本的,也就是属于我们全东亚的。(2)我们要认识这次战争并不是单纯的日本对英美之战争,而是东亚轴心对英美帝国主义的解放战争。(3)华北为东亚新秩序建设之基地,应当确立国民总动员体制……"②

《山西新民报》对新民会的宗旨及工作任务说得很明白："新民会是以救国救民为职志的,就救民的意义言,新民会应常推进和平统一建国的大业,推进保民教民的工作是新民会当前的急务。而促进和平统一建国的大业则是新民会最后的目标……对于'新民'的'新'字,应当含有自新与共新两种意义,自新既是自救,共新就是救国,惟能自新,始能新人,若欲救国,必先自救。"③

日本帝国主义在侵占我国华北地区后，迅速建立起殖民地性质的新闻事业系统。《山西新民报》作为日伪山西省新民会的机关报,就成为日伪在山西殖民地新闻事业中的骨干报纸。该报创刊于 1937 年

---

①《山西新民报》，1942 年 5 月 28 日。

②《山西新民报》，1942 年 12 月 9 日二版。

③《山西新民报》，1942 年 2 月 8 日二版，省总马中骥的讲话《民国 31 年年度山西省新民会工作展望》。

12 月 13 日,以"和平反共复兴东亚之建国方针"为宗旨,利用造谣、撒谎、欺骗的手段,大肆攻击中国共产党,离间抗日民族统一战线,宣扬"东亚圣战"、"建立东亚新秩序"等法西斯主义思想,鼓吹"中日提携"、"和平救国"、"反共救国"等卖国言论。

在经营发行上,《山西新民报》有一套相对成熟的经营发行理念。该报报价为:本市零售每份五分、每月一元三角、半年七元五角、全年十八元。到 1944 年,报价涨到每份六分、每月一元七角、半年九元七角、全年十九元四角,外埠每月加邮费三角。为了推广销路优待阅户,该报曾发起奖励订报方法,凡订购该报预交报费三个月者,均有得奖希望:一等一千元、二等二百元、三等一百元、赏金十元、五元等,以扩大报纸的销售量。该报非常重视发行,为此专门分设"营业局"与"编辑局",并在报头刊登电话号码,以便随时订购。此外,为了使省内报道的内容相一致,《山西新民报》于 1942 年 9 月 1 日与《晋南晨报》合并,将后者改为晋南版,后又把《潞安新民报》改为上党版。

该报还特别注重广告的投入量,除头版广告较少之外,其余三版广告均占大量篇幅以至半版以上。为了更多地吸引广告主刊登广告,每期报头上都标明广告报价:每行(九磅十字)一天一元,长期广告另有优待办法,优等地位照原价另加五成。头版广告所占篇幅不大,主要是山西省政府的启事、各种遗失声明及公告等;二版主要是医药广告,以性病广告居多,还有各公司的产品广告等;三、四版主要是医药、戏院、电影、物品交易等商业广告。

为了扩大自身的影响,《山西新民报》千方百计利用各种传播手段进行宣传。如利用各种节日、纪念日大搞有奖征文活动,以奖金来吸引广大民众积极参与到他们的活动中来。1943 年 8 月举办"教师节征文"活动;此后还举办了"悬赏征文新年论文"活动;1942 年 11 月 30 日为纪念该报创刊五周年又刊登了悬赏征文启事:"在五周年之日发刊特号。一方面报告五年来之发展经过,以期与社会人士更作进一步之精神合作,一方面拜向读者征文,以期检讨过去,勉策未来。"

《山西新民报》不仅通过社论来左右舆论,还与新民会经常举办各种社会活动以配合宣传,为日军的军事及在晋利益服务。如为"协助夏防运动,发扬国民灭共意识",该报特举办了有奖征集灭共歌活动;还曾在报上刊登过这样的启事:"在大东亚战争之初已实施且强调中日战士之各种慰问及献纳运动,我报以每月九日为我国参战纪念日,并规定将该日于我报刊登的广告费全额经山西省公署向国府献纳为国防费,并希望广大读者及广告主予以匡助,冀达到所期目的。"还以"抚恤治运牺牲烈士遗族"为口号,呼吁各方捐款,由该报总务局代收赙金,《山西新民报》已首捐赙金一千元等,大有作秀的目的。

(二)《山西新民报》的版面

《山西新民报》为日报,分为四版:第一版为要闻版,第二版为国际版,第三版为地方版,第四版为副刊。

各版面的分布及内容如下:

要闻版以刊登时政新闻、战况消息、国际述评、重要讲话、布告以及社论为主。其中以"中华社"电稿居多,也有少量广告。"时政新闻"一般占头条,报道最新发生的时政要闻。如《树立战时行政方针,省市长官会议近日举行——临时全联明日隆重揭幕》(1943年1月19日头版头条)、《感谢满洲协力圣战,东条首相赴满访问》(1943年4月3日头版)等。"战况消息"主要报道省内战事、国际战事、国内战事。如《省内歼敌遭重创——日军收获大战果》(1943年1月22日)、《日空军连袭东印,吉大港再度遭炸》(1943年1月25日)、《痛袭渝军予以致命重创,日派遣军报道部发表——二月份扫荡渝军综合大战果》(1943年4月9日)等。"国际述评"主要是对欧洲、亚洲各战场的战事、战局进行的分析评述。如《世界战局概观》(1943年4月7日)、

《中国之独立自主与大东亚及世界现势》(1943 年 4 月 17 日)。"重要讲话、布告"主要是汪伪国民政府发布的宣战布告及领导人的重要讲话。如 1943 年 1 月 4 日头版就刊发了汪精卫的广播演说稿,题为《体察友邦奋斗精神,尽我所能贡献圣战——深信今年定有更大成就》。"社论"一般由报社主笔撰写,就时局、政治、社会等方面的重大问题发表评论,少数情况下也有以"专论"、"名论"等形式出现的社外专家署名的言论。如《开展反英美思想战》(1943 年 4 月 9 日)、《盟邦已完成必胜不败之态势》(1943 年 8 月 20 日)、《发扬与实践新民精神为当前唯一要务》(1942 年 7 月 10 日)及夏文运氏的评论连载《今日的印度问题》。

国际版主要以国际消息、短论、战事报道、新闻图片为主,偶尔也有小说连载,还有医药广告、产品广告等,广告图文并茂。"国际消息"大多来自中华社驻世界各地的记者站发回的报道,有柏林社、东京社、罗马社、纽约社、里斯本社、瑞典京城社等。如中华社柏林二十一日电《检讨欧洲解放问题——德挪两国首脑会见——决定继续战斗以达成共同目的》(1943 年 4 月 22 日)。"短论"系就国际时局、政治、战事等方面发表的短小的随感或言论。如《英美奸计难售》(1943 年 4 月 22 日)、《已告绝望之苏联攻势》(1943 年 4 月 23 日)、《没落的重庆伪府》(1943 年 4 月 27 日)。"国际战事报道"是对欧洲、亚洲各地战况的报道。如《德机夜袭英本土》(1943 年 4 月 27 日)、《美开战以来丧失兵力已逾七万八千——美战时情报局二十三日发表》(1943 年 4 月 28 日)。该版每期一般都有新闻图片、组图,大多放在报纸的右上角,画面清晰,并附有文字说明,言简意赅,一目了然,使整个版面看起来美观大方,图文并茂。如:1943 年 4 月 29 日刊登的组图《在炎热下壮烈进行之日军勇士》,还有 1943 年 5 月 1 日刊登的被德潜艇击沉的美航空母舰"流寇"号图片,都很美观。该版偶尔也有小说连载,并配有插图,但所占篇幅不大。如连载过徐春明的武侠小说《剑影琴声》，还有艳情小说《旧时京华》等。该版还设有关于战争的"星期漫画"，如《大鼻子防空漏光》等，漫画生动有趣、诙谐，寓意深刻，是该版的独到之处。

三版为地方版，刊登有各地通讯、战时体制、本省及各市负责人的重要讲话、各地景物风貌巡礼、名人访问记、特派员专稿、特稿等，此外还有广播电台节目预告以及医药、戏院、电影、物品交易等广告。各地通讯系由山西各地分社发来的有关社会、政治等方面的新闻。如《阳泉铁厂熔铁炉，三日举行开炉式》(1943年8月2日)、《临时联合协议会河东道定期举行》(1943年1月25日)等。"战时体制"系适应日伪政权战时体制政策所设，内容包括新国民运动、治安强化运动、新建设运动及决战体制等。如《襄垣治运实施良好——各项工作均收实效》(1943年1月4日)、《以实施新运为中心——晋泉颁布本年度施政方针》(1943年1月4日)。本省及各市负责人的重要讲话及文告，如周敦信的广播稿《努力实践新运，响应省境作战》、伪省长的告各县知事书《彻底本省廉明政治》。各地景物风貌巡礼，图文并茂，如《晋祠庙会巡礼》中配有"晋祠庙前一瞥"图片，使得版面鲜活生动、赏心悦目。

四版为副刊版，设有"自然界"、"春秋之笔"、"社会服务"、"科学常识"、"妇女界"、"小说连载"、"诗歌与趣味"、"医学常识"、"去年今日"、"将来的教育"、"园艺知识"、"道听途说"等栏目。其中，"自然界"包罗万象，包括家庭问题、社会问题、农村问题等内容。"春秋之笔"位于头条位置，主登各种评论文章，文笔犀利、流畅。如《论禁烟与抽烟》《贪官与强盗》等。"社会服务"专栏分为医药、法律常识以及职业介绍等内容，对读者种种无法解释的疑难问题，提请有关医学专家、法律名流做出解答。"科学常识"系介绍人们日常生活中不懂的自然科学现象，如《雷闪之成因》《花生夜间不适宜放置室内，否则是有碍于卫生的》等文章。"将来的教育"专门发表各级学校及教育行政机关、名彦硕流的多年经验心得。"小说连载"大多刊载武侠小说、言情小说、写实小说、社会小说以及配合"治运"的治运小说等。

《山西新民报》的版面分布情况大抵如此。使用小五号字繁体竖排，编排上较和谐，有适当的分栏，稿件主次分明，组合得当，布局结构也比较合理。标题字号大中小相结合，头条标题用特大号字体，鲜明、抢眼，大都为多行题。版面中体裁多样，有文有图，设计也较美观。总之，《山西新民报》的版面编辑质量较高，制作精良，具有一定的专业水准。

(三)《山西新民报》的宣传内容

日伪的新闻事业是为日本帝国主义灭亡全中国和奴化中国人民的法西斯政治服务的，他们大肆宣传"东亚圣战"、"建立东亚新秩序"、"中日提携"、"和平救国"、"反共救国"等法西斯和汉奸卖国谬论，无耻造谣诬蔑、任意虚报"战绩"，并挑拨离间国民党和共产党的关系，破坏抗日民族统一战线，妄想用反动腐朽的宣传内容来欺骗、麻醉和奴役沦陷区人民。

与日伪的新闻政策相配合，《山西新民报》的宣传内容主要有以下几个方面：

1. 强调"大东亚战争"的正义性

在日本帝国主义建立"大东亚共荣圈"的总体扩张中，征服中国是其称霸亚太地区至关重要的一环。为了更有效地控制被占领国家和地区的新闻宣传活动，他们特别设立了专门机构来控制该地区的媒体，使之纳入"大东亚共荣圈"文化轨道，以怀柔政策和欺骗手段来实现军事进攻难以达到的目的。

为了争取民心，《山西新民报》大肆宣传大东亚战争的必要性和正确性。如在1943年1月1日的社论《元旦之辞》中说："我国家于过去之二十余年中，外遭英美帝国主义之侵凌，内受共产党之骚扰，军阀横行，民生涂炭，是吾国家于过去不但未走向更加繁荣之途，实向衰亡之途进迈也。……既为求中国之繁荣，必须与友邦合作，为求东亚之繁荣，更必须与友邦合作，盖中日之共荣不可分，而东亚之繁荣更与中日共荣为不可分也。我汪主席有见及此，故乃毅然脱离抗战阵营，致力和平工作数年之奋斗，已奠定和平之巩固基石。前年中大东亚战之爆发，益证明是种认识之不谬……"

日本帝国主义的"大东亚共荣圈"理论的重要一条就是：在大东亚共荣圈内排除欧美旧势力，将东亚各国从欧美侵略的"桎梏"下"解放"出来。因此，报纸始终将英美视作"非正义"的化身，大力攻击谩骂，并将日军对东南亚各国的侵略战争描绘为"不仅要摧毁英美在东亚的侵略势力，而且要建设东亚新秩序"的道义战争。我们可以从1943年1月10日三版的一篇题为《大亚细亚主义与大东亚共荣圈》中清晰地感受到日伪媒体的欺骗性："前年十二月八日友邦日本发动了大东亚战争，在这短短一年多的工夫，由于友邦日本的势力已获得赫赫战果，把英美在东亚侵略势力如风卷残云一般扫荡净尽。……所以我们要认清楚，这大东亚战争并不是友邦日本和英美帝国主义的争霸战，而是友邦日本目睹我们东亚各民族百余年来受到英美对于我们所加的桎梏……而为争取东亚运动的战争，所以大东亚战争不仅要摧毁英美在东亚的侵略势力，而尤其要建设东亚新秩序达成大东亚共荣圈的目的。"

《山西新民报》始终不遗余力地宣扬大东亚战争的正义性以及战争对于维护东亚和平、世界和平乃至世界新秩序建设的伟大历史意义，这种欺骗性、麻痹性的宣传贯穿始终。例如，1944年1月9日二版头条刊发伪宣传处长关增禄的文章《认清时代，誓死争取大东亚战争胜利》："大东亚战争在于争取中国的独立自主和复兴，在于谋求盟邦日本自身的发展，在于争取东亚各国家民族的生存和解放，在于奠定东亚之永久和平，建设东亚新秩序，在于促成世界和平，在于扶助弱小民族，使友邦各得其所，共存共荣。换言之，战争之目的，亦即在于复兴中华,保卫东亚建设世界新秩序,而我们又系东亚民族,又系饱罹英美帝国主义侵略剥削……所以,争取战争胜利的责任关系吾人当前的唯一责任,积极完遂战争的任务,既系吾人当前的唯一任务,事实如此,理论如此,勿容置论……"

2.贬低别人,抬高自己,宣传"皇军必胜"

《山西新民报》自始至终都重视运用批判他人、贬低别人以反衬、宣扬自己的手法,把矛头对准国共两党,还有英美两国,为此用了不少鼓动性很强的言辞,甚至不惜编造事实,挑拨是非。如"打倒甘作英美走狗,断送国脉的蒋介石"、"朱德是红军的龙头,恐怕要做抗战的蛇尾罢!因为越打越糟糕"、"朱毛放出肉票(蒋介石),要求蒋共合作彻底抗战,这就是西安事变的真相"、"中共公然地言明:蒋共合作与对日抗战,不过一时过渡的手段,最后目的是要他霸权"、"共匪虽在作殊死的挣扎,到底不能把握住民心"。

该报每期都用相当的篇幅刊登国共两军战败的消息,发表评述共产党及英美惨败真相的文章,极力突出敌军的节节失败,以强调日军的大获全胜。从下面的这些战况消息、口号及述评中我们可见一斑:《赤色匪军即可覆灭,华北地方艰难驻足——日扫荡战收意外效果》、《毁灭蒋军军需物资——日航空精锐军轰炸川省保宁,鄂北伪军兵站基地老河口亦被袭》、《光辉灿烂的治强胜利——共匪惨败的真相》、《美国作战前途困难——乐观之国民已感到失望》、《蒋共依旧同床异梦——下级干部离心离德》。其中在《共匪惨败的真相》一文中说:"现在赤色晋冀察地区作战正当进行,冀中地区的敌人已销声匿迹,在太行山北部的敌人也被日军打得粉碎,随时歼灭,共产工作的实施已将他破坏得体无完肤彻底毁灭了。……不论新民会或县政府的指导员都不可失掉这个好机会,要和作战地区加紧联络,向皇军作战地区的新建设及人民的宣抚努力迈进。"

抗战后期,战局出现了对日军不利的情形,其后更是连连受挫,直至彻底失败，而《山西新民报》对日军之败绩绝口不提，却对日军的每一个"胜利"大肆渲染，高唱赞歌。如反共口号"大势已定全胜期近，绝不容缓急起追匪"、"治强运动节节进展，八路匪军节节退却"、"庆祝大东亚圣战胜利的新年"；每日战报《日军空前伟绩——英美侵略势力瓦解冰消》、《伪第五战区覆灭——日军作战以来战果赫赫，毙虏敌军数达八千》、《敌机丧失六十五架，拉巴尔空战日机奏捷——南太平洋制空权日已确保》、《击沉敌潜艇百六十一艘——日本近海开战以来日方大战果》。①

在日军战事受挫的情况下还极力地大赞其赫赫战果，无非是要使人们确信大东亚战争必能获得最后胜利，大亚洲主义终必实现。

3. 力主"中日联合，同生共死"

随着沦陷区的不断扩大，为了使沦陷区民众同心协力共同防卫一切共产主义的破坏活动，加强中日团结，与日本同生共死，《山西新民报》在这方面使出了浑身解数，以求达到腐蚀中国人民民族精神的目的。

为了宣扬"日华亲善共存共荣"，该报以教化者的身份开导国民，不断劝说："中国朝野，一面回忆百年来英美帝国主义者所加于吾人之耻辱，充分以悲痛与愤懑，同时觉悟中日亲善之必要，决意努力今后中日两大民族之合作，中日团结不独系中日两国之福，而且关系东亚安危，为大东亚战争成功之主要条件。中国与日本，不独系东亚共荣圈之一环而且系建设东亚之主力，此次中日政府，彼此友谊之表现除加强现阶段两国关系以外，是具有更促进中日亲善之意义。"②"中日必须共存，东亚共荣圈的建立，必须以中日共存共荣为基础，这一崭新的政治理念今日业已从两国上层政治结合而见诸于民间关系的

---

① 《山西新民报》1944 年 1 月 3 日、1 月 16 日。
② 《山西新民报》1942 年 9 月 14 日，头版社论《欢迎友邦答访使节来华》。

重新树立，华北各地中日实业界所成立之各业组合就是一个极有意义的实证。"①

随着战争的不断扩大，日军已不满足汪伪政府及人民与日本同甘共苦，而是要求与日本同生共死。《山西新民报》在 1942 年 10 月 3 日的社论《敬告国民》中便发起了这样的号召："凡我国民，务须奋起一致，努力迈进，与友邦携手，共同迈进于东亚建设之途，是不但为我国之幸，亦东亚全民之幸，此种光荣之业务，望我国民毅然负起之，万勿彷徨迟疑，自贻伊戚也。"尤其到了战争后期，日军面临危机，该报便担当起了"昂扬民众斗志"的重任，通过愚民宣传，欲使沦陷区民众配合日军做最后一搏。1944 年 1 月 3 日头版刊登东条英机的新岁感言《加强东亚盟邦团结，击灭英美争取最后胜利》，就是出于这样的目的。

4. 加强"治安强化"，推进"新国民运动"

"自武汉失守后，日本法西斯改变了它的战略方针，把打击的矛头集中指向共产党，对我敌后抗日根据地发动了一次又一次'大扫荡'和'大围攻'，妄图消灭八路军，消灭抗日武装，消灭敌后根据地和人民的抗日意识，以实现其奴役华北、统治华北的狂妄计划。于是，号称日本军阀三杰之一的岗村宁茨提出并实施了'治安强化运动'"。②"'治安强化运动'即所谓'三分军事、七分政治'，集军事、政治、经济、文化、交通、特务为一体的'总力战'，对各根据地实行野蛮残酷的'三光政策'"③

为了"建设华北完成大东亚战争，剿灭共匪肃正思想，确保农产，减低物价，革新生活安定民生"，日本占领者共发起了五次"治安强化

---

① 《山西新民报》1942 年 9 月 13 日 社论《道义精神与中日共存》。

② 张国祥《山西抗日战争史》下卷，山西人民出版社，1992 年 3 月版，第 3 页。

③ 《聂荣臻回忆录》，解放军出版社，1984 年版，第 520 页。

运动",并成立了省新民会治运本部,以积极推进工作。

作为新民会的机关刊物,《山西新民报》又不遗余力地掀起了大力宣传治安强化运动的新高潮。他们充分利用报纸的特点,刊登"治运韵语"、推出"治运"专版、大量报道"治运"成果的消息、通讯,创办"治强绘画木刻比赛"专页等。内容、体裁、形式极为丰富,通俗易懂,起到了很好的宣传教化作用。例如报道五次治强运动成果的文章《五次治运实践有力,各县剿匪捷报频传》、治运小说《可爱的家乡》、治运言论《何以要完成大东亚战争》、治运韵语《努力剿共》篇:"贼对匪,灭对奸,讨伐对平安,入山对涉水,防后对当前,人带剑,马加鞭,勒铭传远近,荡寇治幽燕,扫却妖氛帮圣战,敷阵正义对高天,小丑随之,剿穴同倾千里净,大功特建,城乡共祸一齐完",都富有极大的煽动性和迷惑性。

战争后期,由于消耗了大量的人力物力,为补充不足,日军要求沦陷区动员所有力量参加大东亚决战。他们发起号召:"值此大东亚决战之际,为了完成建设华北,增进参战力量起见,特发动华北新建设运动,并制定纲领,通令各省市及各道县地方相度情形努力推行。"《山西新民报》欣然执行,立即宣传"新建设运动",发表了大量消息、评论、通讯报道,让广大民众了解并积极参与到这一运动中来。

对于广大民众对"新运"的疑惑,该报作了全方位的解释:"所谓新民运动就是新国民运动与新国家建设运动,新国家建设运动就是树立国家新体制。所谓'新民'那便是要以新国民运动的启蒙运动,不但是私生活的革新,也是社会生活的革新,不但是国体的革新,也是全体性的国家生活的革新。……新民运动的前途不但决定着中国的命运,也决定着整个东亚的命运。"对于"新建设运动",该报提出:"新建设运动应该解释作'新的特质的建设运动'。建设华北,久已显为我们一切政治、经济、文化工作的中心目的了,然而几年以来的工作成果,今日检讨起来却还有待更进一步具体开展的必要。"

490

总之,在《山西新民报》存在的几年里,处处可见它为推进"新建设运动"、"新国民运动"、"治安强化运动"所做出的努力。

(四)《山西新民报》社论分析

《山西新民报》的社论一般位于头版的显著位置,内容可分为政治、军事、国际、经济、社会五类。政治类主要是针对国民党政府和共产党,并挑拨两党的关系;军事类主要是对战况的评论分析;国际类主要是对国际形势的分析,对轴心国的褒赞和对同盟国的批判;经济类主要是对国内尤其是华北地区经济政策和形势的评论;社会类则包括文教、体育、卫生等社会事件的评论。

1. 政治类

在政治类社论中,以批评国民党政府和中国共产党的尤为突出。"其社论的宣传目的主要是反蒋防共,鼓吹自治,大肆挑拨当地民众与国民政府和中国共产党的感情,以使二者在这些地区没有实行反日政策的余地,使国民政府的政令不能达到这些地区,进而达到由其操纵统治这些地区的目的"。[①]

《山西新民报》对共产党的打压批判是一贯的,"剿共"是其社论宣传的基本内容,这从 1943 年 8 月 10 日头版的社论《渝共冲突正面展开》中便可见一斑:"夫共产党之为世界祸害,为人类共敌,往事斑斑,早为世人所公认,国之患有共产党,恰如人之患病盲肠炎,人患盲肠炎而不割除,非但病不能已,且将捐其生命。国有共产党若仍任其存在,则何异于人患盲肠炎,而不速求割治,国家之乱且将亡。"简单的一段比喻,我们就可看到该报对共产党的"深恶痛绝",这与共产党军队在华北对日军的有效进攻有关。

1938 年 10 月以后,随着战争进入相持阶段,日本帝国主义的速战速决论破产,不得不改变方针政策。在大力扶持傀儡政权的同时,

①王晓岚《日本侵华战争中的新闻谋略》,《河北学刊》2002 年 3 月 第 22 卷 第 2 期,第 117 页。

对国民党的策略由军事进攻为主转变为以政治诱降为主，对蒋介石又拉又打。新闻宣传的策略也主要放在如何劝服国民党放弃抗战，与日军共同"反共和平建国"。在1942年2月7日二版的社论《抗战政权的没路》中，他们是这样劝服的："我们要知道现在既系国家存亡危急之交，应该拣一条最安全最有希望的光明大道去和日本携手言欢，谋东亚解除束缚，为什么还要自寻短见不求生而求死呢？"

再看1942年5月12日二版的社论《重庆日暮途穷》是如何批判国民党政府的"执迷不悟"的：

"……以个人的进退得失为前提，不计国家民族的安危成败，是非不明，恩怨不分，这是重庆抗战的荒谬；依存英美，仰望苏联，不图民族自决徒知卖身投靠，驱使抗战军人，为保持国际侵略势力而牺牲，藉图偏处一隅，苟延残喘，这是重庆抗战的手段；军无斗志，民怨沸腾，外援路线断绝，经济资源恐慌，目睹英美已成丧家之犬，深感本身已呈孤立之势，这是重庆抗战的悲哀。……重庆已是日暮途穷，我们不是幸灾乐祸，而是对其沉迷不悔觉得非常痛惜，尤其想到事变五年，弄得山河破碎，民力凋敝，更感无穷憾，我们愿以诚意来促进重庆的觉悟，如其他们一定要执迷下去，则我们希望采取最后手段予以致命的打击。"

日本侵略者还侧重于反间工作，破坏抗日民族统一战线。"在《华北地区思想战指导纲领》中，日本人制定的对策是'制造国共合作中的矛盾，尽量采用宣传、谋略等各种手段，煽动两党之间的摩擦，破坏两者的合作，以导致抗日救国统一战线的崩溃。'"[1]《山西新民报》1942年1月27日二版的社论《由续范亭免职谈到蒋共前途》便充分反映了日本侵略者的这一谋略，文中说："蒋共之相克由来已久，读者以为蒋共之间必无能够合作之可能，思之颇足令人玩味。盖彼此之间

---

①王晓岚《日本侵华战争中的新闻谋略》，《河北学刊》2002年3月第22卷第2期，第117页。

皆存阴谋,一举一动咸以利益为依归,其所谓合作者同床异梦,盖可想见矣。以如此乌合之众而欲以之于日军相抗衡,更焉能望其始终如一而不彼此互相龃龉也。是以中日事变未久,蒋共两军即以互不相容之情调,发生彼此监视相互牵制之事实,为时不久,更复因而引起各地驻军之火拼争战,于是蒋共之不睦,遂而全面展开,是时也,抗战真亦遂宣告实质的崩溃。往事甚多,何胜一一枚举。"他们的这种宣传谋略旨在坐收渔人之利,而蒋介石的反共政策则正中了日本人的下怀。

2. 军事类

《山西新民报》的军事类社论所占比重不是太大,数量随着战争规模的扩大和军事的胜利而增加,随着溃败而减少。内容主要是对日军在亚洲战场及在中国战场上的军事胜利进行评析,夸大其意义,旨在向广大民众宣扬"皇军必胜"的思想。

例如对于日军登陆俾斯麦群岛这一战事,该报社论给予了高度评价:"日部队于二十三日未明完成新不列颠及新爱尔兰岛敌前登陆,而在远距日本本土两千数百里的南太平洋上,复将解放战火深入新几内亚东方之俾斯麦群岛,此次作战之牵涉,意义殊为重大,在表面上固然只告诉我们澳洲大陆已濒危机,实际上颇有引起英国内部纷扰的可能,战况发展,极堪注目。"①

对于日军在"剿共"方面取得的胜利,《山西新民报》给予及时报道和高度完美的评价:"冀中地区彻底扫荡战役开始了,这是具有相当重大意义的作战,……尤其在治安强化运动的意义上更是值得吾人重视。……不过,在这里我们仍需注意一件比较要紧的事,军事的行动只是摧毁共匪的暂时威力,我们为了彻底完成这一战事,在军事的后面还要继以有效的政治运动。……于此,我们切望负整理此地责任的政治当局,能和日军紧密联络,而把军事的力量和政治的力量合

---

① 《山西新民报》1942 年 1 月 26 日 二版 社论《日军完成俾斯麦群岛登陆》

理地配合起来。"①

3. 国际类

在国际类社论中,《山西新民报》主要是针对英美的社论,称英美具有帝国主义野心,想吞噬全球,并大肆宣扬报纸的使命在于阐扬新民主义,发扬东方固有道义,与英美的功利主义作斗争。

从 1942 年 1 月 19 日社论《美国的野心》和 6 月 14 日社论《彻底扑灭英美势力》中可以看出对美国的抨击:"……华盛顿所窥伺之根据地系在北冰洋中、挪威所属之杨迈恩岛……总之美国在欧洲、北极所作冰冻之政策,显而易见的是美国帝国主义者的野心。由西半球跨入欧洲空间之又一新步骤耳,此已成为彰昭的事实了。同时,英美的合作其真实价值与此又可窥见一斑,民主主义国家阵线之私利主义必将成为总崩溃之重要原因也。""由于大东亚战争的节节胜利,英美在西南太平洋的海陆空军基地已被英勇迈进的友邦日军先后占领。……所以,从军事上去估计英美的前途,显然是百分之百的断没有重燃死灰之余地了,但在这种情形下,是否彻底扑灭了英美的残余势力呢?我们以为,除军事歼灭扫荡以外,尚须从政治上、经济上乃至文化思想上都得根本消毒和净化,才算完遂大东亚圣战的全功。"

4. 经济类

随着日军人力物力消耗巨大,"素来奉行'以战养战'的日本帝国主义,无疑试图把中国建成一个为'大东亚战争'服务的,能够提供无限人力、物力的战略兵站。如其这一企图得逞,日本法西斯即可确立他们在整个东方战场的战略优势。"

为了达到这一目的,日本侵略军犹如饿狼一般,处心积虑地加紧了对华北经济资源的窃掠。他们在华北地区要求"节约物资,强化宣传",使人民自觉忍受战时生活的困难,拼命生产,以成为大东亚战

---

① 《山西新民报》1942 年 5 月 14 日 二版《冀中扫荡战开始了》。

494

争的物资补给站。

《山西新民报》经济类社论大多数是为日军维持经济秩序、增加物力资源、补给战争不足服务的。《政治当以物资建设为首务》、《华北之生产建设》、《增产即增强战力》等都是围绕"增加生产、增强战力"这一主题而展开论述的。

1942 年 5 月 16 日的社论《增加物资生产》对这一政策尽显无疑:"自从大东亚战争爆发后,中日协力以争取最后胜利已成为每一国民应有的信念,在这时候,中国俨然为大东亚战争的重要后方,我们就必须尽其后方的责任,最低限度我们也必强化和平区内的经济组织,保持必要的物资生产数量。为了适应大东亚战争的环境,除了极力节省物资的消耗之外,还要尽力于增加物资生产的工作。"

5. 社会类

社会类社论数量不多,主要包括文教、体育、卫生等方面。内容为评论各种新民主义活动,明确教化方针,号召开展卫生运动和弘扬东亚文化。

为了配合日军在华北推行的各种运动,该报在其社会类社论中进行了大力地阐述。如 1942 年 6 月 7 日社论《四次治运终了以后》评析:"治强运动的根本目的是在确立治安改善民生,由人民生活力的加强进而谋求建国力量的加增,把现有的和平区域尽量拓展到全国各地。……四次治运虽然已成过去的名辞了,但是我们的责任还在等待着我们去负担。……今后的我们,应该一面工作,一面再等待第五次的治强运动早日来临,更希望我们能于下期的工作里完成我们的一切任务,进而能把下期的完成之日作为中国全面和平的美定之日。"再如《发扬与实践新民精神为当前唯一要务》(1942 年 7 月 10 日)、《新国民运动与国民教育》(1943 年 9 月 9 日)、《礼仪廉耻和精神建设》(1942 年 7 月 7 日)、《"减"为一切事物之母》(1942 年 7 月 22 日)、《"禁赌""禁烟"确立"决战生活"》(1943 年 10 月 27 日)、《推进日语教育》（1942 年 11 月 2 日）、《大东亚文学的创造》（1943 年 9 月 6 日）等。

二、临汾伪《晋南晨报》

临汾在抗战前阎锡山统治时期，并没有报纸。1937 年日军侵入山西后，为了配合它的殖民统治和加强奴化宣传，才在临汾创刊《晋南晨报》，于 1939 年 4 月 1 日出版。它是由《北京晨报》分出来的。《北京晨报》原是国民党政学系在北方最大的机关报，每日出版四大张。国民党势力南撤后，该报由冀察政委会宋哲元派人接收，在日军侵入后，仍照常出版，每日两张。到 1939 年，日军华北军报道部为了更好地控制各省的报纸，令《北京晨报》停刊，将该报的人员和设备，分成两部分，一大部分去保定创刊《河北日报》，一部分派到山西临汾创刊《晋南晨报》。这个报的全体职工，从社长、编辑、记者到排字工人、印刷工人，都是《北京晨报》的原班人马。连同印刷机器、印刷材料、全部铅字及字架，报社各办公室各项用具，以及日常生活的用品、炊事用具等，都于 1939 年 3 月间在日军保护下运到临汾，开办费 3000 元，由日军报道部对华班拨给，出版以后每月由驻地日军参谋部报道班支给津贴 1000 千元。社长林朝晖，总编辑曹见微。

在临汾创刊报纸，尤其是在战争环境中，困难很多。首先是新闻稿子的来源问题，因为临汾既没有通讯社，也没有电报稿，只靠日军驻军参谋部油印的《阵中新闻》（日文，每日八开一小张），翻译过来作为唯一的新闻来源。这点材料还要由日军参谋部报道班长指定范围，有些新闻是不许登载的。其次是地方新闻，只有县公署和警察所是采访的对象，城内居民很少，城外的村庄又等于隔绝，又没有电灯电话，无线电收音机都不能利用，因此，几乎每天没稿子。就是那唯一新闻来源《阵中新闻》，本是前一天收听的记录新闻，等到翻译过来登出去，已经是旧闻了。所以人们对《晋南晨报》评论说："不是新闻报，是旧闻报。"新闻来源这么少，为了拼凑出版，就不得不剪北京各报来做补白,这就更旧上加旧了。

新闻如此陈旧,在发行方面更无法开展,只有依靠日伪势力以摊派的方式来推销。由临汾分配到各县,各县公署又把它当作任务派到各村。

当临汾日寇军部把《晋南晨报》介绍到运城日本军部及河东道公署时,运城方面提出条件,要求在报上开辟一版专登河东道各县新闻的河东版,才可以在河东各县推销。答应了这个条件,方于 1940 年 6 月在运城成立了晋南晨报河东分社,李品三为分社长。

日军沿袭了国民党当局的新闻检查制度,每晚都要对《晋南晨报》的大样进行审阅。有关作战宣传的原稿,都是日本驻军参谋部负责治安和宣传的参谋起草,交给日人千千和一男拿到报社来翻译的。而且在翻译日文稿以前,必须由日本驻军报道班把可译的范围指定,因此有很多日文报上能够登的,《晋南晨报》却不准登。例如日本短跑名将吉冈隆德和游泳名将运藤实夫,在侵华战争中的河南战场上被打死的消息,就绝对不许登。

关于本地区的战事,也就是日军所谓的"讨伐"、"扫荡",一定要夸大其辞登在头条地位。对于其他地方新闻不很注意,但对他们在地方上举办的哄骗人民的集会,如临汾尧庙大会,解县关帝庙大会、赛马场会等,却要大肆宣传。在日军谷口部队驻临汾时期(1938 年—1940 年),由于侵略军极力向外扩张、残酷掠夺和便衣特务的仗势横行,人民群众逃亡一空。日寇参谋长矢崎勘十对这点非常注意,针对人民逃亡情形,他采取了很多措施。如对邻近各县集镇的庙会、集市、赛马会、运动会等尽力恢复的恢复(尧庙大会、关帝庙会),创办的创办(襄陵的玄女娘娘庙,各城镇的赛马会、运动会等)。在各种会上都给参加的老百姓一些方便,也准备一些民间缺乏的物资,同时却借着这种机会,散发各种宣传品,宣传它的侵略谬论,麻痹人民。这些宣传品包括《晋南晨报》和传单,内容总是千篇一律地说着"不要同强大的日军作战,应当携起手来,共同努力","中日亲善,同文同种"等侵略谬论,并着重说明"回心证"、"还乡证"、"通行证"等就是欢迎你们回来的最好证明,请你拿着它快快回来,和你们的父、母、妻、子团聚吧,"中日要共存共荣,建设大东亚新秩序"。

日军对于高级汉奸外出活动,要求《晋南晨报》随时给予报道。例如伪山西省长苏体仁到晋南视察,日军临汾特务机关宣传班长福田,特到报社邀请社长同到侯马车站迎候。苏体仁是由太原直接到运城,然后返回视察曲沃、临汾、洪洞、赵城、霍县等地。社长陪同伪省长走遍视察的各县,一直送到管界以外,每天要在报上登载伪省长出巡的新闻。这种采访新闻的方法,一直为日伪各方面所沿用,并且很重视它。即使在山西新民报临汾支社时期,凡是本道的道尹出巡,省方的汉奸厅长到各县视察,以及后来为日军抢夺粮食的督导工作,都要有记者随行。

《晋南晨报》虽然有旧闻报之称,但在日军的指示下却于1938年9月16日出版了一次号外,内容是日本关东军在张鼓峰事件受挫以后,日本政府与苏联政府之间签订了"互不侵犯条约"。日军在欣喜若狂的情绪下,出刊号外,大肆宣传,以说明日本在外交上的胜利。

《晋南晨报》出版3年多,在日军报道部提出一省一报的口号下,于1942年8月间于《山西新民报》合并。

第七节　阎管区新闻事业

一、抗战时期的《阵中日报》

1938年底傅作义镇守太原失利后,山西全线陷落,日军长驱直入,阎锡山逃往晋南。在此后的抗战期间,阎锡山政府偏居秋林、克难坡两地,为全面及时了解战局战况,积极宣传抗战和阎锡山的政治思想,《阵中日报》应运而生。至此,在长达 8 年的抗日战争中,《阵中日报》就成为阎锡山政府在其管辖区出版的唯一的一张报纸。《阵中日报》作为第二战区和阎锡山政府的机关报,对于反映抗战时期阎锡山的宣传策略和新闻业务水平有着重要的历史参考价值。

《阵中日报》由阎锡山任社长,从 1938 年元旦创刊至 1949 年 4 月 24 日太原解放停刊,可分为两个时期。第一时期为抗日战争时期,从 1938 年 1 月—1945 年 9 月;第二时期为解放战争时期,从 1946 年 1 月—1949 年 4 月。这两个时期由于国内情况不断变化,《阵中日报》在报道的重点上也大相径庭。《阵中日报》是因战争而生的,它的出版地也随着战势变化、阎锡山政府所在地的转移而多次变化,正如 1947 年元旦社论《本报创刊九周年献辞》谈及“本报的诞生和成长”所言,“我首脑正驻节临汾,于二十七年的元旦,以小型八开报见问于世,即随军西迁;而吉县,而桑柏,而骠骑,而秋林,而克难坡,经过八年苦斗……复刊于并门。”《阵中日报》同它频繁更换出版地一样,在内容和版面上也表现出多变性和曲折性。

抗日战争期间的《阵中日报》,以抗日救国大局为重,进行了较为积极的新闻报道工作,刊发了许多有利于抗战局势的文章,言论比较中立。它同时为阎锡山政府竭尽全力地服务,具有鲜明的政治特色。《阵中日报》从内容上看,着重于战局战况的报道;从性质上看,它是阎锡山政府的传声筒,具有明显的政治倾向。由于它产生于特殊时期,物资短缺条件恶劣,并受其内容、性质所限,《阵中日报》总体上显得比较严肃死板,在业务水平上也略显粗糙。同时,《阵中日报》的纸质和印刷质量都非常差,报纸规格多次变化,并且有过多次长短期的休刊。

（一）版面安排

《阵中日报》创刊初期基本上都采用的是八开竖排版面,共两版且单面印刷。第一版是新闻版,第二版刊登外电和专刊。1944 年曾扩大为八开、对开,四版,一、二版为国内新闻,三版为副刊,四版为国际新闻。报头横排居中,两边的报眼每日登载"阎司令长官格言"。

一版主要刊登省内国内的战局战况,日寇的暴行和国内外重大的政治事件。诸如《一周战况》、《五月战绩》、《国家总动员会议举行全体首次会议》等。《阵中日报》在版面安排上比较注重本省战况,头条大都是省内的战局变化,如《中条山战事激烈 我军固守山头 临汾敌在汾河西岸构筑工事防我袭击》等。倒头条安排的则是国内战场的情况。随着国际局势的急转,第二战区在战场上长期处于被打状态,国内的战况也无大的变化,《阵中日报》迅速将一版的重要位置让位给国际新闻。1941年太平洋战争爆发后,该报的一版内容主要刊登亚洲战况,如美英在殖民地对日作战的情况,美国对日本本土的军事行动以及盟国政治上的新态度等与中国局势关系密切的内容,关于日本国内的政治、军事等动态也常见报端,这类文章有《太平洋大战爆发 日寇昨对英美宣战》、《美国众院通过空前庞大军备拨款案》等。1942年4月19日的一版上,晋省战况仅有一条,国内其他战区没有任何报道。1942年4月21日,头条采用同栏集纳的方式,其中第一条消息是《敌大本营公布盟国航空母舰三艘驶进日本海岸 战争移至敌本部系日本史页上创举 日本城市将必有大批军事目标被炸》;第二则消息是《美方兴奋》。此外还有两则国际消息,《尼赫鲁呼吁印人发挥抵抗精神对付侵略者》和《昨美总统签署命令成立战时人力委员会 麦克纳将出任主席》,这些内容共占去了版面的3/4。

《阵中日报》虽然版面有限,但由于特殊的政治地位,必然要求其履行所肩负的责任。抗战期间,《阵中日报》成为第二战区唯一一份能传达国民党政府、阎锡山地方政府政令、法令的报纸,所以在一版经常可以见到例如《立法院通过条例志要》、《财政部公布管理银行抵押信用放款两办法》、《国府明令公布修正契税暂行条例》等政府文件。

《阵中日报》也很重视运用通讯这一体裁。例如《晋察冀边区英勇奋斗的一年》(1939年3月9日)、《我们的远征》(1939年5月1日)、《怒吼起来的兴县》(1939年11月11日)等。

二版的内容更加庞杂。在没有扩版前，主要刊登外电和国际新闻。《阵中日报》在1939年二版刊登通讯《夜渡汾河》、《夫妻抗敌记》、《晋西南的游击报纸》等，及朗诵诗和小说、民谣。1940年元月16日起二版增加了"青年周刊"、"火线"、"民革教育"、"革命生活"、"敌工周刊"、"理论广播"、"文化战线"、"军政周刊"等专刊。这些专刊从政治、军事、经济、文化、青年、思想等几个方面宣传抗日救国和阎锡山的政治主张。例如，"青年周刊"的文章《告战斗中的青年》、《青年为什么要学习？学习什么？怎样学习？》；"政治周刊"的《今后晋西粮食生产改进》、《维持晋钞之我见》；"敌工周刊"的《加紧训练村干部》、《关于争取汉奸》；"文化战线"的《我们怎样做文化斗争》；"民革教育"的《今后军事训练应加强夜袭村庄的教育》；"军事周刊"的《孙子兵法》、《重机关枪攻击时之要则》等等。这些专刊的内容显得比较充实，涉及领域广泛，它们以明确的目标为导向，也从一定程度上优化了版面结构。1940年8月以后又陆续出过《火线》、《战地公园》、《壶口》、《读者园地》等专刊。

1939年和1940年的《阵中日报》在版面布局上比较粗糙、零乱，除了头条和倒头条外，其它稿件大都是随意安排的。1940年以后的编排精细了许多。变得相对有序，重点突出，大小文章相互穿插，错落有致，字体也有所变化，使版面看上去更有层次感。在文章间较多地运用了细线框、花线加以划分，版面的留白处增多，同时还配以解释性图画，如1943年5月21日二版的头条和5月26日的头版头条，就配发了"湘鄂边境形势图"和"鄂西战势形势图"，对战况的报道运用图表说明，极大地丰富和美化了版面。

每逢元旦、"国庆"、"山西光复纪念日"等这些特殊的日子，《阵中日报》还出版特刊,内容多是阎锡山、杨爱源、赵戴文等人的纪念文章。例如,《山西光复三十周年特刊》(两版)、《本报复刊五周年特刊》(四版)、《阵中日报七七纪念增刊》(八版)。增刊在内容上加强了对阎锡山的各项政治主张和政策的宣传,有鲜明的政治倾向。

(二)内容及特色

《阵中日报》除大量刊登山西境内的抗敌情况、中国战区的战况进展外,它对国际局势、外交事件也颇为关注,对蒋介石、罗斯福等人的重要讲话都给予了全文登载。此外,《阵中日报》还刊登了许多小常识,如《跳蚤怎样杀减》、《大蒜性能》、《疾病预防与注射伤寒霍乱混合疫苗》等,这些内容对当时的生活和战斗具有一定的指导性和服务性,也造就了报纸在抗战艰难时期兼具服务的功能。

1. 鼓舞士气,宣传抗日救国。

从 1938 年至 1945 年,《阵中日报》始终将报道的中心和重点放在积极宣传抗战,唤起民众觉悟,鼓舞斗争士气。它主要有以下几个方面:(1) 对主战场进行了大量的正面报道。《阵中日报》在 1939 年——1941 年间对山西省和国内战场进行了集中报道。重点报道战斗的过程、动向。例如 1939 年 6 月 24 日的一则消息《晋南敌寇四路会犯垣曲 各线均有猛烈争夺战 我军做有计划转移再予敌打击》,对战况是这样报道的:"对战竟日,敌我伤亡均重,刻我坚守某某阵地,待机反攻。""我军为避免阵地战,无谓损伤,作有计划转移,将实力分布各要点,以便将敌人各个击溃。"在抗战相持阶段,《阵中日报》运用正面报道的手段,一方面使读者了解到战争的动向,感受到国民党部队坚守阵地的气势,同时淡化了对一城一镇得失的关注,从心理上产生积极的影响,使读者从总体上对抗战形势形成良好的印象,提高了民众对政府的信任度,增强了国人抗战必将胜利的信心。抗战后期国民党军队转守为攻,《阵中日报》对战况的报道也转变策略,尽管都是正面报道,但是大谈战斗的胜利。如 1942 年 4 月 18 日的《何参谋总长广播演说》中云"我再拿五年来战争的情形来说,二十六年敌人每天平均前进十二公里,二十七年六公里,二十八年一公里,二十九年半公里。在去年一年敌人不但没有进展,反而被我们克复了福州,并且在湘北打了第三次大败仗。至于我们的防御力量恰恰同敌人失败力量成了反比,敌人愈战愈弱,就是中国愈战愈强。这样下去,中国必胜是绝无问题的。"又如另一则消息《浙境残敌望风而逃 我军乘胜再克五城 吕梁山败溃敌遭我分段截击中》等,这些正面报道无论从内容还是标题上都极力渲染自己的胜利和敌人败落的狼狈,因此对激发群众的抗日热情具有一定的影响力。(2)大量报道敌方的反面消息和罪恶行径。日军发动侵华战争后,对我国领土百般蹂躏,肆意妄为,大施惨绝人寰的手段图害中国百姓。《阵中日报》对敌人的罪行进行了大量的揭露,例如,1942 年 8 月 10 日的一篇通讯主题是《汾南敌人虐待俘虏 所受酷刑惨绝人寰》,副题是《"见面礼"、"灌凉水"、"三仙汤",俘虏可是做不得》。1942 年 5 月 10 日的一则消息《敌寇罪行 西安掘出敌投未爆之毒气弹》中写到"全省防空司法部,最近在北大街陕西国中教育师资训练所内,掘出敌机所投爆毒气燃烧弹一枚,计重一百公斤,直径二十七公分,当时系因信管内雷管潮湿失效未能爆炸,敌居心伤害无辜平民之罪行,于此可见一斑。"与此同时,《阵中日报》从政治、经济、军事、国际外交等方面对日本帝国主义进行了大量的反面宣传报道,例如,1942 年 5 月 22 日的消息《盟国轰炸敌国后 华北敌人十分骚乱 士兵厌战情绪尤高》中写到"太原来人谈称自我盟国飞机轰炸敌国之消息传出后,盘踞山西及华北之敌国军民极为骚乱,纷纷探询损失情形,及亲友伤亡情况,异常慌张,士兵厌战情绪高,因有聚众,一般汉奸睹此情况,咸认为敌寇末日将至,尤为忧虑云"。根据统计,以 1939 年 5 月为例,在一个月内关于日本的反面报道共 32 篇,内容涉及日兵厌战情绪强烈、日本国内钢铁短缺、日元狂跌、伪军反正、残疾者应征入伍等方面。(3)树立典型形象,振奋军队士气。阎锡山在抗战期间采取在"三颗鸡蛋"上跳舞的策略,他既联共又反共,既拥蒋又拒蒋,既抗日又降日,但是表面上却极力制造强大的抗战声势,以此增强军民的信心。《阵中日报》报道了一大批军民英勇抗敌的典型,例如《一段可歌可泣的事迹 吉县村民自卫遭敌杀害 一少妇不受辱骂贼殉节》《郭守山一门忠义 被执不屈骂贼遭害 全家七口壮烈殉难》等消息和通讯。1941年阎锡山开始同日本人谈判,迫于日本人的威胁,阎锡山也虚张声势,提出了保卫晋西的口号。1942年2月,日军为逼阎锡山投降,扬言要以重兵进攻晋西,他不得已于4月发动了"晋西大保卫战",动员所有力量开赴前线,部下每打死一个日本人奖励银洋100元,致使日军在孝义县的苏宋庄、汾阳县的华灵庙战斗中受挫。在舆论上,他大造不做俘虏、嘉奖奋勇杀敌官兵的声势,并用各种手段给予了强势报道。例如对华灵庙战斗的集中报道,1942年7月3日刊发了华灵庙二十四烈士坚守阵地与敌同归于尽的消息,并刊登了《华灵庙二十四活炸弹鼓词》。7月4日配发了社论《悼华灵庙二十四壮士》,同时又刊登了四条新闻,其中三条慰问电,一则追悼壮士的消息。7月5日头条是阎锡山亲临主祭致哀词,二条是阎锡山报告壮士殉国经过,其余内容还有《殉国壮士姓名》、《以成仁之心达奸敌目的》、《华灵庙壮士可谓壮士种子》、《赵主席大会致词》、《华灵庙得失关系自大》、《古今中外历史罕见》;7月6日又刊发了通讯《纪一个隆重而悲壮的追悼会——华灵庙二十四壮士追悼大会》。《阵中日报》通过不同的角度,从不同的侧面对该事件进行了全方位的报道,意在民众和军队干部中树立英勇杀敌、不屈不挠的壮士形象。(4)从舆论上争取对中国抗日援助的国际支持。长达8年的抗战,无论从人力、物力上都是极大的消耗。蒋介石尽管在抗战初期采取了积极的军事行动,在战略上也取得了一些成果,但是并不能遏制日军的疯狂进攻,所以无论是蒋介石还是阎锡山都非常渴望国际力量的支持。随着法西斯势力在世界范围内不断侵蚀,盟国对中国的态度也有所改变,由观望改为扶助,《阵中日报》对这种声音异常敏感。1942年3月21日的一条消息《滇缅路虽被封闭 中国抗战决不停止》中写道:"拉铁摩尔在美广播称:中国一俟美国供给其坦克和飞机后,即将改守为攻,中国抗战决不因滇缅路之封闭而停止,今日中国已有充分武器可作无限期之防御战,倘若蒋委员长发动攻势,则新供应线维持之。"同年5月24日的另一则消息《英报急呼"援助中国"——欲使日本被制于远东 必须援助中国之抗战》:"[伦敦二十二日路透电],《新闻纪事报》今日刊社论,题曰'援助中国'内称'吾人为中国吾人自身,均有竭尽全力之所能援助中国之义务,现中国缺乏反攻中所需要之武器与军备,空中之增援尤感需要。苟中国获得轰炸之机队,则甚至可以出击日本境内之根据地……苟吾人欲使日本被制远东,则必须不惜牺牲一切以援助中国之英勇抗战云云。"有利于中国的国际舆论大量被《阵中日报》转载报道,它在鼓舞军民士气的同时也借外电之口,说出了国民党政府想说却不好直说的话。

2. 极力推崇对阎锡山的个人崇拜

《阵中日报》可以说一方面是为抗日救国服务,另一方面则是为阎锡山个人服务的。阎锡山是《阵中日报》的灵魂人物。《阵中日报》为推崇对阎锡山的个人崇拜采用了各种方式,也使这张报纸具有了鲜明的个人特征。

在《阵中日报》两侧的报眼处,每日用粗线框加黑体字刊登"阎司令长官格言",抗战期间从未间断过。阎锡山当时在秋林和克难坡避难时,在一些重要场合的发言讲话、和各类人员的谈话,秘书每天都要把这些内容进行整理,然后按时间顺序编印成册,所以这些"格言"经过日积月累从整体上对阎锡山的政治思想进行了完整的宣传。

《阵中日报》对有关阎锡山的新闻更是重点处理,显得毕恭毕敬,一般都放在一版头条,或用大号字突出文中的重点部分,标题加大加粗格外醒目。例如,1942年11月9日一版的头条新闻《阎长官号召妇女同胞参加生产工作 克服困难树立自给自足经济基础》等等。可以说阎锡山的态度就代表了《阵中日报》的态度,阎锡山的出现就是这张报纸的最高荣耀。

《阵中日报》除了对阎锡山的公务报道格外突出外,对阎锡山的私人生活也给予了特别的关注。有关阎锡山的寿辰,《阵中日报》1939年是这样报道的:"阎长官五七寿辰,军政民干部拟举行庆祝,长官手谕各界预为谢止。"1941年10月17日的《我们庆祝会长寿辰应有的认识和努力》中说:"革命的同志们,我们在今天要以努力完成上述五项工作来作庆祝会长寿辰的礼物,同时我们要把会长的革命精神革命生活和为民爱民"主张公道"复兴中国的一切主张和计划带到乡村,使一般人同在今日均以努力完成革命工作来作庆祝会长寿辰的礼物。这样才能符合了我们会长所定的,'抗战胜利时小寿,复兴成功时大寿'的至公无私的光明伟大的昭示。"再看1942年对阎锡山寿辰的报道,9月28日头版头条登载了阎锡山的声明,"近来有人问我做六十寿者,我闻之深为滋懊,战区沦陷,民处水火,生己为寿,何敢恬寿,我曾言不至抗战胜利我决不言寿,此言我必坚守之。"10月18日头版头条再次刊发消息《昨阎司令长官六十大庆 兴集各界数千人举行团拜 蒋委员长赠增岁寿幛》,10月22日又刊发了《阎长官答拜寿》,称"此生成就未圆满,加倍努力以免后悔"。从这些报道中不难看出,《阵中日报》在推崇对阎锡山的个人崇拜上已近媚态,通过这种宣传极力把他塑造成一个圣人,以此达到进一步巩固阎锡山在山西独霸一方的政治目的。此外,阎锡山的儿子结婚、夫人出席的活动,《阵中日报》也都进行了详细报道。

《阵中日报》为强化对阎锡山的个人崇拜还表现在对他所提出的政策、主张,都给予积极配合。晋西事变后,阎管区仅有7个形式上的完整县,另有16个残缺不全的县,有的县只能控制三四个村子,人口总数充其量不过八九十万,阎锡山当时面临着官多兵少,军粮严重不

506

足,阎管区金融市场秩序混乱等困难。为了解决这些问题,阎锡山采取非常措施,在阎管区实行"村管理"、"兵农合一"和"新经济政策",《阵中日报》采用消息、社论、通讯等形式进行了强势报道。1942 年 12 月 27 日头版头条刊发消息《加强管制物价方案 晋省当局依限实施 实施前准备事项已电令各区县遵照》,并于 1943 年 1 月 8 日出版《克难坡限价专刊》。1944 年 4 月 1 日的头版头条则刊登消息《阎长官号召各县建立示范村 各县应发觉选拔一个种地状元 各村选拔一个种地英雄及能手》,同年 5 月 4 日又刊发了《我们的兵农合一要做到废止刑法才够个圆满的 阎司令长官告全体村干部必须知道的一段话》,两天后登载了消息《乡宁春耕运动大会 热烈振奋盛况空前 人人有地种 人人有生活》,并配发了答词誓书。

《阵中日报》还有一个特殊之处,就是阎锡山的朝会训词都用黑体大字号刊登在一版头条的位置。抗战时期,阎锡山每天早晨六时至七时半要参加朝会。朝会主要是针对当时发生的一些重大问题,或者传达有关文件,或者发表议论,有时由军政干部宣读一些文件,有时由秘书们宣读一些需要公开的重要函电或阎锡山的手谕,最后是阎锡山的讲话。《阵中日报》对阎锡山的重要讲话在一版头条用黑体字进行刊载。例如《阎司令长官对普训干部讲话——向前看以表现自己的内力》、《阎长官训示各级干部务必做到三不二要一心》等。从 1944 年 5 月至 1945 年 2 月对此内容更是进行了集中报道,每天的头版头条几乎都是阎锡山的朝会讲话,并且在二版上也有一或二条,这些内容以手谕、指示电、训话、答问、讲话等名头,对阎锡山的施政措施进行有力的宣传。1944 年 7 月 9 日《阵中日报》登载了通讯《阎会长的宇宙观人生观政治主张》,同年 6 月 16 日刊发了《阎伯川先生与丘吉尔先生一日生活对比》,在小引中列举了阎伯川先生的一日和丘吉尔先生的一日,最后得出结论:"从这里可以看见阎先生和丘吉尔先生每天的纯工作时间都在十四小时左右,阎先生或者还要更多一点"。

（三）言论

《阵中日报》的言论有社论、小言论、专论等几种形式，涉及政治、经济、文化、国际局势等方面。在抗日战争期间，该报言论较为积极，主要是为抗战胜利提供舆论支持，但也不乏为阎锡山服务之作。由于战时条件恶劣，《阵中日报》的言论始终断断续续，只有遇到重大事件或阎锡山提出新政策时，《阵中日报》才会发表言论，其主要内容涉及以下几个方面：

宣传阎锡山的政策。前面已经提到《阵中日报》如何对阎锡山的政策进行宣传，表现在言论上，仍然是反应迅速、用词恳切、针对性强。1942年4月12日的言论《响应并贯彻会长一颗榖子运动对阎锡山提出的号召的响应》文中称，"一颗榖子的最高目标，在充实实干，发展革命力量，健壮坚实的革命阵地，达成抗复事业，因此，努力实干，以实干的行动来影响一榖子运动是最有效最确实的方法。"1943年的元旦社论中提出"这努力的目标，便是要完成了经济上的自给自足，自给自足的办法一曰加大生产，二曰节约消费，三曰管制物品，四曰统制贸易，人人为抗战劳动生产，事事物物为抗战而发其功能。"1944年11月11日的社论《兵农合一节献辞》中共用了7处大字号，其内容是诸如"兵农合一是人民幸福的聚宝盆，想要什么有什么，是国家富强的直升机，想要有多快有多快"这些用语夸张、宣传性直白的言辞。《阵中日报》此类言论紧密配合阎锡山的施政措施，为其政治目标提供舆论支持。

对战时政治、战局的关注。战时的国民党政府腐败依旧，内外交困。《阵中日报》一方面提出改进政治的主张，例如《送军政民高级干部》、《迎接困难 克服困难 解除困难》等；另一方面表现出对战局的发展始终抱着胜利的信心，例如在《沦陷区同胞应有的认识》中写道："消极的要有民族气节，积极的要自动参加救国团体，一致团结在民族旗帜之下，从事抗日复兴的工作，争取民族革命的彻底胜利。"《痛击敌寇在今朝》中则更强烈地表现出对坚持胜利的信心："进步、团结、反攻,用全民的空前兴奋努力,迎接远东的新形势! 争取抗战胜利! 洒遍祖国原野的热血就要培育出自由的鲜花了"。这种坚持抗战必胜的言论一以贯之,成为《阵中日报》最有力的声音。

对国际形势演变的评论。《阵中日报》对国际外交和战局的变化给予了特别的关注。它的言论即表达了国民党政府对外援的渴望,也反映出其紧张的心态。《正告张伯伦》中说:"我们正告张伯伦首相,接受西方妥协政策惨痛的经验,深切地意识到倭寇凶恶的真面目,为了大英帝国的威望及最大的利益,毅然决然改变妥协政策。否则,对于自立支撑抗战三年中国的影响是很少的,而大英帝国在远东的地位,真个是要如夕阳之西坠了。"1941 年 5 月《阵中日报》在一版开辟了言论栏目"今天谈",每天只有两三百字,对当下国际局势阐发议论,坚持了近一年时间,是非常难得的。它的内容有《德意志之罪行》、《打击侵略者》、《轴心的尾巴》、《十字街头》等。《阵中日报》还对美国发出这样的声音:"悬崖勒马,在日本那是不可能的,美国当局应该立即结束迂阔的对日谈判,迅速实施强有力的制裁办法。"这些言论对当时的局势进行了评议,体现出了一张报纸应有的主心骨。

1945 年 9 月 25 日,《阵中日报》刊登"本报重要启示":"本报奉令移迁太原,自本月 26 日起暂停。"结束了它在抗日战争时期的历史使命。

二、解放战争时期的《阵中日报》及阎管区其它报纸

抗日战争胜利后,阎锡山于 1945 年 9 月回到太原,重新开始了他在山西的统治。从这时到 1949 年全国解放前,有一大批报纸先后出版发行,它们包括以下两种类型:第一,阎锡山的政府机关报和他的嫡系所办的报纸,主要有《阵中日报》、《复兴日报》、《民众日报》、《太原晚报》等,这类报纸占到绝大多数。第二,是一些民间团体主办的报纸,它们在政治上较为中立,例如《山西工商日报》等。这些报纸

均在 1949 年 4 月 24 日太原解放前停刊。

第一类报纸中《复兴日报》是阎锡山的省政府机关报，1945 年 9 月 8 日创刊，是阎锡山政府反共反人民的喉舌。阎锡山的嫡系所办的报纸有：《民众日报》，该报由阎锡山的"民族革命同志会"主办，梁化之任社长。内容以吹捧"兵农合一"政策为主。《民众晚报》，是由阎锡山的检点参事徐健三创办的。此外还有"同志会"太原分会的机关报《青年导报》和阎锡山山西省军管区的机关报《晋强日报》。《青年导报》1947 年 4 月创刊，内容以宣传阎锡山的"物劳主张"为主，同年 10 月更名为《平民日报》，以宣传"平民经济"为主要内容。《太原晚报》1946 年 6 月 6 日复刊，由牛青庵任社长和发行人，阎锡山、王靖国、赵承绶等军政要人都入了大股。复刊后，仍为四开版。报头横排在一版最上部居中，套红印刷。文采与其他报纸略有不同，知识性、趣味性、可读性明显增强。一、四版是国内新闻和本省新闻。国内新闻除发南京中央社的电稿外，其余是阎锡山政府驻南京办事处办公室主任方闻、驻上海办事处处长朱点、驻北平办事处主任杜颜兴，以"特派记者"的名义给《太原晚报》发的专电。本省新闻多是本报采写。《太原晚报》的发行量近万份，在当时实属可观。

解放战争时期，《阵中日报》仍是阎锡山政府的一份重要军报。1946 年元旦，《阵中日报》在太原重新复刊，这份报纸的性质和任务正如 1947 年元旦社论《本报创刊九周年献辞》谈到的："我们的任务是指导军队进步，鼓动好军人，纠正坏军人，并沟通军民的情感，完成军保民、民助军、军民打成一片的号召，所以我们在过去的取材上唯此原则，是从今后必更遵循。"它作为阎锡山军队的喉舌，从军事、舆论、思想上积极为内战服务，将矛头直指中国共产党。

其实《阵中日报》对共产党的攻击早在抗日战争还没有完全结束时，就已露出端倪。1945 年 2 月 22 日它以醒目的标题刊登了新闻《华盛顿邮报谴责中共拒绝国府所作让步 认为系妨害工作者之态度》,同年 8 月 22 日又刊发了《纽约时报撰文谴责中国共产党 造成内战威胁破坏亚洲和平》的消息,文中说:"蒋主席约请中国共产党赴渝,共商国是亦系中国内政问题,自中国共产党过去情况观之,此次或将拒绝蒋主席之邀请,彼等所盼者,乃为统治中国,共产党并非一政党,而为夺取中国政府阴谋组织。"是年 8 月 25 日又刊登一则消息《延安新华社恶意宣传 有关方面予以驳斥 无稽谎言不值识者一笑》,文中说:"延安新华社电称,系捏造事实,扰乱世人视听,以掩盖中共军乘我与敌作战之际,袭我后路,实现其打通绥蒙阴谋之借口,该社此种恶意宣传,实欲藉以挑拨国人对在华美军之情感,实有碍团结之旨云。"如果说这些新闻报道都还是从侧面采取渐进的方式,那么,1946 年它复刊后,则毫不犹豫地揭起反共的大旗,进行正面的舆论冲突。

复刊后的《阵中日报》一方面大力宣传报道国民党政府的行动、态度,另一方面加紧了反共的声势。分别在一版的要闻、二版的专刊"现代军人"、三版的副刊和四版本省新闻中运用不同体裁,从内战战局、谈判进展和反共措施等多个角度贬损共产党的形象,破坏共产党的声誉。

在言论上,《阵中日报》亦步亦趋积极配合阎锡山的反共策略。首先为发动内战作舆论准备,它一再表现出试图规劝共产党停止内战,同时又假借民意,对民众进行内战鼓动。《告中共勿再违背民意》中称:"自胜利以来,中共毫无一点复兴建设的计划与关心国计民生的事,一味欲以武力夺取政权……殊不知得了土地失了民心,其厉害不只相互抵消,更予人以万恶的印象,虽然占据了土地城池,方如一片荒地,一座空城。"而后《阵中日报》又以强硬的态度发表言论《准备力量裁判祸国者》:"说到这里,共产党不只有'假借名义,任意勒索'之嫌,而作小民的也觉得有些懦弱无能,现在不是民主政治了吗? 我们何以有'民'无'主'呢? 目前政府已处两难境地,我们何以仍不能做个主张呢？按法律'别人假借我们名义任意勒索'我们有权控告予以制裁……粉碎了祸国者的力量，非民众的权力，宣判不了祸国者的死刑。"同年7月2日该报言论《劳动自慰保证自卫成功》再次向民众宣传："所以我们为巩固华北堡垒，维护三晋人民计，赶快发动武装保卫太原准备运动，务使我们的城防固若汤金。"《今之妖孽》中继续鼓动民众，"全国人民应一致起来严厉反对，为了坚决维护国权，我们希望全国知识分子广大的人民，扑灭国家的妖孽，所以中国人民当前的主要任务，必须先根除出卖祖国的罪人。"此外，《阵中日报》在军事宣传上也大做文章，以提高军事优势，保证军事力量。它提出了"把所有的钱，优先花在军事上，把所有的好饭，尽先给军人吃上，把所有的衣服，尽先给军人穿上，把所有的力量，尽先用在军事上。"并大力宣传《对匪实行主力战斗》，提出"主力决战是剿匪的不二法则，武装同志应一致有此认识……我们希望各级军事官以及幕僚，在如何击溃共军的主力这一课题上研究对策。"与此同时，《阵中日报》还加紧施行对民众的军事宣传，在1947年2月11日的社论《人民需要觉悟培植强大武力》中说："一个战争的胜败，全在最后支持五分钟，孝汾保卫战，截至现在已经有了明显的决定性，即敌人遭到了严重的创伤，注定了它失败的命运，我军必须支持最后的五分钟，才算是全胜。"尽管阎锡山自己已做好了太原失守后逃离的准备，但他却让别人为他继续卖命，鼓吹《保卫太原预先坚定与匪叛不两立的决心》。《阵中日报》的论调显得非常强硬："中共武装叛国劫夺政权，奴役人民的野心，现已昭然若揭……中共即用仇敌的眼光看我们，是非置我们于死地不可。"但是这强硬的态度却无法掩藏内心的虚弱，在社论《最后的净言》中写道："现在大局急转直下，犹如破竹之势，但我们对于这种胜利战果，不但不夸耀，相反地，我们国军这种战乱行动是在忍痛除恶的情形下进行的。我们特别阐明，政府的目的，是在拯救水深火热中的民众，而不是愿意消灭民众，如果中共的政治家们虚心检讨自己的策略错误,幡然悔悟,自动放弃武力扩张与摧残人民的政策,还军于国,拥护宪法,以普通政党的身份参加政府,我们敢断言,政府绝对要以与人为善的精神,不但不予歧视而且愿意与其他党派一样合作的。若仍执迷不悟,我们相信,中共在不久的将来,二万五千里的长奔惨象势必重演于今时,苦药利病,良言利行,中共的政治家们,何去何从,希望做最后的抉择。"在这些软硬并施的言论背后,势必是国民党军事上的失败。《阵中日报》最终不可忍耐地表明"我们的意见:最高军事当局,应对当前的剿匪战略与布置有更张改进,不要再有这里打了胜仗,那里丢地方,这是丢了许多机械、粮食、壮丁、财富……那里博得了胜利的虚名的现象,这就是不要务虚名受实害。"《阵中日报》片面的报道,最终无法掩盖国民党失败的事实,于太原解放前停刊。

《山西工商日报》于 1947 年 6 月 1 日创刊,是晋西北实业公司的机关报,被山西省工商业联合会和太原市工商业联合会指定为本会会报。社长为山西省工商联合会董事长徐士珙,徐聘请进山中学校长赵宗复任该报总编辑。

赵宗复提出办好"工商日报"的前提,应明确工商界广大职工的思想、接受水平与社会进步的趋向。为此,他认为应"先试刊"一段时间,"听听工商界的反映和社会舆论",然后参酌、"改进编采工作,再正式发刊"。他说,"这样做报纸不脱离实际,不落后于时代的发展趋势,可以有益于工商业界读者的经营和思想进步,也可以脚踏实地稳步扩大与巩固报纸的发行领域和份数"。这是他主编《山西工商日报》的带有根本性质的思想和观点,事实证明该报这样做得效果很好。试刊期间工商界人士纷纷订阅。工商会常务理事梁子尊说:"这真是我们自家的报纸,大家都说好,都爱看。"到正式发刊时的发行份数,仅次于阎锡山政府的机关报《复兴日报》,超过了太原的其它各报。

维护工商业界的正当权益,活跃工商业职工的文化生活,帮助他们增长知识,促进他们思想进步,启发工商业职工的正义感,这是赵宗复主编该报的主旨。试刊时，他便提出，副刊版和地方新闻版，应尽可能选用来自工商界职工的稿件。他还提出应撰发影评、剧评和书评以及有关工商业经营的短评。他说，看电影、看戏和看报、看书，是工商业职工业余文化生活的主要内容，通过刊发这些评论，既可以吸引群众、充实群众文化教育生活，更有助于群众辨别影剧、图书的好与坏，避免为不健康的影剧、图书所蛊惑。所以，该报保持了较为进步的办报思想和风格。

开辟"观察台"专栏，揭露官僚与官场的黑暗和丑闻，这是当时《山西工商日报》独有的突出之点。1947年6月，阎锡山为阻止工业品流入解放区，颁布了禁止黄金交易的禁令。工商日报就撰发了《趁早解禁》的短评，说这一禁令滞塞商品流通，实际禁不住大户。刊出后，有的官报上发表了反驳的短文，赵宗复看后说："我们是以正面严肃的负责态度说话的，不理他们。"在他的支持和鼓励下，该报编辑选稿、撰稿坚持实事求是的态度，并敢于主持正义。秋初，该报即根据工商界对阎政权实行所谓"平民经济"暴政的不满意见，在头版头条编发了一条新闻。阎锡山看报后极为恼火，将社长徐士琪训斥了一番。赵宗复却坚持说："新闻报纸，既是群众的喉舌，也是上情下达的枢纽，工商报反映工商界的意见有啥的不对？那些意见集中发表了，不正可作改进'平民经济'的根据吗？要不，'平执会'他们为所欲为下去有什么好处！"那时在国统区上层社会，积恶数不胜数。土皇帝阎锡山与蒋介石貌合神离，又公开以惩治"烟、赌、脏、欺"相标榜，工商日报就大量刊登了这方面的揭露文章，果然深为读者所称赏，阎锡山也认为"观察台"的文章写得好，敢说话。但对有利于共产党方面的新闻，阎锡山是绝对禁止刊登的。1948年冬，东北人民政府成立。工商日报在头版头条发了这则新闻，一时引起报界的极大关注，也对动摇阎部人员的思想起了一定作用，故被当局勒令停刊1天。1949年1月9日，该报又刊登了共产党电台广播的和平条件，阎锡山政府以违犯出版法之规定,责令其停刊 7 天。

立体采访,撰发专题新闻,是赵宗复在该报的又一创举。试刊期间他即提出,采访专题新闻不局限于采访上层,还应向有关底层采访,才能把情况和问题了解透彻,避免报道失实或片面性。他特别指出,向底层采访时应注意接近大官的洋车夫、随从、厨师和其他佣人,这些人知道的情况多也真,采访他们能了解到内幕或幕后情况,都是可贵的第一手材料。他多次强调编撰稿件,文字要通俗、易懂、避免繁赘费解,说明问题即可。譬如,撰写社论,"只要能说明问题和见解,写几十个字也可以的"。又如,修改来稿,"尽可能删繁精简,不改动作者的立意和观点,可以根据不同的观点、论点,用'来论'、'专论'或'社论'等栏题分别加标,以表明我们报纸言论的多面性、大众化"。对于来自职工的文稿,"选用时不好断句的,可一律用顿号标点,保持它的基本结构,以激发他写稿投稿的兴趣和信心。"1949 年 4 月 24 日,太原解放,《山西工商日报》终刊。

三、解放战争时期的广播事业

1945 年 8 月 15 日日本无条件投降,太原广播电台停止播音。9 月 2 日旧山西省政府接收了日伪华北广播协会太原广播电台。1946 年 2 月 21 日,国民党中央广播事业管理处将太原广播电台改名为山西广播电台,呼号为 X K P B,仍然使用 500 瓦和 100 瓦两部发射机,频率分别是 720 千赫和 940 千赫。另设一台 200 瓦短波机, 频率 9500 千赫。全天 3 次播音,由 3 台发射机共同分担。第一次播音使用 500 瓦水晶振荡末级屏极调幅机,除播送当地节目外,还转播南京中央台及北平台各重要节目,广播时间为 8:30 至 9:30;17:30 至 21:30。第二次播音内容有商情行市、社会服务、商业广告、娱乐节目以及剧院转播,播出时间为 11:00 至 17:00。短波机担负第三次播音,播出时间为 17:30 至 20:20,总计全天播音 11 小时。山西广播电台的可收听范围,东到娘子关、阳泉、天津;南到临汾、运城;北到宁武、崞县、大同。听众户数则主要集中在太原市内及近郊。据统计，1946年底市内听户有4900余户。

1947年4月山西广播电台停止收缴收听费。9月20日山西广播电台500瓦发射机改为790千赫，与此同时，技术人员将日伪留下的一部电报发射机改装成4000瓦短波广播发射机，以"山西之声广播电台"的呼号广播。这年年底至次年4月，还办过一个商业台。1948年解放战争节节进展，国统区军民矛盾日趋尖锐，为了掩盖这种矛盾，国民党中央广播事业管理处6月17日通知，一、敦请军事长官及爱民官兵向全国广播；二、播音节目中随时广播爱民口号，宣传军队爱民事实及有关资料。晋中战役之后，太原被人民解放军包围，该台除日常播音外，还担负为飞机导航的任务。

1949年4月24日人民解放军占领广播电台，太原解放。当天太原军管会接管山西广播电台。该台呼号为"太原新华广播电台"，频率为1270千赫，办有"新闻"、"文艺"、"记录广播"3个节目，全天播音二次，以《渔光曲》充作前奏曲。首次播音的确切时间是1949年4月25日21点50分。

第四章　新中国成立后的
山西新闻事业

　　1949 年山西全境解放后,中国共产党领导全省人民群众开展了肃清暗藏匪特、稳定社会秩序和恢复发展生产的工作。7 月 4 日,华北人民政府决定恢复山西省建制,8 月 1 日公布了山西省区划,全省共辖 92 县和 1 个市,约 1000 多万人。9 月 1 日,山西省建制正式恢复,同时宣布中共山西省委、山西省人民政府、山西省军区正式组成开始办公。

　　从 1949 年建立新政权至今, 在长达 60 多年的社会主义革命和社会主义建设事业中,山西新闻事业也同山西人民一样,走过了曲折的不平坦的发展进程,留下了许多的经验和教训。但总的来说,山西新闻事业为山西的社会进步发挥了积极的舆论引导和宣传报道作用,为山西的各项建设做出了贡献。

第一节　人民新闻事业的建立

　　在新旧政权的交迭变更之际, 党和人民政府非常重视人民政权下新闻事业的创建工作,认为它是不可或缺的舆论喉舌工具。除了将战争年代的报社、电台、通讯社重新合并组建外,还着重创建新的电视传播事业。

一、《山西日报》的创建

　　1948 年秋, 中国人民解放战争进入夺取全国胜利的决定性阶段,山西战场的胜利形势也在迅猛发展。华北人民解放军在徐向前将军指挥下,继5月中旬临汾大捷,7月又取得了晋中战役的胜利。晋中战役之后,解放大军乘胜挥师北进,兵临太原城下,加紧攻取太原的战前准备。10月初,太原战役第一阶段之始,即取得外围初战歼敌1万余人的胜利。当时曾准备连续打下去,在最短期间内攻克太原。10月6日,中央军委在给徐向前等的复电中,同意太原前线委员会提出的作战方针,估计太原有迅速攻取的可能,要求中共中央华北局尽快完成接管太原的一切准备工作。此时,由史纪言负责的《山西日报》筹建工作,在中共太原市委领导下,已在加紧进行。筹建工作开始在榆次南合流村,迁入榆次县城后正式组成山西日报领导班子:史纪言任社长、杨永直任总编辑(太原解放前一天调往南京工作),何微任副总编辑兼通讯部长,编辑部长周明,电务部长何瑞亭,经理部经理鲁兮。关于《山西日报》的创建过程,鲁兮在《山西日报创建前后》一文中说得比较详细:

　　当时我在太行新华日报社工作,据我所知,1948年8月中旬,太行新华日报社食堂杀了一口肥猪改善生活,欢送社长、总编辑史纪言同志北上平山负责筹建进太原办报的班子。这一天中共太行区党委赖若愚、冷楚、陶鲁笳、赵时真等领导同志均来参加会餐,满社生辉,一片欢腾景象。

　　一周后,史纪言同志给报社来电,让我速去平山人民日报社找他,一同去山西办报。这个突来喜讯,我异常高兴,连做梦也未想过,遂收拾一肩行李,匆匆下了太行,直奔石家庄市。人民日报经理部住在石家庄,王友唐同志负责,他派人把我送到平山人民日报社,见到安岗同志(副总编)。他说:"去山西办报的班子已经组成,从人民日报社(含原晋察冀日报社)、冀中导报社、冀晋日报社、太行新华日报社等单位,抽调编辑、记者、电务、工人和行政人员五六十人,阵营很强,由社长史纪言、总编辑杨永直带队已经出发了,你立即到山西榆次南合流一带找他们。"我又迅速登程,大约 9 月 10 日左右,赶到榆次南合流村报到,当即和先来的同志们一齐进行筹备工作。

史纪言同志对我说:"报社拟下设编辑部、通讯部、电务部和经理部。编辑部由周明负责,通讯部由副总编何微兼,电务部由何瑞亭负责,经理部由你负责。""你要考虑在入城后如何迅速出报。还有一件事,现在我们已有几十人了,要想办法解决好大家眼下吃饭问题。"

当时住在南合流村条件很差,新组建的单位,没有家底,一切都等城市接管后开展工作。我和老史同志住在一个家里,炕上铺着干草,没有门,门板都支援前方了,晚上睡觉很冷。按人数领来的小米和伙食费,每天两顿小米干饭,只能吃些红萝卜和土豆菜,生活确实艰苦。我和总务科同志研究,要尽粮尽钱吃光,不要节余,如有节余可换些白面,给大家改善一下生活。大家都清楚,这是暂时问题,只要太原解放了,这些生活问题就好解决了。

11 月中旬,为配合平津战役,中央军委命令太原前线部队对敌实行"围困瓦解"方针,暂不攻城,把敌人压缩在一个狭窄地带,包围起来,主力转向战场练兵。为此,报社根据市委指示,搬到榆次城内西湖井、关庙巷住,准备过冬,进一步做好入城办报的准备工作。

在这段时间里,我们认真学习党的七届二中全会决议,中共中央华北局关于接管太原的决定,华北人民政府、华北军区关于接管太原的联合训令,以及太原市军管会的布告、接管纪律等。同时还听了黄敬同志传达党的七届二中全会决议和赖若愚同志的城市工作报告。通过学习,明确认识到城市工作重要性,城市工作必须依靠工人阶级,建立工农联盟,团结一切劳动人民,发展生产,才能做好城市工作。军管初期要肃清阎军残余,安定社会秩序;后期要发动群众,建立党团和各界群众组织,把生产和各项工作开展起来。总之,经过这段学习,提高了政策思想水平,加强了组织性、纪律性,警惕"糖衣炮弹"袭击,为入城办报奠定了思想基础。

关于报名问题:原计划出版《太原日报》,因为是中共太原市委机关报。我曾在老史处看到徐向前同志题写的《太原日报》四个字。大约在 1949 年 1 月间,已经从南合流村搬到榆次城住的时候,突然接到毛主席给写来的《山西日报》报名,气势道劲,全社惊喜,奔走相告,指出山西即将统一,深感办报责任更为重大。这是毛主席给第一家省报题写报名。原先计划进城是创办《太原日报》,于是拟了几个报名如《太原日报》、《新太原报》、《太原新报》等,供毛泽东主席题写报名时参考。毛泽东主席看后,对这几个报名都不满意,随即挥笔题写了笔格圆润道劲的"山西日报"四字。毛泽东主席给报纸定名称、题报头,说明即将全境解放的山西,需要创办全省性的报纸。全体办报人员为此深受鼓舞和启发,开阔了眼界。

关于办报方案:报纸的性质与任务,依靠谁团结谁,读者对象是谁等问题,编辑部多次讨论,明确认为《山西日报》是中共太原市委的机关报,是市委联系群众,教育群众和指导工作的重要工具。要树立依靠工人阶级、团结全体劳动人民和知识分子的思想;要以主要篇幅有计划、有系统地反映城市工人生产中的各种问题,宣传党的路线和政策,使报纸真正成为党的报纸、城市工人阶级的报纸,发展生产,做好城市工作。报纸读者的主要对象是各级干部和公营企业中的职工及教育工作者,要很好地为他们服务。为此要加强集体领导,明确职责,严格执行各种工作制度;要建立编排校印会议制度,保证按时出版;要开展报纸发行工作,协同邮局迅速把报纸传递出去。

1949 年 3 月以后,入城接管准备工作便忙起来了。新闻接管组组长是史纪言同志,他因工作繁忙,指定我为秘书,帮他做具体工作。根据军管会发的敌伪材料,新闻接管组要接管敌伪报社 7 家,通讯社11 家,电台 1 家,书店 2 家,还有其他共计 20 多家。除电台、书店另有专人接管外,其余敌伪报社和通讯社,均由山西日报社派出干部去接管。结合出报需要,除《复兴日报》和中央通讯社太原分社,由何微、史云、王书铭、何瑞亭接管外,大部分是由我和张建功等同志接管的。

1949 年 1 月,天津战役胜利结束。2 月初,北平和平解放。3 月,我军挥戈南下,会攻太原。参加这次战役的有华北野战军十八、十九、二十兵团、西北野战军一部、华北炮兵旅、第四野战军炮一师和晋中军区部队等,有各种大炮 1300 余门,无论兵力、火力我军均占绝对优势。彭总来太原前线,召开了总前委扩大会议,22 日我军一举肃清太原周围据点。24 日拂晓开始攻城,仅用了 4 个小时,即将红旗插在太原城头,阎锡山苦心经营 38 年的太原城,终于回到了人民怀抱。

我社办报和接管人员近百人,于 4 月 23 日夜间,全部集中在榆次火车站,首先欢送总编辑杨永直同志奉命赴南京办《新华日报》,然后我们乘车北上太原。火车速度是根据前方形势时开时停,直到 24 日 9 时左右,基本结束战斗时,我们到达太原火车站。下车后由新南门进城,看到被我军擒获的王靖国、孙楚战犯,这时候仍有枪炮声。我们步行到达桥头街复兴日报社和对面的伪市政府、劝业楼、十六间窑洞安营下寨,立即清理战争遗留的狼藉现象和死尸,开始接管准备出报。复兴日报社印刷厂幸未遭到破坏,宣布接管政策和动员后,人们情绪高涨,积极主动地配合出报,25 日发稿,26 日《山西日报》顺利创刊,揭开了新山西的光辉一页。每期印 2 万份,赠送,3 天,扩大宣传,然后开始订阅。

《太岳日报》于 1949 年 8 月 23 日终刊,9 月初来太原,住在新民头条一号(原阵中日报社址),筹办《山西农民报》。10 月 20 日创刊,铅印四开,逢五出版。不久,省委决定与山西日报社合并。编辑部独立,行政管理、印刷发行和党团工作由《山西日报》社统管。徐一贯任《山西农民报》社长兼总编辑,苏平任副社长、副总编辑。

《山西日报》创刊初期,是中共太原市委机关报。创刊这一天发表《太原市的当前任务》社论,指出:"从今以后,太原市将永远为人民所有,中国共产党和民主政府决心与全体职工、全体劳动人民和各界人

士,为建设新民主主义的太原而共同努力。"1949年做过的重点宣传报道,大致概括为下列几个方面:

(一)突出宣传了中国人民解放战争取得的伟大胜利,宣传了解放太原战役取得的巨大胜利。在报道太原战役方面,《山西日报》除了编发消息外,曾发表了一系列由本报记者和新华社前线记者采写的战地通讯、特写、故事和图片报道,宣传了人民解放军指战员英勇作战、不怕流血牺牲的光辉业绩;宣传了全省人民群众踊跃支前对山西解放战争做出的巨大贡献;宣传了解放军指战员严格遵守三大纪律和八项注意,秋毫无犯的动人事迹;登载了人民解放军高级将领的生平事迹;揭露了阎锡山反动统治的罪行,批判了阎锡山的反动理论。

(二)及时报道了在太原市军事管制委员会统一部署下顺利实施接管太原的工作进程和接管工作经验;宣传了广大工人群众在接管工作和复工生产中表现出的主人翁精神;宣传了军事接管后对阎锡山党政机关人员的妥善处理和安置,这对打破敌对分子散布的谣言、安定人心和稳定社会秩序起了积极作用。

(三)进行了迅速肃清反革命残余势力,维护太原社会治安、建设革命新秩序的宣传;揭露了太原解放前夕阎锡山特务机关"突击处理"残杀中共地下党员和革命人士以及阎军焚烧民房、抢劫群众财物的罪行,突出报道了太原市军管会对重大反革命罪犯的审判和处决,尤以报道对戴炳南的审判和处决,处理得最为突出,占用了整个版面。这一在当时为社会人士普遍关注的特大反革命案的宣判结果,大快人心,深得民心,一致认为这是破坏黄樵松将军太原起义的罪魁祸首应得之下场。

(四)在宣传报道中贯穿了全心全意依靠工人阶级的思想,批评了忽视依靠工人阶级的错误倾向。1949年4月28日,报纸发表了华北总工会筹委会太原办事处告太原职工书,揭露了在阎锡山统治下广大职工遭受的深重苦难,指出职工当家作主后肩负的历史责任,号召全市职工协助军管会与民主政府，建设革命新秩序，镇压破坏分子，保护工厂，争取早日复工生产，支援人民解放军。之后，报纸连续报道了各厂矿职工积极响应号召，在上述诸方面所发挥的积极作用，还报道了华北总工会筹委会太原人事处关心工人利益，多方为失业工人介绍职业的情况。11月8日至22日，山西省第一次工人代表大会在太原隆重召开，这是太原解放之后山西工人阶级的第一次盛会，具有划时代的历史意义。大会选举产生了统一领导全省工人运动的组织机构，通过了《关于山西省当前工运工作主要任务的决议》。报纸用大量篇幅宣传了这次山西工人代表大会。报纸还对9月下旬至10月初召开的太原市职工代表大会作了突出报道。

（五）在市政建设上，宣传了民主政治的原则。在军管期间，太原市军管会和市人民政府采取定期召开各界代表会（每半月召开一次）的形式，集中听取各界群众意见，并将市政工作开展的情况和下一段工作安排，通过各界代表及时传达到群众中去，依靠各界群众代表协助军管会和市人民政府进行各项工作。尽管各界代表会是协议机关，和以后的人民代表大会性质不同，但在当时实行军管的历史条件下，它却是实行民主政治的一种有效形式，对改进当时的市政工作曾经起了重要的作用。因此，太原市各界代表会的历次召开和工作成绩便成为广大市民所关心的大事，也就成为《山西日报》的报道重点。除了突出报道各界代表会的历次召开，报纸还用大量篇幅连续刊登军管会和市政府对各界代表建议的解答，这些多是广大市民当时所关心的问题。

（六）1949年《山西日报》深受广大群众欢迎的栏目是《社会服务》专栏。这个栏目从4月28日开始刊出，贯穿全年。有时天天见报，或者是隔一天刊出，对读者有很大的吸引力。首次刊出时，栏目编者告读者称："本报为了从各方面服务于各界人民，特辟《社会服务》一栏。本市各阶层人民，不论工人、农民、学生、工商业者以及革命干部，如果对政策法令有不明了之处,或在生活、生产、学习、工作等方面发生了任何问题,本报当尽量解答或请有关部门解答。"报纸的确是这样做的。这个栏目向广大群众宣传解释了有关政策法令和当时遇到的各种问题,成为中国共产党和人民政府密切联系群众的桥梁和纽带,在为人民群众排忧解难中起了很好作用。

二、新华社山西分社的成立

新华社太原分社于 1949 年 4 月 26 日,在太原解放后的第三天宣告成立。早在太原解放前夕,在榆次县城筹建的这个分社,记者来源于新华社在晋绥、太行、太岳和冀中等解放区的分支机构。这些分支机构的记者,在硝烟弥漫的战争年代,深入山区农村和对敌斗争第一线,经受了抗日烽火和人民解放战争的考验,采写了许多新闻报道,具有一定的采访写作经验。正是因为有这样良好的基础,他们进入城市很快便适应了解放后新的宣传任务的要求。

当时,太原分社和《山西日报》在太原桥头街 75 号合署办公。分社社长由《山西日报》社长、总编辑史纪言兼任,副社长何微主持分社工作。在组织机构、体制上,如同战争年代一样,一套机构,挂分社、报社两个牌子,分社受中共山西省委和新华总社双重领导。在报道业务上,太原分社肩负着既向新华社,又向《山西日报》发稿的双重任务,它除采写本省重要新闻,向新华总社发稿外,每天还要编印"新闻稿",及时供给当地省、市报纸和太原广播电台采用。

为了适应宣传报道的需要,分社初期设有记者、编辑、通联和电务四个科,在兴县、临汾等地还设有晋西北、晋南等新华支社。分社和报社联合不定期编印的《业务与情况》、《通讯往来》和每个时期的报道要点,寄发给各新华支社和各单位通讯组。1949 年 7 月 26 日,太原分社、山西日报社和太原广播电台还联合召开首次通讯工作座谈会,听取工人通讯员对报纸、通讯社和广播电台的报道意见,在会上散发了《怎样写新闻》辅导小册子。同年 10 月,为了加强新华社的发稿工作,奉上级领导指示,分社和报社分开办公。于是,太原分社便成为独立的发稿单位。当时,分社共14人。太原分社时期,在新闻报道上,注意密切联系当地实际,宣传我党在新中国建立初期广泛团结各界人民、安定社会秩序、改造旧政权和依靠职工群众复工复业与兴修农田水利等方面的方针政策,以及在各项工作中所取得的新成就、新变化,使新解放区人民群众能够尽快地理解、拥护我党的主张和政策。对城乡工农业生产的恢复、发展和物资交流,对新老解放区土地改革的进展、成果和互相合作组织的发展,也做了相应的报道。逐月采写的《山西农情》评述,都被总社和《山西日报》采用。

1950年2月10日,太原分社正式挂牌改为山西分社。从此,分社实行总社和省委双重领导、以总社为主的管理体制。分社社长何微,下设政文、工业、财贸和农村四个采访报道组,各组组长由编委会成员分别兼任。分社的重大事项和宣传报道要点,都经过编委会讨论确定。

三、山西人民广播电台的成长壮大

1949年4月24日,历经血与火的战斗,山西太原解放,中国人民解放军接管了国民党第二战区在太原设置的广播电台。4月25日21时50分,"太原新华广播电台"的呼号划破夜空。从此,党和人民的声音通过空中电波传遍三晋大地,进入千家万户。作为山西省委、省政府和山西人民喉舌的山西人民广播电台从此展开了自己生命的历程。

建台初期,设备简陋,传播手段落后,全天播音只有6个小时,广播节目也只有时政新闻、市场物价和戏曲等,发射功率仅有100瓦,广播覆盖范围也只有太原市和附近几个县。

伴随着人民共和国的成长,山西电台一天天成熟、发展起来。

发展是硬道理,不发展就没有出路。进入20世纪90年代,面对改革开放的大潮和大众传媒的激烈竞争,山西电台主动出击,毅然实施"裂变"战略,大胆进行体制方面的改革创新,力求闯出一条自己的发展新路。1992年12月6日清晨6时,高扬"时代节拍、未来先声"个性大旗的山西长城广播电台应运而生,三晋大地因此平添了一套清新明快、生机勃勃的广播。1993年4月8日,试办了123天的长城广播播音时间延长为每天24小时,成为中国北方第一家全天候播音的电台。长城广播敢为天下先,一炮打响,产生了强烈的轰动和连锁效应,为山西电台的发展带了个好头。此后,1995年4月25日,以文艺娱乐为宣传主体的山西广播随即推出;时隔月余,6月1日,山西电台与省卫生厅合办的全国第一家卫生专业广播——健康之声面世;接着,又与省交警总队合作,以当好听众"行路向导,平安依靠"为宗旨的山西交通广播于1997年12月29日开播。为拓展事业空间,1998年10月13日,山西电台与中国教育电视台又联合开办了远程教育卫星广播,这是我国首例通过卫星传输、可覆盖全国的每天播出12小时的远程教育专业广播,受到国家有关部门的称赞。

四、山西电视台的产生与发展

1960年5月25日,山西电视台的前身太原实验电视台正式开播,从此,山西人民有了自己的电视传播工具。从那时至今,山西电视台的发展可划分为三个阶段:

第一阶段为初创期(1960年—1966年)。在党和政府的关怀和支持下,经过老一辈电视工作者的辛勤努力,创建了山西省第一座电视台——太原实验电视台(呼号)。主要播出图片、电影、文艺节目、体育节目、教育节目等。当时,由于技术条件和设备均较落后,直到1962年才开始覆盖太原市和周边部分县、区。

第二阶段为曲折发展期(1966年—1978年)。"文化大革命"中,山西电视台同全国各省电视台与各行业一样,发展一度受到影响,但由于大家的共同努力,在全国其他兄弟台基本停止播出的情况下,山西电视台没有停播并且取得了一定的发展。1968年夏,开始正式通过微波传送中央电视台的节目。1974年基本实现了覆盖全省的目标。1976年实现了黑白电视向彩色电视的转化。1978年广播电视大楼破土动工，为山西电视台新的发展奠定了一定的基础。

第三个时期为全面发展期（1979年—2002年）。这一时期，全国掀起办电视的热潮。在省委、省政府的重视和支持下，山西电视台的事业得到了前所未有的发展。职工从几十人增加到500余人；节目从一套发展到三套（山西电视台、黄河对内和黄河对外）；每天平均播出20多个小时，人口覆盖率从百分之几到百分之八十多；技术设备、人员素质、办公条件等都有了较大的改观，特别是增强了自我发展能力。1991年，山西电视台接受上级交办的对外宣传任务，经批准成立了中国黄河电视台，开始向美国SCOLA卫星教育电视网提供节目。1994年，具有广泛影响的"94国际SCOLA世界年会"在太原成功举行，使中国黄河电视台成为山西省和我国对外宣传的一个重要阵地，并以此呼号对内播出，覆盖全省，成为山西省又一套有影响、有特色的电视节目。

第二节　解放初期的报道

一、恢复国民经济时期

镇压反革命、土地改革、抗美援朝，是新中国成立初期的三大政治任务。山西新闻界贯彻执行了党在这个时期的政策，并且结合山西实际，宣传报道了山西的各项工作。

（一）对工业建设的报道

第一个五年计划建设时期，山西新闻界始终把一批在全国有影响的大型煤矿、钢铁厂和机械厂，作为整个经济宣传的报道重点。诸如大同、阳泉和西山等统配煤矿的扩建、设备更新和煤炭外运的报道；太钢由原来设备陈旧的小厂，逐步建成大型钢铁联合企业的报道；太原重型机器厂、太原第一热电厂的建成投产的报道；还有太原、大同、阳泉三个城市在"一五"期间生产建设成就和巨变的报道。所有这些生产建设重点单位，都从一个侧面反映了我国社会主义工业化的进程及引起的深刻变化。

《山西日报》注重反映对旧工业的改造和新的管理模式。如从1950年3月到1951年，对太原水泥厂进行了连续追踪报道，共发表了32篇消息和通讯。内容包括企业化管理、实行劳动定额、提高技术、提高质量、开展生产竞赛，反映了这个厂由普通的工厂变为先进工厂的过程。另外，报道了阳泉煤矿废除封建把头制度、太原矿山机器厂试制成功截煤机等许多工业生产中的新事情。

新华社山西分社在宣传工业战线广大职工爱国热情和取得建设成就的同时，注意了对各部门之间相互协作的新型关系的报道，这是全面贯彻总路线精神不可缺少的内容。这方面的报道，有郭洁、范银怀采写的《山西工矿企业与农业生产合作社建立相互联系》、《太原市工交系统广泛开展社会主义协作，解决出现的不协调问题》、《晋东南地区开展群众性的调查研究活动》、《农业生产合作社与手工业生产合作社密切配合》和《山西克服各部门支援农业上的不协调现象》等稿件。这些报道经总社播发后，被《人民日报》等采用。与此同时，对社会上的新道德、新风尚的宣传，也予以重视。分社从头到尾系统地报道了全省开展的社会主义教育运动的进展情况，被《人民日报》和《文汇报》等多家报纸采用。另有一批作品歌颂了先进人物和先进集体的精神风貌，如张超采写的《同家梁商店热情为矿区服务的好经验》，田培植、吕民贵采写的《工业劳模张万福掘进队帮助兄弟队赶上先进使自己更加先进》，杨义采写的介绍汾阳县贾家庄公社主任深入群众、为农民排忧解难的通讯《梁士信五下西陈庄》，都被《人民日报》刊出。

1950年4月，中共中央公布了《关于在报纸刊物上展开批评和自我批评的决定》,《山西日报》加强了批评报道。这年 4 月发表批评稿 16 篇,7 月就增至 84 篇。重要的批评报道,有批评定襄县司法科长梁玉公的官僚主义作风,洪洞县公安局股长赵希汴霸占农民李保保毛驴的事件,省教育厅负责人压制工农速成中学学生的民主,这些批评都是实事求是的,与人为善的,建设性的,效果很好。抗美援朝、保家卫国、镇压反革命,"三反"、"五反"运动,报纸都发表了大量的新闻和评论。1951 年初,报纸揭露了稷山县反革命暴乱事件;9 月,揭露了阳曲县上兰村反革命分子武装凶杀群众事件,并在报纸上展开了讨论,帮助群众破除政治上的麻痹思想,克服埋头生产、不问政治的倾向,树立长期的对敌斗争观念,巩固人民民主专政。1952 年 6 月 10日,发表崞县赶车工人张顺有口述的《我检举反革命分子遭遇了重重阻难》一文,他为检举反革命分子宋郁德,往返察哈尔、绥远、山西 27个机关,遇到重重阻难,最后得到中共中央华北局的支持。从 11 日开始,《山西日报》对这件事展开了讨论,直到 1953 年 1 月 1 日,发表《吸取张顺有事件教训,时时向官僚主义作斗争》的小结。这次报道对克服官僚主义起了重大作用。为了使报纸增加给广大工人看的文章,《山西日报》开辟了《职工生活》专栏,每月 10 余期,特点是:文字通俗,内容都是工人自己的事,用工人的语言,用模范工人的先进思想教育一般工人,活人活事活教材;文字短小,每篇在 300 字到 500 字之间;图文并茂。

(二)对农业建设的报道

关于农业互助合作的宣传,是这个时期山西新闻报道的重要特色。山西是革命老区,土地改革在战争年代大部分已完成。随着战争的结束,农民中的资本主义自发倾向比较明显,阶级分化出现,互助组开始涣散。所以,在舆论导向上引导农民互助合作,走共同富裕的社会主义道路,就成为新闻工作者的重要任务。

在这方面,新华社山西分社系统地宣传了全省尤其是晋东南老解放区循序渐进地建立互助组和合作社的进展情况,扩大生产、抵抗自然灾害、兴修水利和进行农田基本建设方面的经验。仅 1956 年 2 月至 10 月,关于合作化和农业生产的稿件,被总社采用 164 篇,被《人民日报》、《工人日报》和《中国青年报》等报纸刊出 50 多篇。武赞庭、冯东书合写的消息《长治专区建立农业生产合作社的经验》,在全国较早地介绍了一个地区实行土地入股建立初级生产合作社的经验。杨义采写的通讯《让水记》,歌颂了大同市大峪河上下游两个村,在合作化后由世仇争水变为相互让水的新型友谊关系;《潘杨和》描写了宴头村千年世仇的潘、杨两家后代,在农业合作化以后,由冤家对头到和睦相处的历史性变化的故事。这些宣扬党的农村互助合作政策正确的报道,在省内外产生了重要的影响,受到读者好评。

《山西日报》1949 年 8 月 3 日登载了《劳动英雄向提水与十里村的生产运动》一文,介绍壶关县十里村在向提水的带领下,6 年互助生产的成绩和经验,群众反映"互助互利,互不吃亏,组织起来,大家沾光。"1950 年 3 月 5 日,第一版登载了《由克服困难到提高技术——坚持六年的大寨农业生产互助组》一文,写的是榆社县大寨村在劳动英雄张志全领导下,全村大部分农户组织了互助组,至此已坚持 6 年,克服劳力不足,依靠互助提高耕作技术的经过。配合这篇报道,编辑部发表了《组织起来与提高技术相结合应成为今年互助生产的主要方向》的评论,指出"改良农业技术与组织劳动力,这两件事缺一不可,又必须密切结合","只有在逐步地组织起来进行集体的互助生产的基础上,农业技术改良才能得到更广大的发展,才可使农业生产力获得无限的提高"。通过互助生产,"逐步引导农民走向集体化的道路,并改良农业生产技术,这是今后领导互助生产的基本内容和方向,也是达到繁荣农村经济,使广大农民发家致富,惟一正确的道路"。1950 年 4 月 12 日,转载了《山西农民报》的《发家致富的道路》评论,指出:"李顺达和其他老区许多翻身农民的经验已经证明,新民主主义社会里绝大多数农民发家致富的最好道路,是走组织起来提高技术的道路。""新民主主义社会里是允许新富农存在和发展的。采取新富农的经营,固然也是一种致富的办法,但人人变为新富农是不可能的。"

1950年10月12日,《山西日报》登载了山西省委向中共中央华北局的报告《老区武乡农村考察报告》。这个报告分析了土地改革三年以后农村发生的新的阶级分化,证明小农经济是不稳定的。这篇调查和其他同样内容的调查,是山西省委决定在1951年春季创办初级生产合作社的重要根据。报告指出,通过调查6个有代表性的村,部分农民由于疾病、主要劳动力死亡、灾害等原因生活困难,被迫出卖土地。新富农虽很少,但他们努力集中土地,雇工经营,他们的土地已超过全村人均土地的一倍到二倍。调查材料证明,凡组织互助生产,又组织了信用合作社的地方,农民出卖土地的就比较少,或者没有。通过调查46个村855个互助组,除少数先进村外,大部分互助组呈现涣散状态,这是农民小生产者自发倾向的表现。但农民仍有互助合作的要求,他们对互助是留恋的,认为互助组从贫困中拯救了他们,自己沾过互助的光,互助劳动已成习惯。毛主席说得没有错,只要善于引导,坚持自愿互助的政策,农民是愿意互助合作的,农民能够走上合作化道路。

(三)对先进典型的报道

西沟村是这个时期山西树立的由穷变富的一面旗帜,对西沟的宣传,成为山西新闻界关于先进典型的报道重点。1950年6月3日,《山西日报》登载《坚持8年的平顺西沟李顺达互助组,向毛主席报告生产成果,穷沟变富沟,家家有余粮》。

介绍这个村在旧社会大部分人种地主的地,一年生产的粮不够半年吃,从1943年组织互助组,开始由穷变富。到1949年,粮食产量、耕畜、羊群超过抗日战争前水平,家家有余粮。农民们认为,"从七八年的互助生产中,找到了发家致富的最好道路。""听上毛主席的话,把穷沟变成了富沟。"1951年4月5日,发表《李顺达是劳动模范又是爱国模范》社论,高度评价李顺达和他领导的互助组,认为这给全省农民树立了一个榜样,证明了毛主席说的"组织起来是由穷变富的必由之路"。社论还把组织互助合作和实现社会主义联系起来,指出:实行组织起来是农村的第二次革命,"这个革命就是要去掉农村生产上分散落后的状态,而代之以集体的劳动组织与现代化的生产技术。只有如此,才能争取社会主义的前途。同时只有实现社会主义,农民才能最后消灭贫困的现象。"在西沟村的带领下,1952年上半年,全省已经建立了467个初级农业生产合作社,互助组发展到28万个,56%的农村劳力参加了互助合作组织。

在宣传西沟村的同时,山西新闻界还着重进行了对昔阳大寨和女英雄刘胡兰家乡的报道。新华社山西分社记者吴钢采写了消息《刘胡兰母亲胡文秀给全国母亲们的一封信》、通讯《为刘胡兰报仇》和《女英雄刘胡兰生平事迹》,任丰平采写了胡文秀专访。这组文章发表在抗美援朝和镇压反革命的关键时刻,对激发全国人民的爱国热情和革命斗志起到了极大的作用。胡文秀在给全国母亲们的信中,追述了一辈子也忘不了她女儿和6个农民被阎军活活铡死的情景,并且提出:"请你们清楚地记下帝国主义和国内反动派欠下我们的血债吧!为了我们的子女不再受到残害,请你们踊跃地在保卫世界和平公约的宣言上签名和投票,积极地参加抗美援朝运动吧!"对陈永贵和昔阳大寨的报道,开始于60年代初期,主要报道了大寨党支部和支部书记陈永贵,在加强党的政治思想工作和领导农业生产方面取得的成就与经验。1963年秋天,大寨遭受特大洪水灾害之后,在耕地被毁、房屋倒塌的情况下,积极开展生产自救,不要国家救济的粮、钱、物。冯东书根据这一情况,报道了大寨党支部领导社员自力更生,奋发图强,战胜特大自然灾害的英雄气概和遭灾不忘国家的崇高思想。范银怀、田培植采写的通讯《看到苗头以后》,具体地介绍了大寨党支部的思想工作经验。康英、莎荫、田培植和武赞庭等合写的通讯《昔阳干部劳动成风》，歌颂了这个县的县、社、大队和生产队四级干部，坚持参加集体生产劳动形成经常化制度化的新风尚。《人民日报》在发表这篇通讯时，配发了题为《干部参加劳动的伟大革命意义》的社论，号召全国各地认真学习昔阳的这个经验。

二、社会主义改造时期

1953后9月，中共中央确定了过渡时期的总路线，核心是由新民主主义向社会主义过渡，逐步实现国家的工业化和对农业、手工业、资本主义工商业的社会主义改造。《山西日报》卓有成效地对这个重大任务进行了宣传报道，有四个突出特点：

（一）以通俗理论向山西人民解释过渡时期的一系列问题

从1953年到1954年，先后发表有关宣传总路线的社论、评论共170篇，集中解释了三个问题：为什么中华人民共和国的成立标志着从新民主主义向社会主义过渡的开始？实现国家的工业化和三大改造，会给全国人民带来什么利益？怎样实现工业化和完成三大改造？这些社论和评论紧密联系人们的思想和工作实际，解疑释惑，很少有空洞议论，而是以活人活事活道理，就事说理，有很强的说服力。

（二）选择典型事实证明社会主义道路是农民致富的惟一正确道路

1953年12月24日，登载了《社长与雇工——走两条道路两种结果》的通讯，介绍了阳曲县老土沟村解放前地瘠民贫，是阎锡山军队制造的无人区，新中国成立后依靠7头驴组织起互助组，过上了温饱生活；而与老土沟村相距8里的范庄，党支部书记不带领群众走社会主义道路，全村有的人当了雇工，有的人卖光家产，有的人病饿而死。活生生的事实使人们认识到，农民要脱贫致富，必须走互助合作的道路。

（三）大量登载拥护总路线的模范事迹，证明总路线是推动一切工作的动力

1953年12月5日，登载了《算了三笔账一通百通，先进农民杨

五保觉悟提高,把 62 石余粮卖给国家》的消息,杨五保的口述文章《我怎样算通了三笔账》,还发表了《宣传先进农民杨五保的模范行动》的评论。杨五保是榆社县翟管村农民,解放前年年辛勤劳动,少吃无穿。解放后参加了互助组,种了 24 亩地,产量一年比一年高,积蓄了大量粮食。1953 年国家开始收购粮食,他听了区长对总路线的宣传,算了三笔账:自己的粮食是怎样产下的?工业支援农业给自己带来的好处?余粮应该卖给谁?算通了三笔账,杨五保改变了原来存啥不如存粮食稳妥的老主意,把余粮全部卖给国家,卖粮款存到了银行,还得了利息,真是利国利己。这组关于杨五保的宣传报道,把总路线具体化到一个家庭,成为生动形象的宣传总路线的活教材。

(四)把宣传总路线与宣传农业合作化结合起来,实事求是地指导农村工作

1954 年秋冬,山西出现了农业合作化的第一个高潮,全省近三分之二的农户加入了合作社。配合农业合作化运动的迅猛发展,《山西日报》从 1954 年 10 月到 1955 年底,发表社论 35 篇,平均每月 1.5 篇。这些社论在盛赞中国农村社会主义高潮到来的同时,还回答了农业生产合作大发展后能不能巩固的问题,指出由于农业生产合作社显示了巨大的优越性,走合作化道路已成为广大农民的迫切要求,依靠群众的这种积极性,合作社是不难巩固的。

第三节 "大跃进"时期报道的 失误与负面宣传

在社会主义改造基本完成以后,山西新闻界从 1957 年到"文化大革命"以前,在一系列问题上发生过错误的宣传,有时甚至是非常严重的。比如,宣传了反右斗争扩大化,宣传了共产风、浮夸风和瞎指

挥风,宣传了阶段斗争扩大化的理论,给山西的社会发展和经济建设带来一定的副作用。

一、山西新闻事业的"大跃进"

在全国各行各业"大跃进"的形势下,新闻事业也出现了"大跃进"的局面。它们纷纷制定"大跃进"计划,大搞群众运动,开展挑战应战,表面上轰轰烈烈。其中,尤以《山西日报》最为突出。

1958年3月13日,《山西日报》向全国各省级党报发出挑战书,提出"比先进、学先进、赶先进",苦战一年,在10个方面实现"大跃进"。于是各省党报纷纷应战,在新闻界掀起了一个相互竞赛的热潮。据《人民日报》、《新闻战线》等报刊介绍,《山西日报》"大跃进"的经验主要包括以下三点:(1)以外促内,内外结合,在报社内部开展群众运动。所采取的措施包括向实践学习,向群众学习,用大字报、墙报的形式开展批评和表扬。(2)在业务上,提出人人争当多面手,即人人会编辑、采访、写作社论,同时还要会做群众工作。(3)搞版面"大跃进",即在版面设计上将"现实主义与浪漫主义相结合",实现"小题大做"(以较大的篇幅,刊登较小稿件,并使用各种编辑手段,突出主题)。《山西日报》的经验被推广后,很快为全国各省级党报所仿效。从1958年8月到1960年4月,全国有110个报社390多人次到山西日报社参观访问。

关于这个时期的"左"倾宣传报道,《山西日报》编委会在1961年12月25日写给省委的《山西日报工作检查报告》中作了深刻的反省总结:

三年来我们究竟犯了些什么错误呢? 归纳起来主要是:

第一,宣传建设成就方面的浮夸

三年多来,报纸大鼓干劲,大力宣扬生产和建设的伟大成就,这是好的,但是虚夸严重。虚夸在近几年来是报纸上最普遍、最突出和最经常的错误。1958年在粮食问题和大战钢铁的宣传上,在地方工业、文化教育、水利建设和工具改革的宣传上，1959 年在工农业继续跃进的宣传上，1959 年冬到 1960 年春在养猪问题和工具改革的宣传上，都曾经大量地报道了各种脱离实际的高指标和虚假的高产量，有的简直达到荒谬的程度。如 1958 年 11 月 25 日报道的"侯马红薯王"亩产 113 万斤，实际连零头的零头都不到。更严重的是以这种虚夸报道为依据，作了许多错误的论断，提了许多错误的口号，说什么"指标越高，群众的干劲就越大"，"每亩下粒 200 斤，就可以产 6 万、8 万、10 万甚至 15 万斤"等等。报纸上的浮夸是实际工作中浮夸的反映，而经过报纸传播，又大大助长了实际工作的浮夸。我们组织报道，总喜欢"求高、求化、求大"，引起了人们的胡思乱想。有一个时期，没有"高指标"和"高产量"的稿件，几乎很难见报。1957 年初，中央对报道作了严格控制，我们虽然执行了，但并未痛感浮夸的危害，不久就又故态复萌。结果，这一方面的浮夸减少了，另一方面的浮夸又出现了。几年来一直如此，已经习以为常，直到最近仍未完全绝迹。

第二，推广先进经验方面的瞎指挥风

3 年多来，报纸大插红旗，大树标兵，大力推广先进经验，这是好的。但常常抓住一个典型，不问具体条件，不做具体分析，就质问各个地方："这里可以做到的，你们为啥不行？"1959 年以后这种说法少了，但推广先进经验的时候，仍然是不实事求是地讲清它的主客观条件，强调从实际出发，因地制宜，而是盲目推广。而且，常常把一些华而不实的新花样，当作新生事物，过早地草率地给以不适当的评价，要求各地仿效。甚至有时已经发生问题，发现做法错误，也往往以"新生事物不可能十全十美"为借口，不加深究。不少典型有严重的虚夸，有人提出正当的怀疑，不仅不去调查改正，反而把怀疑者当作右倾保守，当作算账派、观潮派等等，加以批判，使错误的做法更加发展。最突出的，是 1959 年 10 月"左云之风"的报道。左云人民高速度完成秋粮征购任务，原来是件好事，但其中有些数字虚夸，有些做法不妥，我们不加分析,大肆鼓吹,硬性推广,连续报道,让各地群众追赶,以致不少县卖了过头粮,在全省造成严重恶果。石楼县大搞基本农田,少种多收,"一步登天"的报道,其恶果则已不限于本省,而且在全国发生了坏影响。

我们经常强调"大办"、"全党全民办",经常宣传人人个个如何,家家户户如何,社社队队如何,而不去考虑实际的需要与可能。此外,还把一些局部的、当地可以试办的东西,拿到全省来推广;把未来的发展方向当作目前就要做到的事情。这种瞎指挥,在许多重大工作的宣传中,都程度不同地发生过,结果助长了强迫命令的作风,使好事变成了坏事。

第三,政策宣传和理论宣传方面的片面性

3年多来,报纸十分重视政策宣传和理论宣传,始终坚持总路线的方向,在任何情况下不在报纸上泼冷水、吹冷风,这是好的。但错误也很严重,许多宣传存在着片面性,歪曲了党的政策,违反了马克思主义的根本原理,刮起了"共产风"。最突出的有两段。一段在1958年公社化初期:不适当地过分强调不断革命论,而不谈革命阶段论,提倡"八包"、"十包",提倡供给制越多越好,提倡不执行互利和等价交换原则的"共产主义协作",鼓吹取消计件工资,否定物质鼓励的必要性,甚至提出要消灭社员个人经济的残余,宣传生活资料(如房屋)也要归公,宣传"共产主义已经在望",宣传"即将进入共产主义",因而使社会主义与共产主义相混淆,共产主义又与平均主义相混淆,传播了许多糊涂观念,为刮"共产风"提供了理论根据。另一段,在1959年冬至1960年初:片面地强调发展社有经济,而不谈队为基础和队有经济。提倡大办各种社有企业,大办万猪场、万鸡山;鼓吹大搞丰产方是"农田耕作制度的大革命",提倡打破队界、社界;提倡统一领导,统一组织各种专业队,并把这些作为社会主义建设新阶段的特点,结果违犯了"三级所有、队为基础"的根本制度,再一次助长了"共产风"。

此外,片面强调高速度,忽视按比例;片面强调不平衡,忽视必要的平衡;片面强调多快,而忽视好省;片面强调学生参加劳动,忽视以教育为主结合生产劳动等等,也都在思想上造成了一些混乱。大跃进以来,我们常常离开实事求是和科学分析去谈敢想敢干和破除迷信,离开客观条件去宣扬主观能动作用。甚至错误地反对所谓条件论,宣传"人有多大胆,地有多大产",宣传"巧妇能为无米之炊",以唯心主义代替唯物主义。

在这种特殊形势的影响下,新华社山西分社也不甘落后。不顾客观条件和现实可能,便紧紧跟着"大跃进"运动的快速步伐,作了不少报道,片面地鼓吹各项事业"大干快上"、"掀起高潮"、"土法上马"和"放卫星、创纪录"等不实事求是的做法,有些报道助长了高指标、瞎指挥和浮夸不实等不正之风。如1958年8月报道《太行山区放大麻卫星》,同年11月25日,编发了一条《东方红人民公社一亩红薯试验田共产113万多斤》的所谓"红薯王"的消息。在大炼钢铁方面,分社采写了《山西省一百万大军大战钢铁运动形成高潮》、《全省贯彻执行"小土群"方针展开全民炼钢运动》、《太原钢铁生产大跃进》和《阳城县应朝人民公社办起钢铁大学》等消息,鼓吹开展"土法上马"、"掀起高潮"的群众运动。这段时期关于人民公社的报道,也是有教训的。山西高级农业合作社只办了两年,未经试点,就按照中央北戴河会议的决定,于1958年9月人民公社化了。随着农业生产资料所有制由私到公的急剧变动,生产规模扩大了。人民公社"一大二公"、"政社合一"高度集中的管理体制,再加上社内队与队、户与户贫富拉平,平均分配,束缚了农民群众的生产积极性。在这种情况下,分社领导头脑不够冷静,随波逐流,对这种违反客观经济规律的"急剧变动"也作了报道,如《山西全省已经出现了建立人民公社的高潮》、《山西省已经实现了人民公社化》和《山西省人民公社化以后在生产上显示了巨大的优越性》。

538

二、全国省报的"红旗报"

《山西日报》虽然在"大跃进"时期成为全国省报"左"倾宣传的领头羊，但在五六十年代，直到 1965 年，《山西日报》的整体报道还是以正面宣传为主，以宣传先进典型为主，以宣传集中发展生产力为主。所以，《山西日报》受到了毛泽东、刘少奇等中央领导的表彰，当时全国各兄弟报纸都把《山西日报》誉为"红旗报"，20 多个省报派人来《山西日报》访问取经。省里的著名劳动模范们把他们的成长和报纸联系在一起，概括为"劳模靠报纸，报纸靠劳模"这两句人人传诵的佳话。1958 年 1 月 12 日，毛泽东主席给广西省委第一书记刘建勋、书记韦国清的信中说："送上几份地方报纸，各有特点，是比较编得好的，较为引人看，内容也不错，供你们参考。"这里说的几份报纸，其中就有《山西日报》。

《山西日报》这个时期的正确报道，主要体现在以下三方面：

（一）轰动全省的山药蛋报道

《山西日报》注意遵循自然规律和客观经济规律，用心寻找群众中在农业技术改革方面的先进经验，加以总结，使之推广。1958 年 1月 11 日，登载了《我们的食堂是怎样做到省、饱、好》，介绍了山西日报社职工食堂节约粮食，用山药蛋为主要原料，制作多种食品花样的经验，并附食品花样制作图解。2 月 5 日，《人民日报》报道了山西日报社职工食堂的这一经验。2 月 25 日到 27 日，中共中央副主席、全国人大常委会委员长刘少奇在太原视察期间，品尝了山西日报社职工食堂以山药蛋为主精制的各种糕点后，大加赞扬，建议应该扩大薯类种植面积，以解决粮食问题。3 月 1 日，第 1 版刊登了中共山西省委、山西省人民委员会联合发出的关于扩大薯类种植面积的指示，决定从本年起，将薯类正式列为粮食统购的主要品种之一。同日，《山西日报》发表《让山药蛋和粮食平起平坐》社论，《好啊！大有可为的山药蛋》、《万能粮食马铃薯》等文章。这些文章和社论介绍了山药蛋产量高,营养丰富,用途广,既可当主食,又可作为蔬菜,可以制淀粉,还是国防工业和制药原料,淀粉残渣能作饲料,高寒地区和温暖地区都可种植,是山西一大宝物,经济价值也高。实践证明,在粮食紧张的情况下提倡种植山药蛋,是十分正确的。

(二)改变晋西北贫穷面貌的报道

1965年4月到6月,《山西日报》由一位副总编辑带领20多个记者,到贫穷低产的晋西北地区采访,行踪遍及右玉、左云、平鲁、偏关、河曲、保德、兴县、神池、五寨、岢岚等12县,发表8篇系列报道《晋西北通讯》。这些系列报道的内容是:改变晋西北低产面貌,不能只抓粮食生产,要把造林、种草提到突出地位;进行水土保持工作,要以生物措施和工程措施并重,而以生物措施为主,要绿字挂帅,草木定乾坤;对晋西北的粮食生产,应当实行自给有余的方针,不能片面要求"达纲要"、"过黄河"、"跨长江"。这个报道完全符合晋西北的实际,符合自然规律和经济规律,体现了扬长避短的原则。集中代表这次系列报道核心内容的是1965年8月11日登载的通讯《晋西北三件宝》。这篇通讯说,过去人说晋西北有三宝:山药蛋、莜面、大皮袄。如今又有了新三宝:柠条、醋柳(沙棘)、宝贝草。新三宝能防风固沙,保持水土和改良土壤,尤其适合在高寒地区生长。果实可制高级饮料,柠条、枝干还可以制成纤维板。通讯还列举了农业合作化以来,河曲县曲峪、沙畔,偏关县营盘梁,兴县李家塔等大队,依靠这新三宝,加上工程措施,使河山披上绿装,征服干旱、洪涝,畜牧业发展,土壤变肥,粮食产量提高的事实。

(三)宣传了大寨、西沟、杨谈、曲峪、羊井底、贾家庄、臧寨等一批先进集体

农业集体化以后,需要运用榜样的力量,引导农民在社会主义道路上前进。为此,《山西日报》从全省农业互助合作实践中进行选择,1962年到1965年,宣传表彰了10多个走社会主义道路的先进典

型。这些先进典型主要是：昔阳县大寨大队；平顺县西沟大队、羊井底大队；曲沃县杨谈大队；河曲县曲峪大队；汾阳县贾家庄大队；应县臧寨大队；长治县林移大队、小宋大队等。他们坚定地走社会主义道路，依靠集体经济力量改造了自然，发展了生产，显示了社会主义优越性。由于各地条件不同，发展生产的具体办法、产业结构、种植结构也不完全相同。这些先进典型，各有所长，它们之间也需要互相学习，取长补短。报道时，突出宣传了集体化后的主要任务是发展生产，而没有突出宣传阶级斗争。1964 年 1 月登载 4 万字的《杨谈》长篇通讯，介绍了这个大队实行政治、管理、技术三结合，取得粮棉大面积高产的经验。1962 年 11 月 28 日，用一、二版两个版的篇幅，登载了《西沟巨变》的消息、图片和李顺达《办社十年》的文章，介绍了这个大队依靠集体力量，使原来金、木、水、火、土俱缺的西沟，农林牧副全面发展，粮食产量由 43.6 万多斤提高到 80 多万斤，还建设了许多水利工程。同时配发了《山区建设大有可为——祝西沟大队办社十年的巨大成就》社论。1965 年 12 月 29 日，登载了《太行劲松》通讯，介绍了全国大寨式农业典型——平顺县金星公社西沟大队的先进事迹，发表《高举红旗，永远向前》社论。1965 年 11 月 19 日，报道了向来贫穷低产的晋西北河曲县曲峪大队这个先进典型，内容是治山治水锁黄龙，植树种草镇风沙，奋战 4 年，实现山坡林草梯田化，沟壑果木化，河滩园田林网化，被誉为"晋西北的大寨，黄土高原的榜样。"同日发表《晋西北大有可为——曲峪的今天就是晋西北的明天》社论。1965 年 7 月 27 日，登载《多种经营上的大寨——贾家庄》通讯，这个大队把大部分盐碱地改造为良田，粮食亩产由二三百斤提高到 700 多斤，积极发展多种经营，利用富余的粮食，进行粮食加工，开办了粉坊、豆腐坊等 23 项副业，1964 年，集体有固定资产 72 万元，每户平均 2700 元，从 1962 年以来，每个劳动日工分值稳定在 1.5 元以上，这是当时大胆冲破单一种植结构，大量增加集体现金收入，基本实现农业机械化的少有先进大队。

三、山西省委对新闻工作的领导

中共中央于 1954 年 7 月发布了《关于改进报纸工作的决议》,随后,同年 12 月 29 日,中共山西省委作出了《关于改进山西日报和山西农民报的决定》,进一步加强省委对新闻宣传工作的领导。

山西省委的决定首先总结了《山西日报》和《山西农民报》的成绩、存在的问题:

《山西日报》是中共山西省委的机关报,《山西农民报》是辅助《山西日报》指导农村工作的通俗化的报纸。根据党中央关于改进报纸工作的决议来检查,几年来,《山西日报》和《山西农民报》在各种斗争和建设事业中,积极地宣传和贯彻党的路线、方针和政策,联系和教育广大人民群众,指导和推进各项实际工作,曾发挥了很大的作用。但是,当前这两个报纸都还存在着许多缺点,这主要表现在:报纸的党性和思想性不强,关于马克思列宁主义的理论宣传和党的生活的宣传都很薄弱;经济宣传还赶不上经济建设和人民群众的需要;批评和自我批评开展得不经常、不充分。形成上述缺点的主要原因是:第一,对党报必须具有鲜明的党性和思想性理解不深,因而没有把理论宣传和党的生活的宣传摆在报纸的首要地位,不能适应报道任务的要求。第二,报纸编辑部对国家过渡时期的总任务的认识不够全面和系统,联系实际和联系群众不够密切,因而还不能经常而及时地发现经济工作中萌芽性的经验和问题,尖锐而准确地进行报道,有力地指导各项经济建设工作。第三,全省大多数党组织还没有自觉地运用报纸这一有力的武器,支持和帮助报纸开展批评和自我批评;部分党的干部存在着严重的骄傲自满情绪,甚至有压制批评的现象,对来自人民群众自下而上的批评,缺乏热烈欢迎和坚决保护的革命态度;同时报纸上发表的批评由于报纸编辑部人员思想上存有片面性,又缺乏必要的调查制度,因而往往与事实不相符合,或者批评的态度不够适当,这就会引起被批评者的反感而达不到批评的目的。第四,全党办报的方针仍然贯彻得不好,全省各级党的组织对党报的重要性,仍未提到应有的认识高度,因而还没有把积极支持、帮助与十分关心党报工作,当作全党的政治任务。此外,报纸编辑部的群众工作和组织工作的计划性、社会活动的广度与深度等都还不能适应目前客观形势发展的需要。

在总结成绩和指出问题的同时,山西省委提出了对《山西日报》、《山西农民报》今后工作的改进要求:(1)应加强马克思列宁主义的理论宣传。(2)加强对资产阶级唯心主义思想的批判。(3)报纸上党的生活栏所发挥的作用,应成为省委和全省各级党组织日常联系的重要工具。(4)宣传总路线是报纸工作最经常最中心的任务。(5)利用批评和自我批评的武器,向各种不良倾向展开斗争,纠正工作中的缺点和错误,改进干部和党员的思想作风。

为了保证上述要求的实现并进一步贯彻全党办报的方针,山西省委作出了如下几项规定:

(1)根据党中央的指示,省委机关报为省委工作部门之一,省委决定《山西日报》和《山西农民报》合并为一个编辑部,由省委委员之一兼任总编辑,并由省委书记之一经常领导报纸工作。副总编辑可列席省委常委会议和全体委员会议。

(2)省委常委会除对报纸编辑部的季度宣传要点、每月的社论计划和重要的专题报道计划进行讨论和审定外,每半年比较系统、全面地讨论一次报纸工作,检查报纸对党的决议、指示执行的情况。

(3)省委常委分工负责审查报纸上发表的有关决定、指示、社论、政策性问答、重大新闻和重要的文章;《山西日报》的大样,送书记、宣传部长各一份,进行审阅;《山西农民报》的大样,由宣传部长、农村工作部长审阅。

(4)各地委、市委应加强对当地记者站的指导,经常指示报道要点和报道方法,以提高报道水平。各地记者站站长和报纸编辑部派出的记者,经报纸编辑部介绍,可列席地委、市委的常委会议和全体委员会议。

(5)责成省委宣传部每年从党内比较系统地征求一次对报纸的意见,同时检查各级党委运用报纸指导工作的情况和问题。报纸编辑部亦应坚持每年一次下厂下乡的考察制度,检查报道效果,吸收广大读者对报纸的意见。

山西省委从指导思想、宣传方针、组织原则等几个方面加强了对党报新闻宣传工作的领导,使山西省的新闻宣传能够配合党的中心任务,发挥桥梁作用和舆论引导作用,保证了这个时期各项建设的顺利进行。

第四节 大寨新闻史

《山西日报》是中共山西省委的机关报,1949年4月26日,太原解放的第三天,在战争的硝烟中创刊,毛泽东同志于1948年和1954年两次为《山西日报》题写了报头。《山西日报》是一种综合性的对开大报,它的主要任务是宣传马列主义毛泽东思想,通过大量生动的事实,宣传党的路线方针政策,及时报道省内和国内外新闻,宣传报道内容富有浓厚的山西地方特色,五十年代发行二十余万份,在省级党报中独树一帜。

山西省昔阳县大寨乡的大寨大队是20世纪五十、六十和七十年代的山区农业先进典型。凭借自身过硬的先进事迹,"大寨"作为一个"特殊"的地理区域在报纸宣传和政治魅力的打造下,曾在一定的历史时期有着独特的意义,"大寨"的先进事迹在山西省的党报乃至中央级的报纸上频频露面,对它的宣传既广泛又深入,创造出一个先进典型的报道之最，曾经在全国范围内掀起了大规模的山呼海啸般的"学大寨"运动。"大寨"作为一个时代的代名词,成为人们耳熟能详的标志,像特殊的旋律在人们的记忆中回响。对"大寨"的宣传报道主要发起并集中于《山西日报》,所以追寻《山西日报》并辅以其他报纸曾经的报道脚步,可以对"大寨"这段辉煌的新闻宣传历史有一个初步的探究。

一、1956 年—1966 年:对大寨典型的正确报道

"20 世纪 50 年代至 60 年代的前半期,是《山西日报》最为辉煌的时期。这个时期的《山西日报》,虽然在某些方面某些问题上也有失误之处,但综观全局,却办得生动活泼,引人入胜,独有特色,别具一格;权威性高,指导性强,读者面广。因而,领导满意,群众欢迎,受到省内外新闻界的称赞,更获得当时毛主席的赞扬,被誉为'红旗报'。"[1]

《山西日报》"这一阶段对于大寨经验的宣传报道,基本上是实事求是的。整个报道总的说来是健康的,生动活泼的,对全省农业战线的工作起了鼓舞、推动的作用。"[2]

(一)1956 年—1959 年,对大寨的早期报道重点在如何治山治水、科学种田和夺取粮食丰收的经验上

山西省昔阳县大寨乡大寨村作为一个山区农业的先进典型,从解放区时期至 20 世纪 50 年代初在全国农业系统内就已经颇有名气,早期对大寨村的正式报道是从 1956 年开始的。1956 年 1 月 4 日《山西日报》刊登了由郝兑元撰写的通讯《新胜高级社大战"狼窝掌"》,这篇通讯字数不多,对大寨的叙述是平白而简单的,但却拉开了报道大寨的新闻序幕。它对大寨新胜高级社在秋冬基本农田水利建设中治理"狼窝掌"的情况进行了报道。"狼窝掌"是一个地势险恶的地

①《新闻战线一栋梁》,陈墨章、胡青光《刘山纪念文集》,第 59 页。
②《山西日报》1981 年 3 月 7 日《肃清"左"倾路线影响 努力做好宣传工作》

方，"近两公里长，三四丈宽，每年夏季暴雨，它就是个出水的地方。一座山的雨水由两旁汇集过去倾泻而下，在每个落坎上腾起一股股黄色的浪，那阵势比起黄河决堤毫不逊色。天长日久，从上到下只剩下光秃秃的石板，石板缝中长着荒草，里面躲着狼。除了陈永贵，没人会想到要把这个凶险地方改成田。①这次报道与当时全国基本完成农业合作化运动，5亿多农民通过农业合作化走上了社会主义道路，广大农村公社从初级社、中级社向高级社迈进，以实现对个体农业的社会主义改造这一广阔历史背景是紧密联系在一起的。通讯把大寨作为一个农业合作化的典型，通过高级社与初级社的对比来展示高级社的优越性："(去年)12月1日，治理'狼窝掌'的建设工程正式开工了，不到7天的时间，社员们就闸了5道坝，还打下了一道坝的根基；11天的计划，7天完成了。""'初级社三年五大变，高级社七年十二变'，河沟变良田，土地连成片，拖拉机遍地跑，大寨要成小苏联。"在当时的历史条件下，农业合作化的重要意义，在于促进了生产力的发展，兴修了许多水利工程，进行了大规模的农田基本建设，增强了抵御自然灾害的能力，这一点在对大寨的报道中充分体现出来。有人做过这样的统计："从1952年开始，他们(大寨人)每年用于农田基本建设的投工数比田间作业多3倍；每个劳动力移动的土石方有一千多立方米；将垒成的大坝摆成一米宽两米高，可以从虎头山摆到大庆油田，那是13万立方米；每人每年担石头八百八十多担；担去的土有八十万担；强劳动力每年往地里担粪、担庄稼十万斤……"②在这些高强度的辛勤劳动背后，是大寨人与恶劣的自然条件和生存环境进行抗争的"大寨精神"，正是这种精神从此奠定了以后对大寨的新闻报道的基础。

---

①《陈永贵传》第85页，第91页，映泉著，长江文艺出版社出版。
②《陈永贵传》第85页，第91页，映泉著，长江文艺出版社出版。

1957 年 11 月,国内的报纸上开始提出"大跃进"的口号,片面追求高速度的空气笼罩全国。1958 年 11 月 17 日,"大跃进"运动搞得热火朝天的时候,大寨乡党委书记郝兑元写了一篇通讯《大寨乡变成了"大粮仓"》,刊登在《山西农民》报上。从"一步登天、管天又管地、增产没到头、更大的跃进"等标题上可以看出大寨已经走在了"大跃进"时期粮食生产前列,大寨改造自然环境、粮食大丰收的成绩受到社会各界的瞩目和新闻媒体的大力宣传。虽然文中也存在着不符合实际、盲目浮夸的急躁情绪,但是从客观上讲,当时大寨粮食产量确实得到了巨大的提高,并且难能可贵的是在陈永贵坚持之下,没有跟随当时"大跃进"的风潮去盲目浮夸,虚报产量。

　　第一篇对大寨较为全面、客观报道的是 1959 年 9 月 9 日刊登在《山西日报》上的通讯《连续十年步步高》。在通讯中,作者李文珊用"先看统计表、再看步步高、年有'新套套'、粮食吃不了"的小标题赞扬了大寨自力更生、艰苦奋斗的精神和治山治水、科学种田的经验。作者对 1949 年到 1959 年大寨的粮食产量进行了对比分析:

年度	粮田亩产(斤)	粮田总产(斤)
1949	169	154,128
1950	195	170,040
1951	201	175,272
1952	227	192,723
1953	240	203,280
1954	260	213,720
1955	290	236,640
1956	320	258,660
1957	340	272,680
1958	520	417,040
1959	650	520,130

这种写作手法既能引起读者的注意，又直观地展现出大寨 10 年间的成绩，文章层层展开，深刻分析大寨取得如此巨大成绩的原因，最后落脚在新旧社会制度的差别上。当时，大寨党支部书记陈永贵已经是全国著名的劳动模范，大寨也先后吸引数以万计的参观者。"到大寨参观庄稼的人不敢进地，因为他们的地像面瓦缸，踩进去就拔不出脚来"。可以说，这种报道还是实事求是的。

说起大寨，就不能不说一说陈永贵。这是一个一生都和大寨紧密联系在一起的庄稼汉，从某种程度上讲，大寨能够在全国乃至全世界扬名吐气，都是因为陈永贵个人的劳动"魅力"和出色的组织能力。

陈永贵（1915—1986），1952 年第一次当选为山西省劳动模范，并成为大寨党支部书记，1969 年党的"九大"时，当选为中央委员，1973 年 9 月在党的"十大"上，再次当选为中央委员，在十届一中全会上当选为中央政治局委员，1975 年 1 月 17 日第四届全国人民代表大会第一次会议决定任命其为国务院副总理。1980 年 9 月的五届人大第三次会议上，他被解除了副总理职务。一共当了 5 年零 8 个月副总理。当时，他是党和国家的领导人，又是山西省革命委员会副主任，又是中共晋中地委书记、中共昔阳县县委书记，也是大寨党支部书记。"他脸朝黄土，经营着一方贫瘠的土地，探索着中国农业的大课题，影响着亿万人民跟着奋进……"[1]陈永贵和大寨一样，是一个时代的象征。

（二）1960 年—1965 年，以正确报道为主，主要宣传大寨艰苦奋斗、自力更生、与大自然进行斗争的精神

这个阶段是《山西日报》集中报道大寨先进事迹的时期，"既报道了大寨政治挂帅、思想领先的原则，自力更生、艰苦奋斗的精神，又报道了大寨治山治水、科学种田的经验；既宣传了毛泽东同志关于'农

①《陈永贵传》第 2 页，映泉著，长江文艺出版社出版。

业学大寨'的号召,介绍了各地学大寨的事迹,也指出了大寨的缺陷与不足,介绍大寨向其他先进单位学习的情况;既宣传了大寨,也宣传了全省其他先进典型。"①

1. 政治挂帅、思想领先的原则

1960 年 6 月 18 日,《山西日报》在一版刊登了《领导作风好 群众干劲高 生产大飞跃 大寨支部是坚强的战斗堡垒 陈永贵是出色的党支部书记》的长篇通讯,并配发了社论《陈永贵——党支部书记的好榜样》和中共晋中地委关于学习陈永贵和大寨党支部领导作风的决定摘要。

这篇通讯简略介绍了新中国成立前大寨人民的苦难生活,详细回顾了陈永贵的身世、成长经历,以及工作经验、工作成绩和工作热情,重点描绘了陈永贵及其党支部是如何带领人民群众摆脱旧社会带来的贫穷落后;如何"经常宣传社会主义和共产主义的思想,而且在历次运动中,领导群众与资本主义思想作不懈的斗争";如何"设身处地了解社员疾苦,无微不至关心群众生活";如何"不断揣摸群众思想,事事进行阶级分析"的。大寨群众认为"生产步步高,生活日日好,不是天赐给,全凭党领导","村看村,户看户,群众看的是党支部"。

较之以前关于大寨的报道,这篇通讯完整饱满,补充了大量的典型事例和数据,对大寨的情况也重新进行了梳理。当然,报道中也存在一些时代局限性,例如,陈永贵和他的党支部"对群众每一个反映,每一个意见,都要阶级分析";在"1958 年大战钢铁时,社员们一天刨三千多斤矿石,劳动效率不高,是当时的大问题。但陈永贵一天就刨了一万三千斤";1959 年夏初,"在饭场对食堂的问题展开了讨论,……批判了(少数中农和富农)反对公共食堂的谬论。同时发动群众,民主地总结了公共食堂的十大优越性,不仅顶住了歪风,还进一

①《山西日报》1981 年 3 月 7 日《肃清"左"倾路线影响 努力做好宣传工作》。

步巩固了公共食堂";强调坏事错事都是富农干的,好事都是贫下中农做的,也是不符合事实的。

晋中地委的决定摘要指出:"以陈永贵为首的昔阳县城关人民公社大寨管理区党支部,在领导农业生产和其他各项工作中,取得了极其丰富的经验,是晋中区数千个党支部的一面红旗,陈永贵成为晋中区数万个基层干部中的一个典型,是值得学习的好榜样。"决定认为,陈永贵和大寨党支部,最值得人们学习的是:坚持参加生产、领导生产的方法;坚持贯彻执行党的群众路线的工作方法;用无产阶级立场观点分析问题的方法;先公后私的精神和远大的共产主义理想;处处关心群众生活的做法。决定最后建议"在此基础上,各地应开展一个"'学永贵、赶永贵'和'学大寨、赶大寨'的运动"。

这组报道是经过精心组织安排的,在一版重要位置刊登通讯和陈永贵的个人照片,在二版安排社论和决定摘要,呼应一版,形式多样,内容丰富,对大寨管理经验做了系统深入的分析,既有丰富的细节描写,又有理论升华,给读者留下了深刻的印象。

1963年6月28日,《山西日报》刊登了长篇通讯《陈永贵——农村党支部书记的榜样》,同样是介绍其政治挂帅、思想领先的原则。文章认为,"在这几年的战斗风浪中,陈永贵和大寨党支部,有着越来越明确的阶级斗争观念,自觉地执行了党在农村的阶级路线。因此,他们能够顶住一切资本主义的歪风邪气,体现了无产阶级革命战士的高贵品德和坚贞气节。"这篇通讯长约一万五千字,也讲述了陈永贵的身世、成长经历,全面地介绍了他本人的情况及其是怎样对待工作、对待群众和阶级敌人的。整篇通讯注重从阶级斗争的角度组织事实材料,全文和小标题中也多次出现"阶级"、"斗争"的字眼,文中的很多材料是对以前报道过的事实展开再详细写的,还配有多张新华社记者拍摄的照片。从写法上看不像是通讯,更像是个人长篇传记,文笔口语化,大量细节描写和引语非常传神,"老头子(富农)苍黄的脸上,卧着蚯蚓似的皱纹,松弛的肌肉,向下搭拉着;滴溜溜的眼珠,射着冷森森的光。"""'来,我给你试一试。'陈永贵把烟袋往脖子上一搭,叭叭向空中抽两声脆鞭,牲口勤快地走起来了,油渍渍的泥土向两边翻滚着。犁沟直溜溜的,像木匠打下的线;一犁和一犁之间,匀匀称称,像巧媳妇纳下的鞋底。"以个人为宣传对象的长篇通讯,在报纸上占了近两个版面,在当时的新闻宣传环境下是很少见的。可以看出,《山西日报》对大寨这个典型倾注了极大的关注和热情,不断反复深入报道。

《人民日报》第一篇全面完整报道大寨的重头稿件,刊登在1963年8月3日第5版:

主题:在农村的阵地上

副题:记昔阳大寨公社大寨大队党支部和支部书记陈永贵

小标题:阵地,在大柳树下阵地,在虎头山下阵地,在堡垒内外

这篇两万余字的长篇通讯与1963年6月28日《山西日报》刊登的《陈永贵——农村党支部书记的榜样》类似,材料也是由以前的旧材料重新组织加工,以大寨党支部和陈永贵的先进事迹为中心内容。文章用白描笔法详细刻画了大寨在陈永贵带领下取得的成绩,鲜明地反映了新社会翻天覆地的变化,用当时阶级分类的方法描写人物,丑化对立面,赞美贫下中农。这类文章虽然形式不同,角度不同,但基本材料都是一样的,所以,看起来感觉似曾相识,没有新闻"新"的特点,更多地带有通告和宣传的味道。由此也可以看出,对大寨的宣传已经开始由地方省级报纸升温至中央级报纸了。

2. 自力更生、艰苦奋斗的精神

1959年到1961年是我国建国以来最严重的困难时期,农业生产遭到了极大的破坏,粮食严重短缺,所以《山西日报》关于大寨的报道很大一部分是介绍其当时先进的管理经验、技术成果和耕作方法的。例如:

① 主题:坚持"四固定"和"三包一奖"制度

副题:(大寨)留庄管区加快秋耕进度改变浅耕习惯(1960 年 10 月 10 日)

② 主题:指标扎实 措施具体

副题:大寨公社东关生产队指定"三包一奖"的经过(1961 年 2 月 23 日)

③ 引题:蒙山生产大队

主题:所有玉茭作到深刨早刨(1961 年 6 月 11 日)

④ 主题:移苗

副题:大寨生产大队连年增产经验点滴(1961 年 7 月 5 日)

⑤ 主题:山区要增产 修地最当先

副题:昔阳县大寨生产大队整修梯田的调查(1961 年 9 月 10 日)

⑥ 主题:大寨玉米"三深"种植法(《人民日报》1965 年 5 月 9 日)

栏题:劳动模范谈秋田管理

⑦ 主题:新建土地秋苗不旺该怎么办?

副题:陈永贵说:大寨经验是多追肥,多浇水,勤中耕。(1965 年 7 月 10 日)

这些看起来不像是新闻更像是劳动经验的文章在当时相对落后的农业生产条件下,对各地农村尤其是新中国成立前遭受严重摧残、荒芜贫瘠的北方山区的种植实践起到很多有益的作用。20 世纪五六十年代的《山西日报》把版面作为农业、工业、医疗等多条战线交流经验的平台,经常开辟专栏刊登这类有指导性和借鉴性的文章,对各行各业的发展起到了良好的示范作用。

对"大寨精神"全面、系统的总结是在 1963 年。这年大寨遭遇了特大洪灾、冻灾、雹灾和风灾,房屋倒塌、耕田被淹、农作物倒伏……但是大寨人没有气馁消沉,"大寨大队遭灾后留下来的五百五十亩粮田,每亩平均产七百四十多斤,连上小麦,总产量为四十二万斤,比大

552

丰收的一九五八年还多一万斤;种籽和饲料共留五万斤,比去年斤两不少;每个社员平均留粮标准为四百斤(不包括社员自留地的产量),比去年少四十斤;每个劳动日分红一元;春季向国家包购的二十四万斤粮食,保证一颗也不短;在洪灾期间,百分之八十多的住房和窑洞倒塌了,目前已新盖起瓦房二十间、石窑洞四十孔,上冻以前,每户社员都可以住到一处住房!"但是,就是在大寨遭受了大自然几乎毁灭性的打击之后,陈永贵为了鼓舞大寨人的士气,恢复生产自救,总结出不要外援,自力更生的十大好处:"1、不依靠国家,就等于支援了国家;2、自力更生战胜灾害,显出了集体的力量,使大家更爱集体;3、自力更生可以激发大家奋发图强,对个人有利;4、可以证明集体经济是铁打的江山,长人民的志气,灭敌人的威风;5、对锻炼干部有利,让干部多动脑筋,多想办法;6、可以带动兄弟队也克服困难,有利于开展革命竞赛;7、能培养社员战胜灾害的勇气和本领,对今后战胜灾害有利;8、国家可以腾出钱和粮支援其他灾区,能促进全公社的团结;9、对培养接班人有利,等他们长大了,也能学先辈一样;10、自力更生对促进大寨大队继续革命有利。"①这些"好处"由几乎不识字的陈永贵想出来,更体现出大寨人难能可贵的爱国、爱集体的"大寨精神"。虽然遭遇到难以想象的困难,但是大寨人奋发图强、自力更生重建家园的劳动还是获得了极大的成功,受到了全国广泛关注。11月10日,《山西日报》以整版篇幅发表了评论《学大寨之志 长大寨之风》,号召"学习大寨蔑视困难敢于革命的英雄气概、学习大寨自力更生奋发图强的坚强意志、学习大寨以国为怀顾全大局的高尚风格",并开设了"大家都来向大寨人民学习"的专栏,刊登了长篇报道《用自己的双手靠集体力量 战胜狂洪暴雨 医好灾害创伤 大寨人民志不屈旗不倒》。

①映泉著,《陈永贵传》,长江文艺出版社,第140页。

"1964 年 1 月 19 日，人民大会堂集聚了首都一万多名各界人士，听他(陈永贵)讲着大寨人民抗灾丰收的故事。那个会是北京市委和北京人大出面召开的……"接着，"中央人民广播电台向全国播放了现场录音，2 月 10 日，《人民日报》登载了报道大寨事迹的长篇通讯《大寨之路》，并发表社论：《用革命精神建设山区的好榜样》。全国的信如大雪般飞向了中央人民广播电台。"①

1964 年 2 月 10 日，新华社播发了山西分社范银怀写的长篇通讯《大寨之路》，系统地介绍了大寨人发扬自力更生、艰苦奋斗的精神，把革命干劲和科学态度结合起来，同穷山恶水斗争的感人情景。《人民日报》在头版显著位置发表这篇通讯时，还配发了社论《用革命精神建设山区的好榜样》。关于《大寨之路》的写作经过和毛泽东是如何发现大寨这个典型的，范银怀在《大寨之路通讯发表前后》一文中讲得很具体：

1963 年是大寨和陈永贵遭灾难的一年，也是名声大震的一年。这年 8 月连续 7 天 7 夜下大雨，把大寨合作化以来十几年整修的土地冲毁了，社员的住房倒塌了。陈永贵领着社员奋力抗灾时，发现妻子虎妮得了重病。真是"祸不单行"！

秋后，陈永贵带着妻子到太原看病，住在山西日报社附近的一家医院。在此之前，我去大寨采访过两次，陈永贵知道我是昔阳人，很快熟悉了，叫我到家里吃虎妮烤的又薄又脆的玉米面饼。当我得知他们来太原看病，就赶紧到医院探望。那时他虽是省劳模，但因私外出没有专门机关招待。我所在的新华社山西分社和山西日报社住在一个大院，共用一个食堂、一个招待所。我看到陈永贵正守在病床前发愁，帮他安顿好病人后，就用自行车带他到山西日报社招待所，住进一个套间，并从食堂买好饭票给他。怕他寂寞，我又递给他一份当天

---

① 映泉著，《陈永贵传》，长江文艺出版社，第 145 页。

出的《山西农民报》。

"我想见一见省委老毛,把抗灾情况说一说,你看行不行?"陈永贵展开报纸,劈头提出一个要求。

老毛,指的是毛联珏,是中共山西省委副秘书长,负责省委书记讲话稿和重要文件的起草。这年春天在全省农业劳模大会期间,省委第一书记陶鲁笳召集部分劳模座谈时,老毛也在座,陈永贵知道他也是昔阳人。我回到机关,通过电话联系,老毛答复,明天到省委办公室面谈。

第二天,我用新华社山西分社的"华沙"卧车将陈永贵送到省委。在办公室,他对老毛说:"今年遭了灾,但社员抗灾劲头很足,咱要把冲毁的地修成好地;把旧房拆掉,盖成新房。"

老毛听得很起劲,说:"这不错,把坏事变成了好事!"

这次谈话对陈永贵是个鼓励和启发,也为这位"秀才"提供了新的材料。当晚省委召开全省电话会议,部署当前工作。老毛在给陶鲁笳起草的讲话稿中加了一部分大寨抗灾的内容,在省委小食堂就餐时又向陶讲了他和陈永贵谈话的情况。

陶鲁笳抗战时在昔阳县担任过中心县委书记,对那里的干部和群众有深厚的感情。电话会议上,他满腔热情地赞扬大寨的革命精神,对大寨进行了高度评价。

当时,山西正开全省宣传工作会议,省委宣传部部长李琦听了陶鲁笳讲大寨,认为大寨具有时代精神,便通过昔阳县委邀请陈永贵到会上作报告。这位"42岁扫盲"的农村党支部书记很善于把领导的话融会到大寨的实际中,他运用"坏事变好事"的观点讲抗洪救灾,促进事物转化,内容生动感人,语言精辟。这个精彩报告轰动了省城,陈永贵被一些单位邀请,一连做了5场报告。著名作家赵树理听了报告后对陶鲁笳说,陈永贵讲话没有引用毛主席语录,但他的观点完全符合毛泽东思想和辩证法。

当时的《山西日报》总编辑是吴象,他很重视大寨报道,经常派得力记者到大寨采访。怎样把大寨从山西推向全国?在此之前,中央新闻单位对大寨也作过一些报道,比较显著的一篇是《人民日报》燕凌写的访问陈永贵的通讯;还有一篇是《人民日报》康英和分社记者写的《昔阳干部参加劳动成风》。

现在,中共山西省委对大寨作出全面、高度评价,作为中共驻晋新闻单位的新华分社、《人民日报》记者站(当时是两个机构,一套人马),对宣传大寨有义不容辞的责任。主持分社工作的马明当天让冯东书把《山西日报》登的大寨自力更生战胜灾害的报道和省委通知编成一篇新闻,并立即派记者冯东书、范银怀带着稿子到北京。11月13日总社播发,《人民日报》同时刊登。接着,我们两人分别向《人民日报》、总社负责同志汇报下一步全面宣传大寨的计划,听取他们的指示,争取编辑部的配合和支持。

毛泽东在1962年北戴河会议上重提阶级、阶级矛盾,指出:"阶级斗争、生产斗争和科学实验,是建设社会主义强大国家的三项伟大革命运动,是使共产党人免除官僚主义,避免修正主义,永远立于不败之地的确实保证。"据此,提出"开展一次伟大的教育运动"。

我们进京汇报时,编辑部正在深刻领会毛泽东这一段讲话,组织报道。《人民日报》编委张潮向我们说,当前的社会主义教育,要通过回忆对比看出新旧社会的不同,以此进行阶级教育,贯彻阶级路线,把革命传统一代接一代传下去。我们向他汇报说,大寨始终抓阶级教育,认识社会主义优越性,巩固了集体经济。依靠集体力量,自力更生搞农田建设,抗洪救灾,说明社会主义能战胜资本主义。大寨的实践体现了毛主席这段话的精神。张潮说,大寨可能是社会主义时期的旗帜,要我们写深写细。他提示我们,自力更生也要有阶级路线,报道要体现出来。

当时的新华社副社长、国内部主任穆青热情支持大寨报道,要求反映实际,从政治思想领域挖掘主题思想。他知道这样的典型写好很不容易,特别难写好的是陈永贵的形象。

回到太原,我们向分社负责同志汇报总社、《人民日报》负责同志的指示时,又从省委传来了两位领导同志对大寨的评价。一位是中南局候补书记李一清,他是昔阳人,抗战初期就和陶鲁笳在这一带担任重要领导工作,这次回家乡陶请他看看大寨;另一位是国家计委副主任王光伟,正在筹备全国规划会议,就如何建设4亿亩稳产高产田问计。经李一清推荐,他也去了大寨。他们去大寨参观,听了陈永贵介绍,兴致很高,说大寨是毛主席提倡的"三大革命(阶级斗争、生产斗争、科学实验)的缩影",是"自力更生,艰苦奋斗的典范"。

在分社负责同志主持的业务民主会上,大家形成了共识,认为大寨确实体现毛泽东思想,是社会主义时期的农业典型。

明确了报道思想,分社派莎荫和我到大寨采访。1963年11月30日我们到昔阳县时,《山西日报》的张丽、郝占敦已经写出长篇报道。他们把排出的清样让我们看,约4万字。我们开了两次座谈会,利用已有的材料,按照生产斗争、科学实验、阶级斗争的框架和顺序组织材料,由莎荫起草,我充实内容,很快写出初稿,稿子写完还没有题目,我拟了个《大寨的路》,莎荫把"的"字改成"之"字,就送县委打印。

穆青同志看了《大寨之路》初稿,于1963年12月下旬,从北京到了太原。他在新华分社记者会议上说:我这次来有两件事,一是修改《大寨之路》,二是帮助你们总结调查研究的经验。他认为这篇稿子有长镜头、短镜头、特写镜头,形象生动,但主题思想发掘不够,还得再充实修改一些内容。他说,只有放在深刻的时代情景下认识大寨,才能充分发掘主题思想。他分析全国形势时说,经过几年调整,国民经济已经全面好转,随着总路线、总方针和自力更生、勤俭建国这一系列路线、方针的贯彻,积累了丰富经验,走出了中国经济建设的道路,出现了比、学、赶、帮的新高潮。新闻报道应及时、充分地反映各方面的大好形势,分析其特点、趋势,让广大群众明确方向、正确认识形势,以鼓舞斗志,坚定信心。

穆青同志还说,工业战线已开始宣传学大庆的群众运动,但农业的比、学、赶、帮还未形成"气候"。1964年要成为大比之年、大学之年。为推动农业战线的学、帮运动,一定要把《大寨之路》修改好。

按照穆青同志意见修改时,材料又显不足。这时莎荫卧病在床,我往大寨打电话补充材料。穆青同志看了材料后,从文章的布局、结构到每部分的取舍都提出了具体意见。在莎荫病床前,我们议一段,写一段,写到深夜才拿出了修改稿。

修改稿贯穿了两种思想的斗争,深化了主题思想。原稿第二部分是用大量篇幅写勤俭办社的,现象罗列,比较平淡。根据穆青意见修改后,这部分主要写了农田基本建设,并反映了先进思想与保守思想的斗争,用大量典型事例,突出大寨人同穷山恶水搏斗的形象。在"三战狼窝掌"时突出了老英雄贾进才,在同自然灾害作斗争时突出了陈永贵和自力更生。"苦人树"下回忆对比,进行阶级教育。

修改后的《大寨之路》,充实了思想教育内容,显示出了英雄形象。穆青同志带回北京后又在文字上作了润色,使通讯的可读性更强。1964年2月9日,新华社将《大寨之路》播发后,中央和各省市报纸都突出刊登。《人民日报》2月10日头版推出,并配有社论《用革命精神建设山区的好榜样》。与此同时,陈永贵和几位劳动模范在人民大会堂作了一次报告,中央人民广播电台实况播发。大寨和陈永贵开始名扬四海。

1964年3月28日,毛泽东主席外出视察,专列停留在邯郸,要河北省委、山西省委领导去汇报工作。陶鲁笳向毛泽东汇报山西农业情况时,着重讲了大寨和陈永贵的情况。毛泽东听了以后,以肯定的口吻说,大寨、陈永贵,穷山沟里出了好文章,并高兴地要看带来的材料。陶鲁笳把预先准备汇报的有关材料交给他。他的秘书又把刊登

《大寨之路》通讯和《用革命精神建设山区的好榜样》的人民日报社论找来给毛泽东看。此后，毛泽东在到南方各省视察期间，同各级领导干部，多次讲到大寨的艰苦奋斗、自力更生，他说："我看，大寨就是一面旗帜，发展农业要靠大寨精神。"这一年6月，毛泽东在中央政治局扩大会议上，又讲到"农业要靠大寨精神，靠自力更生，要多出几个大寨，多出几个陈永贵。"同年，毛泽东还亲切接见了陈永贵，以后又发出了"农业学大寨"的号召。

1964年4月，农业部长廖鲁言按照周恩来总理的指示，带领工作组到大寨，新华社派我随同调查。在大寨20天，先后召开了干部、贫下中农座谈会，分别对农田基本建设、干部参加劳动、经营管理、发展规划等问题作了系统调查，并与周围公社大队座谈了如何学习、推广大寨经验。

廖鲁言回北京后，向周恩来和毛泽东作了书面报告。1964年12月，周恩来在第三届全国人代会上作的《政府工作报告》中，表彰大寨是农业战线的一个先进典型，指出："山西省昔阳县大寨公社大寨大队，是一个依靠人民公社集体力量，自力更生地进行农业建设、发展农业生产的典型。"他并把大寨精神概括为："大寨大队所坚持的政治挂帅、思想领先的原则，自力更生、艰苦奋斗的精神，爱国家、爱集体的共产主义风格，都是值得大大提倡的。"

从此，农业学大寨运动在全国农村迅速展开，参观大寨的人潮水般涌来！

1964年9月16日，《人民日报》头版头条报道了大寨自力更生迅速治好自然灾害的严重创伤、耕地修复平整、夏季小麦增产的消息，指出大寨"革命精神更加发扬，集体经济更加巩固"。

1964年12月19日，《山西日报》头版以通栏大字标题发表了《大寨奋力回天 亩产粮破浪过江》的消息，内容与9月16日《人民日报》报道的内容相似。二版三版发表了长篇通讯《敢与天公试比高——大寨英雄"渡江"记》,并配发了多张大寨的大幅照片,刊登了学大寨经验的社论和全省广大农村开展学大寨运动的综合消息。

3. 干部坚持参加生产劳动的工作作风

干部坚持参加生产劳动是"大寨精神"的主要内涵之一,陈永贵身为党支部书记,一直把参加劳动、劳动的好坏作为衡量一个干部和领导的主要标准之一。他带头参加劳动,最苦最累的活他冲在前面,带领大家干,示范给大家看,在当选为国务院副总理之后坚持不要工资,不转户口,而以工分来计酬。在他的影响下,大寨的领导干部乃至昔阳县的领导干部大都坚持参加劳动,发挥了干部贴近群众、了解实际的作用。

1963 年 5 月 21 日,《山西日报》介绍了陈永贵带头参加劳动的经验《用零时间工作 挤整工夫劳动》,并配发了社论《大兴干部参加劳动之风》。此后,"干部带头劳动 办好集体经济"专栏还介绍过平顺羊井底村大队长武候梨参加生产的经验和昔阳沾尚公社党委书记李千周以普通劳动者的姿态出现,与群众打成一片的先进事迹,高度评价了昔阳县干部参加劳动的经验,批判了轻视劳动的错误思想。《用零时间工作 挤整工夫劳动》这篇通讯系统总结了陈永贵带领干部坚持参加劳动的先进经验:①千条万条,参加生产第一条。千方百计地挤时间,妥善地安排工作和劳动;特别注意提高农活质量;不怕困难,不计较个人得失,挑重活、脏活干。②千难万难,依靠群众就不难。③千方百计,领导社员搞革新。把自己的固有经验运用在生产上;善于总结推广群众中的先进经验;善于学习吸取外地的先进经验;善于从失败中寻找教训,纠正缺点,提高农业技术水平;亲自动手搞实验。④克己为人的共产主义风格。⑤连续十三年,生产步步高。

《人民日报》同样把昔阳县干部参加劳动作为典型予以关注和报道。1963 年 6 月 2 日,《人民日报》发表康英、莎荫等人合写的长达二万余字的《昔阳干部劳动成风》的典型报道,并配发了社论《干部参加劳动的伟大革命意义》。社论强调如果干部"以为自己是干部，是领导群众的，可以同群众不一样，可以不参加劳动，可以特殊化，就会在实际上把自己摆在劳动群众之上。这是一个危险的位置。一个干部把自己放在这样的位置上，必然要脱离群众，不但不可能把工作做好，而且如果沿着特殊化的道路越走越远，还有蜕化变质的危险。"

4. 在大寨带动下涌现出的其他先进典型

大寨作为农业先进典型，帮助别的兄弟单位搞好农业生产不仅是它的责任和义务，更能体现大寨精神的深刻内涵。所以，在宣传大寨先进经验的同时，《山西日报》也把其他典型作为烘托进行报道。

1961年1月18日，《山西日报》二版刊登了由李爱虎、陈天魁和贾春泰采写的通讯《虎头山下两战友》，讲的是"昔阳县大寨公社井沟管理区发奋图强赶大寨，大寨管理区的社员诚心诚意帮井沟，一年之内，井沟管理区基本上赶上了大寨管理区的生产水平"。文章的开头先为读者设下悬念："井沟和大寨只隔着一座'虎头山'。……两村相距五里地，自然条件基本相同。1960年前，粮食产量悬殊很大：大寨连续十一年持续上升，亩产由一百多斤一直上升到六百多斤；井沟村一连几年都停留在亩产二百多斤的水平。原因何在呢？一直到1959年的冬天，才揭开了这个谜。"接着用大量生动的事例讲述了"赵银全（井沟党支书）的苦恼"，描绘"陈永贵传经"、"大寨援井沟"和"井沟喜丰收"的场面。管理区之间相互发扬"共产主义精神"，共同获得丰收，这是对的。但片面宣传井沟完全"按照大寨的方法开始下种"，"永贵边参观、边传授经验"，在农耕方式上亦步亦趋，全盘照搬，不顾自己的实际情况，盲目开垦荒地，单纯与大寨比粮食产量，却是不对的。

同样的题材在1964年4月17日的《山西日报》又以五千字左右的篇幅刊登出来：

主题：虎头山下"弟"赶"兄"

副题：井沟大队学赶大寨的几段故事

大部分仍然是老故事，也补充了一些新的人物和细节，采用传统的章回小说形式写小标题：

第一回 南寺坪干部发誓 助秋收社员解疑

第二回 学先进先学志气 学志气先立志气

第三回 大寨干甚咱干甚 死搬硬套吃了亏

第四回 人学人人人红专 队赶队队队超产

第五回 大寨风格感动人 井沟热心帮后进

值得注意的是，井沟人认识到死板学大寨，盲目跟从的害处，及"大寨干甚咱干甚，咱和大寨不差甚"口号的错误性，这是非常难能可贵的。

此类以大寨为榜样"比学赶帮"的稿件，在1961年后的《山西日报》上陆续登出。从中可以看出，大寨作为一个名扬全国的老先进典型，虽然陈永贵提出年年有个"新套套"，粮食产量也不断提高，始终保持在前列，但是在20世纪60年代中期关于大寨的新闻题材难免在重复老调。因为当时国家农业发展缓慢，传统种植业仍占据着主要位置，大寨在粮食产量方面的大丰收在那个缺粮的时代无疑始终是新闻媒体关注的焦点，是全国人民学习的榜样，毛泽东非常重视大寨这个先进典型，邓小平也曾经说过"全国有1/3的县像大寨、昔阳那样，粮食就没有地方搁了。"[1]所以，宣传机构开足马力把原有的典型人物和典型事例反复宣传。

1965年3月26日，《山西日报》以整版篇幅刊登了刘开基《关于盂县学大寨运动的报告》和中共山西省委的批示，指出："盂县学大寨的经验，是在一个县的范围内的大面积农田上撒网布点，由点到面，点面结合的经验，值得各地认真学习和仿效。"在省委的号召下，向大寨学习的风气越来越烈，各地纷纷掀起了学大寨的高潮，《山西日报》

---

[1]映泉著，《陈永贵传》，长江文艺出版社，第277页。

也越来越多地组织学大寨的专栏和专版,声势浩大。比如,1964年2月27日,用一个多版面的篇幅,刊登了长篇报道《臧寨——雁门关外的大寨》,介绍了臧寨人民在集体化的10年中所发生的巨大变化;1965年7月27日,头版头条发表了典型报道《多种经营上的大寨——贾家庄》,赞扬贾家庄走出一条"逐步实现农业技术改革,逐步实现农业现代化"的道路;1965年11月19日,头版头条介绍了晋西北的"大寨"、黄土高原的榜样——河曲县巡镇公社曲峪大队治山治水、改天换地的业绩;1965年12月29日,头版头条发表了《太行劲松》,对全国大寨式典型——平顺县金星公社西沟大队的先进事迹作了介绍。之所以宣传树立了这么多先进典型,却都冠以什么什么的"大寨"的名称,是因为自从毛泽东1964年提出"农业学大寨"的口号之后,大寨成为全国学习的榜样,在当时的社会宣传环境下,只要是与农业沾边的,就会以"大寨"作为学习的标本,向大寨看齐,所有农业先进典型都离不开大寨的影子。

《山西日报》编委会曾在1960年12月30日做出关于改革报纸文风的几项规定,认为"稿件冗长现象越来越严重",确定从1961年开始,重大典型新闻,最多不超过2000字;通讯一般以2000字为限,最长不超过3500字至4000字。但是以后关于大寨的典型报道字数越来越多,文章越来越长。

1964年1月7日至8日,《山西日报》刊登了一篇由本报记者采写的自报道大寨以来篇幅最长的通讯《大寨——自力更生奋发图强建设山区的旗帜》,共四万余字,并配发了编者按。在1964年的宣传报道中,《山西日报》虽然十分重视学大寨的报道,承认各地区的先进典型是各地区的"大寨",但也提出了"其他典型不能和大寨抗膀子"、唯大寨独尊的口号。这种错误思想后来发展为在"文化大革命"期间,《山西日报》压制其他先进典型,只宣传报道大寨的"左"倾新闻模式。总之,在"文化大革命"前,《山西日报》及其他新闻媒介对大寨的宣传

报道基本上是正确的,收到了正面的社会效果,但不可否认,也有重大的报道思想的失误,集中表现为:

"热和冷没有紧密地结合起来,常常是热而不冷,革命精神有余,科学精神不足,冷静地分析研究不够;单纯宣传革命干劲,违反劳逸政策;常常强调产量产值,忽视质量和成本,多快好省没有统一起来;宣传高产多收和多种多收,也有片面性,往往强调单位面积产量,忽视多种多收;过分地强调了主观能动性,而不考虑客观可能性和现实可能性;在理论宣传方面,往往把侧重形成片面,强调一个东西,经常强调到不适当的程度、绝对化的程度。"①

二、1967年——1978年:大寨打上深刻政治烙印

1966年8月8日,中国共产党八届十一中全会通过了《关于无产阶级"文化大革命"的决定》,新华社当日发出电稿,9日,全国各报包括《山西日报》全文刊登。这个决定和五月中央政治局扩大会议通过的《五·一六通知》,是错误发动"文化大革命"的两个纲领性文件,是"文化大革命"全面发动的标志。

"从60年代中叶到70年代后期,大寨共接待了世界134个国家和地区的外宾总共25478人;来自全国29个省、市和自治区的国内参观者多达960万人。这些参观者多集中在'文革'期间,其中1967年突破100万人,1968年突破200万人,到1969年超过275万人。"②

陈永贵和大寨开始被用为推行"文化大革命"极"左"路线的政治运动工具。

(一)"大寨精神"万能化——永远正确的批判者

1.卷入政治洪流

1967年初,在疯狂的"文化大革命"中,陈永贵和大寨也被卷入全省以至全国的风暴中,虽然不是出于大寨人的本意,但是已经身不

①《山西日报大事记》。
②《大寨》第95页。

由己地被利用,脱离了山区先进典型的方向。

2月6日,《山西日报》二版登载《陈永贵站出来了》一文,主要介绍陈永贵和李顺达等人倡导成立了"山西革命造反派联络站",陈永贵任主任委员,他还加入了"山西革命造反总部"。

2月26日,一版报道陈永贵带头造反,于11日夺了昔阳县委、县人委的权。

4月6日,二版发表陈永贵《大寨在毛泽东思想的光辉照耀下前进》一文,重复所谓"中共山西省委、晋中地委、昔阳县内一小撮走资本主义道路的当权派反对学大寨砍大寨红旗的罪行"。

6月14日,二版发表陈永贵《用毛泽东思想统帅劳动管理》一文,完全否定评工记分、劳动定额、包工,也否定了大寨实行的标兵工分、标兵人,提倡一年一次的政治评工。

8月7日,《山西日报》转载8月6日《人民日报》发表的陈永贵写的《大寨是在同中国赫鲁晓夫的斗争中前进的》长篇文章。集中攻击了刘少奇同志在建国初期关于巩固新民主主义制度和农业合作化问题上比较符合中国实际,符合辩证唯物主义、历史唯物主义的观点,污蔑为"反对社会主义"、"复辟资本主义"。把党内在理论问题上的不同意见看成是敌我矛盾。当然,作者是个农民、劳动模范,没有新闻机关的人为他代笔,这种文章是不可能问世的。这也不可能是陈永贵本人全部意思的表达,多数是人为地利用陈永贵在全国的声望做政治文章。

9月29日,二版报道山西省"革命委员会"在昔阳县召开首届农业学大寨现场会议,主要是批判省委领导同志所谓"反大寨罪行",陈永贵在这次会上发了言。10月17日,用近三个版登载了陈永贵在这次会议上的发言:《红太阳照亮了大寨前进的道路》,违背事实,乱打棍子,说什么"大寨是同中国赫鲁晓夫及省委、地委、县委内一小撮走资本主义道路的当权派斗争中成长起来的"。

1971 年 6 月 13 日,《山西日报》一版头条和三版整版登载了署名晋言实《彻底批判反动的唯生产力论,深入开展农业学大寨的群众运动》的文章,这是《山西日报》"文革"期间宣传极"左"路线的代表性的理论文章之一,是无限上纲给人罗织罪名的典型之一。文章反对马克思主义的历史唯物主义原理,否认革命和生产、政治和经济的统一,否认发展生产力是社会主义社会的根本任务和发展生产力才能为社会主义制度的巩固创立物质基础,否认农业学大寨的根本内容是用自力更生、艰苦奋斗精神发展农业生产,提出发展生产就是修正主义的谬论。文章大批"唯生产力论",正是在这种唯心主义的基础上,给原中共山西省委戴上"反大寨"的帽子。文章说"农业学大寨,始终贯穿着两个阶级、两条道路、两条路线的激烈搏斗。""……鼓吹反动的'唯生产力论',以推广大寨经验之名,行歪曲大寨经验之实,妄图把农业学大寨的群众运动引向邪路,纳入他们修正主义的轨道。""这就是完全抹煞大寨经验的普遍意义,从根本上否定了大寨的革命精神,把大寨这个方向、路线的典型,贬低、篡改为一个'生产典型',而且仅仅是山区生产典型。"所以对原省委的结论是"学大寨是假,反大寨是真"。

2. 跳出"农业学大寨"的圈子,成为各行业学习的榜样

1971 年 6 月 19 日,发表中共山西省委员会、中共山西省军区委员会 6 月 10 日做出的《关于进一步开展向大寨民兵连学习的决定》,《决定》指出,学习大寨民兵建设的经验,首先要认真学习大寨大队党支部抓武装的经验,学习大寨民兵连狠抓毛主席关于民兵工作"三落实"指示的经验和他们在三大革命中做好民兵工作的经验。

1972 年 6 月 15 日,《山西日报》发表神池县义井供销社的调查报告《以大寨精神支援农业学大寨》,并加编者按说,供销社要不要为农业生产服务,要不要支援农业学大寨,这是一个方向路线问题。义井供销社以大寨精神支援农业学大寨,比较好地做到了既当"后勤",

又当"先进";既当"桥梁",又当"参谋";既管"分内",又关心"分外",受到广大贫下中农的欢迎。义井的经验,值得各地供销社商业部门的同志们认真学习。24日,又发表浮山县《寨圪塔供销社在前进》的通讯,介绍这个供销社以路线为纲,加强党的领导,依靠贫下中农,在新形势下搞好农村商业工作,全心全意为农业生产和人民生活服务,为支援农业学大寨做出了新贡献。之后不久,山西省革委会在此召开了全省农村商业工作经验交流会议,推广了他们的经验。

1974年8月7日和28日,报道了共青团山西省委召开六届二次全委扩大会议。这次会议6日在太原开幕,8日至20日在昔阳县举行,与会同志听取了大寨团支部书记关于《在批林批孔斗争中加强团的建设》的经验介绍(《山西日报》9月1日发表),讨论通过了《关于进一步开展向大寨团支部学习的决议》。8月28日,《山西日报》登载了这个决议。

1974年8月26日和9月13日,报道了山西军区党委根据中共山西省委决定,在昔阳召开全省学习大寨民兵连现场会议。大寨大队党支部领导成员出席了会议。大会介绍了中共昔阳县委关于《像大寨党支部那样抓武装》和昔阳县人武部关于《深入开展学习大寨民兵连的活动》等经验。这些经验介绍在9月13日和19日发表。同时还发表了《向大寨民兵连学习》的评论。

11月20日,《山西日报》以3个多版的篇幅,报道全省群众文化工作会议11月1日至13日在昔阳举行。会议总结了学习大寨、昔阳群众文化工作的经验,讨论了全省群众文化工作的任务:一是进一步学大寨、赶昔阳,全面占领思想文化阵地;二是认真学习小靳庄的经验;三是进一步普及革命样板戏;四是改进文化部门的工作作风。并发表评论《掀起文化工作学大寨赶昔阳的新高潮》。11月26日,报道山西省妇联2日至14日在太原召开四届二次全委扩大会议。会议期间,与会同志于4日至9日到大寨、昔阳参观学习,听取了大寨妇代会昔阳县妇联等 32 个单位有关批林批孔、积极开展妇女工作的经验介绍,通过了《关于认真向大寨妇代会学习的决议》。并发表评论,希望全体妇女"走大寨妇女解放的道路"。同时发表大寨大队党支部副书记关于大寨妇女《在批判中提高在斗争中前进》的经验介绍。

1975 年 5 月 21 日,报道中共山西省委在毛主席《五·七指示》发表 9 周年之际,召开全省教育革命现场会。《山西日报》发表了大寨大队的经验和社论《各级党委要像大寨党支部那样抓教育革命》,指出这次会议是一次学习和推广大寨以及昔阳教育革命经验的会议。社论希望各级党委要像大寨、昔阳那样,把学校办成无产阶级专政的工具。

1975 年 11 月 24 日,报道省直机关和太原市级机关 5800 多名干部组成的农村党的基本路线教育工作队,于 11 月 21 日至 23 日分赴山西省 19 个县,同当地干部群众一起建设大寨县。《山西日报》为此发表了《要像土地改革农业合作化人民公社化那样努力作战》的社论。社论重申"农业学大寨、普及大寨县,是一个无产阶级专政下继续革命、多快好省地建设社会主义农业的伟大的革命群众运动。这同土地改革、农业合作化、人民公社化一样,是农村中又一次伟大的革命运动。"12 月 20 日报道全省各地共有 67000 多名干部奔赴农业第一线,有力地加强了农业学大寨运动的领导。

1976 年 7 月 4 日,报道 5 月 22 日开幕的全省农业学大寨文艺调演大会,历时 43 天,到 7 月 2 日结束。参加这次调演的有 13 个剧种,35 个演出单位,共演出了 23 台戏,调演规模之大、时间之长、节目之多,都是空前的。报道说,这是我省文艺工作者学大寨、宣传大寨、推动农业学大寨的一次重大行动。

1977 年 3 月 26 日,发表新华社报道:财政部最近在昔阳召开全国财政金融工作会议,号召财政金融部门的各级干部要深入到学大寨运动的第一线,大兴调查研究之风,做到胸中有规划,工作有措施,手中有典型,及时总结推广先进经验,做好工作,为普及大寨县做出更大的贡献。

1977年5月17日至21日,大庆代表91人在全国工业学大庆会议闭幕以后,到昔阳大寨大队参观访问,受到大寨干部的热情接待,大庆代表还参观了昔阳学大庆的部分先进单位,《山西日报》对此作了连续突出的报道。5月18日发表社论《欢呼英雄会师》,做了夸大其词地渲染。1977年5月20日,《山西日报》开始连续发表由其记者和《光明日报》记者合写的介绍昔阳大寨教育革命经验的通讯,并发表两报记者合写的评论:《高举毛主席的伟大旗帜继续搞好教育革命》,指出,大寨的教育革命是大寨在上层建筑领域深入开展社会主义革命的重要组成部分。大寨提供的教育革命经验是丰富的,具有普遍的意义,教育战线也要开展学大寨运动。这次发表的大寨教育革命经验共6篇:《学校走正道全靠党领导》、《斗一步进一步,步步斗进一路》、《要让红旗飘万代重在教育后一代》、《认真学好文化课切实掌握真本领》、《党的政策执行好培养教师红又专》、《艰苦奋斗办教育大寨精神代代传》。这样,大寨"左"的一套做法,就推行到了教育界。

1977年6月12日,报道人民解放军某部英雄连队的代表在南京部队政委带领下,参观访问大寨,同时参观了一些大寨式大队。参观访问期间,听取了关于大寨大队30年的斗争历史,坚持党的基本路线和昔阳建成大寨县并向高标准大寨县进军的经验介绍。

1977年10月5日至15日,山西省召开教育学大寨、学大庆先进单位和先进工作者代表大会,1200多人参加了这次规模空前的教育界群英会。《山西日报》对这次会议作了连续突出的报道,并在9月18日发表社论:《像大寨大庆那样,全党动手,抓纲治校,坚决搞好教育革命》。

1975年11月11日,发表大寨党支部文章《坚持无产阶级专政,深入开展卫生革命》和短评《卫生革命也要学大寨》。短评说,大寨在多快好省地发展农业的过程中,放手发动群众,深入开展卫生革命,使卫生工作搞得生气勃勃,有效地保障了社员群众的身体健康,促进了社会主义革命和建设。因此,在深入开展卫生革命方面也要学大寨,并说卫生革命学大寨,是意识形态领域里的一场深刻革命。

1977年11月8日、12日和12月22日,分别报道山西省司法工作学大寨、学大庆经验交流会,公安保卫工作和卫生战线学大寨学大庆先进单位、先进工作者代表大会在省城隆重召开。《山西日报》除报道会议外,还在12月22日发表社论《要旗帜鲜明地坚持卫生革命学大寨学大庆》。

上述这些报道表明,不论哪一行、哪一部门,都必须学大寨。大寨已经成了万能钥匙,什么锁都可以打开;大寨精神成了魔术师,什么都可以变出来。这是对大寨精神的亵渎,也是对人民群众的极不负责任,《山西日报》对此起了推波助澜的作用。

(二)"大寨精神"被歪曲利用

1970年11月1日至9日,山西省首届活学活用毛泽东思想积极分子代表大会在太原举行。《山西日报》作了突出报道,共发专版34个,典型报道43个,评论15篇,报道特别突出了大寨和昔阳县,一版刊发的5个典型,昔阳县就占了3个。

1974年6月6日,《山西日报》发表社论《把农业学大寨群众运动提高到新水平——纪念毛泽东发出"农业学大寨"伟大号召十周年》。社论重申学不学大寨,学什么,怎么学,是个路线问题,都存在着两条路线的斗争。并从6日开始,以《纪念毛主席发出"农业学大寨"伟大号召十周年》为题头,组织专版,连续报道学大寨的典型经验和体会,到8月底基本结束。这期间,共发专版15期,典型经验、文章等近50篇,画刊5期。在《学大寨论坛》栏内发表署名评论8篇:《学不学大寨是个路线问题》、《学大寨必须正确认识大寨》、《学大寨要发扬敢于反潮流精神》、《学大寨要不断批判资本主义倾向》、《在干部和群众的思想建设上下工夫》、《学大寨就要大干社会主义》、《学大寨要坚持自力更生方针》、《象大寨人那样顾大局识大体》。此外,这期间发表的有关大寨、昔阳的重要报道还有:转载《人民日报》《群众知道了真理,就会齐心来做——昔阳县学大寨运动中的一条基本经验》;昔阳县在领导农业学大寨运动中贯彻党的基本路线的调查《牢牢掌握主动权》;长篇通讯《虎头山上擎旗人》、《昔阳学大寨十周年》、《无产阶级文化大革命促进了昔阳县的农业学大寨运动》、《深刻的变革——大寨意识形态领域的革命》,歌颂昔阳县新型农民的《谁是奇迹的创造者》等,还发表了各地区学大寨十周年的报道。在此之前,还于4月19日发表长篇通讯《铸起反修防修的铜墙铁壁》,24日发表新华社记者写的《坚持革命、坚持进步,就是胜利》。所有这些关于大寨和学大寨的报道文章,基本上是一套"左"的空洞的公式化、概念化、定型化的东西,缺乏生气,缺乏事实,缺乏特点,令人望而生厌。

1975年6月20日,开始以《用无产阶级专政理论重新认识大寨经验,把农业学大寨运动提高到一个新的水平》为通栏题,连续刊登学大寨的经验和体会文章,并加编者按说,学习无产阶级专政理论要紧密联系实际,就要联系学大寨这个实际。大寨大队认真学习马列主义、毛泽东思想,坚持党的基本路线,坚持在一切领域对资产阶级实行全面专政,经验很丰富,很深刻;学大寨是在无产阶级专政下继续革命的运动。学理论,学大寨,二者是统一的,不能割裂开;学理论联系学大寨的实际,就是要用无产阶级专政的理论,重新认识大寨经验,重新认识学大寨运动。通过重新认识,总结经验教训,在无产阶级专政理论指导下,把农业学大寨运动推向一个新阶段,提高到一个新水平。这一报道一直延续到8月29日,共发了9个专版。这些报道用最时髦的"无产阶级专政下继续革命"的"左"倾错误观点,把大寨装扮起来,而作为农业战线先进典型的大寨经验,基本上被阉割和架空。

1975年8月8日至27日连续刊登大寨贫下中农理论组在中央党校同志的协助下,编写的《学习〈哥达纲领批判〉加强无产阶级专政》一书。这本书共分12个章节,1个前言。27日,发表两封读者来信,并转载《人民日报》新书评价,说"这本书值得一读,是一本好书"。实际上,这本书违反了马克思著作的原意,用共产主义社会高级阶段的标准,大肆批判按劳分配造成的不平等,否定按劳分配的伟大作用,忽视按劳分配的社会主义性质和必要性,宣扬大寨在分配方面的平均主义做法。

1977年7月7日,《山西日报》开始连续刊载驻大寨联合报道组集体采写的"大寨经验",并发表社论《上好大寨的"基础课"》。"大寨经验"共15篇,到8月12日发完。题目是:《大寨——中国共产党人和中国人民前进的方向》《最重要的建设——大寨党支部加强党的建设的经验》《人变、地变产量变,关键是人变——大寨党支部坚持政治思想工作的经验》《要让红旗飘万代,重在教育后一代——大寨党支部加强青年工作的经验》《苦干加巧干,年年夺高产——大寨为革命大搞科学种田的经验》《路线不正天压人,路线正了人胜天——大寨改变农业生产条件、战胜自然灾害的经验》《不劳动的不能当干部,劳动不过硬不算好干部》《一定四评为公劳动——大寨改进劳动管理的经验》《计划管理挺重要,大干快干离不了——大寨坚持计划管理制度的经验》《山区条件差,也能实现机械化——大寨加速实现农业机械化的经验》《富日子要当穷日子过,把钱花在刀刃上——大寨依靠群众搞好财务管理的经验》《想明天干今天,山河面貌换新颜——大寨大搞农田基本建设的经验》《"沟里是粮仓,山上是银行"——大寨坚持"以粮为纲,全面发展"方针的经验》《先治坡,后治窝,自力更生盖新房——大寨依靠集体建设新农村的经验》。6月19日还发表了《"不穿军装的解放军,战天斗地的主力军"——大寨党支部坚持民兵工作"三落实"的经验》。这一整套"大寨经验",除了农业生产技术和农田建设等还具有真实性外,全部是用"以阶级斗争为纲"的"左"倾错误观点写成的,对大寨的历史也作了不正确的叙述。

1978年1月11日,报道中共山西省委1977年12月21日至30日,召开全省普及大寨县工作会议,讨论、研究全省高标准、高速度普及大寨县,加速发展山西省社会主义农业的一系列重要问题和重大措施。当时的省委第一书记在会上讲话,全面阐述了山西省工业农业之间的关系和加速农业发展的重要性。并发表长篇社论《真学大寨才有高速度》。会议的缺点是没有指出大寨的许多"左"倾做法,对于"文化大革命"中充满"左"倾观点的所谓"大寨经验",仍然是全盘肯定。这年春,《山西日报》发表的文章中,还反驳了党中央报纸对大寨的许多"左"倾错误做法的批评,说是对大寨经验的"抽象肯定,具体否定"。

(三)全国全省几次"学大寨会议"带来的影响——过分宣传带来消极后果多于积极成果,学形式甚于学内容

1969年12月20日,报道省革命委员会11月间召开的全省农业学大寨抓革命、促生产会议,并配发了题为《把大寨红旗插遍全省》的社论和图片专页。这次会议是前两次学大寨现场会议的继续,贯穿了"左"的指导思想。12月22日,一版、三版以一个多版面的篇幅发表昔阳县革命委员会介绍全县开展农业学大寨群众运动的经验的文章。

1970年8月下旬至10月下旬,《山西日报》进行了"农业学大寨"的战役性报道,集中、突出、连续地宣传报道了大寨、昔阳、全省和全国各地农业学大寨的典型经验。8月23、24、25日三天的报纸,用10个整版,发表《大寨大队在前进》、《大寨公社尽大寨》、《昔阳迈向大寨县》的三篇长篇通讯和三个摄影画刊。通讯用了特制的大栏题《农业学大寨》,并加了编者按语。8月26日,用三个整版,摘要发表山西省革命委员会第四次全体会议在18日通过的《关于进一步开展

农业学大寨的群众运动的决议》和本报社论《农业学大寨,大寨在山西,山西怎么办》。27日以后,即以《农业学大寨,大寨在山西,山西怎么办》《认真贯彻执行省革命委员会决议》《掀起农业学大寨群众运动新高潮》《学习兄弟省区先进经验,深入开展农业学大寨运动》等通栏题,大张旗鼓地报道全省各地、县和各行业贯彻执行省革委决议情况和全省、全国学大寨的典型经验。先后发表昔阳县西固壁、南垴、武家坪、龙凤坡,平顺县西沟,汾阳县贾家庄,忻县奇村,中阳县郝家岭,平定县西郊,闻喜县东官庄等30多个大队学大寨的报道。还发表了众多全省著名农业劳模学大寨的体会文章。

9月24日发表《人民日报》23日社论《农业学大寨》和《从大寨大队到昔阳县》的调查报道,25日发表山西省革命委员会关于学习《人民日报》社论和陈永贵的文章《靠毛泽东思想建设大寨县》。同时开始发表全省各地区、各行业学习《人民日报》社论的消息和有关文章。9月4日到10月21日,还发表了本报编辑部用"晋昭辉"署名十谈农业学大寨的评论文章:《学不学大寨是走什么道路的问题》《学大寨的问题在于领导班子》《阶级斗争是学大寨的第一课》《学大寨的根本是用毛泽东思想教育人》《学大寨必须大搞群众运动》《学大寨一定要狠抓革命大批判》《提倡斗争哲学反对"老好人"思想》《狠批半截子思想提高继续革命觉悟》《关键在于有一个很大的干劲》《破右倾保守思想立跃进思想》。这些报道、文章、评论,表达了一个根本思想,所谓学大寨,就是要推行"文化大革命"中形成的极"左"路线,就是要推行"左"倾政策的政治运动,基本上没有认真报道、总结、研究农业生产问题。

10月中旬至11月上旬这段时间,《山西日报》约计以20多个版面的篇幅,报道了第二次全省农业学大寨现场会议。这次会议是山西省革命委员会于10月15日至11月2日在昔阳县召开的。会议重点介绍了昔阳县以"阶级斗争"和"斗资批修"为纲,开展群众性学大寨的"经验",并介绍了全省和全国各地方这方面的一些"经验"。《山西日报》上发表的消息、社论和其他文章中,"上挂下连",照例给一些原省、地、县党的主要负责人扣上了"反大寨"的罪名,错误地进行了点名批判。第二次全省农业学大寨现场会议,继续和发展了 1967 年 9 月召开的第一次全省农业学大寨现场会议的"左"倾错误。在"文化大革命"的错误理论指导下,大寨"经验"和学大寨运动中的"左"倾错误,又有了进一步发展,搞所谓"以大批判开路",各地胡乱整人,造成了严重的政治后果。

　　1971 年 8 月至 10 月,《山西日报》再次组织农业学大寨的战役性报道。这次报道从 8 月中旬开始。14 日,发表社论《从群众中来,到群众中去》,希望各地认真总结一年来农业学大寨的经验;15 日,以《全国学大寨,大寨在山西,山西怎么办——大家都来总结一年来农业学大寨的新经验》为通栏题,开始报道各地群众性的总结经验活动,到 9 月 2 日,共发 10 期,报道了雁北、晋东南、晋中、临汾等地区和翼城、平定、襄汾、阳高、沁源、大宁、阳城、五寨等县总结经验的情况。20 日开始,以《农业学大寨典型经验介绍》为题头,组织农业学大寨专版,到 10 月 17 日为止,先后发表了 12 个县、区,6 个公社,15 个大队和生产队的经验。9 月 1 日至 16 日,全省农业学大寨经验交流会议在太原召开。会议号召"尽快地把全省每一个县都像昔阳一样建设成为大寨式的县。"会议期间,《山西日报》发表《以批修整风为纲推动农业学大寨运动》《为建设更多的大寨式的县而奋斗》《在毛主席革命路线指引下加速实现农业机械化》《向着建设大寨县的目标前进》等 4 篇社论。并发表了陈永贵的文章《用革命化带动机械化》,谢振华《为尽快地把全省每一个县都像昔阳那样建设成为大寨式的县而战斗》的一年来全省农业学大寨运动的总结报告摘要。9 月 4 日至 10 月 6 日,发表了"晋昭辉"的 6 篇谈建设大寨县的评论文章:《建设大寨县,县委是关键》《需要一个很大的干劲》《用主要精力领导农业学大寨运动》《抓典型以点带面》《为革命要敢于抓生产》《作风正才能学得深》。9月13日、10月13日和29日,还以《建设大寨县,关键在县委,县委怎么办》为领题,发表了一些县县委书记的文章和部分农村基层干部、社员群众关于建设大寨县的意见和希望。还发了9期《队队学大寨县县赶昔阳》小专栏。所有这些报道、评论文章,大部分是讲批判修正主义、执行毛主席的革命路线。也有很多正确的内容,就是要敢于抓生产;发展农业生产,必须进行农田基本建设,干部和农民必须发扬自力更生、艰苦奋斗作风,必须有很大的干劲,等等。

1972年10月3日至6日,《山西日报》连续发表大寨公社党委、昔阳县委、晋中地委联合调查组和山西人民广播电台记者、《山西日报》记者合写的长篇通讯《大寨步步高》,全面系统地介绍大寨的发展变化和经验。通讯共分七个部分:一、政治挂帅,抓住路线这个纲;二、以粮为纲,农林牧副齐兴旺;三、勤俭办社,艰苦奋斗创新业;四、科学种田,年年都有新套套;五、继续革命,尽快实现水利化;六、自力更生,加速农业机械化;七、大寨带头,昔阳迈向大寨县。10月21日开始,以《认真总结经验进一步开展农业学大寨运动》为通栏题,陆续发表了一些县的单位学大寨、赶大寨的报道,以及部分县委总结学大寨的经验。总结学大寨经验的连续报道,一直延续到1973年2月16日。1973年1、2两月,《认真总结经验进一步开展农业学大寨运动》的专版,共发了19期。《大寨步步高》和这次各地学大寨的报道,"左"的空洞的政治口号较少,介绍实际的农业生产经验较多,基本上是务实的报道,宣传要重视农业,重视粮食生产,对发展农业带来积极的作用。

1973年2月23日至3月13日,连续报道中共山西省委2月21日至3月7日在昔阳县召开全省农业学大寨经验交流会议,会上,中共昔阳县委,大寨、城关、洪水、三都等公社,武家坪等大队介绍了学大寨经验。会议期间和会后,还连续报道了很多县、市、区学大寨、赶昔阳的经验;达标的一批县、市、区领导等带头学大寨的先进事迹,加了编者按,指出学大寨,必须有一批艰苦创业的带头人。舒舒服服学不了大寨,轻轻松松变不了面貌。领导农业学大寨运动,既要指挥,又要战斗;只有亲身参战,才能拿出好主意,做出好样板,当好学大寨的带头人。

1974年11月20日至12月6日,山西省农业学大寨会议在昔阳召开。这次会议的口号是:批林批孔学大寨,大干快上赶昔阳。会议期间和会议以后,《山西日报》以此为通栏题,进行了连续突出的报道,直到1975年2月5日为止。报道指出,全省农业学大寨运动有了更大更新的发展,主要表现在:一、大寨精神更加深入人心,昔阳经验进一步推广;二、各地农业生产条件有了不同程度的改变,抵御自然灾害的能力有了提高;三、农业丰收,林牧副渔全面发展,集体经济不断壮大;四、全省又涌现出一批学大寨、赶昔阳的先进单位。会议期间,《山西日报》除了发表大寨、昔阳等的经验外,特别于11月30日,发表南垴大队党支部书记《像大寨党支部那样抓好意识形态领域里的革命》的文章和《像南垴那样学大寨》的短评,提出了"从方向、路线上学大寨",对大寨经验进行再认识。12月1日,发表《寿阳赶昔阳,一年大变样》的报道和《像寿阳那样赶昔阳》的短评。会议以后,又于12月14日以《像南垴那样以大寨精神学大寨》和《像寿阳那样用昔阳经验赶昔阳》的通栏题,在二、三版发表部分学大寨先进单位代表和部分县委负责同志谈体会的文章;15日至30日,发表河曲县委、夏县县委、平顺县委通过县委自身革命化,带动全县学大寨赶昔阳的经验介绍,并对每个县的经验都加了短评。这次报道学大寨,提倡了苦干实干精神,有一定的实际作用。

1975年1月26日,《山西日报》报道省、县、社三级干部从1月5日开始至20日,在昔阳县举办农业学大寨学习班。参加学习班的干部有4300多人。报道说,大家经过学习,从方向路线上加深对大寨红旗的感情,进一步提高了对大寨、昔阳基本经验的理解。并以整风的办法,深入进行路线分析,找到了差距,明确了方向。决心以大寨、昔阳为榜样,坚持党的基本路线,搞好批林批孔,大批促大干,领导带头干,深入开展农业学大寨运动。特别认识到大寨是"无产阶级专政下继续革命的典型"。

1975年9月15日至10月20日,全国农业学大寨会议在昔阳、北京隆重召开。党和国家领导人邓小平等出席了会议,邓小平在会上作了重要报告,华国锋作了《全党动员,大办农业,为普及大寨县而奋斗》的总结报告。会议期间和会议前后,《山西日报》作了连续突出的报道,并发表编辑部长篇评论文章《用无产阶级专政理论重新认识大寨经验》《农业学大寨运动中的两条路线斗争》。这两篇文章,否定了大寨是个"生产典型"的正确观点,把"文化大革命"的"左"倾错误观点和学大寨完全合而为一,把大寨的"左"倾错误做法颂扬到无以复加的高度,因而就在很大程度上把学大寨进一步引入"左"倾政治运动的歧途。这是《山西日报》在学大寨中错误宣传的代表作品。这次战役性报道,规模大,数量多。除发表大寨大队党支部、大寨公社党委、昔阳县委等12个单位负责同志在会上的发言摘要外,还发表《人民日报》记者、新华社记者和《山西日报》记者所写的全部述评、侧记,以及《人民日报》社论《普及大寨县》,《红旗》杂志文章《认真总结农业学大寨的经验》。报道了省内外学大寨的许多经验。从9月15日至12月中旬,《农业学大寨》的文字专版达55个之多,创造了《山西日报》宣传报道之最。

1976年12月10日至27日,第二次全国农业学大寨会议在北京隆重举行,会议期间和会议前后,《山西日报》作了连续突出报道,除发新华社电稿外,先后发表编辑部2篇评论文章:《再论认真学习大寨的根本经验》《再论农业学大寨运动中的两条路线斗争》;12月15日,发表了大寨党支部书记在大会上的发言:《经受考验,坚持革命》;16日,发表中共昔阳县委副书记在大会上的发言:《再大批再大干,建设高标准大寨县》。还发表了许多县学大寨的报道。

《山西日报》在这次会议期间和会后发表的有关学大寨的报道和文章,把农业学大寨继续推向"左"的方向。虽然也有一部分批判"四人帮"的内容,但没有划清大寨和"四人帮"极"左"路线的界限,仍然在强调大寨许多"左"的做法。这些文章还违背事实,把大寨神化为反对资本主义、反对修正主义的先知先觉者。如说:"毛主席在全国解放前夕指出,全国解放以后国内的主要矛盾,是无产阶级和资产阶级的矛盾。大寨党支部正是从'老少组'的成立和它所经历的斗争中,开始认识了这个主要矛盾,并且抓住不放"。"每当毛主席有新的指示,用这些新的指示来回顾和总结大寨经验时,总是看到大寨的实践和毛主席的指示是那么相符"。[1]

1977年1月6日,报道中共山西省委在省城召开16万人参加的大会,传达贯彻第二次全国农业学大寨会议精神。会议要求各级党委加强领导,放手发动群众,进一步掀起彻底批判"四人帮",深入学大寨、普及大寨县运动的新高潮。《山西日报》配发了《一批二治三大干,尽快普及大寨县》的社论。社论指出,批,就是要深入揭发批判"四人帮"。治,就是要通过狠批"四人帮"走向大治。大治的关键是认真搞好党的建设。大干,就是要甩开膀子大干社会主义,把国民经济搞上去。到1980年,要把一半以上县基本建成大寨县。报道和社论对于学大寨中的"左"的错误做法,未加清理,认为揭发批判"四人帮"的途径就是尽快普及大寨县,坚持农业学大寨。

1977年2月22日至3月3日,山西省1977年农业学大寨会议在昔阳召开。出席这次会议的共3200多人,是山西省农业学大寨以来召开的一次规模最大的会议。会议强调重新认识大寨红旗的伟大意义和大寨的根本经验,认真学习和推广大寨、昔阳贯彻落实第二次

---

[1]《山西日报》编辑部文章《再论认真学习大寨的根本经验》,12月19日。

全国农业学大寨会议精神，大搞整风整党的新经验，进一步动员全党，深入揭发"四人帮"的罪行，解决领导班子的路线、干劲、作风和团结的问题，把山西的各项工作搞得更好。并且讨论了加速实现农业机械化，把国民经济搞上去和争取今年农业丰收等问题。会议期间和会议前后，《山西日报》作了连续突出的报道。这些报道只讲批判"四人帮"，没有提出纠正大寨的"左"倾错误。

三、1979 年——1981 年　对宣传大寨的反思

"文化大革命"的结束和党的十一届三中全会的召开，为当时的中国带来新的政治气象，随着真理标准问题讨论的深入开展，对极"左"路线的批判进入了一个新的阶段。

《山西日报》自身对宣传大寨问题的重新认识是从 80 年代初开始的，1980 年 7 月 9 日，《山西日报》二版发表了李国庆和杨玉印写的《抓典型上的严重教训》一文，对树立大寨典型提出了质疑和反思，文章"联系山西省的实际、特别是联系对待大寨和昔阳这两个典型上存在的问题，比较系统地总结了《山西日报》这些年来在抓典型方面的经验教训"：1、这个"传家宝"(抓典型，带一般)不能丢；2、先进典型不是神；3、一花独放不是春；4、没有永远先进的典型；5、从"红旗跟着首长跑"说起；6、推广先进经验不能靠棍棒；7、学习先进经验不能照葫芦画瓢；8、最根本的是端正思想路线。

1980 年 10 月 17 日，《山西日报》一版和三版又刊登了李国庆和杨玉印的文章《大寨背离了"大寨精神"》。这篇文章认为"1966 年是大寨的转折点，以此为界把大寨的历史划成了前后两个阶段"，大寨在"文化大革命"以前作为农业合作化以后涌现出来的一个"山区建设"的先进典型，"取得了很大的成绩"，1964 年周总理在全国人大三届一次会议上概括的大寨三条基本经验："政治挂帅、思想领先的原则，自力更生、艰苦奋斗的精神，爱国家、爱集体的共产主义风格"，是大寨精神的核心。文章分析"大寨是怎样走上极'左'道路的"，认为最

主要的原因有两条："一是由于我们党在生产资料所有制改造基本完成之后，犯了'左'倾错误，特别是林彪、'四人帮'在十年动乱期间疯狂推行极"左"路线；二是由于大寨那个代表人物随着社会地位的提高，权力的增大，封建思想和资产阶级思想骤然膨胀，搞政治投机所造成的"。代表人物即是指陈永贵，文章把矛头指向"这位代表人物"，把大寨在"文化大革命"期间走上极"左"路线的主要责任都归结到陈永贵个人的身上，并列举了大量的事实用以"揭穿"大寨先进的"秘密"，如大寨的农田水利建设实际情况是怎样的，大寨的高空运输索道是怎么回事等等。

对"文化大革命"期间极"左"宣传大寨进行反思是正确的，但是在反思初期，将所有过错完全推卸到陈永贵个人身上则是不合理的。陈永贵从一开始就是以一名普通农民劳模的身份登上政治舞台的，曾经带领大寨人民创下一个又一个农业奇迹，虽然后来个人也有错误的地方，但他毕竟没有那么大的能量去左右"文化大革命"期间大寨以至整个国家的命运。

1980年10月25日，《山西日报》一版刊登了《联系实际，深批极"左"，清除大寨极"左"流毒》一文，对省委召开的全省宣传工作会议的精神进行了报道。会议认为，"文化大革命"开始后，大寨沿着"左"的道路越滑越远，已成为极"左"路线在农业战线上的典型。它在政治上，集中表现为搞阶级斗争扩大化，颠倒敌我关系，倒转专政的矛头，用专政手段对付所谓"反大寨"的农民群众和广大干部。在思想上，集中体现为唯我主义，唯意志论。在经济上，集中表现为不停顿地大搞"穷过渡"，胡乱改变生产关系。在组织上，集中表现为以我划线，拉帮结伙，把对大寨、昔阳的"态度"、"感情"作为划分路线是非的标准，甚至作为划分革命和反革命的标准。在工作作风上，集中表现为封建家长制的横行霸道。在思想作风上，突出表现为假、大、空。

1981年2月12日，《山西日报》一版正式刊登了《中共中央批语山西省委关于农业学大寨经验教训的检查报告》,对山西省农业学大寨运动中存在的问题予以深刻全面地定性分析。中共中央在批语中指出,"文化大革命"以来,大寨由农业战线的先进典型变成执行"左"倾路线的典型,学大寨运动造成了严重后果。历史已经证明,人为地树立先进典型,最终没有不失败的。把先进典型的经验模式化、绝对化、永恒化的做法是错误的、有害的。绝对不能用大寨这样一个典型的经验硬性指导农村所有地区和不同行业的各项工作。这份报告指出,对"在山西省内推行大寨经验的错误以及由此造成的严重后果",山西省委"已经承担了责任,就全国范围来说,主要的责任,在当时的党中央。"报告还认为,"文化大革命"以来的农业学大寨运动,在政治上、经济上、思想上都给山西带来了很大的危害。破坏了党的各项农村经济政策,破坏了党和群众的密切联系,挫伤了广大干部、群众的积极性,严重地阻碍了农业生产的发展,使山西省农村经济的路子越走越窄。

1981年3月7日,《山西日报》在二版严肃地进行了自我批评,表示要《肃清"左"倾路线影响,努力做好宣传工作》,并剖析了自身在农业学大寨报道中的错误与教训。《山西日报》认识到"作为中共山西省委机关报,过去多年在宣传大寨经验和学大寨运动中同样犯有严重错误。我们的这些错误,既反映了实际工作中的错误,又助长和加剧了实际工作中的错误。"所以,"对于我们过去在宣传大寨经验和学大寨运动中的严重错误,进行严肃的自我批评,就是十分必要的了。"根据以前在宣传中所犯的错误,《山西日报》总结出需要吸取的几点教训:1、作为一张党和人民的报纸,要坚持正确的政治方向,必须把学习和掌握马克思主义的基本理论当作最根本的任务;2、必须坚持实事求是的原则,敢于讲事实,讲真话;3、党报是党的报纸,人民的报纸,必须禁绝对于任何个人的庸俗捧场,正确解决服从党委领导的问题,把党性和人民性真正统一起来;4、必须运用唯物辩证法,正确地宣传和推广典型经验。

作为一个特殊宣传时代符号的结束,1982 年 12 月 21 日,《山西日报》在一版刊登了一则虽然简短但却意义深刻的消息,《大寨人不愿再吃"大锅饭"农林副全面实行大包干》,这则消息报道了昔阳县大寨大队也不吃"大锅饭"了,现在他们已将 860 亩耕地全部分给 130 户农民承包,实行大包干责任制,原来集体经营的工副林业也全部承包到了个人。原来以"一定四评为公劳动"为骄傲的大寨改进劳动管理的经验和许多极"左"的农业生产管理方法随着十一届三中全会的召开、改革开放的实现而成为历史,对大寨的宣传报道的余音也就此被历史收藏,大寨从此翻开了崭新的一页。

第五节　改革开放初期的宣传报道

1978 年 12 月,中共中央召开了具有深远历史意义的十一届三中全会,确定了"解放思想,开动脑筋,实事求是,团结一致向前看"的指导方针,作出了把工作重点转移到社会主义现代化建设上来的战略决策,制定了一系列改革开放的政策,全党全国工作出现了前所未有的新局面,山西的新闻传播工作也进入全面发展的历史新时期。

一、对农业改革的支持

十一届三中全会公报指出:"全党目前必须集中主要精力把农业尽快搞上去。"中国的经济体制改革是从农业开始的,山西新闻界宣传改革开放,也是从农业改革的报道中取得突破的。

1978 年 8 月 29 日,《山西日报》转载《光明日报》的一封读者来信和编者按,题目是《不要再"撵集"了》。编者按说:这是一封关于农村集市贸易问题的读者来信。这封信说明,取消集市贸易,在这个地区不但遭到广大社员群众的反对,就连具体执行取消集市贸易的基层干部也是不赞成的。取消集市贸易，一不符合社会主义客观经济规律，二不符合党的现行政策，三不符合广大群众的利益。希望在农村工作的各级干部，不要再办那种"脱离群众，与农民对立"的事了。这封信是山西省运城地区几个农村基层干部写的。《人民日报》8月27日也全文转载了《光明日报》的这封读者来信。这封读者来信，对于当时山西省许多农村震动很大，促使这些地方较快地纠正了错误。通过真理标准讨论的补课，冲破了学大寨这个禁区，促进了思想的解放。1979年3月11日，《山西日报》发表评论《要敢于打开农民的富裕之路》。10月14日，发表《从"谈富色变"中解放出来》，批判"富是资本主义"、"穷是社会主义"、"穷革命，富则修"的谬论，指出社会主义就是要人民富裕起来。社会主义的共同富裕，不是平均富裕，让一部分社队和一部分社员先富起来，不是两极分化。平均主义只能是普遍贫穷。

支持农民实行家庭联产承包责任制，是从报道极少数偏僻、贫困的生产队开始的。1980年7月11日至8月5日，《山西日报》登载了吕梁地区少数贫困生产队实行包产到户的5篇调查报告和1篇消息。由于当时中央还未肯定包产到户是社会主义农业集体经济的责任制形式，登报时用"联产到人责任制"作代称。这是山西省新闻媒体最早对包产到户责任制的报道，在全国也是较早的报道。这组报道说："社会主义究竟是个啥样样？农民认为许多人每天集中在一块地里干活，要干啥都干啥，大呼隆干活，搞人海战术，干好干坏不分，绝不是社会主义的特点。既然社员们是凭体力干活，土地不像机器那样不能拆开干，那么，在集体土地上分开干活，也是干社会主义，而且会干得更好。社员对土地只有耕种权，没有所有权，集体还要对社员承包土地进行管理和帮助，它完全是社会主义性质，只不过是把生产的责任具体到每个人的头上，所以根本不是单干，这种集体生产组织的经营管理形式，有利于生产力的发展。"这些通俗易懂的朴实的语言，有力地肯定了包产到户是社会主义集体农业的一种责任制,突破了人民公社"一大二公"的模式。这组报道在全省引起很大反响,启发许多县级领导的思想从人民公社"一大二公"的模式中解放出来。

农村实行家庭联产承包责任制以后,农民劳动效率大大提高,劳动力大大节约,产量显著增加,广大农民积极利用剩余劳力和剩余资金,发展多种经营,分工分业,发展商品性生产。农村中出现了承包集体项目的专业户,也有自营专业户。这种专业户主要是粮食生产专业户,还有林业、畜牧、农副产品购销、农副产品加工、运输、农业机械专业户等。1982年8月21日,《山西日报》发表社论《值得高度重视的新事物——论农村发展专业户和重点户》指出:"随着农业生产责任制的建立,在我省农村出现了大批专业户、重点户,统称劳动致富户。这是个新事物。它是专业化商品生产的雏形,是农村走向专业化、社会化的过渡形式,值得我们高度重视。""农村经济从自给性、半自给性生产转向商品化、社会化的生产,并使农村社会主义经济的具体形式与这个过程相适应,是我国农村经济发展的总趋势。"

随着家庭联产承包责任制的深入发展和在农业各个领域里的延伸,1982年7月16日,《山西日报》登载河曲县旧县公社小五村大队社员苗混瞒1981年承包治理250亩小流域,坡面植树,沟底打坝淤地,一年初见成效的经验。他是户包治理小流域的创始人。同日,发表评论《搞好水土保持的新途径》。以后,接连发表了有关部门和省、地、县领导论述户包治理小流域的文章、通讯、消息,使苗混瞒的经验在全省推广,形成千家万户治理黄河中游水土流失的重大措施,也是黄土高原农民脱贫致富的现实道路。1983年以来,吕梁地区个别村把荒山、荒坡、荒沟、荒滩(简称"四荒")的使用权拍卖给农民,这些农民经过10年的奋斗,治理四荒,终于富裕起来。1992年,在邓小平南巡谈话精神的鼓舞下,中共吕梁地委肯定了个别农村的这条经验,制定了拍卖"四荒"使用权的范围、管理办法。这年7月,全国第五次水土保持工作会议在吕梁地区召开,会议肯定了拍卖"四荒"使用权的办法。吕梁地委、行署规定"四荒"使用权期限可以延长到50年至100年。从此,拍卖"四荒"使用权在全省逐渐推广开来。1994年4月1日《山西日报》发表《农民赞成———百年不变——吕梁地区拍卖"四荒"政策效应见闻》长篇通讯,用大量事实介绍了拍卖"四荒"使用权期限延长到100年,大大调动了农民治理小流域的积极性,使一些先富起来的农民敢把大量资金投入治理荒山,他们不贪图眼前利益,而是着眼于长远利益,把周期很长的生态效益放在第一位。

二、对国有大中型企业改革的支持

改革开放以来,山西新闻界大力报道以建设能源基地为中心的工业生产,突出宣传搞好国有大中型企业,积极探索国有企业改革的具体形式,坚持以公有制为主体,多种所有制经济共同发展。注意宣传山西的资源优势、经济优势、政治优势,为山西的商品生产服务。这对山西的经济发展、政治稳定发挥了引导作用。

1979年10月24日,《山西日报》登载全省地方煤炭工作会议召开的消息,同时发表社论《骑在马上调整,脚踏实地前进——论尽快把山西建设成为一个强大的能源基地》,首次提出把山西建成能源基地的口号。以后又连续发表社论,提出全省人民要像战争年代支援人民军队那样,支援国家在山西的重点建设。报纸公布了国家在山西建设的大中型项目近50个。从1983年6月3日开始,报纸辟了《在山西的全国重点建设项目介绍》专栏,一直持续到1986年底。这些重点建设项目,包括煤矿、电站、煤化工、铁路、公路等。在煤炭生产报道中,贯彻执行了中央提出的大中小煤矿并举的方针,扶持乡镇煤矿的方针,以销定产的方针。

1986年后,山西新闻界加强了对国有企业及城镇集体企业改革的报道,主要是提倡厂长经理承包责任制,落实省委省政府制定的《以增强企业活力为中心的经济体制改革实施方案》。《山西日报》从

1986年6月11日到7月24日，连续发表9篇旗帜鲜明支持改革，为改革鸣锣开道的消息、评论。1987年5月14日至7月22日，连续发表了8篇提倡在大中型企业推行承包经营责任制的评论，其中第一篇是《一包就灵——论推行承包经营责任制，搞活大中型企业》。5月13日和6月16日，介绍了企业怎样搞租赁和承包经营问答。7月28日，报道了雁北地区国营工商企业百分之七十多实行招标抵押承包、租赁、股份制等多种形式的改革方法。

进入90年代，《山西日报》报道国有企业的改革又迈出了更大的步伐，特点是改变以往平面展开、面面俱到的做法，集中、突出宣传了全省24家先进的国有大中型企业、城镇集体企业的经验和百万元以上的亏损大户扭亏经验，报道有声势，有广度，有深度，发挥了典型引路的作用。这些报道振奋了干部、职工的精神，使大家增强了搞好国有大中型企业的信心。如1986年2月26日、1987年3月30日、1994年5月15日、1995年1月5日，4次刊登了介绍长治洗衣机厂通过不断深化改革，跻身全国洗衣机厂6强的通讯报道。

三、对重大先进典型的支持

申纪兰、李双良、赵雪芳是《山西日报》在社会主义现代化建设中宣传的3个重大典型。

1993年6月27日，《山西日报》登载长篇通讯《纪兰，你是党的骄傲》。申纪兰是平顺县西沟村党支部副书记、西沟金星经济合作社社长、长治市人大常委会副主任、全国劳动模范和第一届至第九届全国人大代表。通讯通过对她的生活、工作、思想的叙述，写出了她是一个高标准的共产党员。她真正做到了"先天下之忧而忧，后天下之乐而乐。"在改革开放的新时期，她接受了新事物，改变了旧观念，不再固守单一种粮的传统农业，以市场为导向，领导群众办了硅铁厂。她抵制了金钱的腐蚀和拜金主义，拒绝了高价出售产品并给她回扣的推销人员，严格防止把商品流通的等价交换侵入党的政治生活，保持了纯洁的党性原则,廉洁自律。虽然她也出入市场中,但做到拒腐蚀,永不沾,出淤泥而不染。她把应得的待遇也谢绝了,更不去谋求任何私利和特权。她从1952年春与全国著名劳动模范、党支部书记李顺达一起创办西沟金星农林牧生产合作社,担任副社长,1953年加入中国共产党,几十年一直与西沟村农民同呼吸、共命运,同甘苦、共患难,为建设社会主义的新西沟奋斗不懈。1960年,她没有到丈夫所在部队做随军家属。1979年,她放弃了转为城市户口的机会。1983年,她辞谢了上级任命她为省妇联主任的职务。1983年后,申纪兰被选为长治市人大常委会副主任,她仍然是不要定级,不转户口。她说:"我的户口在西沟,我的级别在西沟。""不是西沟离不开我,而是我离不开西沟。"申纪兰过着清贫的生活。国家每年给她补助1000元,村里补助600元,再就是1亩4分责任田的收入。申纪兰认为自己的收入已经比群众高了,谢绝了市里给她增加补助。她经常外出开会,给村里办事,从来没报销过一分钱的差旅费。申纪兰甘愿过清贫的生活,就是为和西沟农民一起奋斗,彻底摆脱贫穷,做到共同富裕。配合《纪兰,你是党的骄傲》这篇通讯,发表了中共山西省委组织部、宣传部《关于开展向优秀共产党员申纪兰同志学习活动的决定》,同时发表了评论《发挥共产党员的先锋模范作用》。

1989年3月10日,《山西日报》登载长篇通讯《伟大的事业,可贵的精神——记治理环境"全球500佳"之一、太原钢铁公司李双良》,介绍了"当代愚公"李双良的先进事迹。太原钢铁公司南门外堆放着一堆很大的工业垃圾,即冶金废渣。从阎锡山统治时代这里就是个冶金废渣堆积场,到80年代初,已有半个多世纪了,人称渣山。它占地2.3平方公里,相当于一个中等县城。1982年,李双良59岁,他向太原钢铁公司写了《关于治理渣场的报告》,不要公司一分投资,只要允许他治理渣场,自己购置设备。李双良知道,渣山是个宝山,有许多废钢铁、废电极等珍贵材料。到1992年,渣山已被搬掉98%以上,处理废渣 1170 多万吨,回收废钢 48 万吨,创造价值 6500 万元。为了阻止渣场内粉尘随风飘扬,他们美化、绿化渣场,用自制的钢渣水泥砖砌成了三层递进的护坡,梯田状的平面上栽种杨、柳、松、柏、葡萄和各种花草。2000 米长、13 米高、20 米宽的防尘护坡建起来了。护坡上,假山、亭榭、长廊,还有养鱼池、喷泉,使人以为这里是一座公园。渣山变了,春到渣山,昔日的风尘弥漫不见了,而是变得杨柳青青,空气清朗,鸟语花香。渣场腾出的空地,太原钢铁公司用来建立了职工宿舍楼 22 栋,小学、中学各一座,建立了一个能安置几百名残疾人的福利工厂。渣场成为太原市又一个名胜景观。由于以废渣养治渣,整个工程完成后,结算还余 14 万元。李双良和他领导的治渣大军为国家创造经济价值 1.4 亿元,总盈利 6600 万元,他一直只领着退休工资,每月和大家一样领 30 多元奖金。1988 年 6 月,联合国环境规划署把李双良列入环境保护"全球 500 佳"中。1990 年 1 月 22 日,中共中央总书记江泽民视察了李双良治理后的太钢渣场,对李双良说:"我们要依靠工人阶级,你是工人阶级的突出代表,我们要向你学习。"江泽民又为太钢题词:"学习李双良同志一心为公,艰苦创业的工人阶级主人翁精神,把太钢办成第一流的社会主义企业。"1993 年 4 月 28 日,《山西日报》登载了消息《太钢隆重庆祝李双良治渣十周年》及长篇通讯《工人阶级的榜样——记全球 500 佳、全国劳动模范李双良》。

赵雪芳,是《山西日报》宣传的又一个撼人心弦的先进人物典型。1993 年 10 月 3 日,《山西日报》登载长篇通讯《太行山的女儿——记人民的好医生、长治市人民医院妇产科主任赵雪芳》和评论《勿忘人民》。赵雪芳行医 30 多年,时刻牢记全心全意为人民服务的宗旨,对人民群众充满了爱心,与人民群众建立了水乳交融的感情;她对工作极端负责,对技术精益求精,以自己崇高的医德和精湛的医术为病人解除痛苦,挽救了千百名生命垂危的患者。她在身患多种绝症的情况下,将自己的生死置之度外,以惊人的毅力,为人民的健康倾注了自己的全部心血,忠实地履行了人民医生的天职,把救死扶伤的神圣使命感和忘我精神奉献给了人民群众。《勿忘人民》赞扬"赵雪芳是医界的楷模,也是全体共产党员的榜样。她的无私奉献精神和完全彻底为人民服务的精神,是社会主义精神文明的主旋律。人民需要赵雪芳这样的医生,多一个这样的人,我们的党就多一分光彩。"

在重点宣传三个个人典型的同时,《山西日报》等新闻媒体还重点宣传报道了一个英雄群体——锡崖沟人30年的奋斗史,有力地配合了山西当时开展的公路建设、重点工程建设、农田水利基本建设这三项建设活动。锡崖沟是陵川县一个小山村,位于四山之隙,离县城75公里,距古郊乡政府50公里,距大路8公里。由于与外界阻隔几乎成为世外桃源,村里人过着自给自足十分贫穷的生活,出入的路都是陡坡,地形险恶,曾有两人走山坡路没站稳跌进几十丈的深渊死去。有两人得了急病,往乡卫生院送时,因路难走,半路死去。盛产的黄梨和红果,只好一堆一堆地烂成泥作肥料,名贵中药材当柴烧。从1962年到1991年,党支部率领群众向大山宣战,修路出山。30年中,他们在悬崖峭壁上用钢钎、榔头和双手凿开一个又一个山洞,修成7.5公里路,3个隧洞总长1500米,投义务工10.8万个,投资59.6万元。党支部书记董怀跃和青年宋双保为修路献身。1991年6月10日,大汽车和60多辆小汽车开进锡崖沟。1993年冬,太旧高速公路开始施工,全省三项建设全面展开,《山西日报》认为,锡崖沟精神是建设太旧高速公路、开展全省三项建设的动力。为了发挥锡崖沟这个先进典型的作用,1994年7月,总编辑李东喜带领10名记者到了锡崖沟,在深山大谷之中,跋山涉水,钻洞入户,察看现场,听取群众介绍,经过一星期的紧张采访,于7月22日,登载了长篇报道《锡崖沟人谈锡崖沟精神——锡崖沟农民答本报记者问》,并介绍了锡崖沟修路中涌现出来的13个英雄人物,他们不怕苦、不怕累、不怕死,腰系大绳,悬挂在半空中作业,5年挖洞不下山,卖掉家产为修路,总题目是省委书记胡富国手写的《锡崖沟精神万岁》。这次报道共用了3个整版。《锡崖沟人谈锡崖沟精神》这篇文章,具有极大的震撼人心的力量。它说明,锡崖沟人能够修成一条走出大山、走向世界的路,就是因为他们实践了毛泽东主席倡导的愚公移山精神。每天挖山不止,几代人挖山不止。山西其他新闻媒体也对锡崖沟精神进行了大量的宣传报道,有力地推动了山西的公路建设事业。

第六节　市场经济体制下的新闻传播

在社会主义市场经济条件下，山西省的新闻传播事业承担着为社会文明和经济建设服务的双重任务，新闻传播的作用可以基本概括为四个方面:一是社会文明导线。通过正确的舆论导向,使人民群众明确党在每个时期制定的基本任务和目标,反映人民的先进事迹,弘扬时代的精神风貌,推进社会主义精神文明和物质文明建设。二是科学决策依据。新闻媒体所传播的市场信息,包括资源保护、劳力转移、结构高速和体制改革等重要方面,实际上就是群众性的舆情信息和社会性的咨询信息,是为政府机关加强宏观调控和制导举措时,传播决策信息,提供科学依据。三是市场经济中介。在市场经济发展中,报刊广播电视本身是个中介,能在上下之间起连接作用,在各个机体之间增强协调功能,在社会群体之间也起着疏导作用,成为一种不可须臾或缺的重要媒介。四是公众秩序警戒。新闻舆论以事实为基础,以法律为准则，以群众舆情为依据，能在更广阔的范围反映险象行为,揭露违法现象,批评经济体制转型期间所出现的某些无序状态,成为行政监察机构的瞭望哨和监督岗。

一、维护山西政治稳定

山西是全国的能源重化工基地,它的煤炭工业、电力工业、众多的厂矿企业,直接关系和影响到全国的经济发展速度。山西不能乱,山西乱了,牵一发而动全身,全国就会乱。这一点山西的广大新闻工作者看得很明白,所以,在事关全局的重大原则问题上,新闻报道始终与党中央及山西省委保持高度一致,运用新闻手段来保持社会生活和经济工作的正常运转。

《山西日报》是山西省委的机关报,在全省新闻界起着领头羊的作用。1998 年,《山西日报》在宣传报道中有三个显著特点:(1)抓大事,突出重点。配合省委省政府中心工作,集中报道国有企业改革、扶贫攻坚和反官僚主义。(2)抓策划,突出特色。主要策划了国有企业下岗职工再就业工程、三项建设以及迎接改革开放 20 年的系列报道。(3)抓创新,突出精品。如 4 月份共采访下岗职工 200 余人,采访困难企业 60 余家,采写稿件 70 多篇,稿件的质量数量都超出了预想,都有独特的视角,对现实生活有极强的指导作用。

1999 年到 2000 年,山西新闻界主要抓了三件大事,开展了三大政治斗争。

(一)揭露和声讨以美国为首的北约集团的残暴行为,激发人民群众的爱国心和政治凝聚力

1999 年 5 月到 7 月,以美国为首的北约集团对主权国家南斯拉夫进行了长达三个多月的野蛮轰炸,激起了中国政府和中国人民的强烈义愤,新闻界运用舆论的力量,对这种残暴行为进行了大量的报道和揭露。但在战争的起始阶段,尚有部分人尤其是一些知识分子和青年学生,还对美国的民主与自由抱有一定的幻想,对中国政府的态度和新闻界的倾向感到不理解,甚至产生反感情绪。随着战争的持续,特别是我国驻南斯拉夫大使馆遭到野蛮轰炸后,事情的性质发生了变化,残酷的现实终于迫使人民群众看清了帝国主义的侵略本质。

抓住这个契机,山西新闻机构发表了大量的新闻报道和评论文章,激发起山西人民强烈的爱国心,各界群众自发地组织起来游行示威,政治热情空前高涨。山西媒体对山西人民的爱国热情和政治觉悟进行了充分的报道,充分的赞扬,但也提醒人民要把对北约的义愤化为实际行动,在各自的岗位上踏踏实实地工作,不要因此而影响了山西省的经济发展。新闻媒体的这些正确的舆论引导,既保护了人民群众的政治热情,又激发了人民群众的工作热情,对山西经济正常稳定的发展起到了重要的作用。

(二)揭露和批判法轮功邪教组织的反动本质,维护社会稳定及人民的生命健康权利

法轮功邪教组织是我国社会肌体上的一大毒瘤,长期以来以伪科学的手段欺骗群众,残害群众,煽风点火,对抗政府。山西也是法轮功组织活动频繁的地区之一,不揭露批判这一组织危害社会的罪恶行径,山西就会发生动乱,经济工作就无法正常进行。配合党中央关于取缔法轮功邪教组织的重大战略决策,山西新闻媒体开展了声势浩大的揭批活动。据不完全统计,截至 2000 年 10 月,省市两级的主要媒体报道的有关法轮功罪恶的内容就多达 4800 多篇。山西电视台报道的《矿机轻教育,法轮有空钻;矿棉重党建,法轮玩不转》,通过两个企业一个轻视思想政治工作成为法轮功的山西分中心与另一个狠抓思想教育无人参加法轮功的事实对比,来说明思想工作对于经济工作的重要性。许多媒体通过省内外发生的练功者自残行为和伤害他人行为,来说明法轮功的精神毒害,侵犯了人民群众的生命健康权利。这场声势浩大的宣传报道活动,统一了全省人民的思想,教育挽救了一大批受害者,对稳定社会秩序有着不可估量的作用。

(三)积极开展与台独分裂势力的斗争,维护祖国的统一和保护台商的利益

随着香港、澳门的顺利回归,台湾问题就成为祖国统一大业过程

中的惟一历史遗留问题。两岸如果能够和平统一,不发生战争,国家和人民的经济利益就不会受到重大损失。从这一立场出发,山西新闻媒体对台湾独立势力分裂祖国的种种言行进行了深刻的揭露和批判,指出分裂势力才是危害两岸人民根本利益的罪魁祸首。1999年12月20日,《山西日报》报道了《我省侨胞喜庆澳门回归》的消息,反映了山西省15万侨胞侨属渴望祖国统一的心声。2000年3月25日,针对台湾分裂势力的猖狂活动,《山西日报》又报道了《我省统一战线各界人士座谈时表示,坚决捍卫一个中国的立场》,并配发了评论《多行不义必自毙》。3月30日报道的《临汾举办两岸同胞祭尧活动》,表达了台湾人民的心愿:一国两制,祖国统一,合乎情理,帝尧美德发扬光大之时,就是中国实现统一之日。山西有着众多的台商投资项目,保护他们的投资热情和正当的经济利益,也是新闻媒体关注的焦点之一。

2002年6月,经山西省委省政府批准,成立了山西日报报业集团,当时拥有8报2刊1个网站。2003年全国报刊整顿,一些报纸、期刊相继合并到山西日报报业集团,得以继续出版发行。与此同时,许多传媒业如山西广播电视台、山西青少年报刊社、太原日报社、长治广播电视总台等,实质上已经具备了集团化运作的性质,他们拥有众多的子台、子报、子刊,政治上统一思想,组织上统一领导,报道上统一策划,财务上统一管理,形成了强大的宣传凝聚力和经济竞争力。

山西传媒集团的发展,有利于从政治上把好关、把好度,坚持政治家办报、政治家办社、政治家办台、政治家办集团,形成政治优势,始终发挥以正确的舆论引导人的作用。山西传媒集团的最大优势是政治优势,政治优势主要体现在舆论导向的一致性上。我国正处在社会主义经济建设的初级阶段,城乡发展的不平衡性、东部与西部发展的不平衡性、少数人与多数人经济利益的不均衡性,以及企业转制带来的破产、失业、下岗，重大自然灾难引发的社会问题等，都会在人民群众中形成"口头舆论场"，而口头舆论往往是自发的、浅层的、流动的、多面的，容易造成思想混乱，甚至引发社会动乱。中央有统一的宣传机构，掌握国家宣传的大方向，但不可能对具体问题、具体区域的宣传方针一一做出指示，这就要依靠各地传媒集团的政治优势，利用集团的强势力量，对人民群众密切关注的热点问题、疑点问题、难点问题做出正确的解释，进行正确的引导，形成正确的舆论。例如 2003年春夏间非典盛行之际，互联网、手机上的各类信息、短讯铺天盖地，各种口头舆论五花八门，人心惶惶，社会恐慌不安。5 月 8 日，山西省委省政府给山西日报报业集团下达了紧急任务：为全省 620 万户农民编印非典防治特刊，9 日发往农村。不到一天时间，编印 620 万份特刊，这在山西日报社的历史上从未有过。非常时期，集团的优势就显现了出来，山西日报报业集团既要保证主报子报的正常出版，又要保证特刊的紧急编印，集团动用一切力量，总编室、科教部、政法部、摄影部以及山西晚报、三晋都市报等子报都参加了编辑、录入、校对、版式设计工作，临汾、晋城两个分印点接到传版也立即开印。到 9 日晚间，620 万份特刊全部印刷完成，分发到全省农村各地。5 月 10 日，温家宝总理视察山西省防治非典疫情，在下乡考察农村防治非典的情况时，看到农民手中拿着山西日报编印的《农村非典防治特刊》，表示满意。他说："我们下了一条大政策，就是农民非典患者治疗完全免费，我们下乡看，山西日报做了一件好事，搞了一个农村非典防治特刊，每户发一份，醒目的标题就是看病免费，农民都知道。"①随后，山西日报报业集团及山西电视台、山西人民广播电台等山西主流媒介又集中力量宣传报道了防治非典的科学方法、每日疫情报告及党和国家的有关政策。非常时期，非典就不仅仅是简单的疫情，而是一场

① 见《新闻生活》2003 年 5 月 15 日，山西日报社办公室编印。

重大的政治考验,是对刚刚形成的党和国家新领导集体的考验。山西传媒集团利用集团的政治优势、资源优势、财力优势,及时宣传报道了党和国家的重大决策、政策,使铺天盖地的流言、谣言、传言等各种口头舆论及不负责的一些网络信息、手机短信迅速平息,把社会舆论正确引导到党和国家倡导的方向上来,形成万众一心、共抗非典的舆论大环境。再比如,2003年我国迎来了扩招后的第一个毕业生高峰年,全国高校毕业生从2002年的145万猛增到212万人,就业难问题成为社会和媒体关注的热点。对大学生就业的报道,部分媒体预警功能发挥过头,在一定程度上存在着过分渲染就业难气氛的现象。有媒体报道说,十个毕业生中就有两三个难以就业;有的报道则用《拍低胸照,穿性感装:大学生求职出怪招》为标题来形容大学生求职之难;还有的媒体报道,浙江大学一名毕业生就业压力造成心理扭曲,在考公务员落榜后,刺死了一名考官。媒体呈现出了这样一种态势:报忧的多,报喜的少;渲染就业难的多,对学生择业进行引导的少;流于表层的多,深入分析的少。由于媒体的炒作,一时间,社会上形成了"大学生就业形势严峻,求职态势紧张"的舆论氛围,大学生中开始出现"毕业就是失业"、"毕业找不到工作"的叹息。毕业生家长更是人心惶惶,托关系找门路催促子女赶快找工作,给学生造成了很大的心理压力,很多学生乱了阵脚,为了求职进行非理性流动,马不停蹄,盲目乱跑。针对此种情况,山西日报报业集团从高层领导到一般编辑记者,迅速形成了一个共识,那就是:大学生就业问题,不仅涉及今后我国教育事业的发展,更牵涉到千家万户的利益,影响到社会心态的稳定,不能对大学生就业难的情况再进行渲染,而要特别注重引导,使大学生保持良好的就业心态,调整自身定位,改变就业观念,进行双向选择。山西日报报业集团的舆论导向在山西传媒业界起着排头兵的示范作用,它对大学生就业难问题的正确引导,对稳定山西党心、民心、军心,及其他媒体的风向标,是非常重要的。山西没有出现大面积的毕业生闹事现象,没有出现大量的毕业生家长集体上访,向政府施加压力,与传媒集团进行正确的舆论引导,保持舆论的高度一律性,是分不开的。所以,在关键时刻保证政治安全是传媒集团所表现出的最大作用。传媒集团要讲政治,要坚持正确的舆论导向,要忠实履行党报、党刊、党台的政治责任和社会责任,这是由我们的国情、民情决定的。办报、办台如果不能做到政治安全,不能做到最基本的要求,那就谈不上其他的要求了。传媒集团的高度统一领导和管理,为政治安全提供了可靠的体制保障,避免了媒体各自为政、观点分散、看法不一、自由发表意见的混乱现象。

二、关注经济大事

这些年,山西省委将中央的大政方针同本省实际结合起来,确定了"一二三四五"的发展战略,即坚持一个中心(经济建设),高举两面旗帜(改革开放和艰苦奋斗),狠抓三个基础(农业基础、基础设施、基础工业),确保四个重点(煤、电、水、路)、全面实施四大战役(农业、工业、财税、物价),不断刷新五项工程(国民生产总值、粮食产量、财政收入、乡企产值和农民人均收入)。围绕这些重大决策的提出和实施,全省媒体及时地撰写评论,组织讨论,亮明观点,表达态度,动员全省人民同心同德,奋力开拓,为兴晋富民做贡献。1993 年,省委省政府召开三项建设(公路、重点工程和农田水利)动员大会之后,《山西日报》立即赶写了《三千万人民齐动员同心干》的社论,随后,又写了《艰苦奋斗精神万岁》的社论。1995 年 1 月,《山西日报》根据省委的指示和要求,又组织撰写了 1 万多字的编辑部文章《论改革开放与艰苦奋斗》。这些文章站在历史的高度,颂扬了党的光荣传统,澄清了在新的历史条件下,要不要继续发扬艰苦奋斗精神的问题,鼓舞了全省人民的斗志,有力地推动了全省的各项工作,受到了中宣部和山西省委省政府的表扬,《人民日报》也进行了转载。

1994 年上半年,针对改革攻坚战将广泛触及许多深层次的思想观念、制度创新、利益调整和具体操作上的难点，《山西日报》紧密配合省委的中心工作，撰写了《风物长宜放眼量》、《步调一致才能得胜利》、《不拿群众一针一线》3篇评论，引导群众正确认识改革中暂时存在的困难和问题，坚定改革的信念，在省委省政府的领导下，同心同德，渡过难关。1995年，根据党的干部队伍中存在的不负责任、不吃苦、不团结、不关心群众、不廉洁的"五个问题"和个人主义、拜金主义、官僚主义、好人主义、形式主义等"五个主义"，《山西日报》组织撰写了《山西的太平官不好当了》、《团结就是力量》、《把群众的冷暖时刻记心头》、《贵在自觉自律》、《保持共产党人本色》等评论，把全省从严治党从严治吏的工作推向了新的水平。1996年初，为了强化干部的政治意识，确立紧迫感和责任感，《山西日报》又组织撰写了《打基础增后劲求发展》、《扬我之长补我之短兴我山西》、《讲政治讲大局讲正气》、《奋斗之年希望之年》4篇评论。这些评论旗帜鲜明，赞成什么，批判什么，提倡什么，反对什么，毫不含糊，体现了解决问题的针对性和战斗力。

深度报道也是近些年山西主流媒体非常重视的一种报道方式。当党和政府对某个重要问题尚未意识到，某项重大决策尚未出台或正处于酝酿阶段时，深度报道可以起到启示作用、依据作用；当党和政府的某项政策已经形成，群众尚未理解或存在疑惑时，深度报道可以起到解释作用、推动作用。20世纪80年代末，当我国东南沿海地带经济已获得飞速发展，中央把工作重点逐步倾斜于西部地区时，山西不东不西，该怎么办？《山西日报》于1988年4月24日刊出了一篇考察报告《山西的战略应当是声东击西》，通过对大量新闻事实的分析论证，提出了向东部转让产品、向西部占领市场、把资源优势转化为能源优势的发展构想，拉开了山西产业结构调整大讨论的序幕。作为一个经济高度依赖资源的省份，山西在产业结构调整中面临很多困难和课题。《山西日报》随后又组织了一系列这方面的深度报道，为山西省委省政府最后形成"由输送煤炭变为输送电力,由文物大省变为旅游大省"的战略大思路起到了一定的决策依据作用。进入 21 世纪后,世界石油价格上扬,国家能源战略安全问题突显,实现煤基合成液体燃料技术的产业化,又成为山西传统产业优化升级的一次重大调整。山西省委省政府审时度势,作出了发展煤基合成油产业的决策。这一设想已引起中央高层领导的重视,但"煤炭如何变成油?煤炭液化发展前景如何? 大量资金投入能否得到预期回报?"这是山西人民普遍关注的问题。《山西日报》又针对这些问题组织报道,其中获 2001 年度中国新闻奖的专稿《煤变油大有可为》(《山西日报》2001 年 4 月 19 日),就全面而深刻地解释了群众的疑问。

三、大搞新闻扶贫

1998 年,中国记协向全国各新闻单位发出了要开展"新闻扶贫"的倡议,其宗旨是,新闻界也要和全国其他部门行业一样,把扶贫工作当成一件大事来抓,在扶贫活动中,也要依靠自己的优势和力量,做出自己的贡献。

山西省是国家级扶贫县比较多的地区之一, 那里的人民群众前些年还难以解决温饱问题,经济相对滞后,严重地影响了全省经济的持续发展。帮助他们改变思想观念,走出封闭和落后,依靠自身的力量和社会的救助来摆脱贫困,走向富裕,是山西新闻媒体这些年努力奋斗的一项重要工作。

新闻扶贫首先是思想扶贫、精神扶贫,不转变观念,不更换"血液",给再多的钱,上再多的项目,也不顶用。认识到问题的实质后,山西省的许多新闻媒体都开设了扶贫专版或专栏,向农民群众进行思想教育。如 1998 年 7 月 1 日《山西日报》发表的短评《多子未必多福,少生才上富路》,针对贫困地区"越穷越多生孩子,越多生孩子越穷"的恶性循环现象,教育他们要优生优育,少生快富。媒体还披露了这样一件事:吕梁地区的一个贫困村要搞水利工程, 自己无技术无人才,四处寻找承包商,结果招来了一群南方人,很快完成了工程。其实这群南方人也是来山西打工的,也不懂得怎样修水渠,但他们觉得这是个挣钱的机会,就先签订了承包合同,一边开工一边派人到外地学习,一边学习一边施工,真是富人挣了穷人的钱。通过这件事,使贫困地区的干部群众真正认识到,物质贫困并不可怕,最可怕的思想贫困,思想认识不脱贫,就永远摆脱不了物质贫困,即使暂时脱贫了,还会再返回贫困。

其次是知识扶贫,技术扶贫。有的新闻单位发挥自身媒体的优势和被扶地区的特点,先后办起了"新闻扶贫热线"、"新闻扶贫辅导站"等栏目,向农民群众进行科技知识教育,启发他们运用本地优势发展特色经济。如《山西日报》1997 年 12 月 3 日报道的《河曲建设晋西北的菜篮子》、12 月 7 日报道的《阳高杏脯俏销到东南亚》、1998 年 7 月25 日报道的《娄烦土豆进军欧盟》等,都反映的是这些贫困县找到了适合自身经济特点的致富项目。有些单位还以新闻来搭桥搭台,大演经济腾飞戏,充分利用媒体的优势和方便条件,广泛介绍和传播贫困地区的特产、特长、特点,让外地外省外国的投资者了解他们,以便投资金,投项目。积极推广新技术、新工艺、新品种,使所扶地区面貌很快改观,如柳林红枣、应县大蒜、平陆苹果等,都成为驰名国内外的特色项目产品。山西电视台、山西人民广播电台等媒体,还积极开展广告扶贫活动,免费或减费优先播放来自贫困地区的商业广告、产品广告,为他们的产品提高知名度,打开销路,做出了一定的贡献。

再次是深入到贫困地区,了解他们的情况,反映他们的意见。在新闻扶贫活动中,刚开始时出现了一些不好的现象,如:有些单位不得要领,或不够重视,或热衷于轰轰烈烈,而缺乏扎扎实实;有些单位喊口号多,见行动少,出点子多,具体落实少;还有个别单位和个人,将扶贫视为走过场,转一转,吃顿饭,录个音,照张相,新闻一发便万事大吉。针对这种情况,各新闻单位进行了有效的整改,扶贫作风发生了根本的变化。在这方面具有典型意义的就是山西人民广播电台1998年开展的"走千家万户话扶贫攻坚"的大型采访活动。这次活动以大兵团作战的形式，用全新的新闻视角，每到一地，都要寻访数以百计的农户，播发几十篇体裁各异的稿件。据统计，20多名记者仅在忻州地区的五台、代县、神池、五寨等县，就采访农户200多家，先后发稿近百篇，播出时间持续两个月之久，在社会上产生了强烈的反响。在这次大型采访活动开始以前，厅台领导就要求每位记者抓活鱼，写现场新闻和体验式新闻，以求得更大的宣传效益。这次采访活动的新闻视角直接对准了贫困地区的千家万户，他们生活在什么水平线上？目前想些什么？盼些什么？说些什么？干些什么？贫困的根源在哪里？致富的经验是什么？想得到哪些支援和扶持？这些问题不仅是采访活动报道的主要内容，也是广大听众特别是各级领导所关心的问题。针对这些问题，记者用勃发的热情和手中的话筒，讲述着《老党员的心声》、《王老汉的烦恼》和《贫困村来了位新支书》的故事等等。这一条条声情并茂、真实感人的广播新闻，在山西台播出后，确实给听众留下了深刻的印象。这次"走千家万户话扶贫攻坚"大型采访活动，不仅从总体上成功地宣传了党的扶贫政策和山西省在扶贫工作中取得的巨大成就，而且给贫困地区的群众直接提供了发表意见、反映呼声的良好机会，使广播的双向交流功能得到了很好的体现。在这次活动播出的稿件中，呼吁科技下乡、扶贫资金到位、整顿社会治安、改善办学条件、提高山区医疗水平的内容，就占到了相当大的比重。对这样的广播，从干部到群众，从领导部门到基层单位，大都是比较重视和关心的，而且对贫困地区经济的发展起着直接的推动作用。

农村扶贫是这样，城镇扶贫亦应如此。《山西日报》近30名记者按照编委会的安排部署，于1998年4月兵分四路，深入到职工下岗分流安置和再就业工程量大、任务艰巨的太原、大同、阳泉、长治等工业城市作专题采访,了解这些地方实施再就业工程的情况和问题。采访期间,记者们不住宾馆,不浮在面上,一头扎进困难企业和下岗职工家中,把手中的笔头对准他们。到下岗职工家中吃派饭,体察他们的生活状况,听取他们的想法和意见。在困难企业住宿,与企业领导共同寻找再就业的办法和路子。与下岗职工一起上岗,亲自体会他们再就业再创业的艰辛与喜悦。同政府干部交谈,研究探讨实施再就业工程的问题和途径,实事求是地总结这方面的经验。这些记者先后接触了260多名下岗职工和各级领导,行程近万里,撰写各种类型的新闻报道70多篇6万多字,其中《城里下岗村里上岗》、《太原人到隰县承包荒山》、《用市场经济眼光看待再就业》、《下岗职工观念一变天地宽》、《要上新岗位先换旧脑筋》、《工厂暂时遇困难农民兄弟来支援》、《3万煤矿职工转岗公路建设》、《浅谈下岗问题的成因及其对策》等报道,都是活生生贴近群众、贴近生活的好作品,受到了下岗职工及企业领导的一致好评,尤其是《扔下铁饭碗端上金饭碗》,通过大同机车厂下岗女工李校娟下岗后买了一台摄像机,干起婚礼祝寿摄像营生,14个月挣下1万多元的典型报道,来说明下岗不下志,路就在脚下的道理。为了用正确的理论引导人,《忻州日报》专辟了"向党说说心里话"的栏目,发表来自改革以来第一篇普通百姓的文章,畅谈改革开放的成就,展望更加美好的明天。他们还请来不同类型的十多位下岗工人,来到编辑部,实话实说,并就此刊登了《下岗了,路在何方——下岗工人看下岗讨论纪要》。稿子发表以后,工人高兴地说:"我们的心里话刊登在了党报上。"政府官员高兴地说:"了解了下岗职工的酸甜苦辣。"对于引导职工正确看待下岗,把思想统一到中央精神上来,起到了积极作用。

四、传播先进文化

媒介资源包含的内容极其丰富,大致有环境资源(地区、文化、制度等);内部资源(载体、人才、设备、资金等);信息资源;受众资源;广告资源等。传媒业将其合理整合后,能够形成人才强势、智力强势、信息强势,更有利于先进文化的传播与建设。

山西得天独厚的文化资源优势,为新闻界传播先进文化提供了丰富的原料和广阔的平台。具体地讲,山西文化资源的分布,贯穿古今,纵横南北,门类繁多,品种齐全。从地域划分,北有以大同北魏都城、云冈石窟、五台山、应县木塔为代表的晋北民族交融和佛教古建筑文化区;南有以临汾尧庙、洪洞大槐树、壶口瀑布、运城盐池、舜帝遗址、禹都安邑、解州关帝庙为代表的晋南黄河根祖文化区;中有以平遥古城、祁县乔家大院、灵石王家大院、太谷三多堂、榆次常家庄园为代表的晋中晋商文化区。从时代划分,有反映神话传说的赵城女娲陵、精卫填海的长子发鸠山、神农尝百草的长治老顶山、高平炎帝陵等;有反映古人类活动的吉县柿子滩、襄汾丁村、陶寺等遗址;有反映古代社会官宦文人事迹的介休绵山、夏县司马光墓、闻喜裴氏村、忻州元好问墓、代县杨家祠堂、太原傅山故居、阳城皇城相府等;有反映抗日战争历史的灵丘平型关、武乡八路军总部旧址、黎城黄崖洞、左权将军墓等;有反映解放战争时期英烈风范的刘胡兰陵园、尹灵之陵园、牛驼寨烈士陵园等;有反映新中国艰苦奋斗历程的昔阳大寨、平顺西沟、潞安石圪节、太钢渣山公园等。从门类划分,有艺术类文化,包括永乐宫壁画、晋祠宋代仕女雕塑、太原碑林公园、山药蛋派小说、河曲二人台等;有景观文化,包括北岳恒山、沁源灵空山、宁武芦芽山、太行山峡谷、阳城蟒河等;有民俗类文化,包括晋中系列民俗博物馆、临汾平阳版画博物馆、孝义皮影博物馆等;有建筑类文化,包括五台山寺庙、晋祠鱼沼飞梁、万荣飞云楼、浑源悬空寺、洪洞广胜寺等。总之,山西辽阔的大地上,布满了珍贵的历史遗产,凝聚了厚重的文化积淀。如何把这些优秀的文化遗产开掘出来,传播出去,是山西新闻界面临的一个重要问题。山西丰厚的文化资源优势为新闻界提供了有文章可写、有才能可施的机遇,而传媒业精英济济的人才资源优势也为传播先进文化提供了智力保证。山西传统文化分布地域广,涉及种类多,延续历史长,需要大量的既有某方面专门知识又有采访写作能力的新闻工作者来进行挖掘报道,这是单独的小型报纸或小型电视台、广播电台所难以承担的,他们不具备这方面的人才实力。而传媒集团就不同了,它集聚了各方面的精英人才,有哲学的、文学的、历史的、经济的、法律的、建筑的、艺术的等等,可以对山西传统文化进行全方位的深度挖掘与报道。近些年,山西日报报业集团、山西广播电视台、山西出版传媒集团、山西影视业都在这方面做了大量的宣传报道工作。如山西日报对《文化周刊》进行了改版,使其品味高尚,内容丰富。山西日报 2002 年刊登的中共山西省委常委、宣传部部长申维辰同志的文章《谈谈关于文化产业的几个问题》《关于晋文化研究的几个问题》《山西历史文化的三大特色》等,都是重磅级文章,既对山西传统文化进行了高度概括和评价,又进行了深度探讨和总结,同时指出了如何传播晋文化的方法和要求。申维辰同志要求:要准确把握晋文化的内涵和特征;要探索晋文化的发展规律,要全方位研究晋文化;要培养晋文化的学科带头人。这就为传媒集团传播晋文化定好了准心,明确了目标。再如山西电视台的《一方水土》,是一个具有地域特色的文化栏目,改为无主持人的大型文化板块栏目后,在介绍山西地方特色的黄土文化上,侧重了知识性、艺术性和集情、趣、雅于一体,达到了较高品位;《人说山西好风光》由风光类节目改版为旅游类节目,在观众参与的基础上,融景点介绍、知识、趣味、悬念与旅游服务于一体,达到了吸引观众,使观众了解山西、认识山西,让游客走进山西的目的;《电视连环画故事》开创了全国少儿动画栏目以连环画形式创作的先河,栏目以古今中外历史故事、革命英雄故事、成语典故、寓言等为内容,运用电视特技和动效手段,通过生动、形象、直观的故事形式,启迪了少年儿童的智慧,陶冶了情操。在 2001 年度全国省市电视台优秀专栏节目奖评选中,山西电视台有 6 件作品获奖,其中有传播晋文化的《一方水土——王悦与壶口》《内陆看谈——山西旅游大有可为》《黄河人家——过家》。再如山西出版界出版的晋版图书中,前些年推出了大量的介绍山西历史、文化、旅游、商业等方面的精品,尤其是三晋文化研究会组编的"山西历史文化丛书",更是以其通俗化、大众化、群众化的特点,为大面积传播晋文化做出了杰出贡献。再如山西电影制片厂紧紧围绕省委省政府的中心工作,积极拓展服务领域,主动争取各级党委政府的拍片项目,2000年到2002年,共为各级党委、政府拍摄电影纪录片5部,电视剧1部,电视文献纪录片2部14集。其中,有为省委宣传部拍摄的纪念建国50周年的大型纪录片《光辉的历程》,有为省委史志院拍摄的纪念建党80周年的10集电视片《三晋丰碑》,有为配合省委、省政府"九五"成效宣传的电影纪录片《富裕之路》,还有为各企事业单位拍摄的六大系列(文物古迹系列、山水风光系列、晋商大院系列、革命纪念地系列、先进人物系列、名牌产品系列)共60余集电视专题片。2003年拍摄了获奖影片《暖春》。这些影视片宣传了党的路线、方针和政策,展示了党和政府的形象,从不同侧面和角度反映了山西的优美风光、文物古迹、风俗民情、典型人物和名牌产品,有力促进了山西经济和社会的发展,树立了山西的新形象,为山西对外交流与合作架设了桥梁,取得了广泛的社会效益和经济效益。上述对晋文化的报道和传播,如果没有集团化的运作方式,没有集团化的人才资源,是不可能完成的。在建设先进文化的同时,山西传媒集团还利用人才资源优势和智力资源优势,坚决抵制腐朽文化的侵蚀和影响。社会主义的先进文化在山西已居主导地位,但由于历史和现实的原因,封建主义、资本主义及其他非马克思主义的落后文化、腐朽文化的消极影响还会长期存在。加入世贸组织后,各种文化更会相互激荡,相互渗透,难免鱼龙混杂,泥沙俱下,侵蚀人们的思想,干扰先进文化的传播与建设。传媒集团要承担起建设先进文化的神圣职责,就要牢固树立政治意识、大局意识、责任意识、阵地意识,唱响主旋律,打好主动仗,正确处理先进文化与传统文化、外来文化的关系,区别各种不同文化的性质,大力弘扬支持先进的健康的文化,批判改造落后的文化,铲除抵制腐朽文化,绝不给黄、赌、毒等垃圾文化提供传播的渠道,坚守社会主义的思想文化阵地。在这方面,山西传媒集团注重从宣传格调上把好关、把好度,普遍形成了这样的共识:高格调、高品位能激发人的斗志,振奋人的精神,给人们送去美好的精神食粮;低格调、低品位会涣散人的斗志,麻痹人的精神,给人们灌输丑陋污秽的东西。特别是电视宣传,形象直观,老少咸宜,影响广泛,更要注意格调和品位。近些年,山西电视台利用其人才资源优势,在山西广播电视界率先起到了带头、示范作用,注重解决电视宣传中色情味浓、虚假信息多、暴露丑恶多、渲染黑暗多的不良倾向,精心打造了一批传播先进文化的节目和品牌,从传播源头上杜绝了落后文化、腐朽文化的侵蚀与渗入。文化栏目《一方水土》先后制作播出了《"中国"的起源》、《帝尧》、《戏剧山西》、《蒲州旧事》;为配合侯马新田古文化节,制作了《晋·序篇》、《晋·政治篇》、《晋·军事篇》、《晋·科技篇》、《晋国青铜器》;为配合万荣全球华人祭祀后土活动,拍摄了专题片《后土千秋》;为配合恒山旅游节,拍摄了《鲜卑北魏与平城大同》、《千古雁寨》;为配合太原建城2500周年,拍摄了《北齐王朝》和《晋山晋水帝王祠》。精品旅游栏目《人说山西好风光》,推出的精品节目主要有《老城串院冬季游》、《老城串院新春游》、《桥情》、《邮票上的山西风光》、《中国太原国际面食节》。《文化平台》栏目制作了《解读诗歌》、《解读小说》、《解读散文》、《晋山晋水晋文化》、《寻找山西历史上的伟大诗人》、《三晋自古多将相》等。品牌栏目《走进大戏台》,以戏曲综艺的形式,大戏小戏、大调小调相结合,加大了节目容量,把戏台搭在老百姓中间,增加了观众的参与性。立足山西题材的有电视剧《共产党员张小民》、《村官》、《梁世奎》、《白银谷》、《十二月事变》、《哥哥你走西口》等,纪录片《平民书记梁雨润》、

《晋商》、《中国云冈》、《牺盟会决死队纪录》等。上述这些作品，直接宣传了先进文化，并以其可读性、易读性、必读性、趣读性的特点，吸引住了广大观众的目光，不给落后文化、腐朽文化挤进的时间缝隙。据统计，山西电视观众户均每天看电视 2 小时，这 2 小时是先进文化与落后文化激烈争夺的时间段，把广大城乡观众吸引到电视机前接受先进文化的熏陶，就会减少赌博、封建迷信等落后文化的乘机而入。从这点上讲，传媒集团要投入巨大的人力财力去制作精品节目，才能达到预期的传播效果。没有集团的人力资源、智力资源，这种期望是无法达到的。

传媒集团还有着丰富的信息资源，众多的子报子刊组合在一起，犹如一个庞大的航空母舰群，源源不断的信息集汇在这里，又从这里源源不断传送出去。本着信息共享、合理分配、集中使用的原则，传媒集团的信息资源能在建设先进文化中产生直接的社会效益和经济效益。在建设先进文化中，传播科技信息、种植养殖信息、致富信息，是媒体的一项重要任务，也是最受人民群众欢迎的，它产生的直接经济效益是无法用数字来估量的。因为有了经济效益，也就有了社会效益，带来了家庭矛盾减少，教育投入增多，邻里矛盾减少，公益投入增多，人心稳定，社会团结。而传媒集团在传播科技信息、致富信息方面有着得天独厚的自然优势，因为它信息渠道多、社会交往广、联系层面广泛、采编力量雄厚，能把最新的科技前沿动态和实用致富技术及时地传送到广大城乡地区，帮助农民致富，帮助农民脱贫。在山西各地农村，都有一批致富带头人，他们获得的农业信息将近 90%是通过阅读农业杂志、阅读农业图书、看报、看电视、听广播而知晓的，另10%是通过咨询农业科技员等渠道获得的。他们致富后，再把这些信息用技术传授给邻里乡民，带动大家一起致富。这是符合传播学的基本原理的。根据传播学原理，大众媒介传播出去的信息，不可能直接到达每个社会成员那里，它总是首先影响"意见领袖"，这些"意见领袖"在各自的社区享有较高的威望,容易影响周围人的观点和看法。"一级意见领袖"影响"二级意见领袖","二级意见领袖"影响"三级意见领袖",依此而下,进而影响到全体社会成员,这就是"N级传播论"。在山西农村,致富带头人同时也是"意见领袖",他们以自己的率先垂范作用,以自己看得见摸得着的致富成果,赢得了乡民们的信任,他们说的话,做的事,有时候比县长、乡长还管用,他们手中没权,但手里却有钱、有本事、有技术、有信息,能带动周围人一起致富,这就是中国特色的"意见领袖"的作用。在山西,传媒集团传播的科技信息、养殖信息、致富信息及各类经济信息,首先影响的就是这些致富带头人和农业经纪人,他们有文化、有思想、接受新鲜事物快、头脑里点子多、敢想敢干、说干就干,形成了发家致富的良性循环。近些年,山西传媒业非常注重传播这方面的知识和信息。如山西农民报专门创办了《果业专刊》,本着"全心全意为果农服务,全力以赴拓果业市场,真心真意帮果农赚钱"的宗旨,随周二出版的主报免费赠送;祁县电视台围绕苹果、梨、桃、枣、沙棘果等拳头产品,大量地多方面地连续不断地提供信息,同时,他们还认识到,如果盲目提供信息,非但无益还会给当地农民造成一定损失,因此,联系实际提供外地的致富信息,并与当地科技专家联系,选择那些适宜本地推广的信息;山西春秋音像出版社把《专家帮你致富系列——种植技术与养殖技术》作为2004年的重点选题;山西科技出版社于2004年2月受到了新闻出版总署的表彰,被授予"全国服务三农图书出版先进单位"的称号。山西传媒业在利用信息资源优势帮助农民致富方面发挥了重大作用,做出了突出贡献。先进文化是什么?它不是空洞洞的理论,而是实实在在的成果,是看得见摸得着的效益,如果没有效益、没有利益、没有收获,农民是不相信你那个先进文化的,所以,传播科技信息就是传播先进文化,传播种植养殖信息就是传播先进文化,传播致富信息就是传播先进文化。

主要参考书目及文献

1.《中国新闻事业通史》,方汉奇主编,中国人民大学出版社,1992 年版。

2.《中国明代新闻传播史》,尹韵公著,重庆出版社,1990 年版。

3.《中国古代驿站与邮传》,臧嵘著,商务印书馆,1997 年版。

4.《山西通史》,刘泽民主编,山西人民出版社,2001 年版。

5.《山西通志》,山西省史志研究院编,中华书局,1999 年版。

6.《明末农民起义史料》,郑天挺等编,中华书局,1954 年版。

7.《辛亥革命时期期刊介绍》,丁守和主编,人民出版社,1982 年版。

8.《五四时期期刊介绍》,中共中央编译局编,三联书店,1959 年版。

9.《山西辛亥革命史》,刘存善编著,山西人民出版社,1991 年版。

10.《晋绥日报简史》,阮迪民、杨效农执笔,重庆出版社,1992 年版。

11.《抗战日报》、《晋绥日报》,1940 年 9 月至 1949 年 5 月。

12.《晋察冀日报史》,人民出版社,1993年版。

13.《太岳新闻事业史略》,书海出版社,1991年版。

14.《太岳日报》,1940年6月至1949年9月。

15.《新华日报》华北版、太行版,1939年1月至1949年8月。

16.《山西新闻通讯社百年史》,马明主编,新华出版社,1999年版。

17.《山西革命根据地》,山西省档案局主办,第1期至第26期。

18.《中国共产党山西历史》,山西省史志研究院著,中央文献出版社,1999年版。

19.《太原新闻史》,编委会编,山西人民出版社,2000年版。

20.《晋阳公报》、《晋阳日报》,1908年7月至1937年10月。

21.旧《山西日报》,1918年6月至1937年10月。新《山西日报》,1949年4月至2002年12月。

22.《山西新民报》,1940年4月至1944年11月。

23.《阵中日报》,1938年1月至1949年4月。

24.《山西通志·报业篇》,中华书局,1999年版

25.查阅山西各县县志、地方志共68种

26.查阅山西近代、现代报纸及刊物共389种。